여성들을 위한 성서주석_ 구약 편

여성들을 위한 성서주석_ 구약 편

캐롤 A. 뉴섬 · 샤론 H. 린지 엮음
이화여성신학연구소 역 / 이경숙 · 박경미 감수

대한기독교서회

여성들을 위한 성서주석_ 구약 편(증보판)

2015년 6월 20일 초판 1쇄

엮은이/캐롤 A. 뉴섬·샤론 H. 린지
옮긴이/이화여성신학연구소
펴낸이/서진한
펴낸곳/대한기독교서회
편집책임/하미자

등록/1967년 8월 26일 제1967-000002호
주소/135-882 서울시 강남구 테헤란로 103길 14 (삼성동)
전화/출판국 (02) 553-0873~4, 영업국 (02) 553-3343
팩스/출판국 (02) 3453-1639, 영업국 (02) 555-7721
e-mail/cls1890@chol.com
edit1890@chol.com
http://www.clsk.org
facebook.com/clskbooks

직영서점/기독교서회
종로 5가 기독교회관, 전화 (02) 744-6733, 팩스 (02) 745-8064

값 36,000원 / 책번호 2163
ISBN 978-89-511-1817-3 93230

Women's Bible Commentary(Expanded Edition)
ed. by Carol A. Newsom and Sharon H. Ringe
tr. by Ewha Institute for Women's Theological Education

본서는 이화여성신학연구소 출판 사업의 일환으로 대한기독교서회와 공동기획 하에 출판되었습니다.

발간사

『여성들을 위한 성서주석-신약 편』에 이어 『여성들을 위한 성서주석-구약 편』을 출간하게 된 것을 매우 기쁘게 생각한다. 이 책은 그동안 여성 성서학자들의 학문적 성과의 중요한 축적이자 결실이다. 이 책이 우리말로 번역되어 각 신학교의 여성신학 교재로, 또 교회 여성들을 위한 성서 읽기 자료로 널리 사용되었으면 좋겠다는 의견을 이화여대 여성신학연구소의 운영위원들이 함께 나누고, 여성신학연구소의 사업으로 번역 출간하기로 결정한 것이 벌써 5년 전 일이다. 그 후 실제로 번역할 사람을 정하고 작업을 진행하여 마침내 완역본을 내놓기까지 오랜 시간이 걸렸다.

이 책은 신구약성서 66권과 신약외경, 구약외경을 다루고 있다. 각 권마다 개괄에 해당하는 서론이 있고, 여성과 관련된 구절들을 모아서 주석하고 있다. 주석 내용은 그동안 여성신학적 성서해석의 결과물들을 충실히 반영하면서도 비전공자도 읽을 수 있도록 쉽게 되어 있다. 이 책의 저자들은 오늘날 성서학에서 일반적으로 사용되는 역사비판 방법을 사용하여 서론과 주석을 집필했다. 그중에서도 서론은 비판적 성서학을 처음 공부하는 사람들이나 평신도들이 쉽게 읽을 수 있게 쓰여졌으면서도 요긴한 정보들을 담고 있어서 여성신학적 성서해석을 하는 경우가 아니더라도 일반적으로 활용하기가 아주 좋을 것이다.

각 권의 주석은 그 분야의 최고 전문가들이 집필했으며, 오늘날 여성신학의 다양성을 반영하듯 구체적인 여성신학적 주석 부분은 저자마다 신학적 입장에 차이가 있다. 가령 여성주의적 관점에서 성서 본문 자체에 대해 얼마나 엄격한 비판적 태도를 취하느냐는 점에서 이 책의 저자들은 다양한 태도를 보이고 있다. 한쪽 극단에 어떻게 해서든 성서 본문을 옹호하고자 하는 변증적 의도가 있다면, 다른 쪽 극단에는 역사적으로 형성된 성서 본문에 대해 감당하기 어려울 만큼 비판적 태도를 취하거나 여성원리주의적 입장이 있을 것이다. 이 책의 저자들은 저마다 이 양쪽 극단 사이의 어딘가에 서 있다. 독자들이 이 책에 나타나는 여성신학적 입장의 다양성을 즐겁게 감상할 수 있기를 바란다.

나와 이윤경 교수 외에도 이화여대에서 성서학을 공부하고 박사학위를 받았거나 박사학위 과정 중에 있는 세 소장학자들, 박인희, 장양미, 정혜진이 번역을 맡았다. 그리고 구약학 전공자인 이은애, 박지은, 박혜경 박사가 바쁜 와중에도 구약편의 번역에 대해 아낌없는 조언을 해주었다. 우리가 이전부터 함께 공부하면서 생각과 삶을 나누고 우정을 가꾸어온 세월이 없었더라면 이 책의 번역은 힘들기만 한 작업이었을 것이다. 어려운 가운데서도 이들은 재기 넘치는 대화와 웃음으로 이 일을 잘 감당해주었다. 이들이 이 책이 나오게 되는 과정에서 가장 일차적인 공헌자들이다.

이화여대 기독교학과에서 여성으로서 신학을 가르치신 여러 교수님과 여성신학연구소 운영위원님들, 특히 이 책 출간의 필요성을 일찍부터 느끼고 준비과정에서 격려와 지지를 아끼지 않았을 뿐 아니라 감수를 맡아주신 이경숙 교수님과 이 책 출간의 기쁨을 함께 나누고 싶다. 끝으로 이 책을 출판해주신 대한기독교서회 서진한 사장님께 감사드리며, 김인자 팀장님, 편집교정을 맡아주신 하미자 차장님께 깊은 감사의 말씀을 드리고 싶다.

2015년 4월 17일

이화여자대학교 여성신학연구소장 박경미

차례

히브리성서/구약성서

외경

저자 소개

Susan Ackerman, Ph. D.

Associate Professor of Religion

Dartmouth College

Hanover, New Hampshire

이사야

Claudia V. Camp, Ph. D.

Professor of Religion

Texas Christian University

Fort Worth, Texas

열왕기상하

Toni Craven, Ph. D.

Professor of Hebrew Bible

Brite Divinity School

Texas Christian University

Fort Worth, Texas

그리스어 다니엘서

Sidnie Ann White Crawford, Ph. D.
Associate Professor of Hebrew Bible and Chair of Classics
University of Nebraska–Lincoln
Lincoln, Nebraska
에스더

Katheryn Pfisterer Darr, Ph. D.
Associate Professor of Hebrew Bible
Boston University School of Theology
Boston, Massachusetts
에스겔

Pamela M. Eisenbaum, Ph. D.
Assistant Professor of Biblical Studies and Christian Origins
Iliff School of Theology
Denver, Colorado
시락서

Tamara Cohn Eskenazi, Ph. D.
Professor of Bible
Hebrew Union College–Jewish Institute of Religion
Los Angeles, California
에스라-느헤미야

Kathelene A. Farmer, Ph. D.
Professor of Old Testament and Dean of Masters Studies
United Theological Seminary
Dayton, Ohio
시편

Danna Nolan Fewell, Ph. D.

Associate Professor of Old Testament

Perkins School of Theology

Southern Methodist Theology

Dallas, Texas

여호수아, 사사기

Carol R. Fontaine, Ph. D.

Professor of Hebrew Scriptures

Andover Newton Theological School

Newton Center, Massachusetts

잠언, 전도서

Tikva Frymer-Kensky, Ph. D.

Professor of Hebrew Bible

The Divinity School, University of Chicago

Chicago, Illinois

신명기

Beth Glazier-McDonald, Ph. D.

Associate Professor of Religion Center College

Danville, Kentucky

요엘, 오바댜, 학개, 스가랴, 말라기

Jo Ann Hackett, Ph. D.

Professor of Biblical Hebrew

Harvard University

Cambridge, Massachusetts

사무엘상하

Denise Dombrowski Hopkins
Professor of Hebrew Bible
Wesley Theological Seminary
Washington, D.C.
유딧서

E. Elizabeth Johnson, Ph. D.
Associate Professor of New Testament
New Brunswick Theological Seminary
New Brunswick, New Jersey
제2에스드라서

Alice L. Laffey, S.S.D.
Associate Professor of Old Testament
College of the Holy Cross
Worcester, Massachusetts
역대상하

Amy–Jill Levine, Ph. D.
E. Rhodes and Leona B. Carpenter Professor of New Testament Studies
Vanderbilt University Divinity School
Nashville, Tennessee
룻기

Carol. L. Meyers, Ph. D.
Professor of Biblical Studies and Archaeology
Duke University
Durham, North Carolina
히브리성서시대 여성들의 일상생활

Carol A. Newsom, Ph. D.

Professor of Old Testament
Candler School of Theology
Emory University
Atlanta, Georgia
욥기, 다니엘, 시편 151편

Susan Niditch, Ph.D.

Samuel Green Professor of Religion
Amherst College
Amherst, Massachusetts
창세기

Kathleen M. O'connor, Ph. D.

Professor of Old Testament
Columbia Seminary
Decatur, Georgia
예레미야, 예레미야 애가

Adele Reinhartz

Professor of Biblical Studies
McMaster University
Hamilton, Ontario, Canada
그리스어 에스더서

Sharon H. Ringe, Ph. D.

Professor of New Testament
Wesley Theological Seminary
Washington, D.C.
여성이 성서를 해석할 때

Katharine Doob Sakenfeld, Ph. D.

Professor of Old Testament Literature

Princeton Theological Seminary

Princeton, New Jersey

민수기

Judith E. Sanderson, Ph. D.

Associate professor of Hebrew Bible

Seattle University

Seattle, Washington

아모스, 미가, 나훔, 하박국, 스바냐

Eileen M. Schuller, Ph. D.

Professor of Religious Studies

McMaster University

Hamilton, Ontario, Cananda

외경 해설, 제1에스드라서, 토비트서

Drorah O'Donnell Setel, M.T.S.

Rabbi

Seattle, Washington

출애굽기

Sarah J. Tanzer

Associate Professor of Judaism and Christian Origins

McCormick Theological Seminary

Chicago, Illinois

솔로몬의 지혜서

Patricia K. Tull

Associate Professor of Old Testament

Louisville Presbyterian Theological Seminary

Louisville, Kentucky

바룩서, 예레미야의 편지, 므낫세의 기도

Renita J. Weems, Ph. D.

Associate Professor of Hebrew Bible

Vanderbilt University Divinity School

Nashville, Tennessee

아가

Judith Romney Wegner, Ph. D.

Visiting Associate Professor

The Department of Religion

Connecticut College

New London, Connecticut

레위기

Marsha C. White, Ph. D.

Somerville, Massachusetts

요나

Gale A. Yee, Ph. D.

Professor of Old Testament/Hebrew Bible

University of St. Thomas

St. Paul, Minnesota

호세아

Robin Darling Young

Associate Professor of Patristic Theology

Catholic University of America

Washington, D.C.

제1 · 제2 · 제3 · 제4마카비서

증보판 서문

이번에 새롭게 출간될 증보판은 두 가지 점에서 초판과 다르다. 첫째, 이번 증보판에는 외경, 즉 제2정경에 속하는 책들을 다룬 부분이 첨가되었다. 이로써 공중예배에서 봉독되는 성구집이나 성서 본문에 외경을 포함시킨 교회의 성도들에게 이 책이 이전보다 더 큰 도움이 될 것이다. 역사적으로 정교회와 로마가톨릭은 외경문서들을 받아들인 반면, 개신교는 거부했다. 하지만 최근 세계교회일치적 관점에서 일반적 차원으로는 예배에 관해, 구체적 차원으로는 성구집에 관해 대화가 이루어지면서 개신교 또한 외경에 담긴 하나님의 말씀을 듣게 되었다. (이번 증보판에는 로마가톨릭 성서, 그리스어 성서, 슬라브어 성서에 담긴 외경 문서들을 실었는데, 각 성서마다 외경이 나오는 순서가 다르거나 부록에만 실려 있는 등 순서에 대해서 일반적으로 합의된 바가 없다. 따라서 이 책에서는 편의와 접근성을 위해 『하퍼 성서주석』(*Harper's Bible Commentary*)의 순서를 받아들였다.) 이 외에도 이 책에서 전개되는 논의들은 역사에 관심이 많은 사람에게 도움을 줄 것이다. 제2정경은 공동의 토양에서 자란 유대교와 기독교 운동과 공동체들이 형성되던 제2성전 시대 여성들의 삶과 종교적 경험, 여성에 대한 태도에 대해 중요한 시사점을 던져준다.

『여성들을 위한 성서주석』(*Women's Bible Commentary*)[1] 증보판에 나타난 두 번째 변화는 개별 논문 뒤에 실린 참고문헌을 보충하는 의미에서 책 말미에 추가 참고문헌을 실은 것이다. 여성의 성서주석이 너무 빠르게 성장하고 있기 때문에 이러한 목록은 책이 출간되기도 전에 이미 시대에 뒤쳐진 것이 된다. 그렇지만 이 간략한 참고문헌은 이 책이 출간될 시점에 세계 전역에서 여성들이 수행한 성서주석이 얼마나 풍부하고 다양한지 보여줄 것이다. 따라서 포괄적인 참고문헌은 북미 성서신학자로서 우리가 행한 연구를 전지구적 맥락에서 바라보게 해주고 독자들이 주제들을 좀 더 폭넓게 살펴보는 데 도움이 될 것이다. 현재 참고문헌 목록에는 손쉽게 구할 수 있는 영어자료만이 수록되어 있다. 하지만 이 책의 번역자들이 자신의 언어로 된 도서나 논문을 추가하여 참고문헌 목록을 확장하기를 바란다.

이 주석서의 초판에 실린 히브리성서/구약성서와 신약성서 문서들에 대한 논문들은 단 한 가지 사항을 제외하고는 개정되거나 대체되지 않았다. 이번 증보판에서는 다니엘서의 제목이 "다니엘서와 추가된 이야기들"에서 "그리스어 다니엘서"로 변경되어 외경/제2정경 부분에 따로 수록되었다. 대신 빈자리에는 "히브리어/아람어 다니엘서"에 대한 새 논문이 들어갔다. 우리는 조만간 적절한 시기에 『여성들을 위한 성서주석』의 완전개정판을 준비할 기회가 오기를 간절히 바라고 있다.

마지막으로 참고문헌 편집에 도움을 준 페이스 호킨스(Faith Kirkham Hawkins)와 재클린 랩슬리(Jacqueline Lapsley)에게 감사의 마음을 전한다.

캐롤 A. 뉴섬(Carol A. Newsom)
샤론 H. 린지(Sharon H. Ringe)

---

1) [역주] 본 책의 한국어판 제목은 한국의 독자, 특히 여성 독자의 접근성을 높이기 위해 "여성들을 위한 성서주석"으로 했음을 여기서 밝혀둔다.

초판 서문

우리 여성들은 오랜 세월 동안 성서를 읽어왔음에도 불구하고 이제까지 **여성으로서** 성서를 읽고 있다는 자각이 없었다. 그러나 자신이 여성임을 자각하면서 성서를 읽는 것은 여러 가지 이유에서 중요하다. 여성은 성서에 대해 그 나름의 고유한 질문을 제기하며 성서 본문을 읽는 데도 여성 특유의 통찰력을 발휘할 수 있다. 자아와 가족에 대한 우리의 경험, 여러 제도와 우리의 관계, 우리의 노동과 일상생활의 본질, 우리의 영성은 중요한 측면들에서 남성들과 달랐고 앞으로도 다를 것이다. 하지만 또 다른 이유도 있다. 성서는 그동안 누려온 종교적·문화적 권위로 인해 여성의 사회적 위치를 정의하는 가장 중요한 수단 중 하나로 기능해 왔다. 수세기에 걸쳐 남성에 대한 여성의 종속을 정당화하는 데 성서가 이용되어 온 것은 물론 사실이다. 그러나 성서는 때로는 놀라운 방식으로 여성에게 힘을 부여하기도 했다. 그러므로 종교공동체의 일원이든 아니든 여성이 자신의 삶의 상태를 결정짓는 데 성서가 담당해 온 역할에 대해 아무런 자각 없이 성서를 읽는 것은 점점 더 어려워지고 있다.

여성이 여성이라는 자각을 가지고 성서를 읽어야 할 필요성이 대두한 것은 19세기 후반부터 20세기 초반에 걸쳐 여성 운동이 전개되는 과정에서였다. 불과 100년 전에 '여성그리스도인절제연합'(Woman's Christian Temperance Union)의 회장이었던 프란시스 윌라드(Frances Willard)는 다음과 같이 호소하였다. "우리에게는 여성의 입장에서 성서를 해석해 줄 여성주석가가 필요하다. 우리는 진리에 대한 입체적 관점을 가질 필요가 있다. 그러나 이 관점은 여성과 남성이 함께 성서의 완전한 계시의 관점을 분별해 낼 때 비로소 얻을 수 있다."(Willard, 21) 이를 위해 윌라드는 "언어학적 재능을 지닌 여성들에게… 자신의 성(性)에 관심을 갖고 히브리어와 신약성서 그리스어의 전문가가 되라고"(Willard, 31) 촉구한다. 바로 그것이 문제였다. 다시 말해 성서해석은 언제나 '전문가'의 영역으로 간주되는 경향이 있었다. 이는 부분적으로 고대 언어에 대한 전문적 지식이 필요하기 때문이기도 하지만, 또한 제도적·문화적 권력의 문제이기도 하다. 종교적 직분과 교육의 기회에서 모두 배제된 상황에서 여성이 권위 있는 방식으로 성서해석의 장에 진입하기란 어려웠다. 그럼에도 불구하고 일부 용감한 여성들은 외부자이면서도 성서 그리고 성서와 여성의 삶의 관련성을 해석하기 시작했다.

1890년대에 엘리자베스 캐디 스탠튼(Elizabeth Cady Stanton)과 소수의 동료들이 『여성의 성서』(*The Woman's Bible*)를 만들었다. 이들은 여성이 등장하거나 반대로 눈에 띄게 부재한 성서 분문을 발췌하여 주석했다. 여기서는 성서해석을 왜곡해 온 남성들의 편견과 본문 자체에 나타난 여성혐오 둘 다 공격받았다. 내용면에서는 예리하고 담대하며 문체면에서는 위트 있고 신랄한 『여성의 성서』는 지금도 매혹적인 작품이다. 당시로서는 혁신적이었던 이 책의 많은 내용이 이후 폭넓게 수용되었고 확실한 것으로 여겨졌다. 하지만 『여성의 성서』는 그 당시의 기준으로 봐도 성서학 분야의 연구는 아니었다. 일부 여성들이 성서 언어를 공부하고, 또 성서학에 중요한 영향을 끼치는 새로운 형태의 학문 훈련을 받기 시작했지만 스탠튼의 기획에 참여하는 것은 꺼렸다. 이에 관해 스탠튼은 서문에서 다음과 같이 말하고 있다.

> [여성의 성서를 만드는] 이 작업의 책임자들은 성서비평에 정통한 히브리어 학자와 그리스어 학자들이 동참해서 그들이 쌓은 지식으로 이 책을 빛내주기 바란다. 이러한 마음에서 몇몇 뛰어난 여성들에게 '여성의 성서'를 만드는 작업에 동참해줄 것을 설득해 보았지만 이들은 자신의 높은 명성과 학문적 성취가 당분간 인기가 없을 것임에 틀림없을 계획에 참여함으로써 손상될 것을 우려하였다. 우리는 이 계층으로부터 도움을 기대할 수 없을 것이다.(Stanton, 1:9)

1895년의 이러한 상황은 거의 70여 년간 지속되었다. 작지만 의미 있는 수의 여성들이 계속해서 성서학 분야에서 훈련을 받았음에도 불구하고 학계 여성들은 자신이 가진 기술을 이용해서 여성주의적 시각에서 성서를 읽지 않았다. 1964년이 되어서야 비로소 성서문학 분야의 여성 교수인 마가렛 크룩(Margaret Brackenbury Crook)이 『여성과 종교』(*Women and Religion*)라는 제목으로 유대교와 기독교에서 여성의 지위에 관한 연구를 출간하였다.(Gifford 참조) 크룩은 자신의 연구가 '여성주의적' 계획이 아니라고 주장했지만 다음과 같이 날카롭게 말하고 있다.

> 미리암이 분개해서 "여호와께서 모세와만 말씀하셨느냐"며 문제를 제기했을 때부터 종교 분야에 대한 남성의 독점은 시작되었다. 그 이후로 이스라엘 땅과 문서에서 유래한 세 개의 위대한 종교 집단인 유대교, 기독교, 이슬람교에서 남성들은 여성들이 자신의 종교적 천재성을 표현할 기회를 거의 주지 않은 채로 교리를 형성하고 예배 형식을 성립했다.(Crook, 1)

1960–1970년대에 여성운동이 전개되고 점점 더 많은 여성이 신학교에 들어가게 되면서 여성이라는 자각을 가지고 성서를 읽는다는 것이 과연 무엇을 의미하는가에 대해 새로운 관심이 일어났다. 이러한 맥락에서 레티 러셀(Letty Russel)의 『해방의 말씀』(*The Liberating Word*)과 필리스

트리블(Phyllis Trible)의 『하나님과 성의 수사학』(*God and the Rhetoric of Sexuality*)과 같은 책들이 많은 남성과 여성에게 페미니즘에 입각하여 성서를 독해하는 새로운 가능성을 소개했다. 자신감이 커지고 정교해지면서 성서에 대한 여성주의적 연구는 현대 성서 연구에서 가장 중요한 새로운 영역 중 하나가 될 정도로 꽃을 피웠다. 지난 25년 동안 여성의 성서 연구는 무르익었다. 여성은 성서 연구 내의 전통적인 주제들에 관한 논의에서 뛰어난 활약을 했을 뿐 아니라 새로운 문제를 제기하고 새로운 해석을 개척함으로써 기존의 성서 연구 방식에 도전해 왔다.

이러한 여성주의적 성서 연구는 매우 다양한 각도에서 진행되었다. 일부 주석가들은 '본문의 배후로' 들어가 성서시대 여성들의 삶의 실제 상황에 대한 지식을 복원하려고 노력했다. 다른 주석가들은 여성에 관한 은유, 이미지, 내러티브에 새로운 빛을 던지는 문학적 접근법을 사용하여 어떤 방식으로 이야기가 말해지고 노래가 불리는지에 주목했다. 그러나 또 다른 주석가들은 여성과 관련된 성서 문서라 할지라도 남성의 관심사와 관점이 반영되었다고 보고 그 정도를 밝히려는 작업을 수행함과 동시에 그럼에도 불구하고 때때로 행간에서 여성의 존재와 여성 자신의 관점을 발견하는 것이 어떻게 가능한지를 밝혀내기 위해 애썼다. 많은 주석가들이 이제까지 행해진 여성주의적 연구에 비추어 신앙공동체의 여성들이 어떻게 성서를 읽을 수 있고 읽어야 하는지 밝히기 위해 노력해왔다. 현재 여성주의적 성서 연구는 성서를 판단할 준비도, 그렇다고 쏟아지는 비판으로부터 성서를 구해낼 준비도 되어 있지 않다. 하지만 자신이 여성임을 자각하면서 성서를 읽는다는 것은 고통과 환희를 넘나드는 복잡한 경험이다. 그리고 다른 여성들과 함께 여성으로서 성서를 읽을 때 큰 힘을 얻는다는 것을 깨닫게 된다. 이 책이 독자들에게 그러한 경험을 줄 수 있기를 바란다.

여성이 저술한 성서 관련 서적과 논문이 가파르게 증가하고 있기는 하지만 『여성들을 위한 성서주석』은 성서 각권에 대한 여성주의적 성서 연구의 일부 성과를 모아 성서를 읽는 좀 더 큰 여성 공동체와 그 열매를 나누기 위해 시작한 첫 번째 포괄적 노력이라는 점에 그 의의가 있다. 이 책의 제목은 거의 100년 전 엘리자베스 스탠튼이 저술한 작품, 『여성의 성서』에서 영감을 얻었다. 하지만 우리는 복수형을 사용하여 "여성들의 성서"로 책 제목을 정했다. 그 이유는 성서를 읽고 연구하는 여성들 사이에도 다양성이 존재한다는 사실을 깨달았기 때문이다. 단 하나의 '여성의 관점'만 있는 것이 아니다. 여성들의 경험은 문화, 계층, 민족, 종교공동체, 그 외에 사회적 정체성의 다양한 측면들로 인해 서로 다른 방식으로 형성되기 때문에 여기에서 얻은 통찰은 풍부하고 다양할 수밖에 없다. 사실 보는 관점에 따라 지식이 얼마나 달라지는지를 깨닫게 된 것이야말로 페미니즘 연구가 얻은 통찰 중 하나이다. 어떤 사물을 보는 사람이 있는가 하면, 그것을 보지 않는 사람이 있다. 이는 부분적으로 그들을 형성해 온 경험이 다르기 때문이다. 그래서 특정한 종류의 질문은 하면서도 같은 이유로 다른 질문은 하지 않는 것이다.

다원주의적 문화 속에서 살아가는 우리 시대 여성들의 다양한 삶의 방식은 사물을 바라보는 관점의 다양성으로 이어진다. 그래서 우리는 이 책의 필자들을 선택할 때 이러한 다양한 관점을 부분적으로나마 반영하려고 노력했다. 유대교 여성, 로마 가톨릭 여성, 개신교 여성이 필진에 포함된 것은 이 때문이다. 우리들 대부분은 평신도이지만 일부는 수도회의 일원이거나 성직자이다. 우리가 종교공동체와 맺는 관계 또한 각양각색이다. 우리 대부분은 예배공동체에 활발하게 참여하고 있지만, 일부는 종교공동체와 불편한 관계를 맺고 있거나 더는 전통 종교 안에서 영적 고향을 구하지 않는다. 그리고 세속적 배경을 가지고 성서 연구를 하게 된 필자들도 소수 있다.

이 주석서를 발간하는 작업이 거의 끝나갈 무렵, 우리는 필자들을 초대하여 그들에게 성서에 대한 관심을 불러일으키고 그들의 성서해석 방식에 영향을 끼친 요인들을 뒤돌아보는 시간을 가졌다. 어떤 필자들에게는 민족적 정체성에 대한 인식—아프리카계 미국인, 아메리카 원주민, 아시아계 미국인이라는 인식—이 중요했다면, 다른 이들에게는 문화적 경계를 넘나드는 경험—남반구에 위치한 어느 도시의 흑인공동체에서 백인으로 성장한 경험, 미국에서 유럽인으로 살아가는 경험, 또는 유럽에서 미국인으로 살아가는 경험—이 영향을 주었다. 기독교인이 대부분이었던 공동체에서 유대인으로 성장한 한 필자는 반유대주의와 성차별이라는 죄악에 대한 경험이 어떻게 그녀의 유년시절을 형성했으며 계속해서 그녀의 연구방향에 영향을 끼쳤는지에 대해 이야기했다. 몇몇 필자들은 그들의 여성주의적 성서해석이 사회정의에 대한 그들의 참여와 밀접하게 관련되어 있다는 사실을 지적했다. 이와 관련하여 제인 샤버그(Jane Schaberg)는 누가복음에 대한 그녀의 주석에 대해 다음과 같이 감동적으로 말했다.

> 이 주석은 페미니즘과 사회정의는 불가분하게 연결되어 있으며, 누가복음서에 반영된 여성과 가난한 자들에 대한 사고방식을 분석하는 것이 긴급하게 요청되고 있다는 확신에 근거하고 있다. 이 주석은 자본주의의 결함과 인종차별 및 반유대주의라는 악이 일상적으로 경험되는 곳, 그래서 미국 최초의 제3세계 도시라 불리는 디트로이트에서 쓰여졌다. 또한 이 주석은 지도자적 위치에 있는 사람들이 아직까지도 가부장적 가치를 옹호하면서 현대사회의 평등주의적이고 민주적인 흐름에 저항하는 가톨릭교회 안에서 심히 괴로워하며 이에 저항하는 구성원의 입장에서 쓰여졌다. 이러한 맥락에서 누가복음을 읽는다면 이 복음서의 장단점에 대한 인식이 더욱 분명해진다.

하지만 이 주석서가 아무리 다양한 관점을 반영했다 해도 우리가 대변하지 못했거나 충분히 표현하지 못한 많은 목소리들이 있다는 사실은 유감스럽다. 심지어 북미 여성들의 목소리도 다 담지 못했다. 독자들은 아프리카, 라틴아메리카, 아시아, 유럽, 그리고 레반트 지역에서 성서주석이 쓰여졌다면 그 내용이 얼마나 다를지 잠시 생각해 보는 것도 좋을 것이다.

이 책의 필자들에게는 어느 정도 유사한 형태의 교육을 받았다는 공통점이 있다. 프란시스 윌라드의 말을 빌자면, 우리는 "자신의 성에 대한 관심에서 히브리어와 신약성서 그리스어의 전문가가 되기로" 결심한 "언어학적 재능을 지닌 여성들"이다. 이를 위해 우리 모두는 미국과 유럽의 대학원에서 수년을 보냈다. 우리는 페미니즘 연구에 몰두하면서 전문지식을 높이 평가하면서도 이에 종종 수반되는 엘리트주의라는 함정에 빠지지 말아야 한다는 교훈을 얻었다. 우리의 배움이 좀 더 큰 여성공동체에 진정으로 기여하기 위해서는 이 책의 독자층인 여성평신도, 성직자, 학생들과 대화하면서 연구를 해나갈 필요가 있다. 대부분의 필자들이 여성 성서 연구반에서 오랫동안 활발히 활동해왔고, 모두 그 과정에서 자신이 속한 공동체의 다른 여성들과 연구내용을 함께 나누고 이들의 견해에 귀 기울이라는 격려를 받았다. 특히 클라우디아 캠프(Claudia Camp)는 열왕기서 논문을 쓰는 데 텍사스의 포트워스에 위치한 사우스힐스교회(Wouth Hills Christian Church) 여성성서 연구반이 얼마나 중요한 역할을 했는지를 강조했다. 클라우디아에 따르면, 그러한 경험은 개인적 성취라는 환상으로부터 벗어나서 글쓰기가 진정 무엇인지에 대해 새로운 모델을 발견하게 해준다. 이처럼 사우스힐스교회의 여성들이 이 책을 만드는 데 직접적인 역할을 했다면, 그렇게 직접적이지는 않았지만 실질적인 영향력을 행사했던 다른 여성들도 있다. 많은 필자들이 수년간 그들에게 성서 읽는 법을 가르쳐준 사람들로 어머니, 할머니, 자신이 속한 공동체의 다른 여성들을 꼽았다.

이제 이 책의 내용과 구성에 대해 몇 마디 덧붙이는 것이 독자들에게 도움이 될 것 같다. 여러 종교공동체들 사이의 실질적 차이 중 하나는 유대교도, 가톨릭교도, 개신교도가 '성서'에 대해 이야기할 때 각자 다른 성서를 가리킨다는 점이다. 즉 각 공동체는 다른 정경을 사용하고 있다. 그 안에 포함된 문서들의 수와 종류만이 아니라 배열순서도 다르다는 말이다. 유대교 성서와 기독교 성서는 심지어 장절 구분에서도 작지만 차이를 보이는 부분이 있다. 『여성들을 위한 성서주석』 출판은 개신교 출판사의 후원으로 이루어졌으므로 개신교 정경에 포함된 문서들의 수와 순서를 따른다. 단, 한 가지 예외가 있다. 제2정경에서 에스더서와 다니엘서에 덧붙여진 부분인 "수산나 이야기: 다니엘서"는 정경에 포함시켰다. 가톨릭 성서에 들어 있는 나머지 외경문서들은 따로 분리하여 다루었다. 이 책의 1부에는 히브리성서/구약성서 이렇게 이중으로 제목을 달았다. 이와 같이 결정한 것은 이 문서들이 유대교와 기독교에서 각기 상이한 특성을 지니고, 또 상이한 역할을 하기 때문이다. 이와 마찬가지로 연대는 기원전(B.C.E.)과 기원후(C.E.)로 표시하였다. 특별히 언급한 경우가 아니면 인용문과 장절 구분은 NRSV(신개정표준판)의 기준을 따랐다. 다만 한 가지 예외가 있다. 하나님의 이름, YHWH는 전통적으로 대부분 "주님"이라는 칭호로 번역되었다. 하지만 여기서는 "YHWH" 또는 "야웨"를 우선적으로 사용했다.

『여성들을 위한 성서주석』은 성서에 대한 전반적인 주석이나 완전한 주석을 시도하지 않았다. 성서 문서 각권을 다루는 각 논문은 독자들이 해당 성서문서에 친숙해질 수 있도록 전체내용을 소개하고 거기서 제기되는 주요 논제들을 개관하는 데서 시작한다. 엘리자베스 스탠튼의 『여성의 성서』를 모델로 삼아 우리는 필자들에게 자신이 맡은 성서의 모든 부분을 주석하지 말고 특별히 여성과 관련이 있다고 판단되는 본문을 선택해서 주석해 달라고 부탁했다. 이에 따라 필자들은 여성인물과 여성적 상징을 분명하게 다루고 있는 본문만이 아니라 좀 더 일반적으로 여성의 상황을 담고 있는 본문까지 주석 대상으로 삼았다. 사회생활과 결혼 그리고 가족의 여러 측면들, 여성의 법적 지위, 종교제도, 경제제도, 공동체의 경계가 정의되고 유지되는 방식, 그리고 이와 유사한 기타 주제들도 모두 다루었다. 그 밖에 성서에 등장하는 여성과 그 배경이 되는 문화를 이해하는 데 중요한 특정한 상징적 사고 방식 — 성스러움의 개념이나 세계에 대한 이중적

인식－에 대한 논의도 들어 있다. 마지막으로 우리는 정경의 범위를 넘어서는 논문을 몇 편 실었다. 두 편의 논문은 성서와 그 외 자료를 바탕으로 성서시대 여성들의 일상생활을 다루었다. 그 외에 한 논문은 정경 밖의 초기 기독교 문헌에 나타난 여성의 모습을 탐구한 것이고, 다른 한 논문은 여성주의적 해석학, 다시 말해 현대 여성들이 여성주의적 관점을 견지하면서 성서 본문의 의미를 해석하고 평가하는 데 참여하는 방식을 다룬 것이다.

자신의 경험에서부터 우러나온 질문과 관점을 가지고 성서를 읽는 모든 새로운 독자 공동체에 의해 성서는 끊임없이 새롭게 읽혀진다. 이러한 의미에서 『여성들을 위한 성서주석』은 결정적이거나 최종적인 주석이라기보다는 여성이 여성으로서 성서 본문을 읽는 하나의 모델이 될 것이다.

* * *

이 책에는 그 공헌이 분명하게 드러나는 사람들도 있지만 뒤에 숨어서 이 책의 기획과 준비에 도움을 준 사람들도 있다. 우선 이 프로젝트를 구상하고 우리를 설득하여 이 작업을 맡긴 웨스트민스터/존녹스 출판사의 신시아 톰슨(Cynthia Thompson)에게 감사의 마음을 전한다. 예상보다 훨씬 수월하게 편집작업을 할 수 있었던 것은 모두 신시아의 지혜로운 조언과 분별력 있는 관점 덕분이다. 렉스 매튜스(Rex Matthews)는 넓은 마음과 인내심을 가지고 41명에 달하는 저자들이 사용한 다양한 문서작업 프로그램들을 통일함으로써 원고파일들을 우리가 사용할 수 있는 형태로 변환시켜주었다. 콜린 그랜트(Colleen Grant)와 도르카스 포드-다워드(Dorcas Ford-Doward)는 원고를 확인하고 최종 원고를 준비해 주었다. 이 자리를 빌어 그들 모두에게 감사의 마음을 전하고 싶다.

캐롤 A. 뉴섬
샤론 H. 린지

참고문헌

Crook, Margaret Brackenbury. *Women and Religion.* Boston: Beacon Press, 1964.

Gifford, Carolyn De Swarte. "American Women and the Bible: The Nature of Woman as a Hermeneutical Issue," *Feminist Perpectives on Biblical Scholarship*, edited by Adela Yarbro Collins, 11–33. Biblical Scholarship in North America 10. Chico, Calif.: Scholars Press, 1985.

Russel, Letty M., ed. *The Liberating Word: A Guide to Nonsexist Interpretation of the Bible.* Philadelphia: Westminster Press, 1976.

Stanton, Elizabeth Cady, ed. *The Woman's Bible.* 2 vols. New York: European Publishing Co., 1895–1898.

Trible, Phyllis. *God and the Rhetoric of Sexuality. Overtures to Biblical Theology.* Philadelphia: Fortress Press, 1978.

Willard, Frances E. *Woman in the Pulpit.* Chicago: Woman's Temperance Publishing Association, 1889.

여성이 성서를 해석할 때

샤론 H. 린지

Sharon H. Ringe

성서는 과연 무엇을 의미하는가? 현대 독자들은 고대에 살던 저자들과 그들의 공동체가 당연시했던 전제들과 언어를 어떻게 이해할 수 있는가? 여성 독자의 경우 성서를 읽는 **과정**과 그 **결과**는 남성 독자와 어떻게 다른가? 성서는 과거부터 현재까지 남성과 여성의 삶에 어떤 영향을 끼쳐왔는가? 성서를 '하나님의 말씀'이라고 말하는 것은 어떤 의미를 지니는가? "이 부분에서는 성서가 틀렸다"라고 말할 수 있는 근거는 무엇인가? 이 모든 질문들의 중심에는 해석의 과정이 놓여 있다.

적극적 읽기로서의 해석

성서 해석은 성서를 주의 깊고 적극적으로 읽는 데서부터 시작된다. 주의 깊고 적극적인 독서란 성서의 특정 문서가 쓰여진 시간·장소·목적, 해당 문서를 탄생시킨 저자와 공동체의 주요 관심사, 본문에 나오는 특정 용어들의 의미를 이해하기 위해 노력하는 독서행위를 뜻한다. 이러한 독서 과정은 대화 상대를 알기 위한 노력과 유사하다. 즉 나의 문제의식을 상대방에게 투사함으로써 그의 고유한 목소리를 놓치는 우를 범하지 않기 위해 상대방이 단어를 어떤 방식으로 사용하고 어떤 인생을 살아왔으며 이 대화가 어떻게 시작됐는지, 한마디로 그의 뿌리가 어디에 있는지를 좀 더 잘 이해하기 위해 노력하는 것과 유사하다.

하지만 대화는 두 명 모두 적극적인 자세로 임할 때 이루어지며, 아무리 상대방의 사고와 인격을 형성한 배경을 주의 깊게 관찰하고 이에 민감하게 반응하는 사람이라도 상대방에게서 들은 이야기를 자신의 경험에 비추어 이해하기 마련이다. 그러므로 상대방의 **의도**와 나의 **이해**가 언제나 정확히 일치하는 것은 아니다. 나아가 대화를 전해주는 사람이 누구인지를 아는 것은 말하는 사람이 누구인지를 아는 것만큼 중요하다. 성서와 같은 고대 문서를 읽는 독자의 상황도 이와 유사하다. 독자가 아무리 주의 깊게 고대 저자의 목소리와 현대의 해석가로서 자기 관심사를 구분하려고 노력해도 이 둘을 완전히 구분하기란 불가능하다. 어떤 본문을 읽는 독자가 속한 역사와 사회, 문화가 본문 이해에, 그리고 본문과 본문이 나오게 된 맥락과 관련해 중요한 질문이 무엇인지를 결정하는 데 불가피하게 영향을 끼친다. 따라서 주석이나 성서사전, 그 밖의 학문적 도구들이 이러한 독서 과정에 도움을 줄 수 있다 해도 결국 이 모든 것들은 특정 독자들의 해석의 산물이다. 독자가 해석하려는 성서자료들과 마찬가지로 이 모든 자료들도 그것을 쓴 저자들의 상황을 반영한다.

『여성들을 위한 성서주석』이 갖는 차별성은 많은 이들이 인정하듯 필자들이 고대와 현대의 종교적·문화적 상황 속에서 여성들이 겪어온 다양한 경험을 창으로 삼아 성서를 읽었다는 데 있다. 그 결과 당시 여성들이 자신이 나고 자란 공동체에서, 또는 이상적이라고 꿈꿨던 공동체에서 한 경험과 관련해서 성서 저자들이 남긴 유산을 살펴봄으로써 성서 저자들을 이해하고, 나아가 그들에게 질문을 하는 시도를 하게 된 것이다.

성서의 권위와 해석

여성의 관점 또는 그것이 여성의 삶에 미친 영향이 성서 저자들의 주요 관심사가 아니라는 것은 분명하다. 설령 관심이 있었다 하더라도 그와 관련된 문제를 거의 제기하지 않았다는 것이 사실인 것 같다. 하지만 성서를 읽는 여성들은 여성 조상들의 역사와 우리 자신의 삶과 관련되어 있기에 그러한 것들을 **진심으로** 알고 싶어 한다. 여기서 해석가들이 맞닥뜨리는 중요한 문제는 이러한 문제를 제기하는 것이 과연 정당한가이다. 성서 저자의 문제의식도, 심지어 당시 주요 청중의 문제도 아니라면, 그런 문제들을 제기할 필요가 있는가? 아니 제기해도 되는가?

이것은 신중하게 접근해야 할 문제이다. 성서가 각 시대 여성들에 관한 문제를 전부 다루는 것은 아니다. 이는 성서가 생명의료 윤리에 대한 현대인의 질문에 해답을 제공하지 않는 것과 마찬가지이다. 성서에 이러한 문제를 대입하고 그에 대한 답을 찾으려고 하는 것은 성서 또는 독자의 역사적 상황을 존중하지 않는 태도일 수 있다. 그러나 다른 한편으로 성서 저자들이 남긴 문학적 유산은 실제로 여성인물들을 포함하고 있고 그들의 삶에 관해 특별히 중요한 문제들을 말해주기도 한다. 따라서 본문을 앞에 두고 이러한 질문을 하는 것은 그동안 보지 못했고, 때로는 의식하지 못했던 성서 저자들이 지녔던 가치와 전제들을 드러나게 만드는 작업이다. 이러한 독서는 지배문화의 '가면을 벗기는' 과정의 일부이며 주변부에 위치한 사람들이 지닌 특별한 재능이다.

여성이 성서시대의 여성들에 대해, 그리고 성서가 여성들의 삶에 미치는 영향에 대해 질문한다는 것은 좋든 나쁘든 성서가 오늘날에 이르기까지 서구는 물론 구미의 헤게모니와 영향력 아래 살아가는 세계 여러 지역 사람들의 삶과 공동체, 문화를 형성해왔다는 사실을 보여준다. 성서는 다른 문학작품에 종종 인용되는 '고전적인' 문서들의 모음집이며, 성서가 보여준 가치기준은 철학과 법체계를 형성해 왔다. (대체적으로 성서는 권력을 가지고 사회를 지배하는 개인이나 집단에 의해 해석되어 왔다.) 그만큼 성서는 우리가 그 존재나 힘을 인식하지 못한 채 숨 쉬는 공기와도 같은 존재가 되었다.

이처럼 공통문화로서의 역할, 심지어 '공기와 같은' 역할을 하는 것 외에도 기독교와 유대교에서 성서는 '경전' 또는 '정전'으로서 종교적 권위를 지닌다. 다시 말해, 행동지침, 신앙규정, (사실적 차원에서 [그리고/또는] 도덕적 차원에서) 오류가 없는 진리의 원천, 하나님의 계시로서 권위를 갖는다. 따라서 기독교와 유대교 공동체에서 성서의 권위는 암묵적이기도 하지만 분명하게 드러나기도 한다. 하지만 특히 여성들에게 성서는 그 의미가 종종 모호하게 다가오며, 궁극적으로는 상반되는 두 힘을 지닌 것으로 보인다.

성서의 양면적인 힘

성서는 힘을 **가진** 문서이다. 그렇기 때문에 해석의 문제는 단순히 성서 이해의 차원을 넘어선다. 최선을 다해 성서를 이해했다면, 성서가 우리의 삶에 미치는 영향은 무엇인지, 성서를 가지고 혹은 성서와 관련해 무엇을 해야 하는지 묻게 된다. 하지만 여성의 입장에서 이러한 질문을 던지는 것이 쉬운 일은 아니다. 왜냐하면 성서는 여성에게 두 가지 상반되는 힘을 행사해 왔기 때문이다. 한편으로, 성서는 생명, 희망, 해방의 힘이었다. 성서를 통해 인간의 삶과 행동에 역사하시는 하나님과, 나아가 하나님의 현존을 경험한다고 선포하는 공동체 안에서 여성들의 삶은 풍요로워지고 단단해졌으며 힘을 얻었다. 여성들은 조용하나 용맹한 여인들이 하나님의 복을 받은 이야기에 자기네 인생이 반영되어 있다고 느꼈다. 오랫동안 한 줌밖에 안되는 밀가루와 소량의 기름(왕상 17장)으로 가족을 먹여 살리는 데 익숙해진 여성들은 이러한 이야기를 들으며 계속 살아나갈 힘을 얻었다. 오랜 세월에 걸쳐 여성들은 바울과 더불어 "사망이나 생명이나… 다른 어떤 피조물이라도 우리를 하나님의 사랑에서 끊을 수 없다"(롬 8:38-39)고 확신해 왔다.

그러나 다른 한편으로 성서를 읽는 여성들은 자신이 낯선 곳, 심지어 적진에 있다고 느꼈다. 성서 안에서 여성들이 스스로 말하는 경우도 간혹 있기는 하다. 하지만 여성들은 남성 저자의 관점에서, 궁극적으로 남성에게 권위를 부여하고 남성의 경험을 규범으로 삼는 공동체의 관점에서 그려진다.

그렇기 때문에 성서에서 자기만의 종교적 여정에 오르는 여성을 찾아볼 수 없는 것이다. 여성들이 언제나 종교적 여행을 했다는 것은 분명한 사실이지만 성서에서는 이들이 남긴 유산이 발견되지 않는다. 오히려 여성들은 – 문법적 은유로 사용되어 – 종교적 경험과 실천을 나타내는 동사의 '주어'가 아니라 직접 또는 간접 '목적어'로 등장한다. 여성들의 삶의 여러 측면이 이야기 또는 설화로 서술될 때나, (신구약성서에 나오는 법전과 도덕률에서처럼) 그들의 행동이 규정될 때나, (호세아서나 요한계시록처럼) 여성들의 삶이 종교적 실재의 은유로 기능할 때에도, 여성은 종종 '평면적인' 인물로서 완전히 선하거나 사악한 인물이 아니면 누군가의 처분을 기다리는 객체로 그려진다.

성서에 나오는 여성들의 침묵, 그리고 강요된 침묵 – 여성들이 받은 멸시와 폭력 – 은 많은 여성들이 처한 삶의 현실을 반영한다. 이들에게 성서는 그들이 겪는 고통을 하나님이 승인했음을 다시 한 번 확인해 주는 것으로 보인다. 성서가 상처를 치유하거나 압제로부터의 자유를 향해 앞으로 나갈 힘을 부여하는 것이 아니라 때로는 여성을 죽음으로까지 몰고 가는 악행과 학대를 축복하고 것처럼 보인다.

성서에 대한 해석적 접근의 다양성

개인으로서, 다양한 종교적·사회적·민족적 공동체의 구성원으로서 여성들은 성서가 지닌 힘을 다양한 방식으로 경험해 왔고, 이것은 그대로 다양한 해석적 접근으로 이어졌다. 성서 본문에 대한 접근 방법은 성서 전체가 하나님의 말씀으로서 신앙과 실천을 적극적으로 고취시킨다고 확신하는 입장에서부터 성서 전체를 절망적일 정도로, 손쓸 수 없을 정도로 여성혐오적인 것으로 보고 완전히 부정하는 입장에 이르기까지 그 범위가 넓다. 많은 여성은 여러 성서 본문을 가지고 다양한 방식으로 또는 다양한 해석적 맥락이나 상황에서 연구한다. 단 하나의 '정확한' 또는 '받아들일 수 있는' 연구방법이 있는 것은 아니다. 하지만 어떤 접근 방식을 택하느냐에 따라 전혀 다른 결과와 결론이 나온다는 점을 염두에 두어야 한다. 본문에 대한 해석자의 접근 방식이나 태도를 인식하는 것은 해석자의 연구를 이해하거나 평가할 때도 중요하다. 성서가 지닌 권위와 구속력이 여성에게 긍정적인 힘으로 작용한다고 확신하는 여성들은 종종 성서 저자의 의도와 성서의 가르침을 해석하고 '적용'한 결과를 날카롭게 구분한다. 이들은 성서가 여성의 존엄성과 가치를 확신하고 지지한다고 보고, 일부 성서 본문이 여성을 비하하거나 여성학대를 정당화하는 것으로 보이는 것은 해석상의 오류 때문이라고 생각한다.

한편, 다른 여성들 – 예를 들어, 아프리카계 또는 라틴계 미국 여성들 – 은 출애굽 설화, 예언자들의 가르침, 공관복음서에 담긴 예수의 가르침과 같은 성서 본문들이 예나 지금이나 자기 민족이나 인종의 해방투쟁에서 중요한 역할을 담당해왔다는 점을 인정한다. 이들은 열거한 본문들이 성서의 나머지 부분을 해석할 열쇠를 제공한다고 생각하기 때문에 이 성서 본문들을 성서의 핵심으로, '정경 중의 정경'으로 본다. 이러한 입장에서 여성에게 불리한 모든 성서 본문은 성서의 핵심 정신인 해방에 근거하여 해석된다.

위의 해석 방법을 변형하여 보편적 '해방의' 메시지가 아니라 특별히 여성과 관련된 본문에 초점을 맞추는 해석자들도 있다. 이들은 여성의 역할과 가치를 확신하는 구절들을 여성에 '반대하는' 구절들에 대한 저항의 목소리로 상정하고, 주변 사회의 가부장주의적 전제들에 반하는 태도를 보이며 여성을 긍정하는 구절들이야말로 성서의 핵심적 메시지라고 주장한다.

다른 한편, (가부장적 가치들이 생겨난 역사적 상황이 매우 다양하고 성서 내 문서들이 다양한 목적에서 쓰여졌음에도 불구하고) 성서 기저에 가부장적 가치들이 흐르고 있다는 인식 아래 여성에 대한 성서의 부정적 관점은 시공간을 초월하여 남성중심적이고 규범화된 사회에 속한 여성들이 겪는 경험을 비추는 거울이라고 보는 해석자들이 있다. 이들은 가부장적 가치를 옹호하는 본문을 보면서 거기에 묘사된 여성들의 삶과 그 본문으로 인해 고통받는 여성들을 기린다. 이러한 본문들은 현재의 신앙공동체와 실천 공동체를 형성한 역사와 교리, 신학을 비판적으로 성찰하게 해주는 재료이기도 하다. 이 본문들이 하나님에 대해 그리고 하나님과 신실한 계약을 맺은 공동체에 대해 무언가를 계시할 수 있는 힘을 지녔다는 생각은 전적으로 부정된다.

마지막으로, 성서 전반에 깔려 있는 가부장적 가치들이 압도적이라고 판단한 일부 독자들은 더는 성서를 읽지 않는다. 이러한 관점에서는 정의와 존엄성의 판단 기준을 세울 때 인간의 경험, 그 중에서도 여성의 경험이 성서 본문에 나오는 인간의 말(human words)보다 권위를 갖는다. **오늘날** 여성을 대하는 잘못된 관행은 **전에도** 항상 잘못된 것이었고 그러한 악을 영속화시키는 문헌에서 어떤 식으로든 가치를 찾으려 하는 것은 이제까지 행해진 악을 확대할 뿐이다. 따라서 이러한 독자들은 성서와 관련된 해석 작업을 부차적인 것으로 보고 다른 곳에서 여성의 영성과 종교적 경험의 토대를 구한다.

다양한 목소리가 만들어 내는 합창: 상황적 독해(Contextual Reading)

성서 본문과 그 권위에 대한 여성들의 다양한 입장은 또 다른 차원들의 다양성으로 인해 더욱 복잡해진다. 따라서 각 차원에서 특정한 해석을 낳는 구체적인 요소들을 인식하고 다양한 목소리를 해석 작업으로 통합시키는 것이 중요하다.

성서 안의 다양성

해석자가 가장 먼저 의식해야 할 것은 성서 자료 자체가 다양하다는 사실이다. 성서는 천 년이 넘는 세월에 걸쳐 쓰여졌고 그보다 오랜 시간에 걸쳐 수집되었으며 작은 부족공동체로부터 국제도시에 이르기까지 온갖 형태와 규모를 지닌 사회에 속한 사람들 사이에서 유래했다. 따라서 성서 자료들은 사회 형태와 가치, 신학, 종교 관습과 관련하여 서로 큰 차이가 나는 가정들을 반영하고 있다.

성서 자료는 역사적·사회적 상황뿐만 아니라 문학 형태에 있어서도 다양성을 보여준다. 성서에 나타난 문학적 범주만 보더라도 내러티브, 시, 법, 서신, 노래, 잠언 등 다양하다. 이처럼 다양한 문학 형태가 사용된 것은 글을 쓰는 목적이 다르기 때문이다. 일례로 법전을 쓰는 목적과 시를 쓰는 목적이 같은 수는 없다. 이처럼 다른 형태의 자료는 다른 목적을 반영할 뿐만 아니라 독자에게 다른 영향을 끼치기도 한다. 예를 들어, 이야기가 "옛날 옛적에…"로 시작하면 우리는 편안한 마음으로 뒤로 기대 앉아 이야기를 듣는 반면 "너는 ~해서는 안 된다"로 시작하면 긴장감을 가지고 이야기에 집중하게 된다. 나아가 다양한 형태의 문학은 다양한 방식으로 읽히고, 다양한 목적에서 질문을 받으며, 다양한 기준으로 평가받는다. 가령, 시나 성가에 대해서는 운율이나 은유에 대해 질문할 수 있지만, 내러티브에 대해서는 인물 묘사나 플롯 전개에 관심을 가질 것이다. 심지어 '진리'의 의미도 시와 역사기록에서 서로 다르다.

성구집의 '맥락'

다 같이 읽으려는 목적에서 성서구절을 선별하여 엮은 것이 성구집이기 때문에 그 안에는 성서 자체가 지닌 다양성이 내포되어 있다. 따라서 공중예배라는 상황에서 '성구집'을 봉독할 때 성서 내의 다양성과 성서를 잉태한 상황과 목적의 다양성이 본문의 해석과정에 들어오게 되는 것은 당연하다. (항상 그런 것은 아니지만) 교회에서는 대체로 시편이나 찬가, 또는 구약성서(히브리성서 또는 외경), 서신, 복음서에서 뽑은 구절들을 봉독한다. 전통적으로 이러한 구절들은 교회 절기나 복음서의 주제에 따라 하나의 단위로 묶였다. 이처럼 절기별·주제별로 성서구절들이 모이자 새로운 해석적 상황이 발생했다. 이것은 다양한 본문은 그 자체로 이해되어야 할 뿐만 아니라 다른 본문에 비추어 해석되어야 한다는 점을 시사한다. 여기서 우려되는 점이 두 가지 있다. 하나는 각 목소리와 상황의 구체성이 드러나지 않는 것이다. 다른 하나는 여성인물 또는 특별히 여성에게 관심을 기울이는 가르침이나 본문에서 따온 성서구절들을 좀 더 보편적인 주제 아래서 연구함으로써 원래의 초점을 잃게 만드는 것이다.

해석의 역사

현대의 어떤 해석자도 곧바로 성서의 원뜻에 가닿을 수 없다는 사실을 인정하는 것은 중요하다. 해석자는 (종종 자각하지 못한 채) 수세기에 걸친 해석의 영향을 받는다. 그 결과, 본문과 해석을 구분하는 것이 거의 불가능하게 되어버렸다. 만일 여성들이 여성과 관련된 성서 전승에서 신

선한 소리를 듣고 싶다면, 무엇보다도 해석의 역사를 알 필요가 있다.

해석의 역사와 관련해 특별히 두 가지 측면을 언급할 필요가 있다. 하나는 신약성서의 가정훈령과 같은 구절들(엡 5:21-6:9; 골 3:18-4:1; 벧전 2:18-3:7)에 관한 것이다. 이 구절들은 여성, 어린이, 그 외 다른 소외된 사람들의 복종과 그에 따른 학대를 조장하는 것으로 이해되어 왔다. 원래 의도와 상관없이 이 구절들이 역사적으로 사회적 약자에게 매우 불리한 방식으로 해석된 경우가 있었던 것이 사실이다. 아주 잠깐이라도 가정폭력의 희생자와 생존자의 이야기를 들어보면 이 점이 분명해질 것이다. 따라서 (잘못된) 해석의 역사와 그로 인한 폐해를 반드시 고려해야 한다. 특히 여성주의적 성서 해석의 역사에서 언급할 필요가 있는 두 번째 측면은 유대교에 대한 이해이다. 역사적으로 여성주의적 성서 해석가들은 예수 시대 유대교의 가치와 관습을 후대의, 심지어 중세 랍비의 가르침과 혼동해왔다. 그 결과 '페미니스트' 예수 대 여성을 혐오하는 유대교라는 부적절한 대조가 생겨났다. 사실은 예수 운동에서 유래한 가르침에서도 여성의 역할은 이중적이다. 이는 거기에 예수 시대 팔레스타인 유대인의 삶이 반영되어 있기 때문일 것이다. 현대적인 기준으로 보면 예수 운동에서나 유대교에서나 여성의 역할은 제한적이었다. 그렇다고 해서 유대교 여성을 부엌에 숨어서 묵묵히 일만 하는 존재로 풍자할 정도는 아니었다. 예수의 추종자 중에서 여성들이 활약을 한 것은 사실이다. 하지만 당시 상황에서 이들의 역할은 **자기** 가정과 지역 집회에서 보여준 다른 유대교 자매들의 종교생활과 크게 다르지 않았을 것이다.

지구적 상황에서 해석하기

지배적인 문화, 계층, 민족 집단 출신, 그 중에서도 미국 출신의 여성들은 해석의 역사가 미친 영향을 살펴보는 동시에 자기 경험을 모든 여성의 경험으로 일반화하지 않도록 주의해야 한다. 또한 우리가 처한 사회적·역사적·경제적 상황은 우리가 성서 자료에 대해 어떤 문제를 제기할 수 있는지, 그리고 본문에서 무엇을 보고 무엇을 보지 못하는지에 크게 영향을 끼친다. 그러므로 해석은 공동과제로 수행될 때 가장 잘 이루어질 수 있다. 그러한 작업 속에서 가난한 여성과 부유한 여성, 백인 여성과 유색인 여성, 미혼 여성과 기혼 여성, 모국에서 살고 있는 여성과 타국에서 살고 있는 여성, 동성애자 여성과 이성애자 여성의 목소리를 직접은 아니더라도 최소한 글을 통해 들을 수 있다. 다양한 목소리가 한데 어우러질 때, 해석이라는 합창은 비로소 성서 전승의 풍부한 울림을 우리에게 선사할 것이다.

젠더, 언어, 그리고 해석

여성은 성서를 해석할 때 언어와 젠더의 문제에 특히 관심을 갖는다. '남자'(man), '형제'(brother), '인간'(mankind)과 같은 단어와 남성대명사를 남녀 일반을 나타내는 총칭으로 사용하는 전통적인 성서 번역 방식은 성서 이야기가 전해주는 공동체에 여성들이 참여했다는 사실을 가리거나 부정한다. NRSV의 역자들은 이러한 문제를 해결하려는 열정을 가지고 체계적으로 성서를 번역했다. 이들은 남성과 함께 여성도 언급하는 것이 분명한 부분에서 '사람'(person), '인간'(human being), 그리고 '형제자매'(brothers and sisters)와 같은 단어를 사용한다. 『여성들을 위한 성서주석』은 대체로 이러한 NRSV에 기초하여 주석을 했다.

하지만 NRSV의 역자들도 여성주의적 해석에서 매우 중요한 신학적 논제인 하나님의 젠더와 하나님을 표현하는 언어에 대해서는 큰 관심을 두지 않았다. NRSV에서 하나님은 언제나 남성 단수로 표현된다. 이에 대해 역자들은 원어 성서에서 하나님을 남성 대명사(또는 동사어미, 히브리어에서는 동사에 성[性], 수가 나타난다.)로 표현하고 있기 때문에 이것은 정확한 번역이라고 설명한다. 그리스어와 히브리어에서 모든 명사는 **문법적** 성을 가지고 있기 때문에 앞에서 사용된 명사의 성에 따라 뒤에 나오는 대명사의 성이 좌우된다. 이런 점에서 두 언어는 스페인어와 같은 현대 언어와 유사하다. 가령, 스페인어에서 “탁자”(*la mesa*)는 여성명사로서 여성 대명사를 필요로 한다.(*ella*, ‘그녀’) 하지만 스페인어 대명사를 영어로 번역해서 단순히 문법적 성이었던 것이 생물학적 성이 되어버린다면 그때는 “탁자”를 뜻하는 대명사를 중성인 ‘그것’(it)으로 번역해야 한다. 그리스어와 히브리어 대명사를 번역할 때도 같은 자유가 허용되어야 한다. 다시 말해, 하나님에 대해 사용할 대명사를 문법적 차원에서 결정해서는 안 된다. 이것은 신학적으로 결정해야 할 문제이다. 그리고 어떤 결정을 내리느냐에 따라 우리가 하나님을 보는 방식이 달라진다. 그래서 많은 여성은 다음과 같이 해석하기로 결정했다. 하나님에 대해 어떠한 대명사도 사용하지 않고 단순히 ‘하나님’이라는 단어를 반복함으로써 하나님은 인간의 성의 범주를 초월한 분이라는 신학적 확신을 전달하기로 한 것이다.

이와 관련되어 좀 더 복잡한 문제는 그리스도를 부르는 대명사와 (‘주님’과 같은) 칭호의 사용이다. 기독교인이 나사렛 예수를 그리스도라고 고백할 때 예수는 분명 인간 남성으로 지칭된다. 여성이 하나님과 관계를 맺을 때 결국 남성에게 의존하게 된다는 생각을 받아들일 수 없었던 페미니스트들에게는 이런 사실 자체가 문제가 되었다. 그러나 예수가 남성이라는 사실이 여성에게 걸림돌이 된다고 생각하든 안하든, 그리스도가 남성이라는 사실이 그가 속한 종교전통에서 역사적 필연이든 아니든, 신학적 방점은 예수의 남성성이 아니라 인성에 있다. 이는 예수 그리스도는 완전한 인간이자 완전한 신이라는 신조에 분명하게 나타나 있다. 그 밖에도 영어라는 언어의 한계 내에서 어떻게 이러한 확신을 전달할 것인지, 언어구조상 이 문제를 해결할 수 없을 때에는 어떻게 할 것인지가 해석자에게 남겨진 과제이다.

결론

이처럼 해석 작업이 복잡하다는 사실을 감안하면, 본문을 읽고 단순하게 그것을 현재 자기 상황에 '적용'할 수 없다는 점이 분명해진다. 특히 여성의 입장에서 고대에 쓰여진 본문은 당시 상황과 관련지어 볼 때 훨씬 더 역동적이고 다차원적이다. 마지막으로 우리가 이해하려고 애쓰는 특정 본문과 관련해 무엇을 할지 해석자가 내리는 결정에 초점이 모아진다. 그러므로 해석은 그 자체로 특정한 상황에서, 고대와 현대의 여러 동역자들과의 대화 속에서, 그리고 고통을 주는 세상 속에서 치유와 해방의 말씀을 듣고 이를 지키겠다는 목회적·신학적 목적을 가지고 적극적으로 수행해야 하는 과제이다.

참고문헌

Achtemeier, Paul J., ed. *The Bible, Theology, and Feminist Approaches. Interpretation* 42(1988).

Bach, Alice, ed. *The Pleasure of Her Text: Feminist Readings of Biblical and Historical Texts.* Philadelphia: Trinity Press International, 1990.

Collins, Adela Yarbro, ed. *Feminist Perspectives on Biblical Scholarship.* Biblical Scholarship in North America 10. Chico. Calif.: Scholars Press, 1985.

Fabella, Virginia, and Mercy Amba Oduyoye, eds. *With Passion and Compassion: Third World Women Doing Theology.* Maryknoll, N.Y.: Orbis Books, 1988.

Fiorenza, Elisabeth Schüssler. *Bread Not Stone: The Challenge of Feminist Biblical Interpretation.* Boston: Beacon Press, 1984.

Pobee, John S., and Bärbel von Wartenberg–Potter, eds. *New Eyes for Reading: Biblical and Theological Reflections by Women from the Third World.* Bloomington, Ind.: Meyer–Stone Books, 1987.

Russel, Letty M., ed. *Feminist Interpretation of the Bible.* Philadelphia: Westminister Press, 1985.

______. ed. *The Liberating Word: A Guide to Nonsexist Interpretation of the Bible.* Philadelphia: Westminister Press, 1976.

Tolbert, Mary Ann, ed. *The Bible and Feminist Hermeneutics. Semeia* 28 (1983).

Trible, Phyllis. *God and the Rhetoric of Sexuality.* Overtures to Biblical Theology. Philadelphia: Fortress Press, 1978.

______. *Texts of Terror: Literary–Feminist Readings of Biblical Narratives.* Philadelphia: Fortress Press, 1984.

Weems, Renita. *Just a Sister Away: A Womanist Vision of Women's Relationship in the Bible.* San Diego, Calif.: LuraMedia, 1988.

히브리성서/구약성서

창세기

수잔 니디취
Susan Niditch

개관

내용, 구성, 맥락

창세기라 불리는 일군의 내러티브와 족보전승은 우주의 기원과 첫 인류에 대해 묘사하며, 고대 이스라엘의 초기 선조들의 삶의 이야기를 풀어내고 있다. 이런 식으로 이스라엘 백성의 창조는 바로 우주 자체의 창조라는 맥락 속에 놓이게 된다.

창세기를 읽는다는 것은 아주 먼 이국 문화의 세계관과 가치 속에 자신을 던지는 것이다. 이들은 야웨 하나님이라는 신을 믿는데, 이 신은 부모로, 물의 영으로, 여행자로, 용사로 그려지며, 꿈-환상과 계시를 통해 선조들과 대화하는 신이다. 창세기를 읽는다는 것은 가나안 땅을 영원히 약속된 소유물로 여기는 한 백성을 만나는 것이다. 이 백성들은 동물의 피 제사를 통해 그들의 신에게 간청하기도 하고, 신을 달래기도 하며, 이들은 이 신을 한 어머니의 외아들을 희생 제물로 요구하는 존재로 보기도 하며, 그의 아버지를 이 요구에 복종하게끔 하는 신으로 보기도 한다.(창 22장)

창세기는 여성들이 공적 영역에서 힘을 행사하지는 않지만, 가정이나 자녀들과 같은 사적 영역에서는 상당한 힘을 지니고 있었다고 묘사한다. 그들의 세계는 우리가 현실을 상상하고 질서를 세우는 것과는 상당히 다른 세계와 방식을 갖고 있다. 그러나 그들 역시 아내와 자식을 사랑하고, 형제에게 분노하며, 친족을 잃고 슬퍼하며, 기근과 불임의 형태로 나타나는 결핍을 만나면 두려워하고, 자신들의 존재에 대해 이해가능한 것은 살펴보고, 이해불가한 것은 이해하고자 애쓴다. 이 모든 인간의 관심사와 감정이 창세기라는 이스라엘 문학 속에 나타난다. 그러나 우리는 이 자료에서 여성과 관련한 구절들에 특별한 관심을 갖고 접근할 때 이것이 누구의 이야기인지를 질문해야만 한다.

역사와 역사성에 대한 질문

이스라엘 문화는 결코 단일하지 않다. 이스라엘 역사는 수천 년에 걸쳐 있으며 세 시기로 구분할 수 있다. 왕국이전 시대(B.C.E. 1000년 이전), 왕국시대(B.C.E. 1000–586년), 왕국 이후 시대(B.C.E. 586년 이후)이다. 이 긴 시간 동안에 일어난 사회 구조의 주요변화를 고려할 때 우리는 "이스라엘 문화" 혹은 "이스라엘 여성의 삶" 혹은 "여성에 대한 이스라엘의 태도"와 같은 일반화의 우를 범하지 않도록 조심해야만 한다. 성서 본문은 이스라엘이 살아가고, 또한 그들의 신앙을 표현하는 방식에서 상당한 다양성을 드러낸다. 그럼에도 불구하고 성서 본문 안에서 분명한 차이점들을 근거로 이스라엘의 태도변화를 추적하는 일이 쉽지 않다.

성서 자체의 이야기는 위에서 크게 구분한 역사적 시기와 맞아떨어지는 것처럼 보이는 연대기를 제공한다. 왕국 이전 시기에는 여성족장들(사라, 리브가, 라헬, 레아)과 남성족장들(아브라함, 이삭, 야곱, 요셉), 출애굽(모세, 아론, 미리암의 시대), 사사시대(드보라와 야엘과 같은 영웅적인 여성 전사를 포함)가 있었다. 왕국시대에는 사울, 다윗과 밧세바, 솔로몬, 예루살렘에 위대한 성전 건축, 북왕국과 남왕국의 건국, 소위 7세기 요시야 개혁, 고전예언의 시대가 있었다. 이 시기는 바빌론의 정복과 성전의 붕괴로 끝난다. 왕국 이후 시대는 성전 재건, 성서예언의 종결, 에스라와 느헤미야의 사역을 포함한다. 성서 자체의 연대기에서 창세기는 분명 왕국이전 시대에 자리잡고 있다. 그러나 성서의 서술은 '진짜' 역사와 맨 처음 읽을 때 보이는 것만큼 깔끔하게 맞아떨어지지 않는다. 현재 창세기에 있는 모든 이야기들이 왕국이전 시대의 저자에게서 나온 것은 아니며, 기원전 1000년 이전에 살았던 이스라엘 사람들의 삶의 방식에 대한 정보를 포함하고 있는 것만도 아니다.

창세기의 발생에 관한 질문들

창세기에 있는 많은 이야기는 매우 오래된 것으로서 아마 이야기 내용 그 자체만큼이나 오래된 것일 것이다. 예를 들어 창세기 6-9장에 나타난 세계 창조의 본질적 형태는 많은 문화와 시대의 민간전승에서 나타난다. 세계와 인류는 물에서부터 발생 또는 재발생한다. 이스라엘 백성이 존재하기 훨씬 이전에 고대 근동의 이야기꾼들은 거대한 홍수와 성서의 노아와 매우 비슷한 선택받은 인간 생존자에 대한 다양한 버전의 이야기를 보존하고 있었다. 노아 이야기는 처음 글로 작성되기 훨씬 이전에 고대 이스라엘에서 다양한 이야기꾼들이 그들 나름의 색채와 변조를 가미하여 전달한 통속적인 민담이었을 것이다. 그 이야기의 처음 저자들이 최종 형태의 본문을 기록한 것은 아니다. 왜냐하면 우리가 지금 읽고 있는 형태에 도달하기까지 성서의 이야기는 후속 저자들에게 전수되고, 그들에 의해 정교하게 되고, 편집되었기 때문이다. 창세기 본문을 살펴볼 때 우리는 고대의 이야기들은 구전이든 문서이든 다양한 방식으로 전해져 내려온 것임을 기억해야만 한다.

창세기 이전 자료들에 대한 이론들

지난 수백 년 동안 성서학자들은 개별 '자료들' 혹은 창세기라는 전체

천을 짜낸 '문서들'에 대해 말하였다. 그 자료들은 J(야위스트), E(엘로히스트), P(제사장 자료)이다. J는 하나님의 이름으로 야웨를 사용하며, 현실적이며, 신학적으로 하나님을 인간의 영역에 가깝게 묘사한다. 예를 들어 하나님이 정원을 거닌다.(창 3:8) 엘로히스트 자료는 하나님을 좀 더 일반적인 '엘로힘'('신'을 뜻하는 히브리어)이란 명칭으로 부르는데, 출애굽기 3장에서 모세에게 계시할 때까지 야웨라는 특별한 이름을 보류하는 것으로 보인다. E 자료에서 하나님은 꿈이나 천사의 중재를 통해 좀 더 간접적으로 소통한다. P 자료는 창세기에서 신명으로 '엘 샤다이'(종종 '전능하신 하나님'으로 번역된다.)를 사용한다. 하나님은 P 자료에서는 좀 더 초월적 존재로 나타난다. P 자료의 관심은 족보, 제의적 문제, 정결법이다. J, E, P 자료는 성서의 첫 네 권에 걸쳐 층층으로 쌓여 있다. 학자들은 J의 연대를 10세기 혹은 9세기의 남유다왕국으로, E는 9세기 혹은 8세기의 북이스라엘 왕국으로, P는 6세기의 포로기로 본다. 그러므로 창세기의 J 이야기는 다윗의 궁중작가의 견해를 반영하고, 다른 자료들은 다른 시대의 견해를 반영한다.

이 이론은 비록 어떤 형태로든 창세기 구성 이론 중에서는 최고의 자리를 차지하고 있다. 하지만 수년에 걸쳐 개정되었고, 최근에는 강하게 비판을 받고 있는 실정이다. 비록 문체, 내용, 문학 형태, 메시지의 다양성은 창세기 뒤에 다양한 저자, 세계관, 삶의 자리가 놓여 있음을 확증하지만, 창세기의 절과 좀 더 큰 문학단위를 종종 지나치게 분명하게 한 줄씩 J, E, P 자료로 배열하는 것은 신뢰성이 없다. 이런 차이들 중의 몇몇은 다른 연대의 자료 때문에 생긴 것일 수도 있으며, 또 다른 차이점들은 이스라엘 사회의 다른 구역에서 온 저자들－귀족 저자 대 대중적 저자, 도시 출신 저자 대 농촌 출신 저자, 남성 저자 대 여성 저자－로 인해 생긴 것일 수도 있다. 다양한 저자와 성서 본문의 기원을 구분해내는 것은 복잡한 일이지만, 히브리성서가 고대 이스라엘 사회에서 여성을 향한 태도 그리고/혹은 그들의 실제 삶에 대해 무엇인가를 드러내고 있는지를 질문하는 것은 페미니스트적 작업을 위해서는 특별히 중요하다.

족장시대

여성족장과 남성족장들의 이야기는 비록 그 최종 형태는 후대에 성립되었다 할지라도 진실로 우리에게 기원전 1000년 무렵의 이스라엘의 삶에 대해 이야기하고 있는가? 창세기의 이야기는 구체적인 결혼관행, 상속관습, 장자의 권리, 남성과 여성의 작업 역할, 여아와 남아를 향한 태도, 가정과 성 윤리에 대한 태도, 과부, 불임여성, 과부와 같은 또 다른 변방의 여성들을 향한 태도를 묘사하고 있다. 우리는 스파이저(E. A. Speiser)가 한 것처럼 초기 이스라엘 여성의 세계를 재구성하기 위해 이런 정보와 기원전 2000년 무렵의 고대 근동의 삶에 대한 성서 외 정보(예를 들어 마리나 누지와 같은 고대 메소포타미아 도시로부터 나온)를 연결시킬 수 있는가? 우리는 캐롤 메이어스(Carol Meyers)가 시도한 것처럼 창세기 3장에 나타난 남녀를 향한 하나님의 형벌의 말씀 속에 암시된 남녀의 평범한 역할에 대한 관점과 왕정 이전 이스라엘의 산악지대 개척자의 삶에 대한 고고학적, 인종학적 재구성을 연결시킬 수 있는가? 만약 본문이 기원전 10-6세기경에 기록되고 모양을 갖추었다면, 초기 왕정이전 시대의 여성들의 삶에 대해서는 신뢰할 만한 정보를 담지 않고 있다고 가정해야만 하는가? 몇몇 학자들은 기원전 1250년 이전의 이스라엘의 역사를 재구성할 만한 자료가 불충분하다고 보며, 소위 족장시대에 대해 언급하기를 거부한다. 클라우스 베스터만(Claus Westermann)과 같은 다른 학자들은 비록 창세기가 기원전 1000년경에 서술되었지만, 기원전 2000년경 왕이나 고도의 정부조직 없이 농업과 목축업으로 살았던 사람들의 삶과 태도를 반영한다고 본다. 이런 논쟁과 난점을 고려하면서 우리는 어떻게 창세기의 여성들의 삶의 이야기를 읽어야 하며, 이해해야만 하는가? 본문의 역사적 신뢰성과 기록 연대에 대한 추측으로 시작하기보다는 차라리 우리는 문체, 구조, 내용, 메시지라는 측면에서 이 문학이 어떤 종류의 문학인지를 질문해야만 한다. 본문은 어떤 독자들에게 의미 있게 다가갔는가? 저자의 분명한 세계관, 관심사, 특별히 여성과 관련한 주제들과 관련해서는 어떻게 광범위하게나마 정의내릴 수 있는가? 여성과 관련한 전승의 풍부함과 복잡성을 살펴보면 일련의 저자들과 세계관이 드러날 것이다.

전승문학, 창세기, 그리고 여성들의 이야기

많은 성서문학은 전승문학이다. 언어, 이미지, 플롯, 주제의 반복되는 패턴은 고대 이스라엘의 문학전승을 반영한다. 히브리성서에는 하나님의 승리를 묘사하거나, 족장들이 처음에는 자녀가 없는 이유를 반복하거나, 오랫동안 기다리던 수태를 선언하는 방식이나, 패배자의 성공이나 막강해 보이는 대적으로부터의 탈출과 같은 즐겨 쓰는 줄거리를 전달하는 특정 방식이 있다. 족보를 구성하거나, 탄식을 저술하거나, 신적 계시를 받는 것을 묘사하는 방식이 있다. 이스라엘 저자들은 전승의 일단을 전달하고자 할 때 이런 관습에 정통하였으며, 이런 관습들을 그들의 미학적 직관과 정치적·신학적 진실성에 대한 이해에 부합하여 창조적으로 개작하였다. 시간이 흘러 여러 저자와 편집자의 손을 거치면서 다양한 종류의 전승 패턴이 반복되는데, 이것은 다양한 성서 전승에 일정한 통일성을 부여한다. 언어와 문학적 형태의 반복은 또한 본질적인 메시지와 의미의 반복을 암시한다. 형태의 변화는 다양한 메시지를 나타낸다. 이런 패턴들로부터 여성이 주요 인물로 등장하는 상징적 지도가 드러난다.

이런 유사성과 상이성에 주목할 때 우리는 질문할 수 있다. 메소포타미아 신화인 에누마 엘리쉬에서 찾아볼 수 있는 기본 창조 플롯을 반향하는 창세기 1장의 창조신화는 왜 물의 혼돈을 여성—이사야 51:9-11에서 보존하고 있는 모티프에도 불구하고—으로 묘사하고 있지 않을까? 왜 수많은 창세기의 여성 이야기는 자신들의 주변적인 지위를 개선하기 위해 속임수를 쓰는 사기꾼들의 이야기일까? 왜 규칙적으로 우물가에서 아내를 맞게 될까? 왜 중요한 어머니들은 불임일까? 마지막으로 창세기의 많은 이야기들은 집, 가족, 자녀들의 문제를 다룬다. 이런 것들은 다른 문화에서 민족지학자들이 여성들의 이야기로 여기는 전형적인 이야기들의 주제이다. 창세기의 많은 이야기가 여성들 사이에서 널리 읽힐 수 있었을까?

주석

세상을 창조하고 질서 잡기(1-11장)

창조는 단순히 우주의 존재와 생명체의 최초의 형성에 대한 것이 아니다. 창조는 세상의 질서를 잡고 지속적으로 펼쳐 보이는 것도 포함한다. 창세기 1-11장은 모두 우주 창조에 대한 것으로 창세기 1-2장의 좀 더 분명한 창조 이야기, 3장의 에덴 설화, 4장의 형제살인, 6-9장의 홍수 이야기, 11장의 바벨탑 이야기, 5, 10, 11장의 족보 — 창세기 1-11장을 하나로 엮고, 12-50장에 나오는 이스라엘의 어머니와 아버지에 관한 이야기로 전환하기 위한 — 를 포함하고 있다.

창세기 1장의 여성 창조

여성은 창세기 1장의 세련된 창조기사에 등장한다. 틀-언어(frame language)의 반복은 지형학, 태양계, 동식물의 풍부한 다양성을 지닌 우주의 기원과 질서잡기에 대해 정연하게 드러낸다. 하나님은 말씀으로 — "하나님이 이르시되 …이 있으라 하시니 …이 있었고", 매일 만드시고, "저녁이 되고 아침이 되니 이는 …째 날이니라" — 여섯째 날과 마지막 날에 인간을 신의 거울 이미지로 만드실 때까지 창조하신다. 그리고 "하나님의 형상으로" "남자와 여자를 창조"하셨다고 한다. 이 창조 이야기는 성(性)을 상대적 지위와 가치로 나누지 않고 인류는 두 종류, 남자와 여자로 만들어졌으며, 이 인류는 상호보완적으로 신성을 반영하고 있음을 나타낸다. 페미니스트 독자에게는 인간과 하나님의 속성에 대한 그 이상 더 흥미롭고 간결한 해설은 없다. 남성적·여성적 측면은 첫 인간의 부분이며, 창조주의 투영임을 암시한다.

학자들은 창세기 1장을 종종 제사장 기자(P)의 것으로 보는데, 그 이유는 초월적이고 전능한 신성의 이미지, 안식일의 기원에 대한 설명 때문이다. 만약 그렇다면 **이** 제사장 기자의 남성-여성 관점은 훨씬 더 남성중심적인 레위기의 제사장 기자의 관점과는 다르다. 레위기의 제사장 기자는 여성의 생리와 출산을 부정의 원천이자 성스러운 영역에서 떼어 놓아야 하는 것으로 여긴다. 여성은 이스라엘의 제의적 삶에 전적으로 참여하는 데 필수적인 정결한 지위를 정기적으로 상실한다. 히브리성서 전체를 하나의 내러티브로 읽을 때 — 창세기 1:27과 레위기를 포함하여 — 우리는 성은 최초에 동등했다는 메시지를 받게 된다.

창세기 1장에서 "깊음"(*tehom*)에 해당하는 히브리어는 메소포타미아의 창조신화인 에누마 엘리쉬에 나오는 어머니 여신 티아맛의 이름과 관련이 있다. 혼돈의 바닷물 신인 티아맛은 젊은 마르둑 신에게 살해당하고 홍합처럼 갈라져서 그녀의 사체로부터 세상이 만들어진다. 성서의 첫 장을 여는 이스라엘 저자는 이 전투 모티프의 불확실성은 어떤 것도 전하기를 원치 않는다. 하나님의 말씀으로부터의 창조는 그 문체만큼이나 확실하고 필연적인 것이다. 여신의 존재가 없기에 그녀의 죽음에 종속된 세계 창조의 이야기도 없다.

창세기 2-3장의 여자 되기

창세기 1장보다 초기 문체로 기록된 창세기 2-3장의 이야기 — 하나님의 창조에 대해 좀 덜 완벽한 개요(2:4b-25), 결혼에 대한 투박한 생각(2:23-24), 정원을 거니는 하나님(3:8), 인간의 잠재적 신성에 대한 공포(3:22) — 는 서구 전통에서 여성을 대하는 태도와 처우를 결정짓고 정당화하는 데 창세기 1:27보다 더 많은 영향력을 행사해왔다.

이 창조 이야기는 두 부분으로 되어 있다. 혼돈의 기운으로부터 우주의 출현과 이상적인 낙원으로부터 "현실적인 삶"의 등장이다. 창세기 2장에서 남자는 하나님의 최초의 창조물이다.(2:7) 남자는 땅(*'adamah*)의 먼지로부터 형성되었다. 그래서 그는 아담/흙이다. 다른 생명체의 창조(2:18)는 "사람이 혼자 사는 것이 좋지 않다"는 하나님의 관심사로부터 이루어진다. 그러나 새나 짐승들 중 어떤 것도 남자의 적절한 동역자로 보이지 않았다.(2:20) 그래서 남자 자신의 갈비뼈로부터 하나님은 여자를 창조하신다. 2:23, 24의 말씀은 부부간의 결합에 대해 긍정적으로 언급한다. 남자와 여자는 전체의 일부분이며 창세기의 족보 패턴을 기대하게 한다. 남자와 여자는 연합하여 자녀를 낳고, 남자는 부모를 떠나 아내와 연합하고 새로운 가정을 꾸리게 된다. 창세기 저자는 결혼한 부부는 사회와 문화적 관계의 기초를 이룬다고 본다. 노아의 이야기에서(창 6-9장) 세상이 홍수라는 재개된 혼돈으로 인해 잠시 뒤죽박죽되었을 때조차도 사회질서는 노아와 그의 아내, 그의 아들과 며느리들의 형태로 방주에서 보존된다.(6:18) 그러나 이런 생산적이며 문화 긍정적인 과정은 사실 창세기 4:1까지는 나타나지 않는다. 2:25에서 볼 수 있듯이 남자와 여자는 벌거벗었으나 부끄러워하지 않는다고 말하고 있기 때문이다. 즉 그들은 그들의 성적 차이를 깨닫지 못하고 있었다. 그들의 성은 아직 발견되지 않았고 표현되지 않았다.

히브리성서 이후에 나타나는 유대교와 기독교 전승과 서구 학문의 오랜 역사는 창세기 2장의 여성 창조를 부차적이며 파생적인 것—여성의 낮은 지위의 증거—으로 보아왔다. 에덴에서 노동, 출산, 죽음이라는 현실세계로 떠나게 되는 것을 설명하는 창세기 3장의 이야기는 여성을 잘 속고 죄를 쉽게 짓고, 죽을 수밖에 없는 무가치한 동역자라고 좀 더 강하게 비난한다. 자녀를 임신하고 출산하는 여성의 생리적 기능은 여성의 타락에 대한 확증으로, 그리고 하와 이후 모든 여성이 공유한 벌로서 인식된다.

사실 창세기 3장은 잘못 이해되어왔다. 분명 그리스의 우주의 기원 전승에 나오는 판도라처럼 호기심 많은 여자는 세계의 질서잡기라는 지속적 과정에서 하나의 연결쐐기와 같은 역할을 한다. 롯의 아내처럼 여자는 특별한 상황에서 그녀의 감각기능—먹거나 보거나—을 사용하지 말라는 명령에 불순종한다. 그리고 아마도 금지된 과일에 대한 이 호기심은 종종 지중해 전승에서 여성과 연관되어 있다. 다른 한편 모든 문화의 민간전승에서 창세기 2:17과 같은 금지령("그러나 … 나무에 대해서는")은 이야기의 주인공들이 거역하기 위해 존재한다. 이것이 바로 이야기를 구성하도록 하는 것이다. 3:20에 명명된 것처럼 그녀의 남편이 아니라, 하와가 주인공이다. 호기심 있는 자, 지식을 추구하는 자, 한계를 시험하는 자는 철저하게 인간적이며 창세기의 수많은 문화 고지자인 영웅과 여걸의 특징임을 깨닫는 것이 중요한 것처럼 이 점 역시 중요하다.

창세기 3장 읽기

창세기 1-2장처럼 창세기 3장 역시 고정되고 불변하는 세계로부터 새롭고 고정되지 않는 질서로 나아가는 운동에 대해서 말하고 있다. 창세기 1장과 2장은 메마른 세계가 생명으로 가득 찬 세계로 대체되어가는 방식을 묘사한다. 창세기 3장에는 통찰력/사회적 역할/성적 지위가 없는 잘 준비되고 세밀하게 통제된 세계로부터 남자와 여자가 상호 성적으로 연결되고, 그 결과 사회적 역할에도 연결되는 세계, 그 안에서 그들은 열심히 일하고 선과 악의 차이점을 아는 세계로의 변화가 나타난다. 에덴 이후의 세계가 분명히 탄생과 죽음의 세계라면, 에덴동산은 탄생과 죽음 사이에 있는 세상으로 여기서 인간은 생명나무를 먹을 필요도 없고, 아직 출산을 하지도 않았다. 사기꾼 뱀과 그를 믿는 여자와 다소 수동적이며 심지어 코믹하기까지 한 남자에 대한 멋진 이야기를 통해 성서 저자는 좀 더 쉽고 평탄한 삶에 대한 상을 그리워하면서 제시하지만, 그들이 인지하는 대로 현실의 필연성에 대해 언급한다. 그 안에 생명을 품고 있는 여성은 에덴을 넘어서 이 새롭고 적극적이며 도전적인 삶의 탄생을 돕는다.

창세기 독자들은 종종 창세기 3장 이야기에 대한 아우구스티누스나 밀튼의 해석에 기운다. 금지된 나무의 열매를 먹으며 그 결과 선과 악을 구분하는 능력을 얻게 되고, 하나님이 시샘하여 지키려고 하는 하나님과 같아지는 능력을 얻게 되리라고 말하는(3:5의 뱀의 말과 3:22의 하나님의 말씀을 비교하라.) 뱀이 여자에게 거짓말을 하는 것이 아니라 진실을 말하는 것임을 알아차린다면 어떨까? 인간에게 불을 주었다고 하는 그리스 거인 프로메테우스와 같이 뱀은 상황을 변형시키고 현상을 전복하는 특징을 지닌 사기꾼이다. 사기꾼은 위대한 신들보다는 힘을 덜 지니지만 우주를 흔들고 그것을 영원히 변화시킬 만한 해악과 담력을 지니고 있다. 여자는 뱀을 믿고, 설화자는 그녀가 나무를 보니 보기에도 좋고 지혜롭게 할 만큼 좋아보였다고 중요한 언어유희를 사용해 말한다.(3:6) 그녀는 후대전승이 말하는 것처럼 유혹하는 악마에게 쉬운 먹잇감이 아니라 지식을 선택하는 의식 있는 행동가였다. 뱀과 더불어 그녀는 문화의 고지자였다.

반면에 남자는 완전히 수동적이다. 여자는 그에게 과일을 주고 그는 아기처럼 받아먹는다.(3:6) 먹음으로써 선과 악에 대한 지식, 드러내고 숨기는 옷, 성역할과 같은 사회적 삶과 문화의 징후가 나타난다. 여자는 아이를 갖게 되며 모든 생명의 어머니가 된다. 남편은 이제 마지못해 과실을 생산해내는 땅에서 일하게 된다. 분명한 계층이 형성된다. 여자와 그녀의 후손은 똑똑한 뱀 – 이제 단순히 먼지를 먹는 파충류에 불과하다. – 위에 서게 되며 남자는 여자 위에 서게 된다. 지위를 형성하게 된 벌이 남자와 여자에게 가해지고, 그들이 할당받은 사회적 역할은 저자의 남성중심적 세계관을 반영한다. 그러나 여성에게 가해진 '원죄'라는 무거운 처벌은 다른 신학과 세계관을 지닌 저자들로부터 나온 후대 해석이다.

창세기의 저자가 드러내는 것은 남자와 여자가 그들의 지위를 변화시킨 데 공동책임을 지니고 있다는 점이다. 불복종의 수동적 행위만큼이나 남자의 자기방어는 그를 유아적으로 묘사한다. 하나님의 명령에 도전한 것에 대해 고발당할 때 남자는 익살스럽게 말한다. "하나님이 주셔서 나와 함께 있게 하신 여자 그가 그 나무 열매를 내게 주므로 내가 먹었나이다." (3:12) 이것은 누구의 잘못인가? 여자의 잘못인가? 하나님의 잘못인가? 어쨌든 여자는 그 행위를 시작한 자이다. 처음으로 감히 하나님의 나무를 먹고, 신의 과일을 먹어치우고, 랍비들이 인간에 대해 이야기한 것처럼, 구별하는 능력을 지닌 천사와 같이, 그리고 먹고, 간음하고, 배변하고, 죽는 동물과 같이 된 자는 바로 여자이다. 여자 자신은 새로운 생명을 잉태하고, 담아내고, 양육하는 가장 지상적이면서도 가장 신적인 역할을 지니게 된다. 그녀는 특별히 하나님의 동산에서의 삶과 우리 모두에게 부여된 가시덤불의 세상에서의 삶 사이의 적절한 연결고리가 된다.

"사람의 딸들"(6:1–4)

또한 여자들–"사람의 딸들"–은 이상으로부터 현실로 가는 과정을 나타내는 창세기 6:1–4의 또 하나의 짧은 창조 이야기에 포함되어 있다. 여기서는 여자들 자신이 고대 이스라엘 전승에서 하나님의 측근인 신적인 "하나님의 아들들"을 유혹하는 과일이 된다. 이 이야기에서 먹는 것보다는 성관계로 인해 하나님의 영역과 인간의 영역 사이의 경계가 무너지게 된다. 물론 두 행위는 인간이라는 존재의 속성에 제한을 초래하는 패턴이라는 점에서 상징적으로 동등하다. 그리고 여기서는 인간에게 허락된 수명에 제한이 가해졌다.(창 6:3) 창세기 3장과 마찬가지로 이 짧은 신화적 단편에서도 여성은 현실, 역사적 시간과 인간문화의 시초, "그들은 용사라 고대에 명성이 있는 사람들"(창 6:4)의 시대에 관한 구절에서 반드시 필요하다.

족보에 나타난 여성들

창세기 1–11장의 창조 이야기에서 시간의 지표 중의 하나는 족보이다.

여자들은 창세기 4:17-26; 5:1-32; 10:1-32의 낳는 자, 태어난 자의 목록에 나타나지 않는다. 4:19에서 라멕이라 불리는 가인의 후손은 두 명의 아내 아다와 씰라를 취한다. 이 여자들은 각각 인류 문명의 한두 부분에 책임을 감당할 집단을 이룰 아들들을 출산한 것으로 믿어진다.(예를 들어 장막에 살며, 가축을 키우고, 음악을 연주하고, 청동과 철기구를 생산함) 출산을 통해 여성들은 인류 문화의 진행을 촉진한다. 나아마라 불리는 딸 하나도 언급된다.(4:22) 4:23에서 라멕은 그의 아내들에게 전쟁처럼 보이는 것에 대해 이야기하면서 적들을 쳐부순 것을 자랑한다. 왜 그는 이 수수께끼 같고 비아냥거리는 승전보를 그의 아내에게 전하는가? 그는 그의 용맹스러움으로 아내들을 감동시키기를 원하는가? 그는 그의 아내들이 자신을 위해 승전가를 짓도록 부추기고 싶은가?(참조. 삿 5장; 출 15:20-21)

이름을 알 수 없는 딸들이 창세기 11:10-32의 목록에서 아들들과 함께 언급된다. 이스라엘의 선조들의 족보에서 중요한 여성 두 명의 이름이 언급된다. 아브람(=아브라함, 참조. 17:5)의 아내, 사래(=사라, 참조. 17:15)는 11:29에서 불임이라는 말로 소개된다. 11장의 족보 역시 아브람의 형제의 아내, 밀가의 이름을 언급한다. 그녀의 자식들과 특히 이삭의 아내가 될 그녀의 손녀 리브가는 창세기 22:20-23에서 열거되어 있다.

이스라엘의 어머니들과 아버지들(12-50장)

창세기 12-50장에 대한 주석은 일반적으로 이스라엘의 영웅적 조상인 아브라함, 이삭, 야곱, 요셉에 초점이 맞추어져 있다. 그들의 삶의 이야기는 영웅의 비범한 탄생, 형제들과의 격정적인 관계, 결혼을 포함하는 젊은 시절의 모험들, 계속되는 신적 조력자의 존재, 영웅의 노쇠, 최후의 죽음과 같은 전통적인 요소로 이루어진다. 신학적으로 창세기 12-50장은 이스라엘 족장 종교의 창립 이야기이다. 이 이야기는 하나님과의 계약체결, 제단 건축, 땅과 후손에 대한 하나님의 약속, 족장들의 신앙을 시험하는 장면들을 포함하고 있다.

창세기 12-36, 38장은 37, 39-50장에 나오는 요셉 이야기와는 문체, 배경, 지향태도 등에 있어서 상당히 차이가 난다. 전자의 대중적·현실적인 문체는 후자의 좀 더 정교한 문체와 대조를 이룬다. 전자의 맥락은 가족, 가축, 기근을 피한 타지에서의 일시적 체류이다. 주인공들은 사회적으로 주변인이며 종종 속임수나 사기를 통해 권력자들과 맞선다. 반면 요셉은 질투심 때문에 계략을 세운 형제들에 의해 노예로 팔려 이런 유목민의 세계를 떠나게 되고, 마침내 기성권력의 구성원인 이집트의 지도 관료가 된다. 요셉과 그의 형제들은 모두 이스라엘의 아들들로서 후에 이집트에서 재회를 하게 되고, 이집트는 성서의 다음 책인 출애굽기의 배경으로 나온다. 창세기에서 여성들의 삶의 유형은 종종 무시되지만 남성들의 이야기만큼이나 흥미진진하며 중요하다. 왜냐하면 여성들은 이스라엘의 창조를 반영하며 돕기 때문이다.

여성족장들(12-36, 38장)

서론. 세계의 질서에 대한 반복되는 패턴으로 이루어진 창세기 1-11장의 이야기들과 마찬가지로 여성족장들의 이야기는 전통문학에서 전형적으로 반복되는 설화 패턴을 지니고 있다. 창세기 12-36, 38장에서 특정 모티프는 청년기, 결혼, 부모됨이라는 전환점에서 여성의 삶의 역사를 나타낸다. 여성들은 종종 우물가나 물가에서 등장하며 종종 곧 아내(리브가, 라헬)나 어머니(하갈)가 된다. 그들은 종종 불임이지만, 곧 어머니가 된다.(사라, 리브가, 라헬) 불임이 아니라도 그 여성들은 성(디나, 레아) 또는 생식(다말)과 관련된 다른 문제를 갖고 있는데, 그 문제들이 해결되지 않는 한, 혹은 그 문제들이 해결될 때까지 그들은 주변적인 존재가 된다. 자녀를 갖게 되는 자들에게 자녀의 탄생과 그들의 삶에 대한 예언은 신이 보낸 선언으로 받아들여진다. 마침내 많은 여성은 그들의 아들들이나 남편들의 인생을 더 낫게 하기 위해 속임수나 사기행위에 개입된다.(사라 12:10-20; 리브가 27장; 라헬 31:19, 33-35; 다말 38장) 이런 반복되는 모티프나 모티프들의 조합은 특정 주제를 강조하는 경향이 있다. (1) 공적 영역보다는 사적 영역에서 아내와 어머니로서의 여성의 역할, (2) 결혼의 연합을 통해 남성 그룹과 연결시키는 빈번한 여성 중매쟁이의 위치, (3) 창세기 3장에서 여성에게 주어진 역할을 완수하는 것을 방해하는 여성의 주변적 지위이다.(예. 불임여성들, 강간당한 디나, 버려진 하갈, 자녀가 없이 과부된 다말, 사랑 받지 못한 레아)

어떤 수준에서 보면 이러한 정의내림의 대부분은 남성의 관점에서 나온 것처럼 보인다. 예를 들어 아브라함과 그의 메소포타미아 친족, 야곱과 리브가의 형제 라반, 혹은 아브라함과 바로의 이야기 등 결혼에 관한 이야기들은 사실 남성들 사이의 관계성과 관련이 있다. 그래서 혼인관계로 맺어질 뻔했지만 실패로 끝난 창세기 34장의 이야기의 중심 주제는 하몰의 아들들과 야곱의 아들들 간의 잠재적 연결고리가 되었던 디나의 희생보다 남자들 간의 관계이다. 이 관계성은 체면 살리기, 반목, 보복, 국가 형성 이전 비중앙화된 사회의 모든 전투의 원인들과 관련이 있다. 잠재적 '부정'의 원인을 갖고 있는 여자는 위험하다(참조. 창 31:34-35)고 보거나, 창세기 3장에서 나무의 과실을 먹은 후 여자를 남자의 통제 하에 두는 것은 남성의 관점에서 나온 것이다. 여성의 '적절한' 위치, 즉 아버지의 집에서 젊은 처녀로 지내거나 남편의 집에서 출산하거나 성적으로 충실한 아내가 되는 것을 율법과 관습으로 통합시킨 것은 남성-남성 제사장과 오랜 서기관 전통-에게 책임이 있다고 보는 것이 논리적으로 타당하다. 그러므로 이 역할을 완수하지 못하는-혹은 못하는 것처럼 보이는-모든 여성은 사회 구조 사이의 빈틈에 빠지게 된다. 그들은 남성에 의해 보존된 다른 율법이나 남성 신의 관여로 인해 회복되거나 그렇지 못하면 소멸된다.

반면 중요한 가치판단을 내리는 창세기의 하나님은 남성이든 여성이든 주변적인 사람들을 편애한다. 어떤 면에서 그 하나님은 권력집단－그 권력 집단이 한 가족의 장로이든 비이스라엘인이든－을 다루기 위해 속임수를 사용하는 사기꾼들의 신이다. 사라, 리브가, 다말, 라헬, 레아는 비록 그들의 지위가 주변의 남자들로 인해 제한되기는 하지만 가족, 자녀, 성과 관련한 상황에서 아버지, 남편, 시아버지를 능가하는 대단한 힘을 갖고 있다. 게다가 이스라엘의 합당한 혈연계승을 위해 중요한 선조는 바로 여자들이다. 이삭은 사라에게서만 나와야 하며, 다른 여자로부터 나와서는 안 된다. 아브라함의 씨라는 것은 이삭의 지위를 보장하기에 충분하지 않다. 비슷하게 요셉은 라헬의 아들이어야만 한다. 축복과 유산은 리브가의 남편이 사랑하는 아들 에서가 아니라, 그녀가 사랑하는 아들 야곱에게로 간다. 이 점에서 여자들의 소망과 하나님의 소망은 하나이다. 마침내 수많은 여자들은 하와처럼 규칙, 남자들의 규칙을 바꾸어버리는 적극적인 사기꾼으로 그려진다. 리브가가 멍청한 남편을 우롱하거나 라헬이 그녀의 아버지 라반을 속이기 위해 생리에 대한 남자들의 태도를 이용하거나 다말이 유다를 통해 아들을 얻기 위해 직접적이면서도 과감하게 그녀의 성을 사용하는 이야기에서 여성 저자들과 청중들은 특히 즐겁지 않았을까? 창세기에 나오는 여자들의 이야기 상당수에서 남자들은 아담처럼 실수가 많고, 수동적이며, 무력하다.

우물가와 물가의 아내들. 문학에서 생식과 물을 연결하는 것은 인간이 땅과 모태로부터 물에 기원을 두고 있으며, 물이야말로 우리가 계속 의존하고 있는 삶의 원천이라는 고대의 직관적 인식이다. 물, 여성, 결혼, 혹은 출산과 관련한 네 개의 장면이 창세기에서 발견된다. 16:7-14; 21:8-21(하갈); 24:10-27(리브가); 29:1-12(라헬)이 바로 그 장면들이다. 마지막 두 장면에서 아브라함의 친족 남자는 메소포타미아로 가서 그의 친족 중에서 아내를 찾고자 한다. 창세기 24장에서 아브라함의 나이 많은 종은 아브라함의 아들 이삭의 아내를 얻기 위해 보내진다. 창세기 29:1-12에서 야곱은 형의 장자권을 훔친 후 달아나서(리브가와 창 27장에 대한 이하의 내용 참조), 자기를 위해 그의 어머니의 가족으로부터 아내를 찾고자 한다.(참조. 24:15) 그 남자는 우물가에서 장차 아내가 될 여자를 만나고, 그녀의 가족의 환영을 받고, 결혼을 위한 조건을 협상한다. 각각의 경우에 아내들은 우물가에서 만나게 되지만, 중요한 차이점이 있다. 리브가의 등장과 그녀의 환대의 말은 사자가 하나님께 요구한 징표들로, 이로써 그는 아브라함의 아들을 위한 올바른 아내임을 알게 된다. 하나님이 통제하신다는 것은 전승문학의 반복되는 언어를 통해 분명하게 나타난다. 리브가 자신은 아름답고 순결한 젊은 여성으로서 민첩하게 손님을 접대하고 보살피며 하나님의 계획 안에서 그녀의 역할을 완수하기로 빨리 동의한다.(24:58) 창세기 2:24의 주제를 반향하듯 이삭은 그녀를 보자마자 그녀를 사랑하게 된다. 왜냐하면 그녀는 그의 죽은 어머니 사라를 감정적으로 대신하였기 때문이다.(24:67) 창세기 29:1-12에서 야곱은 그 여자, 즉 그의 사촌 라헬을 우물가에서 만나서 우물가의 무거운 돌을 굴리고 삼촌 라반의 가축에게 물을 먹임으로써 그의 육체적 힘을 보여준다.(출 2:15-17과 비교하라.) 야곱은 라헬과 인사할 때 소리내어 우는데, 이것은 부족문화에서 친족의 재결합을 위한 전형적인 제의화된 행동이다. 칠 년을 일한 대가로 여자를 얻게 되지만, 결혼식날 밤에 사기꾼인 아버지 라반에 의해 덜 매력적인 그녀의 언니를 아내로 맞게 된다. 야곱은 장인을 위해 칠 년을 더 고용살이하고, 결국 두 아내를 맞게 된다. 두 이야기 중에서, 야곱이 아내를 얻는 이야기가 사기꾼과 사기꾼이 맞선다는 점에서 더 재미있다. 그러나 두 이야기 모두 친족 내 결혼에 대한 강조가 강하게 나타난다. 중심 주제는 그들이 연관되어 있는 물 만큼이나 지극히 값진 상품, 그러나 결국 상품에 불과한 사실상 교환 품목인 여성을 매개로 하는 남성 친족 사이의 관계성이다.

문학적 관점에서 집단 내의 결혼과 매개자인 여성에 대한 주제는 이야기의 저자나 청중에게 중요한 주제로 강조된다. 그러나 이 장면으로부터 고대 이스라엘에서 실제 삶의 사회적 행위에 대해 더 배울 수 있을까?

24:57–58에서 리브가와 그녀의 가족 간의 상호작용은 결혼에 대한 합의를 결정하기 전 이스라엘 여성에게 승낙을 구했음을 나타내는 것으로 보인다. 그러나 이 이야기는 리브가가 그녀의 가족과 함께 열흘을 보내기보다는 더 빨리 떠나는 데 합의했음을 보여준다.(24:55) 그러므로 여기에서 여성의 승낙과 관련한 공식적인 율법이 개입된 것으로는 보이지 않는다. 십일 간의 이별 기간에 대한 언급은 젊은 여성과 그 가족이 다시는 서로 보지 못한다는 사실을 상기시킨다. 다른 많은 문화에서처럼, 분명 24:53과 29:18에서 신부지참금은 관습에 따른 것이다. 라반이 라헬 대신 레아로 바꿔치기한 것에 대한 변명에서 주장하는 것처럼 동생보다 언니를 먼저 시집보내는 것이 관습이었는가? 아니면 그는 속임수에 대한 변명거리를 찾는 데 능숙한 사기꾼인가? 또한 야곱의 이야기는 이스라엘의 선조들 사이의 처가거주 관습, 즉 아내의 가족과 함께 사는 것에 대한 증거를 제시한다고 볼 수도 있다. 그러나 오늘날 우리처럼 야곱이 라반의 집에 사는 것은 그 전통에서도 비정상적인 것으로 보인다. 그가 이스라엘로 돌아갈 때에야 비로소 모든 것이 제자리를 찾게 된다. 리브가와 라헬의 이야기를 통해 집단 내의 결혼은 집단 정체성을 지키는 중요한 수단이었음이 분명하며, 사촌 간 결혼—많은 전통 문화에서 집단 내 결혼관계를 유지하는 수단—은 고대 이스라엘의 어떤 시기에는 실제 관습이었음을 보여준다.

하갈: 한 영웅의 어머니 되기. 하갈의 이야기는 이 연구의 주요 주제에 대한 광범위한 토론으로 이끈다. 족장의 아내들의 불임, 수태고지 장면, 다음 세대 족장의 어머니로서의 아내들의 위치. 하갈의 지위는 그녀의 주인이자 아브라함의 아내인 사라에게 달려 있다. 아이를 낳지 못하는 사라는 이집트인 하녀 하갈을 아브라함에게 아내로 주고(16:3) 그녀가 자신의 대리모가 될 것이라 기대한다.(16:2) 다른 여자를 통해 자녀를 갖는 관습은(30:3의 "그가 아들을 낳아 내 무릎에 두리니"라는 표현에 주목하라.) 불임인 라헬의 이야기에서도 발견된다. 아마도 대리모는 고대 근동의 실제 관습이었으며(스파이저와 베스터만이 쓴 성서 외 평행본문 참조), 노예

제도가 실제로 행해졌고 노예들의 성이 주인 또는 여주인에게 지배되던 사회에서는 분명 가능했을 것이다. 자녀를 통해 여성의 지위가 확보되며, 무자식이 신의 냉대의 가시적 징표가 되는 세계에서(16:2; 30:1-2; 창 38장에 대한 이하의 내용 참조), 대리모는 불임여성의 지위를 정상으로 만든다. 자녀가 없는 아내는 다른 아내들로부터 무시를 당하고 조롱을 받는다.(창 16:4) 30:1-2에서 야곱과 라헬 사이의 장면에 나타난 긴장은 그녀가 "내게 자식을 낳게 하라 그렇지 아니하면 내가 죽겠노라"고 울부짖을 때 절박한 현실감으로 가득차 있다. 그리고 그는 "그대를 임신하지 못하게 하시는 이는 하나님이시니 내가 하나님을 대신하겠느냐?"라고 통렬하게 대답한다. 이런 문화에서 불임의 원인으로 생각되는 것은 항상 여자였고, 사라, 리브가, 라헬도 마찬가지였다.

게다가 사실 창세기에 나오는 유능한 영웅 중에서 어머니가 평범한 상태에서 태어난 자는 없다. 특별한 출산을 하는 자들은 평범치 않은, 그리고 원래는 불임이었던 여자들일 때도 있다. 바로 그녀들의 아들들이 계속되는 전승에서 중요한 자로 여겨진다. 이 여성들은 나라의 어머니가 되며 태어날 자녀에 대해 특별한 전달사항을 받는다. 그들은 종종 출산을 꾀하고, 이로써 생식과 성에 관한 문제에서 상당한 권한을 행사한다. 하갈은 불임여성이 아니었지만 아브라함의 자녀를 임신함으로써 새로운 힘을 깨닫게 된 희생자였다. 이제 그녀의 여주인은 "하갈의 눈에 덜 가치 있게(문자적으로는 '더 가벼운 무게')" 보였다. 사라는 지위를 상실했음을 알고 남편에게 불평한다. 남편은 사라에게 여종은 그녀의 것이니 원하는 대로 하라고 말한다. 왜냐하면 이것은 자녀 때문에 경쟁하는 여자들의 세계이기 때문이다. 우리가 30:14-16의 야곱과 레아와 관련한 장면을 이해하게 되는 것도 바로 이 관점에서이다. 야곱에게 전혀 사랑받지 못했지만 생식력은 있었던 속임수를 쓰는 아내 레아의 아들 중 하나가 합환채—생식력을 갖게 하는 능력이 있다고 여겨지는 식물이다—를 발견한다. 자녀를 간절히 바라던 라헬은 그 식물을 달라고 레아에게 간청하고, 레아는 마지못해 남편 야곱과 하룻밤을 보내는 대신 동의한다. 밭에서 돌아오자마자 레아는 야곱에게 그가 그녀의 아들의 합환채로 인해 '고용'되었으니 자신과 함께 밤을 보내야 한다고 말한다. 아브라함이 하갈 문제를 사라에게 넘겼던 것처럼 야곱도 이런 여성들의 세계에 순종한다.

사라는 하갈을 괴롭히고, 하갈은 광야로 도망친다. 광야의 샘물 곁에서 하나님은 창세기에서 최초의 수태고지 장면으로 그녀에게 나타난다. 하갈은 아들을 낳을 것이라는 이야기를 듣고, 아브라함처럼 수많은 후손에 대한 약속을 받고, 그녀는 하나님을 보았다고 주장한다. 아들 이스마엘("하나님이 들을 것이다")이 태어난 후, 하나님의 현시로서 세 명의 남자가 아브라함과 사라를 방문한다. 이들은 그들에게 아들이 태어날 것이라고 선언한다. 사라는 믿기 어려운 소식에 웃을 정도로 담력이 있었다.(18:12) 왜냐하면 그녀와 남편은 늙었고, 출산할 나이는 지났기 때문이다. 이 장면에서 여성들은 하나님을 보고, 하나님과 맞선다. 그들은 답을 요구하고 답을 받는다. 유사하게 남편이 하나님께 간청한 후 마침내 임신하게 된 리브가는 몸속에서 과격하게 움직이는(문자적으로 '서로 부수는') 태아들을 느꼈을 때 하나님께 질문하였고, 다투는 쌍둥이 야곱과 에서에 대해 듣게 된다. 그녀는 형 에서가 동생 야곱을 섬기게 될 것이라는 정보를 간직함으로써 하나님의 예언을 실행하는 일에 적극적으로 착수한다.(25:21-23)

하갈은 광야와 물을 배경으로 그녀의 아들 이스마엘에 대해 하나님으로부터 두 번째 예언을 받는다. 사라는 이삭과 놀고 있는 이스마엘을 보고(21:9), 아브라함에게 하갈과 그녀의 아들을 쫓아낼 것을 요구한다. "이 종의 아들은 내 아들 이삭과 함께 기업을 얻지 못하리라."(21:10) 사라의 말은 벼락출세한 자에 대한 경멸감으로 떨렸고, 그 벼락출세자는 그녀 자신이 만들어냈다. 아브라함은 아들 이스마엘을 위해 심하게 반대하였다. 그러나 역시 여족장인 사라의 목소리와 하나님의 목소리는 하나였다. 상속문제에서 아브라함의 소망은 중요하지도 않고 잘못되었다. 이삭이 아들을 가졌을 때 이삭의 소망도 마찬가지였다.

이 구절은 성서 윤리에서 어려운 구절이다. 아브라함은 그가 동침한 여종을 온전하게 보살피지 못하고, 사라는 모자를 경멸하며 그들을 죽음으로 몰고 간다. 저자는 아브라함과 사라의 감정과 행위를 합법화하고 정당화하기 위해 애쓴다.(21:12-13) 그럼에도 이 이야기를 읽을 때 우리는 하갈과 이스마엘의 관점에서 말하는 감정을 분명히 본다. 우리는 자녀가 죽는 것을 볼 수 없어서 자식을 떼어놓은 어머니의 모습에 감동한다. 울부짖는 어머니(21:16), 궁극적으로 하나님이 구출해내고 위대한 미래를 약속받는 하나님이 보호하시는 소년. 하나님께서 광야에 우물을 열어 마시게 하고 살리시는 축복받은 어머니와 아들이 나오는 장면은 심금을 울린다.

노출되고, 위험에 빠지고, 구출되는 아이에 대한 모티프는 그의 어머니의 비범하고, 어려운 임신의 이야기만큼 위대한 영웅의 이야기에서 공통적으로 나타난다. 모세의 기원과 비교하라.(출 2:1-10) 이런 모티프는 그리스의 오이디푸스 설화와 페르시아 왕 고레스 설화에서도 나타난다. 기원에 대한 이스라엘의 이야기에는 영웅의 소년시절에 대한 민중들의 이야기와 관련된 다른 것이 포함되어 있다. 어떤 면에서 아브라함과 사라는 필요한 악당이다. 하나님은 광야에서 버려진 자들, 주변부에 놓인 자들의 신이다. 이들은 히브리성서에서 종종 이스마엘인이 아니라 이스라엘인으로 나타나며, 이들의 이야기는 뒤이어 나오는 사기꾼들의 이야기이다.

사기꾼들, 이스라엘인들, 여자들. 성서 저자들이 선호하는 설화 패턴 중의 하나는 사기꾼들의 이야기이다. 이스라엘인들은 그들의 조상들과 스스로를 우회적이고 변칙적인 방법으로 성공하는, 기성체제 바깥에 놓인 사람들로서, 패배자들로서 묘사하고 그리는 경향이 있다. 그들의 지위의 개선은 단지 잠정적일 뿐이다. 왜냐하면 사기꾼이 된다는 것은 불안정한 지위를 가지며 변형과 변화에 개입된다는 뜻이기 때문이다. 창세기에서 사기꾼들은 이국땅에 체류하는 이스라엘인 사이에서, 어린 아들들 사이에서, 여성들 사이에서 발견된다.

아내/누이 이야기들(12:10–20; 20:1–18; 26:1–17). 창세기에는 족장과 그의 아내들이 이국땅에서 '체류'—합법적 외국인 거주자로 여행—할 때, 그 나라의 통치자가 족장의 아내를 그의 누이로 알게 되는 이야기가 세 번 나온다. 그중 두 이야기에서 통치자는 그 여인들을 자신의 여자로 취하고, 각 경우에 그들이 부부임이 발각된다. 이야기의 유사성에도 불구하고 세 이야기는 매우 다른 뉘앙스와 목소리를 갖고 있다. 세 이야기 모두에서 남편이 아내를 교환하는 것보다 남자형제가 누이를 교환하는 데 더 큰 힘을 갖고 있음을 볼 수 있다. 족장들은 이방인들이 여자를 얻기 위해 남편을 죽이는 데는 주저하지 않지만 남자형제와는 보통의 결혼 교환은 하리라고 추측하는 것으로 그려진다. 어리석고 남성중심적인 방식에서 가장 말이 되는 이야기는 12:10–20에 나오는 이야기이다. 여기에서 아브람은 '사용된'(used) 여자의 남편보다는, 미혼의 보호받는 여자의 남자형제로 얻을 것이 더 많음을 분명하게 보여준다.

창세기 12:10–20에서 사래와 아브람은 공동 사기꾼이다. 아브람은 그녀의 미를 찬양하며, 구슬리는 언어를 사용함으로써(12:13에서 "그대는 나의 누이라 하라"는 말로 시작하면서) 사래에게 그녀를 누이라고 속이는 데 동참할 것을 요구한다. 그녀는 실제로 우둔한 바로의 아내로 취해지고, 바로는 처남으로 보이는 자에게 재산을 퍼붓는다. 다른 계획을 갖고 있는 하나님은 재앙으로 사기를 방해하고, 이제 사실을 깨닫게 된 바로는 사기꾼들을 물리친다. 그럼에도 이 사기꾼 부부는 새로 얻은 재물에 손해를 입지는 않는다. 이것은 여성에게 긍정적인 이야기는 아니다. 사래는 부와 바꿀 수 있는 교환상품이다. 그녀는 창세기에 나오는 다른 여자들처럼 이 역할을 받아들이는 자로 보인다. 그녀와 아브람은 특정한 사회 구조에서 그들의 역할을 하지만, 주변인으로서의 역할을 한다. 그들의 땅에서 기근을 만나 이집트로 도망가고, 거기서 그들은 불안정한 지위를 갖는다. 거기서 그들은 자신의 상황을 개선하기 위해 속임수를 사용함으로써 그들에게 권력을 행사하는 자들을 희생시킨다.

창세기 20장과 26장에서 성역할은 분명하게 표시되어 있다. 이 이야기들은 역시 패배자에 대한 것이지만, 꼭 사기꾼에 관한 것은 아니다. 20장의 이야기에서 저자는 분명히 그 상황의 윤리적 문제에 대해 염려한다. 그는 사라가 실제로 아브라함의 이복누이임을 드러낸다. 다른 고대 근동의 왕족들처럼 이복남매 간의 결혼은 금기가 아니었다. 속임수가 사실상 진짜 속임수는 아니다. 권력자는 사기를 당하지만 존중된다. 왜냐하면 통치자 아비멜렉은 결코 사라와 관계를 맺지 않았고, 다른 남자의 아내를 취하는 것에 대해 도덕적으로 분노하는 자로 묘사되기 때문이다. 이 이야기에서 사라의 역할은 좀 더 조용한데, 이것은 아마 더 귀족적이지만 여전히 남성중심적인 이야기에 적합한 것이다. 마지막으로 창세기 26장에서 아내 리브가의 역할은 훨씬 더 제한적이다. 통치자가 리브가를 취하고 그를 죽일 것이라는 두려움에서 이삭은 리브가와 상의 없이 그녀를 누이라고 말한다. 그러나 어떤 일이 생기기 전에 아비멜렉은 그들이 남편과 아내로서 '희롱'하는 것을 목격하고 여자에 대한 어떤 관심도 버리게 된다. 세 가지 이야기들은 경건과 예의에 대한 관심사에서 다르다. 창세기 26장에서 하나님은 행위를 강하게 통제하고, 족장과 그의 아내를 보호하시고, 이로써 재미있는 이야기는 더 진전하지 못하게 된다. 이삭도 리브가도 흥미로운 역할을 하지 못한다. 창세기 20장에서 도덕적으로 올곧은 족장과 마찬가지로 흠 없는 통치자가 다소 좀 더 동등한 위치에서 관계를 맺고, 여자는 소극적인 역할을 하게 된다. 창세기 12장에서만 여성의 성을 왕을 속이는 수단으로 사용하는 야비한 사기꾼이 등장한다. 이런 방식으로 이 이야기는 이와 유사한 남성중심적인 민담문학에 속하게 된다.

사기꾼 리브가(27장). 창세기 27장에서는 여성이 스스로 사기꾼이 되어 계획을 세우고 성공한다. 남자들은 장기판의 말처럼 여자 주변을 돌고 있다. 독자가 여기서 마침내 좀 더 해방된 여성을 만난다고 생각하면 안 된다. 왜냐하면 여기서도 성공은 성에 대한 상징적인 대응물인 음식을 통해 이루어지기 때문이다. 게다가 문제가 되는 지위는 여성의 지위가 아니라 그녀의 아들의 지위이다. 그럼에도 남성 지배적 세계라는 한계와 독점 속에서 리브가는 자신이 하는 일에 매우 능숙하다. 사실 그녀는 부족의 진로를 결정하고 지시하며, 이렇게 함으로써 하나님이 원하시는 바를 알고 성취하는 자이다.

창세기 27장은 아버지의 사랑하는 큰 아들을 향한 친밀한 말로 시작한다. 이제 눈멀고 나이든 이삭은 에서에게 자신이 언제든지 죽을 것 같다고 말한다. 그는 사냥꾼인 에서에게 사냥감을 잡아 그가 좋아하는 음식을 만들라고 하며, 죽기 전에 그를 축복할 것이라고 말한다. 그때 누군가가 아버지의 요구와 그의 약속을 엿듣는데, 하나님으로부터 작은 아들 야곱이 장자권과 축복을 받게 되리라는 특별한 정보를 받았던 아내요 어머니인 리브가는 그 계시를 실현하기 위해 준비한다. 야곱은 그녀가 임신기간에 받았던 수태고지 때문에 총애하는 아들이 되었는가? 혹은 리브가는 들판의 사나이인 붉고 털 많은 에서에 비해 장막에 거하는 피부가 매끄러운 아들이 훨씬 더 자신을 닮았기에 사랑하는가? 흥미로운 것은 하나님 역시 야곱을 사랑하고, 에서보다 야곱을 편애했다는 점이다. 신학적인 메시지는 전통적인 이야기의 필수불가결한 패턴으로부터 힘을 얻는다. 사랑 그 자체처럼 하나님의 선택은 종종 우연이며 이해할 수 없다. 작은 아들은 관습의 패턴과 사회구조적으로는 갖지 못할 유산을 받게 된다. 그러나 왜 야곱과 리브가의 경우에 총애 받는 작은 아들이 더 여성스러운가? 왜 사라와 이삭의 경우에서처럼 그가 선택받은 자라는 것을 아는 자는 여성인가? 왜 남편들과 아버지들은 그들의 자녀 문제에서 중심에서 벗어나 있는가? 왜 그들은 소극적이거나 (문자적 혹은 비유적으로) 눈이 멀어 있는가?

한 가지 설명은 자녀들은 따뜻한 가정이라는 사적 영역, 즉 여성의 세계와 관련이 있다는 것이다. 야곱의 어머니라는 리브가의 역할은 27:6, 8, 11, 13, 14에서 반복되는 언어를 통해 강하게 강조된다. 창조문학에서와 마찬가지로 여성이 문화의 원천이 된다는 점은 진실이다. 여기에서 그들은 단순히 출산을 통해서가 아니라, 특별한 이스라엘 전승이 세워지고 지속되는 수단이 된다. 리브가의 경우 그녀는 아들 중 하나를 출세시키고, 이 아들은 진실로 이스라엘이 된다. 페미니스트 관점에서 우리는 리브가가 매우 중요하며, 여기서 하나님의 패배자를 향한 편애가 여성에게로, 그리고 아버지의 아들이라기보다는 어머니의 아들에게로 확대되고 있음을 보면서 즐거울지도 모르겠다. 우리는 이스라엘 여성들이 히브리성서에 보존된 리브가와 야곱의 이야기라는 특정 이야기를 들으면서 특별히 즐거워했으리라고 추측할 수도 있다. 우리는 여성들이 이런 이야기들을 구성하는 데 책임은 없었는지 질문해볼 수도 있다.

리브가는 철저하게 창세기 27장에서 행동을 통제한다. 남편이 에서에게 하는 말을 엿들은 후 그녀는 야곱에게 이 말을 되풀이하고 잠언의 지혜로운 인물처럼 그에게 지시한다. "그런즉 내 아들아, 내 말을 따라 내가 네게 명하는 대로 행하라."(27:8; cf. 잠 8:32) 그녀는 야곱에게 가축들 중에 새끼를 데리고 오라고 말하고 이삭을 위해 좋은 음식을 준비한다. 야곱은 이삭에게 음식을 가져가고, 이삭은 음식을 먹고 아들을 축복한다. 가져오고, 음식을 먹고, 축복한다는 언어의 반복은 전통적인 문학 스타일에서는 간결하다. 그 반복되는 단어나 구는 핵심 주제를 강조하기 위해 사용된다. 속임수와 변장을 통해 리브가와 야곱은 이삭에게 제공자가 되며, 그 보답으로 야곱은 풍성, 비옥, 안전에 대한 축복을 받는다.(27:27-29)

야곱은 주저한다. 그러나 윤리적인 양심 때문은 아니었다. 왜냐하면 야곱은 그의 어머니만큼이나 속임수에 능숙하였기 때문이다. 그는 일찍이 에서를 붉은 음식 한 그릇에 장자권을 팔도록 속이지 않았던가?(25:29-34) 그는 발각되어 축복은커녕 이삭의 손에 저주를 받지는 않을까 두려워서 주저한다. 만약 노인이 그를 만진다면 야곱의 매끄러운 피부 때문에 그를 내칠지도 모른다.(27:11) 대담하게도 리브가는 일이 잘못된다면 저주는 자신이 받을 것이라고 말한다. 왜냐하면 저주는 축복만큼이나 현실적이기 때문이다. 저주나 축복은 훔칠 수도 남에게 전가될 수도 있다. 그의 어머니는 야곱을 위해 변장을 준비하는데, 들판의 냄새가 나는 에서의 옷과 새끼 양의 털 달린 가죽을 그의 매끄러운 손과 목을 덮는 데 사용한다.(27:15-16) 속임수는 통하고 야곱은 아버지의 축복을 받는다. 마침내 리브가는 다시 한 번 집안의 모든 남자의 계획을 경계하면서 에서의 보복을 피해 야곱의 안전한 도주 계획을 꾸민다.(27:41-28:5)

리브가의 지혜는 엿듣기(18:10의 사라를 회상하라.)와 목적을 이루기 위해 무대 뒤에서 일하던 바로 그 여성들의 지혜이다. 아들의 성공을 통해 자신의 성공을 성취하는 대리 권력, 즉 상징적으로 음식을 준비하고 대접하는 것에 바탕을 둔 권력이다. 이것은 또한 필요하다면 아들을 위해 자신을 희생하는 의지도 포함한다.("너의 저주는 내게로 돌리리니", 27:13) 이런 것이 남성의 세계에서 여성의 권력이며, 이것은 대부분의 현대여성들이 열망하는 종류의 권한부여는 아니다. 이것은 권위가 없는 자들의 권력이다. 성공하는 자는 거의 사기꾼이어야만 하는 고대 이스라엘 문학에서 여성은 전형적으로 주변인의 길을 따라야만 한다. 그럼에도 이 사기꾼은 매우 영리하고 강하며 확신에 차 있고, 주변의 남자들보다 월등하게 지혜롭다. 그녀는 여성 이야기꾼의 창조물처럼 보인다. 이 이야기꾼은 남성 중심 세계의 일부이며 공개적인 반역자는 아니지만, 그럼에도 리브가를 영웅적인 사기꾼으로 만듦으로써 간접적으로나마 이 규칙을 뒤엎는다. 왜냐하면 이것 역시 남성 세계에서 여성의 힘, 즉 조롱, 유머, 속임수의 힘이기 때문이다.

라헬: 라반의 드라빔을 훔치기(31:19, 30-35). 야곱과 그의 식솔이 라반의 땅을 떠나는 이야기로 연결되는 흥미로운 장면에서(창 31:4-16), 야곱은 다투는 아내들/자매들에게 말한다. 그는 그들에게 일어난 모든 일을 다시 살펴보고, 라반의 가축에 대해 그가 약속했던 비전과 고향으로 돌아갈 때가 되었다는 하나님의 메시지에 대해 말한다. 그 여자들, 즉 라헬과 레아는 그들의 충성은 아버지가 아니라 남편을 향해 있음을 분명히 하며 한 가지로 대답한다. 자매는 자신들을 '팔았고' 자신의 돈을 '먹어 치우

기' 위해 행동한 아버지로부터 '이방인 여자들'로 여겨졌다고 말한다.

31:15의 언어는 매우 강하다. 남자들은 종종 '산다'(buy)는 의미의 동사를 가지고 아내를 얻는다고 말하지만, 히브리성서 어디에서도 아버지가 딸을 파는(마카르) 것을 적절한 것으로 묘사하는 곳은 없다. 매우 근접한 언어인 아람어와 시리아어에서 '메카르'는 '산다'를 의미하며, '결혼하다'를 위해 사용된다. 랍비 텍스트에서 '모케르'는 신부 지참금이지만 히브리성서에서는 인간을 노예로만 판다.(예. 요셉을 파는 경우: 창 37:27, 28, 36; 45:4, 5; 딸을 노예로 파는 경우에 대한 율법: 출 21:7-8) 그러므로 비통하면서도 신랄하게 라반의 딸들은 스스로 아버지와의 관계를 아버지와 무관한 이방여인들처럼 취급당한, 착취당하고 쫓겨난 노예로 묘사한다. 이 본문의 저자는 여성을 경제적 대상으로 생각하지만, 적어도 남자의 딸들은 소유물보다는 낫게 취급받아야 한다고 암시한다. 그 자매들의 불평은 그들의 대우와 처지에 대해 놀랍도록 비판적인 여성들의 진술이다. 비록 그들은 라반이 속한 전체 체제를 직접적으로 비난하지는 않지만, 그들의 권리가 착취적 체제의 요구들 속에서조차 지켜지지 않고 있음을 진술하고 있다. 간접적으로 그들은 사람들이 매매되고 있는 세계에 주목하고 있다.

하나님의 목소리와 어머니-아내의 역할이 같은 뜻으로 사용되고, 여자들은 야곱에게 떠나라고 격려한다. 바로 이곳에서야 비로소 아내들은 완전하게 아버지로부터 남편에게로 교환되고 자매들은 스스로 그들 사이의 분쟁을 뒤로 미루고 그들의 남편과 자녀들과 함께 하나의 가정으로 연합하게 된다. 바로 이곳에서야 비로소 그들은 남편의 본국을 향해 떠나게 되고, 라헬은 사기꾼의 역할로 이행하게 된다. 그녀는 아버지가 양털을 깎기 위해 떠난 동안 아버지의 드라빔을 훔친다. 학자들은 이것이 어떤 물건인지에 대해 오랫동안 토의해왔다. NRSV는 이것이 라헬이 쉽게 옮기고 숨길 수 있을 정도로 작은 조각상으로 나타나는 것으로 보아 작고 개인적인 신상임을 암시하는 '가족 신들'(household gods)로 번역한다. 최근의 논문은 드라빔이 이스라엘인들 사이의 조상숭배를 입증해주는 것으로 조상의 조각상일 가능성을 제시한다. 어떤 경우에든 이야기 속에서 이 물건의 역할은 비록 애매하지만 이스라엘의 대중종교의 측면에 대한 어떤 통찰력을 제공한다.

라반은 다른 어떤 것보다 드라빔 때문에 더 화가 난 것처럼 보이고, 야곱과 그의 가족을 뒤쫓아간다.(31:30) 그 이야기는 그 신들과 함께 발견되는 자는 누구든 살지 못할 것이라는 야곱의 선언으로 인해 긴장감이 더해진다.(31:32) 야곱은 그의 가족 구성원의 생사권을 지닌 완전한 족장으로 등장한다.

라반은 야곱, 레아, 두 여종의 장막을 살펴보지만 아무것도 발견하지 못한다. 마지막으로 그는 라헬의 장막으로 간다. 라헬은 드라빔을 낙타 안장에 숨기고 그 위에 앉아 있다. 그녀는 라반에게 "마침 생리가 있어 일어나서 영접할 수 없사오니 내 주는 노하지 마소서"(31:35)라고 말한다. 라반은 안장에서 그녀를 끌어 낼 수 없다. 이것은 신사적 예의 때문인가? 이 해석은 라반에 대한 전체적인 묘사와 불일치하는 것처럼 보인다. 그는 드라빔을 찾아내지 못한다. 이것은 이런 이야기에서 속임을 당하는 자는—적어도 잠시라도—속임을 당해야만 하기 때문인가? 그는 그 문제를 좀 더 주의 깊게 추적하지 못한다. 이것은 그가 부정한 여자로부터 뿜어 나오는 잠재적이며 내재적인 힘을 두려워하기 때문인가? 이 여자가 가정생활에 미치는 능력은 그녀와 성스러움을 연결시키며, 이 여자의 월경은 남성세계의 평범하고 정상적인 것, 즉 생리학상 남성적인 것으로부터 그녀를 분리시킨다.(참조. 레 15:19-24)

만약 라반이 라헬과 가까운 자리를 살펴보는 것을 거부한 이유가 그녀의 꾸며낸 불편함에 대한 존중보다는 부정 때문이라면, 이것은 여성의 신체적 원인, 즉 월경이라는 위험하고 오염시키는 힘을 그녀의 도둑질이 발각되는 것을 막는 데 사용한 여성 사기꾼의 사례를 제시한다. 라반의 아버지로서, 남성으로서의 권위—그의 가족 신에 대한 소유권과 연결된 권위—는 가장 분명하게 여성적인 것을 이기적으로 이용한 그의 여자 후손으로 인해 손상을 입게 된다. 이 짧은 장면에서 은밀한 여성의 능력은 남성의 명백한 권위를 넘어선다.

다말: 어머니가 되려는 사기꾼(38장). 창세기 38장은 요셉이 이집트에서 시련을 겪고 있을 동안 가나안 땅에 남아 있던 유다의 이야기로 시작된다. 요셉 설화에서 유다는 악당 형제들 중의 하나이다. 그는 사실상 소년 요셉을 죽이기를 원치 않았지만 지나가는 이스마엘족속 무리에게 팔자고 제안한다.(창 37:26-27) 물론 노예로 팔린다는 것은 사형선고와 다를 바 없다. 아무튼 유다는 요셉을 그의 친족과 문화, 그리고 야곱의 사랑하는 아내 라헬의 아들로서 분명히 유산을 물려받을 총애 받는 자라는 위치로부터 격리시킴으로써, 사회적 죽음으로 몰고 간다. 유다는 피로부터 그의 손을 씻기를 원했지만 대리인으로서 유죄로 묘사된다. 몇몇 학자들은 창세기 38장의 이야기가 요셉에게 가한 악행과 균형을 이루고 있다고 제안한다. 요셉이 매복당한 것처럼, 다말은 유다를 유인하고, 그의 의무를 다할 것을 강요한다. 야곱과 요셉의 전체 이야기는 속임수, 반격, 악행, 보복이라는 패턴을 따라 구조를 이룬다.

창세기 38장의 서두는 가족구성 설화의 전형적인 족보체계로 유다와 수아와의 결혼과 세 아들 엘, 오난, 셀라의 탄생에 대해 말한다. 그 후 아브라함과 이삭의 아들들 이야기에서처럼 우리는 그의 장남 엘의 결혼에 대해 듣게 된다. 한 절에서(38:6) 이 짧은 이야기는 여주인공, 엘의 아내 다말에 대해 소개한다.

족보는 38:7에서 계속되지만 비틀림이 있다. 엘은 악한 사람이었고, 하나님은 그를 후사가 없이 죽게 한다. 유다는 그의 둘째 아들 오난에게 "남편의 아우 된 본분을 행하여" 다말에게 들어가라고 말한다.("들어가다"는 성관계에 대한 성서적 완곡어법) 신명기 25:5-10에서 토론된 바대로 후사가 없이 죽은 자의 형제는 과부와 결혼해야 한다. 그런 결합으로 인해 태어난 자녀는 죽은 형제의 자녀로 간주되며, "이스라엘에서 그의 형제의 이름이 영속되게 된다." 한편, 이 율법은 남성보존, 남성보호법으로 해석될 수 있으며, 38:13-19에 나오는 다말의 행동은 죽은 배우자에 대한 아내의 헌신적 행위로 볼 수 있다. 남성의 생식 능력은 이런 식으로 무덤조차도 뛰어넘게 된다. 육체의 부활에 대한 믿음이 없는 고대 이스라엘과 같은 상징체계에서 후손은 한 사람의 내세가 된다. 죽은 자의 영혼이 스올이라고 불리는 하데스와 비슷한 음침한 장소에 국한되는 세계에서 산 자들 사이에서 한 사람의 이름을 보존하는 것은 특별히 중요하다.

그러나 남성지배적 세계라는 한계 안에서 시형제 결혼법은 과부 자신에게도 중요하다. 처녀로서 아버지의 보호와 통제 하에 있다가, 리브가와 같은 경우 남편과 그의 가족의 보호와 보살핌으로 옮겨진다. 일단 결혼하여 남편의 가족에게로 간 경우 여자는 자녀, 특히 아들을 낳음으로써 신실하고 생산력 있는 아내가 되어야 한다. 불임인 아내는 정상이 아니다. 왜냐하면 그녀는 아버지의 집에서는 더는 처녀가 아니고, 남편에게는 자녀를 낳아주지 못하기 때문이다. 좀 더 비정상적인 경우는 남편이 죽게 되어 시댁에서 생산력 있는 구성원이 될 희망이 없는 자녀가 없는 젊은 과부이다. 시형제 결혼법은 남성중심적 상징체계에 맞다. 이것은 그런 체계분류에 따라 비정상적으로 여기는 경우를 깔끔하게 정리한다는 점에서 그러하다. 그러나 그 율법은 또한 경제적 궁핍과 아버지 하에도 더는 있을 수 없고, 족장적 부족사회에서 그녀의 지위를 확보해 줄 남편도 아들도 없는 사회적 광야와 같은 것으로부터 자녀가 없는 젊은 과부를 구제해야만 한다.

오난은 다말을 아내로 맞아들이지만 엘의 자녀를 임신하도록 돕기보다는 원시적인 형태의 피임법을 사용하여 그의 정자를 땅에 쏟는다. 다른 남자의 자녀를 낳는 것을 돕는 것, 즉 죽은 형의 대리부가 되는 것에 대한 오난의 거부는 경제적 이유로 설명할 수 있다. 오난은 그의 유산을 엘의 후손, 자신과 셀라의 후손들 사이에서 나누기보다는 하나 남은 형제와 나누고 싶었다. 하나님께서 오난을 기뻐하시지 않은 것은 피임에 대한 저자의 비판으로 해석될 것이 아니라 형의 이름으로 자녀를 기르고 사회 구조 안에서 다말의 위치를 정상화하는 과정에 대한 오난의 거부를 비판한 것으로 해석해야만 한다.

유다의 다음 조치는 그의 막내아들 셀라와 다말을 결혼시켜야 하는 것이었지만 그는 셀라 역시 죽을까봐 두려워 주저하게 된다.(38:11) 아마 유다는 다말을 그녀를 사랑하는 자를 죽여 버리는 마녀, 혹은 그녀를 어떤 인간 남자와도 공유하지 않는 악마가 사랑하는 자 비슷한 것으로 두려워한 것 같다.(cf. 토빗서) 그는 다말을 셀라가 자랄 때까지 친정 아버지의 집으로 돌아가 있으라고 말하면서 다말을 물리친다. 그러나 38:11에서 지시하는 바대로 유다는 유일하게 하나 남은 아들을 그녀에게 주고자 하는 의도가 없다. 다말은 처녀도, 아내도, 어머니도 아닌 채로 아버지의 집으로 돌아가게 된다. 그녀는 이스라엘 사회 구조의 주변부에 속하게 되었다. 왜냐하면 그녀는 어디에도 속하지 못하기 때문이다. 그러므로 불확정적인 지위를 지닌 사람으로서 다말은 사기꾼이 될 완벽한 후보자이다. 속임수를 통해 그녀는 자신의 지위를 개선하고 자신이 원하는 것을 갖고자 힘을 지닌 자들과 맞설 수 있게 된다.

다말은 최근 그의 아내를 여읜 유다가 양털을 깎기 위해 딤나로 간다는 것을 듣게 된다.(38:12-13) 다말은 과부의 옷을 벗고 창녀로 분장을 한다. 베일을 쓰고 그녀는 에나임 문에서 유다를 기다린다. 이 사기꾼의 분장은 그녀의 지위에 대한 탁월한 상징화이다. 그녀는 지리적 경계선상에 있으며 그녀의 삶의 여정의 전환기에 있다. 그녀는 성역할이 처녀도 아내도 아닌 여성인, 창녀처럼 옷을 입었다. 방식은 다르지만, 현실의 다말 역시 그러하였다. 성적 유혹을 통한 속임수는 전통적인 속임수 이야기에서 선호하는 모티프이다. 창세기 12장에서처럼 이 매혹적인 여성의 신분도 겉으로 보이는 모습과는 달랐다.

유다는 그녀를 보고 창녀로 생각하여 성관계를 요구한다.(38:15-16) 그녀는 자신의 역할을 아름답게 하면서 그가 그녀에게 무엇을 지불할지를 알려주고(38:16), 마침내 그의 인장, 인장이 달린 끈, 아마도 그의 인장으로 표시가 된 지팡이를 담보물로 취하게 된다. 그는 후에 지불금으로 어린 양 한 마리와 그것들을 교환할 것이라고 약속한다. 라반의 신들의 경우에서처럼 유다의 소유물은 그의 정체성, 권위, 존재에 대한 기호이다. 인장처럼 도장은 그 남자의 서명을 뚜렷이 담고 있으며, 소유권이나 기원을 나타내는 대상물 혹은 서류라는 인상을 주기 위해 사용된다. 오로지 남자만 지지나 보호를 위해 지팡이를 들고 다닌다. 다말은 결국 유다의 바로 그 존재감의 상징물들을 취한 것이다.

유다는 다말과 성관계를 맺고 그녀는 임신을 하게 된다.(38:18) 그녀는 과부의 옷을 다시 입는다. 유다는 그의 물건과 양 새끼를 교환하기 위해 친구를 보내지만 그 창녀는 사라졌다. 그는 창녀에게 웃음거리가 될까봐 친구에게 "우리가 부끄러움을 당하지 않기 위해" 그 문제를 내버려두라고 말한다. 그는 자신이 얼마나 바보가 되었는지를 전혀 깨닫지 못하고 있다.

다말이 임신했음이 발견되었을 때 그녀의 운명을 결정하는 자는 친아버지가 아니라 바로 그녀가 결혼한 가문의 족장인 유다였다. 다시 한 번 장로와 제사장과 같은 외부 집단이 아니라 족장에 의해 집행되는 율법과 관습을 보게 된다. 족장이 우두머리인 가정은 좀 더 큰 공동체와 관습의 완벽한 축소판이다. 유다의 결정은 신속하고, 경솔하며, 잔인하다. 이야기의 긴장감은 고조된다. "그를 끌어내어 불사르라."(38:24) 그는 마침내 자신의 악한 아들들의 죽음에 책임이 있는 여자를 제거하여 행복한가? 그러나 사기꾼 다말은 인장, 끈, 지팡이를 "이 물건 임자로 말미암아 임신하였나이다"(38:25)라는 메시지와 함께 유다에게 징표로 보낸다. 유다는 물건들이 그의 소유물임을 알아챈다. 어떻게 그가 그 자신의 인장을 부인할 수 있었겠는가? 그는 자신이 다말에게 셀라를 주지 않았기 때문에 자신보다 다말이 더 의롭다고 말하면서, 그것들을 시인하고 책임을 받아들인다.

창세기 38:26은 흥미로운 말로 끝맺는다. 유다는 다시는 다말을 (성적으로) 알지 않았다. 이것은 레위기 18:15에서 금지한 근친상간에 비추어, 며느리와 유다의 성관계를 축소하고자 하는 저자의 후대의 편집적 논평인가? 이 논평은 이야기의 좀 더 필수적인 부분으로 읽혀야 한다. 두 명의 남편을 떠나보내고 분명하게 자신보다 나은 이 여자를 이제 전보다 더 두려워하게 된 유다는 그녀와 거리를 두게 된다. 리브가처럼 다말은 특별한 여성족장의 표시인 쌍둥이를 낳게 된다. 작은 아들 베레스로부터 다말의 이야기와 매우 유사한 룻의 남편이 되는 보아스가 나온다. 두 여인 모두 이스라엘의 위대한 영웅 다윗으로 연결되는 족보 선상에 공헌을 한다. 다말의 지위 상승은 특별한 상징체계 안에서 이해되어야 한다. 그녀는 이제 족장의 보호 하에 놓이게 되고 혈연을 위한 아들을 낳게 된다. 이야기는 사회구조의 규칙을 드러내놓고 비판하지는 않지만, 창세기 31:14–16의 장면처럼 그 체계 안에서 여성에게 허용된 지위와 권리를 남성이 지켜야 한다고 주장한다. 훔친 드라빔 이야기의 서두처럼(31:15–16), 창세기 38장은 암시적 비판을 제공한다. 왜냐하면 우리는 얼마나 쉽게 이런 권리들이 폐기되는지를 보기 때문이다.

미끼로 사용된 여성 희생자: 보복으로서 속임수(34장). 창세기 34장은 여성의 성적 측면이 개입된 또 다른 속임수 이야기이다. 그러나 이 경우에 야곱의 딸 디나는 다말과 같이 단순히 무시당한 희생자가 아니다. 그녀는 하몰의 아들 세겜에게 강간을 당한다. 속임수를 통해 제기되는 지위에 대한 문제는 그녀의 지위가 아니라, 그녀의 남자형제들의 지위이다. 남자형제들의 법적 영토, 즉 그들의 여자들 중 하나가 외부인에 의해 침해를 받았다. 설화는 여성의 지위와 강간에 관한 것일 뿐만 아니라 세대 간의 관계와 친족집단 바깥의 결혼에 대한 문제를 다루고 있다.

디나는 그 땅의 여자들을 방문하러 나가고 세겜에게 강간을 당한다. 내부인 대 외부인, 우리 대 그들에 대한 강한 인상이 전달된다. 가족 내에서는 안전하다. 그 땅 사람들 가운데는 위험이 도사리고 있다. 강간에 해당하는 히브리어는 '허리를 구부리다, 고통을 받다'를 뜻하는 어근에서 나온다. 이집트에서 이스라엘인들의 고통이 그렇게 묘사되었다. 그럼에도 34:3의 가정은 그런 고통을 사랑과는 동일시할 수 없다는 것이다. 3절은 세겜의 영혼이 디나에게 이끌렸으며 그는 그녀를 사랑하고 그녀에게 자상하게 말하였다고 말한다. 세겜은 아버지 하몰에게 디나를 아내로 갖게 해 달라고 부탁한다.

설화의 가장 놀랄 만한 측면 중의 하나는 디나의 부재와 존재의 정도이다. 한편으로 그녀는 이후의 행동, 세겜의 욕망의 초점, 야곱과 하몰의 협상의 대상, 남자형제들의 속임수를 위한 이유, 야곱과 그의 아들들 사이의 긴장감의 원인의 중심에 있다. 다른 한편으로 그녀는 대화도 목소리도 없다. 어떻게 그녀가 세겜의 '자상한' 말에, 그녀와 강간범을 위한 야곱과 하몰의 결혼 합의에 반응했는가? 그 문제에 관해 이야기의 끝에 그녀에게 무슨 일이 일어났는가? 디나는 남자형제들이 그녀를 데리고 온 후 사라져 버리는 것처럼 보인다.(34:26)

이 이야기의 실타래는 사사기 21장의 베냐민 지파의 이야기에서처럼 새로운 민족이 창출되는 하나의 방식으로서 아내 훔치기를 묵과하는가? 야곱은 전체 사건을 비난하지는 않지만 '침묵하며'(34:5) 하몰과 거래를 할 준비를 한다. 그러나 형제 시몬과 레위는 세겜이 디나를 강간한 것을 충격적인 분노거리로 여긴다. 세겜은 감히 허락도 없이 야곱의 딸을 취하였다. 디나를 향한 남자형제들이나 설화자의 감정은 어떤 것이었는가? 그녀는 부정하게 된 것으로 묘사된다.(34:5, 27) 창녀처럼 그녀는 신붓감으로 부적합한 외부인의 지위를 가진 사람이 된다. 남자형제들은 세겜이 그들의 누이를 기생처럼 취급한 것으로 묘사하며, 그와 그의 친족에게 사형 선고를 내린다. 그러나 강간당한 디나는 이야기의 배경으로 물러나게 되고, 대두되는 주제는 고통받는 자로서의 그녀의 지위라기보다는 그녀의 성을 통제하는 남자들의 지위에 관한 것이다. 세겜은 디나를 강간했다. 그러나 설화자의 관점에서 세겜은 강간을 함으로써 야곱과 남자형제들이라는 인물에 대한 존중을 보이지 않고, 친족관계를 맺을 적절한 방식을 상실하게 된다. 하몰은 상거래(34:21)와 적절한 결혼관계를 약속함으로써 사건이 일어난 후 문제를 바로잡고자 한다. 그러나 시몬과 레위는 그의 제안을 거부한다. 그러나 직접적으로 거부하지는 않는다. 하나님의 미래에 대한 약속에도 불구하고, 결국 그들은 여전히 가나안 땅에서 거류민이다. 그들의 위치는 야곱이 스스로 말한 것처럼 불확실하였고(34:30), 그들은 속임수를 통해 보복하기로 한다.

창세기 31:30-35이나 38장과는 대조적으로 사기꾼은 잘못된 여성이 아니다. 창세기 27장과 대조적으로 관점은 분명 남성적이다. 창세기 34장은 사사기 14-15장의 삼손과 딤나 여인의 이야기처럼 한 집단의 여성의 소유권에 대한 두 남성 집단 간의 분쟁에 관한 것이다. 야곱은 기꺼이 평화를 위해 가나안족과 화해하고 디나를 그 땅에 체류하고 상거래를 할 수 있는 허가를 얻는 것과 맞바꾸고자 했지만, 성급하고 노인보다 체면 문제를 더 고려하는 남자형제들은 디나의 성을 미끼로 사용하는 속임수를 꾸민다. 그들은 하몰에게 그와 그의 백성들이 스스로 할례를 받게 되면 세겜이 디나를 갖게 할 것이라고 거짓말을 한다. 하몰의 용사들이 수술로 인해 불편하여 무능력하게 되었을 때 야곱의 아들들은 공격을 가한다. 그들은 "칼로 그들을 살해하여" 모든 남자를 죽이고, 적들의 모든 소유물, 자녀들, 아내들을 노획물로 취한다. 이것은 복수 행위일 뿐만 아니라, 고대 이스라엘에서 여성 소유권이 전쟁의 이유와 무관할 때조차도, 아내 훔치기와 강간은 언제나 전쟁과 연결되었음을 상기시켜준다.

창세기 34장은 여성에 대한 다른 사기꾼 이야기와 문제시되는 지위, 지위 개선을 위한 속임수, 계획의 성공이라는 패턴을 공유한다. 강간은 디나의 지위뿐만 아니라, 그녀의 아버지와 남자형제들의 지위도 추락시킨다. 저자를 가장 사로잡고 있는 것은 바로 남자들의 지위이다. 디나 스스로는 그녀의 지위를 회복시킬 속임수를 꾸미지 않는다. 그러나 대신 그녀는 남자형제들의 교묘한 속임수의 모티프가 된다. 디나의 추락된 지위는 그대로인 데 반해 남자형제들의 지위는 그들의 계획의 성공과 다른 여자들을 훔치는 것으로 인해 상승한다. 전투에서 여성이 중요한 이야기는 매우 흔하게 남성들 사이의 관계에 대한 것이며, 적어도 이 설화에서처럼 남성의 목소리가 강하게 나타나는 설화에서 그렇다는 것을 창세기 34장은 확증한다. 남자들은 사기꾼 패턴의 주인공이다. 하몰의 아내들과 딸들이 결말을 맺는 것처럼, 그 여자 디나는 그들의 경쟁을 위한 하나의 계기로 쓸모가 있다. 그러므로 여자들은 결혼가능한 집단의 남성들 사이와 그들 가족 내의 남자들의 세대 사이를 오가는 자들로서 모든 전통문화에서 실제 여성의 경제적, 사회구조적 역할의 패턴을 반향하면서, 이 이야기에서 설화 행위의 전환점과 경계선상에 서 있다.

요셉이야기에서 여성들(37, 39-50장)

요셉 이야기에서 여성들의 상대적 부재. 요셉 설화에는 사기꾼 영웅이 없으며, 요셉의 여자는 단 두 명이다. 첫 번째는 온의 제사장 보디베라의 딸 아스낫으로서 그녀는 딱 한 줄에서 언급되는데(41:45), 그녀는 바로의 꿈을 성공적으로 해석한 대가로 요셉에게 주어진 상의 일부였다. 다른 한 명은 보디발의 아내로서 그녀는 현명한 영웅이 직면한 인생의 도전들 중 하나로 묘사된 전형적인 인물이다. 일시적인 성공을 누리지만 기성권력과는 소원한 관계에 머무는 주변인들에 대한 이야기에서 여성들은 많은 자리를 차지하지만, 권위와 현상유지를 좀 더 승인하는 창세기의 요셉 이야기에서 여성들은 거의 존재감을 상실한다.

보디발의 아내(39장). 보디발의 아내가 요셉을 유혹하고자 하는 이야기는 종종 고대 이집트의 "두 형제의 이야기"와 비교된다. 각각의 이야기에서 상관을 위해 일하는 올바르고 믿을 만한 사람은(요셉의 경우는 보디발, 이집트 이야기에서는 형) 상관의 아내에게서 유혹을 받는다. 젊은 남자는 그녀를 거부하고, 그의 상관에게 충성을 다한다. 반면 비난받을 여자는 젊은 남자를 강간미수범으로 고발한다. 이런 줄거리는 많은 전통적인 이야기와 현대 소설의 인기 있는 많은 작품에서 발견된다.

보디발의 아내의 이야기는 요셉의 전기 내내 발견되는 주제를 강조한다. 반복되는 언어는 요셉이 손대는 모든 것은 하나님께서 그와 함께 하시기 때문에 번성한다는 것을 나타낸다.(참조. 39:2, 3, 5, 6, 8, 9) 요셉의 인생에서 불행처럼 보이는 것은 결국 요셉과 이스라엘에게 덕이 되는 것으로 판명난다.(45:7, 8) 그러므로 요셉이 그의 주인 여자와 간통하고자 했다는 심각한 죄목은 그를 죽음으로 이끌지 않고 왕의 감옥으로 가게 한다. 거기에서 요셉은 동료 죄수들의 꿈들을 해석해주는데, 그 중 하나가 후에 요셉을 바로에게 그의 소와 볏단에 대한 심난한 꿈을 해석할 수 있는 사람으로 추천하게 된다. 보디발의 아내 사건은 요셉이 이집트 전체의 총독이 될 수밖에 없도록 하는 연결망에서 하나 더 추가된 연결고리이다. 마지막으로 이야기는 요셉의 인품을 묘사하는 데 도움이 된다. 이것은 형제들을 지배하게 될 것이라고 예언하는 꿈을 부모에게 보고하는 지나치게 정직한 요셉이며, 그의 형제들의 무분별한 행위를 아버지에게 보고하는 그 요셉이다. 사실이라고 믿을 수 없을 정도로 요셉의 훌륭한 인품은 설화 내내 일관되게 유지된다. 그는 다니엘서와 에스더서의 성서궁중설화와 아히카르 이야기와 같은 고대 근동의 작품을 통해 제시된 유형처럼 지혜로운 영웅이다.

이미 언급된 바처럼 지혜로운 영웅은 잠언과 같은 지혜 전집에서 제공된 종류의 충고를 따라 산다. 잠언의 지배적인 주제 중 하나는 헤픈 여자, 간음하는 여인으로부터 거리를 유지하라는 것이다.(잠 2:16–19; 5:1–23; 7:6–27) 요셉은 지혜로운 사람의 좋은 예가 된다. 근면하고, 분별력 있고, 하나님을 두려워하며, 금지된 과일을 거부할 수 있다. 보디발의 아내는 반-지혜의 여성 의인화의 좋은 예가 된다. 남편에게 불충하고, 금지된 장소에서 만족을 구하는 데 빠르며, 성적 욕망이 강하며, 사기를 잘 친다. 그녀는 자신에게 비행을 저질렀다고 요셉을 고소하기 위해 그에게서 벗겨낸 겉옷을 보복에 이용한다. 그녀가 종들에게 한 고소는(39:14–15) 그녀의 남편에게도 반복되며(39:17), 39:12–13에서 무슨 일이 일어났는지에 대한 정확한 묘사를 반향하지만, 이제 그녀는 정보를 거짓으로 재구성한다. 지혜와 반-지혜, 진실과 거짓은 결국 역 이미지들이다.

어떤 종류의 여성관이, 또 어떤 종류의 화자의 목소리가 이 이야기에서 발견되는가? 경멸받는 여자의 복수나 침묵은 여성들보다는 남성들에게 더 잘 어울리는 이미지이다. 그것도 남자의 욕망과 무죄를 주장하는 수단이고 또한 남성들에게 여성적인 위협을 나타내는 그 여자에게 모든 성적 욕망을 투영하는 수단이다. 그녀는 공격적이고, 독립적이며, 성적으로 요구한다. 그런 여성은 결코 히브리성서에서 번성하지 못한다. 이 장면에서 요셉은 주변인이고 외국 포로이며 종인 반면, 보디발의 아내는 그의 상관이다. 그럼에도 요셉은 사기꾼이 아니다. 그는 다른 종류의 영웅이며, 그의 이야기는 남녀 족장이야기에서 발견되는 것과는 다른 종류의 문학이다. 남녀 족장이야기는 반복해서 권위에 대한 사기꾼들의 도전을 묘사하며, 남성중심 체계 안에서 주변인으로서 그들의 길을 만들어가는 많은 여성 사기꾼들을 포함하고 있다. 그러나 요셉의 이야기는 만약 남자가 하나님의 은혜를 입고 지혜롭게 산다면 지배체제 자체의 일부가 되는 데 성공할 수 있음을 제시한다.

결론

창세기의 여성들은 변화와 변형의 지표이며 창시자이다. 어떤 점에서 경제, 정치권력이라는 측면에서, 설화에서 차지하는 여성의 역할은 여성이 주변부에 있는 남성지배문화에서 여성을 향한 태도와 여성의 사회적 위치와 평행을 이룬다. 그럼에도 불구하고 '가운데 낀' 사람이라는 여성의 역할은 성서 저자들이 인지한 대로 이야기의 진행과 인간문명, 그리고 이스라엘 문화의 진보를 위해 강력하면서도 중요하다. 하와가 없다면 현재 세계는 존재할 수 없다. 리브가가 없다면 야곱은 이스라엘 백성의 아버지가 될 수 없다.

여성은 배후에서 속임수를 통해 성공하며, 그들의 힘은 공적 영역보다는 사적 영역에 있다. 여성들은 그들의 권리가 불안정하고 항상 위험에 처해 있는 자들로서 동정심을 불러일으킨다. 왜냐하면 리브가, 라헬, 다말과 같은 성공적 사기꾼과 디나와 하갈과 같은 희생자들 사이에 놓인 선은 쉽게 건너갈 수 있기 때문이다. 보디발의 아내의 이야기는 힘 있는 여성을 부자연스러우며 악하다고 수상하게 여기는 문화를 암시한다. 남녀 족장들 이야기 뒤에 놓인 목소리는 분명 요셉 이야기 밑에 있는 목소리와는 다르다. 전자만이 기존 권력 밖에 있는 자들의 태도를 지니고 있으며, 여성들의 목소리와 대화를 한다.

참고문헌

Jeansonne, Sharon Pace. *The Women of Genesis: From Sarah to Potiphar's Wife*. Minneapolis: Fortress Press, 1990.

Meyers, Carol. *Discovering Eve: Ancient Israelite Women in Context*. New York: Oxford University press, 1988.

Niditch, Susan. *Chaos to Cosmos: Studies in Biblical Patterns of Creation*. Studies in the Humanities 6. Chico, Calif: Scholars Press, 1985.

______. *Underdogs and Tricksters: A Prelude to Biblical Folklore*. New Voices in Biblical Studies. New York and San Francisco: Harper & Row, 1987.

Phipps, William E. *Genesis and Gender: Biblical Myths of Sexuality and Their Cultural Impact*. New York: Praeger Publishers, 1989.

Speiser, E. A. *Genesis*. Anchor Bible 1. Garden City, N.Y.: Doubleday & Co., 1964.

Trible, Phyllis. "A Love Story Gone Awry," *God and the Rhetoric of Sexuality*, 72–143. Overtures to Biblical Theology. Philadelphia: Fortress Press, 1978.

Westermann, Claus. *Genesis 1–11: A Commentary.* Trans. by John J. Scullion, S. J. 3 vols. Minneapolis: Augsburg Publishing House, 1984.

출애굽기

드로라 오도넬 세텔
Drorah O'Donnell Setel

개관

이야기 요약

히브리성서의 두 번째 책인 출애굽기는 이집트의 이스라엘인들의 노예생활을 둘러싼 사건들, 구속으로부터 해방, 광야 여정을 기록하고 있으며, 시내산 계시, 성막 건설을 포함하고 있다. 출애굽기는 아브라함과 사라의 후손들과 그들의 하나님 사이의 특별한 관계를 상술함으로써 창세기에서 시작된 이야기를 계속 이어간다. 동시에 출애굽기는 백성들의 역사의 다음 단계를 대변하는데, 이들의 수가 많아지면서 새로운 형태의 율법과 지도력이 요구된다. 문자적이든 은유적이든 다양한 수준에서 출애굽기 이야기는 그들이 대가족에서 국가로 변형되어 갔듯이, 무능력함으로부터 자기 결정으로 옮겨가는 백성들의 이동과 관련이 있다.

출애굽기의 내용은 두 개의 기본 단락으로 구성되어 있다. 1-18장은 노예생활로부터 해방과 탈출을 다루고 있으며, 19-40장은 시내산에서의 계약, 제의, 율법계시를 기술하고 있다.

출애굽기의 서두(1-4장)는 이스라엘인들의 억압과 신이 임명한 지도자로서 모세의 선택에 초점을 맞추고 있다. 모세와 아론은 바로 앞에서 백성을 대변하며, 이스라엘인을 풀어줄 것을 요구한다.(5장) 이런 만남은 일련의 기적 행위와 재앙을 내림으로써, 정치적으로나 신적으로나 히브리인의 신인 야웨가 이집트의 힘보다 우월함을 입증할 수 있는 좋은 기회로 나타난다.(6-12장) 유월절 절기의 확립과 장자를 구원하는 구절들을 섞어 넣음으로써, 신의 도움으로 이스라엘인들이 이집트인들로부터 탈출하는 이야기로 나아간다.(12-14장) 이 단락의 절정은 바다에서 부르는 승전가(15장)로서, 모세(15:1)와 미리암(15:21)의 노래들로 나타난다. 이어 나오는 장들은 시내산에서 이스라엘인들이 진을 치는 이야기로서 문자적으로, 주제적으로 전환한다.(15:22-18:27)

출애굽기의 시내산 단락은(19-40장) 십계명(20:1-17)을 포함하는 산에서 이루어진 극적인 계약 계시로 시작해서, 사회적·종교적 규율을 제시하는 긴 율법조항이 뒤이어 나온다.(20:21-23:33) 이스라엘인들과 야웨 사이의 계약체결을 지켜본 후, 모세는 산을 오르고 신적 지시사항을 추가로 받는다.(24-31장) 이 계시는 광야 성소(성막)를 세우는 것에 관한 명령을 포함한다.(25-27, 31장) 옷, 성결, 제사장직 제의(28-30장), 안식일 준수이다.(31장) 모세가 산에 머무른 이야기 다음에는 황금 송아지 사건이 나온다.(32장) 모세는 후에 산으로 되돌아가서 추가적인 신적 가르침을 받고, 이것을 백성들에게 다시 가져온다.(34:1-35:3) 그는 그 다음으로 성막 건축을 시작하고 감독한다.(35:4-39) 출애굽기는 성막 봉헌과 성막에 신적 임재의 입성으로 끝을 맺는다.(40장)

역사적 주제들

본문의 연대와 저작권

현대 학자들은 출애굽기를 포함한 히브리성서의 첫 네 권의 책을 아마도 기원전 6세기경에 편집된 몇 개의 원자료를 결합한 것으로 본다. 그러므로 출애굽기는 다양한 시기에 나온 전승을 반영한다. 출애굽기는 초기 히브리 시문학의 몇 가지 예를 포함한다.(예. 바다의 노래, 15장) 설화 단락은 초기 왕정시대로 볼 수 있으며 왕정시대 이전에 나온 몇몇 율법조항들과 다른 것들은 포로기 혹은 포로후기 제사장 그룹에서 나온 것으로 본다.

여성전승의 대변

우리가 갖고 있는 본문의 최종 편집은 아마도 제사장직에 대해 특별히 관심을 두었던 남성들의 작품이었기 때문에 여성과 관련한 이야기들과 전승들이 실제 여성들의 경험을 어느 정도까지 반영하는지를 결정하기가 어렵다. 고대 이스라엘의 남녀가 구분된 문화를 고려한다면, 특징적인 여성전승은 좀 더 잘 보존된 남성적 유산과 동시에 나타날 수 있을 것 같다. 독립적인 여성들 – 예를 들어, 산파(십브라와 부아)와 바로의 이름을 알 수 없는 딸 – 을 중심으로 하는 이야기를 포함시킨 것은 그 이야기의 고대성으로 인해 후대 편집자들이 침해하지 않고 보존한 전승임을 나타낸다. 그러나 이런 제안들은 단지 추측일 뿐이다. 이 이야기들은 대답만큼이나 많은 질문을 제기한다. 우리는 오직 여성만이 여성 저자들 그리고/혹은 출산과 같은 가정 문제에 초점을 둔 이야기를 했을 것이라고 추측해야만 하는가? 아니면 역으로 우리는 여성저작권으로부터 남성에 관한 자료는 제외시켜야만 하는가?

성서자료의 기원에 관한 좀 더 분명한 증거가 불충분한 상태에서 페미니스트 방법론들은 이런 주제들이 열려진 채로 남아 있기를 요청한다. 누군가에게는 성서 작품들이 고대 여성들의 전승들을 반영할지도 모른다는 개연성이 힘을 부여하는 중요한 원천이 되며, 성서 전승 전체와 관련이 있다는 느낌을 준다. 다른 이들은 고대 이스라엘 문화의 정확한 역사적 재구성을 시도하며, 그 틀 안에서 여성들이 구체적인 성서자료의 발전을 위해 어떤 역할을 하였는지, 그리고 어떻게 행했는지를 이해하는 데 더욱더 관심을 둔다. 출애굽기의 내용은 분명하게 여성중심적인 본문, 여성을 분명하게 배제하고 있는 본문들, 그리고 성과 젠더의 의미에 관한 다양한 해석에 열려 있는 상당한 양의 자료를 통합하고 있다.

출애굽 이야기의 역사성

출애굽기에 묘사된 사건의 역사적 성격은 많은 토론의 주제가 된다. 비록 이스라엘인들의 노예화, 해방, 광야 여정이 성서 작품에서 매우 중요하지만, 이것이 실제로 일어난 일임을 확증해줄 성서 밖의 자료는 없다. 유사하게, 출애굽 연대를 정확하게 확정하려는 시도는 증거자료의 불충분으로 인해 좌절된다. 대부분의 학자들을 기원전 13세기에 일어난 것으로 본다.

시내산 혹은 호렙산에서의 계시와 북쪽(레아) 지파와 남쪽(라헬) 지파의 구분과 같은 주요 사건에 관한 상충되는 전승은 출애굽 사건이 스스로를 이스라엘인이라고 여기게 된 백성 중 일부만의 경험임을 암시한다. 몇몇 학자들은 이제 성서 전승에 반영된 분명한 인종적, 역사적 다양성을 통합하기보다는, 매우 작은 '모세 집단'이 노예, 출애굽, 시내산을 둘러싼 전승복합체의 원천이었다고 제시한다. 다른 서부 셈족들과 연합할 때 이 집단은 지도력을 갖게 되었고, 그 결과 그들의 형성 이야기는 기억될 수 있었다.

일반적인 주제들

노예와 해방

출애굽기의 영어 제목은 이 책의 관심사가 구속으로부터 자유로의 전환이 중심임을 반영한다. 그러나 이스라엘인들의 노예생활과 이집트로부터의 탈출 상황에 관심을 두는 자료들은 이 책의 절반을 차지할 뿐이다.

이집트에 해당하는 히브리어 단어(*mitsrayim*)는 광야와 같은 열린 공간과 약속된 이스라엘 땅의 풍요로움과 대조되는 '속박의 장소'로 이해될 수도 있다. 그러므로 이 주제들은 영적, 육적 힘을 부여하는 과정을 은유적으로 묘사하는 것으로 볼 수 있다. 성서의 맥락 안에서 광야 유랑, 시내산 계시, 장막 건축은 해방의 과정으로서 동등하게 중요한 측면이라고 논할 수 있다. 이 관점에서 보면, 자유는 단순히 억압적 상황으로부터 벗어나거나 그에 대한 반작용이 아니라, 성스러운 목적을 향한 긍정적 움직임이다. 더불어 출애굽기는 해방을 죽음과 재탄생, 슬픔과 기쁨, 파괴와 창조를 수반하는 과정으로 그리고 있다. 오랜 노예생활의 고통, 아들의 살해, 재앙, 이집트인들의 모든 장자의 죽음, 바로의 군대의 익사는 모두 이스라엘의 자유를 위해 치러진 대가의 일부이다.

신적 주권

출애굽기를 관통하여 이스라엘의 신 야웨의 전지전능하심은 계시 행위(3:2-4:17; 19-20장), 자연의 통제(7:20-11:10; 14:21), 신적 지도력의 이미지(15:1-21)를 통해 강조된다. 이스라엘인들의 신적 주권에 대한 충성은 인간 통치자 바로의 궁극적으로는 유한한 힘과 대조된다. 이스라엘 공동체 내에서 모세의 권위는 신적 선택으로만 정당화된다.

모세의 삶

출애굽 설화의 주요 인물은 모세이다. 문학적 관점에서 그의 전기는 출생 시의 기적적인 생존(2:2-10), 숨김과 탈출(2:15), 신의 부름(3:4), 성공적인 지도력(14:1-31)을 포함하는 전설적 패턴에 부합한다. 출애굽기의 맥락 안에서 모세는 단순히 외로운 모범적 인물이 아니라 그가 대변하는 더 큰 공동체의 특별한 구체화이다. 예를 들어 그의 개인적인 출생과 성장은 이스라엘인들의 해방을 향한 움직임의 기원과 성장과 평행을 이룬다. 모세가 처음 지도자의 책임을 맡기를 주저한 것은(4:10) 후에 자유의 요구에 대한 백성들의 주저를 통해 반향된다.(16:2-3) 동시에 성서 설화는 모세를 그의 공동체뿐만 아니라 다른 모든 사람으로부터 구분짓는 분명한 방식이 있다. 이 점에서 그와 신과의 관계는 가장 의미가 있다. 모세는 야웨의 대변자로 복무하며, 공동체의 지도자로 선택받았다. 그리고 그는 모든 백성 중에서 홀로 신과 '얼굴과 얼굴로' 대면한다.(33:11; 그의 독특한 위치가 재확인되는 민 12:6-8도 참조)

계약

야웨와 이스라엘 백성 간의 관계는 히브리성서를 관통하는 중심 관심사이다. 출애굽기에서 계약(*berit*)의 특징이 나타난다. 비록 여성들이 계약공동체의 일부를 이루었는지는 의심스럽지만, 개별 족장들과 신 사이의 협의에 초점을 두고 있는 창세기 설화(예. 창 12:1-3)와는 대조적으로 출애굽기에서는(출 24:3-8) 좀 더 큰 공동체가 계약 안으로 들어온다.(이하 "여성과 계약" 참조)

학자들은 성서의 계약 언어를 고대 이스라엘과 접경한 다른 문화에서 발견되는 다양한 조약 형태와 연결하였다. 그러나 성서 작품의 독특성은 이런 협력 협정을 신학적 이해에 적용한 점이다. 계약이라는 정치적 제도를 외관상 종교적 맥락으로 옮기는 것은 이스라엘 사회가 이런 삶의 영역들 사이를 구분짓지 않았음을 상기시킨다. 광야에서 맺은 계약조항은 윤리적, 법적, 가정적, 정치적, 신학적, 문화적 관심사를 망라한다. 현대 독자들에게 '계약'이라는 용어가 암시하는 협력 개념은 오해를 불러일으킨다. 일반적으로 히브리성서뿐 아니라 고대 근동자료에서, 계약은 결코 동등한 자들 사이의 협정을 의미하지 않는다. 출애굽기의 계약에서 조건을 세우고, 이에 대한 순종을 요구하고, 위반 시 벌을 정하는 자는 바로 야웨이다.

장막

장막건축은 출애굽기 본문의 마지막 단락을 차지한다. 바로 이 단락은 공식적 제의와 관련한 행위에서 적극적인 여성의 참여에 대한 유일한 성서적 예를 보여준다.(35:22, 25-26, 29) 시내산 계시와 대조적으로 "이스라엘 백성"을 이루는 자들 중에 여성이 포함된다는 사소하지만 분명한 언급이 있다.(35:29) 성소기구에 관한 세부사항은 여성 신들에 대한 초기와 당대의 숭배와 연관성을 암시한다.(이하 "출애굽기에 나타난 여성과 종교" 참조)

여성과 출애굽기

여성의 지위와 관련한 증거

여성의 경험과 관련한 출애굽기 본문의 암시적인 단편들에도 불구하고, 다른 성서자료에서처럼 여기에서 제시된 전반적인 상은 여성을 종속적으로 간주하며, 가치 있는 지위와 권위의 자리로부터 배제시키는 사회상이다. 이것이 시대별로 나타나는 전체 이스라엘 사회에 대한 정확한 묘사인지 혹은 단지 본문의 최종 편집자의 태도를 반영하는 것뿐인지의 여부는 논쟁거리이다. 출애굽기에서 발견되는 여성들의 이야기는 성서의 다른 곳에서처럼 일반적인 여성의 지위를 대변하기보다는 예외적인 경험을 지닌 자들의 기록으로 볼 수 있다. 역으로 이런 이야기들은 여성의 경험이 후대의 좀 더 익숙한 패턴과는 다른 역사적 시기에 나온 존재하는 유일한 증거로 볼 수 있다.

출애굽기에서 제시된 여성의 지위와 관련한 증거는 확정적이지 않다. 산파, 바로의 딸, 요게벳, 미리암과 같은 여성들은 자율적 행동을 포함하는 다양한 역할로 제시된다. 이런 행동들에 대한 후대의 논평은 없다. 이는 이 여성들이 비정상적이거나 설명을 할 필요가 없는 지위에 있는 자들로 간주되었음을 암시한다. 그럼에도 불구하고 출애굽기는 여성의 지위와 능력에 대한 훨씬 더 제한적인 개념을 기록하고 있는 무수한 본문을 담고 있는데, 예를 들면 "모든 백성들로 하여금" 스스로 사흘 동안 여자를 가까이하지 않음으로써 다가오는 계시에 준비할 것을 지시하는 19장의 구절이다.(19:15) 여성들과 '모든 백성' 사이의 병치는 사회의 의미 있고 동등한 구성원으로 여성을 보는 견해와는 완전히 배치됨을 논증한다.

이런 분명한 상충된 위치는 다양한 의견뿐 아니라 여성(혹은 남성)의 지위가 평가되는 다양한 맥락을 반영한다. 여성은 출산과 양육과 같은 전적으로 여성적인 영역 내에서는 남성의 권위 없이 행동한다.(1:17; 2:2-10) 미리암이 여성들의 축복을 이끄는 자로 묘사되는 한, 그녀의 예언자적 역할 역시 사실일 것이다.(15:20) 그러나 남성들의 정치적, 종교적 영역과 관련한 관점에서 보면 여성은 통제와 배제의 대상이 된다.(예. 19:15; 21:7)

여성과 지도력

출애굽기의 서문은 비록 정교하게 설명하지는 않았지만, 설화에서 묘사된 사건들 안에서 중요한 역할을 감당하는 수많은 여성을 소개한다. 그들의 이야기는 백성을 지도하는 데 남성뿐만 아니라 여성도 포함된다는 것을 기록한 좀 더 큰 전집의 잔존물인 듯하다. 우리가 가지고 있는 본문은 여성이 지도한 정도에 대해서 그들이 반역에서(1:17), 분명한 권위 없이(4:25), 혹은 독립된 여성 영역(15:20-21) 내에서 행동했음을 암시한다.

출애굽기의 여성들이 비합법적인 지도력을 제시하는 한 가지 방법은 중재행위를 통해서이다. 산파 십브라와 부아가 바로의 명령을 수행하기를 거부한 것은 이스라엘 소년들의 살해를 막았다.(1:15-19) 바로의 딸(2:5-6), 모세의 누이로 파악된 여성(2:7), 십보라(4:25) 쪽에서 이루어진 결정적 행위는 모세의 생존에 절대적이었다.

여성과 제사장직

고대 이스라엘이 등장하게 되는 역사적, 문화적 배경에서는 남성뿐만 아니라 여성도 공식적인 제의적 역할을 감당하였다. 왜 이스라엘만이 종교적 기능에서 여성을 제외시켰는지를 설명하고자 할 때, 종종 성서학자들은 이웃 사회에서 여성사제들이 성적 능력(예. "성스러운 창녀")으로 복무하였다고 추측하며, 여성을 배제한 것은 이런 행위에 대한 이스라엘인의 거부로 보았다. 피제사와 관련한 행위에서 광범위하게 여성을 배제한 사실에 주목함으로써, 고대 근동에서 여성들이 행한 다양한 종교적 역할의 가능성(예. 제의 가수 혹은 신탁 발화자)을 인지하는 대안적 관점이 있다. 사회학자 낸시 제이(Nacy Jay)의 연구는 피제사와 부계후손 제도(즉 남성계보를 통한 후손 추적하기) 사이의 연관성을 지적한다. 그러므로 이것은 제의에서 여성을 배제하게 된 것이 제의화된 성스러움과 여성의 단절이라기보다, 이스라엘 제사장직과 피제사의 결합을 발전시키거나 부계 확립에 대한 관심의 결과일 것이다.

출애굽기는 이스라엘 여성들이 후대에는 금지된 종교적 지위를 본래 지니고 있었을 것이라는 몇 가지 암시들을 포함하고 있다. 미리암에게 부가된 계보, 행동들, 호칭("예언자")뿐만 아니라 십보라와 제사장 가문(2:16)과 분명한 희생제사적 행위(4:25)와의 관련성은 전해 내려온 본문의 편집에서는 망각되거나 억눌린 제의적 지위를 보여준다.

출산 이미지

출산 이야기와 이미지들은 출애굽기에서 해방의 은유로 쓰인다. 출산이 신적 힘에 대한 분명한 여성적 표현이라는 인식은 없지만 여성들은 이 이야기들의 몇몇에서 중심인물이다. 사실상 바로의 이스라엘인 억압에 대한 저항을 처음 시도한 자들은 바로 산파들이다.(1:17) 이집트에서 감금되었던 백성들의 탈출은 출산이라는 극적 이미지—바닷물을 가르는 것—를 통해 나타난다. 마치 이 연관성을 전제로 하는 듯, 이집트에 해당하는 히브리어 단어(*mitsrayim*)도 출산의 고통과 연관이 있다.(예. 렘 49:24)

관련된 이미지는 양수와 생명의 바다 기원이라는 상징주의 모두를 전달하는 물의 이미지이다. 많은 여성이 출애굽기에서 물과 연관이 있다. 바로의 딸은 모세를 건져 올린 그 강에서 목욕한다.(2:5) 미리암은 강둑에서 처음 등장한다.(15:21) 리브가와 라헬처럼(창 24:15-20; 29:9-10), 십보라는 우물가와 연관이 있다.(출 2:15-17)

출애굽기와 여성신학

내재와 초월

여성신학자들은 기성 종교권력의 억압적 성격과 이원론적 사고양식에 대한 페미니스트적 인식을 통해 다양한 관계와 개인적 정체성의 가치에 근거한 성스러움의 개념을 발전시키게 되었다. 출애굽기는 주로 야웨를 왕, 용사, 사령관으로 묘사하지만, 또한 공동체 내에 현존하는 자로서의 신의 내재적 이미지도 제공한다. 신적 영광에 대한 언급(예. 24:16-17; 40:34-35)은 야웨가 백성들 가운데 거하시는, 느낄 수 있는 존재임을 암시한다. 이스라엘인들이 광야 내내 그들의 길을 만들어내게 한 연기와 불은(13:21) 인간의 은유에 의존하지 않는 신적인 인도하심의 이미지들이다. 야웨는 또한 치료자로 언급된다.(15:26) 더불어 출애굽기는 존재의 원천이라는 신 이해를 지지하면서 야웨라는 이름과 동사 "되다"(to be) 사이의 관련성을 강조한다.(3:14)

해방신학

이집트 탈출의 이야기는 해방신학에서 중요한 역할을 하였다. 이 틀 내에서, 성서저작들에서 입증된 피억압자와 약자를 향한 무조건적 지지는 해방을 위한 분명한 모델을 제시한다. 미국에서 출애굽 이야기는 아프리카계 미국인들에게 특별한 의미를 지니는데, 이들은 그들의 노예 경험과 이스라엘인들의 노예 경험을 동일시한다. 이런 힘없는 자들과의 동일시와 그들을 향한 편애를 강조하는 것은 많은 여성신학의 명백하고도 중심적인 측면이다. 그런 관점은 성서자료들을 이해하는 데 페미니스트적 관점을 발전시킬 것을 촉구한다. 즉 성서 본문이 여성의 완전한 인간성을 확증하는지를 근거로 하여 그 본문의 권위를 평가하는 것이다. 피억압자는 신의 관심의 중심에 있다는 해방신학의 이해는 여성신학자들에게 영향을 미쳤다. 여성신학자들은 여성의 해방은 인종주의, 계급주의, 반셈족주의, 동성애 혐오, 그리고 다른 형태의 억압을 제거하는 것과 불가분의 관계가 있다고 믿는다.

주석

핵심 여성인물들

산파들(1:15-22)

바로를 향한 이스라엘인들의 저항은 모든 히브리 소년을 출생 시에 살해하라는 왕의 명령을 거부하는 산파 십브라와 부아와 함께 시작한다. 그들을 "히브리 산파"(1:15)로 부르는 본문의 모호한 언어 때문에 이 두 여성이 히브리인인지 혹은 히브리인들의 산파인지는 불분명하다. 그들은 출애굽기에서 바로와 직접 연관이 있으면서, 명백하게 정치적 영역에서 행동하는 유일한 여성들이다.(1:15, 18-19) 제국의 권세 있는 통치자와 노예의 필요를 돌보는 두 여성 사이의 접촉은 역사적 관점에서 보면 불가능한 것처럼 보인다. 문학적 관점에서 보면, 좀 더 큰 출애굽 이야기에 나타난 십브라와 부아의 짧은 등장은 매우 시사적이다. 출산을 돕는 자로서 그들은 이스라엘 국가의 탄생을 돕는 첫 사람이다. 비록 그들이 바로에 항거하는 방식은 여성들의 속임수라는 성서적 유형을 반복하고 있지만(1:19; cf. 창 27:5-17; 31:34-35), 그들의 일은 변화와 위험성의 관계에 대한 이해를 요구한다.

여성과 모세의 유년기(2:1-10)

모세의 유년기와 관련한 출애굽기 설화에는 많은 여성이 등장한다. 출애굽기 설화의 주인공의 생존과 성장을 가능케 한 것은 바로 이 여성들이었다. 그럼에도 불구하고 십브라와 부아와는 대조적으로 그들의 이름은 밝혀지지 않는다. 그들은 어머니, 누이, 딸, 혹은 종으로 나타난다. 성서 본문은 다른 곳에서 모세의 어머니를 요게벳(출 6:20; 민 26:59), 그의 누이를 미리암(민 26:59; 대상 6:3)으로 확인한다. 여기에서 그들은 남성 주인공과 관련해서만 관심을 받게 된다.

모세의 양어머니는 결코 이름이 밝혀지지 않는다. 역설적으로 그의 이름을 지은 것은 바로 그녀였다. 그녀는 아이를 출산하고 물에 둔 여자와 대칭적 존재로서, 그를 건져 올리고, 그를 키운다. 이 두 어머니들 사이의 관계는 누이를 통해 중재된다. 이 여성들의 관심사와 행동은 남성의 영향이나 권위와는 완전히 무관하게 일어난 것처럼 보인다.

십보라(2:16-22; 4:21-26)

미디안족속 제사장 가문의 십보라는 모세가 광야에서 도망하는 동안 그의 아내가 된다.(2:21) 위대한 예언자, 지도자, 그리고 어떤 전승에서는 이스라엘의 제사장된 자의 아내로서, 그녀에게 그런 출신이 부여된 것은 놀라운 일은 아니다. 그러나 십보라 자신이 제사장 지위를 갖고 있었다는 몇 가지 징후가 있다. 십보라와 모세가 그들의 아들과 함께 이집트로 돌아오는 여행 동안에 일어난 사건과 관련한 구절(4:24-26)이 가장 시사적이다.

이 '피의 신랑' 에피소드의 언어는 매우 모호하며 해석하기가 어렵다. 이 에피소드는 "모세가 길을 가다가 숙소에 있을 때에 여호와께서 그를 만나사 그를 죽이려 하신지라"(4:24)라는 구절과 관련하여 시작한다. 신은 모세 혹은 그의 아들을 죽이려고 했는가? 만약 그렇다면 이유는 무엇인가? 십보라가 취한 구체적 행위, 즉 그녀의 아들을 할례한 행위는 어떻게 재앙을 막을 수 있었는가? 성기에 대한 일상적인 성서적 완곡어법인 '발'의 표피를 만진 것의 의미는 무엇인가? 출애굽기 29:20에 묘사된바 제사장을 안수할 때 피를 뿌리는 것과 이 행위 사이에는 어떤 연관성이 있는가?

십보라의 행위의 구체적인 의미는 수수께끼로 남지만 그것을 구성하는 요소는 분명 제의적인 희생제사적 의미를 시사한다. 만약 그렇다면 이 본문은 성서 틀 안에서뿐만 아니라 여성이 피제사의 행위를 수행하는 다른 증거가 없는 고대 근동 전체의 맥락 내에서도 독특하다.

여성과 이집트로부터 구출

준비(3:22; 12:1–51)

이집트 탈출 준비와 관련하여 여성에 대한 언급은 거의 없다. 이스라엘 여성들에게 특별히 할당된 한 가지 임무는 이집트 여성의 보석과 옷을 취하는 일이다.(3:22) 본문의 언어로부터 가정의 여성들이 유월절 식사에 참여했는지 여부는 알 수 없다.(12:3, 24) 그러나 출생의 구절을 연상시키는 이미지인 피를 죽음을 피하는 수단으로 이스라엘인들의 문설주에 바르는 행위(12:7, 22) 속에서 여성의 경험과 상징적 연관성을 볼 수 있다. 비록 다른 곳에서 여성들은 음식을 준비하는 자들로 그려지지만(예. 창 18:6), 무교병 준비를 묘사하는 데 사용된 문법 형태는 남성이다.(12:34, 39) 히브리어에서 이것은 동사의 주어가 남녀 모두이거나 전적으로 남성임을 의미한다.

구출: 바다에서 부르는 노래(15:1–21)

바다에서 부르는 노래는 출애굽과 관련한 현존문서 중 가장 오래된 것으로 간주된다. 성서 원문에서는 이집트에 대한 신의 승리를 축하하는 고대 시의 좀 더 긴 판본이 모세의 작품으로 되어 있다.(15:1) 그러나 그 다음에는 미리암을 지도자로, 그리고 아마 그 노래의 저자로 명시하는 더 짧은 단락이 따라 나온다.(15:21) 21절에서 "야웨를 찬송하라"로 시작하는 구는 시의 반복이라기보다는 제목으로 이해된다. 그의 누이의 중요성을 축소하고 모세의 중요성을 확대하는 후대의 관점에도 불구하고, 이런 언급이 보존되었다는 사실은 학자들로 하여금 이 작품이 사실상 원래 미리암의 창작물로서 보존된 것이라는 결론을 내리게 한다.

미리암과 바다에서 부르는 노래와의 관련성은 고대 이스라엘의 여성에 대한 몇몇 전형적 모습들에 도전장을 내민다. 이것은 전쟁의 노래를 부르는 가수로서의 여성의 이미지를 전달하는 것으로 다른 성서 본문들(삿 5장; 삼상 2:1-10)에 의해서도 지지된다. 이런 군사적인 찬양들은 히브리 시문학의 가장 오래된 예들에 속한다. 비록 학자들은 일반적으로 다른 문화 창작물과 마찬가지로 시문학은 전적으로 남성의 작품이라고 보지만, 이런 예들은 시적 형태를 창출하고 발전시키는 데 기여한 여성의 역할에 대해 질문을 제기한다. 제의화된 춤 외에도, 목소리와 악기를 통한 음악은 전쟁의 소리 이미지뿐만 아니라 감정들도 재창조했을 것이다.

이러한 성서 노래들의 주제적 내용 또한 여성과 전쟁의 관계성에 대한 고려를 요구한다. 좀 더 큰 문화적 맥락 안에서 가나안 신 아낫과 바빌론 신 이슈타르를 둘러싼 전승은 고대 근동이 여성전사의 이미지에 친숙했음을 입증한다. 야웨에게 귀속된 수많은 군사적 특징의 원천은 사실 아낫의 신적 상대역인 바알보다는 아낫이다. 비록 전투에 여성이 실제 참여했음을 입증할 자료는 없지만, 현대의 문화적 편견에서 벗어나서 특별히 적은 인구로 말미암아 차별 없이 여성의 노동이 필요했을 이스라엘의 정착 초기에 그랬을 가능성을 고려해야만 한다. 다른 성서 구절들은 승리한 남성 용사들이 집에 도착했을 때 축하 노래와 춤을 추는 여성에 대해 언급한다.(삿 11:34; 삼상 18:6-7)

미리암의 예언자 칭호와 출애굽기 15장의 승전축하에 나타난 의심의 여지없는 그녀의 지도력은 고대 이스라엘인들이 후대에는 살아남지 못하게 된 여성 권위에 익숙했음을 나타낸다. 미리암의 지위에 대한 문제는 복잡한 문제이다. 비록 그녀가 예언자로 불렸지만, 그녀의 행위들은 일반적으로 이스라엘의 예언과 연관된 신탁 발화의 패턴을 따르지 않고 있다. 그러나 그것은 제의적인, 아마도 황홀경의 춤과 노래(15:20)였음을 암시한다. 이것은 몇몇 예언행위와 조화를 이루지만(삼상 10:5), 미리암의 지파인 레위의 제의 음악가에 관한 후대전승과도 연결될 수 있다. 이스라엘에는 여성 예언자들이 계속 있었기 때문에(예. 훌다, 왕하 22:14; 노아댜, 느 6:14), 여성에게 적용된 '예언자' 칭호는 '제사장' 호칭이 아닌 의미로 본문의 후대 편집자에게 받아들여졌던 것 같다. 그러므로 미리암의 칭호는 그녀에 관한 전승의 전수 과정 중 어느 시점에 변경되었던 것 같다. 이런 점에서 민수기 12:14-15에 나타난 미리암이 진영에서 칠 일 간 쫓겨나 있었던 이야기는 제사장들의 칠 일 간의 정결(출 29:35)의 역으로 볼 수 있다. 민수기 12장 자체는 제사장 계보에서 여성이 배제된 이야기의 전설적 요약으로 볼 수 있다.

미리암의 족보 역시 복잡하다. 출애굽기 외의 성서 자료에서(민 12:2; 미 6:4), 미리암은 모세와 아론과 함께 묶여 있고, 이런 방식으로 이 세 명은 삼인조 지도력을 형성하고 있었음을 시사한다. 그러나 그녀와 그들의 가족 관계는 지속적으로 기록되어 있지 않다. 출애굽기에서 그녀는 아론의 누이로만 파악된다.(15:20) 비록 모세의 유년기에 관한 설화가 누이에 대해 말하고 있지만(2:7), 그녀는 결코 분명하게 미리암으로 불리지는 않는다. 본문은 그녀가 "아이의 어머니"(2:8)에게 갔다고 진술한다. 이는 생각건대 그녀가 그녀의 어머니이기도 하다면 이상하게 들린다. 게다가 출애굽기 6:20은 요게벳을 아론과 모세의 어머니로 부르지만 미리암은 언급하지 않는다. 모세와 아론의 누이로서 미리암을 언급하는 것은 민수기 26:59와 역대기하 6:3에서만 발견된다. 학자들은 이 세 명의 출애굽 지도자들 가운데 친족관계에 대한 이런 묘사는 원래의 초기 설화보다는 후대의 제사장 문서로부터 나온 것이라고 본다.

심지어 미리암이라는 이름의 의미조차 불확실하다. 이 이름의 히브리어 어원에 대한 설득력 있는 논증은 제시되지 못하고 있다. 사실상 이것이 이집트 이름이라면, 이것은 아마도 '사랑받는 자'를 함축하는 '사랑'(*mer*)에 해당하는 용어로부터 유래했을 것이다. 모세와 아론처럼 미리암은 전설적 인물로 보아야 한다. 그녀의 성서적 전기는 이제는 불완전하게 이해되고 있는 시기와 전승에 대해 이해하도록 한다.

출애굽기에 나타난 여성과 종교

신성의 표상들: 이름(3:13-15; 6:2-3)

출애굽기의 앞 장들은 신명(神名)에 대한 두 개의 중요한 계시를 제시한다. 모세는 이스라엘인들을 인도하도록 명령을 내린 자를 누구라고 해야 하는지 질문함으로써 첫 번째 신명을 유도해낸다.(3:13) 대답은 보통 "나는 스스로 있는 자이다"(I am Who I am)로 번역되지만, 이것은 모호한 진술이다. 히브리어 문법의 성격상 이 구는 광범위한 의미를 허용한다. 예를 들어, "나는 스스로 있을 자이다" 혹은 "나는 내가 되고자 하는 자가 될 것이다"를 포함한다. 나아가 그 응답은 동사 "~이다"의 형태인 이스라엘인들의 특징적인 신명인 야웨에 대한 언어유희이다.

출애굽기에 따르면, 야웨라는 이름은 엘 샤다이라는 이름과 대조를 이룬다.(6:3) 두 이름 모두 의미는 불확실하다. 여기에서 '엘 샤다이'는 신에 대한 좀 더 초기의 가부장적 용어로 보인다. 비록 '엘'이라는 요소는 위대함 혹은 힘을 나타내는 신명 혹은 호칭으로 히브리어와 가나안 언어 모두에서 친숙하지만, '샤다이'라는 용어의 기원은 불분명하다. 이것은 산에 대한 용어로 거슬러 올라가고, '엘 샤다이'라는 이름은 결국 '산의 힘 있는 자', 좀 더 평범하게는 '전능하신 하나님'을 의미하게 된다. 그러나 동일한 어근의 주 의미는 '가슴'이다. 이는 초기 이스라엘인들이 신을 아버지와 어머니 모두의 이미지로 이해했을 가능성을 제기한다.('엘 샤다이'라는 이름과 가슴에 해당하는 단어 사이의 시적 연관성에 대해 언급한 창 49:25 참조)

결정적으로 학자들은 야웨라는 이름의 발전도 추적할 수 없었다. 비록 그것이 동사 '~이다'의 남성단수 사역 형태라는 데 동의하지만, 구체적으로 알려진 문법형태와 맞아떨어지지는 않는다. 그 용어는 결국 '(사물)을 있게 하는 자', '창조주' 혹은 좀 더 문자적으로 '존재의 원천'으로 번역할 수 있다. 몇몇 학자들은 '야웨'를 '천상계의 창조주'로서 가나안 신 '엘'의 호칭에서 기원한 좀 더 긴 구의 일부로 이해한다. 후대에 '야웨'를 '주'로 번역한 것은 문자적 의미로 보면 부정확하다. 이것은 히브리어 단어 '아도나이'의 역사적 대체를 나타낸다. '아도나이'는 원래 '야웨'에 해당하는 '주'를 의미하며, '야웨'라는 단어의 발음은 금지되고 후에는 잊혀졌다.

신성의 표상들: 이미지들

출애굽기는 신에 대한 서술을 강하게 금지하지만(20:4), 신성에 대한 수많은 동사적 묘사를 제시한다. 야웨를 좀 더 친숙한 신인동형적인 "용사"(15:3)로 묘사하는 것 외에, 이런 이미지들 중 많은 것은 인간적인 역할이나 형태를 지시하지는 않는다. 불은 출애굽기 3:2에서 모세에 나타난 첫 번째 계시를 시작으로 출애굽기 내내 신의 현존을 나타내기 위해 등장한다. 야웨의 현존은 연기와 불의 형태로 이스라엘인들의 여정을 인도한다.(예. 13:21-22) 출애굽기 24:17은 분명하게 야웨의 영광을 "산 위의 여호와의 영광이 이스라엘 자손의 눈에 맹렬한 불 같이 보였고"라고 묘사한다. 출애굽기 마지막에서 신의 영광은 장막에 머무르고(40:34-38), 이는 문자 그대로 '(신적) 현존의 장소'임을 뜻한다.

다른 형태의 묘사로서 야웨는 "독수리 날개"로 백성을 시내산으로 나른다.(19:4) 날개 이미지는 장막에도 등장하는데, 여기서 그룹은 궤를 덮는다.(25:18-22) 그룹 외에도 광야 성소의 촛대(메노라)의 존재는 초기 이스라엘인들의 종교가 가나안 기원의 흔적을 보존하고 있었음을 암시한다. 그룹은 열등하며, 아마도 보조적인 신의 대리자로 보이지만, 촛대의 나무 이미지는 아세라와 연관이 있다. 아세라는 증거들로 보아 왕정시대에 이르기까지 대중적으로나 공식적으로 야웨의 배우자로 여겨졌다.

여성과 계약(19, 20장)

여성의 종속적 지위와 이스라엘 사회의 중심제도로부터의 배제가 출애굽기 19:15보다 더 분명하게 나타난 곳은 없다. 여기에서 야웨와의 계약에 들어가고자 준비하는 자들은 "여인을 가까이 하지 말라"는 권고를 받는다. 이런 구분은 계약체결 당사자를 구성하는 자로서 '백성'과 '모든 백성'을 묘사하는 구절들 다음에 따라 나오기 때문에 특별히 눈에 띈다. 여성들을 출애굽기 24장에 묘사된 제의에 참석한 계약공동체의 일부로 간주할 수 있는지는 불분명하다. 출애굽기 19:15의 금지는 계시 이전의 성행위 금지조항으로 해석할 수 있거나, 혹은 이것을 그 사건으로부터 여성을 전적으로 배제하기 위한 분명한 전략으로 볼 수도 있다.

아마도 이런 가장 의미 있는 순간에 여성과 남성을 분리하는 것은 제의적 정결과 부정에 관한 규율 때문일 것이다. 비록 제의적 정결에 대한 이런 관심사는 보통 '깨끗하다'와 '더럽다'와 같은 용어로 표현되지만, 특별히 초기 성서자료와 관련해서는 오염보다는 힘과 관련이 있었던 것으로 보는 것이 더욱 정확하다. 출산, 생리, 성행위, 시체를 살피는 것과 같은 제의적 부정을 몰고 오는 행위나 상태는 모두 삶과 죽음의 관계에 참여하는 것을 포함하며, 이것의 본질은 바로 신적 힘이다. 이것은 성스러운 것과 접촉한 결과이다. 그러므로 제의적 정결 체계는 인간적 통제와 신적 통제의 영역 사이를 구분하는 것으로 이해될 수 있다. 그러나 성서 맥락 안에서 이런 구분은 육체와 영 사이를 구분하는 것과 동일한 것이 아님을 반드시 기억해야 한다. 제의적 정결과 부정은 영적 의미와 육적 의미 모두를 지닌 상태를 포함한다. 원래 제의적 정결은 개인을 제의적으로 부정하다고 지속적으로 간주하는 행위의 이로운 점을 인정하는 갱신 행위였던 것 같다. 후대의 제의적 부정에 대한 부정적 이해는 다양한 요소들 때문이다.

그 중 하나는 출산과 생리로 나타나는 생명을 부여하는 여성적 힘을 남성 신에게로 재귀속시키는 것이었다. 이것은 제의적 정결을 사용함으로써 부분적으로나마 이루어졌는데, 제의적 정결은 여성이 남성 권위, 즉 신적 권위와 제사장 권위 모두에 종속됨을 나타내는 것이었다.

유대교와 기독교 모두의 믿음의 핵심으로 여겨지는 출애굽기 20:1-17의 계명은 남성을 청중으로 삼고 있음을 분명히 한다. 히브리어에서 대명사 '너'는 남성단수 형태이다. 번역으로 보아, "너의 이웃의 아내"(문자적으로는 "여자")를 지시하는 17절에서 주어는 분명하다. 그러나 다른 많은 성서 본문처럼, 이 구절은 12절에서 공동체의 구성원들에게 아버지뿐만 아니라 어머니를 공경하라고 가르칠 때, 상충되는 것처럼 보이는 관점을 포함하고 있다. 비슷하게 출애굽기 21:15, 17에서 아버지뿐만 아니라 양친 모두를 향해 난폭한 행위를 하는 자녀는 사형에 처해진다. 이 구절들은 아버지의 통치인 가부장제는 성과 젠더뿐만 아니라 나이에 기반을 둔 지배체제임을 상기시킨다. 그러므로 가부장제 내에서 부모인 여성은 자녀에게 권위를 지닌다. 다른 곳을 보면, 이런 권위를 통해 여성들은 희생자뿐만 아니라 압제자의 대리자 역할을 수행하였음이 분명하다.(예. 창 21:9-10; 왕상 3:23)

여성과 제의

출애굽기(그리고 일반적으로 히브리성서) 내에서 여성은 야웨 제의에서 권위적인 역할을 부여받지 못하고 있다. 사제로 복무하는 자는 전적으로 남성이었으며, 계약 규정들이 지시하는 상대도 남성이었다. 아마도 이스라엘 가정의 구성원으로서 여성들은 안식일, 절기, 다른 준수사항에 관한 규율을 지킬 의무가 있었을 것이다. 그러나 이것은 어디에서도 분명하게 언급되지 않는다.(특별히 딸과 여종들을 분명하게 포함하지만, 아내에 대해서는 언급이 없는 출 20:10 참조)

미리암과 십보라뿐만 아니라 바다에서 노래한 여성 집단(15:20)의 인물들에서 출애굽기는 제의 행위자로서 여성에 대한 미확정적인, 어렴풋한 인상을 제시한다. 이 증거는 많은 해석을 낳는다. 그 중 한 가지는 그것이 초기 야웨 예배의 제사장이며 참여자인 여성에 대한 잃어버린 전승을 대변한다는 것이다. 다른 가능성은 이 본문들은 여성들이 그들만의 예배 공동체를 지녔다는 사실에 대한 유일하게 남아 있는 증언이라는 점이다. 이 전승은 지배적인 남성 제의나 글에 포함되지 못하였다. 출애굽기의 몇몇 언급들은 야웨 제의의 주변인으로서 여성을 정확하게 대변하고 있는 것 같다. 히브리성서는 여성과 비(非) 야웨 예배 사이의 많은 관련성을 언급한다.(예. 왕하 23:7; 렘 44:15, 19) 아마도 이스라엘인으로 서서히 변화된 가나안 공동체가 점차 신성의 여성적 표현들을 버리고 제의에서 여성을 배제함에 따라 이 공동체의 여성들은 그들의 초기 관습을 따로 보존하였던 것 같다. 비록 야웨 제의에서 여성들의 주변화는 그들에게 옛 관습을 지속하도록 하는 특별한 동기를 부여했지만, 남성뿐만 아니라 여성들이 적어도 바빌론 정복과 기원전 6세기에 이르기까지 이런 다양한 방식으로 예배를 지속했을 것이라고 믿을 만한 몇 가지 이유가 있다. 무엇이 적절한 예배인지 아닌지에 대한 전체적인 그림을 재구성하기는 매우 힘들다. 왜냐하면 성서 본문의 최종 판본은 후대의 더욱 제한적인 관습을 이스라엘 역사 전체를 관통하는 규범으로 제시하고자 하는 시도를 대변하기 때문이다. 황금송아지 설화에서 출애굽기 32장은 후대에는 억압했지만 한때는 수용 가능한 형태의 예배의 예를 보존하고 있는 듯 같다. 송아지는 북왕국의 단과 벧엘 성소에서 야웨를 상징하고, 그의 보좌를 상징하는 데 쓰인 황소상과 관련이 있다.(왕상 12:28-29)

여성과 율법

출애굽기의 다른 자료처럼 법적 조항들은 여성에 관한 혼재된 관점을 반영한다. 대개 여성 주체에 대한 관심이 없다. 본문은 남성적 경험의 관점에서 기록되었고 남성 청중에게 발화되었다. 여성은 (남성적) 규범에 대한 기대 혹은 특별한 경우로서 이런 틀 속으로 들어가게 된다.

출애굽기에서 고려된 그런 세 가지 경우는 노예로 딸을 매매하거나(21:7), 폭력으로 인해 유산하거나(21:22), 처녀를 강간한(22:16-17) 경우들이다. 이 세 경우는 모두 계약법전으로 명명된 단락(20:22-23:33) 안에서 나타난다. 이 법전은 농촌, 아마도 왕정 이전 사회를 반영하기 때문에 이스라엘의 초기 율법규정들 중의 하나로 여겨진다. 이런 예들에서 제시된 여성에 관한 관점은 그들이 아버지나 남편의 소유물로만 이해되었다는 점이다. 딸을 노예로 파는 경우 남성 종에게 가해진 것보다 더욱더 보호적 조치가 취해진 것처럼 보인다. 그러나 그 결과는 포로민 여성이 결코 남성의 통제를 벗어날 수 없음을 확실하게 하기 위해서이다. 유산을 하게 된 임신한 여성과 강간을 당한 처녀에 관한 보상은 각각 남편과 아버지에게 주어진다. 여성의 신체는 통제될 뿐만 아니라 실제로 소유될 수 있음을 암시하는 것이다. 강간범이 그의 희생자와 결혼해야 한다는 결정은(22:16) 본문이 여성적 관점을 결여한 정도를 분명하게 드러내고 있다.

이런 맥락에서 일반적으로 "처녀"(*betulah*)로 번역되는 히브리어 단어는 여전히 아버지의 집에 머무는 젊은 여성을 의미하며, 육체적 상태보다는 지위에 관한 용어라는 사실에 주목해야만 한다. 이런 성서적 틀 안에서 처녀성은 윤리적이 아닌 경제적 관심사이다. 게다가 현대적 의미의 결혼은 고대 이스라엘에서는 모르는 일이었다. 예를 들어, '결혼', '아내' 혹은 '남편'에 해당하는 단어가 없다. 이 용어들은 보통 각각 사물, '여성' 또는 '주인'을 소유한다는 의미에서 '취한다'라는 의미로 번역된다.

그러나 동일한 율법 조항은 다른 영역에서, 특별히 문화 내에서 약자 집단을 보호하는 것과 관련해서는 높은 수준의 사회적 정의를 요구한다. (예. 22:21-27) 히브리성서는 지속적으로 그들이 외부인을 향한 자비를 배우고, 정의를 추구하는 전형적인 경험으로 이집트에서 이스라엘인의 노예살이를 예로 든다. 몇몇 영역에서 계약법전 자체는 남성뿐만 아니라 여성도 율법의 주체로 분명하게 인용하는 젠더 포괄성의 흥미롭고 보기 드

문 예를 제시한다.(21:17, 26-28, 31-32)

결론

출애굽기는 독자들에게 여성 경험에 관한 일련의 복잡하면서도 논쟁적인 자료를 제시한다. 강한 지도자들에 대한 묘사는 구속하는(restrictive) 율법과 더불어 제시된다. 신에 대한 남성적 이미지는 자연에서 취한 내재적 형태로 점철되어 있다. 이런 분명한 모순은 부분적으로는 본문의 최종 판본에 제시된 다양한 역사적 시기에서 나온 다른 관점들의 결과이다. 모든 문화의 측면과 마찬가지로 여성의 지위는 시대에 따라 변천하며, 출애굽기를 구성하는 자료들의 저작 시기의 차이는 500년 이상이다.

본문상의 차이는 어느 사회에서나 나타나는 불일치로 볼 수도 있다. 히브리성서에 자주 표현된 고대 이스라엘의 자유와 사회정의를 향한 열정은 고대 중동에 만연했던 여성의 종속적 지위와 공존한다. 법적, 경제적, 정치적, 사회적 조건에서, 이스라엘 여성은 비록 여성 신들에게 드리는 규범적 제의가 그 문화 속에 존재했다는 점에서 차이가 나지만, 이집트, 메소포타미아, 가나안 여성들과 많은 점을 공유했다. 이런 외견상 비논리적인 복잡함은 고대 문화를 단순한 문화라고 혼동해서도 안 되며, 그런 사회들에 대한 현존하는 불완전한 증거들로 인해 그 문화에 대해 어떤 확정적인 이해를 제시할 수 없음을 상기시켜준다.

몇몇 페미니스트들은 미리암과 십보라와 같은 여성들의 이야기는 남성뿐만 아니라 여성의 재주와 전승을 포괄하는 성서적 사회를 재건하는 데 충분한 근거를 제시한다고 본다. 다른 페미니스트들은 그것의 역사적 의미를 계속 평가하지만, 여성의 열등한 지위를 본문의 신학적 권위를 거부할 수 있는 충분한 이유로 보기도 한다. 그럼에도 불구하고, 또 다른 접근은 우리 사회뿐만 아니라 과거에도 현존했던 인간의 불일치성을 대변하는 것으로 전승의 개별적 요소들 사이의 관계를 이해하고자 하는 시도이다. 페미니스트 탐구와 논증의 과정 속에서 출애굽기 자체는 해방과 변혁을 위한 운동에는 위험과 상실, 그리고 위대한 선물이 존재하고 있다는 사실을 분명하게 표현하고 있다.

참고문헌

Burns, Rita. *Has the Lord Indeed Spoken Only Through Moses? A Study of the Biblical Portrait of Miriam.* Atlanta : Scholars Press, 1987.

Cross, Frank Moore. *Canaanite Myth and Hebrew Epic*. Cambridge, Mass. : Harvard University Press, 1973.

Jay, Nancy. *Throughout Your Generations Forever: A Sociology of Blood Sacrifice.* Chicago : University of Chicago Press(forthcoming).

Meyers, Carol. *Discovering Eve: Ancient Israelite Women in Context.* New York : Oxford University Press, 1988.

Olyan, Saul. *Asherah and the Cult of Yahweh in Israel.* Society of Biblical Literature Monograph Series 34. Atlanta : Scholars Press, 1988.

Reid, Stephen Breck. "Patriotism and Loyalty," *Experience and Tradition: A Primer in Black Biblical Hermeneutics*, 53-83. Nashville : Abingdon Press, 1990.

Trible, Phyllis. "Bringing Miriam Out of the Shadows," *Bible Review* 5, no. 1 (February, 1989), 13-25, 34.

레위기

주디스 롬니 웨그너
Judith Romney Wegner

개관

오경 혹은 율법서를 구성하는 모세의 다섯 권의 책 중 세 번째 책인 레위기는 비평적인 학자들이 "P"(Priestly source, 제사장 문서)라고 부르는 성서 본문의 핵심을 이룬다. 학자들은 제사법전으로 알려진 법규모음집을 이루는 이 핵심 문서가 출애굽기 24:15에서 시작하여(출 32:1-34:28을 제외하고) 레위기를 넘어 민수기 대부분으로 확대된다고 본다. 구약의 다른 대부분의 책들과 달리 레위기는 언뜻 보기에 너무 건조하고 지루해 보여서, 독자들은 레위기는 흥미로운 점이 전혀 없다거나 일반적인 성서독자들과는 무관한 책으로 생각할지도 모른다. 『여성들을 위한 성서주석』의 독자들은 특별히 그런 추측을 해도 무방해 보인다. 결국 레위기는 오늘날의 여성들이 연구할 만한 개인적인 여성의 삶에 대해서 어떤 묘사도 하지 않고 있다. 더구나 첫 열 장을 난해한 성전 제의의 희생제사 규율에 할애하는 책보다 더 영감을 불어넣지 못하는 책이 과연 있을 수 있을까? 왜 현대 독자들은 유혈이 낭자한 동물 살해와 "내장을 덮는 기름", "두 개의 콩팥"과 "간의 부속물"과 같은 선택 부위를 드리는 것－야웨라 불리는 한 신이 그 희생제사의 향기로운 냄새를 맡게 되는 모든 것(레 3:1-5)—과 같은 상세사항에 대해 신경을 써야만 하는가?

그러나 이것이 레위기에 있는 전부는 아니다. 레위기는 다른 많은 주제들을 다루고 있다. 자연과 사회의 우주적 조화를 보존하는 것뿐 아니라 개인의 거룩과 정결에 대한 지대한 관심은 이스라엘 제사장들로 하여금 제사장들과 여성을 포함한 다른 이스라엘인들의 일상 행위를 지배하는 규율을 만들도록 하였다. 하나님과의 계약관계 안에 있는 선택 받은 백성의 구성원으로서 이스라엘인 개개인의 개인적 행위는 우주적 의미를 갖고 있으며 고로 거룩과 정결을 유지하기 위한 엄격한 규칙이 요구된다고 생각되었다. 그러므로 레위기는 제사장들이 이 개념을 이해하는 바대로 여성에게 특별히 의미 있는 규율—성관계, 출산, 월경—을 포함하여 개인적인 거룩의 다양한 측면에 관한 규율을 포함하고 있다. 정확하게 어떻게 **거룩**이 이런 주제들과 연관되는지는 후에 설명될 것이다.

나아가 동물제사는 현대 독자들에게는 원시적 관습이라는 인상을 주지만, 이것은 사실상 인류의 모든 종교는 아니라 할지라도 대부분의 종교에서 발견되는 다소 정교한 사상을 상징하고 있다. 미르치아 엘리아데(Mircea Eliade)와 같은 인류학자들은 어떻게 종교가 우주를 이해하기 위한 인간의 지적 노력으로부터 발전하게 되었는지를 제시하였다. 조화와 질서를 향한 내적 갈망은 세상이 혼동보다는 질서를 의도해왔다는 견해에 도달하게 하였다. 자연이나 사회에서 무언가가 잘못되어갈 때 사람들은 우주적 조화의 붕괴라고 본다. 사람들은 우주를 통치하는 힘을 달램으로써 흩어진 안정을 회복시키기 위한 상징적 행위를 해야 한다. 일반적인 반응은 부족의 신 혹은 신들에게 제사를 드리는 것이다. 이와 유사하게 만약 신이 어떤 집단에게 풍성한 곡식과 동물로 호의를 베풂으로써 평형추가 땅으로 기울게 되면, 그 집단은 곡식과 동물로 감사 제사를 바침으로써 안정을 회복할 수 있다. 반대로, 미리 신께 제물을 바쳐 평형추가 하늘로 기울게 만듦으로써 신으로 하여금 다음 해에 많은 곡식을 내려 안정을 회복하도록 요청할 수도 있다. 제사의 목적은 우주의 균형을 방해하거나 방해의 위험에 처하게 하는 어떤 사건이나 상태를 중화함으로써 질서를 유지하거나 회복하는 것이다.

초기의 랍비 주석가들은 제사장 문서를 "제사장을 위한 가르침"(*torat kohanim*)이라고 불렀다. 이것은 사실상 예루살렘 성전의 이스라엘 제의 실행을 위한 제사장의 교범서(manual)였다. 이 성전이 제1(포로기 이전) 성전 혹은 제2(포로기 이후) 성전 혹은 둘 다를 의미하는지 여부는 이 책의 구성 연대에 달려 있다. 이 주제는 학자들 간에 계속 논의되고 있다. 두 성전 중 어느 성전이든 간에, 전하는 바에 의하면 출애굽 이후 40년의 광야 유랑 기간 동안 하나님을 예배하기 위해 세워졌다고 하는 이동식 성소는 성전을 상징한다.

제사장의 교범서라는 레위기의 특징은 구약성서의 모든 다른 책들과 구분된다. 이것은 (창세기와 같은) 기원에 관한 신화도 아니며, (여호수아-열왕기와 같은) 역사서도 아니며, (아가서와 같은) 시 작품도 아니며, (이사야나 예레미야와 같은) 예언전집도 아니다. 레위기는 무엇보다도 율법서이다. 이것은 남자든 여자든 개인에 관한 이야기는 거의 하지 않는다. 사실상 이스라엘 지도자 모세와 아론을 제외하고 이름이 거명되는 개인은 거의 등장하지 않는다. 레위기는 대개 (제사법전에 관한 한 세습 제사장직을 형성하는) 아론의 아들, 레위 계급, 때로는 "이스라엘의 자녀"라고 간단하게 불리는 사람들과 같은 집단 혹은 계층을 향하여, 그리고 그들에 대하여 말한다. 레위기는 또한 제의적 정결의 맥락에서 중요하게 여겨지는 특정 하부집단에 대해서도 다룬다.(아래에서 좀 더 충분하게 논할 것이다.) 이것은 다양한 피부병과 성기 유출병으로 고통 받는 자들, 월경, 성관계를 지배하는 율법을 범한 남성을 포함한다.

여성을 통제하는 제사장 율법은 전체 제사법전의 맥락 내에서 살펴보아야만 한다. 다루어지는 주제는 제사의식(1-10장), 제사를 위한 특정 동물의 적절성에 기초를 둔 음식법(11장), 특정 질병의 진단과 치료(13-14장),

속죄의식(16장), 매일, 안식일, 연중 거룩한 날의 의식(23-24장)을 포함한다. 제사장들은 여성의 출산으로부터 회복을 관장하는 율법(12장), 특정 신체의 유출로 인해 발생한 제의적 부정에 관한 규율(15장), 성관계와 다른 특정 문제를 관장하는 규율(17-26장)을 이러한 제의적 맥락 안에 두고 있다. 신비한 제의적 부정 현상을 야기하는 것으로 생각되는 과정은 출산(12장), 월경(15장), 죽음(21장)과 같은 근본적이지만 불완전하게 이해된 인간 경험을 포함하고 있다.

본 논의는 성관계와 월경, 이것들과 거룩과 정결의 관계를 관장하는 제사장적 규율에 주된 초점을 맞추고자 한다. 이 규율은 사회학적, 신학적으로 고대 이스라엘 사회 안에서 여성의 자리에 대한 정의를 내리고 있다. 성(sexuality)에 대한 제사장적 관심은 개별 이스라엘인과 전체 공동체의 거룩과 정결을 보존하고, 그럼으로써 우주의 조화를 유지하고자 고안된 규율을 통해 하나의 계급으로서의 여성의 이미지와 지위에 영향을 끼쳤다. 그러므로 레위기는 다른 어떤 것보다 이스라엘 종교문화의 사적, 공적 영역에서 여성의 '자리'로 인지된 것에 대해 명백히 드러낸다.

여기에서 우리는 한 가지 주의점에 대해 언급해야만 한다. 레위기를 연구할 때는 일반적인 성서 연구와 마찬가지로 특정한 역사적 사실을 상기하는 것이 결정적으로 중요하다. 구약시대에 성서 본문을 전수하고 해석한 이스라엘의 제사장들과 서기관들은 그들의 국가적 역사와 전승의 틀 안에서 활동하였다. 이스라엘의 세계관 안에서 히브리성서(기독교인들은 구약성서라고 부름)는 단순한 '하나님의 말씀' 그 이상이다. 25세기 동안 유대인들은 히브리성서를 무엇보다도 그들의 이스라엘 조상들의 **역사**로 여겨왔다. 그 역사는 성서의 많은 시점에 기록된 하나님과 이스라엘인들 사이의 직접적 소통으로서 이해된 '하나님의 말씀'과 불가분의 관계에 있다. 구약성서가 이스라엘 백성의 역사적, 문학적, 문화적 역사를 구성하고 있음을 기억하지 않는다면, 우리는 그 시대의 맥락 가운데서 레위기를 온전하게 이해할 수 없다.

무엇보다도 먼저 우리는 고대의 제사장 제의와 기원후 1세기 제2성전의 붕괴 직전에 시작된 랍비유대교를 구분해야만 한다. 후기의 구약성서의 책들(에스라, 느헤미야, 에스더, 다니엘)은 기원전 6세기 바빌론 포로 이후에 이스라엘 종교로부터 성장한 초기 유대교의 형태를 엿보여준다. 그러나 일반적인 오해와는 반대로 구약의 종교는 지난 2000년 동안에 행해진 유대교와는 상당히 다르다. 비록 율법서의 율법에 뿌리를 두고 있지만 랍비 유대교는 기원후에야 시작한다. 히브리성서의 종교 혹은 제사법전을 '유대교'라고 부르는 것은 기술적으로 잘못된 것이다. 차라리 구약성서는 기원후 1세기에 두 명의 후손 – 랍비 유대교와 기독교 – 을 낳은 이스라엘의 종교를 묘사하고 있다.

주석

거룩과 정결 : 레위기의 압도적 주제

레위기에서 거룩의 최고 중요성은 "너희는 거룩하라 이는 나 여호와 너희 하나님이 거룩함이니라"(19:2; 참조. 11:44와 20:26)라는 명령을 통해 매우 분명하게 표현되고 있다. 그러나 율법서 일반과 레위기에서 거룩의 의미는 현대 독자에게 그다지 분명하지 않다. 이 개념은 제의적 정결이라는 동반 개념과 분리할 수 없다. 그러므로 우리는 제사장적 율법의 목적, 특별히 여성의 이미지와 지위와 관련한 두 가지 지배적인 주제 – 일반적으로 성관계와 특별히 월경 현상 – 를 이해하기 위해서 이스라엘 제사장들에게 거룩과 정결이 무엇을 의미했는지를 알아야만 한다.

제사법전의 편집자에게 거룩은 현대인의 마음에 의미하는 바와는 다른 무엇인가를 의미했다. 오늘날 많은 사람은 거룩을 경건하며 아마도 다소 금욕적인 개인 – 성자, 제사장, 목사, 마더 테레사와 같은 사람들 – 의 특징으로 본다. 역사적으로 말하자면 거룩과 금욕을 연관시키는 것은 고대 후기의 특별한 상황 속에 뿌리를 둔 기독교 내에서 이루어진 독특한 발전이다. 우리는 레위기의 거룩의 의미를 이해하기 위해서 구체적으로 '종교'에 대한 기독교적 개념과 이것에 대한 개인적인 생각을 옆으로 미뤄두고, 그 대신 사회과학적 통찰력, 특별히 인류학에 근거하여 고대 종교의 본성을 살펴보아야 한다.

성서적 이스라엘 종교 안에서 거룩은 힌두교와 같은 여타 고대 종교들에서 발견되는 유사 개념들과 닮아 있다. 거룩은 윤리, 도덕, 혹은 종교적 믿음에 관련된 영적 특성만은 아니다. 이것이 분명 중요한 부분을 차지하지만 거룩은 그런 관심사를 훨씬 넘어서는 것이다. 특별히 제사장 계급에게 거룩은 아침에 일어나서 저녁에 잠들 때까지 인간 행위의 모든 측면과 관련되어 있다. 일상생활의 모든 행위는 상세한 규정들과 금지조항들—"너는 ~을 할지니라"와 "너는 ~을 하지 말지니라"의 긴 목록—에 의해 한계가 정해져 있다. 이것은 신을 예배하는 제의적 행위(1-10장; 23-24장 등)와 이웃 사랑(레 19:18; 세 개의 공관복음서에서 예수가 인용함)과 같은 윤리적 행위 모두를 포괄하고 있다. 또한 겉보기에는 세속적인 육체적 행위, 즉 먹는 것(레 11장)과 성관계(레 18장)와 같은 특별히 개인과 집단의 생존에 근본적인 행위도 포함하고 있다. 레위기는 이런 행위들이 독특한 방식으로 행해져야 한다고 규정하고 있다. 이 규정들은 일일이 열거된 제한사항을 요구하며, 이것의 전체적인 결과는 특정 개인과 삶의 특정 측면을 구별하거나 '성화'한다.

제사장적 규율에 부합하여 사는 것은 거룩과 그에 수반되는 제의적 정결(랍비 히브리어에서 *qedushah*와 *tohorah*로 명명됨)을 유지하기 위해서이다. 제의적 정결은 현대인에게는 쉽게 다가오는 개념이 아니다. 많은 고대 문화들은 어떤 신체적 상태들 혹은 과정들이 비가시적인, 무형의, 그럼에도 불구하고 인간이 직접적으로 신에게 접근하는 것을 방해하는 명백한 부정 상태를 야기한다고 믿었다. 제사장적 세계관에서 제의적 부정

상태의 인간은 문제시 되고 있는 부정에서 스스로를 깨끗이 하기 위해 규정된 조치를 취할 때까지 제사를 바치기 위해 "야웨 앞에"(15:14와 다른 곳) 나올 수 없었다. 여성의 경우는 달랐다. 비자발적인 경우(민 5장과 이 장 외에서 묘사된 바)를 제외하고, 여성은 결코 직접적으로 '야웨 앞에' 나올 수 없었다. 제의적 예배 행위는 여성을 엄격하게 배제하는 이스라엘 문화의 공적 영역에 속했다.

레위기에서 여성의 자리

레위기의 세계관에서 거룩하며 정결한 이스라엘인은 출생부터 죽음에 이르기까지 율법서의 율법에 순응하여 살아가는 자이다. 이런 규율들은 제사법전으로 확정된 거룩과 정결법을 준수하는 것을 포함하여, 우주적 조화를 보존하고 확대하는 신적 드라마에서 선택받은 백성의 역할로 요구된 행동을 구체화한다.

이런 관점에서부터 레위기에서 가장 크고 중요한 하위집단은 **전체 여성 계급**이다. 여성들은 성관계를 갖는 남성 개인과 공동체 전체의 거룩과 정결을 보호하는 역할 때문에 특별한 계급으로 인지된다. 성서에 보존된 다른 전승들처럼 여성을 지배하는 규율은 이런 문학을 생산한 문화의 인류학적, 사회학적 전제에 기초를 두고 있다. 그러므로 제사장적 규율에 대한 분석은 이스라엘의 가정 문화라는 사적 영역과 종교적 예배라는 공적 영역 모두에서 여성의 이미지와 지위에 대한 중요한 사실들을 드러낸다.

모든 가부장적 사회들처럼 이스라엘의 문화와 종교라는 공식적 제도는 남성중심적이다. 그들은 여성을 대개 남성의 삶에 부속된 주변인으로 다루었다. 이런 태도는 하나님께서 아담을 위해 "그에게 맞는 돕는 자"(창 2:18, 저자 역)를 창조했다는 간결한 표현을 통해 드러난다. 성 파트너, 출산하는 자, 주부와 같은 사회적 기능, 혹은 가정이라는 사적 영역에서 빵을 굽거나, 요리하거나, 물레를 돌리거나, 옷을 짜는 가내수공업 노동자와 같은 경제적 기능을 강조함으로써, 많은 전통문화는(오늘날이나 고대나) 여성을 사적 영역에 가두려고 한다. 대부분의 고대 문화는 공적 영역, 즉 사상세계의 큰 부분을 구성하며 사실상 창조적인 정신적, 영적 삶을 정의하는 종교적 예배라는 공적 영역으로부터 여성을 법적으로, 혹은 관습적으로 배제시켰다.

여성의 자리에 대한 이런 견해는 레위기에 반영되어 있다. 여성들은 제사장적 제의에 대한 적극적 참여에서 배제된다. 세습적인 이스라엘의 제사장직은 두 가지 주요 기능들—정결 상태에서 제의 예식을 행하는 것과 제의를 집행하는 자의 거룩에 위협되는 것처럼 보이는 사물이나 사람을 규제하는 것—을 지닌다. 여성들을 위협으로 보는 제사법전은 여성을 특별하게는 제사장직과 일반적으로는 이스라엘인들의 정결을 유지하기 위해 제정된 특별 규율 하에 둔다.

레위기에 나타난 제의적 오염 개념

제의적 정결의 반대는 제의적 부정 혹은 오염(*tum'ah*)이다. 많은 고대 문화의 종교들에서 발견되는 이 개념은 종종 레위기에서처럼 먹는 것 혹은 성관계와 같은 활동적인 신체기능과 연결되어 있다. 더불어 오염은 악성 피부병, 성기 유출, 몽정 혹은 생리혈과 같은 인간이 통제할 수 없는 생리적 과정으로 인해 발생한다. 이스라엘 종교에서 제의적 정결과 부정(대부분의 성서에서 "깨끗한"과 "더러운"으로 잘못 번역됨)이라는 제사장적 개념은 '깨끗함'과 '더러움'에 대한 일반적 이해와는 매우 다르다. 이 중요한 차이는 메리 더글라스(Mary Douglas)의 오염과 금기에 대한 획기적인 연구인 『순수와 위험』(*Purity and Danger*)에서 입증되었다. 그녀의 분석은 원시사회에서 불충분하게 이해된 신체적 변화 과정이 우주적 조화를 방해하는 것으로 이해될 때 오염이 '발생'함을 보여준다. 레위기에서 이 오염 발생 과정들은 삶에서 죽음으로의 전환(21:1-4), 새로운 생명의 탄생(12:1-5), 이상적으로는 태아에게 영양공급을 하는 생명을 주는 액체를 낭비하는 월경의 시작(15:19-24), 통제 불가능한 남성 혹은 여성의 여타 유출(15:2-12, 25-27)을 포함한다.

제의적 오염은 보통 자연법칙의 파괴로부터 유래할지라도, 유추적으로 사회법칙을 범함으로써 우주적 조화를 깨는 인간 행위로부터 유래한다. 종교인류학자들은 사회적 비행이 사실상 우주를 불량상태에 빠지게 만든다는 관념은 하나님의 율법에 대한 어떤 위반—윤리적, 제의적, 개인적 혹은 사회적—을 의미하는 성서적 죄 개념에 그 기원이 있다고 본다. 바룩 레빈(Baruch Levine)이 지적하는 대로 "고대인은 결코 '죄'와 '부정' 사이를 구분하지 않았다. 인간과 하나님의 관계에서 모든 죄성은 부정을 낳는다."(p. 74) 결국 제사법전에서 하나님의 율법에 대한 **어떤** 위반—제의적 혹은 윤리적—도 적절한 속죄를 필요로 하는 죄로 간주된다. 가장 심각한 오염은 간음, 근친상간, 동성애, 수간, 월경하는 여인과의 성관계를 포함하는 불법적인 성관계로부터 유래한다.(18:6-23; 20:10-21) 모든 제의적 부정은 흐트러진 우주적 질서를 회복하기 위해 제사를 동반하는 규정된 세정 의식을 통해 상징적으로 '씻어내어야'만 한다. 기독교 역사가들이 지적하는 바대로 제사법전의 정결법은 죄를 상징적으로 씻어내는 것으로써 기독교의 세례 행위의 근간을 형성한다. 두 경우에 죄의 오염은 감각으로 인지될 수 없을지라도 존재하는 것으로 느껴진다. 세정 의식이나 세례를 수행하는 자 그 누구도 그 목적이 실제적인 육체적 더러움을 제거하는 것이라고는 생각하지 않는다. 레위기 율법에서 진화한 세례는 기독교 독자들이 오늘날까지 전통적인 유대인들에 의해 행해지는 제의적 침례—특히 주목할 것은 월경 기간이 종료된 후 7일 간 정통파 여성들에 의해 매달 행해지는 것—의 전제가 되는 상징주의를 이해하는 데 도움이 된다.

여성과 제의적 오염

여성을 관장하는 제사법전의 규율은 남성의 거룩과 정결에 대한 제사장적 기준을 유지하고자 고안된 것이다. 여성과 관련하여 제의적 오염은 두 가지 주요 형태를 취하고 있다. (1) 월경에 의해 발생되는 것, (2) 결혼법이 금지하는 상대와 성관계를 맺음으로써 유발된 것. 가부장적 이스라엘의 남성중심적 세계관에서 이 두 종류의 오염 모두 불법적인 관계를 맺음으로써 여성이 남성에게 전달하는 것이다.

월경과 오염(12, 15장)

레위기 15장의 월경에 관한 제사장적 규율은 율법서를 통틀어 가장 오해받고 있는 구절 중의 하나이다. 많은 사람은 월경이 '부정' 혹은 '오염'을 유발한다는 개념을 생리혈 자체가 육체적으로 깨끗하지 못하다는 생각과 혼동하고 있다. 이런 오해는 성과 관련된 모든 것은 '죄 되고' 그러므로 '더럽다'라는 오도된 관념으로부터 나온 듯하다. 그러나 성서의 이스라엘 종교(결혼을 *qiddushin*, "성화"라고 부른 후대의 랍비 유대교처럼)는 혼내 성관계를 최고의, 가장 정결하고 거룩한 인간 행위들 중의 하나로 본다. 하나님의 첫 명령은 "생육하고 번성하라"(창 1:28)였다. 유대교는 자발적으로 결혼보다 독신을 선택하고 이로써 신적 명령을 거부한 자들에게 눈살을 찌푸릴망정 최고의 우선권을 항상 출산에 부여하였다. 신이 창조한 성적 생식 기능과 관련한 어떤 것도 '더러운' 것으로 간주될 수 없었다. 제의적 정결과 부정은 이 단어의 대중적 의미에서의 깨끗함 혹은 더러움과는 완전 무관하다. 히브리어 용어 *tame*'('부정한' 혹은 '제의적으로 깨끗하지 못한')와 *tahor*('정결한' 혹은 '제의적으로 깨끗한')는 '깨끗한'(*naqi*) 혹은 '더러운'(*metunnap*)에 해당하는 히브리어 단어와는 언어학적 혹은 개념적 연관성이 전혀 없다. 메리 더글라스가 설득력 있게 설명한 것처럼 제의적 정결과 부정 관념은 일반적으로 특정한 육체적 상태의 원인에 대한 과학적 지식의 결여로 인한 것이다. 많은 고대 문화에 존재한 월경에 대한 금기는 초대 교회를 포함하여 오늘날까지 몇몇 기독교 의식에서 잔존해 있다. 그리스정교회는 여전히 월경 중에 있는 여성이 고해성사에 가는 것을 금하고 있다.

레위기(15:19-24)는 남성(15:2-12)에게든 여성(15:25-27)에게든 발생하는 여타 성기 유출들과 마찬가지로 월경을 다루고 있다. 제의적 침례를 통한 상징적 정화에 관한 규율과 오염을 속죄하기 위해 헌물을 가져오는 것에 관한 규율은 남성이나 여성 모두에게 유사하게 규정되어 있다. 한 가지 중요한 차이점은 뒷부분에서 논의할 것이다. 레위기 12장은 방금 출산한 여성을 위해 출산에 따른 부정 기간과 그로 인해 바쳐야 할 헌물에 관하여 월경에 관한 규율과 비슷한 일련의 규율을 상술하고 있다. 신기하게도 규정된 양과 비둘기를 바치는 것은 새로 태어난 아들이나 딸에게 동일하지만, 여아로 인해 발생한 제의적 부정 기간은(총 80일) 남아로 인해 생기는 것보다 두 배나 더 길다.(40일) 이런 차이에 대한 만족할 만한 설명은 아직까지 없다.

불법적인 성관계와 오염(18, 20장)

성결법전(17-26장에 대한 학자들의 명명)은 불법적 성관계를 이런 관계에 개입한 자들뿐만 아니라 거룩한 땅 자체도 더럽히는 제의적 오염의 원천으로 본다. 만약 이스라엘인들이 이런 "가증스러운 짓들"을 저지른다면, 그 땅은 신적 의지와 우주적 질서를 모욕한 것으로 인해 초기의 거주민들을 게워냈던 것처럼 그들을 "토해낼 것이다."(18:24-30) 성에 관한 규율은 하나님이 그들을 구출해낸 이집트나 그들에게 주기로 약속한 땅 가나안의 관습을 모방하지 말라는 의미심장한 교훈으로 시작한다. 뒤이어 나오는 금지된 결합에 대한 목록은 남매 결혼(역사적으로 이집트 왕가에서 행해졌다.)과 남성 동성애(가나안에서 행해진 것으로 보인다. 창 19장을 참조하라.)를 포함한 다양한 근친상간을 망라한다. 경고의 요점은 이스라엘인들은 반드시 성 관습뿐만 아니라 음식법에서 주변 국가들과 구분되어야만 한다는 것이다. 음식법 역시 제의적으로 깨끗한 것과 그렇지 못한 것을 구분한다.(11:46-47) 히브리어 단어 *qadosh*(보통 "거룩"으로 번역된다.)의 문자적 의미는 사실 특별한 용도로—대개 하나님의 예배를 위해—바치기 위해 '떼어놓다'(사람 혹은 사물)라는 뜻이다. "제사장 나라가 되며 거룩한 백성"(출 19:6)인 이스라엘인들은 개인과 국가의 생존에 가장 중요한 두 가지 삶의 측면, 즉 음식(11:44)과 성(sex, 19:2; 20:26)에 관한 엄격한 제의적 정결법을 준수함으로써 하나님을 닮아—"너희는 거룩하라 이는 나 여호와 너희 하나님이 거룩함이니라"(레 19:2)—스스로를 구별할 것을 요구받았다.

성행위에 관한 규율은 신학적 문제일 뿐 아니라 인류학적 문제이다. 모든 사회는 어떤 방식으로든지 성 결합을 제한하는 규율을 만든다. 사실상 동성애에 대한 성서적 금지를 포기하고 간음죄를 폐지하였지만, 오늘날 미국의 허용적인 문화조차도 여전히 레위기의 근친상간 법을 유지하고 있다. 이러한 최근의 법률수정은 이런 법률의 문화적 상대성을 강조한다.

18장의 성적 제한은 다양하다. 강간(20절), 남성 동성애(22절; cf. 롬 1:26-27에 나오는 바울의 남녀 동성애에 대한 비난), 수간(23절), 월경하는 여자와의 성관계(19절), 두 자매와의 결혼 혹은 모녀와의 결혼(17-18절)에 관한 금지를 제외한다면, 이 장은 주로 구체적 혈연관계 혹은 본문이 청중으로 삼는 이스라엘 남성과 결혼관계에 있는 여성에 관한 상세 목록을 제시하고 있다. 성서학자들은 전통적으로 이런 근친상간 금지를 종교적 의미에서 성적 도덕성을 표현한 것으로 보았다. 그러나 이것은 그들의 주된 목적이 아니다. 만약 그랬다면 금지법들은 분명 남자의 딸을 포함했을 것이다. 그러나 딸은 어머니(7절), 누이(9절), 손녀(10절)를 구체적으로 열거하는 상세목록에서 확연하게 빠져 있다. 이런 생략은 후대 해석가들에게 고민거리를 안겨주었다. 랍비 유대교는 사형이라는 조건으로 딸과의 성관계를 금지한다.(*Mishnah Sanhedrin* 9:1) 성서의 생략을 이해할 수 없는 주석가들은 침묵으로 넘기거나, 어쨌든 딸은 손녀를 언급한 것에 '포함된다'고 주장하였다. 그렇지만 별로 설득력이 없는 논증이다. 그러나 만약 우리가 목록에서 딸이 생략된 것을 엄격하게 법적인 관점에서 본다면, 그 자체로 논리적 설명이 가능하다. 나아가 그것은 가부장적 이스라엘 문화에서 여성의 지위에 대한 흥미로운 점을 시사한다.

여기에서 주로 문제가 되는 것은 특정 여성의 성적, 생식적 기능에 대한 특정 남성의 법적 소유권에 관한 것이다.(참조. Wegner, *Chattel or Person?*) 월경이라는 특별한 경우와 위에서 언급한 밀접하게 연결된 여성 쌍들(자매, 모녀 — 역자 주)을 제외하고, 레위기 18장에서 성관계를 금하는 대개의 여성들은 그들의 성적, 생식적 기능이 혈연 혹은 결혼으로 연결된 어떤 다른 남자의 법적 소유물이며 그 남자들은 바로 본문의 청중들이다. 이 범주는 예를 들어 남자의 어머니(그의 아버지와 결혼한 자이다.), 만약 있다면 아버지의 다른 아내들, 여동생(그녀의 성적 생식 기능은 그녀의 아버지가 사춘기에 선택된 남편에게 처녀에 대한 신부지참금과 교환하여 양도하기 전까지 아버지의 법적 소유물이다; 출 22:16-17), 손녀(그녀의 생물학적 기능은 동일한 방식으로 그녀의 아버지에게 속한다.)를 포함한다. 결혼하지 않은 소녀의 생물학적 기능이 법적으로 그녀의 아버지에게 속한다는 관념은 남자의 여동생(9절)과 그의 손녀(10절) 사이의 논리적 위치로부터 딸이 생략된 이유를 쉽게 설명할 수 있다.

이것은 이스라엘의 아버지들이 사실상 그들의 딸과 근친상간을 행했다는 것을 의미하지는 않는다. 성서는 그러한 증거를 조금도 제시하지 않는다. 사실상 롯(비이스라엘인)과 그의 딸들의 이야기는 그런 행위에 대한 도덕적 반감을 반영한다.(창 19:30-38) 제사법전이 딸을 생략한 것은 아마도 (몇몇 문화가 아버지들이 마음대로 자신들의 딸들을 사용하는 것을 허용하였던) 성서 이전 시대로부터 유래한 목록을 보존하고 전수한 것에서 기인한 듯하다. 그러나 율법서는 분명 아버지가 그의 딸의 정조를 그녀가 사춘기에 도달하고 결혼할 때까지 보호할 것을 기대하고 있다. 결혼할 때에 딸의 처녀성에 대한 아버지의 소유권의 금전적 이익은 지참금의 형태로 그에게 발생한다.(출 22:16-17; 참조. 신 22:13-21)

레위기 18장과 20장의 금지와 처벌이 성적 관습을 신적 의무로 반영하는 것이라는 추정은 성서 시대 이스라엘의 사회적 맥락을 간과하는 것이다. 이런 금령의 대부분은 그것을 위반하는 것이 다른 남자의 재산을 훔치는 것에 해당한다는 사실을 반영한다. 고대에 이웃의 아내나 딸을 자신의 마음대로 한다는 것은 이웃의 소를 훔치는 것과 어떤 점에서 유사하다.(열 번째 계명을 보라; 출 20:14) 동시에 성서는 결혼(여성의 성적-생식 기능을 구입)과 노예제도(여성의 전체를 구입)를 구분한다. 이스라엘인 아내는 노예의 지위와는 분명하게 구분되는(참조. Wegnaer, *Chattel or Person?*을 참조하라.) 많은 법적 권리(출 21:10-11; 민 30:1-16에 열거됨)를 지니고 있었다.

제사장 계급에 대한 결혼 제한(21:7-8, 13-15)

이스라엘 제사장들은 성소 구획 내에서 다양한 제의의식을 수행하는 성스러운 의무를 지고 있었다. 제사장들이 일반 이스라엘인들보다 더 높은 수준의 거룩성을 보존해야 하는 것은 중요하다. 그래서 레위기는 제사장과 결혼할 수 있는 여성의 계급에 대한 추가적 제한을 두고 있다. 그러므로 레위기 21:7-8은 제사장이 창녀나 심지어 이혼녀와 결혼하는 것을 금지하고 있다. 왜냐하면 그는 도덕성이 의심스러운 여성에게 구혼할 수 없기 때문이다.

창녀와의 결혼금지는 매춘에 대한 이스라엘 문화의 도덕적 반대를 증명한다. 그럼에도 창녀가 법적으로 어떤 남성에게도 종속되지 않는다는 점을 고려한다면, 매춘이 완벽하게 법적으로 금지된 것은 아니었다. 이스라엘 사회에는 자신의 성적 기능이 어떤 남성에게도 속하지 않고, 따라서 원한다면 그 성적 기능을 사용할 수 있는 세 계층의 여성들이 있었다. 그녀들은 과부, 이혼녀, 성인 미혼여성이었다. 율법과 도덕 사이의 이러한 구분은 현대의 법률체계 안에서 융합되면서 매춘의 금지로 나타났다. 그럼에도 대부분의 고대 문화는 미혼남성과 미혼여성 사이의 자유로운 성관계는 불법으로 보지 않았다. 나아가 성서의 문화와 같은 일부다처주의 문화는 간음의 정의를 여성 파트너가 기혼녀인 경우로 한정함으로써 이중적 기준을 적용하였다. 미혼녀와 관계를 맺은 기혼 남성은 간음죄를 저지른 것이 아니므로, 매춘을 죄나 범죄로 다룰 이유가 없었다. 제사장과 창녀의 결혼을 금지하는 것은 주로 부계를 확고히 하기 위한 것으로 세습적 제사장직에 필수적이었다.

이혼녀와의 결혼을 금지하는 것이 더욱더 문제가 많다. 성서의 율법과 같은 셈족 체제에서 남편은 마음대로 어떤 이유에서도(이슬람법에서는 여전한 규율) 아내와 이혼할 수 있다. 그래서 이혼을 당했다는 것이 자동적으로 성적 비행을 암시하지는 않았다. 더구나 후손의 부계가 조금이라도 혼동되어서는 안 되는(21:15) 대제사장은 반드시 처녀와 결혼해야 한다.(21:13-14) 심지어 재혼 직후 출산으로 의심을 불러일으키지 않고자 과부도 금지된다.

이런 규율들은 성과 성서적 거룩 개념 사이의 관계를 강조한다. 결혼보다 독신을 높게 평가하는 다른 종교들과 달리, 이스라엘 종교는 최고의 종교인들조차도 아내를 택하여 자녀를 낳아야 한다고 주장한다. 성은 인간 삶의 절대적 부분이며, 결혼과 부계는 '온전한' 남성성을 위한 필수불가결한 측면이다. 제사장의 거룩성은 21:9에서 더욱 강조된다. 여기에서 (만약 창녀가 성인이며 미혼일 경우, 매춘은 대개 처벌받지 않지만) 매춘 행위를 한 제사장의 딸은 사형에 처해진다. 제사장의 딸이 그런 벌을 받게 되는 이유는 그녀가 스스로 품위를 잃었기 때문이 아니라, "그녀의 아버지를 모독하였기" 때문이다. 그녀가 제사장의 거룩성을 경멸한 것은 그녀의 가족을 욕되게 한 것이다. 이 수치는 그녀의 죽음으로만 씻을 수 있다.

제의적 정결과 공적 영역에서 여성의 지위(15:13-15, 28-30)

이스라엘 문화의 사적 영역에서 여성의 지위는 법적으로 그녀의 성적-생식적 기능을 소유한 남성의 존재 혹은 부재에 달려 있다. 보통 여성은 남편 혹은 아버지의 소유물이었다. 그러나 과부, 이혼녀, 드물게 사춘기에 결혼하지 않은 성인 딸은 법적으로 독립이었다.(민 30:1-6에서 분명하게 드러난다. 그러나 자녀 없이 남편이 죽은 과부의 특별한 경우에 대해서는 신 25:5-10을 참조하라.) 의존적/자율적 여성의 법률적 권리와 힘에 대한 이러한 구분은 레위기에서 논의되지 않았다. 그러한 여성들은 레위기와 관련이 없다. 제사법전은 여성이—의존적이든 자율적이든—참여할 수 없는 이스라엘 문화의 종교적 행위인 성전 제의에 주로 관심을 둔다.

공적인 종교적 사업에서 여성을 엄격하게 배제한 것은 "아론의 '아들들', 제사장들"(1-3장)이라는 반복되는 언급을 통해 암시된다. 비록 제사장의 딸들은 제사장의 식량으로 분류된 특별한 음식을 취할 수는 있지만(10:14; 22:12-13), 아론의 여성 후손들은 어떤 역할도 하지 않는다.

제사법전은 공적인 종교예배로부터 여성을 배제한 것에 대한 또 다른, 더욱 미묘한 암시를 제공한다. 이것은 레위기 15장의 월경을 하는 여성과 성기 유출병(정액, 피, 혹은 고름)을 앓고 있는 남성 혹은 여성에 대한 정결례에서 발견된다. 남성과 여성에게 제시된 규율은 사실 동일해 보이지만(13-15절과 28-30절을 비교하라.) 상당한 차이점이 있다. 남성과 여성 병자들은 회복하자마자 성소의 제사장에게 동일한 헌물(부정을 속하기 위해 두 마리 산비둘기 혹은 집비둘기)을 가져와야만 한다. 그러나 남성은 "산비둘기 두 마리나 집비둘기 새끼 두 마리를 자기를 위하여 가져다가 회막 문 여호와 앞으로 가서 제사장에게 줄 것이요"(14절)이지만, 여성에게 상응하는 준비물은 "산비둘기 두 마리나 집비둘기 새끼 두 마리를 자기를 위하여 가져다가 회막 문 앞 제사장에게로 가져갈 것이요"(29절)이다. "여호와 앞으로"라는 결정적인 구절이 여성의 경우에는 빠져 있다. 이런 차이는 우연이 아니다. 이것은 이스라엘의 종교적 관습이라는 공적 영역에서 남성과 여성의 차별적 관계에 대한 제사장적 관념에 대한 중요한 선언이다. 헌물 자체나 (분명) 그것이 바쳐지는 물리적 장소에는 차이가 없다. 이스라엘 여성은 하나님께 오직 간접적으로만 나아갈 수 있다. 그런 생략이 의도하는 바는 두 명의 회복된 환자들 중 오직 남자만 성소에 나아가기 전에 "옷을 빨고 흐르는 물에 그의 몸을 씻을 것이라"(13절)는 요구를 받는다는 사실로 보아 분명하다. 이런 상징적 정화는 제의적 정결 상태를 회복시키고, 남자는 야웨 앞에 나아갈 수 있게 된다. 여성에게 본문은 정결례를 구체화하지 않는다. 왜냐하면 그녀는 야웨 앞에 직접적으로 나아가지 않기 때문이다.

기원후 70년 성전이 붕괴된 후, 남성이든 여성이든 어느 누구도 기술적 의미에서 "여호와 앞에" 나아가는 것이 더는 불가능하게 되었다. 교회와 달리 회당은 '하나님의 집'이 아니라 차라리 문자 그대로 기도와 연구를 위한 '회합의 집'("여호와의 집"이라는 명칭은 예루살렘 성전을 위해 남겨두었다.)이다. 성전을 상실하였지만, 유대인 여성의 제의적 정결 상태는 월경과 혼인 관계의 맥락에서 여전히 중요하였다. 레위기는 구체적으로 월경하는 여인과의 접촉을 금하였고(18:19; 20:18), 이 규율은 레위기 15장의 다른 제의적 오염에 관한 율법과 함께 실효성이 소멸되지 않았다. 남편과 아내는 월경 기간과 그 후 7일 동안 금욕하여야만 한다.(15:28) 레위기 15장에 근거한 랍비 율법에 따르면 아내는 그 후 부부관계를 재개하기 전 상징적 정결례를 위해 *miqveh*(제의적 침례탕)을 방문해야만 한다. 다른 정결 규율들은 성전이 더는 존재하지 않게 되었을 때 무효가 되어버렸다. 그럼에도 전통적인 유대인 아내는 *miqveh*를 지속적으로 매달 방문한다.(이것은 주로 남편을 위해 이루어진다. 월경을 하지만 성관계를 하지 않는 미혼의 처녀들은 스스로 세례할 필요가 없다.)

현대인은 *miqveh*를 시대에 뒤떨어진 원시적 사고의 유물로 보는 경향이 있다. 기독교적 세례(죄라는 무형의 부정으로부터 상징적 정화)처럼, *miqveh*는 육체적 행위가 아니라 영적 상징주의에 그 의미가 있다. 페미니스트들은 그 체계의 일방성을 한탄하지만, 엄격한 유대인 부부는 매달 행하는 정결례를 결혼의 신성성을 지속적으로 재확인하는 것으로 여긴다.

여성과 남성의 상대적 가치(27:3-7)

레위기 27장(레위기의 결론의 부록)은 다양한 연령층의 이스라엘 남성과 여성의 금전적 가치를 상세히 기록하고 있다. 이런 총합은 자신이나 자신의 자녀를 성소에 헌납하기로 서원한 자의 금전적 가치를 확정한다. 비록 '등가물'(equivalent)에 대한 기준이 언급되지는 않았지만, 캐롤 메이어스(Carol Meyers)는 이것이 인생의 다른 단계에 있는 남녀의 상대적인 경제적 생산성을 정확하게 평가하는 것이라고 제안한다. 동일한 연령집단에 있는 남성과 비교 시 여성이 항상 저평가되고 있음은 주목할 만하다.(27:3-7) 가장 생산적인 단계에서(20-60세) 남성은 50세겔, 여성은 30세겔로 평가된다. 제사장 저자가 어떻게 이런 수치에 도달했든지 간에 이것은 '경제적으로' 사회에 공헌하는 데 있어서 남성과 여성의 능력에 대한 인식의 차이를 반영한다. 출산과 양육을 전담하는 여성은 물레나 베틀과 같은 '경제적' 노동에 시간을 덜 소모하게 된다. 그래서 요즘과 마찬가지로 성서에서도 삶의 현실은 남성과 여성의 임금 차별을 보인다.

결론

레위기에서 여성의 이미지와 지위는 고대 가부장제의 맥락에서 보아야만 한다. 고대문헌을 그것의 역사적, 문화적 배경에 두지 않는 것은 사과를 오렌지와 비교하는 오류에 빠지는 것과 같다.

성서의 율법은 여성의 지위에 대한 세 가지 다른 접근법을 제시한다.

대부분의 율법서는 비록 다른 모든 가부장적 문화에서처럼 여성의 사람됨(개인의 권리, 의무, 힘의 전체의 총합으로 정의내리자면)의 수준을 결코 남성과 동일시하지는 않지만, 여성을 사람으로 취급한다. 어떤 남성이 법적으로 여성의 성적, 생식적 기능을 소유할 때마다, 그 기능은 여성 자신이 아니라 남성(아버지, 남편, 혹은 무자녀인 과부의 경우에는 죽은 남편의 형제)의 소유물로 취급된다. 다른 모든 경우에(보통의 과부, 이혼녀, 미혼의 성인여성), 사적 율법의 영역에서 여성의 개인적 지위는 놀랍게도 남성의 지위에 근접한다. 이런 점에서 레위기 19:3 "너희 모든 자는 그의 어머니와 아버지를 존경할지라"(저자 역)는 어머니를 앞에 둔다. 랍비 유대교에서 이 사실은 우리가 아버지와 어머니를 똑같이 존경해야만 한다는 것으로 해석해야 함을 의미한다. 레위기는 부모됨의 능력에서만 여성에게 평등권을 부여한다. 그러나 여성에 관한 제사법전의 주된 의미는 이스라엘 종교문화의 공적 영역을 관장하는 규칙에 있다. 그런 맥락에서 거룩과 제의적 정결에 대한 최우선적 관심 때문에 여성의 신비한 신체적 기능을 제의적 오염의 잠재적 원천으로 보게 되고, 여성을 공적인 종교행사에 참가하는 것을 금하게 된다.

이스라엘 사회에 대한 의미 있는 가치 평가는 주변 문화 여성의 지위와의 비교를 요구한다. 여기에서 지면상의 이유로 논의할 수 없지만, 최근 사라 포메로이(Sarah Pomeroy)와 같은 학자들은 제사법전 저작과 그 이후 시대에서 이스라엘 여성의 대체적인 지위는 주변 문화의 여성들의 지위보다 못한 것은 아니었다(어떤 면에서는 더 나았다)고 본다.

참고문헌

Douglas, Mary. *Purity and Danger: An Analysis of the Concepts of Pollution and Taboo*. London: Routledge & Kegan Paul, 1966.

Eliade, Mircea. *The Sacred and the Profane*. New York: Harcourt, Brace & Co., 1959.

Levine, Baruch. *Leviticus: The Traditional Hebrew Text with the New JPS Translation*. Philadelphia: Jewish Publication Society, 1989.

Meyers, Carol. *Discovering Eve: Ancient Israelite Women in Context*. New York: Oxford University Press, 1988.

Milgrom, Jacob. "Leviticus," *Encyclopaedia Judaica*, 11:138–47. Jerusalem: Encyclopaedia Judaica; New York: Macmillan Co., 1971.

Pomeroy, Sarah B. *Goddesses, Whores, Wives, and Slaves: Women in Classical Antiquity*. New York: Schocken Books, 1975.

Wegner, Judith Romney. *Chattel or Person? The Status of Women in the Mishnah*. New York: Oxford University Press, 1988.

민수기

캐서린 둡 자켄펠트

Katharine Doob Sakenfeld

개관

오경과 정경에서 민수기의 위치

민수기는 오경 혹은 율법서를 구성하는 다섯 권 중 네 번째 책이다. 이 책들은 성서의 첫 부분에 등장한다. 그 이유는 일단 이 책들이 연대기적으로 초기에 속하기 때문이다. 이것은 창조로부터 이스라엘이 요단강을 건너 그들의 조상 아브라함에게 약속한 땅에 들어올 때까지 하나님이 세상과 고대 이스라엘을 다루시는 이야기를 하고 있다. 그러나 오경은 또한 그 내용이 신학적으로 구약의 나머지를 이해하기 위한 기반이기 때문에 성서의 첫 부분에 등장한다. 그러므로 민수기는 비록 오늘날 창세기나 출애굽기와 비교할 때 잘 알려져 있지 않지만, 고대 이스라엘 공동체에 대한 기본적인 종교적 안내를 제시하는 데 도움이 된다.

저작권

지난 250년간 성서학계는 오경이 고대 이스라엘의 삶 속에서 수세기 동안 수집되어 역사상 매우 후대에 가서야 모세에게 저작권이 돌려진 자료들의 집합체라는 광범위한 합의에 이르렀다. 비록 세부사항에서 일치하지 않지만, 오경의 첫 네 권은 바빌론 포로기로 불리는 시기(B.C.E. 587-538년) 동안 현재의 모습을 갖추게 된 것으로 보인다. 이 작품은 느부갓네살과 그의 군대가 예루살렘을 파괴한 이후 메소포타미아의 바빌론에 포로로 잡혀온 예루살렘 제사장 집단에 의해 이루어진 것으로 추측된다. 이 제사장들은 그들 자신의 종교적 유산으로부터 고대 전승을 도출하였으며, 그러므로 우리가 가진 이스라엘의 제사장적 희생제사 체제에 대한 지식에 상당한 책임을 지고 있다. 그들은 또한 학자들이 고대 서사시라고 부르는, 아마 다윗과 솔로몬 왕 시대 정도의 초기(약 B.C.E. 1000-922년)에 저작된 것으로 보이는 초기 전승의 상당한 부분을 통합하고 주기적으로 갱신하였다.

문학적 형태

민수기의 기본 구조는 이스라엘이 "광야에서"(이 책의 히브리어 제목) 보낸 40년간에 대한 산문체 설화(narrative)이다. 이 설화 속에 다른 모든 종류의 문학 형태가 통합되어 들어 있다. 가장 눈에 띄는 것은 종교적 관행에 대한 지시(예. 2, 4, 19장), '결의법'(case law)에 대한 세세한 예들(예. 5:11-13), 시, 그리고 목록이다. 시는 축복(6:24-26), 노래 몇 개들(예. 10:35-36; 21:27-30)과 23-24장의 일련의 신탁들을 포함한다. 목록은 여정(33장)과 두 번의 인구조사 요약(1, 26장)을 포함한다. 이렇게 백성을 '계수'하는 것으로 인해, 이 책은 그리스어 판에서 "Arithmoi" 그리고 영어판에서 "Numbers"라는 이름을 얻게 되었다.

내용

민수기는 성서에서 가장 연결이 되지 않는 책 중의 하나이다. 비록 설화적 순서를 갖추고 있지만, 종교적 지시사항과 민법 규정 중의 많은 것이 두서없이 소개되는 것처럼 보인다. 그래서 이 책 안에서 그 위치에 대한 설명은 인위적이거나 임의적으로 보인다.

학자들은 다양한 방식으로 이 책의 윤곽을 그리고자 하였다. 『옛 것의 죽음과 새 것의 탄생』(*The Death of the Old and the Birth of the New*)에서 데니스 올슨(Dennis Olson)의 접근은 이제 점차 인정을 받고 있다. 올슨은 민수기의 두 대단원의 지표로서 1장과 26장에 나오는 "이스라엘의 전체 회중"에 대한 두 차례의 인구조사에 초점을 맞춘다. 1–25장은 이스라엘의 구세대에 대해 묘사를 하며, 이들은 하나님께 불순종한 죄 된 세대로서 이집트에서 바로의 압제를 피해 도망친 자들이다. 25장 끝부분에서 이 세대의 모든 자들은 광야에서 죽게 된다. 대조적으로 이 새 세대는 온전히 순종적으로 살고 미래 세대에 긍정적인 모범이 될 자들로 제시된다. 이런 두 개의 주요 구분을 넘어서 일관성 있는 개요를 파악하는 것은 힘들다. 여기에서는 자료의 순서에 대한 광범위한 윤곽만 짚을 수 있다.

성인 남성(레위지파 제외)에 대한 첫 인구조사 이후, 모세는 레위인의 특별한 임무에 대한 자세한 지시사항과 더불어 광야에서의 행진 시 이스라엘 진영의 배치에 대한 지시를 받는다. 레위인 남성의 인구조사는 불결, 손상의 회복, 간음에 대한 의심, 나실인 서약에 연관된 잡다한 율법으로 이어진다. 유명한 아론의 축복(6장 마지막) 이후 제단 봉헌과 레위인의 성결이 보도된다. 그 후 백성은 시내산 지역에서 출발한다.(10:11) 음식에 대한 불평은 모세를 돕는 장로 집단(전원 남성)의 구성으로 이어진다.(11장) 아론과 미리암은 모세에 대해 불평하고 비난 받게 된다.(12장) 설화의 중요한 절정에서 백성은 그 땅으로 올라가라는 하나님의 명령에 순종하기를 거부한다.(13–14장) 불순종의 결과로 이 첫 세대는 광야에서 죽는 벌을 받게 된다.

그 세대의 나머지 38년에 대해 기록한 사건은 모세에 대한 반역(16장), 아론의 지도력에 대한 확증(17장), 모세와 아론의 "하나님의 거룩을 보이라"는 것의 실패(20장), 그리고 잘 알려진 발람과 그의 말하는 나귀 이야기(22-24장)를 포함한다. 다시 한 번 제사장 집단에 대해 특별히 관심을 둔 규율은 설화에 흩어져 있다.

두 번째 인구조사 이후(26장), 요단강 동편을 획득한 이야기가 기록되어 있다.(32장) 그 책은 여리고 맞은편 요단강 근처에 자리를 잡은 백성의 이야기로 끝을 맺는다. 대부분 27-36장은 땅 분배(27, 36장), 여성의 서약(30장), 도피성(35장)에 관한 규율과 같은 주제를 포함하고 있는 잡다한 부록의 인상을 준다.

주제와 주요 관심사

공동체적 신실성

명확하면서도 미묘한 방식으로 민수기 설화는 하나님 앞에서 충실하게 산다는 것의 의미를 다루며, 어떻게 하나님께서 불신실한 자를 다루는지를 보여준다. 이스라엘 백성이 그 땅에 들어가는 데 실패한 것(13-14장)이 주요한 예이지만 그들의 다양한 다른 반역행위들 역시 이 주제의 일부이다. 이스라엘 남성을 미혹하는 악당인 모압/미디안 여성의 등장(25장)을 제외하고, 여성들은 계속해서 성인 남성으로 계수되는 공동체 안에서 '보이지 않는 자'로 머물러 있다.

유산과 땅 분배

인구조사는 이스라엘 공동체의 규모가 광야 기간 내내 일정하게 유지되었음을 보여주는 기능을 한다. 약속된 땅에서 땅 분배를 위한 기초는 두 번째 인구조사에서 파악된 조상의 집들일 것이다. 이런 맥락에서 슬로브핫의 딸들이 남성 후사가 없는 경우 여성이 땅을 받을 수 있는지를 질문할 때 여성과 그들의 관심사는 핵심적 역할을 한다.

공동체의 지도력

모세가 단독으로 지도할 수 없다고 불평하자 하나님은 돕는 자들을 세우신다.(11장) 모세의 인척(12장), 백성 전체(14장), 고라 자손(16장)은 모세의 지도력에 대해 도전한다. 모세와 아론은 지도자로서 실패한 것으로 인해 비난을 받는다.(20장) 모세에 대한 미리암의 도전이라는 중요한 예외를 제외하고는 여성들은 이런 지도력 문제에서 아무런 역할도 하지 못한다.

예배

유사하게 여성은 바른 예배에 관한 자료에서 기껏해야 주변인의 역할만 한다. 예배 지도자로서 제사장과 레위인의 임무는 구체화되지만 이 역할들은 이스라엘 관행에서 남성에게 주어진다. 헌물, 제사, 절기에 관한 다양한 본문은 여성들이 이런 경우에 다른 어떤 역할을 하였는지를—만약 역할이 있었다면—분명하게 드러내지 않는다. 평신도 중에서 가정, 씨족, 지파의 남성 우두머리는 명령받은 종교적 제의를 수행하는 주요책임을 졌던 것으로 보인다.

정결

민수기는 영적, 육적 정결에 관한 다양한 규율을 통합하고 있으며, 그 대부분은 어떤 오염 이후 어떻게 '깨끗한' 상태를 회복할지를 설명하고 있다. 비의도적인 죄를 저지르거나(15:22-31), 시체나 피부병을 앓는 자와의 접촉을 하면(5:1-4; 19:1-22) 오염된다. 이런 경우에 제의는 NRSV의 포괄적 표현법이 지시하는 바대로 남성과 여성 모두에게 동일하게 적용되는 것처럼 보인다. 특별히 사체와의 접촉 금지는 나실인에게는 매우 엄격

(6-8절)하였기 때문에, 나실인 서약에 관한 율법(6:1-21)은 제의적 정결 중 특별한 경우로 여겨졌다. 여기에서 율법은 남성뿐만 아니라 여성에게도 구체적으로 적용된다.(2절)

가족관계

곳곳에 흩어져 있는 율법자료는 가정생활 문제에서 이스라엘 공동체를 위한 안내서 역할을 한다. 서원을 한 여성에 관한 규율과 남편이 간음을 의심하는 여성에 관한 규율이 가장 눈에 띈다.

주석

민수기는 산발적으로, 고르지 않은 방식으로 여성에 대해 언급한다. 그 책의 대부분에서, 특히 예배의 제사장과 레위인 지도력에 관한 부분에서 가장 의도적으로, 여성들이 등장하지 않는다는 점이 눈에 띈다. 또한 남성 정탐꾼들이 각 지파를 대표하여 선택되며(13:2), 불신실한 남성이 반역의 변명거리로서 그들의 아내에 대한 걱정을 이용하거나(14:3) 군대 갈 연령의 남성만 각각의 인구조사에서 계수되는(1, 26장) 공동체 안에서 여성은 보이지 않는 자로 흡수된다. 그럼에도 불구하고 여성은 이 책의 36장 중 아홉 장 이상에서 중요한 부분을 차지한다.

우연한 그러나 본질적인

유혹하는 자, 여성(25장)

이 복잡한 설화에서 일반적인 모압 여성과 구체적으로 고스비라 불리는 미디안 여성(15절)은 이방 여성들의 전형적인 성서적 역할 안에서 그려진다. 이 여성들은 이스라엘(적어도 남성들)을 참된 하나님으로부터 벗어나도록 유도한다. 예를 들어, 이 주제는 솔로몬의 이방 아내들에 대한 비난(왕상 11장)과 이방 아내들과 이혼하라는 요구(스 10장; 느 13장)에서 재등장한다. 여기에서 화자는 하나님께서 제사장 비느하스의 후손을 특권을 지닌 자들로 선택하셨다고 설명한다. 이런 명예는 비느하스가 고스비와 그녀의 연인을 살해하고 이로써 이스라엘의 신앙에 대한 위협을 물리친 덕분에 얻게 된다. 정경의 다른 곳인 룻기는 이방여인들에 대한 이러한 부정적 관점에 대한 강력한 도전을 제시한다.

전쟁포로(31장)

미디안족속에 대한 군사적 승리 이후 이스라엘 군인들은 모든 남성들을 죽이지만 모든 여성들, 어린이들, 동물들은 전리품으로 살려둔다. 화가 난 모세는 장관들에게 이 미디안 여성들이 25장에 기록된 이스라엘의 반역(이야기들은 어떤 여성이 개입되어 있는지에 대해서는 불일치한다.)에 책임이 있음을 상기시키며, 처녀를 제외한 모든 여성을 죽일 것을 명령한다.(17-18절) 기록된 처녀의 숫자(35절, 3만 2,000명)는 확실히 과장이지만 독자들은 살해당해야만 하는 자들의 숫자에 놀라게 된다. 화자는 살도록 허락을 얻게 되는 것이 무엇인지에 관심을 두지 않지만, 신명기 21:10-14는 이스라엘 남자가 전쟁 포로와 결혼하는 경우와 관련된 절차들에 대한 몇 가지 단서를 제시한다.

집에 남겨진 시민(32장)

요단강 동편을 획득한 후 모세는 르우벤과 갓 지파가 그 땅의 나머지를 차지하기 전에 그곳에 정착하겠다는 요구를 하자 그들을 꾸짖는다. 장기간에 걸친 논의 끝에 르우벤과 갓은 다른 지파들과 더불어 강을 건너 싸운다는 조건 하에 그 땅을 얻게 된다. 그들 편에서는 자녀들, 아내들, 동물들을 군사작전 기간 동안 요단강 동쪽에 남겨두기로 결정한다.(26절) 이야기는 광야에서 태어난 세대의 온전한 순종을 강조하지만, 화자에게서 순종의 중점은 이스라엘 남성들 사이의 연대성이라는 것을 사려 깊은 독자에게 보여준다. 이 이야기의 여성과 어린이의 자리에 대해 반영된 생각은 여호수아서의 전투 설화에서 다른 지파 여성과 어린이의 역할에 관한 성서의 확연한 침묵을 환기시킨다.

지도력 분쟁: 미리암

미리암의 모세에 대한 도전(12장)

모세의 누이인 미리암과 형인 아론은 합세하여 모세의 구스인(에티오피아) 아내에 대해 불평하고, 계속해서 하나님께서 모세뿐만 아니라 자신들을 통해서도 말씀하시지 않았냐고 질문한다. 설화에서 모세의 구스인 아내 문제는 모세와 하나님의 관계가 진정 독특하다는 하나님의 선언에 초점을 맞춤으로써 재빨리 중단된다. 그러나 구스인 아내는 간과되어서는 안 된다. 그녀는 아마도 흑인이었으며, 그러므로 이 본문은 인종 간 결혼에 대한 종교적 토의에서 중대한 역할을 한다. 모세의 아내 혹은 그의 특권에 대한 그들의 질문 때문에 미리암과 아론은 하나님의 꾸지람을 듣게 된다.(5, 8c절)

모세의 독특한 위치에 대해 강조하는 과정 중에 화자는 모세를 돋보이게 하는 보조 역할로서 미리암을 이용한다. 갈대 바다에서의 구원 이후 이스라엘을 노래로 이끈 자는 바로 미리암이었으며(출 15:20-21), 바로의 딸이 아기 모세를 찾아내는 것을 목격한 자도 아마 이 누이였을 것이다.(출 2:4-8, 비록 거기에서 그녀의 이름이 밝혀지지는 않았지만) 예언자 미가는 그녀를 아론과 모세와 더불어 지도자로 기억한다.(미 6:4) 그리고 여기에서 미리암은 모세에 대적하여 말한 죄로 심하게 벌을 받지만, 아론은 어떤 벌도 받지 않는다. 하나님은 둘 모두를 향해 분노하셨지만, 미리암만 '문둥병'에 걸린다.(즉 후대에 이르기까지 근동에서는 발생하지 않았던 현대의 한센병은 아니지만, 어떤 피부병에 걸렸던 것 같다.)

왜 미리암만 벌을 받았는가? 우리는 그 대답이 제사장인 아론의 역할과 레위기 21-22장을 통해 알려진 제사장의 제의적 정결에 대한 규율과 관련이 있는 것으로 추측해 볼 수 있다. 레위기의 규율들은 아론계 제사장은 육체적으로 흠이 없어야 하며, 어느 때든 제의적으로 부정한 것을 깨달은 제사장들은 정결해질 때까지 제사장 임무와 특별한 제사장 음식을 삼가야 한다고 강조한다. 미리암이 걸린 것과 같은 피부병은 그런 부정의 원천으로 분명하게 열거되어 있다.(레 22:4) 아론은 모든 제사장 계보의 시작점으로서 전형적인 제사장적 인물이었기에, 아마도 화자는 아론을 그런 피부병에 걸린 자로 제시하는 것을 상상할 수 없었을 것이다. 이 '설화적 불가능성'은 출애굽기와 민수기 전체를 통해 모세와 아론 사이의 권력과 권위 사이의 미묘한 균형을 이루기 위해 제사장 저자에 의해 행해진 세심한 배려로 인해 더욱 복잡해졌다. 이 균형은 아론을 불결하고 진영 밖에 있는 자로 묘사한다면 분명히 깨진다. 미리암을 향한 '부당성'이라는 우리의 현대적 질문은 고대 작가에게는 염려거리가 아닌 것처럼 보인다. 적어도 그들은 아론과 미리암을 차별적으로 취급하는 것에 대해서 어떤 명백한 관심사도 표명하지 않는다.

만약 아론의 모면 이유를 이해하기 힘들다면, 아론이 모세에게 중재를 부탁하는 것과 미리암 대신 모세가 하나님에게 중재하는 것에 대한 하나님의 응답을 해석하는 것도 마찬가지로 힘들다. 그녀의 치유를 위한 그들의 간청은 "그녀를 진영 밖에 이레 동안 가두고 그 후에 들어오게 할지니라"(14절)라는 명령과 만난다. 민수기 19장은 부정의 경우 특정한 부속 제의와 더불어 진영 밖에 7일 동안 나가 있을 것을 지시한다. 민수기 5장에 따르면 피부병을 지닌 자는 남성이든 여성이든 진영 밖에 나가 있어야만 한다. 아마도 아론과 모세의 중재는 효과가 있었던 것 같고, 피부병을 지닌 다른 사람들과 달리 미리암은 곧 낫게 되었지만, 여전히 7일간의 제의적 정결 기간이 요구되었다. 하나님의 응답에 대한 이러한 관용적인 해석조차도 미리암에게 가해진 처벌의 부당성을 여전히 지우지 못한다.

미리암의 계보는 수 세대 동안 남성 파트너와 정확하게 동일한 일을 행한 것에 대해서 거부당하거나 모욕당한 여성들의 계보이다. 그러나 좀 더 큰 성서적 전승은 우리에게 미리암을 쫓아내는 하나님의 얼굴을 넘어선 또 다른 하나님의 얼굴을 제시한다. '바깥으로 밀려난'(outside) 사람들에게 가까이 서 있고, 그들 편을 드시는 하나님, 자신이 가장 잘 안다고 생각하는 백성들에 의해 거부당하고 내쳐진 하나님이 바로 하나님의 또 다른 얼굴이다. 민수기 12장의 강렬함은 손상되어서는 안 된다. 그러나 진영 밖에 있는 미리암은 우리에게 고통스러울 정도로 임의적인 그녀의 상황뿐만 아니라 하나님의 고통에 대해서도 간접적·암시적으로 지시하고 있다.

미리암의 죽음(20:1)

아론과 모세의 죽음에 대한 완벽한 보고(민 20:22-29; 신 34:1-8)와 대조적으로, 미리암의 죽음과 매장에 관한 한 문장으로 된 진술은 정보의 가치가 없다. 세부사항의 부재와 애도 기간에 대해 침묵으로 일관한 매우 간결한 문장은 그녀의 두 남자형제와 비교해서 전승에서 차지하는 그녀의 열등한 지위를 반영한다. 다른 한편 미리암의 죽음이 보고되었다는 것은 그녀의 중요성을 제시하며, 그녀의 죽음과 관련된 지리적, 설화적 장소는 미리암의 지위를 형제들의 지위와 유사하게 격상시키는 기능을 한다.

미리암은 바로 뒤따라 나오는 이야기가 벌어지는 곳과 동일한 장소(가데스)에서 죽는다. 20:2-13에서 그녀의 두 남자형제는 백성들이 물을 달라고 울부짖을 때 적절하게 응답하는 데 실패한다. 그들이 정확하게 무엇을 잘못했는지는 논쟁거리이지만, 그들이 하나님께서 임명하신 지도자로서 자신들의 책임을 위반한 것은 분명하다. 그러므로 하나님께서 미리암의 두 남자형제에게 "너희는 이 회중을 내가 그들에게 준 땅으로 인도하여 들이지 못하리라"라고 말씀하신다.(12절) 그리고 이 장 마지막에서 아론의 죽음도 보고된다. 물론 모세는 계속해서 그 백성을 요단 강가로 인도하지만, 미리암이 죽은 가데스에서 모세 역시 가나안 땅 밖에서 죽으리라는 것 역시 선포되었다. 그러므로 화자는 그녀의 남자형제의 운명을 선언하기 직전에 이것을 보고함으로써 미리암의 죽음의 의미성을 강조한다.

가정생활에 관한 두 가지 율법

간음에 대한 의심(5:11-31)

이 규율은 남편이 아내가 다른 남성과 성관계를 맺은 것을 의심하지만 증거가 없을 때 따라야만 하는 절차를 구체화한다.(입증할 수 있는 다양한 경우가 신 22장에서 다루어진다.) 본문은 전형적인 고대 근동의 결의법 양식으로 시작한다. "만일 그런 상황이 일어난다면…"(12b절), 다양한 하위조항과 함께(13-14절), "그때에는"(15절)이라는 남편이 행해야 할 것을 구체화하는 절로 끝맺는다. 이 율법에 따르면 남편은 순수하게 의심을 하든지 혹은 단순히 '질투의 영'에 사로잡혔든지 제사장 앞에 아내를 데리고 나와야 한다. 그 율법의 단어는 일반적으로 여성이 유죄라는 암시를 한다. 14절의 마지막 구에서만 그녀의 무죄 가능성이 마침내 언급된다.

16-28절은 여성의 유죄 혹은 무죄를 결정하기 위해 제사장이 취하는 절차를 묘사한다. 그 절차를 이해하기 위한 핵심은 여성이 유죄일 경우 자신에게 닥칠 저주의 잠재적 결과를 수용한다고 "아멘, 아멘"(22절)이라고 말해야 한다는 요구사항이다. 그 저주의 물을 마신 효과는 그녀의 유죄 혹은 무죄를 나타낼 뿐만 아니라, 만약 그녀가 유죄라면 처벌이 된다. 유죄인 경우 그 결과를 묘사하는 히브리어의 의미("그녀의 배가 부으며 그녀의 넙적다리가 마르리니", 27절)는 모호하며, 그 구절과 구체적인 의학적 상태를 연결하는 것은 불가능하다. "그 백성 중에서 저줏거리"가 된 것의 사회적 결과는 세세히 나오지 않지만, 극심한 사회적 매장이 포함되었을 것이다.

그 율법의 결론 단락(29-31절)은 그런 규율의 전형적인 총론적 요약을 제시한다. 그러나 "그 남자는 무죄로 방면될 것이요"라는 구절을 계속 해서 살펴보아야 한다. 율법은 그 여성의 상대(만일 그녀가 정말 유죄라면)를 법적으로 밝히지 않기 때문에, 여기에서 언급된 남성은 분명 남편이며, 그는 거짓 고소를 한 것에 대해서 무죄를 선고받는다. 그는 단순한 의심으로 이 절차를 야기한 것이 아니다. 아내가 무죄라 할지라도 그는 의심한 것에 대해 책임을 지지 않는다.

이 율법이 현대 서구의 감성으로 보면 잔인무도한 것처럼 보이고, 현대 서구의 기준으로 보면 그 저주의 물–분명 먼지와 물에 불과한–이 여성에게 진짜 효과가 있었을 가능성은 희박할지라도, 우리는 그 관행이 결코 실행에 옮겨지지 않았다거나 저주를 불러일으키는 물이 그런 힘의 가능성을 받아들였던 문화의 맥락에서 효과가 없었다고 결론을 내려서는 안 된다. 그 율법은 다양한 문화가 여성의 성적 행동을 통제하고자 했던 많은 방식과 그런 관습이 만연한 곳이라면 어디에서든 여성들을 지배해온 공포에 대해 독자로 하여금 숙고하게 한다.

여성의 서원(30장)

이 율법의 관심은 어떤 상황 하에서 여성이 행한 서원을 지켜야 하는지, 지키지 않아도 되는지에 대해서 구체화하는 것이다. 이것은 아버지의 집(3-5절), 남편의 집(10-15절) 안에서 살고 있는 여성이 맹세한 서원을 다루며, 이혼녀와 과부를 포함하며(9절), 여성이 결혼할 때 관할권이 변하는 것에 특별한 관심을 둔다.(6-8절) 서원은 종종 다산과 자녀의 가능성에 관한 것이었던 것처럼 보이지만(참조. 삼상 1:9-11; 잠 31:2), 여성의 서원이라는 전형적 주제에 관한 증거는 매우 적다. 전형적인 것이 무엇이든지 간에, 여성이 서원을 통해 얻고자 했던 목표에 제한이 있었다는 증거는 없다.

하나님께서 여성들의 요구를 허락한 경우, 여성이 무엇을 행하거나 무엇을 드리기로 서원했는지 그 증거 역시 희박하다. 세 가지 주요 가능성이 제안되었다. 금식, 금욕, 어떤 경제적 지불이 그것이다. 실질적인 면에서, 권위 있는 남성이 그런 서원을 무효화할 수 있음으로써 얻는 것은 무엇이었을까? 금욕에 관해서는, 아버지는 딸이 결혼할 수 있음을 보증할 권리(경제적 이유)를 원했을 것이고, 남편은 당연히 혼인 권리의 통제권을 원했을 것이다. 서원의 목표가 자녀를 갖는 것이었다면, 금욕은 여성이 바치고자 한 것이 아니었을 것이다. 그러나 금식과 마찬가지로 금욕에 관해서는, 성서에서 입증된, 좀 더 공식적인 남성 중심의 종교적 관습과 나란히 존재했을 특별한 여성의 제의에 대한 정보가 없기 때문에 그러한 해석은 방해를 받는다. 적어도 남성이 기본적인 통제를 원했던 종교적 관습의 '또 다른 세계'가 있었던가? 그것은 여성이 '회피하거나' 압제적인 가족 상황으로부터 '휴식을 얻을 수' 있는 수단을 제공하였는가? 증거의 부재에 주목해야만 하지만, 여성의 제의 가능성은 무시될 수 없다.

마지막으로 남성이 가족 내에서 경제적 통제를 유지하고자 한 것은 분명해 보인다. 서원은 종종 동물, 재산, 심지어 사람을 성소에 바치는 것을 포함한다. 자녀를 원하는 여성이 사무엘의 어머니 한나(삼상 1장)의 예를 좇는다면, 그 자녀는 가족의 경제적 미래에 손실이 되거나, 아마도 레위기 27:1-8에 제시된 범주에 따른 금액을 지불함으로써 변제될 수 있다. 동물 제사를 포함하는 서원은 유사하게 가족의 경제적 지위에 상당한 영향을 끼쳤을 것이다. 그러나 그 율법이 어떤 식으로 읽히든 간에, 그것의 고대적 목적은 남성 지배적인 가정 문화 내에서 가정의 안정성을 향상시켰던 것으로 보인다.

가족 유산 : 슬로브핫의 딸들

권위에 대한 도전(27:1-11)

이 장은 아들이 없이 죽은 아버지의 다섯 딸에 대한 두 부분으로 된 이야기의 첫 번째이다. 이야기는 두 번째 인구조사와 어떻게 약속된 땅을 두 번째 세대의 가족들 간에 분배할지에 대해 모세에게 준 지시사항 직후인 광야 40년의 마지막에 일어난다. 슬로브핫의 다섯 딸은 규율에 따라(26:52-56) 그의 가족으로부터 어느 누구도 그 땅의 유산을 받지 못하였기 때문에 아버지의 이름을 상실하게 되었음을 지적함으로써 모세에게 자신들의 특별한 상황을 진술한다. 모세는 하나님의 인도를 간구하고, 하나님은 그녀들의 청원에 관한 구체적 결정을 선언한다.(7절) 더욱 일반적이며 확장된 유산법이 뒤이어 나온다.(8-11절) 이 확장된 율법 중 단지 8절만이 직접적으로 다섯 여인의 청원과 관련되어 있다.

위대한 모세에게 사적, 공적으로 말하기 위해 앞으로 나간 말라, 노아, 호글라, 밀가, 디르사는 얼마나 믿을 수 없을 정도로 대담한가!(2절) 더욱이 그녀들의 질문은 단순히 모세의 의견뿐만 아니라 신의 직접적인 법령 또한 부적절하며 개정되어야 한다는 제안을 포함하고 있다. 설화는 극적이며 손에 땀을 쥐게 한다. 이 예외적 상황 속에서 모세의 응답은 무엇이었는가? 여성들이 접근할 때 군중들 속에 일어난 소란은 여기서도 감지할 수 있을 정도이다. 모든 사람이 기다리는 동안 다음의 말이 선포된다. "슬로브핫 딸들의 말이 옳다."

그러나 왜 이 이야기는 정경에 보존되었는가? 이야기의 드라마와 자매들의 용기로는 충분히 설명되지 않는다. 이야기가 살아남은 것은 문제의 근본적 핵심이 **아버지의 이름**을 보존하는 것(4절)이었기 때문이라고 볼 수 있다. 화자는 땅의 소유와 가족의 이름을 보존하는 것 사이의 얽혀 있는 연관성을 전제로 한다. 여성들은 땅을 소유할 기회를 잡기 위해서가 아니라 아버지의 이름을 위해 행동을 취한 것으로 그려진다. 이 이야기는 고대 이스라엘에서조차 여성들에게 빈곤하게 남겨지지 않게 될 것이라고 위로하는 이야기로 들려질 수 있었을 것이다. 그러나 그것은 일차적으로 그들의 이름이 부족으로부터 끊기게 된, 아들을 낳지 못한 불행한 남성을 위한 위로의 이야기로 보존되었다.

사건의 반향(36:1-12)

요단강 건너편을 정복한 후 슬로브핫이 속했던 지파의 남자 친척들은 그들의 입장이 27장에서 선포된 판정에서 크게 빠져 있다는 사실을 갑자기 깨닫는다. 민수기 36장은 그들의 항소에 관심을 기울인다. 슬로브핫이 속했던 요셉 지파의 다른 가족의 우두머리들이 모세 앞으로 나와 그들의 관심사를 진술한다. "그들이 만일 다른 지파 남자들의 아내가 되면 그들의 기업은 우리 조상의 기업에서 떨어져 나가고 그들이 속할 그 지파의 기업에 첨가되리니 그러면 우리가 제비 뽑은 기업에서 떨어져 나갈 것이요."(3절) 모세는 슬로브핫의 딸들은 그들 지파 내에서만 결혼해야 하며, 그로써 한 지파에서 다른 지파로 재산이 전이될 가능성을 피하게 될 것이라는 결정을 선포한다. 그리고 그 율법은 다시 한 번 구체적인 경우를 넘어서서 일반화된다. 이야기는 이 규율에 관한 여성들의 순종 기사로 결론이 맺어지며, 이로써 전체 책은 두 번째 세대의 완벽한 충실함이라는 중요한 주제의 실례로 끝을 맺는다.("개관"을 참조하라.)

비록 27장과 36장이 겉보기에 형식의 유사성을 보이지만, 이 두 장들 사이에는 상당한 차이점이 있다. 두 번째 이야기에서 모임의 장소는 구체적으로 나타나지 않고, 유일한 청중은 조상의 집들의 (남성) 우두머리이다. 특히 종교적 요소(회막, 제사장, 회중)는 다섯 명의 여자들과 마찬가지로 36장의 절차에서 빠져 있다. 더구나 두 번째 이야기에서 모세는 하나님과 상의를 하지 않은 채, 바로 하나님의 결정을 선포한다. 그러므로 화자는 여기에서 27장에 기록된 것과 같은 하나님이 모세에게 하신 명령 연설 형식이 아니라 모세가 이스라엘 백성에게 한 명령 연설 형식으로 말한다. 여성들은 완전히 보이지 않게 되고, 신은 간접적으로만 임재하게 된다. 사실상 "요셉 자손 지파의 말이 옳도다"(5절)라는 말은 매우 급작스럽게 보인다. 왜냐하면 27장의 딸들과 달리 청원자들은 그들에 문제에 대한 어떤 해결책도 제시하지 않기 때문이다.

이스라엘의 결혼관습과 규율에 관한 정보는 너무 빈약하여 이 율법의 효과를 제시하는 것은 힘들다. 만약 이야기가 아버지나 형제가 없는 여성들이 자신의 남편을 선택할 수 있었음을 암시하는 것이라면(6절), 그 율법은 단순히 그들의 배우자 선택을 제한하는 것이다. 그러나 대가족 속의 다른 남성들에게도 그런 여성들을 위해 남편을 선택할 책임이 동일하게 있었던 것 같다. 만약 그렇다면 그 율법은 그런 (농경사회에서 이상적 지참금인 경작할 땅 한 필지를 가져다줄 희소한 여성에 대해 최고 가격을 받고자 하는) 남성의 욕심을 제한하는 것이다.

기본적인 이야기에 가해진 이런 속편에서 초점은 변경되었다. 갑자기 아버지의 이름 대신에 땅과 권리가 주된 관심사가 된다. 딸들의 토지소유는 결혼하기 전까지 한시적이라는 것이 명백해진다. 결혼과 동시에 소유권은 그들의 남편에게 양도된다. 남성 소유권에 대한 남성들 사이의 투쟁 형태를 띤다. 결국 이야기의 방향은 여성들의 애초 의도와 다른 방향으로 흘러간다. 이스라엘의 유산과 소유 구조 내에 여성 자신들의 장소나 공간이 없게 된 것이다. 그러나 여성들의 자유의 한계는 그 이야기의 결말에 이르러 분명해진다.

결론 : 민수기와 여성의 경험

많은 방식으로 이루어진 민수기의 여성에 대한 제시는 많은 역사적 시기를 통해 많은 문화에서 있었던 전형적인 여성의 존재를 예증한다. 엘리트 집단 출신 남성에 의해 기록된 책은 일반적으로 여성과 남성 사이에는 실질적인 차별이 없었던 것처럼 진행된다. 그러므로 '회중' 혹은 '백성'에 대한 이야기들은 모든 사람이 동일한 방식으로 포함되었던 것처럼 말한다. 그러나 때때로 의도하지 않았던 실마리들은 주의 깊은 독자들에게 모세의 적대자들이 그들의 아내들을 걱정할 때 여성들은 화자의 마음에 사실 없었으며(14장), 사람 목숨을 의도치 않게 해한 경우에 관한 율법(35:22-28)은 여성 범죄인에게는 집행할 수 없었다는 것을 일깨워준다.

공적인 종교적 지도력에서 여성의 부재는 완전히 당연시되며, 회중적 참여와 같은 그녀들의 역할은 구체화되지 못한 채로 남겨진다.

여성에 관한 질문이 분명하게 전면으로 나올 때 그녀들은 주로 가정의 영역에서 초점이 맞추어진다. 가정의 영역은 그 문화의 대개의 여성들이 기능하던 영역이며, 남성 저자들이 여성의 자리에 관한 특별한 규율이 필요하다고 여기던 영역이었다. 결혼, 이혼, 성관계, 가족의 이름을 지속하는 것, 땅의 통제, 가족 경제 상황은 이 책에서 모두 선별된다.

이런 가정적 초점에 대한 주목할 만한 예외는 물론 미리암이다. 그녀는 여성의 가정적 역할을 강조하는 문화에서조차 몇몇 여성은 공적 지도력을 획득하였다는 사실을 상기시키는 역할을 한다. 여기에서 미리암의 이야기는 그런 지도력을 상당히 전형화한다. 여성의 지도력은 예외이며, 온전하게 남성의 지도력과 비교될 수 없으며, 매우 쉽게 도전받고, 타협되며, 손상된다는 것이다.

이 고대의 책이 읽혀지는 현대 문화에서 여성의 지위에 대한 현대적 논의에 초점을 맞춘다면, 우선 독자는 고대 문화와 현대 문화 사이의 거대한 격차를 깨닫게 될 것이다. 그러나 이러한 거리감이 독자를 기만하지 않는다는 것이 중요하다. 왜냐하면 현대의 여성과 남성의 상황에 부합하는 점이 여전히 매우 많기 때문이다.

참고문헌

Burns, Rita. *Has the Lord Indeed Spoken Only Through Moses? A Study of the Biblical Portrait of Miriam.* Atlanta: Scholars Press, 1987.

Frymer-Kensky, Tikva. "The Strange Case of the Suspected Sotah (Numbers V 11-31)," *Vetus Testamentum* 34(1984), 11-26.

Olson, Dennis T. *The Death of the Old and the Birth of the New: The Framework of the Book of Numbers and the Pentateuch*(Brown Judaic Studies 71). Decatur, Ga.: Scholars Press, 1985.

Sakenfeld, Katharine Doob. "In the Wilderness, Awaiting the Land: The Daughters of Zelophehad and Feminist Interpretation," *Theology Today* 46(1989), 154–168.

신명기

티크바 프라이머-켄스키

Tikva Frymer-Kensky

개관

맥락과 주요 관심사

신명기는 율법서(오경)의 다섯 번째 책이며, 모세가 죽기 전에 이스라엘 백성에게 행한 최후의 가르침의 형태를 띠고 있다. 최근 학자들은 신명기를 요시야 왕 시대, 성전 재건 기간 동안 발견된 율법서(The Book of the Law)로 본다. 그러나 우리는 그 책을 경건한 사기(詐欺)로 배제해서는 안 된다. 왜냐하면 그 구절 중 많은 부분은 기원전 7세기 이전에 기록되었으며 고대 이스라엘 전승을 반영하고 있기 때문이다. 신명기 전승은 이스라엘 북왕국에서 유래했으며 아시리아에 북왕국이 멸망할 즈음 남쪽으로 유입되었다. 신명기는 분명히 이런 전승과 이스라엘 문화의 다른 고대적 요소에 대한 학구적인 의견을 포함하고 있다.

신명기는 그 자체의 독특한 어법, 스타일, 문체 등으로 특징지어진다. 신명기는 앎과 기억의 어휘를 사용한다. 그리고 신명기는 반복으로 가득 차 있고, 역사와 도덕적 교훈에 대해 상기시키는 '설교적인' 책이다. 이 전승은 아마도 이스라엘의 고대 전승을 고려하고 가르치는 이스라엘의 고대 학자들과 스승들의 분위기에 뿌리를 두고 있을 것이다. 그들에게 배움과 지식은 신적인 길을 살도록 한다.

신명기의 중심적 교훈은 이스라엘과 하나님 사이의 밀접한 관계이며, 그것이 수반하는 충실과 사회적 정의에 대한 인간적 책임이다. 이 관계는 '계약', 즉 하나님과 이스라엘 사이의 계약적 관계로 생각할 수 있다. 그 책의 개요는 고대 근동의 국제조약의 형태와 개요, 특히 종주와 봉신 사이의 조약과 매우 유사하다. 그들처럼 그것은 (다른 것들 중에서) 역사적 서언, 이스라엘의 의무, 축복, 저주를 포함하고 있다. 신명기의 핵심 요구는 "너는 네 하나님을 온 마음으로 사랑할지니라"이다. '사랑'이라는 용어의 사용은 중요하다. 사랑은 원래 가족 관계를 지칭하는 것이지만 또한 고대 조약문서에서 정치적 용어로 사용된다. 사랑은 호의적 감정 이상이다. 그것은 다른 어떤 종주가 아닌 그 종주를 향한 절대적 신실함을 요구하는 것이다. 나아가 사랑으로 행동할 때 관심과 순종에 의해 행해야 한다고 요구한다. 이스라엘 백성은 하나님의 규율을 알아야만 하며, 그것에 순종하고, 그러므로 율법서의 길대로 살아야만 한다.

계약의 핵심－그리고 신명기의 핵심－은 십계명, 즉 열 가지 계명으로 이스라엘의 기본적 책무를 제시한다. 십계명에 뒤이어 나오는 율법의 배열은 이러한 명령의 지시에 영향을 받지만 그것은 십계명의 확장 혹은 반영으로 기록된 것은 아니었다. 신명기의 율법은 고대 근동의 긴 법률 수집물 전승의 일부분이다. 다른 수집물들처럼 신명기의 율법은 법률 작품이다. 전수받은 법률적 전승에 대한 학자들의 심사숙고의 산물이자 평등과 정의의 원칙이라는 관점에서 전수받은 전승을 검증한 훈련받은 전문가들에 의한 율법 연구의 산물이다.

신명기는 강력한 사회적 도덕심과 사회의 혜택 받지 못한 자들에 대한 인간적 관심을 드러낸다. 신명기는 종종 백성들이 왜 율법을 준수해야만 하는지를 말해주는 '동기절'로 율법을 설명한다. 때때로 동기는 보상

(“땅에서의 장수”) 혹은 처벌이다. 때때로 그것은 하나님이 이스라엘인들을 이집트로부터 구해내셨기 때문에 이스라엘인들도 다른 사람들을 자신들과 같이 여기는 것이 하나님에 대한 그들의 의무라는 사실을 상기시킨다. 압제받은 경험이 있기 때문에 압제하는 자들에 맞서서 압제받는 자들을 보호해야 할 의무가 있다는 것이다. 하나님께서 그들을 위해 그런 위대한 행위를 하셨기 때문에, 신명기에서 중요한 것은 그들이 하나님께 순종을 빚졌고, 율법이 그들의 경제적 이익에 반하는 행위를 요구할 때조차도 하나님의 소원에 순응할 필요가 있다는 점이다. 신명기는 역사와 기억을 행동하라는 요청으로 보며, 하나님께서 이스라엘을 위해 행하신 일을 알고 기억하는 데 실패하는 것은 반역으로 귀결될 수 있다고 믿는다. 그러므로 이 책은 본질적인 교훈을 **가르치며** 그것에 집중한다. 거룩한 역사에 대한 지식, 하나님의 힘과 독특성에 관한 사실들, 율법이 그것이다. 현명한 자들은 이런 것을 가르치고, 널리 전한다. 그리고 그것을 듣는 모든 자는 하나님은 한 분이시고, 이스라엘은 하나님을 사랑해야만 하며, 이스라엘은 율법에 따라 살아야만 한다는 것을 다른 자들에게 알려야만 한다.

주석

질투 : 종교적 은유의 배경

신명기의 율법은 오직 한 분이신 하나님에 대한 예배 요구로 출발하여 “나 네 하나님 여호와는 질투하는 하나님”(5:9)이라는 선언과 함께 이 요구를 상세히 설명하는 십계명으로 시작한다. ‘질투’(*quin’ah*)라는 용어는 전문화된 언어이며 부정확하게 사용할 수 없다. 사랑과 달리 질투는 고대 정치조약에서 발견되는 용어가 아니다. 질투의 개념은 결혼의 영역에서 유래하며, 그 단어는 민수기 5:11–31의 간음으로 의심받는 여인의 소송에서 등장한다. 거기에서 "질투의 영"이 남편을 사로잡았을 때, 그는 아내가 불신실하다고 의심하고, 모든 문제가 시작된다. 신명기는 종종 이스라엘과 하나님의 관계를 표현하기 위해 가정생활로부터 도출한 은유를 사용한다. 그러나 '질투'는 더욱 구체적이다. 이것은 결혼의 언어이며, 특권이 손상된 자의 태도를 표현하는데, 즉 그는 전적으로 신실해야 할 아내를 가진 남편이며, 동일하게 배타적 충성을 바쳐야 할 백성을 가진 하나님이다. 질투의 이면은 부정, 불신실, 혹은 '매춘'(*zonah*)이다. 남편에게 신실하지 않은 아내에게 사용된 이 용어는 하나님을 향한 반역에 대한 용어로도 사용될 수 있다.(신 31:16; 민 15:39) 이 용어의 사용은 아마도 저자(와 청중)가 하나님의 아내 된 이스라엘이라는 결혼 은유에 익숙하였음을 암시한다. 예언자 호세아는 이것을 광범위하면서도 강력하게 사용하였으며, 예레미야와 에스겔 역시 차용하였다.

하나님과 아세라 상징의 연합

하나님은 한 분(God is One)이라는 이스라엘의 핵심 신조는 성이 남성인 야웨는 남편이 아내에게 하듯 이스라엘을 대한다는 절대적 유일신론을 제시한다. 유일성에 대한 이런 명령은 일월성신과 같은 열등한 다른 신들에 대한 금지를 포함한다. 또한 이것은 제의적 나무 이미지 혹은 지방성소를 성스럽게 여기는 데 일조한 실제 나무인 아세림(*'ahserim*, 신 12장)의 가능성도 제거한다. 사실상 신명기는 제의의 통일화를 요구하기 위해 하나님의 유일성을 택한다. "하나님께서 그의 이름을 두시려고 택한 곳"인 오직 하나의 성소만이 허용되며, 신명기를 읽는 자들은 이 성소를 예루살렘 성전과 동일시한다. 신명기는 이스라엘의 오랜 전승의 일부가 된 모든 지방성소를 '가나안적'인 것으로 보며, 고로 파괴되어 마땅하다고 본다. 돌비석과 제단, 성스러운 나무와 그 이미지, 아세라는 없애버려야 하며. 예배는 하나의 중심 장소에 제한되어야만 한다. 사마리아에 있었던 제의적 아세라는 8세기에 제거되었다. 예루살렘 성전에 있던 것은 몇 차례에 걸쳐 제거되었고, 가장 최근에는 7세기 요시야 통치기간에 제거되었다. 신명기는 이러한 반 아세라 경향의 일부였다. 이스라엘의 몇몇 백성은 아세라를 야웨의 여신-아내를 표현하는 것으로 보았다. 아세라는 본성과 생산력에서 하나님의 내재의 상징이었던 것 같고, 이스라엘 전역에서 발견된 나무줄기와 가슴을 지닌 작은 신상들은 하나님의 비옥한 현존을 향한 욕망의 가정용 형태이었을 것이다. 어느 경우든 신명기는 이것 중의 어떤 것도 지니지 않는다. 하나님은 한 분이시며, 하나님은 전적으로 초월자이시다. 단 하나의 중앙 성소조차도 하나님을 가둘 수 없으며, 오직 하나님의 **이름**을 둘 뿐이다.

율법은 여성에게 말하고 있는가?

십계명은 백성들에게 하나님에 대한 적절한 예배를 가르친다. 십계명은 누구에게 말하고 있는가? 그것은 고대 근동의 신적 가르침이 종종 그러하였듯이 왕을 향해 있었을 뿐만 아니라, 백성 전체와 각 개인을 향해 있다. 이것은 2인칭 단수 명령형의 사용을 통해 나타난다. 그러나 문법적 형태는 남성이다. 그래서 여성이 보이지는 않지만 이러한 남성 '너'에 포함되는지 혹은 십계명은 단지 이스라엘 남자에게만 이야기하고 있는지에 대한 의문이 제기된다. 마지막 계명 "네 이웃의 아내를 탐내지 말지니라" (5:21)는 남성에게 말하고 있으며, 아내를 이웃의 집, 밭, 종, 소나 나귀, 사람이 탐내지 말아야 할 모든 것과 같은 욕망의 대상으로 다룬다. 그러나 안식일 준수에 대한 계명은 분명히 '너'에 여성을 포함한다. 그 계명은 "너나 네 아들이나 네 딸이나 네 남종이나 네 여종이나 네 소나 네 나귀나 네 모든 가축이나 네 문 안에 유하는 객이라도 아무 일도 하지 못하게 하고" (5:14)이다. 딸과 여종의 포함은 여성이 안식일에 일하기를 멈추어야 한다는 것을 말해준다. 아내는 본문상 명시적으로 언급되지 않았는데, 이는

'여성의 일은 결코 멈춰본 적이 없고' 아내는 여전히 일을 해야만 하기 때문에 언급되지 않은 것일까? 그러나 만약 아내가 일하였다면 딸과 여종도 일해야 한다. 오히려 반대로 '그리고 네 아내'라는 구가 생략된 것은 그 율법이 말하는 대상인 '너'가 여성과 남성 모두를 포함하며, 각자를 구별된 윤리적 행위자로 대하고 있음을 보여준다.

다른 계명들 역시 여성을 포함한다. 왜냐하면 여성들에게 야웨의 이름을 잘못 사용하거나 도둑질을 하거나 간음(기혼남의 혹은 기혼남과 혼외정사를 의미)을 하거나, 살인하는 것이 허용되지 않았기 때문이다. 본문이 포괄적이지 않고, 아내를 율법의 주체가 아닌 대상으로 보는 것은 오직 본문이 성적 욕망을 고려할 때뿐이다. 다른 행동 영역에서는 십계명과 신명기의 율법은 여성을 자발적 존재로 다루며 종종 그녀들의 권리를 보호한다.

율법의 주체이자 객체로서 여성

십계명과 신명기의 다른 율법들이 여성에게 말하고 있다는 사실은 여성의 권리와 남성의 권리가 비교가능하다는 것을 의미하는 것은 아니다. 다른 고대법처럼 신명기는 사회체제를 전제로 하는데, 이 체제 안에서 여성은 분명 약자이다. 과부와 고아를 돌보라는 바로 그 명령(10:18; cf. 24:17-22; 26:13)은 가부장제라는 검증되지 않은 전제를 기반에 두고 있다. 여성이 재산과 특권에 동등한 권리를 지녔더라면 율법은 과부에 대해서 걱정할 필요가 없었을 것이다. 그럼에도 여성들은 이러한 율법에서 완벽하게 대상화되지는 않는다.

히브리 노예에 관한 율법(15:12-18)

여성이 주체와 객체 사이, 백성의 구성원과 종속인 사이를 오락가락하는 양상은 신명기의 법적 조항들 속에서도 발견되는데, 그 중 한 단락은 여성을 공동체로부터 구별된 존재로 보는 경우와 아닌 경우를 간접적으로 고려한다. 히브리 종에 관한 율법은 계약법전(출 20:22-23:33)의 일부인 출애굽기 21:2-11과 레위기 성결법전(17-26장)의 일부인 레위기 25:39-44에서 표명된 히브리 종에 대한 전통적 율법을 재검토하며 개정한다. 출애굽기의 율법은 히브리 종을 영구적으로 고용하는 것을 금하며, 그들이 자발적으로 주인에게 영원히 소속되어 있겠다고 선택하지 않는 한 칠 년 후에는 방면해야 한다고 지시한다. 레위기는 백성은 희년에 해방되어야 한다고 명령한다. 신명기는 안식년 면제를 주장하지만 율법에서 특징적인 개정을 한다. 이는 극한 가난 때문에 사람들이 자주 스스로를 판다는 사실을 고려하여 그들의 경제적 안녕을 제공하지 않은 채 종을 방면하는 것이 무익함을 인식하고, 소유주에게 가난한 종이 자유인으로 살아갈 양식이 충분한지를 확실하게 할 것을 요구한다.(15:13-15) 신명기는 또 다른 중요한 개정을 한다. 출애굽기는 그 율법을 영구적 종으로 획득한 여종에게는 적용하지 않는다. 반면에 신명기는 의도적으로 여종 역시 제 칠 년에 방면할 것을 요구한다. 히브리 남성이 그의 동의 없이 영구히 종이 되어서는 안 되는 것처럼(15:17b), 히브리 여성은 어느 누구도 종(종이면서 아내를 포함)이 되어서는 안 된다.

구체적으로 여성을 포함하는 추가 율법들(17:1-5; 18:10; 22:5)

신명기 율법이 분명하게 여성을 포함하는 여타 경우들이 있다. 신명기는 이스라엘인에게 다른 신이나 일월성신을 예배한 자는 남자나 여자나 누구든 돌로 칠 것을 명하며(17:1-5), 아들과 딸을 불 사이로 지나가게 하는 것을 금한다.(18:10) 이런 규율들은 아시리아 시대의 종교 상황을 반영하며, 이는 몰렉 신에게 불로 드리는 유아제사와 일월성신 예배의 금지를 입증하고 있다. 의식적이며 명시적으로 여성을 포함한 것 역시 그 시대의 산물이다. 이와 유사하게, 다른 성의 옷을 입는 것을 금하는 것(22:5)에서 암시된 남녀에 대한 의식적인 구별 역시 아시리아 시대의 종교적 갈등의 일부이다. 메소포타미아의 여신 이난나/이슈타르 제의가 옷 바꿔 입기를 포함하기 때문이다.

율법의 대상으로서 여성: 전쟁 상황(20:5-7; 21:10-14)

신명기 율법은 결혼이나 성관계를 고려할 때 여성을 객체로 보는 것으로부터 시작한다. 전투에 관한 규율은 여성의 **취득**에 초점을 맞춘다. 약혼을 하였으나 아직 그의 아내와 결혼하지 않은 남성은 군복무에서 면제된다. "전사하면 타인이 그를 데려갈까 하노라."(20:7) 동일하게 포도밭을 심었으나 아직 먹지 못한 자 혹은 새 집을 지었으나 아직 거기서 살지 못한 자는 전투에서 면제되어 그의 취득을 완수할 수 있다.(20:5-6)

역시 전쟁 **동안** 여성을 획득할 수 있다. 왜냐하면 가나안 여성과 유아는 남성이 죽어가는 전쟁의 탈취물이기 때문이다.(20:14) 만약 어떤 남성이 아름다운 여인을 전쟁에서 획득하여 그녀를 집으로 데려온다면, 그는 그녀의 머리를 깎고, 손톱을 깎고, 포로의 옷을 벗기고 그녀의 부모를 위해 한 달 동안 애도한 후 아내로 취할 수 있다. 만약 그가 그녀를 이 지점에서 원하지 않는다면, 그녀를 풀어주어야만 한다. 그는 그녀를 욕보였기 때문에 팔 수 없다.(21:10-14) "욕"(*'innah*)에 사용된 단어는 성서에서 의미심장한 단어이다. 종종 "강간"으로 번역되는 이 단어는 예의 바르게 행동하지 않고, 학대하였음을 의미한다. 세겜은 그녀의 아버지의 허락을 받지 않은 채 디나를 학대하였다.(창 34:2) 사라는 하갈을 첩이자 어머니에게 어울리는 적절한 대우를 하지 않은 채, 전혀 성적이지 않은 방식으로 그녀를 학대(*'innah*)하였다.(창 16:6) 이집트는 이스라엘을 강제 중노동으로 학대(*'innah*)하였다.(출 1:11) 여성 포로와의 혼인에 관한 이 율법에서 남성은 그녀에게 아내가 될 가능성을 고대하도록 하고, 그 후 이를 이행하지 않는다. 이 율법은 오로지 그가 그녀와 성관계를 맺은 후, 자신의 아내로 그녀를 맞아들이기 원하지 않는 경우에만 적용되는가? 그녀를 집으로 데려와 친부모와의 이별 제의를 치르게 하고서 그녀와 성관계를 하지 않은 채 그 달 이후에 그녀를 내보내는 것도 그녀를 오도한 것이다. 그는 그런 행동으로 이익을 보아서는 안 되며, 그 대신 그녀를 해방시켜야 한다.

신명기의 가장의 권한에 대한 제한

장자에 대한 율법(21:15-17)

첫눈에 보아 여성 포로와의 혼인에 관한 율법은 이상한 방식으로 남성의 힘에 제한을 두는 것으로 보인다. 결국 그는 스스로 가장으로 행동한다. 그는 노예를 획득하는 가장 보편적인 방법인 전쟁을 통해 노예를 획득한다. 그는 원한다면 이익을 얻고자 그녀를 팔 수 있어야만 한다. 그러나 그 대신에 그녀가 과거를 위해 애곡하는 것(과 그럼으로써 아내가 되기를 고대하는 것)을 허용하였기 때문에, 그는 그녀의 값을 손해보는 것을 감수해야만 한다. 이것은 자신의 가정의 일원을 통제하고 그들에 대한 자신의 행동을 자유롭게 결정하는 남성의 권리를 과격하게 축소하는 것처럼 보인다. 사실상 가장의 권리에 대한 이러한 제한은 신명기의 특징 중의 하나이다.(21:15-17) 이것은 장자에 관한 율법에서도 분명한데(21:15-17), 이 율법은 여성 포로와의 혼인에 관한 율법 바로 다음에 따라 나온다.

근동 문헌들, 특별히 누지성에서 나온 가족법 문헌은 '장자'라는 용어가 법률적 명칭임을 보여준다. 장자는 분명 유리한 입장에 있었다. 그는 형제들보다 두 배를 물려받고, 가족의 제의적 기구들을 통제할 수도 있다. 그러나 태어난 순서는 '장자'를 결정하지 못한다. 남성은 자녀가 태어난 순서와 무관하게 누가 그의 장자일지를 규정할 수 있다. 양자 계약은 때로는 누가 장자일지를 매우 분명하게 언급하며, 그런 규정 후에도 누지 문헌 중 적어도 하나는 그의 임종 때에 장자로 전혀 다른 사람을 선택할 수 있음을 보여준다.

창세기의 선조 이야기들은 장자에 대한 동일한 법률적 이해를 보여준다. 에서는 야곱에게 '장자권'을 팔았다.(창 25:29-34) 야곱은 이삭을 속여 그에게 마지막 축복을 하게 하였다.(창 27장) 야곱의 아들들은 누가 그의 제1상속자가 될지 몰랐다. 그는 두 명의 아내 레아와 라헬이 있었고, 두 명의 첩 빌하와 실바가 있었다. 라헬의 장자 요셉은 열 명의 형들이 있었다. 그럼에도 어린 요셉은 형제들이 자신에게 절하는 꿈을 꾸었다. 형제들은 그 꿈이 현실화되고 야곱이 그의 사랑하는 요셉을 장자로 임명하는 것이 가능하였기에 그 꿈을 두려워하였다.(창 37:5-11) 사실상 많은 모험과 고생 끝에 야곱이 요셉의 두 아들 에브라임과 므낫세에게 그들의 삼촌들과 동일한 상속을 선언함으로써 요셉에게 결국 두 배를 물려줄 때 이런 일은 정말로 일어나게 되었다. 야곱은 심지어 에브라임과 므낫세의 탄생 순서를 마음대로 뒤집어 버린다.(창 48:8-22) 신명기는 아버지가 가장 사랑하는 아내의 아들을 장자로 선언하는 권리를 부인한다. 그 대신 그는 (어느 아내에게서든지) 처음 태어난 아들을 장자로 받아들여야만 한다. 가장은 상속의 순서를 정하는 데 가부장적 권한을 자유롭게 휘두를 수 없다.

패역한 아들에 관한 율법(21:18-21)

그 다음 율법인 패역한 아들에 관한 율법 역시 부모의 권리를 다루고 있다. 이 율법은 부모가 패역한 아들에 대한 통제권을 상실한 상황, 아마도 청소년 범죄 혹은 늙은 부모를 위협하는 성장한 아들을 묘사하고 있다. 부모는 더는 "그의 아비와 어미를 순종"하지 않는 아들을 통제할 수 없고, 그를 훈육할 엄두를 낼 수 없다. 그들은 성읍의 장로에게 그를 데려가고, 장로들은 그를 통제할 수 없음을 선언한다. 성읍 남자들이 그를 돌로 칠 수 있게 한다. 첫눈에 독자들은 자식을 죽음으로 내모는 부모를 생각할 때 공포감이 들고, 어떤 끔찍한 행동으로 인해 부모가 이런 일을 하게 되었을까 상상하게 된다. 분명 그런 사건은 평범하게 벌어지는 일일 수는 없다. 우리가 이 율법을 좀 더 깊이 살펴본다면 이 율법이 세워지는 위계질서를 볼 수 있다. 자녀는 **아비와 어미**에게 순종해야만 한다. 많은 사회에서 아들은 어머니를 통제한다. 그러나 신명기에서는 그렇지 않다. 더욱이 이 율법은 아버지의 특권이 사라지고 사형의 위협 하에서만 부모의 **권위**가 유지되는 부모의 **힘**이 닿을 수 있는 최저점을 제시한다. 사형은 돌로 쳐죽이는 것인데, 이것은 성서가 우주의 위계적 배열을 해체함으로써 전 세계의 안정성을 위협하는 것으로 보이는 범죄를 위해 예비한 특별한 처벌이다. 만약 동물이 인간을 죽인다면, 자녀가 부모에게 순종하지 않는다면, 사회는 더는 생존할 수 없다. 전체 공동체는 위협을 느끼고 위험에 처한다. 아버지는 그의 아들을 죽일 수 없다. 그는 성읍의 장로들 앞에 그 사건을 가져가야만 하며 그들은 고집 센 아들을 다루어야 한다. 이 장로 위원회는 신명기에서 다른 기능을 갖고 있다. 그들은 신부의 처녀성을 심문한다.(22:13-21) 그들은 *levir*(라틴어 "남편의 형제")의 방면을 감독한다.(25:7) 그들은 목이 꺾인 암소의 의례를 수행한다.(21:1-9) 그들은 아버지의 권리를 대신하여 가족 내부와 가족들 사이의 관계를 감독하는 사회의 공적 영역을 구성한다. 그러나 이것은 중앙화된 국가적 정부는 아니다. 신명기에서 가족 문제에 개입하는 '가부장적 정부'는 지역 단위, 즉 장로 위원회이다. 전체 지역공동체는 집행자로서 복무한다.

성의 통제 : 아버지, 딸, 아내(22:13-20)

신명기는 사회적 질서에서 성이 차지하는 절대적 위치를 고려하며 그것의 통제 문제를 제기하는 몇 가지 율법을 담고 있다. 넓게 보아 이것은 여성의 성에 대한 통제를 의미한다. 율법은 누가 어떤 여성과 결혼할 권리를 지니는지, 또 어떻게 이것이 행해져야만 하는지를 서술한다. 남자와 여자는 율법으로 동등하게 매여 있지만, 율법은 여성의 성적 행위 주변을 맴돈다. 성서에서 항상 그러하듯이 성은 가족과 결합되어 있다. 다른 가족에 속한 여성과 성관계를 하는 남성은 '가족' 그리고 '가정'에 대한 바로 그

정의 자체를 위협한다. 그러나 어디에도 속하지 않는 여성과 성관계를 맺은 기혼남은 관심의 대상이 아니다.

비방거리가 된 신부(22:13-21)

성적 통제에 관한 신명기 율법은 아버지의 집에 여전히 살고 있는 젊은 여자와 성관계를 한 경우로 시작한다. 미혼 소녀는 처녀일 것으로 기대되며 이들과의 성관계는 잘못된 행위이다. 일련의 율법은 비방거리가 된 신부의 경우로 시작한다. 신부에게 관심이 없는 새 신랑은 그녀가 처녀가 아니라고 선포함으로써 공적으로 그녀를 모욕한다. 아버지와 어머니는 성문 안 장로들 앞에 '딸의 처녀성', 즉 초야에 생긴 핏자국 난 천을 가져온다. 아버지는 딸을 결혼시켰는데 그 남편이 그녀를 비방하였다고 선언하고, 딸의 처녀성을 보여주는 천을 펼쳐 보인다. 그 결과 장로들은 그 남자를 치고, 그에게 이스라엘의 처녀를 모욕한 죄로 은 백 세겔의 벌금을 내린다. 그들은 그 돈을 아버지에게 준다. 그 남자는 그의 아내와 이혼하는 것이 금지되는 처벌을 받는다. 그러나 그 고소가 사실이고, 처녀성의 흔적이 발견되지 않는다면, 성읍의 남자들은 그녀를 돌로 친다. 왜냐하면 "그녀는 그녀의 아버지의 집에 불신실하여 이스라엘에서 심히 부적절한 것이 되었기 때문이다."(22:21, 저자 역)

비방하는 남편에 대한 처벌은 우리 현대인의 감각에는 이상한 것으로 보인다. 왜냐하면 결혼을 유지하는 것은 남편만큼이나 아내에게도 처벌처럼 보이기 때문이다. 고대 이스라엘 상황에서는 아내에 대한 재정적 지원에 대한 관심이 있었다. 그러나 율법은 남성이 이런 식으로 원하지 않는 아내를 제거하는 것이 허용되지 않음을 분명히 하고자 여성의 바람이나 더 마음에 드는 결혼에 대한 여성의 기대를 무시한다.

이 율법에 대한 이런 식의 읽기는 명료한 것처럼 보이고, 초야의 핏자국 난 천을 보임으로써 아내의 처녀성을 입증하는 관습에 관한 많은 예를 통해 지지를 받는다. 여기에는 한 가지 중요한 언어학적 문제가 있다. 보통 히브리어 단어 *betulah*는 젊은 청소년기 소녀를 지칭한다. 이것은 반드시 처녀를 의미하는 것은 아니다. 성적 처녀성이 의미될 때 "지금까지 남자가 가까이 하지 아니한"과 같은 구가 종종 첨가된다.(예. 창 24:16) 사실 예언자 요엘은 그녀의 어릴 때의 남편으로 인해 애곡하는 *betulah*에 대해 말한다.(욜 1:8) 만약 *betulim*이라는 용어가 여기에서 처녀성을 언급하는 것이 아니라면, 천에 난 흔적은 첫 관계로 인한 것이라기보다는 생리혈일 것이다. 그렇다면 혈흔이 없는 것은 사춘기 이전의 결혼을 암시한다.

그러나 성서가 사춘기 이전의 결혼을 수치로 간주하여 이런 사춘기 이전 결혼에 대한 고소를 비방거리로 여기지는 않았는지, 만약 사실이라면 그 소녀는 사형에 처해지지 않았는지 의심할 이유는 없다. *betulah*는 단순히 청소년기의 소녀를 의미하지만, *betulim*은 '처녀성의 흔적'을 의미한다고 보는 것이 더욱 개연성이 있는 것처럼 보인다. 비슷한 해석에 대한 문제는 "나의 처녀성을 애곡하기 위해"(*betulay*, 삿 11:37-40) 산으로 간 입다의 딸의 경우에 일어난다. 그녀와 그녀 이후 이스라엘의 여성은 처녀성이 끝나는 것, 즉 그들의 유년시절이 지나가는 것을 애곡하였던 것 같다. *betulim*은 또한 제사장의 결혼 규율에서 처녀성을 의미하는 것처럼 보인다. 왜냐하면 제사장은 "그녀의 *betulim*에 있는 여성", 즉 *betulah*라고도 불리는 여성을 취해야 하기 때문이다.(레 21:13-14) 레위기 21:13-14에서 *betulah*라는 단어는 아마도 사춘기 소녀를 의미하며, 비록 신명기 22:13-21에서는 첫 성경험의 증거를 지칭하지만, *betulim*은 그런 사춘기의 흔적, 즉 월경이다. 신명기 자체의 율법은 아직 결혼하지 않은 집에 살고 있는 사춘기 소녀는 처녀로 기대되기 때문에 의미상의 이러한 중복에 대한 이유를 제시한다. 만약 젊은 여성이 처녀가 아닌 것이 입증된다면 그녀는 "그녀의 아버지의 집에서 스스로 창기가 되었다(*zanah*)"라고 말해지며, 돌에 맞아 죽게 된다. 은밀하게 처녀성을 잃은 신부는 딸의 의무에 대한 공동체의 기대감을 심각하게 와해하고, 여성의 성에 대한 사회적 통제를 위협하였다. 공동체의 장로들에게 유죄선고를 받은 여자는 공동체 전체에 의해 돌에 맞아 죽게 된다.

그러나 장로들과 공동체는 진실로 그녀의 유죄를 선고하는가? 자세히 분석해보자면 이 율법에 의해 규정된 절차는 다소 기괴해 보인다. 신랑은 '그가 그녀를 싫어하기' 때문에 결혼에서 벗어나고자 한다. 그가 단순히 그녀와 이혼하고자 한다면(이것이 허용된다는 가정 하에) 그는 그녀의 아버지에게 지불한 신부 비용을 손해 보게 된다. 그러므로 그는 공공의 험담거리를 제공하며 그 젊은 여성의 아버지의 명예를 더럽힌다. 왜냐하면 이른바 그 아버지는 딸의 행동을 통제할 수 없었기 때문이다. 만약 그 아버지가 그녀의 처녀성을 입증할 수 있다면, 그 남자는 백 세겔을 지불해야만 하며, 이것은 처녀의 신부 비용의 두 배에 해당하는 배상금이다. 부모는 매우 위태로운 상황에 처하게 된다. 만약 그들이 처녀성을 입증한다면 그들은 백 세겔을 얻게 된다. 입증하지 못한다면 그들은 공적으로 수치를 당하며, 공동체에서 지위를 잃게 되고, 그들의 남은 자녀를 유리하게 결혼시킬 기회가 위태롭게 된다. 그럼에도 장로들에게 그 천을 보이도록 위임받은 자는 (신랑의 가족이라기보다) 바로 그들이다. 그들은 초야가 아니라 공적 고소가 이루어진 후에 그 천을 내보인다. 천에 혈흔이 없음을 알게 되었지만 자신이 처녀였다는 딸의 주장을 믿기 때문에 또는 '믿고 싶은' 마음 때문에 부모가 천에 피를 위조할 수 있다는 것은 쉽게 상상할 수 있는 시나리오이다. 만약 부모가 차라리 스스로 수치를 당하고 그녀를 죽음으로 내몰 만큼 분노하였다면, 그들은 그 젊은 여자가 처녀가 아님을 입증하면 된다.(돌에 맞아 죽게 할 수 있다.) 마지막 분석에서 젊은 여자의 운명은 그녀의 부모에게 달려 있다.

그러나 만약 이것이 그러하다면 왜 아버지는 이런 변명을 거쳐야만 하는가? 왜 신명기는 유다가 그의 며느리 다말이 임신했다는 소리를 들었을 때 선언했던 것처럼(창 38장), 딸이 그를 수치에 빠뜨렸고 죽어야만 한다고 공개적으로 결정할 권한을 아버지에게 부여하지 않는가? 다시 한 번 우리는 신명기에서 가정과 가부장으로부터 장로 공동체의 '공적' 영역으로의 권위의 이양을 보게 된다. 비방거리가 된 신부의 경우는 패역한 아들의 경우와 많은 공통점이 있다. 두 경우 모두 아버지와 어머니의 안녕과 지위가 위험에 처해진다. 두 경우 모두 부모는 자녀의 생사를 결정할 실제적 권한을 갖고 있다. 아들의 경우 장로들 앞에서 그를 고소함으로써, 딸의 경우 혈흔이 없는 천을 내보임으로써 그렇게 할 수 있다. 그럼에도 두 경우 모두 장로들은 결정을 내릴 법적 권위를 지니고, 일반대중은 집행할 권한을 지닌다. 장로 공의회를 통해 일반대중은 사회의 가족 구조를 유지해 나갈 위치에 스스로를 놓고, 잘못을 저지르는 구성원을 처벌할 권위를 지니게 된다.

간음에 관한 율법(22:22)

비방거리가 된 신부에 관한 규율 바로 다음에는 간음에 관한 율법이 나온다. 이 율법은 기혼녀와 그녀와 성관계를 맺은 남성 둘 모두를 사형에 처한다. 이것은 새로운 것이 아니다. 모든 성서의 율법집은 간음에 대해 사형을 구형한다. 이런 율법을 통해 고대 근동국가(이스라엘 포함)는 '핵가족'을 보호하였다. 신명기는 특징적으로 집단에게 말함으로써 한 걸음 더 나아간다. "너는 이스라엘에서 악을 제할지니라." 아시리아 법에서 어떻게 아내를 처벌할지를 결정하는 자는 바로 가장 상처받은 당사자인 남편이다. 그 법은 남편이 아내에게 무엇을 행하든지 그 간음한 남자에게도 행해져야 한다고 선언한다. 이스라엘에서 남편은 그런 권한을 갖지 않는다. 일반 공동체가 스스로를 상처받은 당사자로 선언하며 그 백성은 이스라엘에서 이 악을 제거하기 위해 행동해야만 한다.

다른 고대법처럼 성서의 율법은 간음을 혼외정사 혹은 기혼녀의 행위로 정의를 내린다. 아내는 간음녀이고, 간음한 자는 그녀와 성관계를 한 남자이다. 미혼녀와 혼외정사를 한 남편은 간음한 자가 아니다. 창녀의 존재 자체는 남성에 의한 포괄적 성행위를 맹목적으로 묵인한다. 남성의 성은 다른 남성의 권리를 침해하지 않도록 조심해야 하지만 통제권을 자신이 갖고 있다. 여성의 성은 통제권이 자신의 것이 아니다. 왜냐하면 아버지와 남편이 그녀에게 '권리'를 갖고 있기 때문이다. 이런 '권리'는 그 자체로 매우 제한적이다. 아버지는 그녀를 다른 자에게 준다. 남편은 그녀를 즐기지만 그녀를 다른 자에게 줄 수는 없다.

약혼한 여성(22:23–27)

이스라엘은 결혼 전에 공식적인 약혼제도가 있었다. 여기에서 결혼에 대한 협정이 맺어지고 아마도 물건이 교환되었다. 약혼한 여인이 자신의 약혼남 이외의 다른 남성과 성관계를 가졌다면 그녀는 간음을 한 것인가? 그녀는 결혼을 한 것인가, 안 한 것인가? 신명기 22:23–27은 그녀는 결혼한 것으로 간주된다고 명쾌하게 선언한다. 율법은 두 가지 가능성을 제시한다. 한 남성이 약혼한 여인을 성읍에서 발견하고 그녀와 성관계를 맺었다. 한 남성이 힘으로 그녀를 밭으로 데리고 갔다. 후자의 경우 성폭행의 가능성이 있다. 여성은 도움을 찾아 울부짖었으나 그녀를 구해 줄 사람이 주변에 아무도 없었다. 그 남성은 사형에 처해진다. 오로지 그 남자만. 신명기는 "처녀에게는 아무것도 행하지 말 것은 처녀에게는 죽일 죄가 없음이라"(22:26)고 강조한다. 이것은 성폭행은 폭행 범죄이며 젊은 여성은 절대적으로 무죄임을 분명하게 인식하는 것이다. "이 일은 사람이 일어나 그 이웃을 쳐 죽인 것과 같은 것"(22:26)이기 때문이다. 그러나 만약 성읍에서 성관계가 일어났다면 율법은 그 성관계를 강제로 일어난 것이라고 보지 않는다. 왜냐하면 여성이 소리를 질렀다면 들렸을 것이기 때문이다. 이 경우에 둘 모두는 유죄이며 돌에 맞아 죽어야 한다. 남성은 "그 이웃의 아내를 욕보였음이라."(22:24) (사용된 동사는 보통 '강간'으로 번역되는 *'innah*이다. 신 21:14는 동일한 동사를 그의 포로 신부와 결혼하지 않는 남성의 행위를 묘사하기 위해 사용한다.) 젊은 여성은 약혼한 상태, 즉 '아내'이다. 그녀가 승낙을 했다하더라도 그녀는 승낙할 권리가 없다. 그녀와 성관계를 한다는 것은 부적절한 행위이며 우리가 미성년자 강간이라고 부르는 것에 해당한다. 더욱이 그것은 간음이며 둘 모두는 사형에 처해지는 것이 마땅하다. 마지막으로 그것은 아버지의 (딸의 결혼을 협상할) 매우 중요한 특권을 침해한 것이며, 그러므로 그 둘은 처녀가 아닌 신부와 패역한 아들과 마찬가지로 돌에 맞아 죽어야 한다. 여기에는 아버지의 위치를 지탱해주기 위해 실행되는 분명한 침해의 위계질서가 있다.

약혼하지 않은 처녀(22:28-29)

젊은 여성이 약혼을 하지 않은 때에 그녀와 성관계를 하는 것 역시 부적절하다. 동사 *'innah*가 사용된다. 왜냐하면 젊은 여성은 승낙할 권리가 없기 때문이다. 강제적이든 합의적이든 성행위는 여전히 잘못된 관계이다. 동일한 동사는 창세기 34장에서 바로 이런 상황을 묘사하는 데 사용된다. 세겜은 디나와 그녀의 아버지의 동의 없이 성관계를 하고, 이때 사용된 동사는 *'innah*이다.(창 34:2) 이 경우에 신명기는 남성은 처녀의 신부비용을 지불하고 이혼할 권리가 없는 채로 그녀와 결혼해야 한다고 말한다. 젊은 여성이 실제로 강간을 당했는지에 관해 신명기는 상관하지 않는다. 문제는 범죄와 처벌이 아니라 잘못과 보상이다. 신명기는 이런 행위를 공공에 반하는 범죄로 여기지 않는다. 비록 그것이 젊은 여성을 위협한 것을 포함한다 할지라도, 국가 조직은 위험에 처하지도, 괴로움을 당하지도 않는다. 그 대신에 이러한 행위는 충격적으로 보인다. 그러나 긍정적 측면이 있다. 한편으로 비록 그가 그녀를 위협하였지만, 강간범은 범죄자가 아니다. 다른 한편으로 비록 그녀가 동의했다 할지라도 젊은 여성 역시 범죄자가 아니다.

미혼녀와의 성관계는 범죄 행위가 아니다. 그럼에도 불구하고 이것은 이스라엘의 사회적 관습에 역행하는 것이다. 이런 유형의 행위에 해당하는 특별한 용어는 종종 '어리석은'으로 번역되는 *nebalah*이다. 이것은 디나의 남자 형제들이 세겜의 행위를 묘사하기 위해 사용한 용어이다.(창 34:7)

신명기는 결혼 전 처녀가 아닌 신부의 성행위에 이 단어를 사용한다.(22:21) 다윗의 딸 다말은 그녀를 성폭행하려는 암몬을 말리기 위해 동일한 단어를 사용한다.(삼하 13:12) 미혼녀와의 성행위는 법적으로 처벌 가능한 범죄는 아니지만 극도로 부적절한 행위이며, 비록 디나와 다말의 아버지가 법적 배상을 요구하지는 않았지만, 그들의 남자형제들은 그들에게 가해진 수치에 대해 피의 보복을 감행하였다.

신명기의 율법은 강하게 그러한 행위를 저지한다. 비록 그 행위가 발각되지 않는다 할지라도, 처녀가 아닌 여성은 후에 그녀의 남편에 의해 고소당할 수 있다. 만약 그녀의 부모가 천을 위조하지 않을 만큼 화가 났다면, 그녀는 돌에 맞아 죽을 수 있다. 남자는 그런 행위가 발각된다 할지라도 그 여성에 대한 영구적인 경제적 책임을 지고, 더불어 처녀에 대한 온전한 신부 비용을 치러야만 하며 어떤 식으로도 그의 잘못된 행위로 인해 이익을 얻을 수 없게 된다.(따라서 젊은 여성의 가족은 손실을 입지 않는다.) 이러한 사건의 향방에도 불구하고 우리는 젊은 남녀가 결혼을 원하며, 젊은 남자는 아직 필요한 돈이 없는 시나리오를 상상해 볼 수 있다. 이런 경우에 그들은 혼전 성관계를 맺을 수 있다. 만약 발각된다면 그들은 약혼할 방법을 찾아야 한다. 왜냐하면 이런 성행위로 인해 그 젊은 여성은 자동적으로 그 젊은이와 약혼을 하고, 그의 아내가 되기 때문이다. 그는 신부 비용을 여전히 치러야만 하지만, 그가 돈이 생길 때쯤 미래에 지불할 수 있다.

출애굽기 22:16 역시 약혼하지 않은 젊은 여성과의 성관계에 관한 율법이다. 여기에서 그 행위는 분명 합의하에 이루어진 것이다. 그는 그녀에게 들어간다고 말하였다. 율법은 그가 신부 비용을 치르고 그녀와 결혼해야 한다고 제시한다. 그녀와 성관계를 가짐으로써 그는 그녀와 결혼하기로 계약을 한 것이다. 그러나 그 아버지가 그녀를 그에게 주는 것을 거부할 수 있다. 이 경우에도 그는 여전히 처녀의 신부 비용을 지불해야만 한다. 출애굽기에서 결혼은 아버지의 재량권이다. 신명기에서는 의무이다. 이런 차이에 대한 이유는 출애굽기에서 그 행위는 합의하에 이루어진 것이고, 반면 신명기에서 그 행위는 강압에 의한 것이기 때문인 것 같다. 문제는 이것이 아닌 것 같다. 신명기는 다시 한 번 자녀의 운명을 결정할 아버지의 권위를 제한하고 있다. 아버지가 더는 자녀들 중 누가 상속자가 될지 결정할 수 없는 것처럼, 그는 신부 비용을 받고서 딸을 여전히 데리고 있겠다고 결정할 수는 없다.

아버지의 아내 금지(22:30)

비합법적인 성관계에 관한 규율은 성적 매력과 부모에 대한 의무 사이의 교차에 대해 다시 한 번 명시하는 다른 금지된 관계에 대한 언급으로 끝맺음을 한다. 문제가 되는 것은 아버지의 아내를 향한 남성의 욕망이다. 그는 그녀와 결혼할 수 없다. 왜냐하면 그는 관용어적으로 표현된 것처럼 "아버지의 하체를 드러내지"(22:30) 못하기 때문이다. 분명 그 여성은 남자의 어머니가 아니다. 왜냐하면 그럴 경우 근친상간이기 때문이다. 마찬가지로 그녀는 현재 남자의 아버지와 결혼한 상태가 아니다. 왜냐하면 그럴 경우 강간이기 때문이다. 율법은 아버지의 과부 혹은 이혼한 아내를 다루고 있다. 그녀는 자유로운 여성이며 우리는 다른 남자가 그녀와 결혼을 하는 데 있어 방해물은 없다고 전제할 수 있다. 그러나 그녀가 한때 아버지의 아내였다는 사실로 인해 아들에게 그녀는 영원히 금역으로 남게 된다. 다시 한 번 신명기는 가부장적 권위를 제한하는 것과 동시에 가부장적 특권을 유지하고 있다.

케데샤(Qedeshah)와 조나(Zonah)(23:17-18)

두 여성—케데샤와 조나—은 완벽하게 가족 구조 바깥에 서 있다. 조나는 창녀로 돈을 받고 성을 제공하는 자이다. 케데샤는 아마도 성창(聖娼), 즉 성전에 대한 임무의 일부로 성을 제공하는 자("성전 창녀"라는 NRSV의 번역과는 반대로)는 아니었던 것 같다. 최근 연구는 이런 해석에 근거가 없음을 제시한다. 남성 카데쉬(*qadesh*)는 가나안 제사장 유형이었으며, 여성 케데샤는 아마도 동일한 유형이었던 것 같다. 신명기는 이스라엘인들이 그런 제사장이 되는 것을 금하며 요시야 왕은 케데쇼트(*qedeshot*)를 성전(이곳에서 그들은 아세라를 위한 옷을 짜고 있었다. 왕하 23:6-7) 밖으로 쫓아냈다. 신명기는 카데쉬와 케데샤가 연합한 고대 형태의 예배(중심 나무, 지역 성소, 아세라들을 지님)를 금하고, 고로 이스라엘인들이 케데샤나 카데쉬가 되는 것을 금하였다.(신 23:17) 이 본문 바로 다음에는 창녀의 임금(조나, 23:18)을 사용하는 것을 금하는 율법이 나온다. 케데샤는 창녀가 아니라는 사실에도 불구하고, 이 둘은 한 가지 공통되는 특징을 지니고 있다. 둘 모두 가족 바깥의 여성이며, 그러므로 성행위에 대해서 스스로 결정을 내릴 수 있다. 이것이 케데쇼트에 대한 악명에 기여하였다. 그녀들은 결혼하지 않고 성관계를 할 수 있었고, 이런 '난잡함'으로 말미암아 그녀들은 '창녀'로 간주되었고, 창녀와 함께 분류되었다.

신명기는 창녀를 불법화하지 않는다. 그러나 신명기는 창녀의 임금이 서약의 비용으로 사용되는 것을 금할 정도로 급진적으로 창녀와 성전 제의를 분리한다. 회합 장소와 성전과 같은 순례 장소는 창녀가 고객을 찾기 위해 그 주변에 모이는 장소로 볼 수 있다. 신명기는 창녀를 어떤 성전제의에도 참여하지 못하게 떼어놓고자 한다. 더불어 성서 종교의 특징 중의 하나는 성(sexual)과 거룩(sacred)의 철저한 구분이다. 성행위는 제의 자체에서 어떤 역할도 담당하지 않을 뿐 아니라, 성행위를 한 자는 그날에 제의 행위에 부적절한 자로 간주되며, 거룩한 곳 혹은 거룩한 것에 삼일 동안 접근할 수 없다. 신명기는 매춘에 개입된 돈이나 물건 역시 희생제사 행위에 개입될 수 없다고 본다.

율법과 결혼(24:1-5)

재혼에 대한 제한. 신명기 24:1-4는 복합적인 경우를 고려하고 있다.

한 남자가 한 여자와 결혼을 한다. 그는 그녀에게서 무언가 잘못된 것을 발견하고 불만을 갖게 된다. 그는 그녀에게 이혼증서를 써주고 내쫓는다. 그녀는 재혼을 하는데 두 번째 남편도 그녀를 싫어하여 그녀에게 이혼증서를 써준다. 혹은 두 번째 남편이 그녀를 과부로 남겨둔다. 첫 번째 남편은 그녀에게 돌아와 그녀와 재혼할 수 없다.

이런 혼란스러운 율법은 이스라엘 결혼에 대한 몇 가지 중요한 사실을 드러낸다. 첫째, 이혼이 허용되었다는 것이다. 이것은 출애굽기나 레위기에서는 언급되지 않지만, 고대 근동법에서 발견되며 공통된 고대법 전승의 일부처럼 보인다. 신명기는 이혼증서를 제시하며, 여성은 그녀가 더는 결혼한 상태가 아니며 자유롭게 재혼할 수 있음을 증명할 수 있다. 결혼 전에 젊은 여성과 성관계를 하고, 그녀의 아버지에게 처녀 비용을 두 배로 지불한 남성은 후에 그녀와 이혼할 수 없으며, 자신의 새 신부를 비방한 남성 역시 이혼할 수 없다. 좋아하지 않는 아내와 쉽게 이혼할 수 있기 때문에 남성은 무언가를 얻을 것이 있을 때만 새 신부를 비방할 것이다. 고대법과 비교해보면 그런 것이 무엇인지 드러난다. 어떤 남성이 '미워하기' 때문에 이유 없이 아내와 이혼한다면 그녀는 보상을 받게 된다. 분명히 남편이 그녀에게 결혼한 동안 혹은 결혼을 예상하여 주었던 선물이 무엇이든지 간에, 또 아버지가 그 부부에게 준 신부 비용의 일부가 얼마가 되었든지 간에 그녀는 지참금을 받게 된다. 그녀는 이것을 받고 떠난다. 그러나 남편이 그녀와 이혼할 이유를 찾게 된다면(처녀가 아니라고 선언하거나 다른 잘못된 행위를 거론하는 것과 같은), 그녀는 보상을 받지 못하고 나가게 되고, 남편은 이혼으로부터 경제적 이익을 얻게 된다. 신명기 율법은 남편이 아내와 이유가 있어서 이혼을 하는 경우도 다룬다. 그녀는 재혼을 하고, 후에 그녀의 잘못이 아니라 두 번째 남편의 죽음 혹은 불만족으로 인해 자유롭게 된다. 우리는 그녀가 두 번째 결혼으로 인해, 그것이 이혼녀의 혹은 과부의 보상이든지 간에, 재산을 얼마간 얻게 되었으리라 추측해 볼 수 있다. 일단 그녀가 아내로 부적합하다고 선언함으로써 남편은 그녀와 재혼할 수 없고 그녀로부터 다시 한 번 이익을 볼 수 없다.

여기에 문제가 되는 또 다른 요소가 있다. 이스라엘은 성도덕을 세상의 존재 기둥 중의 하나로 보았다. 땅의 안녕은 살인, 성적 혐오, 우상숭배를 피하는 것에 달려 있다. 이 모든 것은 땅을 더럽히는 것이다. 여기에서 "땅을 범죄"(신 24:4)하지 말라는 훈계는 부적절한 성관계가 땅에 재앙을 가져올 수 있다는 이러한 사고체계 전체에 대한 암시일 것이다. 이런 구절을 사용함으로써 율법은 다른 남자와 그동안 성관계를 맺은 전처와 성관계를 함으로써 초래할 수 있는 오염에 대한 생각을 환기시키고 있다.

새로 결혼한 여성(24:5). 이러한 성과 결혼에 관한 율법은 새롭게 결혼한 남자는 일 년 동안은 일이나 전쟁으로 인해 자신의 아내를 떠나지 말아야 한다는 법령으로 끝을 맺는다. 이 율법은 결혼 안에서 이루어지는 성을 단순히 성적 결합 혹은 자손을 위해서가 아니라 즐거움을 위한 것이라고 긍정적 가치매김을 한다. 우리는 여성이 성적 즐거움을 원하는 자들이라는 이 율법의 전제에 주목해야만 한다. 남편은 자신의 행복이 아니라 아내의 행복을 위해 군면제를 받게 된다. 결국 (그 율법이 암시적으로 논증하는 바) 남자는 성생활에서뿐만 아니라 출장이나 전쟁에서 즐거움을 찾는다. 여성의 즐거움은 결혼의 만족감에 달려 있다.

시형제결혼(25:5-10)

두 개의 율법을 더 고려해 보아야 한다. 하나는 *levir*에 관한 율법이다.(25:5-10) 다른 하나는 남성의 성기를 잡은 여성의 경우에 관한 것이다.(25:11-12) 이 율법들은 보이는 것만큼 서로 연관이 없는 것은 아니다. 시형제결혼은 자녀가 없이 죽은 남성의 상황에 관심을 둔다. 그는 이스라엘에 후손이 없는, 문자 그대로 죽음보다 나쁜, 하나님의 특권을 심각하게 위반한 자에게 남겨진 운명에 처한다. 이런 일이 무죄한 자에게 확실히 일어나지 않도록 하기 위해 그의 과부는 그의 형제 중의 하나와 '결혼'해야 한다. *Levir*인 그 형제는 죽은 형제의 아내를 임신시켜야 한다. 이 결합에서 태어난 자녀는 상속(과 추측컨대 그의 "아버지"를 위한 장례 임무들)을 목적으로 죽은 형제의 아들로 여겨진다. 죽은 자는 후손을 얻게 된다. 그 여성은 재정착하게 되고, 그녀는 시집에서 죽은 남편의 아들의 어머니로 남게 된다. 그러나 *levir*는 엄청난 재정적 손실을 겪게 된다. 시형제결혼이 없다면 유산을 분배할 사람이 한 사람 줄게 된다. 원래 아들이 세 명 있었다면, 살아 있는 둘 각각은 이제 절반을 얻게 된다. 시형제결혼으로 인해 죽은 자가 대체되고, 살아 있는 아들 각자는 이제 덜 얻게 된다. 게다가 죽은 자가 장자였다면, *levir*는 훨씬 덜 갖게 된다. 왜냐하면 두 배의 몫이 죽은 형제를 위해 그가 낳은 생물학적 아들에게 가게 되기 때문이다. 다시 말하자면 원래 세 아들이 있었고, 맏아들이 죽었다면, 시형제결혼으로 인해 새로 태어난 아들은 분배할 때 재산의 절반을 받게 되고, 삼촌들 각각은 단지 4분의 1만 받게 된다. 유다와 다말의 이야기(창 38장)는 이런 재정적 손실의 심각성과 시형제결혼의 결과에 대한 저항을 예시한다. 오난은 죽은 형제의 과부를 임신시키기를 원치 않았다. 왜냐하면 그것은 그러한 경제적 희생을 나타내기 때문이다. 하나님은 오난을 벌하셨다. 그 후 유다가 그의 세 번째 아들을 *levir*로 주기를 두려워할 때, 다말은 유다 스스로가 시형제결혼을 시행하도록 속임수를 쓴다.

신명기는 이런 상황에서 여성이 스스로를 돌볼 수 있는 다른 방법을 제시한다. 그녀는 내켜하지 않는 *levir*의 신발을 벗기고, 그의 얼굴에 침을 뱉는 의식을 치를 수 있다. 그의 집은 "신발 벗겨진 자의 집"(25:10, 저자 역)으로 이후 알려지게 된다. 이것은 공적 수치이며, 남성들은 부끄러워서라도 시형제결혼을 실행하였으리라는 것을 추측할 수 있다. 그 집이 과부에게 시형제결혼을 제공하지 않은 집으로 알려질 때 그 집안의 남성들은 자녀의 결혼을 성사시키는 데 더 어려움을 겪게 된다. 이런 신발 의식이 그 형제가 시형제결혼을 실행하도록 할 만큼 충분한 위협이 되지 않을 때조차도, 이런 의식은 여성이 자유롭게 떠날 수 있으며, 다말처럼 과부로 간주되지 않아야 함을 분명히 한다. 그 여성은 이런 행위의 결과로 자유를 얻고 다른 사람과 결혼할 수 있게 된다. 궁극적으로 경제체제가 다세대(multigenerational) 소유에 의존하지 않고, 여성이 도시 상황에서 생계도구를 점점 더 얻게 될 때 이런 의식은 시형제결혼보다 선호되며, 표준적 관습이 된다.

남자의 성기를 잡은 여성(25:11-12)

신명기 율법은 아버지의 통제의 축소를 보여준다. 가족은 공적 영역에 종속되고, 가족의 남성들은 가족 내부의 문제를 처리하는 데 있어서 공적 규율을 따라야만 한다. 이것은 결정적으로 여성에게는 혼재된 축복이다. 한편으로 신명기 율법은 다른 율법에 비해 혜택을 받지 못한 자들, 특별히 자녀들을 훨씬 더 보호한다. 왜냐하면 아버지는 마음대로 다른 아들들보다 한 아들에게 혜택을 주거나, 딸과 결혼하고자 하는 자에게 딸을 주지 않기로 결정할 수 없기 때문이다. 가장은 포로 여성을 잠재적인 아내로 취급하여 노예로 팔 수 없으며, 그가 원하는 대로 패역한 자녀를 벌할 수 없다. 게다가 잘못한 여성은 어떤 보호와 교정을 받는다. 어떤 이유로 이혼한 여성은 그녀에게 상처를 입힌 남성에게 좌우되는 것으로부터 보호를 받는다. 임신하지 못한 과부는 주도권을 쥐고, 신발 벗기는 의식으로 인해 자유롭게 된다.

그러나 이런 그림에는 이면이 있다. 여성이 가정의 특정 우두머리의 절대적 통제 하에 덜 종속될수록, 그녀는 공적 영역의 권위, 즉 장로와 비재량권 하에 직접적으로 놓이게 된다. 이것은 두 가지 부정적 결과를 초래한다. 첫 번째로 비록 몇몇 여성은 독재자 가장의 주권적 권위 하에서 심각하게 고통을 겪지만, 대부분의 아버지/남편은 절대적 독재자가 아니었다. 그들은 경제적 수행, 동반자, 사랑, 성적 만족을 위해 가정의 여성이

필요했다. 대부분의 여성들은 비록 공개적인 권위는 없었지만 실제적으로 그들과 상호의존 관계에 있는 남성들을 설득하고 조종하는 데 상당한 비공식적 힘을 행사할 수 있었다. 일단 권위가 가정에서 공적인 재판정과 율법으로 이동될 때, 여성은 사실상 가정에서보다 그들의 영향을 미치지 못하는 자들 밑으로 들어가게 된다. 게다가 고대 이스라엘의 공적 위계질서는 남성으로 이루어졌기 때문에, 여성에 대한 권위의 전환은 한 남성에게 집중된 권위로부터 다수의 분산된 권위로 옮겨가는 것이다.

이런 전환의 결과는 여성에 관한 신명기의 마지막 율법, 즉 남성의 성기를 잡은 여성의 경우에서 찾아볼 수 있다.(25:11-12) 이 장면은 출애굽기 21:22-25와 유사하다. 두 장면 모두 "사람이 서로 싸우다가…"라는 구절로 시작하고, 절단의 가능성으로 끝맺는다.(성서에 나타나는 단 두 번의 형벌) 출애굽기는 싸움에 끼어들었다가 상처를 입은 임신한 여성의 경우를 다루고 있다. 이 문제는 사회적 무질서가 초래될 때 야기될 수 있는 비의도적인 손상이다. 신명기는 여성이 싸움에 개입한 경우를 다루고 있다. 그녀는 결혼서약에 충실히 행동하고, 가장 숭고한 이유 때문에 싸움에 개입한다. 남편을 때리는 사람으로부터 남편을 구하기 위해 개입한다. 그렇게 하기 위해 그녀는 남편의 적의 성기를 붙잡는다. 본문은 그 남성이 불구가 되었는지, 단순히 잠깐 고통을 겪었는지를 알리지 않는다. 이것은 중요한 법적 원칙을 세우는 율법의 고려대상이 아니다. 비록 그 여성이 남편을 보호하기 위해 행동한 것이라 할지라도, 그 여성은 대가로 절단(아마도 손을 절단 당하였을 것이지만, 허벅지의 우묵한 곳을 상해당할 수도 있다.)을 당할 만큼 끔찍한 일을 행한 것이다. 남성의 성기—어떤 남성의 성기라도—는 이제 신성불가침이다. 여성은 가장의 권위를 따라야만 한다. 모든 남성은 이제 국가에 의해 보호를 받는 특권계층이며, 남성됨의 상징이자 본질인 성기는 이제 신성불가침이다. 가족의 남자들, 심지어 남편에 대한 관심과 충성에서 비롯되었다 하더라도 남성다움에 무례한 짓은 허락될 수 없다. 성서의 율법이 보호하는 근본적인 부부서약조차도 문자 그대로 공적 영역을 구체화하는 '남성다움'의 확대된 권위에 고개를 숙여야만 한다.

결론적 고찰

신명기는 매혹적인 책이다. 이 책은 이스라엘 역사와 율법에 대한 지속적인 성서적 성찰의 산물이다. 그 율법들은 때때로 여타 성서 율법 모음집에 나타나는 율법을 논평하고, 확장하며, 개정한다. 그 율법들은 또한 창세기의 족장 이야기에서 발견되는 이스라엘의 성스러운 가족사에 대해 자주 성찰한다. 이 이야기들은 가장의 권리가 축소되지 않을 때 무엇이 잘못될 수 있는지에 대한 객관적인 교훈으로 보인다. 아버지가 그의 주된 상속자를 선택할 수 있는 권리를 지녔기 때문에, 이삭과 이스마엘, 야곱과 에서, 그리고 요셉과 그의 형제들 사이의 경쟁은 존재할 수밖에 없었다. 신명기는 그런 권리를 제거한다. 유다는 다말이 자신이 주지 않았던 아들에게 여전히 매여 있을 때 임신을 하자 그녀를 죽이라는 명령을 내릴 수 있었다. 신명기는 아버지와 자녀의 죽음 사이에 장로 위원회를 둔다. 디나는 여성이 애인과 적절하게 결혼을 못하는 경우 초래될 수 있는 비극을 보여준다. 신명기는 그녀가 그와 결혼할 것을 요구한다. 다말은 죽은 남편의 가족에게 매여 있는 과부의 문제를 보여준다. 신명기는 그녀의 방면을 제시한다. 동시에 아버지의 특권은 완전히 폐할 수 없으며, 신명기는 아버지의 첩과 동침한 르우벤의 경우와 같은 이야기를 금한다. 창세기의 이야기는 전적으로 율법에 중심을 둔 가족의 위험을 예시하고 있는가? 혹은 신명기의 율법은 이러한 이야기들의 사회적 메시지에 대한 응답으로 기록된 것인가? 성서전승의 전개로 알려진 것을 고려해 볼 때 아마도 그 두 가지는 각 장르가 다른 장르에 응전하고 도우면서 서로 지속적인 관계 속에서 최종형태로 발전된 것 같다.

창세기의 이야기와 역사서의 좀 더 무시무시한 이야기들은 신명기 율법과 동일한 발전, 즉 자립적 대가족으로부터 국가정치체로의 발전에 대해 증언한다. 이 둘은 모두 오늘날 존재하는 것과 마찬가지로 정부의 발전, 즉 가족생활에 관여하는 '가부장적' 국가가 된다. 이것은 가족 내 폭력으로부터 여성(과 때로는 남성)을 보호하며, 침해자를 처벌하고, 태아의 권리를 위해 낙태를 제재함으로써 부모-자식의 관계에 개입할 수 있는 권리를 주장한다. 현대 세계에는 가정의 자율에 대비하여 사회적 약자를 보호할 국가의 권리에 대한 논쟁이 계속되고 있다. 유사한 주제는 신명기의 공적 권위와 부모의 권리 사이의 복합적 균형에서 찾아볼 수 있다.

참고문헌

Frymer-Kensky, Tikva. *In the Wake of the Goddesses*. New York: Free Press, 1992.

Miller, Patrick D. *Deuteronomy*. Interpretation. Louisville, Ky.: John Knox Press, 1990.

Tigay, Jeffrey. *The JPS Torah Commentary: Deuteronomy*. Philadelphia: Jewish Publication Society (forthcoming).

Weinfeld, Moshe. *Deuteronomy*. Anchor Bible 5. New York: Doubleday & Co., 1991.

______. *Deuteronomy and the Deuteronomic School*. Oxford: Clarendon Press, 1972.

Westbrook, Raymond. "The Prohibition on Restoration of Marriage in Deuteronomy 24:1-4," *Studies in Bible*. ed. by Sara Japhet, Scripta Hierosolymitana 31. Jerusalem: Magnes Press, 1986.

여호수아

대너 놀란 퓨월

Danna Nolan Fewell

개관

이집트를 나와 광야를 지나는 여정을 끝낸 이스라엘은 이야기의 새 장을 시작한다. 이스라엘 백성은 야웨로부터 약속받은 땅을 침입해 들어간다. 여호수아의 화자(narrator)는 (이야기, 목록, 권면 등) 오경의 여러 가지 장르와 (정탐, 물이 갈라짐, 할례, 유월절과 같은) 문학적·신학적 전승들을 결합하여 이스라엘이 가나안 백성을 쫓아내고 그 땅에 자신들의 공동체를 세우는 과정을 이야기한다.

겉보기에 이 책은 3부로 나뉘며 내용은 다음과 같다. 땅이 정복되고(1-12장), 공동체가 세워지며(13-22장), 미래는 야웨에 대한 신실함의 시험대이다.(23-24장) 그러나 이 본문을 세심하게 읽어보면 사건과 이데올로기들이 좀 더 복잡하게 얽혀 있음을 알 수 있다.

여호수아 1-12장은 긴 내러티브(1:1-10:27)와 짧은 요약(10:28-11:23), 그리고 목록(12:1-24)으로 이루어져 있으며, 초기 정복 과정과 야웨의 백성이라는 이스라엘의 정체성을 재천명하려는 시도를 보여준다. 여리고성(2, 6장), 아이성(7-8장), 그 외 다른 지역(10-12장)에서 승리한 이야기 곳곳에서 우리는 이스라엘 백성이 누구이며 그들이 어디서 왔는지를 상기시키는 사건들을 만날 수 있다. 이집트에서 나왔을 때 갈대 바다가 갈라졌던 것처럼, 이스라엘 백성이 가나안에 들어서자 요단강이 갈라진다.(3-4장) 이는 광야에서의 과도기적인 경험이 막을 내리고 이스라엘 민족이 떠돌이에서 정착자로 변모하는 과정을 상징적으로 표현한다. 할례의식 역시 과거와 미래를 이어준다. 이집트를 떠나온 세대가 할례를 받았듯 이제 그 땅에 들어가는 자들도 할례를 받는다. 그런데 이러한 할례는 이스라엘의 민족 정체성이 새 국면을 맞게 되었음을 나타낸다. 야웨는 "내가 오늘 애굽의 수치를 너희에게서 떠나가게 하였다"(5:9)고 선언한다. 계약은 갱신되었고, 율법은 다시 돌판에 쓰여져 모든 백성이 들을 수 있게 낭독된다.(8:30-35)

여호수아서에 나타나는 거룩한 전쟁 논리를 지배하는 것은 정체성을 규정하려는 이 같은 관심이다. 이 땅의 원주민들은 이스라엘의 정체성을 위협할 수 있기 때문에 멸망 당해 마땅하다. 이스라엘 백성들은 구별된 백성이 되기 위해 가나안 백성과 싸움을 벌이는 동안 하나님이 명하신 대로 한 치의 아량도 베풀지 않는다.

이와 같은 지배적 논리에는 민족성을 규정적 요인으로 확립함으로써 내부인(이스라엘 백성)과 외부인(가나안인)을 양극화하는 측면이 있긴 하지만, 전복적인 목소리도 나타나 정체성의 모호함을 증폭시키고 있다. 여호수아 5:13-15는 전형적인 예이다. 칼을 빼어든 한 남자가 여호수아 앞에 나타나자, 여호수아는 그에게 묻는다. "너는 우리를 위하느냐 우리의 적들을 위하느냐?" 그 남자가 대답한다. "아니라, 나는 여호와의 군대 대장으로 지금 왔느니라." 여기에 등장한 야웨의 사자는 내부인도 외부인도 아니다. 그는 이스라엘도, 가나안도 아닌 다만 거룩함을 대변할 뿐이다. 그는 거룩함을 인정할 것을 명한다. 이 이야기는 하나님의 백성을 규정하는 것은 민족성이 아니라 거룩함을 인정하는 것이라고 말한다.

이런 관념을 지지하는 이야기가 또 하나 있다. 라합(2, 6장)과 기브온 사람들(9장)은 외부인이었지만 야웨의 능력을 인정하여 내부인이 된다. 아간과 그 가족은 그 반대이다.(7장) 이들은 야웨의 거룩함을 인정하지 않았기 때문에 내부인이었다가 외부인이 되었다. 이와 같이 유동적인 정체성의 경계는 민족주의적 범주를 모호하게 만들고 외부인의 전멸에 대한 집착에 의문을 제기한다.

주로 지리적 경계(13:1-15:12; 16:1-19:51)와 성읍 목록(15:20-63; 20:1-21:42)에 대한 기술로 이루어진 여호수아 13-22장은 이스라엘 민족이 행정적 질서를 갖춰가는 과정을 보여준다. 여기서 독자들은 내부인도 동질적이지 않다는 사실을 깨닫게 된다. '백성'도 사실은 개별 부족들과 가문들의 조합일 뿐이다. 토지 분배와 그 외 몇 가지 이야기들은 외부인을 진멸하는 문제 말고도 내부인의 다양성을 어떻게 다룰 것인가 하는 또 다른 문제가 있었음을 보여준다. 가령 여호수아 22장에서 이스라엘 민족은 요단강 건너편 부족들이 독자적으로 요르단 강둑에 제단을 세우자 내전을 준비한다. 여기에 상이한 견해들이 드러나는데, 다수에게 배교로 여겨지는 것이 나머지 소수에게는 정체성을 수립하는 필수요소로 생각된다. 악사(15:13-19)와 슬로브핫의 딸들(17:3-6)에 관한 이야기를 보면 부족 안에서, 심지어는 가문 내에도 다양성이 있었고, 예외는 언제나 존재했음을 알 수 있다. 재산권을 인정받지 못한 소외된 여성들은 이스라엘의 사회체제에서 좀 더 핵심적인 위치를 확보하기 위해 적극적인 노력을 해야만 했다.

23-24장은 여호수아서를 마무리하는 본문으로, 온 이스라엘이 모여 여호수아와 야웨의 권면을 듣는다. 여호수아가 이스라엘에게 남긴 도전과 선택을 보면, 배제의 논리가 수사(rhetoric)를 지배한다. 먼저 온 이스라엘을 위해 여호수아가 남긴 도전은 율법에 기록된 대로 행하라는 것이다. "너희는 크게 힘써 모세의 율법책에 기록된 것을 다 지켜 행하라 … 너희 중에 남아 있는 이 민족들 중에 들어가지 말라 그들의 신들의 이름을 부르지 말라 그것들을 가리켜 맹세하지 말라 또 그것을 섬겨서 그것들에게 절

하지 말라 오직 너희의 하나님 여호와께 가까이 하기를 오늘까지 행한 것 같이 하라."(23:6-8) 여기서 나쁜 선택은 외부인이 되는 것이다. "만일 여호와를 섬기는 것이 너희에게 좋지 않게 보이거든 너희 조상들이 강 저쪽에서 섬기던 신들이든지 또는 너희가 거주하는 땅에 있는 아모리족속의 신들이든지 너희가 섬길 자를 오늘 택하라 오직 나와 내 집은 여호와를 섬기겠노라."(24:15) 이스라엘은 계약, 즉 단일한 목적과 정체성에 대한 헌신을 새롭게 갱신한다.

그러나 여기서도 앞서 말한 다른 목소리가 나타난다. 사실상 "온 이스라엘"(23:2)은 각자의 유업을 받은 사람들을 가리키지만(24:28), 기업을 전혀 받지 못한 자들 곧 눈에 보이지 않는(invisible) 자들도 있었기 때문이다.

주석

드러나지 않는 여성들

고대 이스라엘 사회의 모습을 여호수아서를 근거로 재구성한다면, 쉽게 이스라엘이 거의 남자들로만 구성된 사회였다고 결론내릴 수도 있다. 라합(2, 6장), 악사(15:13-19), 슬로브핫의 딸들(17:3-6)과 같은 여성들이 등장하지만, 이들은 일종의 예외로 나타난다. 여호수아에서 그 밖의 다른 여성들은 모두 어디에 있는가? 워낙 숨겨져 있어서 그 답은 행간에서 찾아야 할지도 모른다.

여성과 (거룩한) 전쟁

여호수아서는 성전(聖戰), 즉 남성들이 치르는 거룩한 전쟁에 관한 책으로 해석될 수 있다. 여호수아는 요단강 건너편 부족들에게 이렇게 말한다. "너희의 처자와 가축은 모세가 너희에게 준 요단 이쪽 땅에 머무르려니와 너희 모든 용사들은 무장하고 너희의 형제보다 앞서 건너가서 그들을 도와야 한다."(1:14) (여기서 여호수아가 부족들에게 말했다고는 하지만 남자들만을 향해서 말하고 있음을 주목하라.) 여리고성 전투에서 전사들은 "온 백성" 중에서 신중하게 구별된 자들이었다.(6:3, 7, 9) 일곱째 날 백성들은 크게 외치며 성을 함락시키는 데 한몫을 하지만, "온 백성"이라는 구절에 여성과 아이들도 포함되는지는 의문이다. 할례의식 때(참조. 5:5, 8)와 마찬가지로 여기서도 이 구절은 남성들만을 가리킬 공산이 크다.

전투에서 싸운 것은 남자였을지 모르지만, 그에 따르는 희생은 여성들도 함께 한 것이 분명하다. 이스라엘 백성은 가나안 사람들 중에서 전사와 민간인을 구별하지 않고, 모든 살아 있는 것들을 말살해야 했다. 이런 점에서 라합이 정탐꾼들과 끈질기게 협상을 벌였던 것도 어렵지 않게 이해할 수 있다.(2:8-14)

그러나 여기서 여성들이 싸우지 않았다고 해서 평화주의자들이었다고 가정할 수는 없다. 승패에 따르는 위험은 너무 컸다. 여성들도 패자들의 운명과 승자들이 받을 보상을 잘 알고 있었고, 남자들만큼이나 호전적이었을 가능성이 크다.

여성과 집단형(集團刑)

여성들의 운명이 그들이 속한 남자들에게 달려 있었다는 사실은 아간의 이야기에서 가장 잘 드러난다.(7장) 아간은 거룩한 전쟁의 관습에 따라 전멸해야 하는 약탈물을 자기 몫으로 챙겼다. 그 사실이 드러나자 그와 온 가족은 돌에 맞아 죽었다. 아간은 라합과는 정반대되는 사례이다. 가나안 여인이었던 라합은 온 가족을 구했지만, 이스라엘 남자였던 아간은 그의 온 가족을 파멸로 이끈 장본인이었다.

이러한 집단형에는 몇 가지 생각이 깔려 있다. 첫째, 여자와 아이, 그리고 종은 독립적인 개인이 아니라 가장의 연장(extension)으로 이해되었다. 그들은 원하든 원하지 않듯 공범으로 여겨졌다. 따라서 그들은 따로 심문을 받지도 않았고 가장이 모두를 대변했다. 둘째, 죄는 전염성을 가지고 있어서 사람에서 사람에게로 옮겨질 수 있다. 따라서 온 가족이 죄에 오염되기가 쉽고, 그 악을 뿌리 뽑기 위해서는 가족 모두가 죽어야 했다.

여성과 부족구성

여호수아서에 나타나는 여성들이 가족 안에서 발언권을 갖지 못했다면, 이스라엘의 행정 조직에서도 여성들이 차지할 자리가 없었으리라는 것은 분명하다. 여호수아가 소집한 "장로들과 수령들과 재판장들과 관리들"(23:2; 24:1)은 모두 남자였다. 사제가 될 수 있는 것도 남자였고, 부족을 대표할 수 있었던 것도 남자였다.(4:1-3) 토지 소유나 유산 상속 역시 남자에게 속한 권리였기 때문에 부계를 통해 대대로 이어졌다. 악사와 슬로브핫의 딸들은 이 원칙에 대한 예외였을 뿐이다.

여성, 그리고 계약을 지키는 이스라엘

여호수아서에 따르면, 이스라엘의 종교적 전승 역시 재산권과 마찬가지로 부계를 통해 전수되었다. 야웨의 구원 행위를 아들에게 가르치는 것도 아버지의 몫이었다.

> [여호수아가] 이스라엘 자손들에게 말하여 이르되 "후일에 너희의 자손들이 그들의 아버지에게 묻기를 '이 돌들은 무슨 뜻이니이까' 하거든 너희는 너희의 자손들에게 알게 하여 이르기를 '이스라엘이 마른 땅을 밟고 이 요단을 건넜음이라.' 너희의 하나님 여호와께서 요단 물을 너희 앞에서 마르게 하사 너희를 건너게 하신 것이 … 이는 땅의 모든 백성에게 여호와의 손이 강하신 것을 알게 하며 너희가 너희의 하나님 여호와를 항상 경외하게 하려 하심이라 하라."(4:21-24)

물론 "아들"과 "아버지"는 양성포괄적으로 "자녀"와 "부모"를 뜻할 수도 있다.(cf. NRSV) 그러나 그러한 양성포괄적 언어사용이 고대 이스라엘 사회에 해당되지 않았을 가능성이 크다. 현대 독자들은 이런 본문을 부모의 일반적인 책임에 대한 권면으로 번역하기 쉽지만, 여호수아의 화자에게 딸들에 대한 관심이나 여성들을 평등하게 교육하는 것이 중요하다는 생각이 없었으리라는 것은 분명하다.

야웨와 이스라엘 사이의 계약에 관해서 여성들은 외부자였기 때문에 이러한 교육 과정에서도 여성들은 소외될 수밖에 없었다. 계약의 상징인 할례를 받는 것은 남자들뿐이지만, 아이러니하게도 이들은 "온 백성"(5:5) 그리고 "온 민족"(5:8)으로 지칭된다. 자신의 신체에 계약의 흔적을 가질 수 없었던 여성들은 계약의 당사자로 생각되지 않았을 가능성이 크다.

마찬가지로, 율법 낭독(8:30-35)도 계약에 대한 신실성의 또 다른 상징인데, 이것 역시 아이들, 거주 외국인과 함께 여성들을 주변화한다. 화자는 율법이 "이스라엘 온 회중" 앞에서 — 여기에 여성, 아이, 거주 외국인들이 어느 정도 포함됐을 수는 있다. — 율법이 낭독되었다고 보도하지만(8:35), 이 집단들을 구별하는 언어를 사용함으로써 화자는 이들을 가장자리에 배치한다. 여기서 한 집단이 "온 이스라엘"의 공동체에서 어느 정도로 중심적 위치를 차지할 수 있는지를 규정하는 것은 성(gender), 연령, 인종이다.

만일 여성들이 "온 이스라엘"에 통합되지 않는다면 "이스라엘"이 여성들을 소모품으로 생각했다고 해도 별로 놀랍지 않다. 족외혼을 금지하는 권고들(23:11-13)에도 불구하고, 이스라엘 사회에서 여성들의 교환은 흔히 일어나는 일이었다.(삿 3:6) 여성들이 주변적인 존재였기 때문에 "이스라엘"은 여자들을 맞바꾸었다. 이스라엘 사람들은 동족 여성들을 외부인으로 만들고 이방여인들을 자기 안으로 받아들이면서 편리하게 이 여성들을 민족의 배반자라고 비난했다. 여성들은 남성들의 종교적 열정에 의해 공격당하는 대상이었지만, 계약의 당사자임을 나타나는 표식도 전혀 없었고, 계약의 특권도 거의 누리지 못했다.

여성, 그리고 남성의 역사

여호수아서에서도 볼 수 있듯이, 이스라엘 역사에서 여성들은 주변적인 존재였다. 여호수아서 안의 역사적 회상 부분만 보아도 여호수아의 화자의 관점에서 역사는 남자들에 대해서(24:2–13) 남자들이 남자에게(4:6–7, 21–24) 전해주는 것이라는 사실을 알 수 있다. 다행스러운 것은 이스라엘에 관한 좀 더 큰 이야기는 국가의 행정 구조뿐 아니라 가족 단위의 중요성을 인식하고, 적어도 간간이 여성의 참여를 강조한다는 사실이다. 여호수아서는 아브라함, 이삭, 야곱, 에서, 모세, 아론, 그리고 애굽에서 해방된 "아버지들"에만(24:2–13) 초점을 맞추고 있지만, 좀 더 큰 이야기에서 이 "아버지들"은 "어머니들"—사라, 하갈, 리브가, 라헬, 레아, 미리암, 그리고 히브리 산파들—과 함께 나란히 등장한다. 의식적이든 무의식적이든 역사는 특정 관점에 의해 특정한 정치적 의제를 가지고 말해진다. 여호수아서의 일차적인 관점은 분명하다. 야웨는 이 민족을 세우기 위해 남자들을 선택하셨다는 것이다.

드러난 여인들

그러나 여호수아서의 이러한 일차적 관점을 완전히 뒤집는 이야기가 있다. 라합(2, 6장), 악사(15:13–19), 그리고 슬로브핫의 딸들(17:3–6)에 관한 이야기가 바로 그것이다.

이스라엘과 이방인들의 관계에 대한 문제에는 결정적으로 성적인 차원이 있다. 이방인 **여성들**은 다른 신을 섬기도록 이스라엘 남성들을 손쉽게 유혹한다는 이유로 비판의 표적이 되어 왔다. 그러한 여성들의 유혹이 잘 드러나는 것이 여리고 정탐꾼 이야기이다.(2장) 파견된 정탐꾼들이 출발한 곳은 싯딤인데, 그곳은 처음 이스라엘 남자들이 이방여인들과 얽혔다가 해를 자초한 장소이다.(민 25장) 이 불길한 곳에서 출발한 정탐꾼들은 곧바로 기생집에 들어갔고, “그들은 거기에 누웠다.” ‘눕다’(개역개정판에서는 “유숙하다”)라는 동사에는 성적인 어감이 있고, 정황 역시 정탐꾼들이 일과 유흥을 겸했다는 것을 암시한다. 기생집이 도시에 대한 정보를 얻을 최적의 장소였을 것이라는 일반적인 주장은 정탐꾼들이 아무것도 묻지 않았고 아무것도 엿들으려 하지 않았다는 사실을 더 강조할 뿐이다.

이스라엘의 관점에서 보면 기생 라합은 외부인의 전형이다. 그녀는 여자였고, 창녀였고, 게다가 이방인이었다. 창녀라는 점에서 그녀는 자기 문화 속에서도 주변인이었다. 그녀의 이러한 주변성은 상징적으로 도시의 안과 바깥의 경계인 성벽에 사는 것으로 표현되었다. 그러나 이 라합이야말로 야웨의 본성을 가장 잘 이해한 인물이었다. “너희의 하나님 여호와는 위로는 하늘에서도 아래로는 땅에서도 하나님이시니라.”(2:11b) 또한 이방인들, 더군다나 나중에 전투에서 학살하게 될지 모를 한 여인과 신나게 즐긴, 이 의지박약한 이스라엘의 정탐꾼들의 목숨을 구해 준 것도 라합이었다.

라합의 신앙과 친절은 여호수아서에 나타나는 거룩한 전쟁에 대한 집착에 진지하게 의문을 제기한다. 그 땅을 정복하기 위해서 얼마나 많은 라합이 죽어야 했을까? 순수하고 순전한 나라를 세우기 위해서 이스라엘 백성보다 더 나은 비전과 충성을 지녔던 사람들이 얼마나 많이 죽어야 했을까?

라합의 이야기가 외부인에 대한 이스라엘의 관점을 전복시키는 이야기였다면, 악사와 슬로브핫의 딸들에 관한 이야기는 그 자체로 획일적이고 남성중심적인 제도였던 이스라엘의 비전을 뿌리채 흔든다. 슬로브핫의 딸들은 장로들에게 남자가 유일한 대안은 아니라는 사실을 상기시킨다. 가문의 이름과 기업을 이을 남자들이 없을 때에도 삶은 지속되고 정체성이 유지될 수 있다. 악사 이야기도 마찬가지다. 생존과 번영의 필수요소에 관한 남성적 시각은 심각한 한계를 갖고 있다. 여성들은 생명의 필수조건을 알고 있다. 마른 땅에는 물이 있어야 한다. 물이 없는 마른 땅이 불모이듯, 남자들은 여자가 없으면 죽을 수밖에 없는 존재이다.

참고문헌

Gunn, David M. "Joshua and Judges," *The Literary Guide to the Bible*. ed. by Robert Alter and Frank Kermode, 102–121. Cambridge, Mass. : Harvard University Press, 1987.

Hawk, L. Daniel. *Every Promise Fulfilled: Contesting Plots in the Book of Joshua.* Literary Currents in Biblical Interpretation. Louisville, Ky. : Westminster/John Knox Press, 1991.

Polzin, Robert. *Moses and the Deutronomist: A Literary Study of the Deuteronomic History.* New York : Seabury Press, 1980.

Rowlett, Lori. "'All Israel' as Literary Trope : Inclusion, Exclustion and Marginality in the Book of Joshua." Paper presented at Southwestern regional meeting of the Society of Biblical Literature, March, 1991.

Zakovitch, Yair. "Humor and Theology or the Successful Failure of Israelite Intelligence : A Literary–Folkloric Approach to Joshua 2," *Text and Tradition: The Hebrew Bible and Folklore.* ed. by Susan Niditch, 75–98. Atlanta : Scholars Press, 1990.

사사기

대너 놀란 퓨웰

Danna Nolan Fewell

개관

여호수아서와 나란히 사사기는 창세기에서 열왕기하까지 이어지는 길게 확장된 이야기의 정점에 있다. 바빌론 포로기로 끝을 맺는 좀 더 긴 이 이야기는 이스라엘에게 가나안 땅을 주시기로 한 야웨의 약속에서부터 이스라엘이 야웨의 선물인 가나안 땅을 얻게 된 이후 그 땅을 어떻게 잃게 되는지 이야기하고 있다. 이 긴 이야기의 중심에 놓인 사사기는 야웨의 약속이 어떻게 성취되어 가는지 그 모습을 보여주고 있다. 사실상 사사기는 이스라엘 사람들이 가나안 땅과 거기 거했던 공동체를 돌보는 데 있어서, 그들 이전에 거주했던 가나안인들보다 조금도 더 나은 바가 없었음에도 불구하고 하나님의 은혜를 얻게 되었다는 점만을 드러내고 있다.

사사기의 도입부에 해당하는 1:1-3:6은 가나안 정착기의 최종 단계를 한 번 더 이야기한다. 그런데 가나안 거주민들을 확실히 몰아냈다고 믿게 만드는 여호수아서와 달리 사사기는 이스라엘 사람들이 가나안 거민들을 쫓아내는 데(1:27-36) 성공적이지 못했음을 보여준다. 가나안 사람들에게 보인 이스라엘의 관용은 그들의 정체성과 야웨의 관계에 위협을 가져왔기(2:11-19) 때문에, 여기서의 실패가 몰고 온 신학적 파장은 심각한 것이었다.

이 책의 본론이라 할 3:7-16:31에서는 이스라엘을 다스렸거나, 백성을 압제에서 구원했던 사사들에 관한 확장된 이야기 또는 짧은 언급들을 통해 이스라엘의 운명을 전개하고 있다. 2:11-19(cf. 3:7, 12; 4:1; 6:1; 10:6; 13:1)에 사용된 수사학적인 틀은 매번의 이야기마다 나타나는데 다음과 같은 공통된 유형을 형성한다. 먼저, 이스라엘은 야웨가 보시기에 악을 행한다. 그러면 야웨가 이스라엘을 압제자들의 손에 넘긴다. 이스라엘은 야웨에게 부르짖는다. 그러면 야웨는 한 구원자를 세우신다. 그 구원자는 압제자들을 쳐부수고 그의 생전에 이스라엘은 야웨에게 신실하며 그 땅은 평화롭다.

사실 이 형식구는 일관되지 않으며 변형되기도 한다. 드보라와 발락의 이야기에 나오는 '구원자'는 분명치 않았다. 기드온의 생전에 이스라엘 백성들은 야웨에게 신실하지 않았다. 오히려 기드온 자신이 만든 황금 에봇이 그와 백성들에게 덫이 되고 만다. 입다 시대에 이르면 이스라엘의 배교는 상당히 확대되어(10:6), 백성들이 처음 회개하고 부르짖었을 때는 야웨가 그들을 구원하시기를 거부한다. 입다의 이야기에서도 삼손의 이야기에서도 가나안 땅에 '평화'는 회복되지 않았고, 삼손 시대의 백성들은 야웨에게 부르짖는 수고도 하지 않았다. 나아가 삼손 자신은 압제자들에게 잡힌 채 죽음을 맞이한다. 따라서 이 형식구는 오히려 이스라엘의 미래를 악화시키고 불길한 전조를 드리우게 한다.

사사기의 이야기 자체도 이스라엘 민족과 그 지도자들이 소용돌이치며 나락으로 떨어지는 모습을 보여준다. 첫 사사인 옷니엘은 유명한 가문(옷니엘은 갈렙의 조카로, 갈렙은 여호수아와 함께 유일하게 약속된 땅으로 들어올 수 있었던 광야 세대 사람이다.)의 이상적 영웅으로, 확실하게 야웨의 도움을 받아 전형적인 악당, "두 배로 악한 구산", 즉 구산 리사다임으로부터 이스라엘을 구원했다.

그러나 옷니엘 이후로 야웨는 구원자 상에 맞지 않는 부적절한 인물들을 사용하신다. 에글론(비둔한 자, 비둔한 소)을 죽이고 모압의 압제에서 그의 백성을 구한 베냐민 지파 출신인 에훗은 왼손잡이이다. 이스라엘의 연맹체를 결성해서 가나안과 대적하고 스스로 가나안의 장군을 죽인 드보라는 여자이다.

기드온 역시 구원자에 맞지 않는 모습을 하고 ("오 주여, 내가 무엇으로 이스라엘을 구원하리이까? 나의 집은 므나셋 중에 극히 약하고 나는 내 아버지 집에서 가장 작은자니이다", 6:15, 저자 역) 점점 구원자에 걸맞지 않는 행동을 한다. 그는 미디안과의 전쟁에 자원하기 전, 하나님이 표징을 보였음에도 또 표징을 구했을 뿐만 아니라, 전쟁에서 자원하지 않는 이스라엘의 성읍들에 대해서는 보복하고 파괴시켰다. 그는 마지못해 이스라엘의 통치자가 되었고, 통치자가 되어 기드온이 가장 먼저 시작한 일은 그의 백성들로 하여금 배교에 빠져들게 만들었던 우상제작이었다.

입다의 경우 길르앗 자손이라고 하지만, 그 계보도 의심스럽고, 이스라엘 군대의 장관이 된 동기도 불순해 보인다. 그가 암몬 사람들과 싸운 이유는 야웨를 향한 열심이나, 이스라엘을 압제에서 구하고자 하는 마음 때문이 아니라 어릴 때 자신을 추방했던 사람들에게 보란 듯 자신의 우월함을 과시하기 위해서였다. 사적인 승리, 그리고 정치적 권위에 대한 집착 때문에 하나님의 권능을 보장받을 방법을 구했던 그는 결국 자신의 서약으로 말미암아 딸의 생명을 대가로 치른다.

삼손의 이야기(13-16장)는 그의 특별한 출생을 보증해주는 거룩한 수태고지로서의 약속으로 시작된다. 그러나 삼손의 블레셋과의 대결은 입다와 아모리 간의 싸움과 다르지 않다. 그가 블레셋과 벌인 전투는 신학적 신념이나 백성들을 위한 것이 아니었다. 오히려 삼손은 대부분 연이어 블레셋 여자들과의 연정에 빠져서 생겨난 개인적인 복수심과 질투 때문에 블레셋과 싸웠다. 그는 평생 동안 야웨와의 계약을 어기며 살았고, 그가 이스라엘에게 어떤 해방을 가져왔던지 간에 그것은 삼손에게 어떤 미덕이 있어서가 아니라 그가 그런 인물임에도 불구하고 가져온 해방이라는 것이 곧 명백해진다.

이스라엘의 지도력은 모세로부터 삼손에 이르는 긴 과정을 지나며 쇠퇴한다. 이 양상은 백성들에게도 동일하게 나타난다. 그들은 하나님과의 언약에 대한 헌신은 곧 잊은 채, 극심한 어려움에 봉착하거나 적들에게 원수를 갚게 해달라고 요청할 때만 야웨를 찾았다. 심지어 그럴 때만, 야웨는 마지막 안식처가 되었다. 백성들이 하나님에게 돌아오는 데는 18년, 20년, 심지어 40년의 세월이 걸렸다. 불레셋이 압제했을 당시 백성들은 하나님께 도움을 청하기보다 오히려 굴종하는 삶을 살기도 했다.

17-21장의 결론적인 장들은 자주 단지 일종의 부록으로 간주되었지만, 이 장들은 이스라엘 백성들의 타락에 관한 이야기들을 완결짓는 장으로 적합해 보인다. 백성들이 임의대로 제사를 지낼 때(17-18장), 그들만의 전쟁을 계획할 때(18장; 20-21장), 동족, 심지어 가족에게 만행을 저지를 때(19-21장), 이들은 더는 "야웨의 목전", 곧 모든 행위의 기준이 되는 분 앞에 있지 않았다. 오랜 수사 형식구는 새로운 것으로 대체되었다. 그날에 이스라엘에는 왕이 없었다. 모든 백성은 그들 보기에 좋을 대로 행했다.(17:6; 21:25; cf. 18:1; 19:1) 책이 끝나가면서 백성들은 사람 편에서 보아도 하나님 편에서 보아도 참된 지도자가 없이 공동체가 혼돈 속으로 타락하고 있다는 것을 깨닫는다.

주석

여성들을 언급하기(Relating Women)

사사기의 전체적인 퇴조의 모습 속에 등장하는 여성들은 이 분위기와 정확하리만치 잘 어울린다. 여성인물들이 등장하고 사라지는 양상과 그들 간의 관계는 백성들과 야웨 사이의 악화된 관계를 반영하는 하나의 유형으로 자리잡는다.

아버지와 딸: 생명의 선물(1:11–15)

사사기에 처음으로 등장하는 여성은 이미 전에 나왔던 사람이다.(수 15장) 이스라엘이 가나안에 들어올 때 군사들을 소집하여 전투 준비를 하면서 갈렙은 이기는 사람에게 자신의 딸 악사를 상으로 주겠다고 했다. 남녀평등에 대한 현대적 감각에는 전혀 맞지 않지만, 이 이야기는 전형적인 옛날 이야깃감으로 고대의 문화에는 분명히 잘 맞았을 법한 플롯과 동기를 보여준다. 악사와 결혼한 옷니엘은 사사기의 모든 지도자들 중에서도 흠없는 계보와 나무랄 데 없는 인품을 가진 이상적인 지도자이다. 새 남편을 맞이하면서 그녀는 남편에게 자기 아버지에게 땅(밭)을 요청하라고 설득한다.(어떤 번역에는 “그가(옷니엘이) 그녀(악사)를 설득했다”고 수정되었다.) 본문에는 땅(밭)이 주어진 것으로 암시된다. 왜냐하면 다음 장에서 악사가 아버지에게 부가적인 요청을 하기 때문이다. 그녀는 “복을 달라”고 아버지를 조른다. “아버지께서 나를 남방(사막)으로 보내시니, 샘물도 주소서.” 갈렙은 윗샘과 아랫샘을 주기로 승낙한다. 악사는 땅과 생명에 필수불가결한 물의 중요성을 잘 알고 있던 여성이었다. 그녀는 땅이 은총이라는 사실을 인식했고, 물을 확보함으로써 앞으로 그 땅에서 안전하게 살 수 있는 주도권을 차지한 여성이었다.

그러나 이상적인 영웅의 배필이 되는 딸이라는 긍정적인 모습과 상반되게 가나안 거주민들과 통혼을 하는 이스라엘의 배교가(3:6) 나란히 등장한다. 이스라엘의 딸들은 이스라엘의 지파 내에서 결혼하기보다는 이방인에게 넘겨진다. 이 딸들에게는 땅이라는 은총이 주어지지 않는다. 이들은 본질적으로 소유권을 박탈당하며, 그들의 운명은 곤경에 빠진 사사기의 다른 여성들의 운명뿐만 아니라 나중에 아시리아와 바빌론에게 땅을 빼앗기고 유리하게 될 백성들의 운명에 대한 전조처럼 보인다.

권위의 목소리와 폭력의 희생자들(4-5장)

여성과 관련된 두 번째 이야기에서도 악사와 갈렙 시대처럼 전쟁 소집이 일어난다. 그러나 상황은 그때와 전혀 다르다. 이 전쟁은 공격용이 아닌 방어용이다. 야웨의 목전에 악을 행한 이스라엘은 20년간 가나안의 압제 하에 있었다.

드보라는 랍비돗의 아내로 소개되지만 이것은 드보라와 남편의 관계가 의미가 있어서가 아니라, 드보라와 이스라엘의 관계, 그리고 그녀가 임명한 장관과의 관계 때문이다. 언어적으로 "랍비돗의 아내"라는 말은 "불의 아내"라고 번역될 수 있는데, 이는 어떤 가문적 특성에 대한 암시보다는 드보라의 성격을 말해준다고 할 수 있다.

드보라는 예언자이자 사사이며, 에브라임의 언덕 종려나무 아래서 이스라엘 내의 분쟁을 해결하는 인물이다. 이스라엘과 그녀의 관계는 종교적이고 동시에 법적인 공적 영역에 있지만 여전히 가족적인 차원도 포함한다. 나중에 그녀는 "이스라엘의 어머니"로 불리는데(5:7), 이 이야기의 맥락은 자식을 싸움에 내보내는 스파르타의 어머니를 떠올리게 한다. 이스라엘과 드보라의 관계에 대해 무언가를 말해주는 암시들도 있다. 히브리성서에 유일하게 나오는 다른 드보라로 리브가의 유모가 있다. 그런데 그녀는 바로 같은 이 지역의 나무 아래 매장되기 때문에 나무와 어떤 연관성을 보여주게 된다.(창 35:8) 이런 연관성 때문에 독자는 선지자 드보라를 마치 정치적으로 무력해진 이스라엘을 위한 유모 같은 존재로 여기게 된다.

드보라는 아비노암의 아들 바락을 소환하고 그에게 납달리와 스불론 지파에서 큰 군사를 일으켜 와디 기손에서 시스라의 가나안 군대와 싸우라고 야웨의 이름으로 지시한다. 바락은 조심스럽게 대답한다. "만일 당신이 나와 함께 가면, 나도 가려니와 당신이 나와 함께 가지 아니하면 나는 가지 않겠노라."(4:8) 이러한 바락의 대답은 그가 자신감(그리스어 본문에는 "야웨의 사자가 그날에 내게 승리를 줄지 나는 알지 못한다"라는 부가문이 있음)이 없이 겁을 내고 있다는 것을 보여주는 것인지, 아니면 그가 드보라의 권위를 믿지 못한다는 것을 보여주는 것인지 불분명하다. 그러나 이 답변은 시대가 변화했음을 보여준다. 갈렙의 시대에는 모든 백성이 땅을 정복하라는 야웨의 명령을 직접 들었고, 이스라엘은 승리를 확신했다.(1:2) 반면, 비록 아무리 유명하다 해도 드보라의 권위는 모세나 여호수아 그리고 갈렙이 명령하던 그 목소리에 필적할 수는 없다는 것을 짐작할 수 있다. 바락도 이스라엘의 백성도 그중 누구도 야웨의 말씀을 직접 들은 것은 아니었다. 바락은 단지 이 여인의 말만 들었을 뿐이다. 20년간의 박해라는 우울함 끝에 전쟁의 경험도 전혀 없고, 전략적으로 미숙하여 적진 가나안이 가진 900대의 철병거(전차)에 대한 (전략적) 고려도 할 줄 모르는 사람의 말만 들릴 뿐이다. 바락은 아마도 드보라를 시험했을 것이다. 만일 그녀가 하나님의 이 말씀에 자신의 목숨을 건다면, 그도 그렇게 할 것이다.

드보라는 그의 망설임을 비웃는다. "나는 반드시 너와 함께 가리라 그러나 네가 이제 가는 일로는 영광을 얻지 못하리니 이는 여호와께서 시스라를 여인의 손에 파실 것임이라."(4:9) 갈렙, 악사 그리고 옷니엘의 이야기와 얼마나 다른 이야기인가! 남자가 아니라 여자가 군대를 소환하여 목청을 높인다. 열성적인 영웅이 아니라 주저하는 영웅이 등장하며, 남자가 아닌 여자가 영광을 차지한다.

그 사이 가나안 군대장관 시스라는 다볼산에서 바락의 군대가 소집되었다는 소식을 듣는다. 시스라는 교만하고 경솔하게 자신의 운명을 향해 마른 강바닥으로 자기 전차를 몰고 내달린다. 바락의 군대는 비탈진 제방을 허물어서 철병거들이 기동할 수 없게 만들었다. 시스라가 도망치는 유일한 방법은 그의 병거를 버리고 걸어서 도망치는 것이었다.(4:12-16)

그의 군사들이 살육당하는 동안, 시스라는 겐 사람 헤벨("Joiner the

Smith")의 아내, 야엘의 장막으로 도망친다. 이전의 장면에서(4:11), 헤벨은 다른 겐 사람들을 떠나 가나안 사람들 주변에 장막을 쳤다는 이야기가 나온다. 가나안 사람들은 병거 때문에 대장장이와 대규모의 교역을 했을 것이다. 대장장이와 연합했기 때문에(하솔 왕 야빈과 헤벨의 친족인 겐 사람들 간의 평화조약) 시스라는 헤벨의 아내 야엘에게 도피처를 제공받을 것이라 믿었다.

그러나 야엘은 이 패전 장군과 남편 간에 쓸모없는 정치적, 경제적 연대를 맺는 일보다 더 급박하게 고려해야 할 일이 있었다. 비록 그녀가 무슨 생각을 했는지 전혀 알려지지 않았지만, 그녀는 분명히 중간에 끼어 난처했을 것이다. 이스라엘은 분명히 이길 것이다. 그들은 시스라를 곧 잡을 것이다. 그리고 이들은 적과 연합한 집안에게 호의를 베풀지 않을 것이다. 특히 가나안 군대의 장군을 숨겨주었다면 말이다. 야엘은 그녀가 할 일을 한다. 그녀는 시스라에게 유혹적인 환대를 하고, 어머니같이 보살핀다. 그리고 그가 안심하고 잠들었을 때, 장막말뚝으로 그의 관자놀이(raqaq= "벌어진 입" 종종 "성전"으로 번역되어 오해됨)에 박는다. 시스라는 척추가 갈라져 급작스레 죽는다.

야엘은 이스라엘 군대에 미리 그들의 사냥감이 있는 곳을 알려준다. 죽은 시스라의 모습은 살기등등한 군대를 진정시키고 이스라엘 사람들로부터 야엘의 안전을 보장해주었다. 야엘은 그녀의 안전만 보장받은 것이 아니라, 드보라와 바락의 노래에도 등장하게 된다. 그녀도 이스라엘의 칭송을 얻게 된 것이다.(5:24-27) 그녀의 위업을 묘사하면서, 그녀의 잔인한 행동은 실제보다 과장된다. 여기에는 유혹이나 속임이 없다. 잠자는 거인을 속이는 매복도 등장하지 않는다. 노래 속에서 야엘은 시스라와 맞서서 싸운다. 살인과 죽음이 느린 동작으로 보여지듯 묘사되며 시스라는 야엘의 발 아래 떨어져 죽는다.

노래가 진행되면서 잔인하고 탐욕스런 심상이 생생하게 시스라의 몰락을 물들이며 시적으로 정의가 표현된다. 드보라와 바락의 노래는 시스라와 야엘로부터 아들을 기다리며 창가에 서 있는 시스라의 어머니에 대한 묘사로 넘어간다. 청자가 비통한 장면에 사로잡히자마자 노래의 분위기는 바뀐다. 시스라의 어머니의 냉혈한과 같은 말 "그가 노략물을 취하지 않았겠느냐, 그것을 나누지 않았겠느냐. 한두 처녀(자궁)를 얻었으리라.—한 자궁, 두 자궁, 한 머리 당, 한 영웅 당 …"(5:30a)은 청자의 동정심을 싹 가시게 한다.

한편, 이 말은 이야기 속에 암시된 것이 무엇인지 전쟁 중에 여성이 무엇을 두려워하는지를 분명히 말해준다. 전쟁에서 진 편의 여성들은 살해되지 않으면 강간당하거나 포로로 잡힌다. 그리하여 이스라엘의 가수는 시적인 정의로써 시스라의 죽음을 묘사한다. 진 편들의 여성들을 위협했던 자, 아마도 과거에 그랬을 것인 그 인물은 여성에 의해 죽임을 당한다. 한편, 시스라의 어머니도 대수롭지 않게 이런 강간을 승인했기 때문에, 그녀 자신이 모독 당해도 당연하다는 것을 보여준다. 그녀가 들었던 말발굽 소리는 아들의 것이 아닌, 이스라엘 군대의 것이었다. 이스라엘이 어떤 폭력을 행사했던지 간에, 그것은 노래의 수사 속에서는 정당화된다. 그들은 가나안이 그들에게 했던 행위를 똑같이 가나안 사람들에게 행한다.

드보라와 바락이 시스라와 그의 어머니가 마땅히 당할 일을 당했다고 주장한다면, 독자는 결국, 가나안과 이스라엘 사이에는 큰 차이가 없음을 짐작하게 될 것이다. 비록 지금은 이스라엘이 야웨를 사랑하는 자(5:31)로 인정받지만, 그들은 늘 야웨의 적이었고 앞으로도 그럴 것이다. 사십 년 후에 그들은 다시 야웨의 목전에서 악을 행하게 되며 이 순환은 반복된다. 시스라의 어머니처럼 창가에서 전리품을 기다린 것은 아니었지만, 이스라엘의 어머니인 드보라 역시 가나안의 어머니와 다르지 않다. 그녀는 호전적인 어머니로서 자기 '자녀'로 하여금 승리를 쟁취하라고 밀어붙임으로써, 냉담한 가나안의 어머니로 하여금 전리품을 애타게 기다리게 하는 상황을 쉽사리 재현했다. 한 어머니가 적의 군대를 "한두 처녀(자궁)"로 비하했다면, 다른 어머니는 자신의 군대를 도덕적으로 무감각한 존재로 비하했다. 두 어머니 모두 그들의 희생자들을 비인간화함으로써 자녀들의 폭력을 정당화했다.

야엘은 시스라를 죽음에 이르게 한 어머니 역할을 했다. 혹자는 그녀를 영웅이라고 하고 혹자는 사악하다고 한다. 아마도 단순히 생존자라고 표현하는 것이 가장 적합할 것이다. 남편의 정략에 희생되어 자신과 남은 식구들을 살리기 위해, 그녀는 해야만 했던 일을 한 생존자이다.

이 이야기에서 그려진 관계들은 야웨와 이스라엘 사이의 관계가 변화하는 것을 보여준다. 드보라의 권위처럼 야웨의 권위도 의심받는다.(4:1 "이스라엘 자손이 또 여호와의 목전에서 악을 행하매"; 5:8 "새 신들을 택하였으므로") 자신들이 처참한 곤궁에 빠졌을 때, 백성들은 마치 야엘이 폭력에 호소했던 것처럼 야웨에게 호소한다. 그리고 야엘처럼 야웨도 이스라엘의 가족들을 살리기 위해 해야만 했던 일을 했고, 아마도 야엘처럼 자신에 대한 (순수한) 찬양이 아닌 야웨가 이스라엘을 위해서 했던 일 때문에 칭송을 받는 것인지도 모른다.

아버지와 딸: 사형선고(11장)

사사기 11장은 전쟁의 승리에 대한 보상으로 자신의 딸을 내주는 또 다른 아버지의 이야기가 나온다. 그러나 이 이야기는 갈렙과 악사의 이상적인 모습과는 거리가 멀다. 이들이 가부장적 가치관이 당연시되는 세계에서 살았다는 것은 의심할 여지가 없지만, 그 당시의 세계에서도 인간적 가치는 존중되었다. 그러나 입다와 그의 딸은 전혀 그런 세계에 살지 않았다. 입다의 이야기는 가부장제의 위선으로부터 시작된다. 길르앗이 성읍의 이름인지 사람의 이름인지 불분명하지만, 화자는 입다의 아버지가 길르앗 성읍 사람일 것임을 암시한다. 마을 사람들은 그가 창기의 아들이라면서 그를 내쫓는다. 소년은 자라 어른이 되었고 그는 그동안 주변에 다른 "잡류"를 모아 무법자로 살았다.(11:1-3)

암몬이 길르앗을 위협하자 장로들은 그들을 위해 싸울 사람을 뽑았다. 입다는 마치 후보자인 듯 등장한다. 그는 인정받는 전사였고, 장로들이 보기에 공동체에서 소모품과 같은 존재였으므로 전투에 나가는 것이 적합해 보였다. 장로들은 그에게 자기들의 장군이 되어 달라고 청원했지만 입다는 좀 더 영구적인 정치적 지위를 달라고 요구한다.(11: 9-11) 입다는 암몬 왕과 교섭을 시도하지만 별 효력은 없었다. 교섭이 실패하자 입다는 전쟁을 준비한다.

입다가 미스바의 고향으로 군대를 소집하러 돌아왔을 때, 분명한 신적 가호의 표징인 야웨의 영이 그에게 내렸다. 영의 임재를 알아채지 못해서인지 아니면, 그 능력에 만족하지 못해서인지, 또는 영에 이끌려서인지 입다는 하나님과 거래를 한다. 승리를 보장받기 위해 입다는 그가 집으로 돌아왔을 때 제일 먼저 자신을 맞이하는 자(또는 것)의 생명을 건다.(11: 29-31) 그가 이 맹세를 공적으로 했는지 아니면, 홀로 있을 때 했는지, 그가 마음에 누군가를 두고 있었는지는 분명하지 않다. 어쨌든 그는 전투에서 이겨 집으로 돌아왔고 외동딸이 그를 맞이한다. 그는 참으로 놀라고 슬퍼한다. 대부분의 주석가들은 입다의 딸이 아무것도 모르고 아버지의 맹세에 걸려들었다고 보기 때문에, 입다가 그녀에게 한 말은 희생자에게 잘못을 돌리는 하나의 고전적인 사례로써 종종 간주된다. "슬프다 내 딸이여 너는 나로 참담케 하는 자요 너는 나를 괴롭게 하는 자 중의 하나로다 내가 여호와를 향하여 입을 열었으니 능히 돌이키지 못하리로다."(11:35)

아무것도 몰랐던 희생자인 딸이 용감하고 비장하게 죽기까지 복종하여 결국 여성은 죽기까지 희생하라는 가부장제의 궁극적 덕목을 구현한 셈인데도, 이러한 자기희생적인 행동을 칭찬한 남성 주석자들은 전혀 없었다. 100여 년 전 세기가 바뀌던 시절의 한 주석가는 입다의 딸을 일 년간 애도했던 젊은 여성들에 대해 다음과 같이 해석했다.

> 그들은 나갈 때 좀 더 훌륭한 딸이 되어 돌아왔다. 그들은 상냥해지고, 정화되고, 진지한 마음이 되어 돌아왔다. 그들은 자신들의 아버지와 형

제, 남편, 그리고 하나님을 위해 죽을 준비가 되어 돌아왔다.(Alexander Whyte, Beal and Gunn에서 재인용)

그러나 입다의 딸을 순종 외에는 다른 선택이 없었던 인물로만 읽을 필요는 없다. 입다는 미스바에서 맹세했을 확률이 높고, 이것을 비밀로 할 필요도 없었을 것이다. 입다의 딸은 자신의 아버지가 한 거래의 본질을 꿰뚫고 있었을 것이다. 그녀가 아버지를 응대했던 장면을 보면, 분명히 그녀는 입다의 맹세가 함축한 의미를 확실히 알고 있었던 것으로 보인다. 그녀의 답변은 순진무구한 복종이라기보다는 아이러니한 비판의 목소리로 들린다. "나의 아버지여 아버지께서 여호와를 향해 입을 여셨으니 아버지 입에서 낸 말씀대로 내게 행하소서 이는 여호와께서 아버지를 위하여 아버지의 대적 암몬 자손에게 원수를 갚으셨음이니다."(11:36)

아마도 입다는 딸이 그의 맹세를 듣게 해서, 맨 처음 나오지 않게 경고하려는 의도가 있었을지도 모른다. 아마도 그는 자기 집안을 보호하기 위해 하인이나 경호원을 남겨놓을 생각이었는지도 모른다. 그 경우라면 이 딸은 인사만 하려고 했을 것이다. 그러나 그의 딸은 입다의 골칫거리가 되었는데, 그것은 이 딸이 한 걸음 내디딘 순간, 입다가 소모품으로 쓰려 했던 사람의 자리를 그녀가 대신했기 때문이다. 이럼으로써 그녀는 아버지가 자신의 승리를 위해 주저 없이 타인의 목숨으로 거래한 행위에 대해 판결을 내린다. 그녀는 입다가 우선시했던 그러한 행위에 대해 정죄했으며, 아마도 이것은 모든 이스라엘 사람들에게도 해당될 것이다. 이런 의미에서 보면 입다의 딸은 근시안적으로 딸에게 불모지를 주려했던 아버지와 대결한 악사와 크게 다르지 않다.

어떤 해석가들에게는 이 젊은 여성이 이런 강력한 주도권을 행사한 것을 인식하기 어렵겠지만, 그것은 이어지는 그녀의 말과 행동 속에 드러나고 있다. 그녀는 자신의 아버지와 달리, 상황을 통제할 수 있었다. 그녀는 두 달의 말미를 얻어, 그녀의 여자 동무들과 함께 산으로 들어가 희생될 여성의 젊음을 애도한다. 그녀는 아버지의 맹세를 받아들였지만, 그와 동류가 되는 것은 거절했다. 그녀는 자신의 남은 날들을 자신을 알아주고, 이런 폭력적인 사회의 한가운데서 젊은 여자로 산다는 것이 무엇인지를 알며, 그녀가 한 일을 잊지 않을 여자 동무들과 보낸다. 번제가 되기 위해 아버지의 집으로 돌아와 이제 그녀는 이스라엘에게 하나의 전승이 되었다. 해마다 나흘 동안은 나이와 상관없이 이스라엘의 여성들은 입다의 딸의 이야기를 다시 이야기하기 위해 집을 나간다.(11:40) 드보라의 노래 역시 야웨의 승리를 "다시 이야기한다."(5:11, 이 동사가 또 나온 것은 여기뿐이다.) 그러나 이 여성들이 다시 이야기하는 것은 더 슬픈 이야기이다. 왜냐하면 그것은 의심할 나위 없이 이 이야기가 이스라엘의 문제를 담고 있기 때문이다.

시종일관 입다의 딸의 이름을 알리는 데 게으른 이 남성중심적인 화자는 이제야 이 여인이 남자를 몰랐다고 말해줌으로써(11:39) 그녀의 결말이 마치 더 비극적인 것처럼 보이게 한다. 그러나 여성 독자들은 입다의 딸이 남자들에 대해 알았고, 적어도 한 남자에 대해서는 매우 잘 알았으며, 그것이 바로 그녀의 비극의 핵심이었다고 말할 수 있을 것이다.

이제 입다는 어떻게 되었을까? 학대받으며 자란 아이였던 그는 결국 자신의 딸을 살해하기에 이르렀던 것이다. 그는 한동안 폭력, 승리, 그리고 계략의 삶을 지속했고 겨우 6년의 사사 노릇 끝에 죽었다. 그는 그가 태어난 성읍의 한 자락에 묻혔다. 자신의 아버지(다른 모든 조상) 길르앗과 똑같이(11:1), 그도 길르앗 성읍 어딘가(12:7)에 묻혔고, 그렇게 짧은 영광의 삶에 비해서 너무 비싼 값을 치렀다.

창세기 22장에 나오는 이삭의 이야기를 기억하는 독자라면, 마지막 순간에 이삭을 구했던 것과 같은 하나님이 이 이야기에서는 어디에 계시는가 하는 정당한 물음이 생길 것이다. 또는 사울이 자신의 맹세를 지키기 위해 아들 요나단을 처형하려 할 때(삼상 14장), 옆에서 이 잔혹한 아버지를 말렸던 인물들이 왜 입다의 딸 이야기에는 등장하지 않는가 하고 물을 수도 있을 것이다. 이 모든 유사한 이야기들은 하나님도 사회도 모두 아들을 딸보다 더 귀히 여긴다는 것을 보여주는 것인가? 아마도 그것은 이 이야기들을 만든 공동체의 편견이 반영된 것으로 보인다. 또한 딸의 죽음, 하나님의 침묵, 그리고 돕는 인물들의 부재는 이스라엘의 타락한 상태에 대한 어떤 표징으로 이해될 수 있을 것이다. 하나님은 이스라엘에 의해 오랫동안 버려졌다가 백성들이 심각한 위협에 직면해서야 비로소 다시 기억된다. 입다의 시대에 이르러 하나님은 이스라엘의 곤고함으로 인해 근심하신다.(10:16; NRSV와 다른 버전에는 하나님이 더는 이스라엘의 고난을 보고만 계실 수 없었다고 되어 있음) 야웨도 입다처럼 버려졌다가 치러야 할 전쟁이 벌어져서야 기억되었다. 야웨는 거래의 또 다른 대상일 뿐이었으며, 승리를 쟁취한 후에는 입다의 딸처럼 버려졌다.

남자들 속의 여자: 약속, 위협, 뇌물이 된 여인들(13-16장)

사사기 13장에서 이야기는 아버지와 딸에서 어머니와 아들의 관계로 넘어간다. 어느날 야웨의 사자가 단 지파 사람 마노아의 아내에게 나타나 아들을 낳게 될 것이라고 알려준다. 그녀는 아이를 낳지 못하는 이름 없는 아내이다. 야웨의 사자는 그녀에게 독주와 부정한 음식을 금하라고 지시한다. 그리고 아이가 태어나면 머리에 삭도를 대지 말라고 명령한다. 그 아이는 "태에서부터" 나실인이며 장차 이스라엘을 블레셋의 압제에서 구원할 구원자가 될 것이라고 말해준다.

마노아의 아내는 남편에게 자신이 누구인지, 그리고 어디서 왔는지 밝히지 않은 이 낯선 "하나님의 사람"의 방문에 대해 말한다. 그리고 나실인으로 아들을 낳을 것이라는 약속과 술과 음식에 대한 지시를 다시 들려준다. 그러나 삭도와 아들의 운명에 대해서는 언급하지 않는다. 그녀는 장차 아들이 겪을 영웅으로서의 삶이 불완전하리라는 것을 알았던 것 같다. 왜냐하면 그녀가 그녀의 아들이 복중에서부터 나실인이 될 것이라는 것을 알리면서 불길하게도, 그리고 어쩌면 예언자적으로 "그가 죽는 날까지"라

는 말을 덧붙였기 때문이다.(13:7; 13:5 참조)

아내가 하나님의 소식을 받았음에도 불구하고 전에 바락이 그랬던 것처럼 이 남편도 아내의 권위를 의심한다. 이미 아내에게 주어진 지시들은 무시한 채 마노아는 야웨에게 하나님의 사람이 다시 돌아와 "태어날 아기에 대해 어떻게 해야 할지 가르쳐 달라"고 기도한다.(13:8) 천사는 마노아를 피해 그의 아내가 혼자 있을 때 다시 나타난다. 그녀는 비록 그 천사가 이전에 자신을 방문했던 사자임을 알고 있었음에도 남편을 데려온다. 남편은 그 자신이 직접 질문해야 했던 것이다. 일단 사자가 자신이 누구인지를 확인시켜주자, 마노아는 넘쳐나는 질문을 한다. "이 아이를 어떻게 기르오며 우리가 그에게 어떻게 행하오리까?"(13:12) 사자는 미노아의 불만족스런 태도 때문인지 아니면 의도적으로 그랬는지 그의 아내에게 알려준 것보다 훨씬 적게 알려준다. 그는 단지 음식법에 대해서만 언급하고 "내가 여인에게 말한 것을 그가 다 삼가서"라며 신비스런 분위기를 덧붙인다.

마노아는 아내의 손님이 누구인지 정체를 알지 못한 채, 그를 보내기 싫어하면서 식사를 대접하겠노라고 강권한다. 그러나 천사는 그 대신 음식을 야웨에게 번제로 드릴 것을 지시한다. 여전히 아무것도 깨닫지 못한 마노아는 그의 이름을 묻는다. 그러나 천사는 대답을 거절하며 말하기를 "내 이름은 기묘니라." 천사가 번제의 불꽃 속에서 승천하기 전까지도 마노아는 이 낯선 자의 정체를 알지 못한다. "우리가 하나님을 보았으니 반드시 죽으리라"고 그는 아내에게 말한다. 이 둘 중에 분명히 더 현명한 아내는 이 승천이 예사롭지 않다는 것을 지적한다. "야웨께서 우리를 죽이려 하셨더면 우리 손에 번제와 소제를 받지 아니하셨을 것이요 이 모든 일을 보이지 아니하셨을 것이요 이제 이런 말씀도 우리에게 이르지 아니하셨으리라."(13:23) 시간이 흘러 아내는 아들은 낳고 이름을 삼손이라고 짓는다.

삼손은 자라서 딤나의 포도밭에서 어떤 블레셋 여인에게 끌리게 된다. 구혼을 하려 가던 중 삼손은 사자의 공격을 받지만, 맨손으로 때려잡는다. 다시 그곳으로 가는 길에 삼손은 사자의 시체에 구멍이 나고 거기 벌과 꿀이 찬 것을 보게 된다. 그는 그 꿀을 먹고 또 부모에게도 가져간다. (14:1-9)

블레셋 여자를 사랑하게 되고, 포도밭에서 시간을 보내며, 죽은 시신을 만지고 부정한 꿀을 먹는 등, 그는 도무지 블레셋을 치러 갈 이스라엘의 영웅, 나실인의 징조를 보이지 않는다.(cf. 민 6:1-8) 삼손이 "율법을 어기는 것"과 마찬가지로 이 이야기 역시 지금까지 보여온 사사기의 여러 플롯 유형들을 거스르고 있다. 삼손은 군사적 영웅이 될 수 없다. 왜냐하면 이스라엘은 압제자들을 대항해서 군대를 일으키고 싶어하지 않았다. 오히려 이스라엘은 신적 차원에서든 인간적 차원에서든 구원자를 원하는 것 같지도 않다. 백성들은 야웨에게 구원을 부르짖지도 않았다. 그들은 심지어 삼손이 문제를 일으킨다고 꾸짖는다. "너는 블레셋 사람이 우리를 관할하는 것을 알지 못하느냐? 네가 어찌하여 우리에게 이같이 행하느냐?" (15:11) 진실로 이스라엘은 그들의 운명에 만족하는 것으로 보인다.

따라서 하나님에게는 문제가 생긴다. 구원을 원하지 않는 백성들을 어떻게 구할 것인가? 여기에 예상치 못한 형태의 답이 있다. 계율을 어기는 나실인, 적을 사랑하는 이스라엘 사람, 힘센 싸움꾼이지만 지도자는 아닌, 자신이 구원자임을 모르는 구원이 그것이다.

"계율을 어기는" 삼손의 기질을 플롯 삼아 이야기는 계속 전개된다. 삼손은 그의 혼인잔치에서 삼십 명의 블레셋 동무들에게 수수께끼를 내고 내기를 건다. 삼손은 "먹는 자에게서 먹는 것이 나오고 강한 자에서 단 것이 나왔느니라"(14:14)라는 수수께끼에 옷 삼십 벌을 건다. 혼인잔치의 성적인 분위기를 반영하는 여러 가지 답이 가능했겠지만, 정답은 물론 사자를 잡고 꿀을 먹었던 삼손의 경험이었다. 이런 의미에서 보면 삼손은 시체를 만지고 부정한 음식을 먹음으로써 나실인의 계율을 어겼을 뿐만 아니라, 자기가 한 말의 규칙도 어긴 셈이다. 원래 수수께끼란 일반적으로 누구라도 만들 수 있는 말의 관련성이나 말장난, 말의 조합 등을 풀어내는 것이다. 그러나 삼손의 수수께끼는 그의 특별한 경험에 연루된 것으로 삼손만이 답을 알기에 아무리 똑똑한 사람일지라도 풀 수 없는 문제였다.

수수께끼의 답은 입다의 맹세의 결과처럼 알 수 없는 것이었다. 그리고 입다의 맹세처럼 이 수수께끼도 이 거래와 무관한 한 여성을 위험으로 몰고 간다. 절박했던 블레셋 동무들은 삼손의 아내와 그 가족을 태워 죽이겠다고 협박한다. 분노에 불타는 친족 삼십 명과 한 이방인 사이에서 오도 가도 못하게 된 신부는 결국 삼십 명의 협박에 굴복한다. 그녀는 삼손을 속여 답을 알아내서 그들에게 알려준다. 삼손은 자기 수수께끼가 풀리자 폭력으로 응대한다. 그는 낯선 사람 삼십 명의 목숨을 앗아 그들의 옷을 벗겨 내기에 진 값으로 내고 아버지의 집으로 돌아온다. 젊은 신부의 아버지는 삼손이 자신의 딸을 버렸다고 생각하고 삼손의 들러리에게 딸을 줘 버린다.

시간이 지나 삼손이 아내에게 다시 돌아왔을 때, 그는 남편의 권리를 인정받지 못한다. 아내가 남의 아내가 되었다는 말을 듣게 되자, 또 다른 분노에 휩싸인 삼손은 블레셋 사람들의 밭과 포도원을 태워버린다. 누가 왜 이런 일을 했는지 알아낸 블레셋 사람들은 복수한다. 그러나 그 대상은 삼손이 아닌 그의 아내와 장인이었고 블레셋 사람들은 그들을 불살랐다. 남성들의 경쟁과 폭력의 세계 속에서 여성은 늘 패자이다. 여성은 그저 더 큰 갈등 속의 저당물일 뿐이다. 자기 민족에 의해 화형당하는 이 여성은 입다의 딸 이야기를 상기시킨다. 결과적으로 이스라엘과 블레셋 사이에는 무슨 차이가 있단 말인가? 독자는 이런 의문에 잠기게 될는지도 모르겠다.

이 여성이 살해됨으로써 삼손의 복수심은 다시 타오른다. 폭력은 점점 가중되어 삼손은 블레셋 사람들을 살육한다. 결혼과 전쟁의 관계가 뒤집어진다. 악사와 옷니엘의 경우와 같이 전쟁에서 승리해서 결혼하고 땅과 삶을 얻는 것이 아니었다. 이 불행한 결혼은 살인과 끊임없는 복수로 이어진다.

다음에 주연으로 등장하는 여성인물은 악명 높은 들릴라이다.(16:4) 그녀는 주로 주석가들에게 최고의 팜므파탈(femme fatale par excellence)로 간주되어 왔다. 들릴라는 그녀의 입장에서는 거의 연구되어 본 적이 없다. 대부분의 경우 주인공은 삼손이었고 들릴라는 하나님이 선택한 자를 파멸시키는 악녀 역을 맡았기 때문이다. 그러나 들릴라는 보조적인 여배우 이상의 역할을 한다. 여기서 이야기의 초점은 들릴라에게 맞추어진다. 삼손의 이야기에 등장하는 모든 여성 중에 오직 그녀만이 이름이 나온다. 들릴라가 등장하자 모든 주도권은 그녀가 쥔다. 이야기의 전개는 그녀가 바라는 바에 의해 진행되며, 삼손은 그것에 부응할 뿐이다. 독자는 이 여성을 주목하게 된다.

들릴라의 정체성은 어떤 남성에게도 속하지 않았다. 그녀에 대해서는 단지 이름만이 소개되었을 뿐이다. 그녀는 스스로를 돌본다. 삼손과의 애정문제에서나 블레셋의 방백들과 거래를 할 때에도 아버지, 남자형제, 또는 남편과 같은 어떤 중재자의 개입 없이도 스스로 문제를 해결한다. 이야기의 화자는 삼손이 들릴라를 사랑했다고 말한다. 그러나 들릴라가 삼손에 대해 어떻게 느꼈는지는 밝혀지지 않았다. 그렇지만 삼손을 유혹해서 그 힘의 근원을 알아내라는 팔레스타인 방백들의 제안을 기꺼이 받아들인 것을 보면 그녀에게 어느 정도 양가감정이 있었던 것 같다. 팔레스타인 방백은 삼손의 힘을 빼앗을 수 있는 정보를 받는 댓가로 들릴라에게 각각 은 일천일백 개를 약속한다. 의심할 나위 없이, 혼자 사는 여성인 들릴라는 현상금 걸린 남자와의 사랑은 부에 대한 보장에 필적할 수 없다는 것을 잘 알고 있었을 것이다.

들릴라는 삼손의 비밀을 알아내는 일에 착수한다. 그러나 많은 주석가들이 열심히 주장한 바와 달리 들릴라는 삼손을 속이지는 않았다. 그녀는 직설적으로 삼손에게 그녀가 알고 싶은 것을 물었다. 오히려 그녀를 속인 것은 삼손이었다. 삼손은 그녀에게 세 번이나 그의 힘의 근원에 대해서 그리고 어떻게 하면 그를 결박할 수 있는지에 대해 거짓말을 한다. 그녀는 매번 삼손이 가르쳐준 대로 그를 결박한다. 해석자들은 그가 잠들었을 때

들릴라가 그를 결박했다고 종종 추측하지만, 처음과 두 번째에는 그가 잠들었다는 언급이 없다. 삼손은 마치 게임을 하듯 기꺼이 들릴라에게 자신을 내맡겼다. 세 번째는 자기가 말한 대로 들릴라가 자기 머리칼로 베틀을 짰다는 것을 잠깨어 알았을 때도 그는 놀라지 않았다. 들릴라가 매번 경고를 하며 울어도, 그는 마치 아무것도 아닌 것처럼 약속을 어겼다.

그는 정말로 그녀를 놀렸고 그녀는 반복적으로 그의 이런 점을 비난했지만, 아무 소용이 없었다. 그러나 그녀가 자신에 대한 삼손의 사랑을 의심하자 그는 매일 고민했다.(cf. 14:16-17) 그는 마음이 괴로워 굴복하고 만다. 그의 힘의 비밀은 삭도를 대지 않은 그의 머리칼에 있다. 그는 그녀에게 자신이 모태에서부터 나실인이라고 말한다.

그가 어머니의 태를 언급한다는 사실은 삼손이 도로 어린애가 되어버렸다는 것을 말해준다. 삼손은 자신의 어머니에 대한 연대감을 대리모격인 애인에게로 옮겨버린다. 그는 자신과 어머니만 아는 비밀을 노출시켰을 뿐만 아니라 마치 어린아이가 어머니에게 그러하듯 들릴라에게 자신을 위탁한다.(시스라가 야엘을 믿었던 것을 참조하라.) 그가 들릴라의 무릎에서 잠들었을 때(어떤 번역에는 그녀의 무릎 사이에서) 그는 머리칼을 대부분 잃고, 힘도 거의 다 잃었다. 여인에게 제압된 삼손은 블레셋의 포로가 된다. 이제 들릴라는 먹고살 재물을 마련하여 이야기에서 사라진다.

삼손의 신부와 애인에 관한 이야기들 사이에 삼손이 블레셋 창기를 만난 이야기(16:1-3)가 있다. 이 여인은 직업 외에는 알려진 것이 없다. 그런데 바로 이 여인의 직업이 삼손과 연관된 두 여인의 행동을 이해하는 열쇠가 된다. 여기서 발생하는 유비는 도덕적인 것이 아니라 사회학적인 것이다. 창기란 자신의 성(sexuality)을 사용해서 스스로 생계를 해결하는 직업여성이다. 그녀는 생존하기 위해 일을 한다. 삼손의 신부나 들릴라도 마찬가지로 행동한다. 그들은 생존을 위한 일을 할 뿐이다. 삼손의 신부는 (성공하지는 못했지만) 자신과 자기 집안을 블레셋의 협박으로부터 보호하려 했다. 자신을 보호해줄 아버지, 형제, 남편이 없었던 들릴라는 자신을 위해 재정적인 안정을 확보해야 했다.

이런 점에서 이 여인들은 야엘이나 여호수아서의 라합과 다르지 않다. 자기이익이라는 것은 하나의 강력한 동기부여가 될 수 있다. 차이점은 독자로서 우리의 관점이 달라진다는 것이다. 자기이익이라는 개인적 동기는 같았지만 라합과 야엘은 이스라엘에 충성했기 때문에 칭송받는 반면, 삼손의 이야기 속의 여성들은 자기 민족인 블레셋과 연합했을 뿐이다. 만일 이 이야기가 블레셋 사람들의 문헌에 속했더라면 그들도 영웅대접을 받았을 것이라는 사실은 의심의 여지가 없다.

삼손이 이방여인들에게 매혹된 사건은 사사기 도입부 그리고 악사와 옷니엘이 부족 간에 결혼한 이상적 사건과 병치되는 저자의 비난, 즉 이스라엘 남자들이 이방 여자들을 아내로 맞고 그들의 딸을 이방인에게 주는 일을 연상시킨다.(3:6) 이 이스라엘의 마지막 구원자는 배교행위의 징후를 가장 많이 보여주었다. 여기 나오는 여성들이 삼손을 이방신으로 인도하지는 않았지만, 이들은 삼손의 관심을 야웨로부터 돌려놓았고 그럼으로써 야웨가 하신 일은 마치 삼손의 개인적인 복수인 것처럼 끝나버렸다.

배반당한 여성들(17–21장)

자기이익이라는 주제는 사사기의 뒷부분에서도 지속적으로 나온다. 이제 이야기는 자기 뜻대로 행했던 마지막 구원자 삼손(14:3, 7), 그리고 자신이 처한 사회적 신분의 성격에 따라 자신들을 위해 최선을 다했던 그의 여자들을 거쳐 사사기를 끝맺는 단화들에 다다른다. 여기서 이스라엘 사회는 다음과 같이 묘사된다. "모든 백성들이 그들 눈에 좋을 대로 행했더라."(17:6; 21:25)

이 책의 마지막 부분에는 또 다른 어머니와 아들의 이야기가 나온다. 여기 나오는 아들 미가는 자기 어머니를 배반한다. 그 사건은 직접 서술되지 않고 미가의 자백 속에서 엿볼 수 있다. 어머니의 은 일천일백 개를 훔친 미가는 어머니의 저주를 두려워하면서도 그 사실을 고백한다.(17:2;

16:5 참조) 그러나 어머니는 아들에게 저주를 하지 않고 오히려 축복한다. 아들이 은을 돌려주자 어머니는 그것은 아들을 위해 야웨에게 봉헌된 것이며(히브리성서에 따르면), 그 은을 아들에게 돌려주겠다고 약속한다. 그녀는 은 이백 개를 대장장이에게 주고 미가의 집에 안치될 우상을 만들게 한다. 남은 은이 어떻게 되었는지는 밝혀지지 않았지만, 결국 그녀가 자신을 위해 남겨두었을 것이다.

미가는 우상을 위해 신당을 짓는다. 그는 신성한 물건들(에봇과 드라빔)을 더 만들어 그의 아들을 제사장으로 삼는다. 이것은 삼손이 한 일보다 더 심한 것이다. 삼손에게 자신이 하나님과 언약을 맺었다는 계약 종교적 개념이 거의 없었지만, 그는 적어도 자기 힘의 근원이 야웨라는 사실은 잘 알고 있었다. 그러나 여기 이 종교적인 가정에서는 야웨에 대한 믿음은 전혀 보이지 않는다. 야웨의 신성한 이름이 언급되기는 했지만 신으로 선포되지는 않았다. 야웨의 정체성은 손에 쥘 수 있는 물건 속으로 사라졌다. 사적인 신당, 우상, 그리고 기름 부음을 받지 않은 제사장은 삼손이 그랬던 것처럼, 멋대로 규칙을 만들어 집에서 사적으로 종교적 안전을 꾀하려하는 개인들로 이스라엘 공동체를 산산히 조각냈다.

그리고 이 어머니와 아들은 어떻게 되었을까? 대체 어떤 아들이 어머니의 은을 훔치는가? 그리고 어떤 어머니가 아들이 우상을 숭배하도록 인도하는가? 그녀는 아들을 위해 종교적 전통을 조심스레 지킨 삼손의 어머니나 현명한 판단으로 자기 백성을 해방으로 인도한 '이스라엘의 어머니' 같지 않았다. 미가와 그의 어머니는 안전을 위한 비밀-삼손의 머리털이나 천사의 약속, 블레셋 방백의 뇌물과 같은-을 추구했다. 미가가 개인적인 사제로 삼은 사람이 레위 지파이기에 이들은 마침내 안전이 보장되었다고 생각했다.(17:13) 그러나 안전은 길게 가지 못했다. 그의 소유는 이스라엘 지파 전체의 것이 되었다.(18:1-31) 그들의 안전을 보장해주던 제사장은 더 좋은 곳으로 가버렸다.

사사기의 최종적인 이야기 역시 레위 지파와 연관된다. 종결부의 단화들이 레위 지파에 초점을 맞춤으로써 화자는 이스라엘에 현존하는 도덕적 타락을 분명히 알린다. 백성들과 그 지도자들을 오염시킨 부패는 야웨주의 전통을 수호해야 하는 레위 사람들에게도 퍼졌다.

문제가 된 레위인은 에브라임에 사는 사람으로 자기를 위해 아내를 맞이한다. 여기서 사용된 "첩"이라는 말은 이 여인의 지위를 번역하기에 적합한 용어가 아니다. 그녀는 정부도, 그렇다고 하녀도 아니었다. 왜냐하면 이 레위인은 그녀의 "남편"이라고 불렸고(19:3), 그녀의 아버지도 그의 "장인"으로 불렸기 때문이다.(19:4)

그런데 뭔가 그 레위인의 가정사에 문제가 생긴 것으로 보인다. 그 젊은 여성은 남편에게 "반항하고"(zanah 대신 zanach으로 읽으면) 그를 "떠났다." 그리고 베들레헴에 있는 자기 아버지 집으로 돌아왔다. 그 가정사가 무엇인지 나오지는 않았지만, 나중에 나오는 레위인의 행동으로 보건대, 그가 여자를 학대했을 것이라는 시나리오를 쉽게 떠올릴 수 있다. 넉 달이 지나서야 그는 아내를 찾으러 가서 달래서 데려오기로 결심한다. '달래기'는 어떤 것인지 전혀 알려지지 않았으며, 모든 독자가 이미 잘 알듯, 원래 그런 일은 없다. 여기에는 남편이 아내를 어떤 낭만적인 방법으로 설득하는 이야기가 아니라 남성들만의 과도한 연대가 등장한다. 이 젊은 여인의 아버지는 그의 사위를 보고 기뻐서 극진히 환대하며 사흘, 나흘, 닷새를 머물도록 권유한다. 닷새째 밤에 레위인은 아내와 떠나겠다고 주장하지만, 여전히 이 젊은 여인이 무엇을 원하는지에 대해서는 언급되는 바가 없다. 독자는 그녀가 남편과 돌아가는 것을 원했는지, 그녀의 아버지가 그녀를 설득했는지, 아니면 그저 그녀를 떠나가게 했는지 알 수 없다.

오후 늦게야 길을 떠난 그들은 예루살렘의 여부스족속에게 가서 하룻밤 유숙하지 않고, 베냐민 지파의 기브아로 계속 길을 재촉했다. 그들은 거기서 에브라임 태생의 한 노인네의 집밖에는 머물 곳을 찾을 수가 없었다.

이 노인의 집에서 쉬고 있을 때 성읍의 남자들, 비류들이 집을 에워싸고 그들이 "알 수 있게" 레위인을 내놓으라고 소란을 부린다. 전혀 환대 같지 않은 이들의 의도는 레위인을 재미삼아 놀고 욕보이고 고문하려는 것이다. 노인은 대신 그의 딸들과 레위인의 아내를 내놓겠다고 한다. 그러나 그들이 완강하게 나오자 절박해진 레위인은 자기 아내를 잡아 무리에게 내던진다. 무리는 이 교환에 만족해서, 레위인은 건들지 않고 이 아내를 밤새 성폭행한다. 새벽이 돼서야 그들은 여자를 놔준다. 여자는 노인의 집으로 비틀거리며 돌아와 문 앞에 쓰러진다. 이 여인은 아버지에게 버림받고, 남편에게 배신당하고, 남성 무리에게 고문과 폭행을 당하며, 남성들의 세계에서 짓밟힌다. 그녀는 자신을 밖으로 내던졌던 남편밖에는 돌아갈 곳이 없었으나 환대와 안전을 제공했던 집조차 그녀에게는 여전히 닫혀 있음을 발견할 뿐이었다.

남편은 아무 일도 없었던 듯이 일어나 갈 길을 간다. 문을 열었을 때, 그의 아내가 문지방에 손을 얹은 채 엎드려 있는 것을 발견했지만, 그는 "일어나 가자" 한마디만 했을 뿐이다. 그러나 아무 대답도 없었다.

만신창이가 된 그녀의 몸을 당나귀에 싣고 그는 여자의 집으로 간다. 집에 들어가자 그는 **그** 칼을 들어(히브리본문의 정관사는 미리 계획했다는 것을 알려준다. cf. 창 22:10) 마치 제단에 바치는 짐승처럼 아내를 잡아(cf. 19:25) 시신을 열두 조각낸다. 사실 어떤 시점에 아내가 정말로 죽었는지는 모를 일이다. 그는 잘려진 조각들을 이스라엘 지파마다 보내서 이스라엘을 소환한다.

이야기 전체에서 이 아내에게는 단 한마디 말하는 것도 허용되지 않았다. 이제 그녀의 부서진 몸이 전 이스라엘에게 말하는 것이다. 그러나 그녀의 몸이 무엇을 말했는지, 레위인이 그녀의 몸을 통해 무엇을 말하려 했는지, 이스라엘이 무엇을 들었는지 일치하지 않는다. 마치 그날 밤에 그녀의 몸이 기브아에 있던 모든 남자의 소유였던 것처럼, 그녀의 몸은 이제 모든 이스라엘의 것이 되었다. 그녀의 메시지는 이렇다. 그녀는 연관되었던 모든 남자로부터 버림받고 배신당했다. 레위인의 메시지는 다음과 같다. 그의 명예는 모욕당했고, 그의 생명이 위협받았으며. 그의 소유물이 망가졌다. 심지어 그가 직접 자기가 당한 일을 말하는 이야기(20:4-7) 속에서는 그의 잘못이 감추어진다. 이스라엘이 들은 것은 분노와 전쟁을 위한 변명의 메시지이다.

베냐민 지파를 향해 일어난 이스라엘 연합군은 야웨에게 묻는 데는 신중했지만, 야웨에게 바른 질문, 곧 이들이 정말 싸우는 것이 옳은지를 묻는 데는 신중하지 못했다. 이미 싸우기로 결심한 후, 그들은 교만하게 야웨에게 묻는다. "누가 먼저 올라갈 것입니까?" 야웨는 사사기 처음에 가나안 땅에 정주할 때 그랬던 것과 동일하게 그들이 원하는 대로 하도록 허락한다.(1:1-2) 그러나 이번에는 풍자적으로 무심하게 해석될 수 있는 답을 주신다. "유다가 먼저 올라가라."(20:18)

사사기의 종결부는 도입부를 떠올리게 하는 메아리들로 가득하다. 예를 들어, 싸움을 진두지휘한 유다(1:1-2), 사지를 절단한 이야기(1:5-7), 당나귀를 탄 여인(1:11-15)을 떠올리게 하는 이미지들로 가득차 있다. 그러나 이 모든 이미지는 세월 속에 변형되었다. 유다족속이 선두에 서서 싸우러 올라가지만, 이것은 이방의 적들을 대적하기 위한 것이 아닌, 동족 이스라엘을 치기 위한 것이다. 사지가 절단된 것은 원수인 이방의 왕이 아닌, 죄도 없이 자기를 지킬 수 없었던 한 이스라엘 여인이었다. 나귀를 탄 여인도 자신과 가족의 삶을 보장받기 위해 결단에 차서 똑바로 나귀 위에 올라탄 것이 아닌, 폭력의 희생자로서, 죽음과 배반의 상징으로서 미동도 없이 사지가 늘어져 나귀 위에 실렸을 뿐이다.

베냐민 지파를 치기 위해 일어났던 이 전쟁은 참혹한 것이었고, 베냐민 지파는 거의 멸절되었다. 육백 명의 남자들은 살아남았지만, 여인과 아이들은 모두 살해되었다. 동족 이스라엘의 남자들과 여자들, 그리고 어린이들의 피로 얼룩진 이스라엘은 아이러니하게도 이렇게 울부짖는다. "이스라엘의 하나님 여호와여 어찌하여 이스라엘에 이런 일이 생겨서 오늘 이스라엘 중에 한 지파가 없어지게 하시나이까?"(21:3)

그 레위인처럼 이들도 아무것도 책임지지 않은 채, 폭력을 사용해서 또 다른 폭력을 낳을 뿐이다. 그들은 또 다른 도시 길르앗 야베스 사람들을 도륙하여 남은 베냐민 남자들을 위해 처녀들을 확보하지만, 이 사백 명의 처녀들로는 충분치 않자, 이후 자신들에게 떨어질 비난을 면하기 위해 **야웨**가 초래한 것으로 된 환난을 무마할 방도를 찾는다. "백성들이 베냐민을 위하여 뉘우쳤으니 이는 여호와께서 이스라엘 지파들 중에 한 지파가 빠지게 하셨음이었더라."(21:15) 이스라엘은 음모를 꾸며 베냐민 지파의 남자들이 실로에서 축제 중에 춤추던 어린 처녀들을 납치하도록 만든다. 결국 이백 명의 여자들이 더 붙잡혀가서 베냐민의 남자들의 필요를 채워준다.

이 참화의 원인을 야웨에게 돌리려는 사람들의 열심에도 불구하고, 이야기의 화자는 우리로 하여금, "그때에는 이스라엘에 왕이 없었고", "모든 사람들이 자기 눈에 좋을 대로 행하였다"는 점을 얼른 상기시킨다. 심지어 야웨조차 그들의 왕이 아니었던 것이다. 이야기가 종결부로 치달을수록, 폭력을 행사하는 동기들은 점점 사적인 것들이 되어간다. 나라가 커지고(1:1-26), 나라를 방어(4:1-5:31)하는 데서부터, 개인적 영광과 인정(11:1-12:7), 개인적 복수(14:1-16:31), 불명예스런 자들의 상처 입은 명예(19:1-20:7)를 위해 폭력을 사용하게 됨으로써 폭력은 공공의 선을 위한 수단으로부터 무정부 상태를 만드는 무기로 변형되었다.

여자들의 말하기

이러한 폭력의 유형에 덧붙여, 사사기는 등장하는 여성들의 인물묘사를 통해 이스라엘이 도덕적, 신학적으로 퇴조하는 모습을 그려간다. 이 여성들의 말 속에는 무엇으로 이들의 삶과 미래, 과거가 통제되는지 드러나는데, 바꾸어 말해 이것으로 세월 속에 변해버린 이스라엘을 재는 척도를 삼을 수 있다.

악사와 그녀의 아버지와의 대화에서, 악사는 공손하지만 아버지와 대결한다. 그녀는 미래에 대한 비전을 갖고 있었고, 그녀의 비전이란 땅을 소유하는 것이었다. 우물을 달라는 그녀의 요청은 미래를 보장받기 위한 이주를 위해 필요했던 것이다. 드보라 역시 미래에 대한 비전이 있었다. 그녀는 이스라엘이 스스로를 더는 희생시키지 말고 새로운 비전을 가지라고 요청한다. 사실, 그녀의 노래는 이스라엘의 미래에 대한 비전이 너무 강한 나머지 이스라엘의 과거도 달리 재구성한다. 그녀는 이스라엘이 저지른 악을 흐리게 만들고, 이스라엘의 용기를 과장하는데, 이 모든 것은 이스라엘과 야웨의 친분을 회복(5:31)하려는 관심 때문이다.

악사처럼 입다의 딸도 공손히 그러나 아버지와 대결한다. 악사처럼 그녀도 다른 사람에게 넘겨주기로 약속된다. 그러나 그녀를 넘겨받을 애인이란 남편이 아닌, 죽음이라는 (무언의 신성, 기록에 남겨지지 않은) 침묵의 신(성)이다. 잘못된 명예에 대한 집착에 빠진 입다를 구하고 그리고 다른 누군가를 구하려는 시도 속에서 자신의 미래(와 아버지의 미래?)를 희생했기에 입다의 딸은 자신을 위한 최소한의 미래의 시간을 요청할 수 있었다.

그녀의 이야기를 되풀이 이야기하는 여인들은 자신들과 이스라엘의 미래가 과거를 되짚는 데 달렸음을 깨닫지만, 드보라와는 달리, 과거를 재구성할 수 없었고, 과거를 재구성하고 싶어하지도 않았다. 그들에게 이 이야기는 미래에 변화를 가져올 수 있는 명백히 승리가 아닌 완전한 비극이다.

삼손의 어머니의 경우, 그녀는 드보라처럼 미래를 공유하는 이스라엘의 어머니이면서 동시에 그녀의 말도 의심을 받는다. 그러나 드보라와 다른 점은 삼손의 어머니는 미래에 대한 비전이 어둡다는 것이다. 그녀의 미래는 개방되거나 무한한 가능성으로 열려 있는 것이 아니다. 그녀는 처음(자궁)과 끝(그의 죽음의 날)을 본다. 그리고 그 미래는 조건적이고(나실인의 계율에 복종하는 것), 제한적(삼손은 블레셋의 압제로부터 이스라엘의 구원을 시작만 하게 될 것이다.)이다.

우리가 만나게 되는 다음의 세 여인들 – 삼손의 신부, 들릴라, 그리고 미가의 어머니 – 에게 미래란 즉각적이고 파악하기 힘든 것이다. 이들이 하는 말에는 삼손의 신부에게서 볼 수 있듯이 자신들을 신체적 피해로부터 보호한다거나, 아니면 경제적 어려움에 대한 대책을 구함으로써 스스로를 돌보려는 노력이 보인다. 이들은 자신들의 삶 속에서 만난 남성들에 의해 협박, 매수, 배신, 고백 등으로 조종당해왔기 때문에 이들이 하는 말은 어느 정도 이들만의 것이라고 보기 어렵다. 이들에게 주어진 미래란 한갓 목숨을 부지하는 것 이상으로는 의미가 없다. 이것은 바로 이스라엘의 상황, 곧 당면한 현상 너머를 볼 줄 아는 안목이 없어 이방의 압제하에 사는 것에 만족하고, 현 상황을 유지하는 데만 급급한 이스라엘의 모습이다. (15:11-13)

다음, 레위인의 아내, 그리고 이후에 등장하는 살해, 납치, 또는 강간을 당한 여성들 중 누구에게도 말하는 것이 허락되지 않는다. 이스라엘은 더는 여성에게 발언권이나 선택권이 주어지는 세계가 아니다. 그들의 미래는 이미 결정되어 있기에 지상에서는 설 자리가 없다. 레위인의 아내는 아마도 과거(친정 아버지의 집)로 도피하고자 했을 것이지만, 아버지는 단지 그녀가 다시 돌아가야 한다는 사실만을 확인해 주었을 것이다. 결국 그녀는 아버지와 남편 집 사이에서 오도 가도 못하게 된 것이다. 그녀가 피난처를 삼을 수 있었던 집은 어디에도 없었다. 문지방에 걸려서, 움직이지도 못한 채 이스라엘의 남자들에 의해 그녀는 갈갈이 찢기고 제거되었다.

바빌론 포로기에 이 이야기는 다시 이야기되었지만, 그저 역사의 한 특정한 시기에 이스라엘에 일어난 사건을 설명하기 위한 하나의 시도였을 뿐이다. 이스라엘 사람들은 앞선 가나안 사람들처럼, 가족과 공동체, 그리고 야웨의 지도자들에게 주어진 선물로서 자신들의 땅을 볼 줄 아는 안목을 상실했다. 열왕기하의 끝부분에 가면 그들은 가나안 주민들처럼, 그리고 야베스 길르앗과 실로의 처녀들처럼 모든 것을 잃는다. 아무리 되돌려 이야기한다 해도 이스라엘의 이 이야기들을 바꿀 수는 없을 것이다. 그 '미래'는 과거로 묻혀 버렸다.

그러나 이야기의 결말을 안다 해서, 그것이 새 출발의 가능성을 막는 것은 아니다. 이스라엘 사람인 화자는 모든 이야기(텍스트)에는 변화로의 또는 변모로의 부름이 내재되어 있으며, 그것은 심화된 지식으로, 변화된 세계관으로 그리고 때로는 단순히 자기를 인식하는 것으로 표현된다는 것을 알았던 것 같다. 입다의 딸을 기념하는 여인들처럼, 이 화자는 문제투성이 이야기들을 다시 새롭게 이야기하는 것, 한 사회 내에서 '잘못을 기록하는 것'의 힘을 알았고, 좀 더 행복한 이야기가 들려올 수 있도록 스스로를 비판하는 것이 희망이라는 것을 알았던 것이다.

참고문헌

Bal, Mieke. *Death and dissymmetry: The Politics of Coherence in the book of Judges.* Chicago: University of Chicago Press, 1988.

______. *Lethal Love: Feminist Literary Readongs of Biblical Love Stories.* Bloomington, Ind.: Indiana University Press, 1987.

Beal, Timothy K. and David M. Gunn. "The Book of Judges," *Dictionary of Biblical Interpretation.* ed. by John Hayes. Nashville: Abingdon Press (forthcoming).

Exum, J. Cheryl. "Promise and Fulfillment: Narrative Art in Judges 13," *Journal of Biblical Literature* 99(1980), 34–59.

Fewell, Donna Nolan, and David M. Gunn. "Controlling Perspectives: Women, Men, and the Authority of Violence in Judges 4 and 5," *Journal of American Academy of Religion* 58(1990), 101–123.

Gunn, David M. "Joshua and Judges," *The literary Guide to the Bible.* ed. by Robert Alter and Frank Kermode, 102–121. Cambridge, Mass.: Harvard

University Press, 1987.

Hamlin, E. John. *At Risk in the Promised Land: A Commentary on the Book of Judges*. Grand Rapids: Wm. B. Eerdmans Publishing Co., 1990.

Polzin, Robert. *Moses and the Deuteronomist: A Literary Study of the Deuteronomic History*. New York: Seabury Press, 1980.

Trible, Phylis. *Texts of Terror: Literary Feminist Readings of Biblical Narratives*. Philadelphia: Fortress Press, 1984.

룻기

에이미-질 리바인

Amy-Jill Levine

개관

이 놀랍도록 단순한 이야기에서 한 가난한 이방인 과부는 베들레헴 출신의 존경받는 남자의 아내가 되고 다윗 왕의 증조할머니가 된다. 룻은 이상적인 며느리, 아내, 이방인의 모습으로 그려진다. 먼저 룻은 며느리로서 시어머니 나오미를 위해 충성과 지원—사실 이런 덕목은 남편이라면 몰라도 며느리와는 잘 어울리지 않는다—을 아끼지 않는다. 그래서 베들레헴의 여인들은 룻이 일곱 아들보다 더 낫다고 칭송해마지 않는다. 둘째, 룻은 보아스의 행동을 촉발시켜 그의 아이를 낳음으로써 스스로 훌륭한 아내임을 입증한다. 마지막으로 룻은 이방인이 계약공동체에 큰 공헌을 할 수 있음을 입증하는 인물이다. 신의와 용기, 총명함으로 룻은 자신과 시어머니, 나아가 다윗 가문의 미래를 지켜냈다. 그러나 이러한 이상적인 묘사 뒤에는 사회 문제, 젠더 관계(gender relations), 개인적 동기 등이 복잡하게 얽혀 있다. 내러티브의 초점이 팔레스타인 농촌에서 남편 없이 홀로 살아가야 하는 여인들의 운명과 인종 간 결혼과 같은 주제에 있는 것을 고려하면 룻기가 뻔하고 경건한 목가시가 아니라 그 이상임은 분명하다. 이야기를 훨씬 더 복잡하게 만드는 것은 룻기의 서술 그 자체이다. 베들레헴과 보아스, 결혼과 자녀에 대한 룻의 반응은 어떠했는지, 나오미에게 한 이상한 보고는 무슨 뜻인지, 그녀가 모압을 떠나야 했던 이유가 무엇인지에 대한 설명이 없기 때문이다.

룻기는 사사 시대를 배경으로 함에도 불구하고 민족들 간의 관계나 공동체의 배교, 전쟁이나 죽음에 관한 주제에 집중하지 않는다. 오히려 룻기는 양식과 풍요로움, 그리고 하나님이 아니라 한 모압 여인이 보여준 "친절과 신의"(*chesed*)에 대해 말한다.(1:8; 2:20; 3:10) 본문은 유대에 흉년이 들자 모압으로 피난을 떠난 한 가족의 이야기로 출발한다. 거기서 결혼한 두 아들들은 후사가 없고 아버지를 포함하여 세 남자가 세상을 떠난다. 이렇듯 본문은 모압의 '비어 있음'(emptiness)에서 출발하지만 곧 풍요를 되찾은 베들레헴으로 배경을 옮겨 풍성한 추수, 결혼과 안정, 아들의 출생을 다룬다.

룻은 대화뿐 아니라 행동으로도 나오미의 상황을 비어 있음에서 풍요로 바꿔주려고 노력한다. 본문은 '사랑'을 딱 한 차례 언급하는데, 이것은 시어머니를 위해 룻이 베푼 것을 가리킨다.(4:15) 그런데도 나오미는 여인의 행복과 성공이 남자, 즉 남편과 아들에게 달려 있다고 일관되게 믿고 있다. 다른 성서 전승에서 이방인 며느리는 시어머니의 삶을 힘들게 만들기도 하지만(예. 창 27:46의 에서의 헷족 아내와 리브가 이야기), 룻기의 관점은 이와는 정반대이다. 즉 자기 생각이 굳어져 버린 나오미가 룻의 가치를 깨달아야 한다는 것이다. 또한 룻은 보아스의 초반의 수동적인 모습을 바꿔야 했다. 그래서 룻은 보아스와 만날 기회를 만들어 보아스가 기업 무를 자(redeemer)로 나서도록 동기를 제공하고 이방인 과부와의 관계를 사회적으로 용인되도록 만들어야 할 근거를 제공한다. 사회적 기대에 위배되는 룻의 여러 행동들을 통해 그녀는 정당하게 다윗의 조상에 속하게 되었을 뿐 아니라 예수의 족보에 등장하는 비인습적인 여성들 – 다말, 라합, 밧세바와 함께 – 의 무리에도 속하게 되었다.(마 1:5)

그러나 룻의 행동이 베들레헴의 사회체계를 개선하는 수단이 될 수는 없었다. 룻기는 토착민이든 이방인이든 궁핍하고 보호받지 못하는 여성들의 현실을 바꾸기 위한 어떤 지침도 제공하지 못한다. 공동체에서 여성들은 발언권을 갖고 있었지만, 그뿐이었다. 여성들의 운명은 남자, 즉 남편이나 아들 또는 마을의 장로들에 의해 결정되었다. 게다가 룻의 이방적 배경은 오점으로 남아 있다. 그녀의 조상인 모압족속은 적극적인 유혹이나 우상숭배의 오명과 룻을 관련시킨다. 신의(loyalty)에 대해서는 칭찬을 받지만 이방인이라는 이유로 룻은 계약공동체의 완전한 성원이 될 수 없었다. 룻은 "모압족속 룻"으로 남아 있다.

하나님에 대한 언급이 잘 나타나지 않는다는 점도 룻의 이방적 기원으로 설명할 수 있을 것이다. 나오미와 보아스, 그리고 베들레헴 여인들은 신의 개입에 대한 믿음을 룻에 비해 훨씬 많이 표현한다. 룻은 나오미가 믿는 하나님을 따르겠다고 약속했지만(1:16), 그녀의 확신은 기본적으로 자기 자신에 대한 것이다. 이런 태도가 장점인지 약점인지는 논쟁의 여지가 있다.

룻기의 경건한 언어에도 불구하고, 하나님은 룻을 수태하게 할 때 딱 한 번 능동적인 모습으로 등장한다.(4:13) 하나님이 개입하시는 이 순간부터 룻기의 묘사는 능동적인 주체의 이야기에서 하나님의 능력에 관한 이야기로 바뀐다. 마지막 장에서 룻의 역할이 제한되는 것은 이방인에 대한 본문의 이중적인 태도와도 일맥상통한다. 즉 모압 여인 룻이 아니라 이스라엘 여인 나오미가 오벳의 어머니로서 칭송받는다.(4:17)

이러한 결말과 룻과 나오미 같은 여인들이 직면했을 어려움을 고려하면 이 이야기는 룻의 능력과 사랑(*chesed*)에 대한 칭송이기보다는 악의적이고 착취적인 글에 가까울지도 모른다. 룻기가 룻을 칭찬하는 것은 분명하다. 그러나 룻기가 전하려는 교훈은 여성들의 기본적인 가치는 아들을 낳는 데 있으며 이방여인들은 성적으로 속임수를 쓰며 따라서 위험하기 때문에 이스라엘의 완전한 구성원이 될 수 없다는 사실인 것 같다. 아마도 관습에서 벗어난 룻의 행동이 이 책에서 용인되고 있는 것은 그녀가 모압족속이었기 때문인 듯하다. 그렇다면 이스라엘 여성들은 룻이 보인 모범을 따라서는 안 되었을 것이다. 이 책이 룻을 긍정하는지 아니면 결국 제거하는지, 즉 그녀가 도덕적 모범으로 제시된 것인지 성적으로 거리낌 없는 이방여인에 대한 경고로 제시된 것인지를 결정하는 것은 독자의 몫이다.

히브리성서의 그리스어 번역(칠십인역)과 그것을 따르는 대부분의 기독교 성서에서 룻기는 사사기와 사무엘상 사이에 있다. 룻기는 사사기의 마지막에 나오는 무정부 상태에 대한 묘사에서 사무엘상 처음에 나오는 군주제에 대한 설명으로 이어지는 이야기의 흐름을 단절시킨다. 유대인의 정경에서 룻기는 케투빔 또는 '성문서집'에 속해 있어서 전통적으로 '쉐부옷'(칠칠절), 즉 맥추절(spring harvest festival)에 읽힌다. 작성 연대에 대해서는 논란이 있다. 한 언어학적 분석에 따르면, 룻기의 연대는 솔로몬 제국(B.C.E. 950년경)으로까지 거슬러 올라간다. 이러한 연대설정은 족보에 대한 강조와 베들레헴에 대한 관심을 설명해 줄 수 있다. 또한 룻과 같은 신실한 조상을 내세움으로써 다윗 가문을 미화하고 그 아들 솔로몬이 행한 수차례의 국제결혼을 변호할 수 있었을지도 모른다. 그러나 아람어 표현이 등장하고 룻과 보아스의 관계를 전반적으로 긍정적으로 묘사한 것은 포로후기에 형성된 국제결혼에 반대하는 법들에 대한 대응으로 읽힐 수 있다.(스 9-10장; 느 10:30; 13:23-29) 이 나중 연대가 받아들여진다면 본문은 이방인 아내에 대한 그 사회의 의심을 반영하긴 하지만 동시에 강제 이혼에 반대하는 것으로 읽힐 수 있다.

주석

여행(1장)

사사기에서는 언급되지 않는 기근으로 인해 엘리멜렉은 가족을 데리고 베들레헴(문자적으로 번역하면, "빵의 집")에서 모압으로 이주한다. 이러한 이주는 이스라엘의 애굽 정착을 상기시키긴 하지만(창 46장), 문제가 없는 것은 아니다. 모압이란 장소는 적대감(민 22–24장; 삿 3:12–30; cf. 삼상 22:3–4)과 성적인 방종(창 19:30–38)을 연상시키기 때문이다. 모압의 양식은 배고픈 이스라엘 백성을 위해서가 아니라 지역 신들에게 바치는 축제를 위해 사용된다.(민 25:1–5) 신명기 23:3–6(cf. 느 13:1)은 모압족속과 암몬족속을 '하나님의 총회'(assembly of God)에서 배제시키는데, 이러한 규정이 나오는 상황은 모압과 성적 방종의 연관을 더욱 강화한다. 결과적으로 엘리멜렉은 자신의 땅과 신에게 불충을 저질렀다고 볼 수 있다. 이렇게 처음부터 엘리멜렉은 나중에 나오미에게 충실하기 위해 자신의 고향땅을 떠나는 룻의 대조군으로 등장한다.

이후 엘리멜렉은 그의 아내 나오미와 두 아들, 말론과 기룐을 남기고 모압 땅에서 죽는다. 엘리멜렉의 죽음이 모압 땅으로의 이주와 관련이 있는지는 설명되지 않는다. 두 아들은 이후 그 땅의 여인들과 혼인을 한다. 오르바와 룻은 모압족속으로서, 이미 낙인이 찍힌 민족의 백성이었다. 게다가 십 년 후에 이 두 아들이 죽었을 때 그들에게는 후사도 없었다. 풍요의 땅으로 생각되었던 모압이 불임과 죽음의 장소였음이 드러난다.

두 아들과 남편을 먼저 여읜 나오미는 유다에 양식이 있다는 소식을 듣고 귀향을 결심한다. 두 며느리가 나오미와 함께 길을 나섰지만 나오미는 그들에게 각자 "어머니의 집"으로 돌아가라고 권한다. 사실 '어머니의 집'보다 더 많이 쓰이는 표현이 "아버지의 집"이기 때문에(cf. 창 38:11;

레 22:13; 민 30:16; 신 22:21; 삿 19:2-3), 고대의 여러 히브리어 번역들은 '어머니의 집'을 좀 더 일반적이고, 남성중심적인(male-defined) 표현으로 대체한다. 그러나 "어머니의 집"이란 표현은 창세기 24:28과, 아가 3:4; 8:2 등에서도 발견되는데, 이 표현이 등장하는 맥락은 성(sexuality), 결혼, 그리고 자신과 타인의 운명을 결정짓는 여인들과 관련된다. 룻기에서 이 표현은 특히 며느리가 새로운 남편을 만나기를 바라는 나오미의 바람을 나타낸다. 나오미의 입장에서는 결혼을 하고 아들을 낳는 것이 한 여성이 안전을 보장받고 가치를 인정받을 유일한 수단이었을 것이다.

나오미는 모압 출신의 두 며느리가 자신에 대한 사랑과 의리 때문에 자신과 함께 머물리라고 생각지 못했던 것 같다. 그래서인지 그녀는 생산치 못하는 자신은 가치가 없다고 말한다. 그녀에게는 그 이상의 아들도 없었고, 두 며느리를 위해 더 낳아줄 수도 없다. 나오미가 형사취수제 관습을 염두에 두고 말했다고 볼 수는 없다. 이 관습은 엘리멜렉이 낳은 아들들에게만 적용되는 것이기 때문이다.(신 25:5-10) 그보다 나오미가 말하고자 하는 바는 자신의 비어 있음이다. 나오미는 스스로 "늙었으니 남편을 두지 못할"(1:12) 것이라고, 좀 더 쉽게 말해서 성관계를 할 수 없다고 말한다.(cf. 호 3:3) 집안에 남자가 없다는 이유로 그녀는 자신이 "여호와의 손"에 저주받았다고 생각한다.(1:13)

오르바는 입을 맞추고 나오미를 떠났지만, 룻은 그녀를 "붙좇으며"(*dabaq*, 1:14)—한 여인이 다른 여인에게 취할 수 있는 가장 친밀한 신체 접촉을 말하는 듯하다.—한사코 떠나기를('*azab*, 1:16) 거부한다. 이러한 용어들은 이상적인 부부관계에 대해 말하는 창세기 2:24를 떠올리게 한다.(cf. 잠 18:24) 이후에도 본문은 *dabaq*를 사용하여 계속 여성들의 관계에 초점을 맞춘다. 보아스와 나오미는 룻에게 들판에 있는 여인들에게 "붙어 있으라"(2:8, 21; NRSV: "stay close", "keep close"; 개역개정, "함께 있으라", "가까이 있으라")고 당부한다. 나오미처럼 룻도 여인들과 함께 있을 때 안전할 수 있을 것이다.

이제 나오미는 룻이 지켜야 할 '신학적인' 신의(loyaties)에 호소한다. 오르바처럼 룻도 그녀의 백성과 그녀의 신들에게 돌아가야 한다는 것이다. 그러나 룻은 나오미의 백성이 자신의 백성이 되며 그들의 신이 자신의 신이 될 것이라고 주장한다. 룻은 나오미와 함께 머물고, 그녀와 함께 죽어 묻히겠다고 맹세까지 하는데, 이것은 며느리라기보다는 꼭 배우자의 말처럼 들린다. 마지막으로 룻은 죽는 일 외에 자신이 나오미를 떠난다면 하나님이 벌을 내리셔도 마땅하다고 말한다. 아브라함처럼, 룻은 기꺼이 자기 집을 떠나 이스라엘로 향한다. 그러나 족장 아브라함과 달리 룻의 동기는 신의 명령이 아닌 시어머니에 대한 의리였다. 룻에게는 땅과 자손에 대한 약속도 없었다. 그녀의 미래는 기껏해야 불안정한 경제 상황에 놓이는 것뿐이었다. 그런데도 나오미는 며느리의 충성을 인정하지 않는다. 룻의 말을 듣고, 입을 다물었을 뿐이다.

자신의 불행을 바라보는 관점과 룻에 대한 이해 부족은 베들레헴까지 나오미를 따라다닌다. "온 성읍"이 베들레헴에 도착한 두 여인으로 떠들썩해졌고, 마을의 여인들은 "이이가 나오미냐"고 묻는다. 룻이 아들을 낳은 후에야 이 여인들은 룻의 존재를 분명하게 인정한다. 그들의 인사를 물리친 나오미는 '기쁨'을 뜻하는 자신의 이름까지 거부한다. 나오미는 그 대신에 자신을 마라, 즉 "괴로움"이라 불러달라고 말한다. 왜냐하면 그녀가 모압에서부터 "비어" 돌아왔기 때문이다. 나오미는 "풍성함"과 "비어 있음"을 후손과만 관련시켜 정의내린다. 그러나 이 단어들은 물론, 나아가 여성의 가치는 더 넓게 적용될 수 있다. "풍성함"이 다시 나오는 2:12를 보면 보아스가 룻에게 빌어준 "풍성한" 보상은 자녀뿐만 아니라, 안전, 결혼 그리고—바로 이어지는 문맥을 볼 때—양식까지 포함한다. "비어 있음"은 3:17에서 곡식과 관련해서 다시 나타난다.

사실 나오미의 주장처럼 그녀가 베들레헴을 떠날 때 "풍족"했던 것은 아니다.(1:21) 왜냐하면 그녀가 기근을 피해 모압으로 간 것이기 때문이다. 또한 그녀가 "비어서" 돌아온 것도 아니다. 나오미가 사용하는 동사와 대명사가 단수형이긴 해도, 룻이 그녀와 함께 있었기 때문이다. 룻은 말없이 자신의 존재로 나오미의 귀향에 대해 아이러니한 설명과 수정을 가하고 있는 셈이다.

소개(2장)

2장은 엘리멜렉의 친척인 "유력한 부자" 보아스를 언급하면서 시작되는데, 이는 "비어" 돌아왔다고 주장한 나오미와 대조를 이룬다. 곧바로 장면은 룻에게로 전환되어, 그녀는 누군가의 은혜를 입을 수 있으면 이삭을 줍겠노라고 말한다. 나오미는 룻의 계획을 지지하면서 "내 딸" 룻에게 말하지만 룻은 더는 말이 없다. 나오미가 보아스를 언급하지 않은 데 대해서는 설명이 나오지 않는다. 어쨌든 운좋게도 룻은 보아스 소유의 밭으로 간다. 룻이 이삭을 가지고 집으로 돌아와 보아스에 대한 말을 꺼냈을 때 비로소 나오미는 룻과 대화를 하게 된다.

보아스에 대한 화자의 칭찬 섞인 소개는 그의 등장으로 사실임이 확인된다. 그는 "베는 자들"을 축복하고 그들 역시 축복으로 답한다. 이어 보아스는 룻을 보고, "이는 누구의 소녀냐"고 묻는다. 그의 질문은 룻이 누군가의 소속이라는 뜻을 함축하고 있지만, 베는 이들을 감독하던 사환은 그녀의 혈통을 의미하는 것으로 이해했는지, "나오미와 함께 돌아온 모압 소녀"라고 답한다. 룻은 누군가의 아내도, 약혼자도, 종도 아니다. 더욱이 그녀는 공동체의 일원도 아니었기 때문에 나오미와 달리 이름이 아닌 종족으로 정의된다. 사환은 "베는 자를 따라 단 사이에서 이삭을 줍"게 해 달라고 룻이 청했다(2:7)고 덧붙인다. 과부이자 거주 외국인이었던 룻에게는 자신이 원하는 곳에서 이삭을 주울 법적 권리가 있었다.(레 19:9-10; 23:22; 신 24:19-22) 그러나 추수된 단 사이에서 주우려고 해서인지 아니면 외국인이어서인지는 몰라도 룻은 보아스의 허락을 구한다. 그렇게 해서 룻은 보아스에게 자신을 소개할 기회를 얻고, 두 사람은 이 풍요로운 장소에서 만나게 된다.

보아스는 아버지처럼 룻을 “내 딸아”라고 부른다. 나오미에 비하면 보아스는 말을 더 많이 한다. 그는 룻에게 일하는 여인들 가까이 있으라고 당부하고, 일꾼들에게 그녀를 “건드리지” 말고 그들이 길어다 놓은 물도 마시게 하라고 일러놓았다고 알려준다. 이 장면은 성서의 다른 본문에 나오는, 결국 결혼하게 될 남녀의 전형적인 만남을 뒤집어(cf. 창 24장; 29장; 출 2:15-22), 룻에게 남자의 역할을 부여하고 있다. 집을 떠나 자기의 운명을 개척하면서 고난을 겪고, 자신이 마실 물을 찾아야 하는 것은 바로 룻이다. 룻에게 베푼 친절을 설명하는 보아스의 말은 이러한 문학장치를 보완하고 있다. 이미 보아스는 룻이 나오미를 위해 무엇을 했으며 또 그러기 위해 그녀가 치른 희생에 관해서 들었다. “네 남편이 죽은 후로 네가 시어머니에게 행한 모든 것과 네 부모와 고국을 떠나 전에 알지 못하던 백성에게로 온 일이 내게 분명히 알려졌느니라.”(2:11) 나중에 베들레헴의 여인들은 룻의 가치를 그녀가 낳은 아이로 평가하겠지만, 보아스는 그녀가 베푼 사랑(*chesed*)을 전부 다 알고 있다. 룻의 가치에 대한 보아스의 정확한 평가는 그녀와 결혼할 동기가 되면서 나오미의 편협한 관점을 교정하는 수단도 된다.

과장되게 감사를 표현하면서 보아스와 대화를 이어가던 룻은 엎드려 절하며 보아스에게 “이방여인”인 자신에게 마음을 쓰는 이유가 무엇인지 묻는다.(2:10) 이 둘의 대화에서 복합적인 연상을 일으키는 용어가 여럿 나오는데, ‘이방여인’은 그 중 첫 번째로 등장한다. *nokriyah*(cf. 창 31:15; 시 69:8; 욥 19:15)라는 단어는 단순히 “이방인”을 가리키는 것이 아니라, 가문 사람으로 여겨져야 하지만 사실상 그렇지 않은 사람을 말하는 듯하다. 보아스가 자기 여종을 향하여 “친절하게”(문자적으로 “마음에”; 개역개정, “마음을 기쁘게 하는”) 말하는 것을 지켜본 룻은 보아스의 관대함을 인정한 데서 멈추지 않는다. 이 표현은 구애의 의미를 띠고 있다.(cf. 창 34:3; 삿 19:3; 호 2:14) 자신은 그의 여종이 아니라는 룻의 말은

(2:13) 사실 주장일 뿐 아니라, 종이 아닌 아내가 될 자신의 미래를 예견한 것이다.

보아스의 언어도 복수의(multiple) 의미로 가득차 있다. 그는 룻이 성추행을 당할 것을 염려하여(2:9; cf. 삼상 21:5), 젊은 남자 일꾼들에게 그녀를 "건드리지"(2:15; 이 단어는 '학대하다' 또는 '수치를 주다'로 번역되는 것이 더 나을 것 같다.) 말라고 경고하고, 룻이 젊은 남자를 "따르지" 않은 것을 칭찬한다.(3:10; 잠 7:21-22; 렘 2:23-25) 보아스는 이 모압 여인이 성추행을 당하는 일이 없기를 원했다. 그러나 보아스의 언어는 그 자신이 룻에게 끌리고 있다는 사실도 암시한다. 2:11에서 보아스가 한 말은 1:16-17에서 룻이 나오미에게 한 약속을 요약하고 있다. 이제 룻은 보아스에게 그냥 대상이 아니라 중요한 여인이다. 이어서 보아스는 "하나님께서 그의 날개(*kanap*) 아래에 보호를 받으러 온" 그녀에게 온전한 상을 주시기를 기원한다.(2:12) 룻이 실제로 이 말과 같이 행했는지는 분명치 않다. 여기 사용된 은유(*kanap*)는 룻이 하늘의 보호가 아닌 보아스의 "옷자락"(*kanap*, 3:9) 아래 피했을 때 다시 등장한다. *kanap*가 "성기"를 의미하기도 한다는 것을 고려하면(cf. 신 22:30; 27:20), 성적인 암시를 더 강하게 느낄 수 있다.

보아스가 룻에게 관심이 있다는 사실은 식사 중에 더 분명하게 드러난다. 그는 룻에게 떡조각을 초에 찍게 하고 볶은 곡식을 건네준다. 추수하는 일꾼들 사이에 룻의 자리를 마련해 줌으로써 보아스는 사실상 룻을 자기 가족 안에 받아들인다. 보아스가 룻에게 떡을 주었을 때 그는 룻의 남편을 자처한 것이다. 음식을 주는 것은 룻이 나오미를 위해 한 일이기도 하다. 배불리 먹고 남긴 음식을 룻은 나오미에게 준다. 이런 언급에서 룻의 미래를 미리 알 수 있다. 룻은 새로운 가족을 꾸리지만 나오미에 대한 의리를 지켜 그녀의 자리도 확보한다는 것이다.

보아스는 추수하는 일꾼들에게 일러 룻이 이삭을 좀 더 주울 수 있게 해준다. 보아스의 명령은 룻이 앞서 했던 부탁을 들어준 것이지만(2:7) 그 이상의 의미도 있다. 룻은 자신이 남긴 음식 외에도(2:18) 보리 한 에바－30에서 50파운드 사이의 양인데 장정 여럿이 충분히 먹을 수 있는 양이다. (cf. 삼상 17:17)－를 가지고 돌아간다. 나오미는 룻이 운이 좋았던 것에 놀라며 "너를 이처럼 생각해준 이"를 위해 복을 빈다.(2:19; NRSV의 "그 남자"가 히브리어 본문에는 명시적으로 드러나지 않는다.) 나오미의 기도는 하늘의 은혜를 언급하는 것으로 쉽게 해석될 수 있지만, 룻은 자신에게 이런 행운을 만들어준 사람은 보아스라고 밝힘으로써 그것을 바로잡는다. 나오미는 이것을 무시하고 계속 하나님께 초점을 맞춘다.(2:20)

갑자기 나오미는 보아스가 "우리의" 기업 무를 자가 될 수도 있겠다는 사실을 기억해 낸다.(*go'el*, 2:20) 고엘은 축자적으로 번역하면 "기업을 무를 권리를 가진 자"인데, 가문의 재산이 계속 가문 사람의 소유가 되고, 친척이 노예가 되지 않도록 보장할 친척 남자를 가리킨다.(레 25:25-55) 그렇다면 이 단어는 그냥 "친척"으로 번역해도 무방할 것이다. 그러나 이 단어는 죄나 노예상태, 포로와 죽음의 상황에서 구원해줄 자를 지칭할 수도 있기 때문에, 때로 하나님의 행위를 묘사할 때도 쓰인다.(창 48:16; 출 6:6; 15:13; 사 41:14; 43:1; 52:3; 호 13:14) 그렇다면 나오미는 하나님의 역할과 일가친척의 역할을 결합시키고 있는 셈이다. 그녀에게 남자는 지상에 있는 하늘의 대리자 역할을 하기 때문이다.

그러나 룻은 나오미의 말에 수긍하는 대신 보아스가 들판에서 자신을 보호해 줬다고 말한다. 그런데 룻의 말은 이상하다. 실제로 보아스는 룻에게 "소녀들에게" 가까이 있으라고 말했음에도 불구하고, 룻은 보아스가 "소년들에게" "가까이 있으라"(*dabaq*)고 명령했다고 말하기 때문이다. (NRSV의 "종들"[2:21]은 히브리어의 성 구분을 모호하게 만든다.) 룻이 한 이 말을 계기로 나오미는 룻에게 여자들 사이에서 이삭을 주우라는 충고를 하게 된다. 즉 나오미로 하여금 룻에게 특별히 주의를 하게 만든 것이다. 나오미가 무엇보다 룻의 안전을 염려한 것인지, 아니면 며느리가 들판의 남자들 가운데 한 명에게 붙어 있기보다는 보아스에게 붙어 있는 것이 낫겠다고 생각했는지에 대해서는 설명이 없다.

유혹(3장)

추수가 끝나자 나오미는 계획을 세운다. 그녀는 룻에게 목욕을 하고 향수(기름)를 바르고 고운 옷으로 단장하고 타작마당으로 내려가라고 이른다. 룻은 보아스가 먹고 마신 뒤 어디에 눕는지를 알았다가 그에게 가서 그의 "발"(성기에 대한 완곡한 표현)[개역개정판, "발치 이불"]을 들춰야 한다. 나오미는 거기에 한마디를 덧붙인다. "그가 네 할 일을 네게 알게 하리라."(3:4) 나오미의 계획과 룻이 아무런 질문을 하지 않는 점은 문제가 있다. 첫째, 이것은 창세기 29:21-30에 나오는 속임수를 연상시키는데, 여기서 나오미는 라반의 역할을, 룻은 레아의 역할을(참조. 4:11), 보아스는 야곱의 역할을 한다. 둘째, 타작마당은 혼외정사와 연관된다.(참조. 호 9:1) 마지막으로 보아스의 상황은("보아스가 먹고 마시고 마음이 즐거워", 3:7) 술취한 롯과 그 딸들 사이의 근친상간(창 19:30-38)을 연상시킨다. 더욱이 룻은 바로 이 결합에서 난 후손인 모압족속이라는 점에서 딱 맞는 배역을 맡은 것이다.

한밤중에 곡식단 더미 끝에서—아마도 사람들 눈에 띄지 않았을 것이다.—보아스는 놀라서 깨고 옆에 누운 한 여인을 발견하고 돌아눕는다. 그러나 룻은 전에 보아스가 했던 말을 반복하면서(2:12) 그에게 "옷자락(*kanap*)을 펴서" 자신을 덮고 그녀의 기업 무를 자가 돼 달라고 요구한다.(3:9) 룻이 보아스에게 "그가 할 일"을 일러주는 것은 앞서 나오미의 말과는 반대된다. 보아스는 하나님께서 룻에게 복주시길 빌었지만, 룻은 보아스로부터 직접 복을 받으려 한다.

보아스는 룻의 요청을 그대로 따른다. 먼저 그는 그 "딸"을 축복하고(cf. 2:8) 그녀의 나중 행위가 처음보다 훌륭하다고 칭찬한다. 여기서 덜 훌륭한 처음 행위는 룻이 나오미와 함께 한 것이고, 더 훌륭한 나중 행위는 보아스가 기업 무를 자가 되게 한 것일지 모른다. 아니면 더 나은 행위는 자신과 나오미를 위해 기업 무를 자(*go'el*)를 찾아낸 것이고, 못한 행위는 남편을 얻으려는 시도일 수도 있다. 고엘이 됨으로써 일차적으로 보아스는 룻의 미래가 아니라 나오미의 미래를 보호하게 될 것이다.(cf. 4:3-4, 15) 그가 보호하게 될 것은 나오미의 재산이기 때문이다.

룻이 "가난하든 부하든 젊은 자를 따르지 아니하였다"고 한 보아스의 말이 무슨 의미인지는 불분명하다. 젊은 남자에게 가지 않고 그에게 옴으로써 늙은 남자를 예우했다는 것이 3:10의 요점일 수도 있다. 이 경우에 더 나은 행위는 룻이 보아스와 관계를 맺으려고 노력한 것일지도 모른다. 그러나 문제는 본문 어디서도 보아스가 늙었다고 하지 않았다는 점이다. 그리고 룻이 남편감을 찾기 위해 아무 남자나 좇아다닐 거라고 보아스가 생각했을지 모른다고 이 구절이 암시하는 것도 아니다. 그보다 "젊은 자"는 나오미의 기업 무를 자(*go'el*)가 될 수 있는 사람을 가리키는 것으로 해석할 수 있다. 그래서 잭 새슨(Jack Sasson)은 이 구절을 "앞으로는 가난하든 부하든 남자를 찾을 필요가 없다"로 번역하였다. 이런 미래지향적 해석은 보아스가 룻의 미래를–아마도 결혼을 통해서일 확률이 높은데–보장해 줄 것이라는 사실을 내포하고 있다. 이 내러티브에서 보아스를 소개하면서 썼던 단어를 사용하여(2:1; NRSV: "prominent [and] rich") 보아스는 룻을 "훌륭한"(worthy, 개역개정판은 "현숙한")(*chayil*, 3:11) 여인으로 칭하며 자신과 동급으로 놓는다. 마침내 보아스는 더 가까운 친척이 책임의 이행을 거부하면 자신이 "기업 무를 자"가 되겠다고 승낙한다. 하지만 보아스의 초점은 룻에 있고, 나오미는 전혀 언급하지 않는다.

보아스가 룻의 신분(status)을 언급한 것과 "이 밤에 머무르라"(*lyn*, 3:13; cf. 1:16)고 권한 것을 보아 보아스가 평판을 염려하고 있음을 분명히 알 수 있다. 그들이 성교를 한 것인지, 아니면 성교를 했다고 보아스가 생각했는지에 대해서는 아무런 언급이 없다. 동이 트기 전 보아스는 이 "여인"에게 꽤나 많은 양의 보리를 주어 조심스럽게 집으로 보낸다.(3:14)

이제 룻은 '이방인'이나 '종' 또는 '하녀'나 '딸'이 아니라, 보아스의 아내가 될 만한 '여인'인 것이다. 아마도 사람들이 알아보지 못하게 날이 밝기 전에 그녀를 돌려보낸 것을 보면, 보아스는 룻의 평판을 지켜주고 싶었는지도 모른다. 아니면 자신의 행동이 개인적이고 성적인 동기에서가 아니라 감정과 상관없는 경건한 동기에서 우러나온 것으로 보이고 싶어서 가까운 친척에게 그들의 관계가 알려지지 않았으면 하고 바랐는지도 모른다.

룻과 나오미의 재회는 2:18b-23의 패턴을 반복하고 있다. 또다시 나오미가 질문을 하면 룻은 있었던 일을 각색해서 요약해주고, 나오미는 조언을 해준다. 나오미의 첫 번째 질문은 "너는 누구냐"(3:16; NRSV: "How did thing go with you?")이다. 이것은 보아스가 놀라서 물었던 질문과 병행을 이룬다.(3:9) 그녀는 여전히 '과부' 룻인가, 아니면 (미래의) '아내' 룻이 되었는가? 하지만 나오미는 룻을 "내 딸"로 부른다. 룻의 신분상의 변화와 무관하게 나오미와 룻, 이 둘의 관계는 변함이 없다. 룻은 보아스가 준 보리 이야기를 하면서 시어머니에게 자신이 "빈손으로" 돌아가지 않기를 보아스가 원했노라고 덧붙인다. 사실 보아스는 그런 말을 한 적이 없지만 룻이 보아스의 말을 각색하여 나오미를 끌어들인 것이다. 룻의 말은 이중의미를 띠고 있다. 상징적인 의미에서 룻은 나오미가 가장 원하는 것, 즉 보아스의 씨를 가지고 온다. 룻이 곡식을 건네주는 것은 룻이 시어머니 나오미에게 아들 오벳을 건네는 것을 예견한다. 룻의 노력으로 인해 나오미는 이제 더는 "빈손"이 아닌 것이다.

늙은 시어머니를 끌어들이기 위한 룻의 말을 마지막으로 적극적이고 자기 의견을 표현할 줄 아는 인물인 룻은 본문에서 사라진다. 이제 룻의 미래는 그녀의 가장 가까운 친척과 성문 앞에 모인 장로들의 손에 맡겨진다. 집을 떠나 들판에서의 위험을 무릅쓰고, 자신은 물론 보아스를 협상자리에 끌어냈고, 나오미에게 두 번 거짓말을 했던 룻은 여성이 할 수 있는 일을 모두 다 한 셈이다. 본문이 암시하는 바는 여성들은 고립, 사기, 속임수를 통해서만 구원받을 수 있다는 메시지인지도 모른다. 그렇다고 해도, 이 이야기가 이런 모든 수단을 동원한 룻을 비난하고 있다고 가정할 필요는 없다. 성서전승에서는 속임수를 쓰는 인물이 존경받는 경우가 많기 때문이다.(창세기 주석을 참조하라.)

결혼(4장)

보아스는 이름 없는 룻의 가장 가까운 친척을 우연히 만나, 거기서 열 명의 장로를 소집하여 공식 재판을 연다. 나오미가 엘리멜렉의 밭을 팔려 한다고 말한 후(4:3은 여성도 재산을 상속하거나 팔 수 있었음을 나타내는지도 모른다; 왕하 8:1-6 참조; 반대되는 증거로는 민 27:8-11 참조), 보아스는 그 친척이 그 기업을 무르고 그것을 가문의 재산으로 유지할 의향이 있는지 묻는다.(참조. 레 25:25; 렘 32:6-12)

이 첫 번째 고엘(*go'el*)이 땅을 사겠다고 나선다. 나오미가 자신이 산 땅을 반환청구하여 가문 재산을 상속할 자손을 낳는다는 것은 상상도 할 수 없었기 때문에 그 땅을 무르더라도 경제적 손해는 아니라고 판단했을 것이다. 그러고 나서 보아스가 하는 말(4:5)은 어떤 번역본을 채택하느냐에 따라 의미가 달라진다. 히브리어 본문에서 보아스는 "내가" 룻을 아내로 맞이하겠다고 말한다. 하지만 여러 고대 번역은 물론 대부분의 영어 번역본들은 수정된 필사본을 따라 "당신이 맞이할 것이다"(다시 말해, 여기서 룻과 땅은 패키지 협상 대상인 것이다.)로 읽는다. 첫 번째 독법이 더 선호되어야 한다. 이 첫 번째 친척에게는 보아스와 룻을 결혼시켜서 죽은 자의 땅을 상속할 자손을 낳게 할 이유가 없었다.

룻은 자신이 원하는 누구와도 결혼할 수 있는데 왜 보아스가 그냥 룻과 결혼하지 않고 공적으로 이런 문제들을 해결해야만 했는지에 대해서는 논란의 여지가 있다. 아마도 보아스는 룻과의 결혼에 대해 공동체의 승인을 얻어서 문제의 소지가 있는 모압 여인과의 관계를 합리화하려는 것 같다. 만일 그렇다면 룻은 보아스에게 고엘의 지위를 부여함으로써 이러한 합리화의 구실을 준 것이다. 이제 보아스는 시형제결혼이라는 관습적인 방식으로 상황을 해결할 계획을 세운다.(참조. 신 25:5-10)

시형제결혼 또는 다른 어떤 입증되지 않은 책임을 면하는 관습을 따라 그 친척은 자기 신을 벗어 보아스에게 건네준다.(신 25:9 참조) 이제 보아스는 룻뿐만 아니라 "엘리멜렉에게 있던 모든 것"(4:9)을 요구한다. 앞서 적극적이었던 룻은 여기서부터 보아스가 취득하는 대상으로만 언급된다. 보아스의 계획이 시형제결혼의 구체적 조건과는 잘 맞지 않기 때문에, 그는 땅과 룻의 관계를 명확히 밝힌 후 룻이 보아스에게서 낳을 첫 아이는 말론의 상속자가 될 것이라 확언한다.(4:5, 10) 이러한 사회경제적 고려들은 여성의 가치에 대한 나오미의 생각을 더 강화시킨다. 보아스는 장로들 앞에서 룻과 결혼하는 근거가 룻에 대한 애정이나 존중이 아니라 "그 죽은 자의 기업을 그의 이름으로 세우"(4:10)려는 룻의 능력에 있음을 천명한다.

성읍 사람들은 보아스가 아니라 룻을 먼저 축복하면서 야곱을 위해 라헬과 레아가 했던 것처럼 보아스의 집을 세울 수 있도록 그녀가 자손을 많이 낳기를 빌어준다. 여기서 라헬과 레아, 여족장 두 사람이 성공적으로 행한 역할을 이뤄낼 사람은 한 명의 모압 여인, 바로 룻이다. 성읍 사람들은 또한 보아스의 집이 "다말이 유다에게 낳아준 베레스의 집과 같게 하시기를" 기원한다.(4:11-12) 과부가 된 다말이 시아버지 유다가 형사취수 관습을 따라 남은 아들과 그녀를 결혼시키지 않자 창녀로 변장하여 그를 유혹하였던 것처럼(창 38장), 보아스와 룻이 이미 관계를 맺었음을 성읍 사람들이 알고 있다고 내러티브가 암시하는 것인지도 모른다.

그 외에도 룻기와 창세기 38장의 병행과 대조를 더 발견할 수 있는데, 두 이야기는 모두 이방 환경으로의 이주, 이방여인과의 결혼, 배우자와 두 아들의 죽음이라는 공통의 모티프를 가지고 있다. 그뿐만 아니라 여주인공을 파격적으로 묘사한다는 점도 공통적이다. 룻과 다말은 모두 과부가 되었을 때 친정에 있기를 거부하고 자손을 낳아, 대가 끊길 위기에 처한 가문을 이은 인물이다. 그러나 이후 이 여인들이 어떤 운명에 처했는지 그리고 그들이 이렇게 한 동기가 무엇이었는지 본문은 말해주지 않는다. 적어도 유다는 나중에 가서 며느리의 의로움을 인정했지만, 나오미가 이러한 깨달음에 도달했는지는 전혀 나타나지 않는다. 즉 그녀는 룻을 향해서든, 아니면 룻에 대해서는 결론적인 어떤 진술도 하지 않는다. 그럼에도 불구하고, 룻기가 다말의 권리를 다시 찾아주었던 것처럼(4:12, 18), 성읍 여인들이 나오미의 침묵으로부터 룻의 권리를 다시 찾아준다.(4:15)

룻과 보아스가 결혼한 후, 곧 룻은 임신한다.(4:13) 이 지점에서 보아스도 이야기에서 사라지고, 초점은 나오미에게 옮겨지는데, 이제 나오미는 더는 '비어' 있지 않다. 여인들은 나오미에게 기업 무를 자(이는 보아스인가, 아니면 그 아들 오벳인가?)를 주신 하나님을 찬양하고, 나오미의 위안이 될 자인 태어난 아들을 축복한다. 마지막으로 여인들은 룻이 아들을 낳았고 나오미에게 룻은 '일곱 아들'보다 더 귀하기 때문에 태어난 아이가 특별한 가치가 있다고 강조한다. 그러나 이 여인들이 룻의 가치와 그녀의 존재 자체를 인정해 주는 것은 오로지 출산의 맥락에서만이다.

말과 행동으로 자신이 꾸린 새로운 가족 안으로 나오미를 끌어안으려 애썼던 룻 자신이 마지막 순간에 본문에서 완전히 제거되는 것은 아이러니하다. 아이를 기르는 것은 나오미이고, 그 아이의 이름을 지어주는 것은 이웃 여성들이며, 심지어 그들은 "나오미에게 아들이 태어났다"(4:17)고 선언까지 한다. 룻이 사라짐으로써 이 아이는 모압족속과 관련된 낙인을 벗을 수 있었을 것이다. 이 순수한 가계를 확증해 주는 것은 룻기의 마지막에 나오는 족보이다. 족보는 베레스로 시작해서 오벳과 이새를 거쳐 다윗으로 이어진다. 보아스가 "죽은 자의 이름을 잇겠"노라 맹세했음에도 불구하고 모압에서 죽은 룻의 남편 말론의 이름은 족보에 나오지 않는다. 룻은 표면적으로는 이 이야기의 주인공이지만 여전히 수수께끼로 남아 있다. 이후 룻과 나오미의 관계는 어떠했는지, 아들과 남편에 대한 룻의 감정은 어땠는지, 또한 이스라엘에 그녀가 소속감을 느꼈는지 하는 의문에 대해서는 전혀 서술되지 않기 때문이다.

참고문헌

Beattie, D. R. G. *Jewish Exegesis of the Book of Ruth.* Journal for the Study of the Old Testament Supplement Series 2. Sheffield: JSOT Press, 1977.

Bos, Johanna W. H. *Ruth, Esther, Jonah.* Knox Preaching Guides. Atlanta: John Knox Press, 1986.

Campbell, Edward F., Jr. *Ruth.* Anchor Bible 7. Garden City, N.Y.: Doubleday & Co., 1975.

Fewell, Danna Nolan, and David Miller Gunn. *Compromising Redemption: Relating Characters in the Book of Ruth.* Literary Currents in Biblical Interpretation. Louisville, Ky.: Westminster/John Knox Press, 1990.

LaCocque, André. "Ruth," *The Feminine Unconventional: Four Subversive Figures in Israel's Tradition*, 84–116. Overtures to Biblical Theology. Minneapolis: Fortress Press, 1990.

Sasson, Jack M. *Ruth: A New Translation with a Philological Commentary and a Formalist-Folklorist Interpretation.* Baltimore: Johns Hopkins University Press, 1979.

Trible, Phyllis. "A Human Comedy," *God and the Rhetoric of Sexuality*, 166–199. Overtures to Biblical Theology. Philadelphia: Fortress Press, 1978.

사무엘상하

조 앤 해킷
Jo Ann Hackett

개괄

구성 그리고 문학적 구조

사무엘서는 고대 이스라엘에 흥미를 느끼는 독자에게는 금광이나 다름없다. 상당수의 내러티브가 많든 적든 여성을 중점적으로 다루고 있다. 이스라엘 역사에서 정치적 반향을 일으킨 주요 사건들과 관련된 왕족 여성들에 관한 이야기가 있는가 하면, 한나, 엔돌의 무당, 이스라엘 촌락의 두 '지혜로운 여인'처럼 왕족은 아니지만 중요한 역할을 담당했던 여인들의 이야기도 있다. 또한 의도치 않게 여성들의 삶에 대해서도 많은 것을 알려준다. 여기서 모든 흥미로운 세부사항들을 일일이 열거할 수 없을 만큼 사무엘서는 당시 여성들의 삶과 관련하여 놀라우리만치 풍부한 정보를 우리에게 전해 준다.

사무엘서는 여호수아, 사사기, 사무엘상하, 열왕기상하에 걸쳐 가나안 정복부터 바빌론 포로기에 이르는 전 과정을 추적하는 좀 더 큰 작품 – 신명기역사(DH)로 알려져 있다. – 의 일부이다. 신명기역사의 편집자들은 기존의 내러티브를 사용하면서 여기저기에 해석한 자료들을 추가했다. 신명기사가의 손길이 닿은 문서들을 살펴보면, 그들의 개정과 편집에 일관성이 없음을 알 수 있다. 사사기서에서는 하나님의 상벌체계와 관련하여, 열왕기서에서는 각 왕에 대한 평가가 관련하여 이따금씩 서툴지만 해석적 주석을 다는 데 반해, 사무엘서에서는 이러한 주석을 거의 찾아볼 수 없다. 사무엘서에서 신명기사가는 대부분의 내러티브들이 스스로 말하게 내버려 둔다. 따라서 원래 개별적으로 존재했던 이야기들이 몇 개의 이야기로 묶인 곳에 가서야 비교적 쉽게 신명기사가의 편집의 흔적을 발견할 수 있다.(예. 사울의 통치 이야기, 다윗의 부상[浮上] 이야기 등)

개요

사무엘서는 사무엘, 사울, 다윗의 업적에 대한 이야기로 구성되어 있다. 사무엘서는 한나 이야기, 한나가 사무엘을 낳은 이야기, 실로 성소에서 보낸 사무엘의 유년기에 대한 이야기로 시작한다.(삼상 1-3장) 뒤이어 공동체를 향해 보이지 않는 야웨의 임재를 나타내는 것으로 알려진 언약궤 — 율법이 새겨진 석판이 들어 있는 이동식 상자 — 에 관한 이야기가 나온다.(4-6장) 7장은 블레셋과 끊임없는 갈등이 벌어지는 상황에서 판관 사무엘의 활약상을 보도한다.

왕을 향한 이스라엘의 열망이 8-12장의 주제이자 이스라엘 최초의 왕, 사울을 소개하는 근거가 된다. 사울과 블레셋의 전투와 그의 왕권 상실이 15장 전체에 걸쳐 이야기된다. 다윗은 16장에서 소개된 데 이어 17장, 즉 그 유명한 골리앗 이야기에서 다시 소개된다. 처음에 사울은 다윗을 왕실에 둔 것을 기쁘게 여겼다. 그러나 사울 가문과 이스라엘 전체의 호의를 얻기 위한 두 인물 간의 경쟁, 사울의 다윗 살해 기도, 사울을 피해 달아난 다윗 — 그 결과, 다윗은 결국 적군인 블레셋인들과 관계를 맺게 된다. — 으로 이야기의 초점이 빠르게 이동한다.(18-27장; 29-30장)

28장에서는 야웨와의 모든 접촉점을 잃은 상태에서 다가오는 블레셋과의 전투 결과를 알고 싶었던 사울이 무당을 내세워 25장에서 이미 죽었다고 보도된 사무엘의 영을 불러올린다. 사무엘의 예언대로 사울은 전투에서 패한다. 이 과정에서 사울과 세 아들이 모두 죽는다. 사무엘상은 창세기, 신명기, 여호수아—창세기는 요셉의 죽음으로, 신명기는 모세의 죽음으로, 여호수아는 여호수아의 죽음으로 막을 내린다.—와 마찬가지로 주요 인물의 죽음으로 끝이 난다.

사무엘하는 특별히 사울과 요나단의 죽음에 대한 다윗의 반응으로 시작한다.(1장) 그 후 다윗은 점진적으로 유다와 이스라엘 양 지역의 왕위에 오르고 예루살렘을 수도로 삼는다.(2-5장) 6장에서 다윗은 새 수도로 언약궤를 가져오고, 7장에서는 영원한 왕조를 약속받는다. 8-10장, 21장, 23:8-39는 다윗의 군사적 행정과 업적에 대해 이야기한다.

다윗과 부하군인의 아내 밧세바와의 정사(11-12장)는 다윗과 그의 가문의 몰락의 시작을 알리는 분수령이다. 13장은 다윗의 아들 암논이 누이 다말을 강간하자 또 다른 아들 압살롬이 암논을 살해한 이야기이다. 압살롬은 달아났다가 한 '지혜로운 여인'의 충고를 들은 다윗의 명령 덕분에 되돌아올 수 있었다.(14장) 압살롬은 돌아오자마자 다윗으로부터 왕위를 빼앗으려고 하지만(15-19장), 왕위 찬탈 기도는 결국 그의 죽음으로 막을 내린다. 20장은 다윗의 왕좌를 빼앗으려는 또 다른 반란과 또 다른 지혜로운 여인의 개입을 보도한다.

사무엘서는 단편적인 이야기들의 모음으로 끝이 난다. 사무엘하 22장(=시 18편)은 일반적으로 아주 오래된 추수감사시로 여겨진다. 그러나 여기서는 다윗이 지은 것으로 되어 있다. '다윗의 마지막 말'로 알려진 23장은 야웨와 이스라엘 통치자들의 관계에 대한 또 다른 사랑스러운 시로 시작한다. 24장은 군대징집과 세금납부를 목적으로 이스라엘과 유다 지역에서 시행된 다윗의 인구조사와 이에 진노한 야웨가 전염병을 내린 이야기로 시작한다. 사무엘서의 마지막 구절들은 다윗이 아라우나의 타작마당을 사서 하나님께 제단을 쌓은 사건을 보도한다. 훗날, 이곳에 솔로몬의 성전이 세워진다.

주석

사무엘서에 나타난 여성들의 역할

사무엘서에 여성들에 관한 정보가 풍부한 것은 사실이지만, 여기에 나오는 이야기들을 무조건 역사적 서술로 가정해서는 안 된다. 예를 들어, 사무엘서의 이야기들이 역사적 밧세바에 관해 어느 정도의 정보를 제공하는지 판단하기란 매우 어렵다. 이야기에 포함된 인물들이 성서 외에 당대 다른 문서에서는 전혀 언급되지 않기 때문이다. 게다가 사무엘서에 나오는 일부 이야기들은 전통적인 이야기 형식을 따르기 때문에 역사적 사실과 이야기꾼의 창작을 구별하기도 어렵다. 요약하자면, 사무엘서의 이야기들을 이용해서 미갈과 아비가일의 역사적 전기를 재구성하려고 한다면, 그것은 위험한 발상이다. 그러나 그 이야기들은 이스라엘 초기 설화들이 당시 여성들과 이스라엘 역사 형성 과정에 대한 여성들의 참여를 어떻게 기억하고 서술하는지를 보여준다.

여성에 대한 이야기에서 개별 여성들의 구체적 삶에 대한 지식으로 관심의 초점을 옮길 때에는 신중을 기해야 한다. 그러나 이것이 사무엘서는 당시 여성들의 실제 삶에 대해 아무것도 말해주지 않는다는 뜻은 아니다. 성서 이야기들은 여성들의 삶에 관한 정보로 가득차 있다. 우리가 아는 한, 성서기자들이 후대를 위해 여성들의 구체적인 삶의 모습을 기록하려고 했던 것은 아니다. 종교·정치적으로 특별한 주제를 다루는 과정에서 우연히 이러한 정보들이 포함된 것으로 보인다. 아이러니하게도 단지 '지나가는 이야기로' 언급됐다는 바로 그 사실 때문에 성서가 제공하는 여성

관련 정보는 역사적 신뢰성을 얻는다. 그러나 성서로부터 이스라엘 여성의 삶에 대한 정보를 끌어내려고 할 때에는 정보의 우연성뿐만 아니라 정보의 단편성 그리고 타자료와의 구분이 힘든 점도 함께 고려해야 한다.

이러한 주의사항을 염두에 둔다면, 사무엘서 전체에 흩어져 있는 여성 관련 중요 정보를 수집할 수 있을 것이다. 다음에 이어지는 목록은 불완전하기는 하지만 사무엘서에 나타난 여성 관련 정보 중 가장 중요한 부분을 담고 있다.

이스라엘과 블레셋이 한창 전투를 벌이던 와중에 – 이 전투는 결국 이스라엘의 대패로 막을 내린다. – 비느하스의 부인으로 등장하는 익명의 여인이 아기를 낳은 짧은 이야기는 가정이라는 사적 영역과 공적 영역이 어떻게 교차하는지 보여준다.(삼상 4:19–22) 여기서 산모 곁을 지킨 여인들 – 당시 사회에서 여인들은 으레 산모 곁을 지켰다. – 은 "두려워하지 말라 네가 아들을 낳았다"고 말한다. 이것은 당시 사회에서 딸보다는 아들의 출산이 중요했음을 시사한다. 산모가 직접 아기에게 지어준 이름 이가봇(성서 본문에서는 '영광이 이스라엘에서 떠났다'라는 뜻으로 풀이됨)은 공적·국가적 사건들에 대한 그녀의 관심을 반영한다. "그가 이르기를 '하나님의 궤를 빼앗겼으므로 영광이 이스라엘에서 떠났다' 하였더라."(삼상 4:22)

이스라엘 사람이든 아말렉 사람인든 여성을 전쟁의 희생자로 언급하는 대목도 곳곳에서 눈에 띈다. 여성들은 성전(聖戰)에서 죽임을 당하고(삼상 15:3), 전쟁으로 자식을 잃고(삼상 15:33), 보복공격으로 남자와 아이들과 나란히 살해당하고(삼상 22:19), 중인 말살 차원의 대학살로 인해 죽임을 당하며(삼상 27:9), 포로로 잡혔다가 구조되어 원래 있던 곳으로 되돌아가기도 한다.(삼상 30장) 사무엘상 21:4–5에서 군인들이 거룩한 떡을 먹기 위해서는 여인을 멀리해야 한다고 말하는 것으로 보아, 대다수의 사회와 마찬가지로 이스라엘에서도 전사들은 모두 남성이었던 것 같다.

사무엘서는 여성의 종교적 역할에 대해서는 거의 아무런 정보도 주지 않는다. 사무엘상 2:22에 따르면(cf. 출 38:8), 성전 건축 이전, 종교 사원으로 중요한 역할을 담당했던 '회막 문에는 수종드는 여인들'이 있었다. 그러나 여인들이 담당했던 역할은 확실치가 않다. 때로 이들이 신전 창기(娼妓)였다는 주장이 제기되지만 근거가 없다.(본서의 "호세아서" 참조) 여인들의 역할이 어떤 식으로든 제의와 관련되어 있었다고는 하지만, 사제와 관련된 일이 아니었던 것은 분명하다. 그들은 아마도 전 세계적으로 여성들은 거의 배제되었던 희생제사 그 자체보다는 레위 지파처럼 평소에 회막과 그 안의 기구들을 관리하는 일을 맡았을 것이다. 예를 들어, 한나 이야기에서 모든 희생제사는 한나의 남편인 엘가나와 사제들이 드린다. 한나가 제사에 바칠 동물을 실로로 데리고 가는 사무엘상 1:24-25에서조차 실제로 제사를 드릴 때에는 동사가 복수형으로 바뀌는데(25절), 이는 사제들 또는 엘가나와 사제들이 제사를 드린다는 것을 나타내기 위한 장치로 보인다. 물론, 희생제사는 예전에 한나가 야웨께 아들을 점지해 달라고 빌 때 했던 서약을 지키는 행위이다. 여인들이 종교적 서원을 함으로써 의무를 지게 되는 것은 민수기 30:3-16에 실린 법에서도 볼 수 있다. 그러나 여기에서도 아버지나 남편이 서원을 취소할 수 있는 상황이 명시되어 있다. 공식적인 제의 외에 여성의 종교 활동에 대해서는 엔돌의 무당과 관련하여 논의할 것이다.

독자들은 여성의 세계와 일에 대해 다른 측면들도 보게 된다. 물을 길러 오는 처녀들이 있는가 하면(삼상 9:11-13), 사울과 요나단이 죽었을 때 요나단의 아들 므비보셋을 구한 유모도 있고(삼하 4:4), 사울을 애도하라는 말에 그를 위해 슬퍼한 이스라엘 여인들도 있다.(삼하 1:24) 사울과 다윗의 승리를 축하하며 승리의 노래를 부르는 이스라엘 여인들에 대한 언급이 있는가 하면(삼상 18:7; 21:11; 29:5), 사울과 요나단의 죽음을 기뻐하며 승리가를 부르는 블레셋 여인들을 상상하는 장면도 있다.(삼하 1:20) 물렛가락을 잡은 남자[1]가 저주의 표시라는 것은 실잣기란 무릇 여성의 영역으로서 남성에게는 부적합한 일임을 암시한다.(삼하 3:29) 여성들이 차지한 다른 일로는 향료를 만들고 요리하고 빵을 굽는 일이 있다.(삼상 8:13) 이러한 구체적인 언급은 그 자체로 귀중함과 동시에 초기 이스라엘 여성의 삶에 관해 알려진 것이 거의 없는 현실을 반증하기도 한다.

여성의 권력의 근원

사무엘서에 나타난 여성들의 권력의 근원에 대해 논의하기 위해서는 먼저 이야기가 가정하고 있는 당시 사회의 몇몇 특성을 설명해야 한다. 사무엘서가 그린 이스라엘은 권력이 점차 중앙화·세습화·위계화되어가던 사회, 다시 말해 주로 남성이 공권력을 지배하던 사회였다. 사사기가 그린 이스라엘 사회와는 사뭇 다른 모습이다. 거기에서는 중앙집권화된 세습권력의 초기 단계만 볼 수 있다. 사사기에는 '카리스마적' 지도자에게 좀 더 열려 있는 지방분권적 사회가 등장한다. 이러한 사회는 세습군주제 사회에 비해 혼란스럽고 불안정하기는 하지만 여성이 좀 더 쉽게, 좀 더 통상적으로 공직에 오를 수 있는 사회이기도 하다. 이렇게 본다면, 사무엘서에 드보라와 야엘이 등장하지 않는 것은 그리 놀랍지도 않다.

왕족 여성은 이러한 일반적인 규칙에서 예외적인 존재로서 경우에 따라 상당한 권력을 누렸다. 예를 들어, 왕좌에 오를 적통 남성이 없을 때 여성이 그 자리를 대신하기도 했다. 그러나 사무엘서에서는 왕족 여성조차 다른 자리는 몰라도 통치자의 자리만큼은 오를 수 없었다. 가부장제 사회에서 여성이 가진 권력은 대개 자기 가문의 지위에서 온 것이었다. 이러한 맥락에서, 왕가의 여인들은 왕의 정실이 되거나 상속자를 낳는 등(남편보다 오래 살 경우 태후가 된다.) 권력을 얻기 위해 여러 가지 교묘한 술수를

---

1) [역주] 한글 개역개정판에서는 "지팡이를 의지하는 자"로 번역되어 있다. 이는 '지팡이'에 해당하는 히브리어가 여러 가지 해석의 가능성을 내포하고 있기 때문이다.

부리기도 했다. 사무엘서에서는 이러한 왕가 여인들의 책략을 찾아볼 수 없지만, 열왕기서로 넘어가면 밧세바가 솔로몬의 왕위 등극에 개입한 이야기를 들을 수 있다.

사무엘서가 제시한 사회 구조 속에서 권력은 아버지에게서 아들로 이어진다. 그것은 아들의 도덕적 자질과는 아무런 상관이 없다. 사제직, 사사직, 군주직 할 것 없이 모두 세습된다. 사무엘서기자가 엘리의 두 아들을 경멸조로 서술하지만, 그들은 사제가 되었다.(삼상 2:12-17, 22-25, 27-36; 3:10-14) 사무엘의 아들들도 자격을 갖추지 못했지만 사사직을 물려받았다.(삼상 8:1-3) 사울은 개인적으로만 죽을 때까지 왕위를 유지한 것으로 나온다. 따라서 사울의 왕권 상실은 사울왕조—사울의 아들이 대를 이어 왕위에 오르는 것—의 종말을 의미한다.(삼상 13:8-15a; 15장) 사무엘하 7장에 나오는 왕조신학은 다윗의 아들이 다윗의 뒤를 이어 통치하게 될 것이라고 분명하게 밝히고 있다.(12-14a절)

대다수 사회에서 공권력이 위계적이고 중앙집권적 방향으로 조직될수록 여성이 공권력을 획득할 수 있는 가능성은 줄어든다. 이러한 분석은 공권력이 제도화된 이스라엘 사회를 그리고 있는 사무엘서에도 그대로 적용된다. 이러한 맥락에서, 사무엘서에서 공권력을 행사하는 여인들에 관한 세 개의 이야기가 중앙집권적 군주제 정부에서 제거당함으로써 오히려 반독립성을 유지할 수 있었던 분야에서 활동하는 여인들과 관련되어 있다는 것은 놀랍지 않다. 사울은 야웨와의 일반적인 접촉수단을 모두 상실하자 엔돌의 무당에게 도움을 청한다.(삼상 28장) 드고아와 벳마아가의 아벨에 살던 '지혜로운 여인들'에 관한 두 개의 이야기(삼하 14장; 20장)는 두 여인이 높은 지위와 권위를 지녔다고 가정하고 있다.

사무엘상 28장에서 사울의 왕권과 생명은 블레셋과의 전투에서 위험에 처한다. 이 이야기는 3절에서 두 가지 정보를 알려준다. 하나는 사무엘이 죽었다는 것이고, 다른 하나는 사울이 무당과 박수무당을 나라에서 쫓아냈다는 것이다. 그럼에도 불구하고 사울이 신하들을 시켜 무당을 찾았다는 것은 그의 깊은 절망을 보여준다. 전에는 관례에 따라 전투에 앞서 야웨께 그 결과를 미리 구했지만(예. 23:1-5), 이번에는 이러한 일반적인 방법으로는 아무런 응답도 받지 못했다.(28:6) 그러던 차에 엔돌에 여자 무당이 있다는 소식을 듣자 사울은 변장을 하고 그녀를 찾아간다. 사울이 직접 무당들을 추방했으므로 엔돌의 무당이 (변장한) 그를 알아볼 경우 도움을 기대하기는 힘들었을 것이다. 사울로부터 처벌하지 않겠다는 맹세를 듣고나서야 엔돌의 무당은 그의 청대로 사무엘의 영을 불러올린다. 그녀는 이를 두고 땅 속에서 영이 올라온다고 말한다.(13절)

이 구절에서 흥미로운 것은 무당이 여성이라는 사실이다. 거의 모든 종교체계는 중심부의 제도와 관습뿐만 아니라 주변부에서 작동하는 제도와 관습도 가지고 있다. 고대 이스라엘에서 여성이 남성으로만 구성된 사제 집단, 나아가 중심부의 종교체계와 접촉하기 위해서는 성전 시종이 되는 것 외에 다른 선택권이 없었을 것이다. 성전의 여시종들은 여느 곳의 시종과 다를 바 없이 성전에 필요한 갖가지 살림을 맡아보았을 것이다.(참조. Bird) 여성들은 변방의 종교문화에서만 사제 또는 준사제의 임무를 수행할 수 있었던 것 같다. 이들은 사무엘상 28장에서 사울이 최근에 금지한 일련의 관습에서 볼 수 있듯이 점복과 접신과 같은 행위를 했을 것이다. (cf. 레 20:27; 겔 13:17-23)

사울은 사무엘의 영으로부터 자신의 패배와 죽음에 대한 예언을 듣고 정신이 혼미해진 나머지 그만 땅에 나자빠지고 만다. 사무엘과의 만남을 앞두고 정결함을 유지하려고 한 것인지, 사울은 그때까지 아무것도 먹지 않은 상태였다. 여인과 신하들이 재차 권하자 그제서야 사울은 식사를 한다. 본문에 따르면, 무당은 자신이 키우던 살진 송아지를 잡고 빵을 구워 사울과 신하들을 대접했다. 무당이 송아지를 잡는 데 사용된 히브리어 동사는 대체로 '희생제물을 도살한다'는 의미로 사용된다. 그렇다면 그녀의 행동에는 다소 모호한 측면이 있다. 한편에서 보면 그녀가 단순히 일반적인 식사를 준비한 것으로 볼 수도 있지만, 다른 한편에서 보면 사울과 부하들이 변방의 금지된 종교적 하위체계에서 준사제적 역할을 담당하는 여자 무당이 준비한 희생제의 식사에 참여한 것으로 볼 수도 있기 때문이다.

한 촌락을 무대로 공권력을 행사하는 여성에 관한 두 번째 예는 사무엘하 4장의 첫 번째 '지혜로운 여인'의 이야기에서 볼 수 있다. 요압은 드고아에 사는 한 지혜로운 여인을 불러 다윗이 자신도 모르게 압살롬을 다시 예루살렘에 데리고 오라는 결정을 내리게 만들 말을 일러주고 그녀를 다윗에게로 보낸다.(12장의 '가난한 사람의 암양' 이야기에서 선지자 나단이 쓴 계책과 비교해 보라.) 본문에 따르면, 요압이 그녀에게 미리 할 말을 일러주었다. 그렇다고 하더라도 그녀는 훌륭한 배우, 영리한 달변가 내지는 드고아에서의 지위 때문에 다윗이 경청할 수밖에 없었던 인물이었던 것 같다. 세 가지 특성을 모두 가지고 있었을 수도 있다.(참조. Camp)

지혜로운 여인에 관한 두 번째 이야기는(삼하 20장) 좀 더 교훈적이다. 요압이 벳마아가의 아벨로 피신한 반역자를 몰아내기 위해 그곳 성읍을 포위·공격하자 성읍 안에 있던 지혜로운 여인 하나가 요압을 만나기를 청한다. 요압이 이에 응한 것은 그가 그녀의 권위를 인식했음을 시사한다. 그녀 또한 14장의 지혜로운 여인과 마찬가지로 재치 있는 언어를 구사하며, 아벨 백성의 목숨을 구하는 조건으로 반역자(의 머리)를 요압에게 넘겨주는 협상력을 발휘한다. 여기서 화자는 여인을 아벨 백성의 대표이자 전쟁과 정치 문제에서 훌륭한 조언자로 채색하는 데 주저함이 없다. 사람들은 여인의 계획에 동의하고 공격은 취소된다. 드고아 여인과 아벨 여인은 모두 군주제가 큰 영향을 끼칠 수 없었던 지역, 따라서 전통적인 형태의 권위가 살아 있던 지역에 살고 있었다. 어찌되었든 (두 이야기에서) 백성도(삼하 20장) 국가적 인물들도 두 여인의 권위를 인정하였다. 두 여인은 두뇌회전이 빠르고 언변이 뛰어났던 것 같다. '지혜롭다'는 수식어가 붙게 된 것도 이 때문이다.

요약하자면, 사무엘서는 지역적 차원에서 중앙집권적 정부와 종교기구에서 벗어난 권력이 존재함을 암시하기는 하지만 여성이 큰 공권력을 행사한 것은 설명하지 않는다. 사무엘서에서 언급된 대부분의 여성들은 자신의 통치권에서가 아니라 남성 통치자와의 관계에서 권력을 획득한 왕족 여성들이다. 예루살렘에서 정권과 예배가 중앙화되기 시작하자 남성에게 권력을 세습하는 전통이 확립되었다. 이것은 여성이 공적 지위에 오를 가능성이 희박해짐을 의미했다.

지위, 권력, 그리고 자녀 : 한나의 이야기(삼상 1-2장)

사무엘서는 아기가 없던 여인이 아들을 낳는 이야기로 시작한다. 이야기에 따르면, 한나는 남편 엘가나로부터 많은 사랑을 받았지만 아기가 없었다. 야웨가 '한나의 태를 닫아놓으셨기' 때문이다. 한나는 엘가나의 유일한 아내가 아니었다. 또 다른 부인인 브닌나는 아들딸을 여럿 두고서 자식이 없는 한나를 괴롭혔다.

이 모티프는 다른 성서 이야기에도 나온다. 창세기 29-30장에 나오는 야곱의 두 아내, 라헬과 레아의 이야기가 이와 유사하다. 두 이야기의 근저에는 남편과의 관계에서 정서적 만족을 얻지 못하는 여성에게 자녀는 위로를 주고 심지어는 보상이 되는 존재라는 의식이 깔려 있다. 그러나 사무엘상 1장은 여기서 한 발 더 나아가 남성의 시각에서 볼 때 행복한 결혼생활을 하는 여성은 아기를 갖지 못하는 것에 대해 괴로워할 필요가 없음을 시사한다. 매년 드리는 제사 때가 되면 한나의 상황은 **그녀를** 특히나 더 불행하게 만들었다. 그녀는 식음을 전폐하고 울기만 하였다. 한나의 불행에 대한 엘가나의 반응에 주목할 필요가 있다. "한나여, 어찌하여 울며 어찌하여 먹지 아니하며 어찌하여 그대의 마음이 슬프냐? 내가 그대에게 열 아들보다 낫지 아니하냐?"(1:8) 이것은 여성을 아기 낳는 기계로만 보는 가부장의 반응이라고 보기 힘들며, 출산보다 사랑을 더 중요하게 여기는 관계의 가능성을 암시한다. 그러나 엘가나에게 다른 자녀가 있다는 사실을 염두에 두어야 한다. 그가 속한 사회는 사랑하는 아내와 자식을 낳아

줄 아내를 모두 둘 수 있는 기회를 주었고, 그에게는 그럴 만한 여유가 있었다. 이미 자신을 기려줄 자녀를 얻었기 때문에 한나의 불행에 대한 엘가나의 이해 부족은 그가 덜 민감하고 뭘 모르며 심지어는 둔감한 인물로 보이게 만들기 시작한다.

한나의 입장에서는 남편을 사랑한다고 해도 여전히 자녀가 필요하다. 이것은 단지 개인적 차원의 정서 충족을 위해서만이 아니다. 그녀가 속한 사회에서 여성의 위신은 최소한 부분적으로는 후손을 낳는 능력에 달려 있다. 브닌나가 한나를 괴롭힐 수 있었던 데는 바로 이러한 상황이 놓여 있다. 5절도 같은 상황을 전제하고 있다. 5절을 보면, 한나가 제사 참여에서 차지하는 비중은 자녀수에 비례한다는 것을 알 수 있다. 이러한 태도는 심지어 화자의 어휘 선택에도 반영된다. 한나의 태를 닫아놓은 분은 바로 야웨시다. 화자와 당시 청중은 자식이 없는 것을 물리적 현상이 아닌 하나님의 결정으로 — 어떤 경우에는 하나님의 처벌(참조. 창 20장)로 — 이해했을 것이다.

한나 또한 이에 동의하는 것 같다. 그렇기 때문에 하나님께 직접 호소한다. '그녀의 태를 닫아놓은' 분이 바로 야웨라면, 오직 야웨만이 그녀에게 자녀를 줄 수 있기 때문이다. 그녀는 성소에 가서 야웨께서 아들을 주시기만 한다면 아이를 성소의 시종으로 바치겠다고 서원한다. 서원은 그 자체로 다음과 같은 것을 말하고 있다. 한나는 위로를 받으려고 아이를 원하는 것이 아니다. 그녀는 지금 아이를 곁에 두고 커가는 모습을 지켜보는 기쁨을 포기하겠다고 기도드리고 있다. 그렇다면 그녀는 단순히 아들을 **낳는 것**을 원하는 것이 아닌 것 같다. 설령 함께 살지 못하게 된다고 해도 아이를 낳아야 비로소 그녀의 사회적 지위가 안정될 것이다.

그러나 한나의 서원을 또 다른 시각으로 바라볼 수도 있다. 이것은 위의 시각과 미묘한 차이를 보일 수도 있다. 이스라엘에서는 동물과 수확물의 맏배를 야웨께 바쳤는데, 이는 아마도 번식이 지속되기를 바라는 마음에서 나온 행위였을 것이다.(예. 출 13:2, 12–15; 23:16, 19a; 34:19–20,

22, 26a; 어디서도 번식의 지속성이라는 모티프가 분명하게 언급된 적은 없지만, 레위기 26장과 신명기 28장에 나오는 축복문과 저주문은 이스라엘의 제의체계와 관련하여 좀 더 폭넓은 번식의 모티프를 제공한다.) 자신의 장자를 야웨께 바치겠다는 한나의 기도가 이러한 측면에서 이해될 수 있다면, 기도의 동기는 더욱 복잡해진다. 그녀는 단순히 사회적 지위와 경쟁관계에 있는 브닌나의 괴롭힘으로부터의 구조를 바랄 뿐만 아니라 더 많은 자녀를 점지받으려는 희망에서 야웨께 자신의 첫 아이를 '바친다.' 사제 엘리는 이러한 틀 안에서 행동하고, 사무엘이 태어나 성소에 바쳐진 후에 관례대로 엘가나를 축복한다. "여호와께서 이 여인[한나]으로 말미암아 네게 다른 후사를 주사 이가 여호와께 간구하여 얻어 바친 아들[사무엘]을 대신하게 하시기를 원하노라."(삼상 2:20) 축복의 말은 곧 현실이 된다. 한나는 세 아들과 두 딸을 낳는다.(21절) 그 사이 사무엘은 말 그대로 '야웨 앞에서' 자라난다.

사무엘이 실로에 가서 엘리와 함께 살게 된 이야기에 이어 한나의 노래가 나온다.(삼상 2:1-10) 대다수의 학자들은 주변 이야기와 구체적 관련성이 거의 없다는 이유로 이 노래는 이야기 사이에 이차적으로 삽입되었다고 주장한다. 더군다나 이야기에서는 이스라엘에 아직 왕이 존재하지 않는데도 노래에서는 왕이 언급되고 있다. 그러나 노래에는 한나의 이야기에 어울리는 주제들이 담겨 있다. 결국 한나의 노래는 야웨께서 주신 행운에 대한 찬가이다. 여기에 나타난 역전의 주제는 주변 이야기와도 연결되는데, 그 중에서도 한나의 이야기와 잘 어울린다. 4절, 5a절, 8a절은 한나의 이야기에 분명하게 적용되기보다는 일반적인 역전에 대해 서술하지만, 5b절은 전에 아이가 없던 여인과 많은 자녀를 둔 여인의 처지가 뒤바뀌는 사건을 보도한다.("전에 임신하지 못하던 자는 일곱을 낳았고 많은 자녀를 둔 자는 쇠약하도다.") 이 구절이 원래는 일반적인 설명의 맥락에서 사용되었다고 하더라도, 시가 한나의 이야기에 이차적으로 삽입되면서 한나와 브닌나의 관계에 대한 구체적 언급으로서 중요성을 띠게 되었다.

시에 포함된 몇몇 찬양의 표현들은 여성이 쓴 시라고 보기에는 이상한 부분이 있다. 예를 들어, 1절의 호전적 언어("내 입이 내 원수들을 향하여 크게 열렸으니"), 4절("용사의 활은 꺾이고"), 9-10절("힘으로는 이길 사람이 없음이로다 여호와를 대적하는 자는 산산이 깨어질 것이라")이 그러하다. 그러나 고대 이스라엘 여성들이 전쟁 노래로 신임을 얻는 경우가 종종 있었다. 출애굽기 15:20-21; 사사기 5장; 11:34; 사무엘상 18:7; 21:11; 29:5; 사무엘하 1:20을 비교해 보라.

아기를 낳는 이야기에 감사기도, 야웨의 거룩함 찬양, 적의 패배, 지혜, 전투, 삶과 죽음을 능가하는 창조와 힘, 하나님에 대한 폭풍의 이미지, 선택된 지도자들과 야웨의 관계 등 이스라엘의 광범위한 종교생활에 적합한 언어와 주제를 포함하고 있는 시를 삽입한 데는 나름대로 중요한 이유가 있다. 이것은 출산을 다른 문제와 마찬가지로 중요한 문제로 바라봄으로써 야웨와 이스라엘 가수들의 주목을 받을 만한 가치가 있다고 인식한 결과이다. 이 문헌에서 번식과 출산은 중요한 종교적 문제이기 때문에 그 밖의 긴급한 문제들과 별개로 다루어지지 않는다.

결혼의 정치학 : 다윗의 아내들

고대 근동 사회에서 여성의 성(性)은 일반적으로 자기 가문 남성의 통제 아래 있었다. 아버지가 딸의 성을, 남편이 아내의 성을 통제했다. 젊은 여성의 결혼은 신랑이나 신랑 가문의 남성 일원과 신부 아버지나 신부 가문을 이끄는 남성 사이의 협상 혹은 재정협정이었다.(예. 창 24장; 29장; 34장) 왕족 사이에서는 재정적 문제뿐만 아니라 정치적 문제도 결혼의 협상 대상이었다. 이스라엘이나 유다의 왕과 이웃나라 공주와의 결혼은 이스라엘 왕과 이웃나라 왕이 일반적인 지참금 준비와 결혼서약뿐만 아니라 아마도 두 나라의 친선, 불가침 조약 등을 포함하는 협상을 마무리지었음을 뜻한다. 솔로몬과 파라오의 딸 그리고 다른 이방여인들과의 혼인을 그

예로 들 수 있다.(왕상 9:16-17; 11:1-8) 아합과 페니키아 공주 이세벨과의 결혼은 성서에서 가장 유명한 정치적 결혼일 것이다.(왕상 16:31) 사무엘서는 이스라엘에서 군주제가 출현하게 된 이야기도 들려준다. 따라서 다윗의 결혼 이야기는 정치권력의 강화(와 상실)와 관련하여 여성들이 어떤 역할을 담당하는지를 조명해 준다.

다윗의 결혼은 남녀관계(gender relation)와 권력에 대해 여러 차원에서 흥미로운 이야기를 제공한다. 다윗의 성공과 그를 향한 백성들의 사랑에 질투심을 느낀 사울 왕은 다윗에게 딸 메랍을 아내로 주겠다고 말한다.(삼상 18:17-19) 다윗의 입장에서 보면 왕의 딸과의 결혼은 권력의 중심에 가까워지는 것을 의미했을 것이다. 대신 사울은 블레셋과의 전투에 출전하는 것을 결혼의 전제조건으로 내걸었다. 그러나 사실 사울의 속내는 좀 더 복잡하다. 그가 바라는 것은 다윗이 전장에서 죽는 것이다. 다윗이 겸양을 보이면서도 결혼 의사를 내비쳤을 때, 사울은 결혼 제안을 철회하지 않은 채 충동적으로 메랍을 다른 이에게 준다. 이 거래에서 정작 메랍 자신은 아무런 역할도 하지 못한다. 결혼을 제안하고 실행하는 과정에서 협상의 주체는 어디까지나 남성들이다.

그 후 사울은 블레셋 사람들의 포피 백 개를 바치는 조건으로 다윗에게 미갈을 주겠다고 말한다.(삼상 18:20-29) 사울은 다시 한 번 다윗이 미갈을 바라는 마음 때문에 블레셋인들의 손에 죽기를 바란다. 그러나 다윗은 미갈과의 혼인에 따른 대가를 치른다. 여기서는 최소한 미갈이 다윗을 사랑한다는 말은 나온다. 그러나 전과 마찬가지로 미갈을 둘러싼 실제 협상은 그녀의 손에서 벗어나 있다. 사울이 값을 제시하고 다윗이 지불한다.

미갈과 다윗의 관계에 관한 이야기에는 독자를 어리둥절하게 만드는 측면이 있다. 이야기 초반에 미갈은 다윗을 사랑했고, 다윗은 위험을 무릅쓰고 사울이 제시한 값을 치름으로써 둘은 결혼에 이르렀다. 얼마 후, 아버지가 여전히 다윗을 없앨 궁리에 골몰해 있다는 것을 안 미갈은 다윗이 사울에게서 도망칠 수 있도록 돕고 사울의 전령들에게는 다윗의 소재에 대해 거짓말을 한다. 그러나 거짓이 탄로나자 이번에는 다윗의 탈출을 돕지 않았다면 그의 손에 죽임을 당했을 것이라고 거짓말을 한다.(삼상 19:17) (다윗과 미갈이 이러한 대화를 나누었다는 보도가 없으므로 여기서는 미갈이 핑계를 대는 것으로 보인다.) 미갈은 다윗의 다른 두 혼인에 관해 보도하는 사무엘상 25:44에 이르러서야 다시 등장한다. 이야기에 따르면, 사울은 벌써 미갈을 다른 남자에게 넘겨주었다고 한다.(이 단락에서 화자가 여전히 미갈을 '다윗의 아내'라고 부르는 데 주목하라.)

사울이 죽은 뒤, 그의 아들 이스보셋은 이스라엘의 왕위를 물려받았고, 다윗은 유다 지역에서만 왕이었다.(삼하 2:4, 8-11) 이스보셋과 그의 군사령관 아브넬의 관계가 많이 소원해지자 아브넬은 다윗과 언약을 맺어 이스라엘을 그에게 주겠다는 제안을 한다. 그런데 이에 대한 다윗의 반응이 우리의 기대를 벗어난다. 다윗은 아브넬과 언약을 맺으면서 그에게 '사울의 딸' 미갈을 다시 데려와야 한다는 조건을 내건다.(3:13) 사무엘하 3:14-16에 따르면, 화가 난 미갈의 두 번째 남편을 내쫓은 사람이 아브넬인 것으로 보아 그가 이 일을 주관한 것은 사실이지만, 다윗은 사울의 아들이자 미갈의 오라버니인 이스보셋 왕을 통해 미갈을 되찾는다.

다윗의 동기는 무엇일까? 다윗이 아브넬과 협상을 하기 전에 미갈을 먼저 돌려보내라고 요구한 데 대한 가장 분명한 설명은 그녀가 인질이었거나 쉽게 인질로 전락할 가능성이 있었다는 것이다. 미갈을 두 번째 남편에게서 찾아와 다윗에게 되돌려 보낸 장본인이 바로 이스보셋이라는 사실은 미갈이 그의 세력 아래 놓여 있었음을 분명하게 보여주는 증거이다. 만약 다윗이 미갈을 걱정했다면, 그것은 다윗이 공공연하게 왕위 찬탈을 시도하는 가운데 미갈이 희생되는 상황을 우려했기 때문일 것이다. 이것이 사실이라면, 이스보셋은 조금은 어리석은 인물이거나, 아니면 아브넬이 그를 완전히 겁먹게 만들었을 것이다.(참조. 3:11) 다른 한편에서 보면, 미갈은 사울의 딸이므로 다윗이 그녀와 재결합한다면 사울의 왕좌에 대한 그의 요구가 정당화될 수도 있다. 그렇다면 그가 아브넬의 제안을 수용하기 전에 미갈의 안위를 걱정한 것이 꼭 그녀에 대한 애정 때문이었다고 말할 수는 없다.

미갈이 주요 인물로 등장하는 마지막 장면은 분명 그녀와 다윗 사이에 애정이 묻어나는 장면은 아니다. 다윗이 언약궤를 예루살렘으로 가져와 성대한 의식을 거행하며 자기 성에 들인 사건(삼하 6장)은 다윗의 입장에서 자신을 이스라엘의 전통에 결부시킴으로써 그의 통치(그리고 예루살렘을 수도로 선택한 그의 결정)를 정당화하려는 시도라고 일반적으로 해석된다. 미갈이 다윗의 공개적인 행동에 화를 낸 배후에는 바로 이러한 상황이 깔려 있을 것이다. 다윗은 일반 사제들이 입는 베 에봇만 걸치고 춤을 추었다. 미갈은 다윗이 염치없이 비천한 신분의 이스라엘 여인들 앞에서까지 몸을 드러냈기 때문에 화가 났다고 말하지만(20절), 불만을 터뜨릴 때 다윗을 가리켜 신랄한 어조로 '이스라엘의 왕'이라고 말한다. 다윗이 보인 반응도 정확히 이에 상응한다. 다윗은 마치 왕권이 문제라도 되는 듯이 그녀의 아버지, 나아가 그녀의 가문을 버리고 자신을 왕으로 삼은 것은 바로 야웨라고 말하면서 사울의 왕권을 차지한 것을 정당화하다. 여기에는 왕권 갈등과 성적 갈등이 이상하게 뒤섞여 있다. 미갈은 격분한 일－그녀의 분노를 촉발한 원인은 다윗의 풍부한 감수성이거나 사울 가문에게 있어야 할 왕권을 다윗이 차지한 것이다.－로 인해 죽는 날까지 자식을 낳지 못한다.

미갈에게 닥친 무자(無子)의 불행이 흔히 생각하는 것처럼 야웨의 결정으로 인한 것인지, 아니면 다윗이 미갈과의 사이에서 아기를 갖지 않으려 했기 때문인지 본문은 어떤 이야기도 들려주지 않는다. 원인이야 어찌되었든 불임의 형벌은 그녀의 격분과 유사한 함의를 지닌다. 사울 가문이 거의 절멸한 가운데 미갈의 불임으로 가문의 대가 끊긴다는 것은 성적 비극이자 가문의 비극이기 때문이다.

다윗의 두 번째 부인 아비가일은 나발의 아내로 소개된다.(삼상 25:3) 그녀는 '총명한' 것으로 서술되는 데 반해 나발은 그 이름 자체가 '바보'를 뜻한다.(이야기 안에서 이것은 분명히 별명이고 농담이다. 어느 부모가 자식에게 바보라는 이름을 지어주겠는가?) 나발과 달리 아비가일은 다윗과 그의 부하들이 자기 가문의 재산과 생명을 두고 가하는 위협의 심각성을 이해하고 남편이 다윗에게 준 나쁜 인상을 지우기 위해 달려간다. 화자는 그녀가 남편에게 알리지 않고 비밀리에 다윗을 만나러 갔다고 조심스럽게 보도한다. 아비가일이 자신의 행동을 나발에게 알리자 그는 낙담한 나머지 몸이 굳고 결국 (그리고 시기적절하게) 죽는다. 아비가일은 총명하고 아름다울 뿐 아니라 이제는 다윗과 그의 부하들이 확실하게 사용할 수 있는 토지와 재산을 가진 부유한 미망인이다.(사실, 다윗이 이를 사용했기 때문에 처음에 문제가 되었던 것이다.)

다윗은 이스르엘의 아히노암과 세 번째 결혼을 한다. 그리고 이 결혼은 나발-아비가일 이야기 직후에 그리고 "사울이 그의 딸 다윗의 아내 미갈을 라이스의 아들 발디에게 주었다"(삼상 25:44)는 보도 직전에 단 한 절로 언급된다. 아히노암의 신원에 대해서는 어느 것도 확실하게 알려지지 않고 있지만 히브리성서에서 유일하게 언급된 또 다른 아히노암이 사울의 아내라는 사실이 우리를 애태운다.(삼상 14:50) 본문은 다윗이 결혼한 여인을 사울의 아내라고 말하지 않는다.(설령 사울의 아내라고 하더라도 다윗이 어떤 어려움을 뚫고 그녀를 얻었는지에 대해서 설명하지 않는다.) 그러나 뒤에 선지자 나단이 야웨로부터 받은 신탁을 다윗에게 전하는 이야기에 다음과 같은 진술이 들어 있다. "내가 너를 이스라엘 왕으로 기름 붓기 위하여 너를 사울의 손에서 구원하고 네 주인의 집을 네게 주고 네 주인의 아내들을 네 품에 두고 이스라엘과 유다족속을 네게 맡겼느니라."(삼하 12:7-8) 만일 다윗이 어렵게 사울의 아내를 얻었다면, 그의 행위는 사울의 왕좌를 차지하겠다는 그의 욕망을 드러내는 것이기도 하다. 본문이 아비노암에 대해 더욱 분명하게 밝히고 있지 않기 때문에 이러한 가능성들이 아무리 우리를 애태운다 해도 사변으로만 남아 있을 수밖에 없다.

다윗의 아내 중 가장 유명한 여인은 밧세바인데, 처음에는 그녀도 다른 이의 아내였다.(삼하 11장) 화자는 미묘하기는 하지만 다윗을 왕권이든 다른 이의 아내든 철저하게 빼앗는 자로 묘사하고 있는 것 같다. 사무엘하 11장 처음에 목욕을 하면서 (아마도 월경에서 오는) 부정함을 씻는 밧세바를 다윗이 발견하는 장면이 나온다. 이 정보는 다윗과 밧세바가 동침할 때 밧세바가 이제 막 월경을 끝냈으므로 지금은 집에 없는 남편의 아기를 임신하지 않았음을 분명히 하고 현재 가임기임을 알려주려는 의도를 담고 있다. 이야기에서 밧세바는 거의 수동적인 존재로 그려진다. 다윗에게 1인칭으로 말한 부분("내가 임신하였나이다")을 제외하면 그녀에 관해서는 언제나 3인칭으로 이야기된다. 밧세바가 곤경에 처하는 데 기꺼이 일조했음을 보여주는 유일한 단서는 왕궁 옥상(중동에서는 시원한 바람이 부는 저녁에 흔히 옥상을 거닌다.)을 거니는 왕이 볼 수 있는 곳에서 목욕을 한 맨 처음의 행동이다. 그러나 본문은 이와 관련하여 밧세바에 대해 어떤 판단도 내리지 않는다. 심지어 여기서 그녀의 이름이 불리는 경우도 거의 없다. 사무엘서에서 그녀의 이름은 사무엘하 11:3과 12:24(여기서 밧세바는 다윗의 아내로도 불린다.)에서만 거론된다. 다른 곳에서는 우리아의 아내(11:3, 11, 26; 12:9, 10, 15), 그 여인(11:5) 또는 그냥 "그 여인이", "그 여인을"으로 언급된다. 이야기는 다윗과의 관계에 대해 밧세바에게 책임을 돌리지 않는 것 같다. 그리고 다윗과의 사이에서 낳은 아이가 죽는 형벌도 밧세바가 받은 것이 아니라 야웨가 나단을 통해 다윗에게 내린 것이다. 그렇다고 해서 그녀의 감정이 완전히 무시된 것은 아니다. (화자가 길게 서술한 것은 밧세바가 아닌 다윗의 슬픔이기는 하지만) 다윗이 슬픔에 빠진 밧세바를 위로했다고 보도하기 때문이다. 게다가 밧세바와 다윗은 죽은 아이를 대신하여 솔로몬이라는 또 다른 아들을 얻는다. 왕의 부인으로서 밧세바에 대한 다소 수동적인 상은 열왕기상 1–2장에서 왕의 총애를 받는 아내이자 태후로서 강하고 활동적인 모습으로 바뀐다.

사무엘하 5:13에 따르면, 다윗은 미갈, 아비가일, 아히노암, 밧세바

외에도 '처첩들을 더 두었다.'(참조. 3:2-5) 이러한 결혼의 목적은 (그술 왕의 딸이자 압살롬의 어머니인 마아가와의 결혼에서 볼 수 있듯) 크게는 정치적인 것으로 이스라엘과 유대의 유력 가문이 주변 왕국과 돈독한 관계를 맺기 위해서였다.

당시 왕의 처첩들은 왕의 정치적 인맥과 권위의 상징이었으므로 왕위 찬탈자는 종종 왕의 후궁들과 동침함으로써 자신이 기존의 왕의 자리를 대신했음을 선포하였다. 왕의 후궁을 요구하는 것은 왕좌의 요구를 의미했다. 이러한 관습을 보여주는 가장 분명한 예는 다윗의 죽음을 전후로 왕위를 둘러싸고 다툰 그의 아들들의 이야기에 나타난다. 사무엘하 15-19장은 다윗에 대한 압살롬의 반란과 그가 예루살렘에서 왕위에 오름으로써 일시적으로 거둔 성공에 대해 이야기한다. 다윗은 어쩔 수 없이 후궁 열 명을 남겨 두어 "왕궁을 지키게" 하고서 예루살렘에서 요단강 동편으로 도망친다.(15:13-16:14; 17:21-22) 뒤이어 부하들과 함께 예루살렘에 들어온 압살롬은 후새에 의해 왕으로 선포된다. 새로운 왕으로서 압살롬이 들은 첫 번째 충고는 다윗이 남기고 간 "후궁들과 더불어 동침하라"는 것이다. 그러자 압살롬은 온 이스라엘이 보는 앞에서 다윗의 후궁들과 동침한다. 이 행위에 대한 본문의 설명은 온 이스라엘에 아버지에 대한 '증오'를 보여주려는 것이다. 하지만 이것은 압살롬이 왕으로서 보인 최초의 행위였다. 사무엘하 12:11의 나단의 신탁에서 이 상황이 예견되고 있는데 주목하라. 그리고 상대적으로 역동적인 열왕기상 2:13-18, 22-23과 비교해 보라.

사울의 아들이자 통일된 유대와 이스라엘의 왕위를 두고 다윗과 경쟁을 벌였던 인물인 이스보셋과 그의 군사령관 아브넬 사이에서도 이와 유사한 갈등이 일어났다.(삼하 3:6-10) 본문의 첫 보도에 따르면, 사울에게는 리스바라고 하는 첩이 있었는데, 아마도 사울 사후 이스보셋의 첩이 되었거나 적어도 그의 보호 아래 있었던 것 같다. 이스보셋은 그녀와 통간한 아브넬을 맹렬히 비난한다. 여기서 그가 보인 반응이 현재 논의되는 문제를 해결하는 데 도움을 준다. 그는 이스보셋의 비난을 (사실이든 아니든) 이스보셋과 사울 가문에 대한 자신의 충성을 의심하는 것으로 해석한다. 어째서 사울의 첩과 동침한 것이 사울 가문에 대한 불충을 뜻하는가? 이는 분명히 그러한 행위가 사울의 후계자로 아브넬의 가문을 내세우는 위협적인 시도이기 때문이다.

강간, 복수, 그리고 반란 : 다말의 이야기(삼하 13장)

다말이 이복 오라버니 암논에게 강간을 당하자 다말의 친오라버니 압살롬이 암논에게 복수한 이야기는 여기서 당연하게 전제되고 있는 궁정과 가정의 정치학과 떨어져서 이해될 수 없다. 사무엘하 3:2에 따르면, 암논은 (아히노암의 소생으로) 다윗의 맏아들이다. 우리는 (아비가일의 소생인) 다윗의 둘째 아들에 대해서는 사무엘하 3:3에서는 길르압으로, 역대기상 3:1에서는 다니엘로 불린다는 것만 알고 있다. 그는 어떤 이야기에도 등장하지 않는다. 압살롬은 다윗의 셋째 아들이다. 그의 어머니 마아가는 요단 동편 지역의 왕(그술 왕 달매; 삼하 3:3)의 딸로 왕족이다. 다말은 압살롬의 친누이이다.(삼하 13:1) 이 사건에서 암논에게 조언을 하는 요나답도 이 가문의 일원이다. 그는 다윗의 조카로 이상 다윗의 세 아들과는 사촌지간이다.(삼하 13:3) 자신이 저지른 살인을 암논이 다말을 강간한 데 따른 복수라고 정당화했든 다른 방식으로 정당화했든 이 살인사건은 왕권을 향한 압살롬의 야망에 장애가 되지 않았다. 사실 암논을 살해하고 외할아버지에게 도망갔던 압살롬은 왕가에서 그를 다시 받아주자마자 다윗이 여전히 건재함에도 불구하고 통치자의 자리에 오르기 위해 음모를 꾸민다.(삼하 15:1-12)

학자들은 종종 친족관계를 나타내는 어휘가 이 이야기 곳곳에 산재해 있다고 지적한다. 13:1에서 압살롬은 다윗의 아들로, 다말은 압살롬의 누이로 불린다. 암논 또한 다윗의 아들로(1절), 다말은 암논의 누이로 불린다.(2절) 이들과 요나답의 관계는 3절에 분명하게 나타나 있으며, 4절에서 요나답은 암논을 "왕자"라고 부른다. 같은 절에서 암논은 다말을 "나의 아우 압살롬의 누이"라고 부른다. 화자는 이 일부다처제 집안의 얽히고설킨 관계를 강조하면서 이야기를 진행한다.

침상에 누워 병든 척하면서 다윗의 축복을 받으면 다말과 단둘이 있을 수 있다는 생각을 암논의 머릿속에 넣어준 것은 바로 요나답이다. 이야기에서 요나답의 조언에 대한 보도는 강간을 암시하지 않고 끝난다. 그러나 그의 제안이 어떤 식으로든 결백한 것이었다면, 속임수를 쓸 필요는 없었을 것이다.

다윗은 아무런 의심도 품지 않은 채 계략에 말려든 것이 분명하다. 암논은 그의 장자이자 미래의 상속자이다. 다윗은 아마도 암논의 건강과 안녕을 걱정했을 것이다. 다말이 암논의 청을 들어 한 일은 하트 모양의 떡을 굽는 것이다. 이 단어들에는 아마도 암시하는 바가 있을 것이다. 하트(*lebab*)라는 단어와 관련 동사(*labab*)는 6절에서 두 번, 8절에서 두 번, 10절에서 한 번, 이렇게 총 다섯 번 사용된다. 6절과 8절에서는 모두 '하트 모양으로 된 떡'이라는 명사와 떡을 굽는 것을 묘사하는 동사로 사용된다. 이 단어에 성적 의미가 담겨 있다는 것은 아가 4:9에서 암시된다.

12절은 이 상황에서 다말이 처한 위험이 어디에 있는지를 이해하는 데 어려움을 준다. 다말은 "내 오라버니여 나를 욕되게 하지 말라 이런 일은 이스라엘에서 마땅히 행하지 못할 것이니 이 비열한[2] 일을 행하지 말라"고 말한다. 다말은 정확히 무엇에 대해 항의하는 것인가? 다말을 붙잡고 자신과 동침하자고 말할 때 암논은 다말을 "누이"라고 부른다. 다말이 이런 일은 이스라엘에서 마땅히 행하지 못할 것이니 자신을 강간하지 말라고 간청할 때, 그녀가 뜻한 것은 강간인가 아니면 근친상간인가? "비열하다"는 것은 정확히 무엇을 말하는가? 이어 13절에서 다말은 "왕"께 말

2) [역주] 한글 개역개정판에서는 "어리석은"이라고 번역되어 있다.

하기만 하면 그가 다말을 암논에게 주기를 거절하지 않을 것이라고 말한다. 하지만 심지어 이 선언은 또 어떻게 이해해야 하는가?

그동안 몇 가지 가능한 대답이 제시되었다. 이 이야기는 암논과 다말 시대에 오누이간의 결혼을 금지하는 법, 더 정확하게는 같은 아버지에게서 나온 두 자녀 사이의 결혼을 금지하는 법이 사실상 없었던 것처럼 기능한다.(cf. 아브라함과 사라, 창 20:12) 이러한 해석은 이 이야기가 그러한 결합을 금하는 레위기 18:9, 11; 20:17; 신명기 27:22의 법을 모르거나 이야기를 끌고 가기 위해 무시하고 있다고 전제한다. 성서에서 법 자료의 기원을 밝히는 것은 어렵기로 악명이 높기 때문에 이 이야기에 대해 이러한 주장을 하는 것도 당연히 가능하다. 또 다른 가능성은 그러한 법이 알려졌었고 뒤이어 대부분의 사람들에게 관습이 되었지만 왕족은 자신의 법에 따라 살아갔다는 것이다. 문제는 이 법과 관련하여 레위기나 신명기에 왕족이 빠져나갈 구멍이 없다는 점이다. 암논이 강간뿐 아니라 근친상간에 대해서도 죄가 있는지를 알고 싶다면 뉘앙스가 중요하다. 만약 오누이간의 혼인이 금지된 것이라면, 다말이 13절에서 말하고 있는 것은 다윗이 이 법을 무시하고 그들의 결혼을 합법적인 것으로 인정해 주리라는 것이다. 그러나 만일 이야기에서 뜻한 것이 근친상간이 아니라면, 다말의 주장은 훨씬 더 단순한 것이 된다. 아버지께 청해서 나와 결혼하면 될 것을 왜 굳이 나를 강간하려 하는가? 왕의 딸은, 특히 아름다운 딸은 부유하고 왕이 될 가능성이 있는 자의 며느리로 보내 동맹을 맺는 방식으로 다윗에게 큰 자산이 될 수 있는데도 다윗은 그러한 자원을 포기하고 암논에게 딸을 주기를 거절하지 않으리라는 것이다.

다말의 외침이 정확히 무엇을 의미하든 그것은 아무 소용이 없다. 암논은 다말을 범하고 곧 그녀를 미워한다. 암논의 반응은 대체로 현실적으로 서술된다. 사실 다른 사람에게 지배권을 행사하는 사람들(예를 들어, 강간범이나 사디스트들)은 자신의 약점이라고 인식된 부분과 싸워 이기려 하기 때문에 희생자를 보며 자기 자신의 약점을 떠올린다. 그래서 결과적으로 희생자에게 격노한다.

암논은 격노한 나머지 다말을 그가 있는 곳에서 내보낸다. 다말이 자신을 쫓아보내는 것은 그녀를 범하는 것보다 더 큰 악이라고 말한 것은 무슨 뜻인가? 아마도 그녀는 암논이 이스라엘 법에 따라 자신과 결혼해야 한다고 생각했을 것이다.(참조. 출 22:16; 특히, 신 22:28-29; 만약 이야기가 그와 유사한 법이 유효하다고 가정한다면, 암논은 다말을 보낼 수 없다.) 다말이 지니고 갈 수 없다는 수치는("내가 이 수치를 지니고 어디로 가겠느냐?") 이제 그녀에게 돌아간다. 다말은 머리에 재를 덮어쓰고 자신의 옷을 찢고 크게 울부짖으며 자신의 슬픔을 드러낸다.

압살롬은 다말이 슬픈 이유를 이상할 정도로 쉽게 알아채지만 그녀에게 그 일에 연연하지 말라고 말한다. 놀랍게도 암논이 그녀의 오라버니라는 것이 그 이유다. 그는 마치 이 사실이 다말이 당한 일의 참혹함을 없애기라도 한다는 듯 말한다. 또는 우리는 가까운 관계에서는 창세기 34장에서 디나의 형제들이 세겜과 그 성읍의 모든 남자에게 행한 피의 복수를 할 수 없었다고 생각할 수 있다. 또는 요점은 다말의 오라버니가 맏아들이자 분명한 상속자이므로 강간에 대한 복수를 하기 전에 여러 가지를 고려해 보아야 한다는 것일지도 모른다.

압살롬이 방금 "누이"라고 부른 다말에 대해 마지막으로 들리는 말은 그녀가 압살롬의 집에서 "처량하게" 지냈다는 것이다.(삼하 13:20) 이와 관련된 언어가 이야기가 끝날 때까지 눈에 띈다. 다윗은 암논을 처벌하지 않고(일부 판본에 따르면, 이는 암논이 다윗의 맏아들이기 때문이다.), 압살롬은 자신의 누이를 범했다는 이유로 암논을 미워한다. 결국 이 년이 흐른 뒤 암논은 압살롬이 양털을 깎는 철을 기념하는 잔치에 간다. 그는 압살롬이 여전히 그에 대해 격앙된 마음을 품고 있다고는 생각지 못했음이 분명하다. 압살롬은 종들을 시켜 암논을 죽이고 요단강 건너편의 외조부에게로 도망친다. 나중에 그는 다윗의 윤허로 이스라엘로 돌아온다. 본문에 따르면(14:27, 대조비교. 18:18), 압살롬은 아들 셋과 아름다운 딸 하나를 낳았는데, 그 딸의 이름은 다말이었다고 한다.

결론

앞서 개요에서 이 문서는 사무엘, 사울, 다윗의 업적을 중심으로 구성되었다고 말했다. 그러나 이어지는 논의에서 분명해진 것처럼 이 말에는 다소 오해의 소지가 있다. 사무엘서에 나오는 여성들은 성서의 그 어떤 문서에서보다 더 큰 역할을 담당하고 있으며, 사무엘서에 실린 이야기들에서 이 여성들은 가정 영역에서(일례로 한나처럼), 공적 영역에서(엔돌의 무당과 지혜로운 두 여인), 그리고 사적 결정이 공적 결과를 불러오는 통치 가문의 가정 영역이라는 회색 지대에서 등장한다. 사실 다윗과 그의 가문의 이야기의 주제 중 하나는 정확히 말해 통치 가문 내에서 공적 생활과 사적 생활이 어쩔 수 없이 연결되는 상황이라는 견해가 제시되어 왔다. 다윗이 자신과 자기 가문을 통제하지 못할 때, 왕위계승은 위협받게 되고, 결과적으로 온 이스라엘이 고통을 겪게 된다. 자신에 대한 통제력을 상실한 사울이 자기 가문의 여인들을 이용해 다윗을 지배하려던 계획은 전혀 다른 결과를 낳는다. 심지어 승리가를 부르는 여인들까지 그들의 왕 사울보다는 다윗에게 더 큰 감명을 받는다.

사무엘서에 나오는 여인들에 관한 더욱 매혹적인 일부 이야기들은 본문의 이야기를 이해하는 데 유용한 정보를 제공하지 않기 때문에 더욱 우리의 속을 태운다. 회막문에서 수종드는 여인들과 엔돌의 무당은 분명히 성직자이지만, 이 여인들이 속한 체계에 대해서 더는 충분히 서술할 수 없다. '지혜로운 여인들'은 어떤 종류의 권력을 가지고 있었으며, 이들을 지지한 체계와 중앙정부 사이에는 어떤 관계가 있었는가? 한나는 그토록 기다렸던 아들을 종교 의식으로 봉헌하고 더 많은 자녀를 얻는다. 이 본문은 어떤 연관성을 내포하고 있는가? 아이를 갖지 못하던 여인들이 바라던 아기를 낳으면 신께 '바치는' 것은 일반적인 관례였는가?

이 이야기들에서 여성보다는 남성의 역할을 이해하는 것이 더 쉽다는 것은 분명한 사실이다. 남성들의 이야기는 직접적이고 전형적인 것 같다. 반면 여성들에게 접근하는 것은 그렇게 쉽지가 않다. 고대 세계에서 남성보다는 여성의 삶에 관해 덜 알려지는 것이 일반적이었기 때문에 둘 사이의 격차를 메우기는 그만큼 더 어렵다. 하지만 아이러니하게도 이러한 상황이 여성들의 이야기를 더욱 흥미진진하게 만들어 그만큼 더 많은 해석자들을 끌어들인다.

참고문헌

Ackerman, James S. "Knowing Good and Evil: A Literary Analysis of the Court History in 2 Samuel 9–20 and 1 Kings 1–2," *Journal of Biblical Literature* 109(1990), 41–60.

Bird, Phyllis. "The Palace of Women in the Israelite Cultus," *Ancient Israelite Religion: Essays in Honor of Frank Moore Cross*. ed. by Patrick D. Miller, Jr., Paul D. Hanson, and S. Dean McBride, 397–419. Philadelphia: Fortress Press, 1987.

Camp, Claudia. "The Wise Women of 2 Samuel: A Role Model for Women in Early Israel?," *Catholic Biblical Quarterly* 43(1981), 14–29.

Gunn, David M. *The Fate of King Saul: An Interpretation of a Biblical Story*. Sheffield: University of Sheffield Press, 1980.

______. *The Story of King David: Genre and Interpretation*. Sheffield: University of Sheffield Press, 1978.

Hackett, Jo Ann. "In the Days of Jael: Reclaiming the History of Women in Ancient Israel," *Immaculate and Powerful: The Female in Sacred Image and Social Reality*. ed. by Clarissa W. Atkinson, Constance H. Buchanan, and Margaret R. Miles, 15–38. Harvard Women's Studies in

Religion Series. Boston: Beacon Press, 1985.

Jay, Nancy. "Sacrifice as Remedy for Having Been Born of Women," *Immaculate and Powerful: The Female in Sacred Image and Social Reality.* ed. by Clarissa W. Atkinson, Constance H. Buchanan, and Margaret R. Miles, 283–309. Harvard Women's Studies in Religion Series. Boston: Beacon Press, 1985.

Levenson, Jon D., and Baruch Halpern. "The Political Import of David's Marriages," *Journal of Biblical Literature* 99(1980), 507–518.

McCarter, P. Kyle, Jr. *I Samuel.* Anchor Bible 8. Garden City, N.Y.: Doublebay & Co., 1980.

______. *II. Samuel.* Anchor Bible 9. Garden City, N.Y.: Doublebay & Co., 1984.

열왕기상하

클라우디아 V. 캠프

Claudia V. Camp

개관

개요

열왕기서는 다윗이 서거한 기원전 962년부터 포로기 중반, 유다 왕 여호야긴이 바빌론 감옥에서 석방된 560년에 이르는 이스라엘 왕국의 '역사'를 서술하고 있다. 열왕기상 1-11장은 솔로몬의 업적과 그가 아내로 맞은 이방여인들의 우상숭배에 굴복한 이후 왕국이 둘로 갈라지리라는 선지자 아히야의 예언을 회고한다. 12-14장은 솔로몬의 아들 르호보암의 통치 초기에 여로보암의 지도 아래에 있던 북쪽 지파들이 떨어져 나간 사건과 여로보암이 앞으로 북왕국—여기서 북왕국은 '이스라엘'로, 다윗의 남왕국은 '유다'로 불린다.—에서 지속적으로 문제가 될 금으로 만든 '송아지' 상을 세운 사건을 기술한다. 이웃국가인 아람과의 긴장에 시달리던 이스라엘은 오므리 왕조(876-842년) 때까지 급격한 왕위 변화를 겪는다.(왕상 15-16장) 오므리의 아들 아합과 그의 아내 이세벨이 선지자 엘리야를 비롯하여 미가야와 벌인 투쟁은 열왕기상 17-22장에서 자세히 서술된다. 열왕기하 1-2장은 엘리야의 '승천'에 이어 엘리사가 그 뒤를 이은 사건을 보도한다. 다음에는 엘리사와 관련된 몇 가지 기적 이야기가 보도되고(왕하 2-8장), 뒤이어 그가 아람과 이스라엘의 정치적·군사적 상황에 개입하고, 나아가 예후를 이스라엘의 왕으로 기름 부어 세운 사건이 서술된다.(왕하 9-10장) 예후는 태후 이세벨과 요람 왕을 병문안하기 위해 이스르엘을 방문한 유다 왕 아하시야를 비롯하여 이스라엘의 통치 가문을 시해한다. 그 결과 아달랴(원래 이세벨과 아합의 딸인데 유다 왕족과의 정략결혼으로 시해된 아하시야 왕의 어머니이기도 하다.)가 쿠데타로 유다를 지배하게 된다. 그러나 결국 대제사장이 그녀를 살해하고 다윗의 남성 후계자가 왕위에 오르는 전통을 회복시킨다.(왕하 11장) 12-16장에서는 북왕국과 남왕국 왕들의 연대기를 기술하면서 그들이 치른 전쟁에 주해를 달고 그들이 야웨 신앙을 지키지 못한 데 대한 신학적 해석을 반복해서 덧붙인다. 열왕기하 17장은 721년 북왕국이 아시리아에 의해 멸망한 사건을 신학적으로 정교하게 정당화하면서 서술한다. 18-25장에서는 유다의 이야기가 계속된다. 요시야의 개혁 기간(640-609년) 동안 '언약책'이 발견되어 선지자 훌다의 승인을 얻지만 예루살렘은 바빌론의 수중에 떨어지고 만다.(587년)

저자 그리고 연대

열왕기서는 '군사적 처벌은 종교적 불충 때문'이라는 신명기의 결정적인 신학적 주제를 (여호수아의) 가나안 정복에서부터 왕정의 종말에 이르기까지 이스라엘의 역사에 적용한 신명기역사(DH)의 일부분이다. 열왕기서에서 죄에 대한 책임은 특히 지도자들에게 있는 것으로 그려진다. 그러나 이와는 모순되게도 두 번째 주제는 다윗과 요시야를 신실한 인물로 그림으로써 군주제를 옹호하는 것이다. 이러한 주제간 긴장은 이 문서가 한 명 이상의 저자에 의해 쓰여졌다는 것을 가리키는가? 그렇다면 그들은 누구이며, 언제 저술했는가? 열왕기서가 요시야의 통치기간에 쓰여져 비교적 이른 시기에 편집되었을 가능성도 있기는 하지만 여호야긴의 석방이라는 DH의 결론은 이 문서가 560-550년 사이에 완성되었음을 분명하게 보여준다. 한두 번의 편집이 이루어졌든 아니든 관련된 저자들은 같은 지위에서 같은 역할을 했고, 왕궁(또는 그 이전의 재판정)에서 교육받은 엘리트로서 선지자들의 왕조 비판도 진지하게 고려했던 인물들이었을 것이다. 이 집단이 왕정에 종사하면서도 선지자의 메시지를 전할 수 있었던 것으로 보아 친군주제적 주제와 반군주제적 주제의 조합은 그렇게 놀라운 일이 아닐 수도 있다.

(여인들의) '역사'로서의 열왕기서

심지어 DH가 열왕기를 한 번에 편집했다고 주장하는 이론도 편집자가 편집 작업의 토대로서 과거의 자료들—아마 문서 자료와 구전 자료가 모두 여기에 포함될 것이다.—을 사용했다는 사실을 고려해야 한다. 자료들의 보도가 역사적으로 얼마나 정확한지 평가하기 위해서는 보도된 사건과 자료 사이의 시간적 거리, 자료들의 문학적 다양성—일부는 순수한 역사기록에(예를 들어, '이스라엘과 유다 왕의 역대지략'이 분명하게 언급되어 있다.), 일부는 이야기에 가깝다.—그리고 자료에 드러난 신학적 관점들을 고려해야 한다. 여성과 관련해서는 다음과 같은 문제들이 제기되어야 한다. 이야기들은 '실제' 여인들에게 일어난 '실제' 사건을 기술하고 있는가? 그렇지 않다고 해도 이야기들은 그 당시 환경적·제도적 요인들에 비추어 여성들이 영위했던 여러 종류의 삶을 자세히 보여주는가? 문학적 차원에서 여성인물들은 남성 저자와 편집자들이 만든 신학적 작품 속에서 어떤 기능을 담당하는가? 특정 구절들에 대한 아래의 논의는 마지막 질문에 초점을 맞출 것이다. 그러나 그에 앞서 사회역사적 배경과 장르(=문학적 형태)에 대해 잠시 살펴보려고 한다.

여인들에 관한 이야기에 나타난 사회적 · 종교적 배경과 문학적 형태들

촌락 여인들

농촌 사회에서 완전한 성평등을 찾아볼 수는 없지만, 부족동맹 시기에 이스라엘 여성들에게 비교적 높은 지위가 부여됐다고 추측해 볼 수 있다.(Meyers) 개척시기 동안 토지를 비옥하게 만들기 위한 강도 높은 노동은 모든 사람의 참여를 요구했으며, 지방분권적 정치체계는 공식적·비공식적 지도자의 다양한 역할을 허용했다. 이러한 상황에서 여성은 (생물학적으로 허락하는 한) 어머니가 될 수밖에 없었지만, 그렇다고 하더라도 '그저 어머니에 불과한' 것이 결코 아니었다. 여성은 대가족의 살림꾼으로서 가정의 경제적 생활에 대해 큰 책임을 졌다. 그리고 영향력 있는 시민의 아내이자 좋은 교육을 받은 자녀들의 어머니로서 촌락의 대소사에 대해서 적어도 간접적인 목소리는 낼 수 있었다. 또한 지혜로운 여인(삼하 14장; 20장)이나 선지자(삿 4-5장)로서 지니는 권위는 공공연히 인정받았다.

여러 가지 면에서 군주제가 이 촌락 여인들의 일상생활에 변화를 가져온 것은 거의 없었다. 그러나 군주제가 성립되면서 정치적·경제적 결정이 중앙에서 이루어지자 안에서는 자율적이고 자급자족적인 촌락 문화가 무너지면서 촌락의 친족 구조에서 여성의 권위의 토대도 침식되기 시작했다. 아마도 이스라엘 소농의 권력 상실이 선지자들의 기적 이야기의 탄생에 동력을 제공했을 것이다.

'선지자가 여인을 만나다.' 그리고 기적 이야기 양식

열왕기서에는 여덟 개의 이야기가 있다. 이 중 다섯 개는 엘리야 또는 엘리사와 직접 교통한 여인들에 관한 이야기이다. 엘리야가 시돈의 과부와 그 아들이 오랜 기근을 견딜 수 있도록 기름과 밀가루가 떨어지지 않게 하고(왕상 17:8-16), 과부의 아들이 죽자 그를 다시 살린 이야기(왕상 17:

17-24), 엘리사가 선지자의 제자들의 아내 중 한 여인에게 기름을 주어 빚을 갚게 함으로써 여인의 두 아들이 종살이를 하지 않게 도운 이야기(왕하 4:1-7), 엘리사가 수넴의 한 부유한 여인에게 아들 하나를 점지해 주고(왕하 4:8-17), 그 아이가 죽자 소생시킨 이야기(왕하 4:18-37)가 여기에 들어간다. 이 여성들은 역사적 인물이 아닌 총칭적 인물로 볼 때 가장 잘 이해될 수 있다. 다시 말해, 이들은 9세기 중반 이스라엘의 정치적 분쟁과 농사에서 오는 역경 한가운데에서 살아남기 위해 투쟁하던 집단들(두 과부가 소농을 대표한다면, 수넴 여인은 통치 엘리트 중에서 신실한 자들을 대표한다.)을 대표한다.(Rentería) 기적 이야기는 이러한 사람들이 절망 앞에서도 주도권을 잃지 않도록 서로 격려하는 이야기 양식으로 기능한다.

여신 숭배

이러한 정통적인 신앙 이야기들과는 반대로 왕 대대로 아세라와 아세라 목상-가나안 여신을 가리키는 아세라와 그녀의 상징으로서 기둥 또는 정형화된 나무로 된 아세라 목상은 이스라엘에서 가나안 여신 숭배가 이루어진 흔적이라는 논란을 불러일으킨다.-에 대한 언급이 나타난다. 대부분의 학자들이 아세라는 순수한 야웨 신앙에 대한 이방의 침략이라는 DH의 주장을 수용했음에도 불구하고, DH의 시대까지는 아세라가 야웨의 배우자로서 규범적인 야웨 종교의 일부로 받아들여졌는데 DH가 새롭게 한 분 하나님 숭배를 강조했을 가능성에 점차 무게가 실리고 있다.(참조. Oylan) 쿤틸랏 아즈루드(Kuntillat Ajrud)와 키르벳 엘-콤(Khirbet el-Qom) 지역에서 나온 비문을 보면, '야웨와 그의 아세라'가 언급되어 있는데, 이것은 민간 신앙에서 여신이 모종의 역할을 담당했음을 시사한다. 예루살렘 성전에 있는 두 사물 또한 아세라 여신을 공식 종교 안에 위치시키는 것으로 볼 수 있다. 성전 '기둥'은 아세라 목상과 관련된 상징이고 모세가 만든 뱀의 형상을 본뜬 느후스단 역시 아세라와 관련되어 있기 때문이다. 그러나 무엇보다 중요한 것은 아세라 숭배가 이스라엘 사회 전반에 만연해 있지 않았다면 DH가 이렇게 전면적으로 아세라 숭배를 공격하지 않았으리라는 점이다. 유감스럽게도 이스라엘에서 여신숭배가 행해졌을 가능성이 있다는 사실은 이와 관련이 있을지도 모르는 여성들에 관해 거의 아무것도 알려주지 않는다. 그러나 성서는 한 명 이상의 여왕 또는 태후가 자신의 권력의 토대를 아세라에 두었다는 것을 분명하게 전해준다.(아래 논의 참조)

궁정의 여인들

소농과 촌락 여성들이 왕정 아래서 힘을 잃었다고는 하지만, 궁정에서는 전략적으로 권력을 사용할 줄 아는 왕실 여인들이 이따금씩 실력 행사를 한 것으로 보인다. 18개의 유다 왕위계승 보도 중 15개에는 왕의 모친의 이름이 들어 있다. "요시야가 왕위에 오를 때에 나이가 팔 세라. 예루살렘에서 삼십일 년간 다스리니라 그의 어머니의 이름은 여디다요 보스갓 아다야의 딸이더라"(왕하 22:1)와 같은 구절이 그 예이다. 이러한 '태후 양식'(queen mother formulas)은 태후라는 지위가 지닌 권력을 나타낸다. 예를 들어, 밧세바가 태후로서 아들을 만나러 올 때 솔로몬 왕이 어머니를 대하는 몸가짐(그는 일어나 영접하여 절한 후에 어머니를 자기 오른편에 앉힌다.[왕상 2:19])에서 밧세바가 지닌 권력을 엿볼 수 있다. 그런데 이것은 밧세바가 앞서 남편인 다윗 왕을 알현할 때 밧세바가 "몸을 굽혀 왕께 절한"(1:16) 것과는 대조적이다. 태후는 정치적 사안에 관해서는 왕의 대리자이자 조언자로서의 역할을 했고, 왕 앞에서는 백성들을 대신했을 것이다.(Andreasen) 태후의 권위는 어떤 점에서 아세라 제의에서 맡은 역할에서 나온 것일 수도 있다. 아사는 "혐오스러운 아세라 상을 만들었다"는 이유로 어머니 마아가를 태후에서 폐위시킨다.(왕상 15:13) 그리고 여호야긴의 어머니 느후스다는 성전에 있던 뱀 형상과 이름이 같다.(왕하 24:8) 이세벨—북왕국에서 공식적으로 인정을 했든 안 했든 유다인들은 이세벨을 태후로 여겼다.(왕하 10:13) – 은 바알과 아세라를 드러내놓고 지지하였다. 그녀의 딸 아달랴도 태후로 추정되지만 궁극적으로는 예루살렘에서 "기둥 곁에 서 있는" 권위를 부정당한다.(왕하 11:14) 그리고 바알 선지자는 그녀를 폐위시킨다.

주석

솔로몬의 이야기(왕상 1–11장)와 성서의 지혜문학

솔로몬은 자신의 지혜로 인해 훗날 성서의 '지혜 전통'의 보호자이자 이상형이 되었다. 그의 통치 이야기가 지혜문학, 그 중에서도 잠언에서 유래한 주제와 이미지로 수놓아져 있다는 사실은 놀랍지 않다. 잠언에서 지혜와 어리석음이라는 두 중요 개념을 인격화하기 위해 여성 이미지를 사용한 것이 특히 중요하다. 솔로몬의 이야기는 지혜로운 여인(지혜로운 여인을 사랑하면 생명에 이른다.)과 이방여인 혹은 어리석은 여인(이들 여인을 품에 안으면 죽음에 이른다.)에 대한 이러한 상징적 기술방식을 끌어들여 여성인물들을 구축한다.

아비삭과 밧세바(왕상 1:1–2:25)

다윗에서 솔로몬으로 왕권이 전환되는 이야기에 두 여성인물이 등장하여 두 이야기 사이에 다리를 놓는데, 한 명이 수동적이라면, 다른 한 명은 적극적이다. 수넴 여인 아비삭은 다윗의 품에 안겨 자면서 그의 몸을 따뜻하게 하고 또 시중을 들게 할 목적으로 신하들이 '이스라엘 사방 영토 내에서' 찾아낸 '아리따운 처녀'이다. 만약 이러한 동화 같은 인물 묘사에 아비삭이 사람을 살리는 기적을 행할 것이라는 기대감이 반영되어 있다면, 그녀를 찾아낸 사람들은 "왕이 잠자리는 같이 하지 않는"(1:4) 것을 보고 실망했을 것이다. 다윗의 정력이 쇠진했다는 보도에 이어 바로 학깃과의 사이에서 난 장자 아도니야가 왕권을 주장하는 이야기가 나온다.

아도니야는 다윗의 군사령관 요압과 결탁했지만 선지자 나단의 지지를 받지 못했다. 나단은 밧세바에게 확실히 사리분별이 흐려진 다윗에게 왕권을 얻기 위한 아도니야의 논간에 속지 말고 솔로몬에게 왕위를 물려주겠다던 맹세를 기억하라고 호소함으로써 "(그녀의) 생명과 아들 솔로몬의 생명을 구하라고"(1:12) 조언한다. 그런데 여기서 독자는 미궁에 빠져든다. 다윗이 그러한 맹세를 언제 했는지 알 길이 없기 때문이다. 하지만 이것은 저자의 의도(?)일 수도 있다. 밧세바는 왕에게 절을 하고 나서 나단의 말과 그보다 더 매서운 자신의 말로 대안을 제시한다. 솔로몬을 왕으로 삼든지 솔로몬과 밧세바를 죽음으로 내몰든지 양자택일을 하라는 것이다. 그 사이에 나단이 들어와 왕께 같은 이야기를 올린다. 그러자 다윗은 밧세바를 그의 앞으로 다시 부른다.(밧세바가 언제 물러갔는지에 대한 보도가 없기 때문에 이 본문도 이상한 부분에 속한다.) 밧세바가 다윗 앞에 서자 그는 솔로몬을 왕으로 선언한다.

솔로몬은 왕이 되고 나서 처음에는 적들에게 관용을 베풀었지만 다윗이 죽자 태도를 바꾸었다.(2:1–9) 사실, 그의 아버지 다윗은 군사령관 요압과 베냐민 사람 시므이를 죽이라는 극단적인 유언을 남겼는데(2:1–9), 본문에서는 이것이 "지혜"(6절, 9절)로 그려진다. 솔로몬은 이 두 인물의 처형을 정당화할 방법을 찾아내지만(2:28–46), 아비삭과 밧세바가 관련된 흥미로운 이야기에 이어 아도니야가 살해된 것과 마찬가지로(2:13–25) 두 사건 또한 정치적 암살의 흔적을 남긴다. 아도니야는 밧세바를 찾아가 아비삭을 아내로 삼고 싶다는 말을 솔론몬에게 대신 전해 달라고 간청하며 솔로몬이 어머니의 청을 거절하지 않을 것이라고 말한다. 솔로몬은 예를 갖추어 밧세바를 맞이하고 그녀의 '작은 청'을 들어주겠다고 말한다. 그러나 솔로몬은 아도니야가 보낸 전갈을 듣고 격분한다. 아비삭을 아내로 달라는 그의 청이 왕권을 내놓으라는 말로 들렸기 때문이다. 이야기를 듣자마자 솔로몬은 아도니야를 죽이라고 명령한다.

솔로몬의 왕국을 "견고"(2:12; 2:46; cf. 삼하 7:12-13)하게 다지는 과정을 다루는 이 이야기는 여성 등장인물들과 관련하여 여러 가지 질문을 야기한다. 역사적 인물로서 아비삭의 정체는 베일에 싸여 있다. 그녀의 고향인 북이스라엘의 수넴 지역은 훗날 선지자 엘리사에게 도움을 줄 귀한 여인의 고향이고(왕하 4:8), 엔돌의 무당의 거처와 가까운 곳(cf. 삼상 28:4)이라는 이유에서만 주목할 만한 가치가 있다.(그렇다고 이 사실이 하찮다는 뜻은 아니다.) 무대에 등장하기는 하지만 말이 없는 아름다운 성적 대상의 전형으로 아비삭을 분류하는 것은 **지나친** 속단이다. 왜냐하면 여기에서 제기되는 다른 의문들에 주목할 필요가 있기 때문이다.

첫째, 신하들이 아비삭을 다윗에게 데려왔을 때 이 여인에게서 기대했던 것은 무엇인가? 많은 주석가들이 이를 두고 늙은 왕을 성적으로 '회춘'하게 만들려는 노력의 일환으로 가정하고 있지만, 정력을 **시험**하는 데는 그 이상의 의미가 있을 수 있다. 이야기의 초점이 성적으로 무능한 다윗에게서 스스로 왕위에 오른 아도니야에게로 갑자기 옮겨간 것은 아도니야 지지자들이 다윗의 권력에 대해 일종의 상징적인 시험—여기에서는 성적 능력과 권력이 동일시된다.—을 고안했음을 암시하는 것일 수도 있다. 주제어의 반복이 이러한 해석을 뒷받침한다. 1:4에서 화자는 다윗이 아비삭과 '잠자리는 같이 하지 않았다'고 보도하고 있다. 그리고 1:11에서 나단은 다윗이 아도니야의 속내를 '알지 못한다'는 사실을 밧세바에게 알려준다. 왕의 성적 무능력이 그의 정치적 무지를 비추는 거울인 것이다. 그러나 이것이 정확한 해석이라고 해도 초기 이스라엘 왕정에서 이러한 관습이 행해졌는지, 아니면 반대로 이러한 상징적인 시험이 이 내러티브를 구성하는 이야기 장르의 일부인지(참조. Long)를 말하기는 여전히 어렵다. 어떤 경우든 여기에서 여성은 남성에서 남성에게로 전해지는 권력의 중재자 또는 매개자로서 기능한다.(또는 기능하지 못한다.)

밧세바도 중재자이기는 마찬가지다. 그러나 그녀는 아비삭보다 강력하고 효과적으로 행동하는 위치에 있다. 나단에게 주도권이 있는 것처럼 보이지만, 밧세바는 자신의 역할에 걸맞은 권력과 기술 그리고 동기를 가지고 있다. 이야기에서 밧세바는 이스라엘 여성 중 최고 권력자, 다시 말해 태후라는 지위를 잃을 위험에 처해 있다. 이야기는 그녀가 학깃의 아들 아도니야뿐만 아니라 학깃과도 대결을 펼치고 있음을 암시한다. 밧세바는 권력뿐만 아니라 생명까지 잃을 위험에 처했는데, 이는 솔로몬과 마찬가지로 아도니야 또한 적대자들을 살려두지 않으리라는 것이 불을 보듯 뻔했기 때문이다. 더욱이 밧세바는 아비삭이라는 또 다른 경쟁자를 앞에 두고 있었다. 다윗과 잠자리를 같이 한 것은 아니지만 그래도 아비삭은 다윗을 모시는 지위에 올랐던 것이다. 화자가 밧세바가 다윗을 알현하는 장면에 아비삭을 등장시킨 데 암시되어 있는 것처럼 이야기에는 두 여성이 갈등을 일으키는 현실이 근본적으로 내재되어 있다. 그러나 이것은 한 성적 대상이 다른 성적 대상과 벌이는 경쟁이 아니다. 왜냐하면 여기서 밧세바가 하는 말은 왕의 비위를 맞추기 위한 아첨과 거리가 멀기 때문이다. 밧세바는 다윗에게 모든 예를 다 갖추면서도 다윗의 면전에서 그가 돌아가는 상황을 "알지 못한다"(1:18)는 말을 계속하며 자신이 원하는 바를 직접적으로 요구한다. 이때 나단이 들어와 그녀를 도와주지만 다윗이 최종결정을 내릴 때 부른 사람은 바로 밧세바이다.

바로 여기에서(1:28) 이야기가 매끄럽게 전개되지 못하고 균열이 생긴다. 앞에서 밧세바가 물러났다는 말이 없는데 나단의 이야기를 들은 다윗이 밧세바를 다시 부르는 것으로 나오기 때문이다. 단순히 편집상의 결함으로 치부할 수도 있지만 본문상의 균열은 한 부분, 즉 밧세바라는 이름의 중요성을 강조하기 위한 수단일 가능성도 있다. 실제로 그녀의 이름에는 서로 충돌하는 두 가지 의미가 들어 있다. 밧세바는 경멸적인 의미에서 태생이 불분명한 사람을 가리킬 때 쓰는 표현인 '일곱(*sheba*') 남자의 딸(*bat*)'로 이해될 수 있다. 그러나 어근 *shb*'에는 '맹세'라는 뜻도 있다. 다윗은 눈에 띄게 강조하는 어법으로 이렇게 말한다. "밧세바를 내 앞으로 부르라." 그녀가 나타나자 왕은 자신이 한 말을 맹세한다.(*yishshaba'*) 밧세바는 이미 왕의 곁에 있을 것이라고 생각하고 있는 상황에서 다윗이 그녀를 부르는 대목에 이르면 우리는 그녀의 이름에 주목하게 된다. 이 여인은 서약의 순간 '맹세의 딸'과 동일시된다. 이것이 첫 번째 맹세인지 두 번째 맹세인지는 영원히 수수께끼로 남을 것이다. 그러나 밧세바가 처음으로 맹세를 이끌어내는 데 역할을 한 것은 분명하다.

다윗이 죽은 후 전개되는 이야기에서도 아비삭과 밧세바는 상호보완적 관계를 맺으며 중재자의 역할을 담당한다. 왜 아도니야는 아비삭을 아내로 맞이하는 데 밧세바에게 도움을 구했는가? 그리고 왜 밧세바는 아도니야와 솔로몬을 중재하기로 했는가? 결국 이 일로 아도니야는 솔로몬에 의해 너무 냉혹한 죽음을 당하지 않았던가? 그러나 사회적 역할의 관점에서 보면 아도니야가 밧세바에게 접근한 이유를 이해할 수 있다. 이스라엘 문화가 다른 지역과 유사했다면, 밧세바는 태후로서, 아들의 조언자로서 영향력을 행사했을 것이고 왕의 처첩을 들이는 일을 관장했을 수도 있다.(참조. Andreasen) 솔로몬이 아도니야의 청을 아버지의 첩을 달라는 주장으로, 그럼으로써 왕위에 오르겠다는 주장으로 해석한 것은 분명하다.(cf. 삼하 16:20-22) 그런데 이것은 성적 능력과 정치적 능력 사이의 상관관계를 다시 한 번 상기시킨다. 아도니야는 과연 어리석은 실수를 저지른 것인가? 그렇다면 밧세바도 그에 동조한 어리석은 공범자인가? 그렇지 않다면 화자는 아도니야의 죽음을 그가 오만한 탓으로 돌림으로써 솔로몬이 경쟁자 아도니야를 죽인 사실을 정당화하고 있는가?

실수가 확실하다고 해도 아도니야나 밧세바를 어리석인 인물로 볼 필요는 없다. 아도니야는 왕권 주장으로 위험에 처하는 것보다 솔로몬의 통치를 암묵적으로 인정해주는 대가로 아비삭을 보복을 당할지도 모르는 상황에서 구해주는 조건으로 협약을 맺으려 했을 수도 있다. 아비삭과 다윗의 관계가 정식 부부관계가 아니라는 사실에 비추어 그가 솔로몬이 아비삭을 첩으로 인정하지 않았고 밧세바는 자신의 경쟁자를 궁에서 내보내기를 원할 것이라고 생각했을지도 모른다. 그러나 밧세바가 아도니야의 간청을 들어준 데는 다른 동기들이 있었다고 생각해볼 수도 있다. 아마도 그녀는 취약해져만 가던 지지기반을 회복하기 위해 아도니야의 편에서 중재에 나서기로 했을 것이다.(참조. Andreasen) 아니면 밧세바도 아들 솔로몬만큼이나 아도니야를 제거하고 싶어했을 수도 있다. 그녀는 솔로몬이 예상대로 격노하거나, 그의 화를 부추기면 이것이 솔로몬의 결정에 완벽한 구실이 되어줄 것이라는 점을 깨달았을 것이다. 여인을 매개로 내세워 권력을 쟁취하려던 아도니야의 시도는 이래저래 다시 한 번 물거품이 된다. 왜냐하면 태후가 자신의 아들의 이익을 위해서만 움직였기 때문이다.

창기 두 사람과 지혜의 시험(왕상 3장)

유혈극이 끝나고 이어지는 3장에서 처음 두 절은 솔로몬의 이야기에서 중요한 두 가지 주제, 즉 이방여인과의 혼인과 성전 건축을 보여준다. 이어서 이야기는 세 번째 주제인 지혜로 향한다. 열왕기상 3:3-15는 잠언을 연상시키는 언어로 야웨가 지혜를 구한 솔로몬에게 부귀와 영화도 함께 주겠다고 약속한 사건을 전한다. 하지만 이렇게 얻은 지혜는 창기 두 사람이 제기한 딜레마로 인해 시험을 받게 된다.(3:16-28) 한 여인이 솔로몬에게 고한 말에 따르면, 두 여인이 한 집(갈봇집?)에 살면서 사흘 간격으로 아기를 낳았는데 다른 한 여인이 잠결에 자기 아들을 깔아뭉개 죽여 놓고는 자기 품에 안겨 있던 아기와 죽은 아기를 바꿔치기 했다. 그러나 두 번째 여인은 살아 있는 아기가 자기 아기라고 주장한다. 솔로몬이 칼로 아기를 갈라 둘에게 공평하게 나누어주라고 명령하자 한 여인이 이에 반발하고 이로써 이 여인이 아기의 친모임이 밝혀진다.

이 일화는 창기가 처한 사회적 현실과 창기라는 역할에 대한 문학적 기교를 동시에 보여준다. 창기는 가부장제 도시사회에서 암묵적으로 용인된 이방인으로서, 사회에서는 멸시받고 그런 사회를 다스리는 남성들에게는 노리개에 불과하다. 아버지나 남편이 이들의 성을 통제하지 못하기 때문에, 창기는 사회의 구성과 유지에 위협적 존재이다. 이러한 '주변적' 위치로 인해 전체 사회는 이들이 하는 말은 모두 거짓말이라는 편견을 갖게 된다.(참조. Bird) 그러나 필리스 버드(Phyllis Bird)의 견해에 따르면, 이러한 고정관념은 자기 아기가 다치는 걸 보느니 차라리 내줘 버릴 정도로 자식을 끔찍이 사랑하는 어머니라는 고정관념에 맞닥뜨린다. 솔로몬의 지혜는 하나의 고정관념으로 인해 빛을 보지 못했던 다른 고정관념을 드러낸 그의 능력에서 빛난다. 그러나 이야기는 현대 독자들의 심금도 울린다. 왜냐하면 최소한 이 두 가지 '고정관념'의 특정한 어떤 측면은 여성들이 오늘날에도 여전히 동일시하는 감정적 실재, 즉 산 아기를 보호해야겠다는 마음을 반영하기 때문이다. 그러나 어째서 한 여인은 남은 아기를 잔혹하게 칼로 가르는 데 동의했는가? 다른 감정이 있는가? 스튜어트 라신(Stuart Lasine)은 아기를 잃은 데서 온 부러움이 비인간적 반응을 불러일으켰다는 견해를 제시한다.

지혜사상의 관점에 비추어 보면, 이 여성들을 다른 방식으로 이해할 수 있다. 잠언에서 지혜 있는 자의 임무는 유사한 용어로 표현되는 여인들을 사회에 질서를 가져오는 지혜로운 여인과 난잡한 생활로 사회에 혼란을 야기하는 이방여인 혹은 어리석인 여인으로 구분하는 일이다. 그런데 잠언에서 이 '여인들'이 1인칭 화자로서 직접 자신에 대해 이야기하는 것이 의미심장하다. 지혜의 "입은 진리를 말하는"(잠 8:7) 반면, 음녀의 입술은 "꿀을 떨어뜨리며 그의 입은 기름보다 미끄럽다."(잠 5:3) 남성의 통제영역을 넘어선 여성의 성은 간교한 말의 상징으로 기능하기 때문에 '창기'라는 인물은 왕의 지혜에 대한 최종적인 시험이 된다. 솔로몬은 그의 앞에 있는 여인의 성이 지닌 무질서와 남성이 통제하기 때문에 수용될 수 있는 성을 지닌 여성으로서 어머니의 '진리의 말씀'을 구분함으로써 사회적 질서를 회복하는 능력을 보여준다.

3장은 주제면에서나 구조면에서나 좀 더 큰 내러티브에서 중요하다. 어휘, 주제, 구조는 솔로몬이 통치권을 확립하는 내용을 다룬 열왕기상 1

장을 솔로몬의 탄생에서 절정에 달하는 밧세바와 다윗의 불륜 이야기를 다룬 사무엘하 11–12장과 연결시킨다.(참조. Fontaine) 다윗은 결정적으로 간음이라는 어리석은 행동을 하지만(cf. 잠 6:24–35), 솔로몬은 지혜를 선택한다. 다윗의 선택은 사기와 계략으로도 모자라 결국에는 우리야를 죽이는 데 이르지만, 솔로몬의 선택은 그에게 부귀영화와 장수를 가져다준다. 아버지는 어리석음으로 인해 밧세바와의 사이에서 낳은 첫 번째 아들이 죽는 형벌을 받고 그의 온 집안에 저주가 내리지만, 지혜로운 아들의 재판은 살아 있는 아기를 친모에게 되돌려주는 결과를 가져온다. 이처럼 성적으로 규정된 여인들을 구분함으로써 솔로몬은 주제에 내포된 갈등(thematic tension)을 해소하고 다윗에게서 시작된 성적으로 어리석인 행동이 대대로 이어질 수 있는 가능성을 없앤다. 지혜로운 아들이 어리석은 아버지를 구한 것이다. 그러나 확고한 결의도 사면도 그 세대를 넘기지는 못한다.

솔로몬의 통치에 나타난 여인, 지혜, 그리고 어리석음(왕상 3–11장)

열왕기상 3장은 사무엘하를 되돌아볼 뿐만 아니라 앞으로 이어질 솔로몬의 이야기를 내다본다. 3:2–28의 주제인 지혜와 더불어 3:1–2의 이방여인과의 결혼과 건축이라는 주제가 핵심적인 역할을 한다.

아기를 둘로 가르겠다는 위협으로 여인들을 구분한 솔로몬은 4:1–19에서는 전통적인 지파의 경계를 무시하고 왕국을 열두 구역으로 나누어(그의 두 딸을 포함하여) 장관들에게 맡겼다. 각 행정구역은 일 년에 한 달씩 왕과 왕실을 위해 양식을 공급해야 할 의무가 있었다. 왕을 모시기 위해 지역은 분할통치하고 계획과 세금은 중앙에서 관리하는 체계는 DH가 "유다와 이스라엘이… 먹고 마시며 즐거워하였다"(4:20)는 달콤한 말로 포장을 했음에도 불구하고 이스라엘의 농민들에게 폐해를 가져왔다. 그러나 전형적인 지혜 사상이 담긴 이야기에 따르면, 사회통치의 확립과 이것이 왕에게 가져다준 풍요는(4:22–28) 하나님이 솔로몬에게 지혜와 총명을 준 것과 연결된다.(cf. 잠 8:15-21) 이로 인해 솔로몬은 지혜가 담긴 말을 하게 되었고(삼천 가지 잠언과 천다섯 편의 노래) 이웃나라에서도 그 이름이 자자했다고 한다.(4:29-34)

열왕기상 5-9장에서는 솔로몬이 야웨의 성전(5:1-6:38)과 자신의 왕궁을 짓고(7:1-12) 놋과 다른 금속으로 성전 내부를 꾸민 이야기(7:13-51)에 이어 성전 봉헌식을 거행하고(8:1-66) 이에 야웨가 응답한 이야기(9:1-9)가 자세하게 전해진다. 측량과 디자인에 관한 반복된 보도가 현대 독자에게는 딱딱하게 느껴질 수도 있지만, 고대 저자에게 왕궁과 성전 건축은 사랑과 애정의 눈을 가지고 자세히 설명해야 할 대상이었을 수 있는데, 이는 마치 아가의 연애시에서 연인들이 서로의 육체를 묘사하는 것과 같다. 그렇다면 이 자료에서 솔로몬이 아내로 맞은 바로의 딸과 하나님의 지혜가 솔로몬을 사이에 두고 서로 경쟁하는 솔로몬의 연인으로 묘사되어 있다고 해도 놀라운 일은 아니다. 여기서 솔로몬은 바로의 딸을 위해서는 자신의 궁과 같은 집을 지어주지만(3:1; 7:8; 9:16, 24), 솔로몬 자신이 위험에 처하면 하나님의 지혜는 저버릴 것이다.(4:29-34; 5:12; 9:1-9)

여인과 지혜에 대한 이러한 언급은 솔로몬의 국제관계에 대한 언급과 겹치는 부분이 있다. 여기에서도 이스라엘이 이방인에 대해 느끼는 양가감정이 반영되어 있기 때문이다. 솔로몬은 그가 가진 지혜로 인해 사방 모든 나라에 명성을 떨쳤고(4:29-34), 히람이 성전 건축을 전적으로 찬성한 데서 볼 수 있듯이 두로 왕 히람과 그의 관계는 히람이 솔로몬의 성전 건축을 격려하여 목재를 제공할 정도로 돈독했다.(5:1-11) 솔로몬의 지혜는 히람과 맺은 조약에서 분명하게 드러난다.(5:12) 그러나 동시에 엄청난 양의 양식(5:11)과 부역(5:13-17)을 조약의 대가로 치러야 했다는 사실이 아무런 설명 없이 보도되고 있다. 성전 금공은 두로 출신의 대장장이 히람이 담당했는데 그와 관련하여 두 가지 언급이 눈에 띈다.(7:13-14) 첫째, 그는 모든 놋 일에 '지혜와 총명과 재능을 구비한 자'이다. '지혜'라는 용어는 종종 사람의 지적·도덕적 능력을 의미하는데, 여기서는 성전 건축을 하는 데 완벽한 기술을 가진 장인이라는 가장 구체적인 의미로 나타난다. 둘째, 히람의 어머니는 이스라엘 과부이고 아버지는 두로 사람이다. 이처럼 그를 혼합된 혈통 출신으로 그린 것은 성전 자체에 대한 저자의 관점을 시사하는 것 같다. 즉 히람이라는 인물은 솔로몬이 이방 왕과 맺은 조약의 산물로서 성전 건축에는 처음부터 이방신 숭배의 위험이 도사리고 있었다는 것이다. 열왕기상 8:41과 9:24에서는 여인들, 이방적 요소, 성전이라는 주제와 관련하여 긴장이 한층 더 고조된다. 여기서 첫 번째로 주목할 만한 언급은 솔로몬의 봉헌기도 중간에 나타난다. 여기에서 솔로몬은 야웨께 "이방인이라도 … 그들이 … 와서 이 성전을 향하여 기도하거든 … 들어달라고" 기도한다. 두 번째로 주목할 만한 언급은 (아이러니한가?) 본질적으로 이방인일 수밖에 없는 바로의 딸이 "다윗 성에서부터 올라와 **그를 위하여 건축한 궁에** 이르렀다"는 것이다. 이것은 봉헌기도와는 달리 11장에 들어와서 '이방의 많은 여인들'로 인해 솔로몬의 마음이 야웨의 집에서 돌아서리라는 사실을 암시한다.

그러나 10장은 그러한 어두운 순간이 오기 전, 솔로몬의 지혜와 한 여인으로 구현된 이방 요소가 마지막으로 조화를 이룬 이야기를 들려준다. 엄청나게 부유한 여인이 왕을 시험하게 위해 멀리서부터 어려운 문제(말 그대로 '수수께끼')를 들고 찾아온 이야기는 의심의 여지없이 전설이지만 넓게 보면 역사에 바탕을 둔 것으로 볼 수 있는 요소들이 있다. 여러 비문에 따르면, 스바는 아라비아 서남부나 서북부에 위치해 있다. 솔로몬 사후의 기록이기는 하지만 아시리아 왕 디글랏빌레셀 4세 시대의 것으로 보이는 비문에는 아라비아를 통치하던 한 여왕이 공물을 바친 사건(B.C.E. 732-731년)이 기록되어 있다. 스바 여왕 이야기의 구성과 이 이야기가 다른 이야기 중간에 끼어든 것은 솔로몬의 국제무역에 관한 정보(9:26-28; 10:11-12, 14-29)—얼마나 과장되어 있든지 간에—와 더불어 아라비아 서남부의 스바가 무역의 중심지였다는 역사적 사실과 관련되어 있다. 그리고 이 설화의 중심에는 여성이 우두머리였던 무역대표단에 대한 기억이 스며 있다.

그러나 앞서 말했듯이 스바 여왕의 이야기는 상당 부분 전설이기 때문에 솔로몬 이야기의 문학적 장치에서 이것이 차지하는 위치는 검토해 보아야 한다. 10장은 이야기 구조상 3장에서 시작된 솔로몬의 황금기에 대한 결말에 해당한다. 이야기 초반부에 솔로몬은 부귀와 영광보다는 지혜—비록 여기서 불분명하기는 하지만 여성 인격으로 추론된다.—를 선택했다. 물론 하나님은 이 간구를 듣고 부귀와 영광도 주겠노라고 약속한다. 이어지는 장면에서 솔로몬은 당시 사회에서 '이상한 여인'에 해당하는 창기 두 명이 나타내는 혼돈을 공의로 바로잡음으로써 왕의 지혜를 확증했다. 결말 부분에서는 스바 여왕이 솔로몬을 시험하기 위해 수수께끼—지혜 전통에서 중요한 말하기 양식(잠 1:6)—를 들고 찾아온다. 그러므로 여왕은 이야기 형태상 여성으로서의 지혜라는 역할로 기능한다. 여왕은 자신이 맡은 역할에 맞게 솔로몬이 지혜를 택한 데 따라온 부귀와 영광을 가져옴으로써 앞서 야웨가 솔로몬에게 한 약속을 성취한다. 그러나 역설적이게도 그녀는 낯선 여인 또는 이방여인이기 때문에 솔로몬이 수수께끼에 답함으로써 자신의 우월함을 증명하고 모든 예를 다한 뒤 그녀의 귀국길까지 보아야 한다는 것은 이야기에서 중요하다.

그러나 전형적인 지혜 사상에서 볼 수 있는 것처럼, 이 논쟁 이야기는 부분적으로만 성적인 의미를 숨긴다. 솔로몬과 여왕의 대결의 틀은 언어게임이다. 창기들의 딜레마를 해결했던 것처럼 속임수와 진리를 구분함으로써 솔로몬이 이기는 게임이라는 말이다. 이야기는 솔로몬이 자신의 기지로 승리를 거두었다고 전하지만 후대 전승은 여기서는 말해지지 않았으나 지혜로운 왕과 이방 여왕이 성적 관계를 맺었을 가능성에 대해 상세히 전한다. 전면에서는 지혜의 힘이 부각되고, 뒤에서는 매혹적인 이방 요소들이 억제되어 있지만 사라지지 않은 채 남아있다.

그러나 (남성의) 지혜가 여성을 상대로 거둔 승리는 이방여인들의 힘으로 인해 결국 무위로 돌아간다. 10장의 마지막 몇 구절은 11장의 결말을 내다보는 동시에 신명기사가적 편집자의 손길을 보여준다. 신명기 17:16-17에 따르면, 이스라엘 왕은 이집트산 병마, 많은 아내, 금은, 이 세 가지를 절제해야 한다. 열왕기상 10:14-29는 솔로몬이 이집트산 말과 부를 많이 축적했다고 기록하고 있다. 그리고 열왕기상 11장을 보면, 왕국의 통합은 솔로몬의 여러 아내에게 달려 있다. 주석가들은 솔로몬의 죄가 주로 처첩을 **많이** 두어 과도하게 성욕을 분출한 데 있는지, 아니면 처첩이 이방인이라는 사실이 이방신 숭배로 귀결된 데 있는지에 대해 논쟁을 벌여왔다. 이방 요소와 성(性)이라는 두 주제가 결합되어 있다는 것은 어느 한 측면으로만 해석하기보다는 양쪽을 모두 고려해서 해석해야 함을 알려준다. 여러 가지 다른 성서의 맥락에서도 부적절한 성적 행동은 이방신 숭배에 대한 은유이다. 따라서 신명기 17:17은 단순히 "아내를 많이 두면" 왕의 마음이 "미혹될" 것이라고 서술하지만, 열왕기상 11:1은 "**이방의** 많은 여인"이 문제가 된다고 구체적으로 진술한다. 솔로몬은 "그들을 사랑하여" 그들이 믿는 신들을 위해 산당을 지어준다. 솔로몬이 나이가 들자 그의 여인들은 마침내 "그의 마음을 돌려" 이 신들을 따르게 만든다. 다윗과 솔로몬의 이야기는 완벽하게 순환구조를 이룬다. 다윗이 젊은 시절 성적 미혹에 빠져 범한 어리석은 실수를 그의 젊은 아들이 자신의 지혜로 만회했는데, 바로 그 아들이 노망이 들어 아버지와 같은 우를 범한 것이다.

솔로몬의 왕국 형성기에 등장했던 여인들은 왕국이 해체되는 과정에도 나타난다. "여호와께서 에돔 사람 하닷을 일으켜 솔로몬의 대적이 되게 하셨는데"(11:14), 그는 다윗에게서 도망쳐 이집트로 건너가 바로의 은총으로 왕비 다브네스의 아우를 아내로 맞이한 인물이다. 솔로몬과 바로의 딸 사이에는 자식이 없었지만 하닷은 이집트와 접촉하여 아들을 얻었다. 그리고 이제 솔로몬에게서 자기 나라를 되찾기 위해 직접 돌아온 것이다.

그러나 솔로몬의 궁극적인 적은 여로보암이다. 그는 전에 왕의 신하였던 인물로 선지자를 통해 하나님께서 이스라엘을 솔로몬의 아들 르호보암의 손에서 찢어 열 지파를 그에게 줄 것이라는 약속을 받았다. 앞으로 등장할 대다수의 유다 왕들과 마찬가지로 여로보암도 어머니의 이름으로 소개된다. 그의 어머니의 이름은 스루아니로 과부라고 보도되고 있는데, 이것은 북왕국이 아버지 없는 사생아와 같다는 — 그래서 끊임없이 혼돈에 휩싸이리라는 — 것에 대한 표현일 것이다.

이세벨과 아달랴

에스겔 16:44에서 선지자는 "어머니가 그러하면 딸도 그러하다"라는 속담을 사용하여 유다가 저지른 가증스런 행동들을 비난한다. 여기서 선지자는 유다의 '어머니'를 헷 사람이라고 하며 유다의 행실이 어머니에게서 왔다고 말하고 있다. 만약 그가 2세기만 더 일찍 태어났더라면 그 유명한 이세벨과 그보다는 덜 유명하지만 역시 중요한 인물인 아달랴에 대해서도 같은 말을 했을 것이다.

이세벨(왕상 16-21장; 왕하 9장)

에스겔서는 성적인 용어, 사실 외설에 가까운 용어로 종교적 불충을 묘사하는 기술을 완성했고, 이것은 후대가 이세벨을 비난하는 은유로 사용되었다. 그러나 섹슈얼리티가 페니키아 시돈 출신의 이 여왕에 대한 DH의 적대감의 핵심은 아니다. 솔로몬의 이야기에서처럼 여기에서도 섹슈얼리티는 젠더, 권력, 이방 요소, 우상숭배로 짜여진 좀 더 큰 주제에서 한 부분을 차지한다.

이세벨은 열왕기상 16:31에서 처음 등장한다. 이 구절은 왕의 악행을 간략하게 보고하는데 그 안에 이세벨과 아합 왕의 결혼 보도가 포함되어 있다. 아합은 여로보암의 길을 따라 이방인을 아내로 맞이할 뿐만 아니라 바알 신전과 제단, 아세라 목상도 세웠다. 여기서 더 나아가 통치 기간 동안 여리고성을 재건했는데, 그 과정에서 건축가 히엘의 두 아들이 목숨을 잃었다. 다른 본문들은 이세벨이 왕실에서 주도권을 쥐었음을 강조한다. 열왕기상 18:4, 13에는 이세벨이 "여호와의 선지자들을 멸하려는" 시도를 했다는 언급이 있다. 이세벨의 이러한 행동은 19:1–3에 상술되어 있다. 보도에 따르면, 엘리야가 갈멜산에서 바알 선지자들을 죽이자 아합은 이 사건을 이세벨에게 전하고, 이야기를 전해들은 이세벨은 엘리야에게 전갈을 보내 반드시 그를 죽이겠다고 맹세한다.

21장에서도 아합은 이세벨이 왕권을 무리하게 휘두를 때 수동적으로 이에 동조한다. 나봇이 '내 조상의 유산'을 왕께 줄 수 없다며 포도원을 팔지 않겠다고 하자 아합은 '근심하고 답답하여' 왕궁으로 돌아와 식사를 하지 않는다. 왕이 끼니를 거르는 이유를 알게 된 이세벨은 계책을 하나 마련한다. 이세벨은 나봇의 성읍에 살고 있는 '장로와 귀족들'에게 편지를 보낸다. 편지에는 금식을 선포하고 나봇을 백성 가운데에 높이 앉힌 후에 '불량자 두 사람'을 시켜 그를 하나님과 왕을 저주한 죄로 고발하라는 내용이 담겨 있었다. 결국 나봇은 돌에 맞아 죽는다. 이세벨은 나봇이 죽었다는 소식을 듣고 아합에게 나봇의 포도원을 차지하라고 말한다. 그러나 아합은 포도원에서 야웨가 보낸 엘리야와 마주치고, 엘리야는 왕과 그의 가문을 비롯하여 이세벨에게까지 저주를 내린다. 이에 아합은 '풀이 죽어' 다니는데, 아이러니하게도 야웨는 이 모습을 겸비함으로 보고 솔로몬의 경우와 마찬가지로 아합에게 내린 저주를 그의 아들 시대로 연기한다.

열왕기하 9:22는 특유의 은유를 사용해서 이세벨의 종교적 성향을 비꼰다. 아합이 죽은 뒤 그의 아들 요람 왕은 하나님의 기름 부음을 받아 이스라엘의 왕위를 찬탈한 예후에게 화평을 청한다. 그러자 예후는 "네 어머니 이세벨의 음행과 술수가 이렇게 많으니 어찌 평안이 있으랴?"라고 반문하며 요람을 죽이고 이세벨이 있는 사마리아로 향한다. 이 소식을 들은 이세벨은 눈을 그리고 머리를 꾸미고 창에서 바라보다가 예후가 오는 것을 보고 그를 향해 다소 오만하게 정치적 내용의 욕설을 퍼붓는다. 이세벨은 예후를 가리켜 '시므리'라고 부르는데, 시므리는 여러 사람을 죽이고 왕위를 찬탈한 것으로 유명한 인물이다. 그러나 이세벨의 내시가 예후의 편을 들어 그녀를 내려 던져 죽게 하니 말들이 그녀의 시체를 짓밟고 개들은 살을 먹는다. 엘리야가 전에 한 말이 이루어진 것이다.

후대 전승에서 이세벨이 저지른 죄의 성격이 성적 용어로 정의된 것은 바로 이 마지막 두 구절, 즉 예후가 요람에게 한 말과 이세벨의 화장 때문이었다는 데는 의심의 여지가 없다. 하지만 이 강력한 여왕을 좀 더 완전하게 이해하려면 그녀를 둘러싼 사회적 배경과 성서의 신학적 논쟁 양편을 모두 고려해야 한다.

페니키아의 공주였던 이세벨은 태어날 때부터 바알과 아세라(또는 "시돈 사람의 여신 아스다롯", 왕상 11:33)를 섬겼다. 야웨의 선지자들이 정치적 위협을 가하지도 않았는데 이세벨이 다신교를 믿는다는 이유로 이들을 없애려고 했다고는 믿기 어렵다. 오히려 그 반대의 상황이었을 가능성이 높다. 선지자의 야웨 신앙이 지닌 배타성으로 인해 이를 믿는 사람들이 다른 신들을 믿는 사람들에 대해 반감을 갖게 되었을 수 있다는 말이다. 정치적 장에서 야웨의 선지자들이 보인 활동—기름을 부어 왕을 세우고 쿠데타를 선동하는 등의 행위—을 보면 이세벨의 일차적 관심은 종교적인 데 있지 않았을 것이다. 더욱이 이세벨은 페니키아 공주로서 왕실이 누리는 특권을 당연하게 여겼기 때문에, 땅은 왕의 명령이 아니라 야웨가 이스라엘의 각 가정에게 주신 선물이라고 여기는 이스라엘 문화의 민주주의적 경향을 받아들이기 어려웠다. 따라서 나봇이 포도원을 팔기를 거절했을 때 이세벨이 보여준 잔혹함은 그녀의 입장에서는 백성의 불복종을 다스리기 위한 왕족의 합당한 대처 방식으로 이해될 수 있다. 이러한 관점에서 보면, 오히려 아합이 지도자임에도 불구하고 원칙 없이 유약하게 행동한 것일 수 있다.

이세벨이 지도자로서 지녔던 놀라운 힘에 대한 평가는 화장하고 치장한 모습으로 창가에 나타난 그녀의 모습 또한 설명할 수 있다. 만일 그녀

뒤로 사람들을 규합할 수 있다는 희망이 조금이라도 있다면 그녀가 여왕의 지위에 걸맞게 아름답게 치장하고 나타나는 것은 당연하다. 사실 현대 독자라면 이세벨 정도의 지위에 있는 남성이 자신이 제왕임을 나타내는 의복을 입고 왕관을 쓰는 것을 당연하게 여길 것이다. 이세벨이 예후에게 던진 악의에 찬 말이나 나중에 예후가 "그는 왕의 딸이니라"라고 말하며 그녀를 묻어주라고 명령한 데서 – 너무 늦기는 했지만!!! – 알 수 있듯이 여왕이라 할지라도 죽음을 목전에 두고 자존심과 저항심을 가지고 왕족으로서의 의관을 갖춘다.

그러나 본문이 이세벨이 실제 살았던 9세기를 직접적으로 반영한다고 보는 것은 위험한 발상이다. 본문은 이르다고 해도 7세기 후반에, 나봇의 이야기는 훨씬 후대에 현재의 형태를 갖추었다. 알렉산더 로페(Alexander Rofé)는 나봇 사건과 관련해 거의 모든 죄의 책임을 이세벨에게 돌리는 열왕기상 21장과 심지어 이세벨은 언급조차 하지 않고 아합을 고발하는 열왕기하 9장을 비교한다. 열왕기상 21장 마지막 부분을 보면 이세벨이 실제 죄인이 아닐 가능성은 더 높아진다. 여기에서 엘리야가 아합에게 내린 심판의 신탁에 이세벨이 포함된 것은 이차적으로 추가된 것으로 보인다. 왕에 대한 DH의 전형적인 고발에 따르면, 아합은 '이스라엘에게 범죄하게 한' 책임이 있지만, 이세벨은 아합을 부추긴 것 때문에 비난받는다! 로페는 이세벨이 나봇을 기만한 전체 이야기는 포로기 이후의 저자–편집자의 작품으로 이들은 비난의 화살을 이방여인에게 돌림으로써 당시 사람들에게 국제결혼의 위험성을 논증하는 방식을 일부 형성하였다.(본서의 "에스라–느헤미야" 주석 참조) 예후가 요람 앞에서 그의 어머니 이세벨의 '음행'을 공격한 것도 이와 같은 방식으로 설명될 수 있다. 이것은 한 측면에서만 보면 비열하게 '어머니를 욕하는 것' 이상은 될 수 없지만, 포로기 이후에는 에스겔 16장의 알레고리에서 아주 생생하게 묘사되고 있는 것처럼 배타적인 야웨 신앙에서 멀어진 것은 무엇이든 문란한 성생활과 동일시하는 경향이 강했다. 하지만 처음에는 은유였던 것이 점차적으로 문자 그대로 이해되는 상황으로 변질되었다. 그 결과 이세벨은 오늘날 종종 정치적 권력을 지닌 여성이라는 그녀의 실제상이 아닌 남성을 유혹하는 여인으로 해석된다.

아달랴(왕하 8:16-19; 11:1-21)

이세벨과 아합의 딸 아달랴는 편집자에 의해 그녀의 부모와 같은 방식으로 채색되었다. 유다 왕 여호람(같은 이름의 이스라엘 왕과 혼돈하면 안 된다.)과 결혼한 아달랴는—이 결혼의 목적이 유다와 이스라엘이 맺은 조약을 확정짓는 데 있었음은 의심의 여지가 없다.—남편과 아들이 저지른 죄에 대해서까지 비난을 받는다. 여호람은 "이스라엘 왕들의 길을 가서 아합의 집과 같이 하였으니 이는 아합의 딸이 그의 아내가 되었음이라."(왕하 8:18) 아달랴의 아들 아하시야도 같은 길을 걸었는데, 여기서도 이유는 그가 "아합의 집"(8:27)과 관계를 맺었기 때문이다. 아하시야는 아버지의 대를 이어 유다의 왕위에 올랐지만 예후가 반역을 일으켜 북쪽의 요람 왕을 시해할 때 마침 그 자리에 있었기 때문에 화를 자초했다. 이스라엘에서 70명의 왕자의 목숨을 앗아간 대학살이 왕후 아달랴에 의해 유다에서 되풀이된다. 그녀는 유다 왕실 전체를 파멸시키려고 했다. 그러나 아하시야의 어린 아들 요아스가 그녀의 손아귀에서 벗어난다. 고모인 여호세바가 요아스를 죽이려는 자들에게서 빼돌린 것이다. 그 이후 요아스는 "그와 함께 여호와의 성전에 육 년을 숨어 있는 동안에 아달랴가 나라를 다스렸다."(왕하 11:3) 그때 제사장 여호야다(대하 22:11에서는 여호세바의 남편으로 나온다.)가 주축이 되어 성전에서 요아스를 왕으로 선포하고 아달랴와 바알의 제사장 맛단을 죽인다.

아달랴의 냉혹함이 충격적이기는 하지만 우리는 그녀의 정치적 입지를 고려해야 한다. 아달랴는 두 개의 원천으로부터 권력과 지위를 얻는다. 하나는 그녀가 이스라엘 왕족 출신이면서 유대의 왕후라는 사실이다. 이세벨과 그녀의 친족이 모두 죽은 데 이어 통치자였던 아들마저 죽자 아달랴는 갑자기 자신의 권력 기반뿐만 아니라 퇴각하거나 탈출할 수 있는 모든 수단을 상실하였다. 여기서 정치적 상황이 복잡하게 얽혀 있었다는 데 주목할 필요가 있다. 한편으로 아달랴는 자신이 큰 위협을 받고 있다고 생각했다. 다른 한편으로 다른 도움이 없었더라면 그녀는 6년간 유다를 다스리지 못했을 것이다. 새로운 여성 통치자를 뒷받침한 것은 아달랴와 여호람의 결혼으로 상징되는 예루살렘에 기반한 정치인들이었을 것이다. 아달랴가 받은 위협은 이른바 '그 땅 백성'에게서 왔을 것이다. 이들은 유대의 민족주의자들로서 북쪽과의 동맹을 반대했다. 또한 그들은 처음에는 아달랴의 종교적 관행, 나중에는 여호야다의 개혁에 경악을 금치 못한 배타적인 야웨 신앙의 신봉자들이었다.

화자는 아달랴의 권위를 실추시키고 예후의 이세벨 타도와 여호야다의 아달랴 타도를 구분하는 데 관심이 있다.(참조. Nelson) 아달랴에 대한 첫 번째 언급에서 그녀는 여호람을 바른 길에서 벗어나게 한 아내로 소개되는데, 같은 구절에서 여호람의 악행에도 불구하고 야웨는 "그의 종 다윗을 위하여"(왕하 8:19) 유다를 멸망시키지 않았다는 설명이 나온다. 그러므로 아달랴의 직접 통치–이방인이자 여성에 의한 통치–는 다윗가의 남성들의 합법적인 왕위계승에 반하는 것이다. 심지어 그들의 불충이 처벌받아 마땅한 것이라 하더라도 이러한 왕위계승의 원리에는 예외가 없다. 이와 마찬가지로 아달랴의 손자 요아스도 결국에는 그의 조상들과 다를 바 없음이 입증되었음에도 불구하고 그 땅의 백성들의 전폭적인 지지와 제사장들의 승인을 얻어 그에 걸맞은 의례를 통해 왕권을 회복한 것으로 그려진다. 이것은 예후의 반역에서 일어난 살인 그리고 시신훼손과 대조를 이룬다.

이 이야기는 왕가 여성의 정치학의 일면 또한 보여준다. 왕후라는 지위는 강력한 것이지만 아달랴의 이야기가 보여주듯이 때로는 다른 여인들과 경쟁해야 하는 등 위험한 자리이기도 하다. 여호세바는 "요람 왕의 딸 아하시야의 누이"(왕하 11:2)로 소개된다. 그렇지만 그녀는 아마도 아달랴가 아닌 다른 아내에게서 태어났을 것이다. 그렇다면 여기서 원래부터 있었던 요람 왕의 아내들 간의 대결이 요람 왕의 한 아내와 다른 아내에게서 낳은 딸 사이에서 벌어지고 있는 것이 된다. 이 대결이 좀 더 큰 정치적 파장을 몰고 왔을 수도 있다. 그 땅의 백성은 예루살렘이 아닌 다른 지역 출신의 왕후들을 지지했던 것으로 보인다.(참조. Andreasen) 그렇다면 여호세바가 왕실의 아들 한 명을 구하기로 마음먹었을 때, 수도로부터 64km 이상 떨어진 도시 브엘세바 출신의 시비아의 아들을 선택한 것은 의미심장하다.

그렇다면 여호세바는 어떤 인물이었는가? 그녀의 지위에 대한 질문은 그녀가 왕가의 딸이었는가라는 질문을 넘어서서 많은 호기심을 불러일으킨다. 그녀가 성전에서 어떤 자리에 있었던 것은 분명하지만 새로운 통치 계급에 비해 그녀의 존재감은 미미했다. 역대기에서 여호세바는 제사장의 아내로 서술되지만 DH에서는 그러한 언급이 없다. 이것은 DH가 독자들이 그녀의 남편을 알고 있다고 여겼기 때문인가 아니면 역대기기자가 성전에 소속되지 않은 여인이라는 존재가 당시에 이상해 보였기 때문에 이를 설명하기 위해 '정보'를 제공한 것인가? 여호세바가 결혼을 했든 안 했든 자기 자신의 권위를 지녔던 여예언자 훌다의 이야기는(아래 주석 참조) 여호세바가 성전에서 어떤 독립적인 역할을 했을 가능성을 시사한다.

여인들과 남성 선지자

위에서 언급한 것처럼 선지자 엘리야와 엘리사와 관련된 여덟 개의 기적 이야기 중 다섯 개의 이야기에서 여성이 기적의 수혜자로 나온다. 시돈의 과부는 수넴의 귀한 여인과 마찬가지로 두 가지 기적으로 은혜를 입는다. 선지자 집단에 속한 선지자의 아내 중 한 여인은 한 가지 기적을 통해 은혜를 받는다. 그리고 이와 관련된 것이 분명한 일화가 하나 더 있는데, 여기서는 여왕과 선지자의 상호작용이 그려지고 있다. 이러한 선지자

이야기는 매우 다양한 배경에서 여성들을 그리고 있지만 언제나 이들의 모성애에 초점을 맞추고 있는 것으로 보아 하나의 문학적 양식을 형성하고 있는 것으로 보인다. 자식을 둔 두 여인이 왕과 대화를 나누는 마지막 이야기는 다른 이야기들과 대조적인 유형으로 기능할 수도 있다.

아히야와 여로보암의 아내(왕상 14:1-18)

여로보암은 솔로몬이 죄를 진후 아히야가 기름을 부어 세운 이스라엘의 첫 번째 왕이다. 그러나 여로보암은 야웨께 신실한 왕이 되기를 바랐던 선지자의 기대를 저버렸다. 흥미롭게도 이스라엘에서 금송아지상을 만든 이 왕에 대한 선지자의 심판은 이름이 알려지지 않은 그의 아내를 통해 이루어진다.

아들인 아비야가 병에 걸리자 여로보암은 아내를 변장시키고 아이의 운명을 알려 달라는 전갈을 들려 앞을 거의 보지 못하게 된 아히야에게 보낸다. 야웨에게서 이미 여인이 누구인지를 전해 들은 아히야는 여로보암 가문에 속한 사내는 모두 끊어지고 개와 공중의 새에게 먹힐 것이라는 소식을 그녀에게 전한다. '하나님 여호와를 향하여 선한 뜻을 품은' 그의 아들만이 이 운명을 피해 제 명에 죽어 온 이스라엘의 애도 속에 장사되리라는 말도 함께 전한다. 이러한 '집행유예'에 담긴 쓰디쓴 아이러니는 아이의 어머니의 입장에서 보면 그 고통이 극에 달할 정도로 첨예화된다. '[그녀의] 발이 성읍에 들어갈 때에' 아이가 죽으리라는 예언을 들었기 때문이다.(14:12) 아이의 어머니가 죽음의 이차적 요인이 돼버린 것이다. '여로보암의 아내가 집 문지방에 이를 때에' 비로소 아이가 죽는다.(14:17)

오래된 전설이었을 법한 이 이야기는 신명기사가의 손길을 거쳐 틀을 갖추었다. 이것은 9절과 15-16절에서 분명해진다. 야웨를 향하여 선한 뜻을 품은 아이-죽음을 면한 것이 아니라 치욕스러운 죽음을 면한 아이-에게 초점을 맞춘 것은 후대에 나올 유다의 왕 요시야를 암시하는 것일지도 모른다.(cf. 아래 내용) 요시야는 나라를 사악한 길에서 벗어나게 하려고 애썼지만 실패하고 유다의 궁극적인 패망을 앞에 두고 죽었다. 요시야의 경우에서도 선지자는 나라에 임할 재앙을 예고함과 동시에 요시야 개인은 이를 피할 것이라고 선언한다.

엘리야와 시돈의 과부(왕상 17:8-24)

17장에는 선지자 엘리야를 소개하는 세 개의 일화가 담겨 있다. 그가 취한 첫 번째 행동은 아합에게 가뭄이 들 것이라고 선언하는 것이었다. 야웨의 이름으로 선포되기는 했지만, 사실 이 선언이 야웨의 명령으로 이루어졌음을 암시하는 구절은 없다. 하나님의 말씀을 듣고 동쪽 요단의 한 시냇가에 간 엘리야는 하나님의 명령을 받은 까마귀들이 가져다주는 음식으로 연명하였고, 그 사이 시내가 말랐다.(17:3-7) 두 번째 일화에서 하나님은 엘리야를 시돈(시돈은 이세벨의 고향이다!)에 속한 사르밧으로 보내는데, 이번에 그에게 양식을 주는 이는 한 과부이다. 그러나 과부는 까마귀들이 하나님의 명령을 따라 그의 배를 채워준 것과 달리 그렇게 할 의지도 여력도 없다. 그녀는 가지고 있던 양식이 거의 바닥난 상태였다. 심지어 그녀는 물을 달라는 엘리야의 청은 제쳐 두고 "여호와께서 살아 계심을 두고" 맹세하기를 자신과 아들을 위하여 마지막으로 음식을 만들어 먹고 그 후에는 죽겠다고 말한다. 이제 엘리야는 하나님의 사자로서 직접 말한다. 그는 비가 오는 날까지 여인에게 남은 가루와 기름이 떨어지지 않을 것이라고 선포한다. 인간의 말-선지자 엘리야의 힘 있는 말이든 과부의 체념의 말이든-은 죽음을 의미하지만, 하나님의 말씀은 생명을 가져온다.

이 이야기는 선지자의 능력과 권한을 보여줄 뿐만 아니라 선지자로 인정받는 과정을 다루고 있다. 따라서 엘리야를 소개하는 이야기가 야웨에 대한 신뢰를 회복하는 것으로 끝나는 것은 당연하다.(17:17-24) "이 일 후에 그 집주인 되는 여인의 아들이 병들어…"라는 구절에 등장하는 여성인물이 앞에 나온 과부보다 부유한 것으로 보아(이 여인은 '집주인'으로 불린다. 즉 그녀의 집안에 관해 두 개의 이야기가 있는 것이다.) 이 세 번째 일화는 앞의 일화와 독립된 이야기였을 것이다. 그러나 현재 문맥에서 두 이야기는 동일시되고 있으며 엘리야에 대한 여인의 평가는 발전하는 것으로 그려진다. 여인은 처음에는 심지어 가루와 기름의 기적에 대해서조차 아무런 말도 하지 않은 채 엘리야에 맞선다. 그러던 그녀가 이제 엘리야를 '하나님의 사람'으로 부르는데, 아마도 여기에는 엘리야의 공을 간접적으로 인정하는 의미가 담겨 있을 것이다. 하지만 그녀의 아들이 병에 걸린 책임이 엘리야에게 있다는 비난은 그녀의 양면적 태도를 보여준다. "내 죄를 생각나게 하고 또 내 아들을 죽게 하려고 내게 오셨나이까?"라는 여인의 불평은 어떤 특별한 범죄를 염두에 둔 말이 아니다. 징벌에 대한 고대의 관점에 따르면, 여인은 아들이 죽을병에 걸린 것은 그녀가 저지른 죄 일반 때문이다. 엘리야가 아이를 살린 기적으로 인해 여인은 '하나님의 사람'이라는 단순한 칭호를 넘어서서 거기에 담긴 진정한 의미를 깨닫는다. "내가 이제야 당신은 하나님의 사람이시요 당신의 입에 있는 여호와의 말씀이 진실한 줄 아노라."(17:24)

그러고 나서 엘리야는 백성에게 나아갈 준비를 하고 먼저 갈멜산에서 바알 선지자들과 맞붙는다. 거기서 엘리야는 이스라엘 백성에게 '여호와를 따르라'고 권면하는데, 이 이야기는 앞선 여인이 보여준 회심의 복사판이다. 백성들이 다같이 "여호와 그는 하나님이시로다 여호와 그는 하나님이시로다"(18:39)라고 외치자 생명을 주는 비가 내리기 시작하기 때문이다. 그러나 엘리야의 승리는 오래가지 못한다. 이세벨이 반드시 그를 죽이겠다고 맹세하자 엘리야는 할 수 없이 호렙산의 광야로 도망친다. "세미한 소리"(19:12)로 야웨와 대화를 나눈 후 그는 하나님의 명에 따라 이스라엘로 돌아가 바알에게 무릎을 꿇지 않은 '이스라엘 가운데 칠천 명'을 대표하는 엘리사를 후계자로 세운다.

선지자와 시돈의 과부의 상호작용은 이 이야기의 과거와 미래 모두를 내다본다. 한편으로 엘리야에게 먹을 것을 줄 수 없었던 여인의 무능력은 역으로 여로보암의 아내가 아히야에게 음식을 선물로 가져간 사건을 상기시킨다. 두 이야기 모두에서 한 아이의 생명은 그보다 큰 이스라엘이란 국가의 운명을 나타낸다. 더욱이 시돈 과부의 회심은 인생을 바꾸는 헌신—이스라엘의 미래가 바뀐 데 이어 엘리사의 인생도 변화를 겪는다.—이라는 유형의 시작을 알린다. 이러한 헌신을 통해 이스라엘에서 야웨 신앙과 야웨 선지자들의 권한이 계속될 수 있게 된다.(참조. Nelson) 여기서 이방여인이 하나님의 백성의 참된 모습을 나타냄과 동시에 하나님의 백성에게 귀감이 되고 있다.

과부가 된 선지자의 아내와 엘리사(왕하 4:1-7)

이 일화와 뒤에 이어지는 수넴의 부유한 여인과 관련된 일화들은 엘리야와 시돈 여인 사이의 이야기와 공통점이 많다. 그러나 여기에서 가난한 과부와 부유한 시돈 여인—시돈 여인에 관한 일화 중 두 번째 등장하는 여인—은 분명히 구분된다. 이 설화들은 다른 면에서도 변형되어 있다. 과부가 된 선지자의 아내의 문제는 굶주림이 아니라 빚이다. 따라서 그녀의 자식들이 받은 위협은 죽음이 아니라 종살이다. 자녀를 파는 것은 소작농이 빚을 갚는 몇 안 되는 수단 중 하나였다. 따라서 선지자는 팔아서 현금화할 수 있는 기름의 양을 늘리는 기적으로 문제를 해결한다. 여기서 생존에 필요한 곡물에 대해서는 언급하지 않는다.

이처럼 변형된 기적 이야기가 기적 행위 자체에 초점을 두었다는 사실은 여인과 선지자가 새롭게 맺은 관계를 보여준다기보다는 이야기의 기원이 한때 청중들의 뇌리에 선지자가 지닌 힘을 각인시켰던 고대 민간설화에 있음을 알려준다. 그러나 여기서 말해진 관심사는 파렴치한 채권자와 지주에 의해 벼랑 끝에 몰린 소작농이 살기 위해 발버둥치는 실제 삶에서 나온 것이다. 따라서 이 기적 이야기는 야웨의 선지자들이 촉구했던 정의로운 사회의 가치를 전달하기도 한다.(참조. Rentería)

엘리사와 수넴의 귀한 여인(왕하 4:8-37; 8:1-6)

이 이름 없는 여인의 초상은 성서에서 가장 놀라운 인물에 속한다. 독립적이면서도 모성애가 강하고, 강인하면서도 경건한 이 여성은 수많은 다른 여성인물들을 떠올리게 하지만 단연 그들 모두를 능가한다. 그녀가 실제적인 면에서나 정신적인 면에서나 주의 깊은 사람이라는 것은 엘리사가 정기적으로 수넴 지역을 지나간다는 사실을 안 것뿐만 아니라 그에게서 '하나님의 거룩한 사람'의 기운을 느낀 데서도 알 수 있다. 아비가일이 아둔한 남편을 대신하여 다윗에게 협조하는 것이 자기 가문에 이롭다는 것을 인식한 것처럼(삼상 25장), 수넴 여인도 남편을 대신해 주도권을 행사한다. 그녀는 엘리사를 위해 옥상 위에 작은 방을 만들어 그가 머물기 편하도록 가구들을 마련한다.(엘리야가 시돈 여인과 함께 머문 보도와 비교해 보라.)

이에 대한 보답으로 선지자는 그녀가 하는 청—왕이나 사령관에게 좋은 말을 해주겠다는 의미였을 것이다.—을 들어주겠다고 말하지만 여인은 이를 거절한다. 두 가지 이유에서 엘리사의 제안을 눈여겨보아야 한다. 첫째, 거절당하기는 했지만 엘리사가 여인에게 한 제안은 이 여인과 선지자 사이의 관계에서 일어날 이후의 사건의 전조가 된다. 둘째, 그것은 여인과 그 가문의 삶의 특별한 배경을 암시한다. 지주계급으로서 여인의 삶은 소작농이 겪는 궁핍한 생활과는 거리가 멀다. 그러나 그녀의 삶은 불안정해 보인다. 왜냐하면 여인은 왕과 군대가 요구하면 가진 재산과 소유물을 어느 정도는 내놓아야 했기 때문이다. 사실 그녀와 같은 계급의 일원들이 이들과 동맹을 맺었다 해도 그것은 기껏해야 불편한 관계에 불과했다. 그렇다면 "나는 내 백성 중에 거주하나이다"(4:13b)라는 여인의 응답은 그녀가 지닌 정치적 권력의 근원을 나타내는 것이다.

이러한 자립적 태도 앞에서 엘리사는 민간설화에 등장하는 이적 행위자의 전형적인 모습을 보여준다. 아이를 낳지 못하는 여인에게 자식을 점지해준 것이다. 이것은 성서에서 흔한 모티프이지만 여기서는 다소 예기치 못한 방향으로 이야기가 전개된다. 성서에서 자식이 없는 여성이 등장하는 이야기는 대부분 처음부터 이 사실로 그들을 규정한다. 그래서 그들에 대한 이야기는 자식을 갖고자 하는 여인들의 열망과 자식이 없는 여성들이 겪는 사회적 결핍을 중심으로 전개된다. 하지만 수넴 여인은 모성애에서 자유로운 자립적이고 권위 있는 인물로 그려질 뿐 아니라 선지자와의 관계로 규정된다. 사실, 이 지점에서 여인에게 자녀가 없다는 사실을 알게 된 독자들은 놀라게 된다. 선지자 자신이 이를 몰랐었다는 사실이 여기에 와서야 알려진다는 것이 놀라운 것이다! 별로 쓸모없어 보이는 사환 게하시가 이를 알려주어야 했다는 말이다. 임신하게 되리라는 엘리사의 약속을 듣고 나서도 여인은 기뻐하지 않고 매우 신중한 태도를 보인다. 그녀가 가진 깊은 신앙심은 기적을 보고 나서 쉽사리 갖게 되는 믿음과는 거리가 멀다. 그러나 이처럼 유능한 겉모습 뒤에 감추어져 있던 그녀의 욕망이 조심스럽게 드러나기도 한다. 여기서 여인은 선지자에게 자신을 속이지 말아달라고 간청하는 데서 그치지만 비탄이 고개를 드는 다음 장면에서는 실제적인 행동을 한다.

그녀의 아들이 아버지와 함께 밭에서 일하다가 병이 난다. 아버지는 선지자가 나타났을 때 영적으로 둔감했던 것처럼 소년에게도 아버지로서 무신경하다. 그는 아들에게 어머니에게 가라고 말한다. 아이는 어머니의 무릎 위에서 죽는다. 여기서 유능했던 이 여인이 연민을 자아내는 인물로 변하고 있음을 볼 수 있다. 그녀는 마치 선지자가 어떻게 할지를 안다는 듯 아이를 옥상에 있는 엘리사의 방에 데려가 그의 침상에 눕힌다.(왕상 17장에서 엘리야가 죽은 아이에게 한 행위와 비교해 보라.) 여인은 남편의 반대를 무릅쓰고 나귀에 안장을 얹고 권능을 가진 엘리사가 있는 갈멜산-그녀의 집에서 약 40km 떨어진 곳에 있다.-으로 향한다. 엘리사는 그녀가 오는 것을 보고 게하시를 보내 그녀를 맞이한다. 여인은 남편에게 했던 것처럼 상황에 맞지 않게 '평안하다'는 엉뚱한 말을 하며 사환을 거절한다. 그러나 엘리사 앞에 당도한 그녀는 마침내 억장이 무너져 내려 비통함을 감추지 못하고 그의 발을 끌어안는다. 하지만 그녀의 태도는 여전히 고분고분한 것과는 거리가 멀다. 여인은 일찍이 헛된 약속으로 자신을 속이지 말라고 하지 않았었냐며 엘리사에게 맞선다.

여인이 갈멜산으로 가서 선지자를 만난 것은 차이가 있기는 하지만 앞서 여로보암의 아내가 죽어가는 아이를 살리려고 아히야를 찾아간 사건을 상기시킨다. 왕실 여인은 남편의 명으로 선지자를 찾아가지만, 수넴 여인은 남편의 만류에도 불구하고 선지자를 찾아간다. 여로보암의 아내는 격식을 차려 선물을 들고 가지만, 지주의 아내는 안식일이 될 때까지 기다리지 못하고 길을 재촉한다. 여로보암의 아내는 눈은 멀었으나 신적 지식으로 그녀의 신분과 임무를 알고 있는 선지자에게 변장을 하고 찾아간다. 그러나 수넴 여인은 멀리까지 내다볼 수 있지만 야웨가 그녀의 괴로움을 숨기셨으므로 이를 미처 알지 못했음을 인정한 선지자에게 적극적으로 다가간다.

엘리사가 보인 첫 번째 반응은 게하시에게 선지자의 지팡이를 들려 보내 '아이 얼굴에' 놓으라는 것이었다. 여인은 게하시가 실패할 것이기 때문에 엘리사가 직접 와야 한다는 것을 알고 있다는 점에서 다시 한 번 선지자보다 많이 알고 있음을 볼 수 있다. 고통 속에서도 그녀는 뛰어난 언변으로 엘리야가 가뭄을 예언할 때, 그리고 시돈 여인이 자신과 아들이 죽으리라고 선언할 때 했던 맹세를 한층 더 강한 어조로 되풀이한다. "여호와께서 살아 계심과 당신의 영혼이 살아 계심을 두고 맹세하노니 내가 당신을 떠나지 아니하리이다."(4:30) 마침내 일어난 부활의 기적은 시돈 여인의 아들이 부활했을 때처럼 마술적으로 그려진다. 수넴 여인이 말로 표현하지는 않았지만 시돈 여인이 했던 것과 비슷한 말을 했을 것이라고 상상해 볼 수 있다. 수넴 여인은 두 번이나 엘리사에게 자신을 속이지 말라고 경고했다. 그러나 이제 그녀는 "당신의 입에 있는 여호와의 말씀이 진실한 줄 내가 아노라."라고 말할 수 있지 않을까?

어머니의 비탄이 이러한 장르에서 전형적인 '해피엔딩'으로 마무리된 데 비추어 볼 때, 이 여인이 몇 장 뒤에 다시 등장하는 것은 놀라운 일이다. (8:1-6) 여기서 여인은 가솔을 이끌고 고향을 떠나 '거주할 만한 곳으로 가서' 야웨가 보낸 일곱 해의 기근을 피하라는 말을 선지자로부터 듣는다. (참조. 4:38) 다시 한 번 독자는 그녀가 지닌 능력과 독립적 권위에 감탄하게 된다. 선지자는 남편이 아닌 여인에게 직접 조언을 한다. 그는 여인에게 '어디든' 가라고 말하고 여인은 블레셋 지방을 선택한다. 고향으로 돌아온 그녀는 왕을 뵙고 **자신의** 집과 **자신의** 땅을 돌려 달라는 청을 올린다. '선지자가 여인을 만나는' 다른 이야기에서와 마찬가지로 여기서도 전설의 요소와 당시 이스라엘 백성이 직면했던 실제 사회의 압력이 결합되어 있다. 여인의 토지 상실은 이웃에 의한 것이었거나 땅은 당연히 왕에게 속한 것으로서 신하들에게 주는 것이라는 왕조 이데올로기에 의한 것이다. 어떤 경우든 왕에게 경제 정의를 호소한 것은 표준적 절차에 해당한다. 그러나 열왕기서의 선지자 이야기에서 전형적으로 볼 수 있듯이 예언자의 도움이 없다면 왕은 무능력한 존재일 뿐이다.(cf. 왕하 5:1-8; 6:24-7:2) 관련된 '기적'이 이 자료의 다른 곳에서 발견되는 마법적인 것이 아니라 (cf. Nelson), 여인의 재산 회복이 선지자에 관한 전설을 전해 들은 데서 이루어졌다는 점에서 이 일화는 특히나 흥미롭다! 왕은 게하시와 수넴 여인에게서 들은 부활 이야기에 너무 감동을 받은 나머지 자신의 임무에 충실하여 여인의 가문에 속한 재산을 되돌려주라는 판결을 내리게 된다. 그렇다면 그는 이스라엘에서 땅은 왕이 아닌 하나님의 다스림을 받는다는 것을 은연중에 깨달은 것이다. 여기서 독자는 예언자에게 권위를 부여하고 마침내 경전(the canon)을 탄생시킨 구전의 효과를 경험한다.

반대형: 왕과 사마리아의 두 어머니(왕하 6:24-31)

자식을 잡아먹은 어미들의 일화를 둘러싼 이야기의 문맥을 살펴보면 이야기 사이의 긴밀성이 매우 떨어진다는 것을 알 수 있다. 5장에서 엘리사는 아람의 군대 장관 나아만의 나병을 고치고, 나아만은 사실상 야웨 신앙으로 개종한다. 그러나 6:8에 가면 아람 군대가 이스라엘을 공격한다. 이는 특별히 초월적 지각능력으로 전장에서 아람 군대에 해를 입히는 선지자를 잡으려는 목적 때문이었다. 6:21-23에 따르면, 엘리사와 이스라엘의 무명의 한 왕은 좋은 관계를 맺고 있는 것으로 보인다. 그러나 현재 일화에서 왕은 아람의 포위로 인해 사마리아가 기근에 시달린다는 이유로 선지자를 죽이겠노라고 맹세한다.(이세벨이 엘리야를 향해 거의 유사한 선언을 한 왕상 19장과 비교해 보아라.)

이처럼 현재 일화와 바로 앞의 이야기 사이에 벌어진 틈은 이 일화가 여인들과 야웨가 임명한 지도자들을 다룬 더 큰 설화 유형과 '조화를 이루기' 때문에 어느 정도 메꿔진다. 두 어미가 왕의 정의에 호소하는 장면은 독자들로 하여금 두 창기가 솔로몬 앞에서 재판을 받은 사건을 상기시킴과 동시에 8장에서 자신의 땅을 반환해 달라는 수넴 여인의 호소를 예시한다. 게다가 이 일화는 열왕기서에서 자식의 생명을 걱정하는 어머니를 모티프로 하는 일련의 이야기 중 가장 마지막에 위치한다. 그런데 이 이야기와 다른 이야기들의 유사성이 오히려 차이점을 부각시킨다. 판결이 불가능해 보이는 사건도 옳은 판결을 내릴 수 있을 만큼 지혜로웠던 솔로몬과 죽은 아이를 살릴 만큼 강력했던 선지자들과 달리 이 일화에 등장하는 왕은 무능하다. 처음에 그는 여인의 하소연조차 들으려 하지 않는다.("여호와께서 너를 돕지 아니하시면 내가 무엇으로 너를 도우랴.") 그러고 나서 엘리사를 가만두지 않겠다고 맹세한 것이 그가 보인 유일한 반응이다.

그러나 이야기는 강력한 선지자에 대항하는 허약한 왕에 대한 단순한 초상을 넘어서 더 큰 난제를 보여준다. 자신들이 지은 큰 죄로 인해 아들을 잃은 여로보암 부부와 달리 이 왕은 사실 야웨에 대한 믿음을 보여준다. 그리고 여인의 이야기에 절망하여 자기 겉옷을 찢고 속에 입은 베옷을 드러냈을 때, 이는 상황에 대한 왕의 회한을 보여주는 적절한 행동이었다. 따라서 화자는 자기 백성을 도울 능력이 없는 왕에 대해 연민을 불러일으킨다. 그러나 우리는 여인들이 큰 상실을 맛보았음에도 불구하고 이들에 대해 공포만을 느낄 뿐인다. 자식을 잡아먹고 살아남다니! 어떻게 그럴 수 있단 말인가! 솔로몬의 재판에서 본 것처럼 진정한 모성애는 자기희생적이리라는 기대로 인해 여기에 나오는 자식을 잡아먹은 어미에 대해 적대적이 될 수밖에 없다. 스튜어트 라신은 '뒤집힌 세상'이라는 모티프를 인용하면서 여기서 화를 불러일으키는 것은 단순히 식인풍습 때문만은 아니라고 주장한다. 자신이 저지른 극악무도한 범죄에 대한 여인의 무지와 다른 아이의 죽음으로 '정의'를 세워달라는 여인의 발상이 읽는 이로 하여금 분노하게 만든다는 것이다! 사실 이야기는 갑자기 '너무 지나친' 방향으로 흘러간다. 포위당해 굶주린 도시에서 실제로 식인풍습이 존재했다는 근거가 있기는 하다. 하지만 여기서 화자의 의도는 실제 상황을 상상하게 만드는 데 있지 않다. 오히려 여인이 외친 정의의 부조리성을 기괴한 유머로 보여줌으로써 사회의 분열과 불신 그리고 탐욕이라는 더 깊은 문제를 드러내려는 데 의도가 있다. 솔로몬이 한 여인의 모성애에서 올바른 판결을 내릴 힌트를 얻어 질서를 가져오는 능력을 분명하게 나타냈다면, 자식을 둔 어미라면 누구나 가지고 있다고 '예상되는' 모성본능을 결여한 한 여인은 혼돈에 빠진 세계를 상징한다. 그러나 자식을 잡아먹은 여인들은 이처럼 깊은 혼란에 빠져 뒤집힌 세상에 대한 하나의 징후에 불과하다. '모성본능'에 기댈 수 없는 것보다 더 나쁜 것이 단 하나 있다면, 그것은 왕이 야웨와 그의 선지자의 선의에 의지할 능력조차 없는 경우일 것이다.

여선지자 훌다(왕하 22장)

분열된 왕국의 이야기는 여인들의 말, 선지자들의 말, 구원받은 단 한 생명의 말, 멸망할 운명인 나라에 관한 말로 시작해서 이와 같은 말로 끝난다. 열왕기상 14장에서 이스라엘의 첫 번째 왕 여로보암—이 이름은 한 나라가 지은 죄를 분명하게 보여줄 것이다.—의 아내는 자식에 관한 말씀을 들으러 선지자를 찾아갔다. 그녀가 아이에 대해 받은 메시지는 이스라엘엘이 처한 운명과 비교할 때만 희망적으로 들린다. 621년을 배경으로 한 열왕기하 22장에서 유다의 마지막 성군 요시야의 사자들은 새로 발견한 두루마리－'율법책'－를 들고 자기 나라의 운명에 관한 말씀을 들으러 선지자를 찾아간다. 여로보암은 아내가 길을 나설 때 아히야가 그에게 이스라엘의 왕이 될 것이라고 말했던 사람임을 상기시키며 희망을 보이지만 그 희망은 결국 꺾이고 만다. 이 왕이 저지른 악행을 알게 되면 거기에 과연 희망이 있었는지 의심하게 된다. 그러나 요시야는 이미 개혁에 착수했다. 두루마리에 쓰여진 암울한 메시지－여로보암의 말이 낙관적이었던 데 반해, 요시야는 암울한 소식에 우려의 말을 한다.－에도 불구하고 여기에는 분명 희망이 있다. 아히야가 여로보암의 기대와는 정반대되는 예언을 한 것처럼, 훌다도 분명 요시야의 암울한 전망과는 정반대되는 예언을 할 것이다. 그러나 훌다는 그렇게 하지 않는다. 그녀의 신탁은 앞선 예언자를 답습하여 이 나라는 파멸을 피할 수 없다고 말한다. 오직 한 사람, 요시야만이 평화롭게 자기 무덤에 들어갈 것이다. 그리고 35년이 못되어 그녀의 예언은 성취되었다.

그러므로 훌다의 이야기는 야웨의 왕국 이야기에 어울리는 결론을 제공한다. 그러나 고대 이스라엘에서 권위 있는 자리에 오른 여성을 상상하는 데 익숙지 않은 현재 독자에게 훌다의 이야기는 여전히 주목할 만한 것이다. 우리의 예상과 달리 고대 이스라엘에서 예언은 여성에게도 문이 열려 있던 성직이었던 것 같다. 열왕기서의 화자가 훌다의 성별에 주목하지 않은 것은 분명하다. 일부 학자들은 22:14에서 그녀의 남편의 족보를 삼대에 걸쳐 보여준 것은 훌다보다는 남편에게 권위가 있음을 보여주는 것이라고 주장하지만, 이렇게 가정할 만한 근거는 없다. 기혼여성이라는 훌다의 정체성이 남편과 결부되어 있는 것은 사실이지만 그것은 그녀의 능력에 대해 아무것도 말해주지 않는다. 오늘날 기혼여성이 남편의 성을 사용한다고 해서 그 사실이 그 사람의 능력과 아무런 상관이 없는 것처럼 말이다. 훌다는 성서에 나오는 다른 선지자들과 마찬가지로 권위를 지니고 야웨의 이름으로 말한다.

그러나 훌다는 한 가지 점에서 다른 선지자들과 다르다. 앞선 다른 선지자들과 달리 훌다의 예언은 기록 문서에 집중되어 있다. 대제사장 힐기야가 '발견한' 두루마리(이것이 어디에 있었는지는 밝혀지지 않는다.)는 이제 신명기의 일부를 형성한다. 그래서 신명기가 신실하지 못한 나라에 대한 일련의 저주로 끝나는 것이다. 이 책의 진정성을 안 것은 왕이지만(22:13), 그 안에 담긴 말씀을 역사 속에서 현실화한 것, 즉 책에 담긴 진리를 실재화시킨 것은 선지자이다. 따라서 이 여인은 유대교와 기독교의 경전의 핵심이 될 첫 번째 자료를 해석할 뿐만 아니라 거기에 권위를 부여한다.

참고문헌

Andreasen, Niels-Erik. "The Role of the Queen-Mother in Israelite Society," *Catholic Biblical Quarterly* 45(1983), 179-194.

Bird, Phyllis. "The Harlot as Heroine: Narrative Art and Social Presupposition in Three Old Testament Texts," *Semeia* 46(1989), 119-140.

Fontaine, Carole. "The Bearing of Wisdom on the Shape of 2 Samuel 11-12 and 1 Kings 3," *Journal for the Study of the Old Testament* 34(1986), 61-77.

Long, Burke. *1 Kings: With an Introduction to Historical Literature. The Forms of the Old Testament Literature* 9. Grand Rapids: Wm. B. Eerdmans Publishing Co., 1984.

Meyers, Carol. *Discovering Eve: Ancient Israelite Women in Context*. New York: Oxford University Press, 1988.

Nelson, Richard. *First and Second Kings*. Interpretation. Atlanta: John Knox Press, 1987.

Olyan, Saul. *Asherah and the Cult of Yahweh in Israel.* Society of Biblical Literature Monograph Series 34. Atlanta: Scholars Press, 1988.

Rentería, Tamis. "The Elijah/Elisha Miracle Stories: A Socio-Cultural Investigation of Prophets and People in Ninth-Century Isrel," *Elijah and Elisha in Socioliterary Perspective.* ed. by R. Coote. Semeia Studies. Atlanta: Scholars Press, 1992.

Rofé, Alexander. "The Vineyard of Naboth: The Origin and Message of the Story," *Vetus Testamentum* 38(1988), 89-104.

역대상하

앨리스 L. 라피

Alice L. Laffey

개괄

내용 그리고 저자

역대기서는 아담에서부터 바빌론 포로기에 이르는 이스라엘 민족의 역사를 담고 있다. 역대상 1:1–9:34에는 다음과 같은 족보가 담겨 있다. (a) 아담에서 아브라함까지(1:1–24), (b) 아브라함에서 야곱까지(1:25–2:53), (c) 유다를 포함하여 이스라엘 자녀들의 가계(2:1–4:23), 시므온(4:24–43), 르우벤(5:1–10), 갓(5:11–22), 므낫세(5:23–26; 7:14–19), 레위(5:27–6:66), 잇사갈(7:1–5), 벤야민(7:6–11; 8:1–40), 단과 납달리(7:12–13), 에브라임(7:20–29), 아셀(7:30–40), (d) 포로기 이후 예루살렘으로 돌아온 백성(9:1–34)이 그것이다. 그리고 역대상의 나머지는 다윗 왕의 통치에 할애되고 있다.(대상 9:35–29:29)

역대하는 솔로몬 왕의 통치에서 시작해서(1:1–9:31) 히스기야 왕의 통치 전까지 유다의 역사를 추적하고(10:1–27:9), 히스기야와 요시야의 개혁을 상세히 다룬 후(28:1–36:1), 왕국이 최후를 맞는 데서 끝난다.

(36:2-23)

이 자료는 저자미상이므로 저자는 '역대기사가'로 불린다. 이 무명의 '남성'이 '여성'일 가능성은 언제나 열려 있지만, 대다수의 학자들은 역대기가 사제 집단에서 유래했다는 전제 하에 저자를 남성으로 결론짓는다. 저작 연대는 불투명하지만 책의 내용에 근거해 볼 때 포로기 이후, 즉 기원전 538년 이후 유다 지역에서 쓰여진 것으로 보인다.

역대기사가의 역사서에 나타난 주요 주제들

(신명기역사서의 일부를 이루는) 사무엘상에서 열왕기하에 이르기까지 왕정에 대한 이야기가 나옴에도 불구하고, 여기에 포함된 특정 설화들이 역대기사가의 역사서에는 완전히 빠져 있다. 다른 한편, 역대기사가는 신명기사가에게 중요해 보이지 않지만 사제의 입장에서는 많은 관심이 가는 역사적 측면들을 강조하는 것 같다. 예를 들어, 역대기사가의 서술에서 다윗은 예루살렘으로 언약궤를 가져올 뿐만 아니라 레위 사람을 임명하여 궤 앞에서 의식을 거행하게 하였다.(대상 16장) 다윗은 미래의 성전을 관리할 구성원의 조직—레위 지파, 사제계급, 찬양대, 성전 문지기, 성전 관리인—을 아주 구체적으로 확립하였다.(대상 23-26장) 또한 성전 건축에 쓸 예물—금·은·동 등—의 대부분을 갖추었다.(대상 29장) 더욱이 역대기사가는 아사 왕의 종교개혁(대하 15장), 히스기야의 성전 재건과 유월절 축제 그리고 제의개혁(대하 29-31장), 그리고 요시야의 유월절 축제(대하 35장)를 강조한다.

바빌론 포로기 기간에 유대 백성에게는 자기 땅도, 왕도, 자본도, 정치적 자율성도 없었다. 이 시기는 왕이 이끄는 시대도, 심지어 선지자의 지도력이 발휘되는 시대도 아니었다. 게다가 야웨께 예배를 드릴 성전도 없었다. 왕정 시대에 그들은 땅, 정치적 자율성, 경제적 번영, 성전에서 그들의 고유한 정체성을 발견했지만, 이 모든 것을 상실하면서 정체성도 함께 무너졌다. 결과적으로, 포로기 동안 유대인들은 땅과 왕으로부터 좀 더 멀리 떨어져 그들 자신이 누구인지에 대한 새로운 인식을 발전시키기 시작했다. 유대인들은 바빌론에서 귀향할 때 인식의 전환을 통해 새롭게 형성한 정체성도 함께 가지고 와서 이를 더욱 발전시켰다. 왕 대신 페르시아 왕이 임명한 감독관이 있었으므로, 백성들은 사제들에게 시선을 돌려 그들이 나라를 이끌어주기를 바랐다. 백성들은 새 성전을 짓고 이를 중심으로 새로운 정체성을 확립하는 데 주력했다. 제2성전 유대교라는 용어는 포로기 이후 유대인의 자기이해, 신앙, 관습을 서술하는 데 주로 사용된다.

이러한 때에 역대기사가가 포로기 이후 사제의 관점에서 이스라엘 역사를 재구성한다. 여기서 다윗 왕이 전면에 부상한다. 그는 야웨께 더할 나위 없이 신실했기 때문에 통치 기간 내내 야웨로부터 큰 복을 받은 것으로 그려진다. 블레셋과 암몬족속과 벌인 전쟁에서의 승리, 안정적이고 비교적 평화로웠던 통치, 경제적 번영, 그리고 영원한 왕조가 바로 그것이다. 다윗이 이룬 이러한 업적보다 훨씬 더 중요한 것은 아마도 야웨께 그 위상에 걸맞은 집을 지어 바치고자 했던 그의 열망이었을 것이다. 비록 야웨가 다윗에게 성전을 짓지 말라고 명했지만(대상 17장), 실제 성전 건축을 제외한 나머지 모든 일은 다윗의 손에서 이루어졌다. 선지자 나단이 다윗에게 전한 신탁에 따라 다윗의 아들, 솔로몬이 성전을 짓는다.(대하 3-4장) 역대기사가에게 이스라엘이 가장 빛났던 시기는 다윗 왕의 통치 기간이었고, 이스라엘에서 가장 위대한 사건은 예루살렘 성전의 건축과 그곳에서의 예배였다.

이스라엘 역사에서 이 두 사건은 과거의 영광을 나타낼 뿐만 아니라 포로기 이후 이스라엘의 정체성을 재형성하기 위한 모델로서 영감을 주는 역할도 담당한다. 역대기서에서 분명하게 표현된 것은 아니지만 이스라엘을 이끄는 다윗 왕조가 없을 때에는 사제가 포로기 이후의 공동체를 '이끌어야 했고', 실제로 지도력을 발휘했다. 다윗이 준비했고 솔로몬이 건축한 제1성전은 이제 야웨에 대한 이스라엘의 신실함과 예배공동체라는 이스라엘의 정체성을 나타내는 새 성전으로 대체되었다.

다시 말해, 여호수아서부터 열왕기하에 이르는 신명기역사서에는 계약에 충실하면 축복을 받고 순종하지 않으면 저주를 받는다는 특별한 신학적 관점이 일관되게 흐르고 있다. 신명기사가적 편집자들은 이 신학에 맞추어 이야기의 틀을 짰다.(예. 악한 왕 여로보암은 자기 왕조를 이어가지 못하는 반면, 선한 왕 요시야는 자기 대에서 유다의 몰락을 보지 않는다.) 그러나 이 유형과 불일치하는 지점들이 발견되기도 하는데, 이것은 편집자가 실제로 발생했던 역사적 사건에 가까이 다가갔음을 암시하는 것 같다. 예를 들어, 유대의 히스기야 왕은 계약에 충실한 것으로 그려지지만 그는 통치 기간에 아시리아의 위협에 시달렸고, 심지어는 결국 유다를 정복한 바빌론과 협력관계를 맺기도 했다.(사람들은 이러한 정치적·군사적 대립은 악한 왕의 통치에 수반하는 것이라고 생각할 것이다.) 이와 마찬가지로, 므낫세는 악한 왕으로 여겨졌음에도 불구하고 55년간이나 왕위를 지켰다.(사람들은 악한 왕은 통치기간이 짧을 것이라고 예상할 것이다.)

역대기사가는 신명기사가보다 엄격하게 신명기 신학을 따른다. 히스기야와 그의 백성이 아시리아의 공격에 굴복했을 가능성도 있다. 그러나 역대기사가는 히스기야가 야웨와의 계약에 강한 믿음을 가지고 이 상황에 **대처했음**을 독자들에게 확신시키기 위해 상세한 이야기를 덧붙인다. 결국 야웨는 천사를 보내 아시리아 군대를 모두 전멸시킨다.(대하 32:1-23) 역대기사가의 서술에서 바빌론 사신단의 중요성은 격하되어 한 줄로 표현된다.(32:31) 이와 마찬가지로 므낫세 왕이 실제로 55년간 왕위에 있었다면 신명기사가가 그린 것만큼 그렇게 악한 인물이었을 리가 없다. 이렇게 생각한 역대기사가는 그가 결국 계약신앙으로 회귀하여 이에 충성하는 모습을 자세히 서술한다. 므낫세는 큰 절망에 빠지자 야웨께 간구했고, 이를 들은 야웨는 그를 구하였다.(대하 34:12-13)

역대기서와 에스라-느헤미야서 모두 이전의 이스라엘 역사와 조화를 이루면서도 포로기에 접어들면서 급격한 변화를 겪은 역사적 상황에도 어울리는 유대인의 정체성을 분명하게 표현하기 위해 노력하였다. 대부분의 성서학자들은 역대기사가도 에스라-느헤미야서 자료를 생산했다고 가정한다. 그러나 반드시 그런 것은 아니다.(본서의 "에스라-느헤미야" 주석 참조)

신명기역사서와 역대기역사서를 구분하는 것이 적절하기는 하지만, 여성에 대한 태도에 관한 한 둘 사이에 큰 차이를 둘 필요는 없다. 역대기서에는 여성의 이야기가 기록된 이야기가 하나도 추가되지 않았다. 오히려 신명기역사에서 언급된 몇몇 여인들이 역대기사가의 진술에서 생략되어 있다. 그 예로 사울로부터 다윗을 구한 미갈(삼상 19장), 무지한 나발을 다윗이 죽이지 못하도록 막은 아비가일(삼상 25장), 다윗이 취한 밧세바(삼하 11장), 암논에게 겁탈당한 다말(삼하 13장), 압살롬에게 겁탈당한 다윗의 후궁들(삼하 16:22), 다윗의 말년을 지킨 아비삭(왕상 1장), 솔로몬의 재판을 받은 두 창기(왕상 3:16-28)를 들 수 있다. 이를 자세히 살펴보면 생략된 이야기들은 모두 다윗을 이스라엘 최고의 영웅으로 그린 역대기사가의 초상과 모순된다는 것을 알 수 있다. 이스라엘의 영웅이 꼭 여인들의 도움을 받아야 하는가? 다른 남자의 아내를 유혹하겠는가? 자신의 딸과 후궁들을 겁탈한 자들을 처벌하지 않은 채 내버려 두겠는가? 역대기사가는 다윗의 명예를 더럽히지 않기 위해 이 이야기들을 생략했다. 그리고 같은 방식으로 다윗의 성적 무능과 그의 아들의 비범한 지혜에 대한 서술을 신중하게 자제하였다.

주석

여인들 : 딸, 아내, 어머니

고대 이스라엘에서 여성은 딸, 아내, 어머니로서 정체성을 형성했는데,

그 중요성은 일반적으로 기원전 2000년기-1000년기의 고대 근동에서 생존과 밀접한 관계를 맺고 있다.(본서 "히브리성서시대 여성들의 일상생활" 참조) 사회는 사람들의 요구에 근거하여 조직되었다. 일부다처제는 대가족을 형성함으로써 목축과 농업, 그리고 적들로부터의 방어를 수월하게 했다. 많은 여성이 출산 과정에서, 많은 아기들이 성인기에 이르기 전에 사망했기 때문에 다산은 가족, 나아가 민족의 생존에 필수적이었다. 그러므로 여성은 출산을 인생에서 가장 중요한 일로 인식하게 되었다. 그렇다고 해서 가족의 생존에 필요한 다른 일에서 제외되는 것은 아니었다. 딸들은 아내가 될 준비를 했고, 아내들은 어머니가 되기를 바랐다. 그리고 어머니들은 자녀들, 특히 아들들 사이에서 기쁨을 누렸다. 그들은 아들을 낳는 데서 높은 자존감을 얻었다. 역대기사가의 족보에서 거론된 몇 안 되는 여인들과 유다 가문의 태후들을 평가하기 위해서는 이러한 배경을 이해할 필요가 있다.

족보

역대상 1:1-9:34에 나온 족보에는 다음의 여인들이 언급된다. 아브라함의 첩으로 여섯 아들을 낳은 그두라(대상 1:32; cf. 창 25:1-6), 로단의 누이 딤나(1:39; cf. 창 36:12, 22), 하닷의 아내로 마드렛의 딸이자 메사합의 손녀인 므헤다벨(1:50; cf. 창 36:39), 유다의 가나안인 아내 수아(2:3; cf. 창 38:1-5), 유다의 며느리로 두 아들을 낳은 다말(2:4; cf. 창 38:6-30), 이새의 딸인 스루야와 아비가일(2:16), 갈렙의 아내로 세 아들을 둔 아수바와 여리옷(2:18), 갈렙의 아내로 훌을 낳은 에브랏(2:19; cf. 2:50; 4:4), 헤스론의 아내로 스굽을 낳고, 나중에 갈렙과의 사이에서 아스훌을 낳은 에브라다(2:21, 24), 여라므엘의 아내로 오남을 낳은 아다라(2:26), 아비술의 아내로 두 자녀를 둔 아비하일(2:29), 세산의 딸로 애굽종 야르하라와 결혼하여 앗대를 나은 무명의 여인(2:34-35), 갈렙의 소실로 세 자녀를 둔 에바(2:46), 갈렙의 또 다른 소실로 네 자녀를 둔 마아가

(2:48–49), 갈렙의 자녀 명단에 마지막으로 이름을 올린 갈렙의 딸 악사(2:49; cf. 삿 1:12–15)이다.

이스르엘 출신으로 다윗과 결혼해 암논을 낳은 아히노암, 그리고 역시 다윗과의 사이에서 다니엘을 둔 갈멜 여인 아비가일(3:1; cf. 삼상 25장), 다윗에게 압살롬을 안겨준 마아가, 그리고 역시 다윗과의 사이에서 아도니야를 낳은 학깃(3:2; cf. 삼하 3:3–4), 다윗과의 사이에 스바댜를 둔 아비달, 그리고 역시 다윗과의 사이에서 이드르암을 낳은 에글라(3:3), 다윗과의 사이에 솔로몬을 포함하여 네 자녀를 둔 밧수아(=밧세바)(3:5; cf. 삼하 11:1–12:25), 여기서 다윗의 아들들의 누이로 언급되며 다윗의 자녀 명단에 마지막으로 이름을 올렸으나 아버지가 아닌 형제들과의 관계로 신분이 설명된 다말(3:9; cf. 삼하 13:1–22), 스룹바벨의 아들들의 누이 슬로밋(3:19), 에담의 아들들의 누이 하술렐보니(4:3), 아스훌의 아내로 그에게 자녀들을 안겨 준 헬라와 나아라(4:5–7), 야베스의 무명의 어머니(4:9), 메렛의 애굽 출신 아내로 미리암을 포함하여 세 자녀를 낳은 비디아(4:17), 역시 메렛과의 사이에서 세 자녀를 둔 무명의 유대인 아내(4:18), 나함의 누이이자 호디야의 아내로 두 아들을 둔 무명의 아내(4:19), 무명의 여섯 딸을 낳은 시므이(4:27)이다.

아론과 모세와 함께 아므람의 자녀 명단에 이름을 올린 미리암(6:3), 잇사갈의 "많은 부인들과 아들들"(7:4), 납달리와의 사이에서 네 자녀를 둔 빌하(7:13; cf. 창 30:7–8, 여기서 빌하는 납달리의 어머니로 나온다.), 므낫세의 소실로 두 자녀를 낳은 무명의 아람 여인(7:14), 훕빔과 숩빔의 무명의 아내들, 마길의 누이 마아가, 그리고 스로브핫의 딸들(7:15; cf. 민 27:1–11; 36:1–12), 마길의 아내로 그와의 사이에서 자녀 하나를 둔 마아가(7:16; cf. 15절), 길르앗의 누이로 세 자녀를 낳은 함몰레겟(7:18), 브리아를 낳은 에브라임의 무명의 아내(7:23), "아래 윗 성 벧호론과 우센세에라를 건설한" 에브라임의 딸 세에라(7:24; 대하 8:5에서 솔로몬도 벧호론의 위와 아래를 건설했다고 보도하고 있음에 주목하라; cf.

왕상 9:17), 아셀의 아들들의 누이 세라(7:30), 헤벨의 아들들의 누이 수아(7:32)이다.

사하라임의 두 아내 후심과 바아라(8:8), 사하라임과의 사이에서 일곱 아들을 낳은 호데스(8:9–10), 역시 사하라임의 아내로 두 아들을 낳은 후심(8:11), 그리고 마지막으로 여이엘의 아내 마아가(8:29; 9:35)이다.

총 42명의 여성이 족보에 이름을 올렸으며, 그중 몇 명은 성서의 다른 곳에서 언급될 정도로 매우 중요한 인물이다.(예. 그두라, 다말, 미리암, 밧수아, 다말) 언급된 여인 중 13명은 여기서만 언급된다. 이들이 역대기사가의 족보에 포함된 이유에 대해서는 이 여인들과 그 자녀들이 여인들의 남편의 명성에 부가된 것이라고 추측할 수 있을 뿐이다. 만일 역대기사가가 하나님 앞에서 신실한 어떤 남성의 모습을 분명히 보여주기 바란다면, 그가 많은 아내와 자녀를 두었다고 말하는 것도 한 방법이 될 수 있다. 에바와 마아가는 각각 갈렙의 소실로 소개된다. 갈렙의 선함은 수많은 아내와 자녀들로 강조된다.(대상 2:46, 48–49)

역대기사가는 유다 가문의 후예인 세 가문의 명단을 기록했는데, 이들은 성서의 다른 곳에서는 언급되지 않는다. 네 아들과 딸 하술렐보니를 둔 에담 가문(대상 4:3), 헬라와 나아라라는 두 아내와 그 사이에 여러 자녀를 둔 아스훌 가문(4:5–7), 애굽 출신의 비디아를 아내로 둔 메렛 가문(4:17)이 그들이다. 유다 가문 – 다윗과 솔로몬 그리고 유다의 다른 왕들의 가문 – 이 역대기사가의 족보에서 강조된 것은 놀랄 일이 아니다.

요셉 지파를 양분하는 므낫세 가문과 에브라임 가문 또한 역대기사가에 의해 강조되고 있다. 성서의 다른 곳에서도 마길의 이름이 등장하지만 그의 아내 마아가는 여기에서만 나온다.(대상 7:13) 길르앗과 그 아들들도 성서의 다른 곳에 등장하지만, 그의 다른 두 아들과 딸 함몰레겟은 여기서만 언급된다.(7:17–18) 이들은 므낫세 지파에 속한다. 에브라임의 딸로 벧호론 성의 위 아래와 우센세에라를 건설한 세에라는 여기서만 언급된다.(7:24) 요셉 가문 – 히브리인을 이집트로 데려 온 가문 – 이 역대기사가의 족보에서 강조되는 것은 놀랄 일이 아니다.

역대기사가는 이스라엘의 다른 두 가문인 아셀과 베냐민에 다른 곳에서는 언급된 적 없는 인물들을 추가한다. 아셀 가문의 헤벨이 성서의 다른 곳에서 언급되고 있기는 하지만, 여기서만 그의 세 아들과 그들의 누이 수아가 이름까지 거론된다.(대상 7:32) 사하라임도, 그의 아내 후심과 바아라도, 또 그의 아들들도 다른 곳에서는 언급되지 않는다. 여이엘도 성서의 다른 곳에서 언급되고 있기는 하지만 그의 아내 마아가와 그의 아들들은 여기에서만 등장한다. 사하라임과 여이엘, 이 두 가문은 베냐민가의 후손이다. 역대기사가가 아셀 가문을 강조한 이유는 분명치 않다. 이스라엘 역사에서(예를 들어, 사울의 부족으로서) 그리고 포로기 이후(예를 들어, 예루살렘에 가까운 지역으로서) 베냐민이 가지는 중요성이 역대기사가가 베냐민 가문을 강조한 이유를 분명히 밝혀준다.

다윗 왕가의 태후들

고대 이스라엘 사회에서 여성의 명성은 아버지, 남편, 친아들 등 자신이 귀속된 남성과 직접적으로 관련되어 있었다. 명사(名士)의 아내는 남편의 후광으로 신망을 얻었다. 남편이 사회명사인 데다가 그런 남편과의 사이에서 아들을 많이 두기까지 하면 여인은 사회에서 큰 존경을 받았다.

이러한 관점을 역대기서에 적용해 보면, 역대기사가가 대체적으로 유다를 통치한 왕들의 어머니를 밝히고 있다는 것을 발견하게 된다. 유다 왕이 20명이었다면, 태후는 11명이 언급되었다. 유다의 마지막 일곱 왕의 경우 어머니의 이름이 명시되지 않았다. 역대기사가가 밝힌 유다의 태후는 다음과 같다. 솔로몬 왕을 낳은 밧수아(사무엘서와 열왕기서에서는 밧세바, 대상 3:5), 르호보암 왕을 낳은 암몬 여인 나아마(대하 12:13; cf. 왕상 14:21), 기브아 사람 우리엘의 딸로 아비야 왕을 낳은 미가야(13:2; 대하 11:21-22에서는 마아가; cf. 왕상 15:2), 아사 왕을 낳은 마아가(대하 15:16; 마아가가 아세라 목상을 만들었다는 이유로 아사 왕이 그를 태후

자리에서 폐했다는 보도가 눈에 띈다. cf. 왕상 15:13), 실히의 딸로 여호사밧을 낳은 아수바(20:31; cf. 왕상 22:42), 오므리의 손녀로 아하시아 왕을 낳은 아달랴(22:2; cf. 왕하 11장), 요아스 왕을 낳은 브엘세바 사람 시비아(24:1; cf. 왕하 12:1), 아마샤 왕을 낳은 예루살렘 사람 여호앗단(25:1; 왕하 14:2에서는 여호앗딘)[1], 웃시야 왕을 낳은 예루살렘 사람 여골리아(26:3; cf. 왕하 15:2), 사독의 딸로 요담 왕을 낳은 여루사(27:1; cf. 왕하 15:33), 그리고 스가랴의 딸로 히스기야 왕을 낳은 아비야(29:1; 왕하 18:2에서는 아비)가 그들이다.

이 여인들의 이름이 기록된 것은 부분적으로 이들이 널리 알려진 인물들, 즉 역대 왕들을 남편으로 두었기 때문이다. 그 중 일부는 아버지의 이름까지 기록되었는데, 미루어보건대 아버지도 사회적으로 저명한 인물이었을 것이다. 이들은 모두 만인이 다 아는 인물들을 낳았다. 다른 한편, 왕에게는 정실과 후실이 여럿이었기 때문에 새 왕이 누구의 소생인지를 구분하는 것이 중요한 일이었다는 결론을 내릴 수도 있다.

역대기서와 열왕기서에 나온 태후 명단을 비교해 보면 몇 가지 차이점이 발견된다. 두 역사에서 세 명의 여인의 이름이 다르게 나온다.(밧수아/밧세바[솔로몬 왕의 어머니], 여호앗단/여호앗딘[아마샤 왕의 어머니], 아비야/아비[히스기야 왕의 어머니]) 역대기사가는 신명기사가보다 르호보암 왕의 부인들에게 더 주목하였다.(대하 11:18-21) 아비야는 14명의 아내를 거느리며 16명의 딸을 낳았다고 전해진다.(13:21) 아달랴가 여호람의 아내였다는 사실이 역대하에서는 불분명하지만 열왕기상에서는 분명하다.(22:2) 열왕기하에서는 유다의 마지막 일곱 왕의 아내들의 이름이 언급되지만 역대하에는 나오지 않는다.

1) [역주] 한글 개역개정판에서는 모두 여호앗단으로 통일되어 있다.

역대기사가의 여인들 : 사무엘하-열왕기하에서 첨가된 부분과 생략된 부분

역대상

역대기사가가 제시한 족보는 신명기역사서에는 나오지 않는다. 이러한 이유 때문에 역대기사가가 제시한 이름이 우리가 이 여인들에 대해 알고 있는 전부인 경우가 대부분이다. 그러나 역대기서에서는 잠깐 언급되지만 신명기역사서에서는 폭넓게 언급되는 여성들도 몇 명 있다. 예를 들어, 다윗의 아내이자 솔로몬의 어머니인 밧수아와 다윗의 아내로 다니엘을 낳은 아비가일은 사무엘하 11-12장, 열왕기상 1-2장(이상 밧세바 언급), 사무엘상 25장(아비가일 언급)의 이야기에 등장한다. 결론적으로 말하자면, 역대기사가는 다윗이야말로 곧 지을 성전에서 야웨께 예배드리는 데 역점을 두었던 이스라엘의 이상적인 왕이었다는 생각을 강조하기 위해 다윗의 이야기를 할 때 이 여인들의 존재와 역할을 응축할 수밖에 없었을 것이다.

역대상에는 족보 외에도 신명기역사서에서는 볼 수 없는 몇몇 여인들에 대한 언급이 담겨 있다. 엘르아살과 헤만의 딸들에 대한 언급이 바로 그 예이다.(대상 23:22; 25:5) 사실, 역대기역사서에 비하면 신명기역사서에서는 엘르아살과 헤만이 거의 언급되지 않는다고 봐도 무방하다. 역대기역사서가 이들을 강조하는 이유는 아마도 이들의 신분 때문일 것이다. 엘르아살은 사제이고 헤만은 찬송하는 자였다. 역대기역사서는 사제적 관점에 의해 짜여진 내러티브이므로 역대상에서 이 두 인물에 대해 상술하는 것은 놀라운 일이 아니다.

역대하

신명기역사서에는 등장하지만 역대하에는 나오지 않는 여인들이 있다. 신명기역사서와 역대기역사서에 모두 등장하지만 각 책에서 강조점이

다른 여인들도 있다. 그리고 신명기역사서에는 없지만 역대기역사서에는 등장하는 여인들도 있다.

역대하는 신명기역사서에서 주요 인물로 등장하는 여인들 중 최소한 한 명을 삭제한다. 바로 이세벨이다. 그러나 이세벨의 삭제를 근거로 역대하의 여성에 대한 관점이나 이세벨에 대한 시각을 알 수는 없다. 이것은 그저 역대하가 이스라엘 북왕국의 역사를 전혀 보여주고 있지 않다는 것을 말해줄 뿐이다. 역대기사가는 남왕국 유다의 역사에 영향을 끼친 왕들만을 언급한다.(예. 여로보암, 바아사, 아합) 북왕국의 역사가 배제된 이유는 분명하다. 역대기사가는 북왕국이 멸망하고 오랜 세월이 흐른 뒤에 쓰여졌다. 게다가 북왕국은 처음부터 독립된 왕국으로서 자신을 예루살렘 성전과 분리했다.

신명기역사서와 병행하는 이야기들에서 역대기사가는 여성들에 대해 몇 가지 해설을 덧붙인다. 대개 매우 간결하며 역대기사가의 사제적 강조점을 강화한다. 예를 들어, 역대하 8:11에서 솔로몬은 애굽 아내에 대해 이렇게 말한다. "내 아내가 이스라엘 왕 다윗의 왕궁에 살지 못하리니 이는 여호와의 궤가 이른 곳은 다 거룩함이니라 하였더라." 또한 역대기사가는 르호보암의 아내들을 열거하면서 열왕기상에서는 언급되지 않은 두 명의 여인—마할랏과 아비하일—을 덧붙인다.(대하 11:18-23) 역대기사가가 그린 르호보암은 처음에는 신실했으나 많은 아내를 거느린 후 신앙이 약해진 솔로몬 왕과 어느 정도 유사하다. 르호보암의 야웨에 대한 불충이 그의 아내들과 직접적인 관련성이 있다고 볼 수는 없지만 역대기사가는 두 왕 사이에 공통분모가 있다고 본 것이다. 요아스에 대한 보도 또한 같은 맥락에 있다. 역대기사가는 여호야다가 요아스를 두 아내에게 장가들게 했다는 열왕기하의 보도에 "자녀를 낳았더라"(24:3)는 설명을 덧붙인다. 요아스는 여호야다가 죽은 뒤까지도 신실했던 것으로 그려진다. 그러나 역대기사가는 요아스가 이후 야웨께 보인 불충과 그의 아내들을 직접 연관시키지는 않는다. 다른 한편, 역대기사가는 솔로몬과 관련해서 그가 처첩을 거느리고 야웨께 불충한 이야기를 삼간다! 역대기서에는 열왕기상 11:1-13과 병행되는 본문이 없다.

신명기역사서에서도 아달랴를 아하시야의 어머니로 밝히고 있기는 하지만, 역대기역사서는 아하시야가 계속해서 악행을 저지르게 된 이유 중 하나는 적어도 "그의 어머니가 꾀어 악을 행하게 했기"(22:3) 때문임을 분명하게 밝히고 있다. 아하시야 사후 아달랴의 권력 찬탈에 대한 역대기사가의 보도는(대하 22:10-23:15) 열왕기하 11장의 보도와 유사하다. 열왕기하 12:21에서는 시므앗과 시므릿을 여성이라거나 이방인이라고 암시하는 부분이 없지만, 역대하에서는 암몬 여인 시므앗과 모압 여인 시므릿(왕하 12:21에서는 소멜)이 요아스 왕을 죽인 두 남자의 어머니로 언급된다.(24:15-27) 이러한 변화는 포로기 이후 유다에서 이방여인을 제거하려고 한 것과 관련되어 있을 것이다.(cf. 에스라-느헤미야) 두 여인이 속한 민족은 고대 이스라엘의 적을 상기시킨다.(cf. 신 23:4)

이상 언급된 모든 인용문을 볼 때, 역대기사가에서 첨가된 내용은 여성을 높이지 않는다. 기껏해야 무관심할 뿐이다. 인용문들은 때로는 암시만 하고 지나가기도 하지만 어째서 남성들이 야웨께 불충하게 되었는지 좀 더 자세히 설명해준다. 한 가지 예외로는 여호사브앗(왕하 11:2에서는 여호세바)을 제사장 여호야다의 아내라고 밝힌 역대하 22:11을 들 수 있다. 어린 요아스를 아달랴의 손에서 구한 사람은 다름 아닌 여호사브앗이다. 그녀는 용감했다. 여기서 여호사브앗이 제사장의 아내였다는 점이 추가되는데, 역대기사가의 성향으로 볼 때 놀라운 일도 아니다.

역대하를 살펴보면 신명기역사서에서 생략된 여인들에 대해 언급하는 일곱 개의 본문이 발견된다. 역대기사가는 여호사밧 왕이 야웨께 불충한 데 이어 시리아를 견제하기 위해 이스라엘의 아합 가문과 혼인함으로써 유다-이스라엘 동맹을 맺었다고 보도한다.(18:1-2) 여기에는 부정적 함의가 담겨 있지는 않지만 열왕기상 22장에서는 생략되어 있다. 역대기사가는 여호람 왕의 불충을 비난하고 열왕기하 8장에 엘리야가 여호람에게 야웨께서 그의 백성과 자녀들과 아내들과 모든 재물을 "큰 재앙"으로 칠 것이라는 편지를 보낸 사건을 덧붙인다.(21:12-15)

역대하에는 신명기역사서에는 나오지 않는 '여성 포로들'에 대해 두 번 언급되어 있다. 두 본문 모두 유다 여인들에 대해 말한다. 첫 번째 본문은 이스라엘이 유다를 침략했던 시로-에브라임 전쟁에서 이스라엘이 유다 백성을 사로잡은 일에 대해 말한다.(28:6-15) 두 번째 본문은 이들을 되찾으려는 선한 히스기야 왕의 노력에 대해 말한다.(29:3-36)

역대기사가는 신명기역사서에는 없는 설명을 두 가지 덧붙인다. 하나는 레위인의 아내와 딸들에 관한 것인데(31:2-21) 놀라운 내용은 아니다. 두 번째 설명은 첫 번째 것보다 흥미로운데 요시야의 죽음을 슬퍼하는 "노래하는 남자들과 여자들"에 관한 것이다.(35:25) 출애굽기 15:21, 사사기 5:1, 사무엘상 18:7(cf. 21:12; 29:5), 잠언 78:64에 비추어 볼 때, 이 구절은 본래 이야기가 의도했던 것보다 여성들이 성전에서 더 큰 역할을 담당했음을 암시하는 것일 수도 있다. 심지어 여성들이 오랜 세월 동안 이스라엘의 성스러운 순간을 기념하는 자리에 참여한 전통을 시사할 수도 있다.

참고문헌

Brenner, Athalya, *The Israelite Woman: Social Role and Literary Type in Biblical Narrative.* Sheffield: JSOT Press, 1985.

Laffey, Alice L. *First Chronicles, Second Chronicles.* Collegeville, Minn.: The Liturgical Press, 1985.

Myers, J. M. *1 Chronicles.* Anchor Bible 12. Garden City, N.Y.: Doubleday & Co., 1965.

______. *2 Chronicles.* Anchor Bible 13. Garden City, N.Y.: Doubleday & Co.,

1965.

Williamson, H. G. M. *1 and 2 Chronicles.* New Century Bible Commentary. London: Marshall, Morgan & Scott, 1982.

에스라-느헤미야

타마라 콘 에스케나지

Tamara Cohn Eskenazi

개관

역사적 배경과 내용

포로기를 살던 이스라엘 백성들에게 기원전 539년 페르시아 고레스 왕의 바빌론 정복은 새 시대의 여명이자 이스라엘이 다시 태어날 징조로 보였다. 에스라-느헤미야는 바로 이스라엘의 새 출발에 관한 이야기이다. 불과 50년 전에 바빌론은 예루살렘을 파괴하고(B.C.E. 587/586년) 거주민들을 추방했다. 이스라엘은 돌이킬 수 없을 만큼 급격한 종교적·문화적 변화로 인해 큰 고통을 겪었다. 안전하게만 보였던 사회 구조가 한순간에 무너졌다. 이스라엘 종교와 정치에서 그토록 중요했던 땅이 이방인의 지배를 받게 되었다. 성전은 흔적도 없이 파괴되었다. 예루살렘은 폐허가 되었다. 그리고 (지도자를 비롯하여) 많은 백성이 이국땅에 포로로 잡혀갔다. 고레스가 바빌론을 무찌르고 포로들의 귀환을 허락했을 때, 살아남은 고대 이스라엘의 후예들은 엄청난 도전에 직면했다. 조국뿐만 아니라 한 민족과 한 종교로서 그들 자신의 정체성을 재건해야 했기 때문이다.

에스라-느헤미야는 매우 중요하지만 모호하기만 한 포로후기 역사를 서술한 유일한 성서 문서이다. 문서 자체가 복잡하기 때문에 종종 해석하기가 어렵다. 원래 가장 고대의 사본들에서는 한 권으로 묶여 있었으며, 그렇게 볼 때 가장 잘 해석된다. 그러나 대부분의 영문성서에서는 에스라와 느헤미야, 이렇게 두 권의 책으로 분리되어 있다. 과거에는 에스라-느헤미야와 역대기의 저자를 동일인물로 보는 견해가 일반적이었지만, 근래 대부분의 학자들은 에스라-느헤미야를 고유한 문학적·신학적 일관성을 지닌 별개의 작품으로 인식한다.

이 문서는 하나님의 백성에게 예루살렘으로 올라가 하나님의 성전을 건설하라는 고레스 칙령으로 시작해서 약 100년 후, 즉 예루살렘 성전이 재건축되고(B.C.E. 516/515년) 성벽이 재건되어 재봉헌된 시기(B.C.E. 445/444년)를 배경으로 끝난다. 에스라-느헤미야는 고레스 칙령에 따른 이스라엘 재건을 세 단계로 나누어 보는 데 중점을 두고 있다. 첫 번째 단계에서는 스룹바벨과 예수아가 중심이 되어 올바른 예배를 회복하고 성전을 재건한다.(스 1-6장) 두 번째 단계에서는 에스라가 주축이 되어 율법의 가르침을 이행하고 이방인 아내들을 추방함으로써 공동체를 쇄신한다.(스 7-10장) 세 번째 단계에서는 느헤미야의 지도 아래 예루살렘 성벽이 재건된다. 이로써 공동체는—물리적으로나 상징적으로나—견고하고 안전한 벽에 둘러싸이게 되었다.(느 1-7장) 재건사업이 완료되자 공동체는 이스라엘의 회복을 축하하는 장엄한 의식을 거행했는데 율법 낭독에서 절정에 달했다.(느 8-13장)

에스라-느헤미야는 이러한 사건들을 이야기하면서 그 안에 특정한 신학을 엮어 넣었다. 이 문서는 여러 자료와 반복, 시점이동과 같은 문학적 기교들을 효과적으로 사용하여 다음의 세 가지 주제를 분명하게 전달한다. 첫째, 포로후기 재건의 책임은 지도자에게만 있는 것이 아니라 공동체 전체에게 있다. 둘째, 하나님의 처소는 더는 성전에 국한되지 않고 예루살렘 도시 전체로 확대된다. 셋째, 문서가 하나님과의 교통을 위한 권위 있는 수단이자 영감을 주고 바른 길을 인도하는 원천이 되었다. 이 세 가지 주제는 위계적 사회에서 좀 더 민주화된 사회로의 이동을 표현함으로써 여성에게 더 많은 기회가 주어졌음을 암시한다. 그러나 실제 여성의 삶에서 이러한 기회가 어느 정도로 인식되었는지는 불분명하다. 이 문서에서 여성은 침묵을 지킨다. 자신과 직접적으로 관련된 사항들을 결정할 때조차 여성의 목소리는 들리지 않는다.

그러나 에스라-느헤미야에서 쉽게 간과되는 일부 구체적인 사항들을 보면 당시 여성들의 삶에서 흥미로운 면을 엿볼 수 있다. 적어도 각각의 주요 사건에서 여성의 존재가 인정되고 있다. 나아가 성서 외에 페르시아 시대의 유대 여성에 대한 정보가 담겨 있는 일부 자료들의 도움으로 에스라-느헤미야에서 그려진 여성들의 삶을 좀 더 온전하게 이해할 수 있게 되었다.

포로후기 공동체에서 가장 중요한 문제는 자기규정과 정체성이었다. 고대 이스라엘이 페르시아 제국 치하에서 갑자기 유대라 불리는 작은 속주로 전락했다. 어떤 학자의 말을 빌리자면, 이스라엘이 식민지 백성이 된 것이다. 이들 중 상당수가 바빌론, 페르시아, 이집트와 같은 다른 나라로 계속해서 흩어졌다. '이스라엘 백성'이라는 표현과 나란히 '유대족속' 또는 '유대인'을 뜻하는 '예후딤'(*yehudim*)이라는 용어가 통용되기 시작했다. 수세대에 걸쳐 타향살이를 했음에도 불구하고 대다수가 자신을 남왕국과 유다 지파의 후예라고 여겼기 때문이다.

이 시기에 이스라엘 땅에는 (암몬족속, 모압족속을 비롯하여) 다양한 족속이 거주하고 있었다. 다양성은 유대공동체의 특징이기도 했다. 가족이 유배를 갔던 (그리고 유배지에서의 경험을 통해 변화된) 유대인과 그렇지 않은 유대인 사이에 긴장이 있었다. 족외결혼을 인정하는 유대인과 그렇지 못한 유대인 사이에도 긴장이 고조되었다. 이러한 집단들이 서로 얼마만큼 교집합을 이루는지 – 예를 들어, 어떤 특정한 배경을 가진 유대인들이 얼마만큼 직접적으로 족외결혼과 관련되는지 – 결정하기는 어렵다. 이러한 집단들의 구성과 그들 사이에 벌어졌던 역사적 논쟁은 관련 증거들이 제한적이고 편향적인 탓에 추론에 기댈 수밖에 없다.

에스라-느헤미야의 관점에 따르면, 유대공동체를 결정적으로 재건한 것은 바빌론에서 돌아온 자들이었다. 귀환자들은 자신을 "그 땅 백성"이라 불린 자들과 구분했는데, 에스라-느헤미야에 따르면(예. 스 4:4) "그 땅 백성"은 현재 이스라엘 땅에 살고 있지만 뿌리는 이방민족에 있는 사람들이다. 과거에 학자들은 그 땅 백성을 사마리아인으로 보았다. 하지만 실제로는 유배를 떠나지 않은 유대인으로서 변화를 겪은 귀환자들의 전통을 공유하지 못한 사람들이었을 것이다. 그러므로 귀환자들과 "그 땅 백성" 사이의 갈등은 이민족 간 갈등이라기보다는 유대인 내부의 갈등이었을 가능성도 있다.

이 시대에 구체적으로 두 가지 문제가 여성의 삶과 관련되어 있다. 하나는 민족적·종교적 정체성의 위기가 당시 여성에게 미친 영향이고, 다른 하나는 개척자적 삶이 사회 내 여성의 지위에 미친 영향이다.

민족적·종교적 정체성의 위기

고대사회와 현대사회에 대한 사회학적 연구에 따르면 추방과 귀환이라는 극적인 경험 앞에서는 시대와 상관없이 몇 가지 공통된 생존 유형이 드러난다. 일반적으로는 연약한 공동체의 정체성을 보호하기 위해 외부세계에 대한 경계를 강화한다. 내부적으로는 사회의 안정적 형태와 위계질서가 붕괴되고 유동성과 개혁이 나타난다. 새로운 집단이 사회를 이끌고 급격한 변화에 순응해야 한다는 압력 속에서 성역할은 좀 더 유동적이 된다. 에스라-느헤미야는 분명 이와 유사한 패턴을 반영한다. 에스라-느헤미야는 집단 정체성을 유지하기 위해 민족의 순수성을 옹호하고 이족 간 결혼을 금지했다. 그러나 이러한 전략이 보편적으로 수용된 것은 아니다. 유대의 최고 가문 중 일부는 여기에 관심이 없거나 좀 더 포괄적인 차원에서 공동체를 정의했다. 이들은 "이방" 여인을 결혼상대로 받아들였는데,

심지어 제사장도 예외는 아니었다.(스 9–10장; 느 13:28)

일부 학자들은 이족 간 결혼 금지를 땅에 대한 권리 보호와 연결시킨다. 이러한 견해에 따르면, 특정 종교에의 소속과 토지소유권은 밀접하게 연결되어 있다. 자민족의 왕이 없었으므로 공동체는 성전을 중심으로 형성되었으며, 공동체 보호의 책임도 모두에게 있었다. 실제적으로는 성전 구성원이 소유한 토지가 유대 땅을 형성했다. 이러한 상황에서 어떤 식으로 정의가 되든 이민족과의 결혼은 공동체의 물질적·정신적 경계를 위험하게 만들었다. 법적 재산권을 지닌 비유대인은 유대인 배우자가 죽으면 유산으로 받은 땅을 가지고 원래의 민족공동체로 돌아갈 가능성이 있었다. 이것은 유대 관할구역의 일부가 사라진다는 것을 뜻한다. 그 사이에서 태어난 자녀들도 같은 행동을 할 수 있다. 그렇게 되면 유대공동체에 속한 토지는 사실상 줄어들게 된다. 유대 관할지역이 작아진다는 말이다. 결국 이들로 인해 유대공동체의 영역이 축소될 가능성이 있었기 때문에 이방인 배우자는 유대공동체에 특별히 위협적인 존재였다. 이러한 학문적 견해에 따르면, 에스라–느헤미야는 이방인과의 결혼을 금지함으로써 이와 같은 손실을 막으려고 했다.

여성과 개척자적 삶

캐롤 메이어스(Carol Meyers)는 『이브의 발견』(*Discovering Eve*)에서 농촌 사회가 개척되면서 가족이 사회·경제적으로나 정치적으로나 중심 단위가 되는 시기에는 여성이 힘을 획득한다고 지적한다. 사회가 개척 중이던 왕정 이전의 이스라엘에서 여성은 독자들이 인식하는 것보다 큰 권력과 평등성을 가지고 있었다는 것이다. 메이어스 자신이 포로후기를 분석하지는 않았지만, 그녀가 밝힌 것이 정확하다면 그것은 몇 가지 중요한 면에서 유사한 상황에 있던 포로후기 여성들이 권력의 재분배 과정에서 이익을 얻었음을 암시한다. 왕정 이전 시기에 사회의 구심점은 가족이었다. 에스라–느헤미야는 *'abot*(문자적 의미는 "아버지들")이라는 용어를 자주 사용하여 가족이 공동체를 이끄는 핵심임을 보여줌으로써 이 사실을 강조했다.

이 두 가지 요소—급격한 변화에 맞선 공동체의 경계 강화와 과거보다 커진 가족의 중요성—를 결합해 보면, 포로후기 공동체에서 여성의 힘이 생각보다—성서에서 이들 여성에 대한 간략한 언급을 언뜻 보며 느꼈던 것보다—컸음을 짐작할 수 있다. 성서 외에 다른 자료들이 이러한 결론을 확실하게 뒷받침해 준다.

성서 외의 자료들: 이집트 엘레판틴

페르시아 시대의 계약서와 편지에는 유대 여성의 역할과 힘의 다양성을 보여주는 여성인물들이 등장한다. 엘레판틴 문서는 포로후기 유대 여성들이 성서와 이후 전승이 암시하는 것보다 많은 힘과 특권을 누렸다는 점을 분명하게 보여준다. 이러한 자료들은 이집트 엘레판틴에 있던 유대인 거주지에서 발견되는데 정확한 연대까지 추정할 수 있다.(B.C.E. 6-4세기) 여기에는 유대 여성들이 작성한 계약서와 편지 원본이 상당수 포함되어 있다. 포로후기의 한 유대인 집단의 실제 관습을 보여주는 정보의 창고로부터 우리는 당시 여성들의 사회적·경제적 현실을 재구성할 수 있다.

엘레판틴에서 출토된 여러 계약서에 따르면, 유대 여성들은 이혼을 요구하고, 재산을 매매하며, 남자 형제가 있어도 유산을 상속받을 수 있었다. 또한 엘레판틴 문서는 여성들이 성공의 사다리를 타고 높은 사회적·경제적 지위에 오른 과정을 보여준다. 흥미로운 예로는 이집트 노예였던 타무트(Tamut, 또는 Tapmut)와 그의 딸이 있다. 타무트는 성전 관리직에 있던 유대인과 결혼하여 마침내 성전에서 어떤 지위(그녀가 오른 관직의 이름이 불분명하다.)에 올랐다. 그 딸(타무트가 아직 노예였을 때 주인 또는 미래의 남편과의 사이에서 태어났다.)은 부자가 되어 공동체에서 중요한 인물이 되었다. 타무트의 아들뿐 아니라 딸도 부모의 유산 상속자로 지명되었다. 이것은 남자 자손이 없을 때에만 여성에게 재산이 상속된다는 개념이 오류임을 보여준다.(민 27장)

엘레판틴에서 나온 결혼계약서들은 특히나 흥미롭다. 이 계약서는 각 여성이 결혼할 때 가져온 재산 목록을 열거하면서 이에 대한 재산권이 신부에게 있음을 명시하고 있다. 이혼을 할 경우 이 재산에 대한 소유권은 여성에게 있다. 그뿐만 아니라 결혼계약서는 남녀 모두에게 이혼청구권이 있음을 밝히고 있다. 심지어 일부 계약서에는 학대를 받았을 경우 밟아야 할 절차와 재정적 책임까지 상술되어 있다. 일례로 타무트의 결혼 계약서에는 다음과 같은 사항이 명시되어 있다.

> 만약 어느 날 하나니(Hanani)가 그녀로 인해 감정이 격해져서 말하기를 "나는 나의 아내 타무트와 이혼하겠다"고 하면, 위자료는 그가 지급해야 한다. 하나니는 타무트에게 은 7½세겔과 그녀가 가져온 모든 것을 주어야 한다. … 만약 어느 날 타무트가 항의하며 말하기를 "나는 나의 남편 아나니(Anani)와 이혼하겠다"고 하면 타무트는 남편에게 같은 금액을 주어야 한다. 그녀는 아나니에게 은 7½세겔을 주고 그녀가 가져온 재산은 가지고 나간다. …(Kraeling 2:7-10)

남편이 죽으면 남성 친척도, 심지어 그의 아들도 아닌 부인에게 재산이 가야 했다.

몇몇 자료에는 세 번의 결혼 경력이 있는 미브타히아(Mibtahiah)라는 여인이 나오는데, 그녀는 부유한 자산가이자 남편의 동업자였다. 세 번째 남편은 이집트인이었는데 나중에 히브리 이름을 얻고 아내를 따라 유대교 공동체의 일원이 된 것으로 보인다. 그 자녀는 히브리 이름을 받았는데 공동체에서 영향력 있는 인물이었음이 분명하다.

이러한 자료들은 페르시아 시대 여성들의 삶에 대한 이해를 넓히고 이와 관련해 불분명하게 언급하고 있는 성서 본문을 해석하는 데 도움을 준다. 공동체 내에서 여성들의 법적 지위와 관련하여 유대에서는 이에 비견될 만한 자료가 발견되지 않았지만, 한 유대교 공동체(이집트)에서 행한 관습은 다른 공동체(유대)에서도 행했다고 추론할 수 있다. 왜냐하면 두 공동체 모두 페르시아 치하에서 포로후기라는 동시대를 살았기 때문이다.

주석

예루살렘에 하나님의 집을 건설하라는 고레스의 칙령(스 1:1-4)

에스라-느헤미야는 하나님의 백성에게 유다 예루살렘으로 올라가서 하나님의 집을 건축하라고 권면하는 고레스 칙령으로 시작한다. 이 칙령이 성서 외의 자료로 보존되어 있는 것은 아니지만, 그 내용은 고레스에 대해 알려진 사실과 다른 고대 칙령들과 일치한다. 역사적 사건이었다면, 이것은 기원전 538년에 선포되었을 것이다.

하나님의 백성이 예루살렘에 하나님의 집을 건축하다(스 1:5-느 7:73)

간략한 도입부는 일련의 사건들을 다음과 같이 요약한다. "이에 유다와 베냐민 족장들과 제사장들과 레위 사람들과 그 마음이 하나님께 감동을 받은 모든 사람들이 예루살렘에 여호와의 성전을 건축하고자 올라갔다." (스 1:5, 저자 역) 에스라-느헤미야는 귀환과 재건축을 세 단계로 설명한다. 각 단계는 추방에서 시작해서 예루살렘에서 끝나며, 이 책의 주요 테마—중심성, 성전에서 도시로 확대된 하나님의 집의 영역에 대한 개념, 그리고 문서의 권위 있는 역할—를 강조한다. 에스라-느헤미야는 주로 남성의 역할과 행위에 초점을 맞추어 이 단계들을 상술하지만 각 주요 사건마다 여성에 관해 언급하는 매우 흥미로운 부분도 있다.

첫 번째 운동: 귀환자들이 제단과 성전을 건축하다(스 1:5-6:22)

첫 번째 부분은 추방당했던 많은 유다인들(유대인들)이 바빌론에서 돌아온 사건을 서술한다. 고향에 돌아온 유대 백성들은 제단을 짓고 그에 합당한 예배를 드린다. 그리고 고레스 칙령에 따라 성전을 재건축하기 시작한다. 지도자 중에는 다윗의 후손인 스룹바벨과 제사장인 예수아가 있었다. 그러나 이야기의 핵심은 이보다 큰 규모의 공동체가 성전 재건에 참여했다는 데 있다. 에스라 4장에 따르면, 비유대 배경을 가진 그 땅 백성들도(본서의 "개관" 참조) 성전 재건축을 돕겠다고 나섰으나 거절당한다. 난관에 부딪히기도 하고 공사가 지연되기도 하지만 귀환자들은 마침내 성전 건축을 끝마치고(아마도 B.C.E. 516/515년) 성전봉헌식을 올린다.(스 6:14)

이 문서의 첫 번째 부분에서 가장 놀라운 것은 귀환자들을 특정 조상이나 특정 지역의 후손으로 열거하고 있는 명단이다.(느 7장에서도 반복됨)

족장의 이름은 전형적으로 남성이다. 그러나 에스라 2장에 따르면, 귀환자 중에는 **하소베렛**(*hasoperet*)의 후손들이 있다.(스 2:55) 하소베렛이라는 단어는 문자적으로 '여서기관'을 뜻한다.(참조. 느 7:57) 이 용어는 자신의 조상을 여서기관이라고 밝힌 어떤 집단(아마도 길드였을 것이다.)에 관한 본문에서 가장 분명하게 언급되었다. 유감스럽게도 번역 과정에서 이 의미가 대부분 탈락되었다. 역자들은 전형적으로 이 단어를 개인의 이름으로 취급하였으며, 대다수의 주석가들은 여성이 족장이었을 가능성은 언급하지 않은 채 길드에만 주목하는 데 그친다. 이들은 여성형 명사가 분명하게 남성을 뜻하는(**코헬렛**[*gohelet*], '전도자') 전도서 1:1에 근거하여 이러한 가능성을 무시한다. 이것은 여성형 명사가 여성을 가리킨 수많은 다른 예들을 간과했기에 할 수 있는 주장이다.(예를 들어, 사 40:9에서는 여성형 명사가 기쁜 소식을 알린다.) 그러나 중세의 한 유대교 주석가(Ibn Ezra)가 에스라-느헤미야에 나오는 하소베렛은 여서기관을 뜻한다고 가정했다는 사실에 주목해야 했다. 포로후기에 여서기관이 있었다는 확실한 정보는 없지만, 포로기 이전의 고대 중동에는 여서기관들이 있었다.

귀환자의 명단이 지닌 또 한 가지 흥미로운 사실은 "바르실래 자손"(길르앗 사람 바르실래의 딸 중 한 사람을 아내로 삼고 바르실래의 이름을 따른 자)(스 2:61//느 7:63)이 언급되고 있다는 점이다. 일반적으로 모계 혈통을 밝히지 않는 것이 관례인데, 여기서는 때로는 남성이 자기 가문의 이름을 버리고 아내의 이름을 따른 경우도 있었음을 보여준다.(그리고 아내 가문의 유산도 받았을 것이다.)

에스라 2장과 느헤미야 7장에 기재된 귀환자 명단에 따르면 대략 4만 2,000명이 바빌론에서 돌아왔다. 그 중에는 남종과 여종 그리고 노래하는 남녀가 있었다.(스 2:65//느 7:67) 여자 가수들을 성전 제의와 연관 짓고 싶은 학문적 유혹이 없지는 않지만, 명단의 위치(종과 동물 사이)는 이들이 비교적 낮은 지위에 속한 예인(entertainer)이었음을 암시한다. 성전 가수들은 여성에 대한 특별한 언급 없이 귀환자 명단의 앞쪽에 자리잡고 있다.

두 번째 운동: 에스라와 귀환자들이 율법에 따라 공동체를 세우다 (스 7–10장)

귀환의 두 번째 단계에서는 유다의 하나님의 가르침을 따르라는 페르시아 왕 아닥사스다의 명을 받은 에스라라는 걸출한 인물이 부각된다. 성서의 설명에 따르면, 기원전 458년에 유대에 도착한 에스라는 제사장이자 율례 학자로서 유대 백성이 하나님의 명령과 왕의 명령을 따르게 하라는 임무와 함께 사실상 무제한의 권력을 부여받은 인물로 그려진다.(스 7:26) 일반적으로 에스라의 율법은 일종의 오경 형태였거나 거기에 해당하는 부분이었다고 여겨진다. 최근의 연구에서는 에스라의 임무가 표면상으로는 종교적으로 보이지만, 실제적으로는 지중해 지역의 군사적 불안에 직면한 페르시아 제국의 정치적 의제와 연결되어 있다고 본다.

에스라와 함께 귀환한 새 백성 가운데는 슬로밋의 자손들이 있었다.

(스 8:10) 성서에서 슬로밋이라는 이름은 남자의 이름도 여자의 이름도 될 수 있다. 칠십인역 에스라서는 슬로밋을 여자 이름으로 읽는 것을 처음부터 차단하는 방식으로 어구가 추가되었다.("바니의 자손 중 요시바의 아들 슬로밋") 이러한 번역은 여자 이름이 포함된 데 대해 후대가 느꼈을 불편한 심정을 반영한 것이거나 순수하게 다른 전승을 보여준 것일 수도 있다. 많은 영역본이 이 독해를 따르고 있다. 그러나 히브리어 본문에서는 슬로밋의 성(性)이 모호하다. 명단에 있는 다른 이름들의 유형을 고려해 볼 때, 이 문장은 다음과 같이 번역되어야 한다. "슬로밋 자손 중에서는 요시바의 아들이니 그와 함께 있는 남자가 백육십 명이다." 역대상 3:19에 따르면, 슬로밋은 다윗의 마지막 후손으로 모든 정치적 권력을 장악한 스룹바벨의 딸이다.(귀환 당시 그의 역할에 대해서는 스 1-6장 참조) 슬로밋과 감독 엘라단을 언급한 포로후기 인장(印章)이 발견되었다. 만약 이것이 스룹바벨의 딸 슬로밋의 인장이라면, 그것은 유대 감독 엘라단(B.C.E. 510-490년경)이 슬로밋과 혼인함으로써 다윗 가문의 일원이 되었음을 가리킨다. 에스라 8:10에서도 유명한 공주의 친척들이 언급된다고 볼 수 있다.

에스라 9:1-4에 따르면, 예루살렘으로 돌아온 지 얼마 안 되어 에스라는 일부 유대 지도층이 소위 그 땅 백성인 이방여인들과 혼인을 맺었다는 사실을 알게 되었다. 이러한 위기 앞에서 에스라는 많은 백성이 지켜보는 가운데 통곡하며 집회를 소집했다. 율법을 거스른 이들은 이방인 아내와 이혼하라는 압력을 받았고 그 중 상당수가 이혼했다.(스 10장) 이 여인들의 민족적 배경은 분명하지 않다. 실제로 이방민족이었을 수도 있고, 단순히 에스라-느헤미야가 이스라엘 백성으로 인정하기를 거부했던 유대 가문 출신이었을 수도 있다. 두 견해 모두 주장을 뒷받침할 만한 근거를 가지고 있다.

본문에 나온 이혼 사유는 종교적이다. 그러나 경제적·정치적 요소들도 중요했을 것이다. 어쩌면 **유일하게** 중요한 고려사항이었을 것이다.(이혼 사유를 이러한 범주들로 구분하는 것 자체가 근대적 인식으로서 고대 사회를 적절하게 보여주지 못한다.) 정체성을 긴급히 재규정해야 한다는 생각과 현실적·경제적 관심에서 특정 집단을 배제함으로써 구체적인 경계를 설정해야 한다는 생각이 결합되었을 것이다. 에스라-느헤미야에는 여성이 이의를 제기했다거나 어떤 구체적 규정이 포함되었는지에 대한 보도가 없다. 엘레판틴에서 발견된 자료로부터 이혼에는 경제적 보상이 따라야 했음을 추측할 수 있다.(이 때문에 이혼하는 데 시간이 오래 걸렸을 수도 있다.) 그러나 에스라-느헤미야는 이러한 구체적인 사항들에 대해서는 관심을 보이지 않는다. 이방인과의 결혼 금지가 남녀 모두에게 적용되는 조항이기는 하지만, 에스라 9장에서 이방 남성과 혼인한 유대 여성에 대한 언급이 없다는 점을 눈여겨볼 필요가 있다.

현대 독자들은 이방여인의 추방에 대해 다양한 반응을 보인다. 이 사건에 공감하지 못하는 해석은 추방의 잔인함과 거기에 내재된 배타주의에 초점을 맞춘다. 특히 여성의 반응을 보여주지 않은 점이 놀랍다. 이 여인들에게는 아무런 선택권도 목소리도 없는 것 같다. 반면, 이 사건에 공감하는 해석은 다양한 문화의 바다 한가운데서 자신이 소수 공동체에 불과하다는 사실을 깨달은 순간 정신적·경제적·민족적 차원의 생존을 위해 고군분투하던 새 유대공동체가 처했던 곤경을 강조한다. 포로후기 유대공동체에 대한 최근의 연구들은 종교적 관심과 사회·경제적 관심을 연결시킨다. 이방인과의 결혼에 대한 반대는 이것이 단순히 민족적·종교적 순수성의 문제가 아니라 이 결혼이 공동체의 토지소유권에 미치는 영향과 결부되는 좀 더 큰 맥락에 자리잡고 있다. 외부인과의 결혼은 유대 토지의 상실을 의미하기 때문이다.

당시 상황에 공감하는 해석은 정치적 관심 외에도 새 유대공동체의 여성들이 이방 여성과 경쟁해야 하는 상황에서 배우자와 가족을 보호할 필요가 있었음을 지적한다.(어려서 맞이한 아내에 대한 지조를 지키는 당시 남성들에 대한 강조에 대해서는 말 2:14 참조) 고대의 상황에서든 현재의 상황에서든 지역민과 결혼하거나 다른 종족과 결혼한 새 이주자에게 가해지는 압력에 대해서는 잘 기록되어 있다. 그러므로 이방여인에 대한 반대는 여성혐오적 제한이 아니라 외부와의 경쟁에서 공동체 내 여성의 권리를 방어하고 공동체의 결속력과 지속성을 유지하기 위한 문제로 이해된다.

독자가 어떤 태도를 취하든 에스라-느헤미야가 이방 아내와의 이혼 문제에 전심을 기울였다는 것은 종교적·사회적 생활을 재구성하는 데 여성과 여성의 지위가 중요했음을 시사한다. 또한 유대에서 여성의 재산권이 엘레판틴의 상황과 유사했음을 암시한다. 이방여인이 경제적 위협이 된 것은 바로 여성이 남편이나 아버지로부터 토지를 상속받을 수 있는 상황 아래에 있었기 때문이다. 그러한 권리가 없었다면 그들이 공동체 토지의 상실을 의미하지는 않았을 것이다.

세 번째 운동: 느헤미야와 유대인들이 예루살렘 성벽을 세우다 (느 1-7장)

세 번째 단계는 느헤미야가 직접 과거를 회고하며 서술하는 형식으로 되어 있다. 여기에 종종 '회고록'이라는 제목이 붙는 것은 이 때문이다.(많은 학자가 느헤미야가 이 부분을 기록했다고 본다.) 이 장들은 처음에 술 따르는 시종으로 아닥사스다 왕의 총애를 받던 느헤미야가 자기 백성에 대한 근심걱정에 빠지게 된 이야기를 하고 있다. 그는 왕실에서의 안락한 생활을 뒤로 한 채, 새롭게 임명된 감독으로서 성벽 재건을 위해 서둘러 예루살렘으로 간다.(B.C.E. 445년) 느헤미야는 이웃민족의 위협에도 불구하고 유대 백성을 격려하며 성벽 재건축에 박차를 가한다. 그의 지도 아래 성벽은 빨리 재건되고 예루살렘에는 다시 사람들이 거주하게 된다.

느헤미야 3장은 공동체의 참여를 강조하면서 실제 건축에 참여한 사람들의 이름을 열거한다. 건축자의 명단에는 살룸의 딸들이 포함되어 있다.(느 3:12) 히브리성서를 비롯하여 모든 고대 사본이 분명하게 언급하고 있음에도 불구하고, 일부 역자들은 이 여인들의 존재를 모호하게 처리했다. 어떤 역자는 딸들이 언급될 리 없다는 가정 하에 "딸들"을 "아들들"로 바꾼 것으로 보인다. 20세기 초에 바텐(L. W. Batten)은 다음과 같이 서술했다.

> "딸"은 느헤미야 11:25-31에 나오는 도시로 성장하거나 도시에 의존하고 있는 주변 부락들을 나타낼 때 일반적으로 사용된 용어이다.[1] 라일(Ryle)은 살룸의 딸들이 느헤미야의 일을 도왔다는 문자적 해석을 선호한다. 그러나 동양에서는 여성이 이와 같은 사업에서 큰 역할을 한 것이 상당히 확실하기 때문에 여기서 특별히 그들을 언급할 필요가 없다. 딸이 부락을 뜻한다는 견해에 반대하여 뜬금없이 부락이 언급된 이유를 설명할 수 없다는 주장이 지지받을 수도 있다. 베르톨렛(Bertholet)은 "살룸의 딸들"이라는 단어를 삭제하는 것이 가장 쉬운 방법이지만, 이럴 경우 임의적 해석이 된다고 말한다. **"딸"의 정확한 의미는 알 수 없다.**(*A Critical and Exegetical Commentary on the Books of Ezra and Nehemiah*, International Critical Commentary[New York: Charles Scribner's Sons, 1913], 213-214, 볼드체는 저자의 강조)

"그와 그의 딸들"의 의미를 알 수 없다는 말을 듣는 것은 매우 흥미롭다. 이처럼 분명한 진술을 두고 주석가들이 혼란스러워하는 것은 전적으로 성벽 건설에서 여성이 담당한 역할을 거부하기 때문이다. 다행히도 현대 주석가들은 번역자로서나 해석자로서나 좀 더 훌륭하다. 그들은 대개 여성에 대한 언급을 보존한다. 윌리엄슨(H. G. M. Williamson)과 같은 일부 학자들은 민수기 36:8에 근거하여 살룸에게 아들이 없었다면 "딸들이 그의 이름과 재산을 상속받게 되므로 그러한 상황에서 돕는 것은 당연

1) [역주] 예를 들어, 구약성서에서 "시온의 딸"은 예루살렘을 뜻한다.

하다."(Williamson, 207)는 결론을 내렸다. 엘레판틴 문서는 설령 아들이 있다 해도 딸이 상속자가 될 수 있음을 알려준다.

느헤미야의 '회고록'은 그와 대적자들의 대립을 서술한다. 느헤미야가 보기에 자신에 대한 반대는 하나님의 계획을 방해하는 것이다. 예언자 스마야와 한 차례 맞선 후, 느헤미야는 하나님께 대적자들을 벌해 달라고 간구한다. "내 하나님이여, 도비야와 산발랏과 여선지 노아댜와 그 남은 선지자들 곧 나를 두렵게 하고자 한 자들의 소행을 기억하옵소서."(느 6:14) 느헤미야는 스마야를 무시하고 대신 잘 알려진 두 명의 대적자와 잘 알려지지 않은 한 명의 대적자에 대해 불평한다. 암몬족의 관리였던 도비야는 줄곧 느헤미야를 방해했다. 산발랏은 사마리아의 총독이었다. 노아댜라는 미지의 예언자를 이러한 고위공직자들과 나란히 언급했다는 것은 노아댜의 지위가 그들에 필적하며, 그녀 또한 주요 인물이었음을 암시한다. 노아댜의 언급이 지닌 중요성은 히브리성서에서 오직 네 명의 여예언자의 이름만 등장한다는 사실을 인식할 때 더욱 눈에 띈다. 나머지 세 명은 포로기 이전의 인물들이다.(미리암, 드보라, 훌다) 노아댜의 존재는 포로후기에도 예언자의 직분이 여성에게 개방되어 있었다는 증거이다. 그녀가 느헤미야에 맞선 이유는 알려지지 않았다.

하나님의 백성이 하나님의 집을 축하하며 봉헌하다(느 8-13장)

에스라-느헤미야는 예루살렘 성벽이 재건되고 회중 앞에서 율법책을 낭독하는 대목에서 절정에 달한다. 의식이 시작되자 모든 백성은 수문 앞 광장에 모여든다. 에스라는 그 자리에 모인 공동체의 성원들 앞에서 율법책을 낭독한다. 낭독 후에는 초막절을 기념하고 여러 날 동안 축제를 열고 성전재봉헌 의식을 거행한다.

에스라-느헤미야에서 여성에 대한 가장 중요한 언급은 이처럼 중대한 의식에서 나오는 것 같다. 이후 유대교는 성전재봉헌을 시내산에서의 율법 수여와 비교한다. 시내산에서 율법 수여 의식에 여성이 참여하고 어떤 역할을 담당했으리라는 추측이 있기도 했지만 "여인을 가까이 하지 말라"(출 19:15)는 메시지는 오직 남성만이 부름 받았음을 암시하기 때문에 율법 수여와 관련하여 이러한 추측은 타당하지 않다. 그러나 에스라-느헤미야에서는 여성의 참여가 분명하게 나타난다.

> 일곱째 달 초하루에 제사장 에스라가 율법책을 가지고 회중 앞 곧 **남자나 여자나** 알아들을 만한 모든 사람 앞에 이르렀다. 수문 앞 광장에서 새벽부터 정오까지 **남자나 여자나** 알아들을 만한 모든 사람 앞에서 율법책을 읽으매 뭇 백성이 귀를 기울였다.(느 8:2-3, 저자 역, 볼드체는 저자의 강조)

여기서 회중을 뜻하는 히브리어 *qahal*은 사람들의 단순한 집합이 아닌 종교적으로 구성된 공동체를 의미한다. 회중에 남성과 여성이 포함되었다는 사실은 최소한 참여의 수준에서는 평등주의적이었음을 시사한다. 남자와 여자가 모였다. 남자와 여자가 율법책 내용에 귀를 기울인다. 남자와 여자가 축하한다. 하나님의 가르침은 전체 공동체에 해당된다. 그러나 이후 에스라가 공동체를 향한 가르침을 낭독하고 해석하는 데 도움을 준 시민으로 (우리가 아는 한) 여성은 거론되지 않는다.

뒤따르는 제사에서 구체적 역할은 서술되지 않았지만 여성들이 언급된다.(느 12:43) 성전과 안식일 준수, 타민족과의 혼인 금지, 그 밖에 다른 의무를 명시하는 공동체의 서약(느 10장)에서 개별 이름이 열거되지는 않았지만 여성 또한 서약자 사이에 분명히 포함되었다는 사실을 아는 것은 특히 중요하다.(느 10:28)

말미에 이르러 이방여인의 위험성이 다시 한 번 나타난다. 느헤미야는 물리적 경계로서 성벽을 세운 뒤 다른 공동체적 경계를 확보하는 데 전념한다. 그는 유대 남성과 외부인(이번에는 아스돗, 암몬, 모압 여인으로

서술된다.)과의 혼인을 포함하여 광범위한 종교적 금지조항에 근거하여 공격을 개시한다. 느헤미야는 이방 배우자들에 대해 나쁘게 말한다. "너희는 너희 딸들을 그들의 아들들에게 주지 말고 너희 아들들이나 너희를 위하여 그들의 딸을 데려오지 아니하겠다고 하나님을 가리켜 맹세하라 하고, 또 이르기를 옛적에 이스라엘 왕 솔로몬이 이 일로 범죄하지 아니하였느냐?"(느 13:25b-26a)

결론

에스라-느헤미야를 주의 깊게 읽어보면 여성과 관련하여 기대 이상으로 많은 것이 드러나기는 하지만 그렇다고 해서 우리가 원하는 만큼은 아니다. 우리는 노디야라는 중요한 여예언자에 대해 알지만 그녀의 관심사에 대해서는 모른다. 살룸의 딸들이 성벽 건설에 도움을 준 사실은 알지만 이름은 모른다. 여성들이 추방된 것은 알지만 그들의 이야기는 모른다. 여성이 남성과 함께 의식에 참여한 것은 알지만 어느 정도인지는 모른다. 우리를 애태우는 이러저러한 언급들은 에스라-느헤미야가 크게 무시한 세계를 엿볼 수 있게 해준다. 이 세계는 귀환, 재건, 율법 낭독이라는 주요 단계마다 여성이 참여했음을 인정한다. 여기에 엘레판틴 문서에 나타난 증거들까지 더하면 포로후기의 상을 좀 더 정확히 재건할 수 있다. 이 여성들은 여전히 침묵을 지키고 있다. 그러나 이 여인들의 존재 그리고 이들이 점차 눈에 보이기 시작했다는 사실은 본문의 빈 공간과 귀환과 갱생이라는 이스라엘의 중대한 시대의 빈 공간을 채워나가는 데 도움이 될 것이다.

참고문헌

Clines, David J. A. *Ezra, Nehemiah, Esther.* New Century Bible Commentary. Grand Rapids: Wm. B. Eerdmans Publishing Co., 1984.

Eskenazi, Tamara Cohn. *Ezra-Nehemiah.* Anchor Bible. New York: Doubleday.(근간)

______. *In an Age of Prose: A Literary Approach to Ezra-Nehemiah.* Society of Biblical Literature Monograph Series 36. Atlanta: Scholars Press, 1988.

______. "Out from the Shadows: Biblical Women in the Postexilic Era (Sixth to Fourth Century BCE)," *Journal for the Study of the Old Testament* 54 (1992), 25-43.

Kraeling, Emil G. H. *The Brooklyn Museum Aramaic Papyri: New Documents of the Fifth Century B. C. from the Jewish Colony at Elephantine.* New Haven, Conn.: Yale University Press, 1953.

Meyers, Carol L. *Discovering Eve: Ancient Israelite Women in Context.* New York: Oxford University Press, 1988.

Meyers, Eric M. "The Shelomith Seal and Aspects of the Judean Restoration: Some Additional Reconsiderations," *Eretz Israel* 17(1985), 33-38.

Porten, Bezalel. *Archives form Elephantine: A Life of an Ancient Jewish Military Colony.* Berkeley, Calif.: University of California Press, 1968.

Williamson, H. G. M. *Ezra, Nehemiah.* Word Biblical Commentary 16. Waco, Tex.: Word Books, 1985.

에스더

시드니 앤 화이트 크로포드

Sidnie Ann White Crawford

개관

에스더는 히브리성서(기독교의 구약성서)에서 성문서에 속한다. 에스더는 유대교의 부림절을 탄생시킨 사건들에 관한 이야기이다. 플롯은 빠르고 흥미진진하며, 이야기는 잘 전달되고, 해피앤딩으로 끝난다. 그러나 이 문서는 유대교는 물론 기독교에서도 많은 논란을 일으키는데, 이는 특히 유대 여인 에스더, 즉 여주인공의 행동과 성격에서 비롯된다.

내용

이야기는 페르시아의 아하수에로 왕이 그의 도성 수산의 모든 백성을 위해 베푼 연회에서 시작된다. 한바탕 술을 마시고 기분이 좋아진 왕은 와스디 왕후의 아름다움을 자랑하고 싶은 마음에 그녀에게 왕 앞으로 나오라는 명령을 내린다. 그러나 와스디는 명령을 거부하고, 화가 난 왕은 그녀를 내친다. 시간이 흐른 후 왕은 이를 후회하고, 신하들은 제국 전역에서 새 왕후를 찾으라는 조언을 올린다. 아하수에로가 동의하자 전국 각지에서 뽑힌 처녀들은 후궁(後宮)으로 불려간다. 여기서 여주인공 에스더와 보호자 모르드개가 등장한다. 에스더는 왕의 후궁에 들어가서 자신을 아는 모든 이들의 호감을 사게 된다. 차례가 되어 왕에게 불려간 에스더는 이내 아하수에로의 마음을 얻고 왕후가 된다. 그 후 왕 시해 음모를 알게 된 모르드개는 에스더에게 사실을 알려 왕의 생명을 구한다.

얼마 후 왕은 아각 사람 하만을 최고대신에 임명한다. 하만은 모든 백성에게 자신에게 절할 것을 요구한다. 그러나 모르드개는 거부한다. 화가 난 하만은 모르드개에 대한 복수로 페르시아 제국의 모든 유대인을 죽일 음모를 꾸민다. 사실을 알게 된 모르드개는 에스더에게 왕에게 탄원해 달라고 말한다. 이야기는 에스더가 자기 백성을 구하기 위해 부름을 받지 않았는데도 목숨을 걸고 왕 앞으로 나간 데서 절정에 달한다. 그녀는 아하수에로 왕의 은혜를 입고, 일련의 묘책으로 하만의 음모를 밝힘으로써 그의 계획을 좌초시킨다. 하만은 사형당하고, 유대 백성의 적들은 섬멸당하며, 모르드개는 최고대신의 자리에 오른다. 이 문서는 에스더와 모르드개가 이처럼 위대한 사건을 기념하기 위해 부림절을 제정하는 데서 끝난다.

기원, 연대, 장르

에스더는 페르시아 제국 동부에 위치한 유대 디아스포라에서 쓰여졌다. 이 견해가 가장 큰 지지를 받는 이유는 이야기 배경이 수산궁이고, 문서에 페르시아 왕궁과 그 주변에 관한 정보는 많이 담겨 있는 반면, 유대 지역, 특히 유대 제의에 대한 관심은 전혀 보이지 않기 때문이다. 저자는 이방 통치자와 아주 가까운 지역에 사는 소수민족으로서 계속되는 박해와 압제의 위협에 직면하여 나름의 생존 방식을 모색해야 했던 유대인을 독자로 가정하고 있는 것 같다.

에스더에는 저작 연대를 직접적으로 알려주는 단서가 없기 때문에 기원전 4-2세기 사이에 쓰여졌다는 견해가 제시되었다. 기원전 4세기설은 아하수에로 왕이 누구인가에 근거를 두고 있다. 대체로 아하수에로는 기원전 486-465년에 통치했던 크세르크세스 1세와 동일시된다. 기원전 2세기설은 설득력이 떨어지지만 책에 헬레니즘적 요소가 없는 것으로 보아 나름대로 신빙성이 있다. 페르시아 시대에 유대인들은 대부분 자발적으로 이방 통치자의 시종이 되었다.(본서의 "느헤미야" 참조) 그러나 헬레니즘 시대에는 유대인에 대한 셀레우코스 왕조의 정책이 가혹해짐에 따라 이러한 태도에 변화가 생긴다.(본서의 "제1·제2마카비" 참조) 에스더는 헬레니즘 시대에 쓰여졌다고 보기에는 페르시아 왕, 나아가 이방 민족들에게 온정적인 태도를 보여준다. 그러므로 이 책의 저작 연대는 5세기 말-4세기 말로 보는 것이 가장 무난할 것이다. 크세르크세스의 통치 기간 중 일어났던 사건들에 대한 묘사가 정확하지 않은 것으로 보아(예. 크세르크세스의 부인은 와스디가 아니라 아메스트리였다.) 이 시기와는 분명 거리가 있다. 따라서 기원전 4세기 초를 저작 연대로 보는 것이 바람직할 것이다.

에스더의 문학 장르로는 초기 유대교의 노벨라(novella)가 가장 많이 꼽힌다. 노벨라는 산문체로 된 허구적 이야기로 역사적 정확성에는 별 관심이 없다. 노벨라는 단일 저자가 청자가 아닌 독자를 가정하고 쓴 작품이다. 이야기의 구성을 보면 어떤 갈등으로 인해 복잡한 문제가 야기되지만 마침내 해결되는데, 제한된 시간의 틀 안에서 일어난 일련의 사건들만 서술하면서 등장인물과 사건의 전개에만 초점을 맞춘다. 에스더는 최종 형태로 볼 때 노벨라의 조건을 충족시킨다. 그러나 성서 안의 다른 문서들과 마찬가지로 에스더의 저자도 기존 자료를 이용하여 글을 쓴 것으로 보인다. 이 책의 최종 형태 뒤에는 두 개, 많게는 세 개의 이야기가 있다. 첫 번째 이야기는 에스더에 초점을 맞추고 새해 무렵 지방에서 생긴 유대인과 이방인의 문제를 다루고 있고, 두 번째 이야기는 모르드개에 초점을 맞추어 수산에 거주하는 유대인 박해를 불러올 궁정 음모를 그리고 있다. 이것은 궁중 신하 이야기(royal courtier tale)라는 형식을 보여주는데, 다니엘서 1-6장도 여기에 속한다. '궁중 신하 이야기' 형태를 띤다는 것은 에스더에 가령 왕정 배경, 두 궁중 신하 간의 갈등, 현명한 신하 모르드개와 그의 수양딸 에스더의 관계, 그리고 어리석은 왕의 전형 아하수에로 등 지혜문학의 여러 요소가 담겨 있는 이유를 설명해 준다. 세 번째 이야기는 작자미상으로 와스디 왕후와 관련된 후궁 이야기로 외경에 속해 있었을 것이다. 아마도 저자는 에스더를 저술할 때 이전부터 있었던 이 세 개의 이야기를 끌어들였을 것이다.

일부 학자들은 에스더와 모르드개의 이야기와 부림절의 연계성에 대해 매우 회의적이다. 두 사람의 이야기와 부림절의 유일한 연결고리는 부르(pur), 즉 '제비'로 이것은 하만이 유대인을 몰살하기에 가장 좋은 날을 정하기 위해 제비를 뽑는 대목에 등장한다. 이야기에 부림절을 연결시킨 것은 후대에 추가된 것으로 보인다. 즉 디아스포라 유대인들 사이에서 이미 행해지고 있던 축제를 정당화하기 위해 원래 작품에 이야기를 첨가했다는 말이다. 다른 학자들은 10장에 이르기까지 전(全) 장이 같은 주제와 구조로 이루어진 것으로 보아 에스더는 하나의 일관성 있는 이야기라고 주장한다. 에스더가 히브리성서에 포함된 본래 이유가 부림절 축제 때문이기는 하지만 이 문제는 아직까지 해결되지 않고 있다.

경전 수용과 해석

에스더는 기원후 3세기가 지나서야 유대교 경전 안에 확고히 자리를 잡았다. 서방교회는 이 문서를 기원후 4세기에 정경으로 받아들인 반면, 동방교회는 8세기가 되어서야 비로소 받아들였다. 에스더가 정경의 지위에 오르기까지 어려움을 겪은 이유는 종교성이 현저히 부족했기 때문이다. 하나님에 대한 언급이 전혀 없다는 점이 가장 눈에 띈다. 게다가 율법과 계약의 개념, 기도문도 없다. 사실 이야기의 여주인공인 에스더는 비유대인과 결혼하고 음식법을 지키지 않으며 완전히 이방적인 환경에서 살고 있다. 이와 같은 사실은 에스더의 독자에게 유대인이라는 것은 종교적 명칭이라기보다는 민족적 명칭이라는 점을 가리킨다. 이러한 종교성의 결핍을 보충하기 위해 칠십인역의 에스더 부록(아래 설명 참조)과 랍비 전승은 종교적 요소를 가미하려고 노력하였다.(예. 랍비 요하난[Johanan]은 에스더가 다니엘과 마찬가지로 채소만 먹었다고 서술한다.) 그럼에도 불구하고 이 문서는 히브리성서 중 가장 통속적인 작품 중 하나로 꼽힌다. 그렇다고 종교적 요소가 아주 없는 것은 아니다. 에스더는 왕 앞에 나가기 전에 유대 백성에게 금식을 요구한다. 금식은 유대교에서 종교적 관습이다.(예. '욤 키푸르', 즉 속죄일에 하는 금식) 더욱이 이 문서에는 하나님이 세상만사를 주관하시며 유대인은 하나님의 선민이라는 생각이 전제되어 있는 것 같다. 4:14에서 모르드개는 에스더에게 이렇게 말한다. "이 때에 네가 만일 잠잠하여 말이 없으면 유다인은 다른 데로 말미암아 놓임과 구원을 얻으려니와 너와 네 아버지 집은 멸망하리라." 여기서 "다른 데"는 하나님을 암시하는 것 같다. 그리고 하나님이 일어날 사건들에 개입하리라는 것이 이 구절에 전제되어 있는 것으로 보인다.

에스더가 히브리 경전에 마지막으로 수용된 이유는 아마도 부림절—디아스포라에서 시작되어 이후 유대 지역에서도 행해진 축제로서 굉장한 인기를 누렸다.—과의 관련성 때문일 것이다. 축제 기간 동안 홍에 겨운 사람들은 "모르드개에게 축복을!"이라는 말과 "하만에게 저주를!"이라는 말을 더는 구분할 수 없을 때까지 마음껏 술을 마시고 취했다고 한다. 이 축제는 오늘날에도 인기가 있다. 에스더가 유대 경전에 포함된 것은 아마도 대중의 압력 때문이었을 것이다.

에스더를 둘러싼 해석의 문제는 기독교 경전으로 수용된 후에도 그치지 않았다. 종교적 관습에 대한 무관심, 의아하기만 한 성윤리, 그리고 여주인공 에스더는 계속해서 주석가들을, 특히 이 문서를 서방 기독교 청중의 기대에 부응하게 만들기 바랐던 남성 개신교 주석가들을 당황스럽게 했다. 학자들 사이에서는 모르드개를 이야기의 진정한 영웅으로 고양시키고 에스더의 역할을 무시하거나 심지어 비방하려는 경향이 있었다. 비교적 최근인 1971년도에도 캐리 무어(Carey Moore)는 "모르드개와 에스더 중 유대인에게 더 위대한 영웅은 모르드개이다. 모르드개가 우두머리 역할을 했다면 에스더는 단순히 그가 지시한 방향을 따르기만 했다."(Moore, p. lii) 특히 에스더의 성윤리가 문제가 된다. "에스더는 부와 권력을 얻기 위해 왕의 첩이 될 수 있는 궁녀의 자리에 들어갔다."(Paton, 96) 학자들의 이러한 태도는 이 문서를 있는 그대로 이해하지 못했음을 보여준다. 현대 여성들도 에스더의 행동－왕의 후궁으로 들어가 현실에 도전하지 않은 점－에 마음이 불편하기는 매한가지다. 그러나 에스더라는 인물이 그녀의 이름을 딴 책의 여주인공으로 정당하게 평가받기 위해서는 작품의 배경이 되는 당시 문화적 환경을 고려해야 한다.

에스더서가 묘사한 세계에서 에스더에게는 왕의 명령에 복종하는 것 외에 달리 선택권이 없다. 불복종은 그녀와 양아버지 모르드개의 죽음을 의미했다. 에스더는 일단 왕후가 되자 자기 백성의 구원이라는 목적을 달성하기 위해 페르시아 궁정의 권력 구조를 능수능란하게 이용한다. 이 목표는 그녀 자신의 목숨을 비롯하여 그 어떤 개인적인 관심사보다 우위에 있다. 사실, 에스더는 여성으로서 페르시아 사회에서 기본적으로 무력한 존재라는 바로 그 이유 때문에 무력했던 디아스포라 유대인의 전형이었다. 그런 에스더가 이방 사회에서 안락하고 성공적인 삶을 얻으려 애쓰는 디아스포라 유대인의 역할모델이 될 수 있었던 것은 그녀가 권력 획득에 성공했기 때문이다.

에스더 부록

기원전 2세기 말-1세기 초에 완성된 에스더의 칠십인역본에는 히브리성서에는 없는 여섯 개의 구절이 포함되어 있다. 이것은 기독교 학자였던 히에로니무스가 고대 라틴어본 성서를 개정할 때 수집하여 정경 뒤에 첨부한 것이다. 영역본을 보자면, 개신교 성서는 부록을 (단독으로 또는 히브리성서의 에스더서와 결합하여) 외경에 위치시킬 것이다. 반면, 최근 로마 가톨릭성서(JB, NAB)는 히브리성서의 에스더를 번역하지만 그리스어 추가구절들을 적절한 자리에 배치한다.

전승에 따르면 부록의 각 구절에는 A에서 F까지 문자가 붙어 있다.

히브리성서	칠십인역의 부록
1:1–3:13	
	A. 모르드개의 꿈, 왕에 대한 음모
3:14–4:17	
	B. 하만에 대한 왕의 포고령
	C. 모르드개와 에스더의 기도
5:1–2	
(칠십인역에서는 생략)	D. 에스더의 왕 알현 이야기의 확대
5:3–8:12	
	E. 모르드개에 대한 왕의 포고령
8:13–10:3	
	F. 모르드개의 꿈에 대한 설명, 결론, 그리고 간기[1]

부록의 목적은 특별히 종교적 요소를 첨가하고 극적 흥미를 더하며 책에 나오는 사건들에 신빙성을 부여하는 정보를 덧붙이는 것이었다. 여기서 기도문, 성전, 성전 제의, 음식규례를 비롯하여 하나님이 50번 이상 언급된다. 모르드개의 역할과 중요성이 강조되는 한편, 에스더는 음식법을 따르고 이방 환경을 혐오하는 것으로 그려짐으로써 좀 더 '유대적'인 성격을 띠게 되었다. 부림절은 덜 강조되고 반(反)이방적 태도는 더 강하게 표현된다. 부록은 원래 궁정 내 음모 이야기를 유대인과 이방인 사이의 우주적 갈등으로 변화시킴으로써 선택받은 백성을 옹호하시는 하나님을

1) [역주] 간기(刊記): 책을 펴낸 곳, 펴낸 사람, 장소 등에 관하여 적은 것.

이 책의 진정한 주인공으로 만든다. 이러한 방식으로 종교적 색채를 좀 더 가미하라는 요구가 충족되었다.

간기(부록 F)에 따르면, 이 책의 역자는 리시마쿠스(Lysimachus)로, 그는 "프톨레마이오스와 클레오파트라 통치 제4년에"(B.C.E. 114년 또는 77년) 예루살렘에서 이 책을 번역했다. 모르드개의 꿈과 그 해석을 담고 있는 부록 A와 F는 원래 하나의 이야기로서 처음에는 히브리어나 아람어로 쓰여졌을 것이다. 부록 C와 D가 처음에 무슨 언어로 쓰여졌는지는 확실치 않지만 특별히 분명한 종교적 요소를 첨가하고 극적 흥미를 더하기 위한 목적에서 쓰여진 것은 분명하다. 부록 C와 D에서 에스더의 성격에 변화가 생기면서 전체 분위기가 좀 더 로맨틱하게 바뀌었다. 부록 C에서 에스더는 하나님께 도움을 간구하고 하나님의 자비에 매달린다. 부록 D에서는 에스더가 아하수에로 앞에 나타날 때 그녀의 아름다움과 두려움이 강조된다. 왕이 궁전에서 그녀를 본 절정의 순간, 그녀는 쓰러진다! 아하수에로는 그녀의 연약함과 두려움에 연민을 느낀다. 따라서 에스더는 연약하고 무력한 여인의 부정적 전형이 된다. 완전히 위조된 구절로 처음부터 그리스어로 쓰여진 부록 B와 E에는 포고 절차에 신빙성을 더하기 위해 설명을 덧붙이려고 애쓴 흔적이 보인다. 그러나 이 첨가 구절들은 막상 이야기 자체의 극적 특성에는 아무것도 더하지 못한 채 오히려 여주인공 에스더의 영향력을 축소시킨 점을 마지막으로 지적한다. 아래 주석에서는 히브리어 원본을 다룬다.

주석

와스디 이야기(1:1-22)

에스더가 처음으로 소개하는 여성인물은 아하수에로의 아내인 와스디 왕후이다. 연회 도중 주흥이 일어난 아하수에로는 와스디 왕후의 미모를 자랑하고픈 마음에 그녀에게 왕 앞으로 나오라고 명령한다. 왕후가 이를 거부하자 그는 이것이 선례가 되어 다른 부인들도 남편의 말을 따르지 않을 것을 염려한 귀족들의 조언에 따라 그녀를 궁 밖으로 내친다. 여기서 저자는 이야기에 풍자적 희화의 색채를 가미한다. 남성들은 왕의 요구를 거부한 와스디의 행동을 왕국 안의 남편들의 지배에 대한 중대한 위협으로 인식한다. 아하수에로와 궁정 신하들은 자신들의 아내를 암시하는 와스디의 고요한 힘 앞에 가엾은 어릿광대처럼 보인다! 그녀가 왕의 명령을 거부한 이유가 본문에 나오지 않으므로 다양한 해석이 가능하다. 예를 들어, 탈굼(히브리성서의 아람어역본)에서는 왕이 와스디에게 나체로 사람들 앞에 나오라고 했기 때문에 그녀가 겸손한 마음에서 이를 거절했다고 설명한다. 와스디라는 인물이 어떤 면에서 현대 여성상에 좀 더 부합함에도 불구하고 이야기에서 그녀는 주로 에스더의 들러리 역할에 머문다. 와스디는 자신보다 큰 사회의 요구를 거부했다는 이유로 지위를 상실한 강인한 여성상을 보여준다. 와스디가 받은 벌이야말로 그녀가 바라던 바를 이루게 해주었다는 사실은 아이러니하다. 더는 왕 앞에 나오지 않게 된 것이다!

왕후가 된 에스더(2:1-23)

이 장에서는 주요 인물인 에스더와 모르드개가 소개된다. 모르드개의 조카이자 수양딸인 에스더는 매우 아름다운 여인으로 그려지지만 그녀의 성격을 알려주는 단서는 발견되지 않는다. 8절에서 에스더는 궁녀가 되어 도성 수산에 모인 처녀들과 함께 왕궁으로 들어간다. 본문은 이 문제에 대해 어떤 판단도 내리지 않으며 그녀의 순종을 당연하게 여기는 것 같다. 불복종은 자살행위나 마찬가지였을 것이다. 9절에서 에스더는 단순히 아름다운 여인 이상으로 소개된다. 그녀는 왕의 내시인 헤개의 신망을 얻어 그로부터 후궁에서 가장 좋은 것들을 받는다. 다시 말해, 에스더는 자신이 올라갈 수 있는 최상의 지위까지 올라간다.

에스더의 후견인 모르드개는 "대궐 문에 앉아 있는"(19절) 것으로 서술된다. 이것은 그가 왕의 신하였음을 알려준다. 그는 에스더의 안녕을 매우 염려하는 인물로 그려진다. 모르드개는 그녀에게 무엇보다도 유대인이라는 사실을 드러내지 말라고 한다. 조언의 이유는 제시되지 않고 있다. (이것은 이야기 후반부에 긴장을 고조시키는 문학적 구성 장치의 역할을 한다.) 분별 있는 에스더는 자신보다 경험이 많은 후견인이자 정신적 스승의 조언을 따른다.

차례가 되어 왕에게 나아간 에스더는(여기서도 본문은 이 과정에 대해 아무런 판단을 내리지 않고 있다는 점을 강조해야 한다.) 아하수에로의 사랑을 얻어 왕후가 된다. 그녀는 현명하게 헤개의 조언을 따르며 자신을 둘러싼 환경의 권력 구조(페르시아의 후궁제도) 안에서 활동함으로써 완전히 무력한 존재에서 비교적 많은 권력을 지닌 왕후의 자리로 격상된다. 4장에 나타나는 주요 사건에 앞서 그녀가 취한 마지막 행동은 모르드개가 밝혀낸 환관들의 음모를 왕에게 알리는 것이었다. 그녀는 자신의 지위를 이용하여 친척의 지위를, 말하자면 한 현명한 조신의 행동을 드높이려 노력한다.

하만의 몰락과 에스더의 승리(3:1-8:2)

이 책의 주요 부분은 왕의 총애를 받던 아각 사람 하만의 흥망 그리고 하만을 몰락시키고 페르시아 제국 내 유대 민족을 구한 에스더의 행위를 연대기순으로 기록하고 있다. 하만은 고대 이스라엘의 정적이었던 아말렉 왕 아각의 후손으로 나온다.(출 17:14-16) 그러므로 모르드개와 하만의 투쟁은 단순히 개인 간의 싸움이 아니라 민족적 투쟁의 함의를 내포하고 있다. 그러므로 하만이 조장한 위기에 대해 에스더와 모르드개가 대처한 방식과 모르드개에게 지혜로운 신하역을 부여한 해석을 살펴보는 것이 중요하다.

3장은 하만과 모르드개의 싸움을 개괄한다. 왕의 최고대신이 된 하만은 왕국의 모든 백성이 자신에게 절하기를 바란다. 모르드개가 이를 거부하자 화가 난 화만은 페르시아 제국에 살고 있는 유대인을 몰살할 음모를 꾸민다. 랍비를 포함한 주석가들은 그 이유를 밝히기 위해 노력하였다. 가령 랍바 미드라쉬(*Midrash Rabbah*)에 따르면, 하만은 가슴에 우상을 달고 다녔다고 한다. 현대 주석가 중에서 페이튼(L. B. Paton)은 모르드개의 행동을 '자주정신'으로 본다. 그러나 본문 자체는 이에 대해 침묵을 지킨다. 이유가 제시되지 않았기 때문에 모르드개는 극단적으로 보면 자신과 민족의 생명을 위험에 빠뜨린 어리석은 인물로 보인다. 3:4에서 다른 신하들은 유대 사람 모르드개와 아각(아말렉) 사람 하만 중 누가 강자로 판명될 것인지 지켜본다. 여기까지는 하만이 이길 것처럼 보인다.

하만의 음모에 대한 모르드개의 반응은 그의 목적에 별 도움이 안 된다. 굵은 베 옷을 입고 대궐문 앞에서 대성통곡한 것으로 보아 모르드개는 두려움에 크게 당황한 것으로 보인다.(4:1) 자신이 자초한 위기에 대해 모르드개가 보인 유일한 반응은 문제를 에스더에게 가져가는 것이다. 에스더는 사람을 시켜 그가 이런 행동을 하는 이유를 알아오게 하면서 이야기에 재등장한다. 모르드개는 에스더에게 이 재앙에 대해 전갈을 보내고 그녀에게 왕에게 나아갈 것을 요청한다. 여기서 이야기는 전환점을 맞는다. 에스더는 그녀를 둘러싼 남성인물들의 피보호자에서 주요 행위자이자 사건들의 지배자로 변신한다.

에스더는 4:11에서 비로소 처음으로 직접 말한다.

> 왕의 신하들과 왕의 각 지방 백성이 다 알거니와 남녀를 막론하고 부름을 받지 아니하고 안뜰에 들어가서 왕에게 나가면 오직 죽이는 법이요, 왕이 그 자에게 금 규를 내밀어야 살 것이라. 이제 내가 부름을 입어

왕에게 나가지 못한 지가 이미 삼십 일이라 하라 하니라.

모르드개의 요구에 대한 에스더의 응답은 비겁한 것이 아니라 사실을 진술한 것이다. 만일 그녀가 부름을 받지 않은 채 왕에게 나아간다면 죽음을 면하기 힘들 것이다. 게다가 왕이 30일 동안이나 그녀를 보고 싶어하지 않았다면 그녀에게 왕의 마음을 움직일 힘이 있겠는가? 그러나 모르드개는 하나님의 목적을 이루는 데 인간의 행위가 중요함을 강조하고(4:13; 에스더서의 주요 주제) 그녀에게 왕후로서 힘이 있다는 점을 상기시키면서(4:14) 직접적인 행동을 취할 것을 종용한다. 이에 에스더는 즉각적으로 행동을 개시한다. 반응하던 자가 행동하는 자가 된다.

에스더는 단식을 명하고 왕에게 나아갈 준비를 한다. 왕에게 맞서기로 결정할 때에도 에스더는 이제까지와 마찬가지로 현명하게 처신한다. 왕궁의 일원으로서 자기 자신을 보호하고 목적을 달성하기 위해 가능한 한 모든 예방 조처를 취한 후에야 비로소 위험을 무릅쓰고 왕에게 직접 나아간다. 에스더는 왕의 성격을 잘 알고 있었기에 그의 감성에 호소하는 방식으로 목적을 이루려고 한다. 저자는 이미 아하수에로가 일 처리에 있어 이성적이기보다는 감정적이라고 서술하였다.(예. 와스디 왕후의 폐위) 확실히 이 왕의 마음을 움직이는 가장 좋은 방법은 감정에 호소하는 것이다.

단식을 마친 에스더는 부름을 받지 않은 채 왕을 알현한다. 그녀는 가능한 한 매력적으로 그리고 여왕답게 보이기 위해 왕후의 예복을 입는다. 전략이 효과가 있었는지 에스더는 왕의 호의를 얻는다.(5:2) 아하수에로는 그녀의 청이라면 나라의 절반이라도 주겠노라고 말한다. 왕에게 유대인을 구해달라고 청할 가장 좋은 때가 온 것이다. 그러나 에스더는 이로써 하만의 죄를 그냥 덮고 지나갈 생각은 없었던 것 같다. 그녀는 왕에게 간청을 하고 변덕스러운 왕의 뜻에 모든 것을 맡기는 대신 하만을 자기만족이라는 착각에 빠뜨리고 왕이 그에게 격렬한 감정을 보일 수밖에 없게 만드는 상황을 연출한다. 에스더는 자신의 처소에서 왕과 하만을 위해 잔치를 베푼다. 왕을 자신의 영역, 즉 여인의 처소로 불러들임으로써 그녀는 좀 더 쉽게 상황을 통제할 수 있게 된다. 이로써 하만도 경계를 풀게 된다. (적을 저녁식사에 초대하는 사람은 없으니 말이다!) 그녀의 전략은 다시 한 번 성공을 거둔다. 왕은 좀 더 쉽게 에스더의 뜻을 따르게 되고 "하만은 마음이 기뻐 즐거이 나왔다."(5:9)

6장에는 아하수에로가 의도치 않게 하만에게 굴욕을 안겨주는 짧은 막간극이 들어 있다. 자존심이 땅에 떨어진 하만은 어쩔 수 없이 (3장에서 왕의 목숨을 구한) 모르드개에게 자신이 받으려고 계획했던 상을 주게 된다. 즉 하만이 아닌 모르드개가 왕의 말을 타고 성중 거리를 다니며 왕의 총애를 받는 인물로 선포된 것이다.

에스더가 연 두 번째 잔치에 왕이 참석했다는 것은 그가 에스더의 청을 들어줄 것임을 분명하게 보여준다. 독자는 6장을 통해 하만이 모르드개 앞에서 굴욕을 당했다는 것을 알고 있지만, 본문에서 에스더가 이에 관해 어떤 것을 알고 있다는 암시는 발견할 수 없다는 점에 주목해야 한다. 그녀는 전과 마찬가지로 하만을 위험한 존재로 여긴다. 그래서 그녀는 왕에게 탄원을 할 때 자신의 지위를 보장해 줄 것을 요구한다. 에스더는 절박하게 탄원함으로써 왕의 감정에 호소한다. "내 소청대로 내 생명을 내게 주시고 내 요구대로 내 민족을 내게 주소서."(7:3) 그러고 나서 그녀는 하만과 반대로 유대인 멸절이 왕에게 큰 (재정적) 손실을 안겨줄 것이라고 주장한다. 하만이 목숨을 구걸하는 이후 장면에서 에스더가 그를 구하려 하지 않았다는 점이 독자의 마음에 들지 않을지도 모른다. 그러나 에스더는 일차적으로 자신의 공동체의 안위에 충실해야 하며 그것이 바로 이 장면에서 그녀의 행위를 지배한 주요 동기였다. 하만이 살아남는다면 그는 계속해서 유대공동체에게 위협이 될 것이다. 에스더는 침묵을 지킴으로써 하만이 유대인의 안전을 위해 죽어야 한다는 점을 인정한다.

8:2에 이르러 에스더는 완전한 승리를 거둔다. 그녀는 아하수에로에게서 하만의 재산을 받고 왕을 설득하여 하만을 대신해 모르드개를 최고

대신의 자리에 앉힌다. 이제 에스더는 부와 왕궁의 관직임명권, 왕의 알현권을 갖게 된다.

부림절(8:3-10:3)

이 문서의 마지막 부분에서는 에스더와 모르드개가 어떻게 하만의 명령을 뒤집었는지에 이어 유대인의 승리와 부림절의 시작이 서술된다. 에스더와 모르드개는 함께 왕의 이름으로 적들에 대한 유대인의 완전한 승리를 선포한다. 사실, 워낙 완전한 승리를 거두었기 때문에 이방인 중에 "유다인 되는 자가 많았다."(8:17) 억압받고 위험에 처했던 소수민족이 사회에서 가장 강력한 집단이 된 것이다. 이러한 반전은 민족적 단결과 하나님의 섭리에 대한 근원적 믿음에서 나온 인간의 행위, 특히 힘없는 집단 중에서도 가장 힘이 없었던 에스더라는 여인의 행동에 의해 성취된다. 그녀는 타향에서 소수민족으로 살아가는 디아스포라 유대인들에게 귀감이 된다. 이것이 바로 이 책이 쓰여진 원래 목적이다. 말하자면, 동방의 디아스포라 유대인들에게 안전하고 행복하며 생산적인 삶의 영위를 가능하게 하는 행동 양식을 알리려 했던 것이다. 왕후 에스더는 자신의 성격과 행동을 통해 이러한 삶의 양식을 대표한다.

참고문헌

Berg, Sandra Beth. *The Book of Esther: Motifs, Themes, and Structure.* Society of Biblical Literature Dissertation Series 44. Missoula, Mont.: Scholars Press, 1979.

Clines, David J. A. *The Esther Scroll: The Story of the Story.* Journal for the Study of the Old Testament Supplement Series 30. Sheffield: JSOT

Press, 1984.

Fox, Michael V. *Character and Ideology in the Book of Esther.* Studies in Biblical Personalities. Columbia, S.C.: University of South Carolina Press, 1991.

LaCocque, André. *The Feminine Unconventional: Four Subversive Figures in Israel's Tradition.* Overtures to Biblical Theology. Minneapolis: Fortress Press, 1990.

Moore, Carey A. *Daniel, Esther and Jeremiah: The Additions.* Anchor Bible 44. Garden City, N.Y.: Doubleday & Co., 1977.

______. *Esther.* Anchor Bible 7B. Garden City, N.Y.: Doubleday & Co., 1971.

Paton, L. B. *A Critical and Exegetical Commentary on the Book of Esther.* International Critical Commentary. Edinburgh: T. & T. Clark, 1908.

White, Sidnie Ann. "Esther: A Feminine Model for Jewish Diaspora," *Gender and Difference in Ancient Israel.* ed. by Peggy L. Day, 161–177. Philadelphia: Fortress Press, 1989.

욥기

캐롤 A. 뉴섬
Carol A. Newsom

개관

성서를 처음 읽는 여성들은 과연 욥기가 읽을 만한 가치가 있는지 의심할지도 모른다. 욥기는 남성들만 말하는 책 중 하나로 보인다. 여인이 자신의 의견을 피력하는 장면이 단 한 군데 있기는 하지만, 거기에서조차 여인은 어리석은 말을 한다는 비판에 입을 다물고 만다. 그러나 이런 이유로 여성들이 욥기를 무시한다면, 그것은 큰 실수일 것이다. 이 문서를 유심히 읽다보면 몇 가지 놀라운 점이 드러난다. 욥과 친구들의 논쟁은 종교적 통찰의 원천으로서 개인적 경험의 중요성, 피억압자들 간 연대의 중요성과 어려움, 전통적인 하나님 상에 대한 비판, 인간과 전체 피조물의 관계와 같이 근래 페미니스트 신학이 제기해온 중요한 몇몇 논제들을 담고 있다.

저작 그리고 구조

대다수의 학자들의 가정에 따르면, 욥기의 저작 연대는 포로후기 초반인 5세기이지만 기원전 10-2세기에 이르기까지 추정 범위가 넓다. 저작 연대만큼이나 알기 힘든 것은 욥기의 문학 장르이다. 대체적으로 잠언, 집회서, 시락서와 같은 지혜서와 관련된 것으로 보이지만, 욥기는 성서문학에서 독특한 위치를 점하고 있다.

욥기의 구조는 흥미롭다. 등장인물을 소개하고 플롯을 시작하는 처음 두 장은 거의 옛날이야기처럼 '옛날 옛적에'와 같은 문체로 쓰여졌다. 여기서 욥은 자신의 불행을 온전히 받아들이며 감내하는 인내심 강한 전통적 인물로 그려진다. 그러나 3장에 이르면 문체와 욥의 성격이 극적으로 변한다. 단순했던 산문은 아름답지만 강한 요구를 담은 시로 바뀌고, 인내심의 한계에 도달한 욥은 신성모독에 가까운 말을 신랄하게 내뱉는다. 4-27장에서는 욥과 그의 세 친구 — 엘리바스, 빌닷, 소발 — 가 욥에게 닥친 불행의 의미, 그리고 욥과 하나님의 성격을 두고 서로 논쟁을 벌인다. 지혜에 다다를 수 없음을 노래한 시(28장)가 막간을 제공하고, 이어 욥이 하나님께 도전하며 하던 말을 계속한다.(29-31장) 하나님의 응답이 바로 이어질 것이라는 기대를 저버리고 앞서 한 번도 언급된 적 없는 네 번째 친구 엘리후가 등장하여 긴 연설을 한다.(32-37장) 이 부분은 욥이 던진 질문에 대해 엘리후가 세 친구보다 나은 대답을 할 수 있다고 생각한 누군가에 의해 나중에 삽입된 것으로 보인다. 그러나 이후 대다수의 독자가 보기에 엘리후는 기대했던 역할을 제대로 해내지 못했다. 이야기는 하나님이 폭풍우 속에서 말씀하시고 욥이 응답하면서 절정에 달한다.(38:1-42:6) 여기서 첫 번째 의문은 어째서 하나님은 욥의 질문에 대해서는 직접적인 대답을 주시지 않고, 피조세계에 대한 상세한 묘사와 관련해서만 말씀을 하시는가이다. 그럼에도 불구하고 하나님의 말씀이 끝날 무렵, 욥은 하나님에 대한 비난을 철회한다. 결말(42:7-17)에 이르면, 욥은 회복되고 이 사실이 다시 단순한 산문체로 서술된다.

욥기의 종교적 논제들

처음 몇 장에 따르면, 욥은 완벽한 인품으로 인해 하나님과 **사탄** 사이에 논란을 일으킨다. 욥기에 등장하는 **사탄**은 천상의 법정의 일원으로서 피고를 괴롭히는 검사의 역할을 담당하고 있다. 따라서 후대의 유대교와 기독교에 나오는 악마와 혼돈해서는 안 된다. 사탄은 욥의 경건성은 하나님에게서 선사받은 풍족한 삶에서 나온 것이므로 모든 축복을 거두면 그 역시 하나님을 저주할 것이라고 주장하면서 욥의 경건성에 의문을 제기한다. 그러자 하나님은 욥의 경건성을 시험하기 위해 자녀를 비롯한 모든 재산과 건강을 잃는 두 가지 재앙을 내린다. 물론, 욥의 희생을 두고 하늘에서 내기를 한다는 생각은 매우 부당하다. 그러나 이런 이유로 욥기를 가치 없는 책으로 치부한다면 중요한 경험을 놓치게 될 것이다. 오히려 욥기는 인생의 불합리성을 솔직하게 이야기해주는 일종의 비유로서 독자가 기존의 관점에서 벗어나 새로운 관점을 가질 수 있도록 해준다.

이 책에서 제기한 첫 번째 질문은 사람이 아무것도 바라지 않고 순수하게 경건할 수 있는가이다. 1-2장에서 욥이 보여준 행동과 반응은 그의 경건함이 보상을 바라는 것과는 아무 상관이 없다는 것을 분명하게 보여주는 것 같다. 그러나 욥을 방문한 친구들이 같이 괴로워하며 아무 말도 못한 채 며칠을 보내고 나서 마침내 욥이 자신이 태어난 날을 저주하기에 이르면(3장) 문제는 좀 더 복잡해진다. 욥과 세 친구 모두 하늘에서 벌어지는 사건에 대해서는 아무것도 모르면서도 욥의 불행이 하나님에게서 왔다고 여긴다. 친구들은 욥의 고통이 본질적으로 하나님이 내린 벌이거나 그를 연단하기 위한 경고라고 이해한다. 어느 경우가 맞든 친구들은 욥에게 회개하고 겸손한 자세를 가지라고 하면서 하나님을 신뢰하면 그분께서 욥을 구해줄 것이라고 주장한다. 그러나 자신이 이러한 벌을 받을 만큼 죄를 짓지 않았음을 알고 있는 욥은 충고를 거부한다. 충고를 받아들인다는 것은 자신의 고결함을 무너뜨리는 행위였다. 아무 죄 없이 고통을 당하는 욥은 단지 그에 대해 어떤 큰 실수가 저질러졌거나, 아니면 더 큰 혼란 속에서 하나님이 정의의 하나님이 아닌 무시무시한 폭군이라는 결론에 도달할 수 있을 뿐이다. 이 책은 인간의 경건성에 대한 질문으로 시작했다. 욥의 강력한 말을 통해 이 질문은 하나님의 본성에 대한 검토로 이어진다. 그러나 욥에 대한 하나님의 응답은 욥과 친구들이 논의의 토대로 삼은 가정 전체에 도전하고 하나님, 창조, 인간에 대한 철저하게 새로운 상을 제시하면서 제기된 문제들을 다시 한 번 재구성한다.

주석

욥기에 등장한 여성인물들

욥의 딸들과 그의 아내는 욥기에서 '아주 작은 역할'에 불과하지만 오랫동안 독자들과 주석가들의 흥미를 끌어왔다. 욥의 딸들은 고대 이스라엘에서 딸의 지위와 관련하여 일반적으로 가정된 것보다 높은 지위를 누리는 것으로 보인다. 이것은 모든 면에서 욥의 예외성을 강조하는 저자의 방식일 것이다. 화자는 욥의 일곱 아들이 차례로 여는 잔치를 묘사하면서 누이 세 명을 초대한 것을 특별히 언급한다.(1:4) 더욱 흥미로운 것은 욥이 불행을 겪은 후 얻은 세 딸에 관한 대목이다. 화자는 그들에게 각각 여미마('비둘기'), 긋시아('계피향'), 게렌합북('눈화장함[函]')이라는 이름을 준다. 이들은 뛰어난 미모를 지녔을 뿐 아니라 오라비들처럼 욥의 유산을 물려받는다.(42:14-15) 이 사실이 언급됐다는 것은 당시 딸의 유산 상속이 관행이 아니었음을 시사한다. 후대 해석자들은 딸들의 유산에 대한 언급에 매혹되었다. 기원전 1세기의 유대교 문헌인 『욥의 유언서』(*Testament of Job*)는 욥이 세 딸에게 금으로 된 허리띠와 함께 천사의 말을 이해하고 말할 수 있게 하는 신비한 물건들을 준 것을 상술하고 있다.

그러나 여성인물 중 가장 흥미를 끄는 사람은 욥의 아내이다. 욥에 대한 그녀의 말은 급진적이고 도발적이다. "당신이 그래도 자기의 온전함을 굳게 지키느냐? 하나님을 욕하고 죽으라."(2:9) 그녀의 말은 욥이 온전함을 굳게 지키는 자라는 하나님의 평가(2:3b)를 되풀이한 것이지만, 그녀가 욥에게 종용한 행동은 **사탄**의 입장에서 보자면 하나님과의 내기를 끝내는 것이다.(2:5) 그러나 욥의 아내의 말에는 좀처럼 인식하기 힘든 모호함이 있는데, 그것은 '온전함'이라는 주제상 중요한 단어와 관련되어 있다. '온전함'(*tummah*)은 도덕적·종교적 규범을 완벽하게 준수하는 자와 교활한 구석이라고는 찾아볼 수 없는 전적으로 정직한 성품을 지닌 자를 가리키는 용어이다. 욥의 아내의 불온한 질문은 이 단어가 지닌 두 가지 측면 사이의 긴장을 암시한다. 그녀가 던진 질문은 두 가지 뜻으로 이해될 수 있다. 한편으로는 "당신이 그래도 자기의 온전함(=정의)을 굳게 지키느냐? 그것 때문에 당신이 어떤 상황에 처했는지 한번 보라. 하나님이 당신을 버린 것처럼 당신도 온전함을 버리라. 하나님을 욕하고 죽으라"로 해석될 수 있다. 다른 한편으로는 "당신이 그래도 자기의 온전함(=정직)을 굳게 지키느냐? 그렇다면 정직하게 마음속에 품고 있는 진실을 이야기하라. 죽기 전에 하나님을 욕하라." 욥이 어느 방향으로 이해했든 아내를 강한 어조로 비난하는 욥의 대답("그대의 말이 한 어리석은 여자의 말 같도다", 2:10)은 고대에서부터 오늘날에 이르기까지 그녀에 대한 주석가들의 평가를 대체로 좌우했다.

고대와 현대 저술가들 중 간혹 욥의 아내의 동기를 좀 더 호의적으로 해석하는 사람들이 있다. 칠십인역은 그녀가 욥과 그녀 자신의 고난에 대해 감동적으로 말하는 좀 더 긴 연설을 제공한다. 『욥의 유언서』에서 욥의 아내는 분명 비애에 젖은 인물로 나오는데, 여기에서는 그녀가 병든 남편을 힘들게 돌보면서 겪은 고통과 굴욕이 생생하게 그려진다. 그러나 이처럼 호의적인 해석에도 불구하고 그녀는 욥에게서 잘못된 이해를 교정받는 등 도덕적으로 우월한 욥의 들러리에 머문다. 그 뒤를 따른 고대 저술가와 현대 주석가들은 욥의 아내를 좀 더 호의적인 인물로 만듦으로써 그녀를 보호한다. 그녀의 말이 '양해할 만한' 것이 되면 그 말을 심각하게 받아들일 필요가 없다. 본문에 대한 이러한 접근 방식에서 간과되고 있는 것은 욥의 아내가 무고한 이가 고난을 당할 때 봉착하게 되는 신학적 위기－자신의 무죄와 온전함을 주장하고 싶은 마음과 하나님의 절대적 선함을 믿고 싶은 마음 사이에서 생겨나는 갈등－가 무엇인지 욥 자신이 깨닫기도 전에 먼저 인식했다는 점이다. 이어지는 장들에서 욥은 바로 이 문제를 붙잡고 씨름한다.

욥의 아내가 보여준 정직성과 종교적 급진성은 최소한 욥의 이야기를 재구성한 현대 문학작품들에서 완전히 간과되지 않았다. 로버트 프로스트(Robert Frost)는 극시 『이성의 가면』(*A Masque of Reason*)에서 그녀를 예리하지만 다소 앙알대는 페미니스트의 원형(proto-feminist)으로 그리고 있다. 프로스트는 욥의 아내를 두아디－요한의 대적자 '이세벨'의 출신지－라고 부름으로써 그녀의 '이단적' 태도를 암시한다.(참조. 계 2:20-25) 아치볼드 매클리시(Archibald MacLeish)의 유명한 희곡 『제이비』(*J. B.*)에서 이 작품이 지닌 인본주의적이고 탈종교적인 비전을 처음으로 이해하고 표현한 사람도 바로 제이비의 아내인 사라이다.

> 사라: 당신은 정의를 원했지만 정의는 온데간데없고 오직 사랑밖엔 없었어요.
>
> 제이비: [하나님은] 사랑하시지 않소. 그분은 그 자체로 사랑이오.
>
> 사라: 하지만 우리는 사랑을 하죠. 그건 불가사의에요.[1]

욥기의 히브리어 원본과 이를 재구성한 여러 작품 속에서 욥의 아내

---

1) *J. B.*, Archibald MacLeish. Copyright © renewed 1986 by William H. MacLeish and Mary H. Grimm. Reprinted by permission of Houghton Mifflin Company. All rights reserved.

는 비주류에 속한 여성의 전형으로서 그녀가 던진 신성모독적 발언은 방어적 차원의 비난을 야기한다. 그러나 그녀가 보여준 통찰력은 오랜 자기만족을 무너뜨리는 자극제가 된다.

실제 경험과 전통에 대한 비판

욥이 아내에게 화를 낸 이후 한동안 아무 말이 없었다는 사실은 흥미롭다. 세 친구가 그를 위로하러 왔지만 욥은 이를 인식하지 못한 채 이레 동안 침묵을 지킨다. 3장에서 욥이 마침내 입을 열었을 때, 그의 말은 분명 앞서 아내가 했던 말과 유사하다. 엄밀히 말해서 하나님을 욕했다고는 할 수 없지만 그는 자신이 태어난 날을 저주한다. 욥은 죽지는 않았지만 죽었으면 좋겠다고 말한다. 이어지는 장들에서 그는 이제껏 온전함—그의 도덕적 고결성과 정직성—을 굳게 지킨 만큼 더 화를 내며 신성모독적인 발언을 한다. 아내를 괴롭히던 질문이 이제 자신의 질문이 되었다.

욥이 아내를 꾸짖었던 것처럼 그의 불온한 발언이 친구들의 방어적 반응을 불러일으킨 것은 아이러니한 반전이다. 그들은 욥에게 이성을 찾으라고, 즉 공동체 안에서 상식으로 통하는 전통을 받아들이라고 말한다. 욥에 대한 친구들의 반응은 다양한 형태로 나타나지만 크게 보면 몇 개의 주제를 변형한 것이다. 그들은 기본적으로 하나님은 공의에 따라 행동하시며 합당한 방식으로 사람들을 대하신다고 확신한다. 처음에 그들은 욥에게 믿음을 더욱 굳건히 하라고 격려한다. 하나님께서는 언제나 공의로운 자를 완전한 멸망에서 보호해주시므로(4:6–7; 5:19–22) 기본적으로 선한 욥은 자신의 불행을 일시적인 것으로 여길 수 있다. 사실 욥은 심지어 자신의 불행을 기뻐해야 한다. 왜냐하면 현재 겪고 있는 불행은 멸망의 길로 들어서기 전에 그에게 숨겨진 잘못을 일깨워주시려는 하나님의 책망이자 훈육이기 때문이다.(5:17; 33:15–18) 어쨌든 욥은 하나님이 그를 불의하고 불순하게 대한다고 해도 놀라서는 안 된다. 이는 심지어 천사를 비롯한 모든 피조물이 하나님 앞에서 취해야 할 태도이다.(4:17-21) 물론, 친구들의 눈에는 욥의 행위가 완고하게 보였다. 그래서 점차 욥이 실은 사악한 사람이었다는 확신에 이르게 된다. 오직 죄인만이 욥처럼 말할 수 있으므로(15:4-6) 그가 심각한 도덕적 잘못을 저질렀다고 비난하는 친구들의 행동은 정당화된다.(22:2-11)

욥기를 여성주의적으로 해석하는 입장에서 흥미로운 점은 욥의 친구들이 무엇을 근거로 자신들이 믿는 바를 진리라고 여기는지에 주목하는 것이다. 그들은 욥과 같은 인식의 토대 위에 있다는 확신을 가지고("볼지어다 우리가 연구한 바가 이와 같으니 너는 들어 보라 그러면 네가 알리라", 5:27) 상식, 즉 '모두가' 알고 있는 것에 호소한다.("생각하여 보라 죄 없이 망한 자가 누구인가?", 4:7) 때때로 그들은 일화를 근거로 인용하기도 한다.("내가 보건대…", 4:8; 5:3) 또는 그들이 보기에 보편적인 원리를 토대로 추론한 바를 주장할 수도 있다.("하나님은 악을 행하지 아니하시며… 사람의 행위를 따라 갚으사 각각 그의 행위대로 받게 하시나니 진실로 하나님은 악을 행하지 아니하시며…", 34:10-12) 친구들은 전승의 무게에 기대어 자신의 주장을 강화한다.("청하건대 너는 옛 시대 사람에게 물으며… 우리는 어제부터 있었을 뿐이라 우리는 아는 것이 없으며… 그들이 네게 가르쳐 이르지 아니하겠느냐?", 8:8-10) 심지어 초월적인 계시의 권위에 호소하기도 한다.("사람이 깊이 잠들 즈음… 영이 내 앞으로 지나매… 내가 조용한 중에 한 목소리를 들으니", 4:13-16)

친구들의 권위의 근원은 가볍게 치부할 수 없을 만큼 강력한 것들이다. 그렇다면 욥은 어디에 토대를 두고 그들의 현실 이해에 이의를 제기하는가? 욥의 주장은 정교하고 다양하지만 사실은 단 하나의 기본적인 원인에 토대를 두고 있다. 그는 친구들의 상식과 전통, 합리성과 계시가 자신의 경험과 불일치하다는 것을 알고 있다. 욥에게 온전함을 굳게 지킨다는 것은 설령 세상이 진리라고 알고 있는 것과 모순되는 것처럼 보이더라도 그 자신의 경험의 정당성과 권위를 주장하는 것을 뜻한다.

욥과 친구들 사이에 문제가 되는 것은 여성들에게는 친숙한 것이다. 사회에서 규범으로 간주되는 관념—사회의 최고 가치, 인간의 이상적 본성, 하나님에 대한 개념—은 대개 남성의 경험을 토대로 구성되었다. 자신의 경험이 이러한 규범들과 불일치하거나 그것으로 적절하게 설명될 수 없음을 깨달은 여성은 자신의 경험을 가치절하하는 경우가 많다. 여성의 삶이 남성의 경험 유형에 부합하지 않을 때 여성은 종종 결함이 있거나 열등한 존재로 여겨진다. 여성이 그들 고유의 경험의 온전함을 굳게 지킬 수 있도록 격려하는 것은 여성주의의 임무이다.

물론 욥과 친구들의 이야기는 남성과 여성의 경험에 대한 논쟁과 관계가 없다. 그러나 여성주의적 사고에서 중요한 것은 이 책에서 권위의 다양한 원천이라는 문제를 제기하면서 기존 전통을 비판할 때 개인적 경험의 중요성을 입증하는 방식으로 논의를 전개했다는 점이다. 비록 욥 자신의 인식이 불완전하고 교정될 필요가 있다고 하더라도 진실을 말하지 못해 비난을 받는 사람은 욥이 아니라 바로 친구들이다.(42:7)

성서의 가부장주의의 도덕적 세계와 연대의 문제

저자의 의도에 따르면, 이야기의 주인공은 사회적 질서의 최상위층에 속한 인물이어야 한다. 주인공은 말 그대로 모든 것을 갖추고 있는 인물로서 가진 것 전부를 잃어야 하기 때문이다. 그렇다면 욥이 아브라함처럼 많은 후손을 거느린 대가족의 우두머리로서 부유하고 존경받는 족장(patriarch)[2]으로 그려진다고 해도 놀라운 일은 아니다.

독자들은 욥을 '모든 여성'은 아니라 하더라도 최소한 '모든 남성'을 대표하는 보편적 인물로 생각하는 데 익숙해져 있다. 물론, 이 책을 통해

2) [역주] 영어 'patriarch'는 '가부장'과 '족장'의 의미를 담고 있으며, 여기서도 두 가지 의미를 모두 포괄하는 용어로 사용되고 있다.

일반적인 인간의 조건에 대한 분명한 통찰을 얻을 수도 있지만, 여기서 기억해야 할 것은 욥이 자신의 고통을 정확히 말해 족장으로서 경험했다는 점이다. 자신도 모르는 사이에 그의 정체성, 세계에 대한 기대와 세계 내에서의 그의 자리, 심지어 하나님에 대한 그의 이미지마저도 특정한 사회적·도덕적 질서 내의 그의 위치에 따라 형성되었다. 고난으로 인해 욥의 세계가 흔들릴 때, 그가 속한 세계의 여러 차원과 한계의 일면이 드러난다.

'가부장제'(patriarchy)는 매우 다양한 상황과 목적 아래에서 사용되기 때문에 문제가 되는 용어이다. 그것은 남녀 관계에 대한 문제일 뿐만 아니라 주로 남성 연장자에게 권위를 돌리는 일련의 사회적·도덕적 질서의 문제이기도 하다. 이스라엘에서 사회의 기본단위는 가정이며, 그 안에서 구성원에게 상당한 권위를 행사하는 인물은 남성 연장자이다. 성서에 나타난 가부장주의의 사회적 가치는 가부장적 온정주의(paternalistic)[3)]로 불릴 수 있는 것이었다. 촌락이나 좀 더 큰 사회 안에서 상대적으로 부유한 남성은 생계를 제대로 꾸리지 못하고 착취당하는 사람들, 이를테면 과객이나 빈자, 특히 남성 보호자가 없는 여성이나 어린이를 책임지기도 했다. 이러한 후원에 대한 보상으로 족장은 충성과 존경을 받았다. 훨씬 중요한 것은 족장이 동료들로부터 존경을 받았다는 사실이다.

사회질서를 유지하는 것도 남성 연장자의 의무 중 하나였다. 그는 자기 가정의 정의를 책임졌을 뿐만 아니라 좀 더 큰 공동체에 분쟁이 생겼을 때 성문 앞에 모여 협의를 거쳐 판결을 내렸다.(예. 룻 4장; 렘 26장) 이러한 남성들이 누리는 번영과 위엄은 보통 그가 자신의 사회적 책임을 완수했다는 것을 하나님이 인정하셨음을 보여주는 표지라고 여겨졌다. 사실 하나님에 대한 성서적 이미지의 상당 부분은 가부장적 모델에서 나온 것이다.

3) [역주] paternalistic은 일반적으로 영한사전에서 '온정주의의'로 번역되지만, 여기서는 pater(아버지)의 의미를 살려 문맥에 따라 '가부장적 온정주의의'로 번역했다.

욥의 세 친구가 그를 위로하러 왔을 때, 이들은 사회에서 가장 혜택받은 자들로서 자기 사회에 붕괴를 가져온 혼란을 어떻게 해서든 이해해 보려는 집단을 형성한다. 세 친구는 발생한 문제에 대한 해답을 모색하면서 번영과 상실, 행운과 불운이 오는 방식을 설명하려고 노력한다. 세 친구가 사람은 반드시 뿌린 대로 거두고, 거둘 만큼 뿌린다고 확신했다는 것은 놀라운 일이 아니다. 가령 욥이 처한 것과 같은 명백히 모순적인 불행한 상황은 그저 일시적일 뿐이다. 비록 그들은 깨닫지 못하고 있지만 사회질서에 대한 이와 같은 자기만족은 상당 부분 그들이 특권계층이라는 사실에 깊이 뿌리내리고 있다. 그들은 단지 세상의 불의를 볼 수 없을 뿐이다.

그러나 욥은 인생을 통해 가장 말도 안 되는 고난을 겪으면서 자신이 이제까지 자기만족에 빠져 있었다는 데 충격을 받는다. 그는 점차 다른 관점, 즉 고통받는 사람들의 관점에서 사물을 보기 시작한다. 24:1-17의 힘이 넘치는 연설에서 욥은 고용주나 채권자에게 착취당하고 지속적인 폭력에 굴복하며 기본적인 의식주조차 해결하지 못하는 사람들의 절망적인 상황을 묘사한다. 특히 욥은 과부와 고아의 곤경에 주목하는데, 이는 예나 지금이나 여성과 어린이의 상당수가 극빈층에 속하기 때문이다. 여기서 욥은 지상의 모든 불행한 자들과 연합한다.

24:1-17에서 욥이 행한 연설이 무척 감동적이라고 느끼는 독자들은 그가 29-31장에서 행한 연설에 종종 당황한다. 자신의 경험을 간략하게 말한 후 하나님께 맞서면서, 욥은 더는 가난한 자의 고통에 머물지 않는다. 대신 그는 상당한 자부심을 지닌 족장으로서 말한다. 그러나 가부장제적 이스라엘의 도덕적 세계를 이해하기 원하는 사람들에게 이것은 귀중한 연설이다. 29장에서 욥은 그가 모든 것을 누렸던 시절을 회상하고, 30장에서는 이와 대조되는 불행한 현실에 대해 말한다. 31장에서는 여러 가지 죄를 열거하며 자신이 이 중 하나라도 저질렀다면 끔찍한 저주라도 달게 받을 것이라는 일련의 맹세를 통해 하나님께 도전한다.

욥에게 가장 따뜻한 기억은 동료들로부터 받았던 명예와 존경이다.

그가 성문에 이를 때면 젊은이는 그의 앞에서 물러나고 노인은 일어나 서며 모든 이들은 욥이 말하기만을 조용히 기다렸다.(29:7-10; 21:25) 욥이 그러한 존경을 받은 이유는 그에 걸맞은 부와 권력을 지녔기 때문이 아니라 자신의 권위를 약자를 구제하는 데 썼다는 사실과 관련되어 있다. "이는 부르짖는 빈민과 도와 줄 자 없는 고아를 내가 건졌음이라… 과부의 마음이 나로 말미암아 기뻐 노래하였느니라… 나는 맹인의 눈도 되고 다리 저는 사람의 발도 되고 빈궁한 자의 아버지도 되며 내가 모르는 사람의 송사를 돌보아 주었느니라…."(29:12-16) 그러나 욥의 말에 담긴 숭고함에도 불구하고 그가 억압받는 자들과 진정한 연대를 할 수 없는 이유는 분명하다. 고대 가부장주의의 도덕적 세계는 본질적으로 온정주의적이고 위계적이었다. 이 세계는 빈자와 약자를 곤궁에서 구하는 데 높은 가치를 두지만, 대개 사회조직의 근원적 변화를 통해 과부와 고아에게 빈번하게 닥치는 무기력과 빈곤을 예방하는 데까지 나가지는 못한다. 이것은 욥이라는 한 개인의 도덕적 실패를 비난하는 것이 아니다. 욥이라는 한 인간을 형성한 바로 그 도덕적 세계의 한계를 인식하는 것이다.

가부장제의 도덕적 세계가 지닌 추한 면모는 다음 장에 나타난다. 29장에 표현된 온정적 가부장주의는 분명 위계적 사회관계의 자비로운 측면이다. 그러나 욥이 보여준 것처럼 과거에 고위층에 속했던 사회인사가 시련을 겪을 때 자비로운 위계질서에 감춰져 있던 사회적 원한이 밖으로 표출된다. "그러나 이제는 나보다 젊은 자들이 나를 비웃는구나 그들의 아비들은 내가 보기에 내 양 떼를 지키는 개 중에도 둘 만하지 못한 자들이니라…."(30:1, 9, RSV[4]) 신분이 낮은 자들에 대한 욥의 경멸은 그들의 가난을 조롱하는 형태로 나타난다. "그들은 곧 궁핍과 기근으로 인하여 파리하며 캄캄하고 메마른 땅에서 마른 흙을 씹으며 무리가 그들에게 소리를 지름으로 도둑 같이 사람들 가운데에서 쫓겨나서 침침한 골짜기와 흙구덩이

4) [역주] 저자는 RSV를 따랐으나 여기서는 한글 개역개정판의 번역을 따랐다.

와 바위굴에서 산다."(30:3, 5–6) 앞서 욥이 보여주었던 가난한 자들과의 연대는 그의 명예–한 남성이 자신이 속한 도덕적 세계에서 가질 수 있는 가장 귀중한 재산–가 명예롭지 못한 자들에게 짓밟혔다는 인식 앞에서 증발된 것처럼 보인다.

마찬가지로 31장에 나오는 욥의 위대한 맹세는 고대 이스라엘의 가부장제 사회에서 실제적인 가치기준의 목록을 제시한다. 욥은 탐욕 때문에 속임수를 쓰거나(31:5–8) 부에 집착한 적이 결단코 없었음을 맹세한다.(31:24–25) 그는 다른 남자의 아내와 딸들을 존중했다.(31:1–4, 9–12) 자신의 가정 안에서는 공의를 지키고(31:13–15) 힘없는 자의 법적 특권을 이용하지 않았다.(31:21–23) 가난한 자들에게는 자비로웠고(31:16–20), 나그네는 따뜻하게 맞이했으며(31:32), 자신의 토지에 대해서는 책임을 다했다.(31:38–40) 단 한 번도 우상숭배에 빠진 적이 없고(31:26–28), 적의 불행을 크게 기뻐하지 않았으며(31:29–31), 자신이 저지른 악행을 숨긴 적도 없다.(31:33–34) 그러나 이러한 도덕적 가치 목록에 담긴 순수한 고결함에도 불구하고 현대 여성은 욥이 그의 성적 고결성을 변호하는 맹세를 보고 아연실색하지 않을 수 없다. "만일 내 마음이 여인에게 유혹되어 이웃의 문을 엿보아 문에서 숨어 기다렸다면 내 아내가 타인의 맷돌을 돌리며 타인과 더불어 동침하기를 바라노라!"(31:9–10, trans. Mitchell, 73[5]) 욥이 한 말은 여성의 성을 남편의 재산으로 보고 여성에 대한 성적 학대를 여성 자신이 아닌 그 남편에게 해를 끼치는 것으로 간주하는 가부장제적 관점과 일치한다.(본서의 "레위기" 주석 참조)

현대 독자들은 욥기 29–31장에 나타난 여성을 소유물로 보는 관점과 명예에 대한 관심이 사회적 분노나 경멸로 쉽게 변화되는 방식에 비판적이지만, 고대 청중이 현대인과 같은 반응을 보였다는 암시는 거의 찾아볼

5) [역주] 저자는 Mitchell의 사역을 따랐으나 여기서는 한글 개역개정판의 번역을 따랐다.

수 없다. 그들에게 29-31장은 욥을 최대한 고결하게, 다시 말해 모범적인 족장으로 제시한 것으로 보였을 것이다. 하나님의 말씀대로 욥은 "하나님을 경외하며 악에서 떠난"(1:8) 자이다.

하나님의 모델

이 책은 한 가지 중요한 측면에서 욥의 행위의 전제로서 가부장주의에 의문을 제기한다. 하나님에 대해 욥이 크게 실망한 것은 그가 자신의 가솔을 대한 것처럼 하나님도 그를 대해주시리라 기대했기 때문이다. 욥은 자신의 이미지에 비추어 하나님을 일종의 신적인 족장으로 이해한다. 이것은 고대 근동 문화가 상상할 수 있는 하나님에 대한 이미지 중 최고의 것이다. 욥은 하나님이 자비롭고 온정적일 뿐만 아니라 무엇보다도 인간사에 직접 개입하여 올바른 행위를 옹호하고 악행을 벌하는 정의로운 분으로 기대했다. 욥이 하나님 앞에 선 자신의 모습을 상상할 때 그의 언어는 계속해서 법적 은유로 바뀐다.(9-10, 13, 16, 19, 23장) 욥은 심판대 앞에 섰을 때, 집안에서 불평의 목소리가 들렸을 때, 자신이 심판관의 자리에서 그동안 어떻게 처신해왔는지 알고 있다.(29:12-17) 현재 납득하기 힘든 경험을 하고 있지만 그래도 욥은 하나님을 법정으로 불러낼 수만 있다면 그분께서 자신의 결백을 입증해 주리라는 믿음에 매달린다.

욥기의 급진성은 바로 욥이 제시한 하나님 상이 부적절한 모델로서 거부되고 있다는 사실에 놓여 있다. 38-41장에서 욥이 만난 하나님은 그가 기대했던 위대한 족장이 아니다. 이 책이 현대 독자에게 어려운 도전 과제로 남아 있는 것은 족장으로서의 하나님 모델이 여전히 만연되어 있는 현실을 암시한다.

욥의 연설은 인간의 영역에서 정의와 불의의 주제, 그리고 반드시 정의의 실현을 보셔야 하는 하나님을 향해 있는 데 반해, 하나님은 세상의 기초, 바다의 탄생, 낮과 밤의 질서, 눈, 우박, 비, 서리, 이슬처럼 수많은 모습으로 변하는 물의 신비함 등 창조질서에 대해 말씀하신다. 여기에는 하나님께서 욥에게 새로운 방향을 제시해주려는 전략이 숨어 있다. 기존의 전승은 하나님이 인간의 행실에 따라 비를 내리기도, 멈추기도 한다고 말하지만(예. 암 4:7-8), 여기서 하나님은 인간이 살지 않는 사막에 내리는 비에 대해 말한다.(38:25-27)

욥의 사고 범주는 매우 협소하다. 그가 하나님에 대해 갖고 있는 관념은 전적으로 인간중심적이다. 욥과 친구들의 가정에 따르면, 하나님은 주로 인간의 행위에 따라 **반응하는** 분이시다. 이것은 개별적 인간을 중심에 놓는 관점이다. 하나님은 직접 먹이를 주는 동물들에 대한 이야기로 화제를 전환하면서 계속해서 욥에게 가르침을 주신다.(38:39-39:30) 여기서 언급되는 동물들은 사자, 까마귀, 산염소, 들소, 타조 등 가축이 아닌 야생동물이다. 하나님은 분명 이들의 야생성과 인간에게 속박되지 않는 자유를 기뻐하신다. 이것은 욥이 갖고 있는 배타적인 인간중심적 관점에 대한 또 다른 암시적 비판이다. 이 부분은 생명의 탄생과 양육, 생명력에 대한 이미지로 가득차 있다. 그러나 이것은 감상주의적 자연관과는 거리가 멀다. 이 세계 안에서 사자와 독수리 새끼들의 먹이는 다른 생명의 피를 뜻한다.

하나님의 아름다운 말씀에도 불구하고 독자들은 그것이 욥의 질문에 대한 직접적인 응답이 아니라는 사실에 혼란스러워 한다. 실제로 하나님은 고통과 압제의 문제에 대해 어떻게 생각해야 하는지 욥에게 알려주지 않는다. 그것은 인간의 과제로 남겨진다. 그러나 욥이 제기한 문제를 무시한 하나님의 응답은 욥의 출발지점도, 옳음과 그름에 대한 그의 법적 모델도, 그가 그린 위대한 족장으로서의 하나님 상도 모두 부적절함을 일깨워 준다. 욥의 관점에서는 죄가 없는데 당하는 고난은 하나님의 불의를 암시한다. 그러나 하나님의 말씀은 다른 관점을 시사한다. 욥기 38-41장 이후에 나타나는 도덕적·신학적 사고는 하나님에 대한 새로운 이미지, 세계에 대한 새로운 이미지-하나님과 세계에 대한 새로운 이미지는 하나님의 말씀에서 엿볼 수 있다. — 에서 출발해야 한다. 욥기는 생명을 좌지우지하는 분으로서 새로운 하나님 상을 제시한다. 하나님은 단지 인간만이 아니라 모든 피조물의 필요를 고루 살피고, 자유를 소중히 여기며, 만물을 그 유용성과 상관없이 열렬히 사랑하고 기뻐한다. 하나님은 삶과 죽음의 깊은 연관성을 인식하고 전체 생태계 안에서 각 요소를 억제하기도 양육하기도 한다. 현대 여성주의적 사고와 강력한 접점을 형성하는 것은 바로 하나님과 세계에 대한 이러한 서술이다.

다소 불가사의한 측면이 있기는 하지만 하나님의 말씀에 대한 욥의 응답은 앞서 그가 했던 비난을 취소하고 하나님에 대한 새로운 비전을 포용한다.(42:1-6) 욥이 실재를 새롭게 이해하고 신뢰하게 되었다는 사실은 고립되고 소외된 채 고통받던 자가 무너진 관계를 다시 세울 때 구체적으로 표현된다. 그는 하나님과 화해할 뿐 아니라 형제자매를 받아들이며 열 명의 자식을 더 보게 된다.(42:7-17) 여성들은 욥의 아내에 대해 분명한 설명이 없다는 사실에 실망할지도 모르지만 남편만큼이나 솔직했던 그녀의 정직성은 진리를 추구하는 자들에게 모범이 된다.

참고문헌

Alter, Robert. "Truth and Poetry in the Book of Job," *The Art of Biblical Poetry*, 85-110. New York: Basic Books, 1985.

Good, Edwin M. *In Turns of Tempest: A Reading of Job*. Stanford, Calif.: Stanford University Press, 1990.

Gutiérrez, Gustavo. *On Job: God-Talk and the Suffering of the Innocent*. Maryknoll, N. Y.: Orbis Books, 1987.

Habel, Norman. *The Book of Job, A Commentary*. Old Testament Library. Philadelphia: Westminster Press, 1985.

MacLeish, Archibald. *J. B.* Boston: Houghton Mifflin Co., 1958.

Mitchell, Stephen. *The Book of Job.* Translated with an introduction by Stephen Mitchell. Rev. ed. San Francisco: North Point Press, 1987.

Reid, Stephen Breck. "Suffering and Critical Awareness: The Foundation of a Quest for Witnesses," *Experience and Tradition: A Primer in Black Biblical Hermeneutics*, 85–138. Nashville: Abingdon Press, 1990.

시편

캐슬린 A. 파머

Kathleen A. Farmer

개관

시편은 개인과 공동체가 매우 다양한 사회적·역사적 환경에서 부르고 말하고 기도한 노래와 시, 기도의 선집이다. 이 종교적인 시들의 분명한 특징은 신앙고백이라는 점이다. 대부분 (내가, 우리가, 나를, 우리를 등을 사용하여) 1인칭으로 서술되고 있는 이 시들에서 화자는 하나님과 소통하는 가운데 인간의 모든 감정을 나타내고 있다. 몇몇 경우를 제외하면 이처럼 마음속 깊은 곳에서 우러나오는 인간의 말은 바로 하나님을 향하고 있다. 이 책의 영어 제목(psalms)은 그리스어 '프살모스'(*psalmos*)에서 유래했는데, 이것은 (특히 악기를 연주하면서 부르던) 신앙의 '노래'를 뜻하는 히브리어 '미즈모르'(*mizmor*)를 번역한 것으로 보인다.

제목

이 종교적인 시들의 원저자나 작곡가는 근거가 불충분하기 때문에 분명하게 밝히기 어렵다. 상당수의 시편에 (가령 다윗, 아삽, 고라 자손, 무명의 지도자, 또는 합창 '인도자'처럼) 한 개인이나 여러 사람을 언급하는 제목들이 달려 있기는 하지만, 제목 그 자체는 시편이 지어지고 수세기가 지나서야 붙여진 것으로 보인다. 대다수의 학자들은 이 제목들이 시를 지은 사람이 아니라 시편을 이해하고 사용하는 방식을 설명한 것으로 본다. 따라서 다윗과 관련된 제목을 전통적으로 '다윗의 시'(psalm of David)로 번역한 것은 잘못된 것일 가능성이 있다. 히브리어에서 이 구문은 '다윗에 속한', '다윗에게 헌사하는', '다윗이 사용하는'(이것은 '다윗의 자손이 사용하는'을 뜻할 수도 있다.)을 의미할 수도 있다. 예를 들어, 시편 7편의 제목은 후대 해석자들이 다윗이 특별한 경우에 이 노래를 불렀다고 생각했음을 보여주는 반면, 시편 3편은 해석자들이 단순히 이 시를 다윗이 "그의 아들 압살롬을 피할 때" 사용하기에 적합한 시로 생각했을 가능성을 보여준다.

일부 제목은 특정한 역사적 배경을 언급하기도 하지만 시편의 기원 자체는 이스라엘 백성의 역사에 알려진 시기나 사건과 직접 연결되지 않는다. 바빌론 포로기 동안 예루살렘 주민의 추방을 노래한 시편 137편은 아주 예외적인 경우이다. 시편의 화자들이 종종 이스라엘의 역사적 경험을 언급하기는 하지만 그것은 예로부터 전해 내려온 전승을 언급하는 것이다. 그들은 과거에 하나님께서 보여준 신실함(또는 자신들의 부족한 신앙)을 상기하기 위해 (출애굽과 광야생활과 같은) 다양한 전승들을 자세하게 이야기한다. 그들은 승리와 패배 속에서 함성을 지르고, 신앙뿐만 아니라 의심까지도, 절망뿐만 아니라 희망까지도 밖으로 표출함으로써 자신의 기쁨과 슬픔을 생생하게 전달한다. 그러나 자신이 현재 처한 상황을 역사적 차원에서 구체적으로 언급하는 것은 피하려고 한다. 그 대신 시편기자들은 대부분 전형적인 인간의 감정 – 인간이 함께 어울려 사는 곳이라면 언제 어디서나 발생하는 기대와 욕망, 필요 – 에 대해 이야기한다.

화자들이 하나님께 직접 말을 건네는 방식은 부분적으로 바로 고백을 통해서이며, 다음 세대의 예배자들이 시편을 자신의 기도문으로 삼는 것은 부분적으로 바로 시편이 특정한 시대와 사건들과 떨어져 있기 때문이다.

여성과 시편

히브리어에서 1인칭 대명사(나, 우리 등)와 1인칭 동사는 성별 구분이 없으므로 시편에서 하나님을 향해 이야기하는 화자 중 일부가 여성일 가능성이 매우 높다.(아래 시 131편에 대한 주석 참조) (시편 외에) 다른 성서 전승에서 뛰어난 여인들은 예배에서 찬양을 드렸던 가수로 그려지고 있다.(출 15:20–21의 미리암과 삿 5장의 드보라) 시편 148:12–13에서 여인들은 다른 피조물과 함께 야웨를 찬양하라는 요청을 받으며, 시편 68:25에서 처녀들은 하나님을 찬양하는 제의적 행진에서 악기를 연주하는 것으로 그려진다.

성서시대부터 오늘날에 이르기까지 시편은 공중예배에서나 개인예배에서나 여성들의 기도생활을 살찌우고 풍성하게 해왔다. 유대교 여성도 기독교 여성도 그들의 생각과 욕구 그리고 삶의 경험이 시편의 본문에 반영되어 있음을 깨달았다. 한나(사무엘의 어머니), 유딧(제2경전의 유딧서에 나오는 여주인공으로 자기 도시를 파멸로부터 구해낸 인물), 마리아(예수의 어머니)는 모두 자신의 삶에서 매우 중요한 상황에 응답할 때 시편 전승을 사용한 것으로 전해진다.(삼상 2:1–10; 유딧 16:1–17; 눅 1:47–55) 기원후 4세기에 예루살렘과 베들레헴에 여성 수도원을 설립한 바울라와 멜라니아의 시대 이후로 금욕주의적 기독교 공동체의 여성들은 시편의 기도를 중심으로 일상생활을 조직해 왔다.

시편 46편을 좀 더 자세히 보면 후대 여성들이 시편을 자기 자신의 노래라고 주장할 수 있는 한 가지 방법을 알 수 있다. 대다수의 역자들은 이 시편의 제목에 노래를 어떻게 불러야 하는지와 관련하여 "인도자", 즉 성가대 지휘자에게 주는 지침이 들어 있다고 생각한다. 또 다른 문맥에서 보면 "알라못"(*alamot*, RSV와 NRSV는 번역하지 않은 채 남겨두었다.)은 '젊은 여인'을 의미하는 것 같다. 비록 번역되지는 않았지만 이것은 곡의 제목이나 운율표시법으로 보인다. 그러나 일부 학자들은 "알라못"이 여성의 목소리를 뜻하는 기술적 용어로서 제목은 이 시편의 가수가 여성이어야 함을 나타낸다고 생각한다. 만약 이것이 사실이라면 이 시편을 보존한 신앙공동체의 여성들은 "하나님은 우리의 피난처시요 힘이시니 환난 중에 만날 큰 도움이시라… 만군의 여호와께서 **우리**와 함께 하시니 야곱의 하나님은 **우리의** 피난처시로다"(46:1, 7, 11)라고 주장할 용기를 얻고 있다. 그들에게 전해 내려온 전승이 라헬과 레아의 하나님이 아니라 야곱의 하나님을 언급한다는 사실 때문에 여성들이 이 전승에 나오는 하나님을 자신의 하나님이라고 주장하지 못할 이유가 없다. 이러한 시편들을 여성의 목소리로 부를 때, 여성이 그 전승들을 자신의 것이라고 주장할 때, 우리 조상들이 '야곱의 하나님'이라고 불렀던 하나님은 여성들의 피난처이자 큰 힘이 된다.

여성들은 '새로운 노래들'을 부름으로써 이 시들을 자기 것으로 만들었다. 전통적인 형식과 언어를 사용하여 "여인의 손으로" 적을 물리칠 수 있게 해주신 하나님께 찬양을 바쳤던 유딧이 하나님을 위해 "새로운 찬가"를 지은 것처럼(유딧 16:1, 13), 다른 이들도 옛 형식에 기초하여 노래를 부르는 이들의 전혀 새로운 환경을 반영하는 새 노래를 부르기로 결정할 수 있다. 이에 대해서는 시편 33:3; 40:3; 96:1; 98:1; 144:9; 149:1을 참조하라.

시편에서 반복되는 유형들

현대의 비판적 학계에서는 시편에서 반복해서 나타나는 문학적 유형들을 찾으려는 경향이 있다. 어느 인간공동체에서나 계속해서 나타나는 삶의 욕구들이 인식 가능한 관습이나 말하기 형식을 탄생시킨다는 것을 보여주는 좋은 근거가 있다. 그에 따라 학자들은 공통적으로 시편이 쓰여진 목적이나 사용된 방식을 알려주는 단서들이 문학적 형식에 포함되어 있을 것이라고 가정한다. 대다수의 학자들은 이 시편들이 예배라는 상황에서 제의적 사용을 위해 쓰여졌다는 결론을 내렸다. 최근에 월터 부르그만(Walter Brueggemann)은 시편에 지배적으로 나타나는 사고와 말하기 유형들은 "순조롭고 만족스러운 삶의 시기"에서 "상처, 소외, 고통과 죽음으로 괴로워하는 시기"를 지나 "하나님이 주신 새로운 선물에 압도되어 놀라는 시기"에 이르기까지 인생의 특징적 흐름에 상응한다는 견해를 제시하였다.(Brueggemann, 19) 시편의 분위기는 확신과 의심을, 만족과 고통을, 기쁨과 절망을 계속해서 넘나든다. 그러나 평화롭고 안정적이며 번영하는 삶을 누리는 사람들은 위기와 문제, 고통과 투쟁 한가운데 서 있는 사람과는 다른 이야기를 다른 방식으로 한다. 사람들은 다양한 개인적 상황 속에서 하나님께 말하기 때문에 그들의 사고와 말하기, 이미지 유형도 그에 따라 변한다.

주석

여성이 부르는 시편

성서 본문에서 다섯 명의 여성(미리암, 드보라, 한나, 유딧, 마리아)이 그들의 삶에서 중요한 상황에 대해 시편과 같은 노래와 기도로 응답했다고 전해진다. 이 여성들은 각자 자신의 삶에서 최근 벌어진 '역전'을 회고하며 시편의 형식을 빌려 불행한 상황을 역전시켜 주신 하나님께 감사와 찬양을 바친다. 미리암, 드보라, 유딧은 공동체적 삶의 차원에서의 역전, 즉 이스라엘 백성이 여러 압제자들로부터 해방된 것을 기뻐한다. 한나는 지극히 개인적인 차원에서의 역전(오랫동안 아기를 갖지 못하다가 마침내 낳음)을 크게 기뻐하고 마리아는 하나님이 당신의 계획을 행하기 위해

(비천한 신분 출신인) 그녀에게 맡긴 놀라우리만큼 영광스러운 역할을 찬양한다. 한나와 마리아의 감사의 계기가 된 인생에서의 새로운 상황은 개인의 특수한 상황이지만 그들의 찬양과 기도는 개인사에서 일어난 특별한 역전이라기보다는 대표성을 띤다. 두 여성 모두 그들의 삶에 대한 하나님의 행위가 더 큰 유형의 일부임을 안다. 한나는 사무엘상 2:7에서 "여호와는 가난하게도 하시고 부하게도 하시며 낮추기도 하시고 높이기도 하시는도다"라는 기도를 올렸다. 마리아도 누가복음 1:52-53에서 "권세 있는 자를 그 위에서 내리치셨으며 비천한 자를 높이셨고 주리는 자를 좋은 것으로 배불리셨으며 부자는 빈손으로 보내셨도다"라고 말한다. 두 여성 모두 그들 자신의 삶이 역전되어 행운이 찾아온 것은 하나님이 인간의 삶에 개입하는 전형적인 방식일 뿐이라는 사실을 깨닫는다.(cf. 시 113:7-9)

살아남은 자들에 의한, 살아남은 자들을 위한 역전의 시편

시편의 상당 부분은 역전에 관한 노래로서 성서 본문에 나오는 여성들이 부른 시편과 유사하다. 이것들은 감사의 시편이라고 말할 수 있는데, 현재 누리는 행복이 자신의 삶에 개입한 하나님 덕분이라고 여긴 생존자들에 의해 불렸기 때문이다. 신실한 자들은 참기 어려웠던 과거의 상황이 역전된 것을 기뻐하고 하나님의 은총으로 환난 가운데서 살아남았음을 고백하며 "새 노래"(시 40:3)를 부른다. 시편 124편에서 신앙공동체는 "사람들이 우리를 치러 일어날 때에 여호와께서 우리 편에 계시지 아니하셨더라면 그 때에 그들이… 우리를 산 채로 삼켰을 것이다"(124:2-3a)라고 고백한다. 시편 30편에서 개인은 괴롭힘을 당하던 자에게 치유와 삶의 회복을 가져다주신 분은 바로 하나님 한 분뿐임을 인정한다.(30:2-3) 그리고 시편 118편에는 "건축자가 버린 돌이 집 모퉁이의 머릿돌이 되었나니"라는 비유적 진술에 이어 "이는 여호와께서 행하신 것이요"라는 선언이 나온다.(118:22-23) 시편 34:4에서 화자는 "내가 여호와께 간구하매 내게 응답하시고 내 모든 두려움에서 나를 건지셨다"라고 말하며 시편 116:6에서 살아남은 자는 "내가 어려울 때에 [여호와께서] 나를 구원하셨다"고 회상한다.

시편 30편

이 감사기도에서는 죽을 것만 같던 고통에서 회복된 경험이 (우물에서 물 한 동이를 퍼 올린 것처럼) 스올에서 "건져 올렸다"는 비유적 표현으로 서술된다. "스올"과 "구덩이"[1](3절, 9절)라는 용어는 죽은 후에 보상과 처벌을 내리는 장소라기보다는 죽은 상태를 의미한다. 고대 이스라엘은 인간의 사후 문제에 대해 결코 일관성 있는 교리를 형성하지 않았지만, 구약성서에서 스올은 대개 (선한 삶을 살았든 악한 삶을 살았든 상관없이) 죽은 사람이라면 누구나 가는 지하세계로 나타난다. 시편에서 스올(또는 구덩이)은 죽음의 개념 또는 무덤에 대한 시적 동의어이다. 그것은 죽은 자가 하나님을 기억하지도 찬양하지도 못하는 침묵의 장소로 여겨지는 것 같다.(시 6:5; 30:9; 115:17)

이 시편의 저자는 두 가지 다른 종류의 역전을 돌아본다. 화자는 하나님께 다음과 같이 고백한다. "내가 형통할 때에 말하기를 영원히 흔들리지 아니하리라 하였도다."(30:6) 이어서 그는 당신의 은혜로 내가 안전하다고 생각했으나 "주의 얼굴을 가리시매" "내가 근심하였나이다"라고 말한다.(30:7) 최초의 역전(형통하고 안정된 삶에서 죽기 직전의 불안정한 삶으로의 전락)은 시편기자에 의해 하나님의 분노의 표시로 해석되지만, 두 번째 역전의 경험(치명적인 병으로부터의 회복)은 평생 지속되는 하나님의 "은총"에 비하면 그의 "노염은 잠깐"이라는 신학적 결론으로 이어진다.(30:5)

시편기자는 이러한 역전의 지배자가 누구인지에 대해 한 치의 의심도

---

1) [역주] 한글 개역개정판에서는 "무덤"으로 번역되어 있다.

하지 않는다. 생존은 하나님의 은총을 통해 온다는 것이 분명해졌다. 그는 하나님께 "주께서 나의 슬픔이 변하여 내게 춤이 되게 하시며 나의 베옷을 벗기고 기쁨으로 띠 띠우셨나이다"(30:11)라고 선언한다. 그러나 저자가 단순히 고통과 절망의 한가운데서 하나님의 행동만을 수동적으로 기다린 것은 분명 아니다. 하나님의 은총으로 살아남은 자는 모든 희망이 사라졌을 때 큰소리로 간구하면 하나님께서 들어주신다는 것을 보여주는 산 증인이기도 하다.(30:2, 8, 10)

소리 높여 간구하는 시편

시편에서 감사의 노래는 일관되게 하나님께 비탄에 빠진 자들을 봐주시기를 "부르짖으며 간구하는" 것을 언급한다.(예. 30:2, 8, 10; 34:6, 17; 40:1; 118:5; 107:6, 13, 19-28; 116:4) 시편 107편의 후렴구가 상기시키는 것처럼, 구원을 받고 기뻐하는 자들은 한때 하나님이 "그들을 고통에서 건지기" 전에 "근심 중에 여호와께 부르짖었다." 시편에서 하나님의 말씀이 직접 인용된 예가 드물기는 하지만 그 중 두 본문에서 하나님은 다음과 같이 말씀하신다. "환난 날에 나를 부르라. 내가 너를 건지리니 네가 나를 영화롭게 하리로다."(50:15) "그가 내게 간구하리니 내가 그에게 응답하리라. 그들이 환난 당할 때에 내가 그와 함께 하여 그를 건지고 영화롭게 하리라."(91:15)

여성이 부른 찬양이 담긴 성서 본문의 맥락을 다시 살펴보면, 여성과 관련된 다섯 개의 이야기 중 네 개의 이야기에서 하나님께 간구하는 행위가 중요한 역할을 하고 있음을 알게 된다. 이스라엘 백성이 이집트에서 종살이를 하던 시절, "탄식하며 부르짖으니" "부르짖는 소리가 하나님께 상달되었다."(출 2:23, 24) 미리암의 노래는 이스라엘 백성을 속박에서 구원하신 하나님을 찬양했다.(출 15:21) 드보라의 시대에 하나님은 야빈의 군대 장관 시스라를 "여인의 손에" 넘김으로써(삿 4:9) "여호와께 부르짖은"

이스라엘 백성에게 응답을 주셨다고 전해지는데(삿 4:3), 드보라가 그녀의 노래에서 찬양한 것은 바로 이러한 역전이다. 유딧도 하나님께 간절히 부르짖는다.(유딧 9:1-14) 그러나 하나님께 부르짖으며 간구하는 행위가 인간이 비탄에서 벗어나 위안을 얻는 데 중요한 역할을 한다는 사실을 분명하게 제시해주는 것은 바로 사무엘상 1:1-28의 이야기이다. 이야기의 서두에서 우리는 (출산에 높은 가치를 두는 사회에서) 아기를 갖지 못한 한나의 슬픔이 남편의 작은 처의 조롱으로 인해 더 커졌음을 알게 된다.(삼상 1:6) 그래서 한나는 하나님께 아기를 갖게 해달라고 빌면서 "마음이 괴로워서 여호와께 기도하고 통곡했다."(삼상 1:10) 한나가 술에 취했다고 생각한 지성소의 제사장의 꾸지람에 그녀는 "나는 마음이 슬픈 여자라… 여호와 앞에 내 심정을 통한 것뿐이오니… 내가 지금까지 말한 것은 나의 원통함과 격분됨이 많기 때문이니이다"라고 말한다.(삼상 1:15-16) 하나님이 기도에 응답하여 사무엘이 태어나 젖을 떼고 하나님의 시종으로 바쳐진 후에야 비로소 한나는 감사의 '기도'를 올리는데, 사무엘상 2:1-9에 보존된 이 감사시는 교만한 자와 겸손한 자, 부자와 빈자, 강자와 약자, 불임여성과 다산여성의 운명을 끊임없이 역전시키는 분을 찬양한다.

한나가 하나님께 부르짖는 장면이 이야기에 기록되어 있지는 않지만, 우리는 시편에서 새롭게 발견되는 많은 기도와 그녀의 간구의 유사성을 충분히 알 수 있다. 시편의 3분의 1 이상이 신실한 자가 하나님께 직접 자신의 의심과 두려움, 고통, 슬픔, 후회, 격노를 쏟아내며 도움을 간구하는 형식으로 되어 있다. 이러한 유형의 시편은 종종 '탄식시'(laments)로 불리는데, 사실 영어에서 탄식이라는 용어는 이러한 기도에서 중요한 역할을 담당하는 절박한 청원이나 위로에 대한 요구를 제대로 전달하지 못한다. 불임을 슬퍼한 한나와 마찬가지로 탄식시에 등장하는 화자는 자신의 두려움과 원한, 절망, 격노를 하나님과 함께 나눈다. 그는 하나님이 자신의 고통을 알아채고 도와주시기만을 수동적으로 기다리지 않는다. 오히려 자신의 감정과 생각을 밖으로 표출했다는 이유로 하나님께 거부당하는 일은 없을 것을 확신하기에 하나님의 변치 않는 사랑 속에서 신앙의 행위로서 부르짖는다.

분노와 소외 그리고 고통을 노래하는 시편

탄식시는 위기 상황에 처한 인간 내면의 가장 깊은 감정과 욕구를 분명하게 보여준다. 신실한 자를 괴롭히는 문제는 가난과 무기력에서부터 생명을 위협하는 질병에 이르기까지, 적들의 비방과 억압에서부터 친구의 배신에 이르기까지 인간의 모든 경험을 아우른다. 이러한 시편들을 불평을 야기하는 상심의 유형에 따라 하위그룹으로 분류할 수도 있지만, 시편기자들이 처한 삶의 정황들을 정확히 짚어내려면 신중을 기해야 한다. 비참한 상황은 종종 다차원적이다. 질병과 절망으로 고통 받는 사람들이 친구들로부터 버림받았다는 생각에 빠지기도 하고(예. 시 38편), 박해 받는다고 느끼는 사람들이 고독과 소외로 고통받기도 한다.(예. 시 42편) 시편기자들은 관습적 표현(예. '행악자' 또는 '악인')이나 매우 비유적인 언어(예. 황소, 사자, 부르짖는 짐승들)를 사용하여 '적'과 적의 악행(내 생명을 찾는다, 나를 조롱한다, 올무를 놓다 등)을 묘사한다. 공동체 전체가 '적'에 대해 이야기할 때, 우리는 적군(예. 시 44편)이나 자연재해(예. 가뭄 또는 기아)를 상상하기 쉽다. 그러나 다양한 개인들이 마주하고 있는 적을 밝혀내는 것은 좀 어렵다. 시편 41편에서 "원수"는 죽음(11절)이 될 수도 있고 시편기자의 죽음을 갈망하는 자들(5절)이 될 수도 있다. 때로는 화자가 당하는 고통이 물리적인 것인지 정신적인 것인지 알기 어렵다. 몸과 마음에 입은 상처는 종종 뒤엉켜 있다.

탄원시편

탄식시편에는 때때로 '적'이 끔찍한 일을 당하게 해달라고 하나님께 간구하는 잔인한 청원이 들어 있다. 악인이 저지른 죄에 대한 벌을 받지 않는 것 같아 화가 난 한 시편기자는 하나님께 "그들(악인)의 입에서 이를 꺾어"(58:6) 주시기를 바란다. 또 다른 시편기자는 "그들을 생명책에서 지워주시기를"(69:28) 바란다. 예루살렘의 파멸을 목도하고 타국에 포로로 끌려간 추방자들은 적들이 같은 고통을 당하기를 바란다. "멸망할 딸 바벨론아 네가 우리에게 행한 대로 네게 갚는 자가 복이 있으리로다 네 어린 것들을 바위에 메어치는 자는 복이 있으리로다."(137:8-9) 이러한 시편의 언어와 이미지를 자기 것으로 삼기 위해 노력하는 여성들은 이러한 잔인함에 불쾌감을 느낄지도 모르지만, 시편을 읽거나 기도하는 사람들이 화자의 복수심에 경탄하며 이를 존중하라는 요청을 받는 것은 아니다. 시편기자의 언어는 규범적이라기보다는 서술적이다. 그들은 인간이 처한 현실을 서술한다.(시편기자들은 실제로 그러한 생각과 욕망을 품었다.) 그러나 다른 사람들에게 자신의 서술 태도를 모방하라고 권하거나 부추기는 것은 아니다. 시편기자는 비난을 두려워하지 않고 자유롭게 하나님께 그러한 소원들을 표현하지만, 하나님께서 인간이 바라는 대로 행동하지 않는 분이라는 것 또한 알고 있다.

불평에서 확신으로

하나의 범주로서 탄식시는 불쾌하고 성급한 언어 사용으로 눈길을 끈다. 시편에 담긴 탄식시의 저자들은 조심스럽게 말하거나 예의 바르고 완곡하게 자신의 요구를 표현하기를 거부한다. 따라서 가령 시편 35편과 44편에서 화자는 직설적으로 하나님께 떨치고 깨어나 일을 살펴 때가 늦기 전에 어서 그들을 구원해달라고 말한다. 시편기자들은 인간의 수명은 짧기 때문에 하나님이 편하신 때에 정의를 이루어주기만을 마냥 기다릴 수는 없다는 점을 하나님께 상기시킨다.(시 90편) 또한 시편기자들은 생생하고 강렬하며 과장된 언어를 사용하여 자신이 처한 견딜 수 없는 상황을 설명한다. 무엇보다 놀라운 것은 시편기자들이 기도를 통해 권능을 얻어 하나님에 대한 신뢰 속에서 슬픔과 절망의 상황으로부터 희망과 자신감이 넘치는 상황으로 옮겨간다고 생각한다는 점이다. 탄식시편의 주요 부분에 표현된 불평에서 확신으로 나아가는 이러한 전형적인 변화는 시편 13편에 대한 간략한 설명으로 알 수 있다.

시편 13편

처음 두 절에는 하나님을 향한 시편기자의 불평이 담겨 있다.(나의 영혼이 번민하고 종일토록 마음에 근심에 있는데 하나님께서는 나를 잊으신 것 같습니다.) 1-2절에서만 네 번이나 등장하는 “어느 때까지”라는 구절은 하나님께 답을 구하는 공손한 요청이라기보다는 요지부동한 하나님에 대한 성급한 항의이다.(cf. 합 1:2; 욥 18:2; 19:2) 3절은 하나님께 명확한 답을 요구하는 긴급한 탄원을 담고 있다.(나를 생각하사 나의 눈을 밝히소서.) 4절에서는 화자가 자신의 요구의 정당성을 피력한다.(내가 사망의 잠을 잘까 하오며 두렵건대 나의 원수가 이르기를 내가 그를 이겼다 할까 하오며) 그런데 5-6절에서 화자는 갑자기 태도가 돌변하여 하나님의 응답에 대한 최고의 확신을 표현한다. 불평과 탄원에서 신뢰와 확신으로의 이러한 갑작스러운 분위기 전환은 거의 모든 탄식시에서 일관되게 발견되는 특징이다.

시편 13편에서 화자의 확신은 “내게 은덕을 베푸셨고” (앞으로도 베푸실) 하나님에 대한 이해에 바탕을 두고 있다. 하나님이 고통을 알아보고 소원을 들어주기를 수동적으로 기다리는 자에게만 확신이 서는 것은 아니다. 이 시편은 사회에서 ‘승인된 규범들’ 또는 조직화된 종교를 벗어난다고 할지라도 마음속 깊은 곳에 숨겨진 생각을 부정하거나 억압하지 않고 분명하게 밝힐 때 신앙의 갱신이 이루어질 수 있음을 보여준다.

확신의 밀물과 썰물

시편에서 인간의 삶과 신앙은 강물이라기보다는 바다의 파도에 가까워 보인다. 확신과 의심이 신실한 사람의 마음 위로 밀물처럼 몰려왔다 썰물처럼 빠져나간다. 같은 화자 안에 위안과 번민이 뒤섞여 있는 것처럼 같은 시편 안에서도 이 두 가지 감정이 교차할 수 있다. 시편에 나타난 불안에서 확신으로의 전환은 인간의 삶에서와 마찬가지로 항상 분명하거나 영구적인 것은 아니다. 예를 들어, 시편 40편은 감사와 찬양으로 시작한다. 과거에 하나님에 의해 구원 받은 경험이 있는 시편기자는(40:2) 하나님의 "인자"와 "성실"을 철저하게 알고 있다.(40:10) 그러나 후반부에 가면 분위기가 역전되어 화자는 도움을 부르짖는다. "여호와여, 주의 긍휼을 내게서 거두지 마시고… 여호와여 속히 나를 도우소서."(40:11a, 13b) 시편 22편의 전반부에서는 탄식("내 하나님이여 내 하나님이여 어찌 나를 버리셨나이까?"[1절])과 청원("나를 멀리 하지 마옵소서"[11절])이 신뢰와 확신에 대한 단언("우리 조상들이 주께 의뢰하고 의뢰하였으므로 그들을 건지셨나이다"[4절]; "내가 모태에서 나올 때부터 주는 나의 하나님이 되셨나이다"[10절] 등)과 교차한다.

시편 88편의 화자는 하나님이 과거에 기적을 행하셨으며(10, 12절), "인자하심"과 "성실하심"(11, 12절)으로 알려진 분임을 상기한다. 하지만 전체 맥락에서 "스올에 내려가는" 것만 같은 화자의 절망이 이 기억으로 해소되는 것은 아니다. 이 시편은 신비주의자들이 '영혼의 어두운 밤'이라 부르는 흑암으로 끝난다.

신뢰와 확신의 토대

신실한 자는 위험과 고통, 절망 앞에서 하나님이 자신과 함께 하는 신실한 분임을, 다시 말해 "환난 중에 만날 큰 도움"(46:1)임을 어떻게 깨닫는가? 곤궁에서 벗어난 자는 몸과 마음 그리고 영의 안녕에 가해진 위협으로부터 가까스로 벗어나 옛일을 회상하며 이것이 하나님께서 "행하신 것"(118:23)임을 어떻게 깨닫는가? 시편에서 과거의 경험은(화자 자신의 경험과 조상의 경험) 신실한 자에게 현재 하나님의 임재를 깨닫고 이에 의지할 수 있게 하는 열쇠를 제공한다. 시편 77편의 화자는 현재 상황에 대해 몹시 염려하다가(7-9절) 마침내 과거에 목격한 것을 회상하며 다시금 하나님에 대한 확신에 이르는 과정을 전형적으로 보여준다. "곧 여호와의 일들을 기억하며 주께서 옛적에 행하신 기이한 일을 기억하리이다."(11절) 전통적으로 '성가' 또는 '찬가'로 불리는 시편과 '신뢰시'로 불리는 시편은 다음 세대가 예배 속에서 그들의 삶 속에 현존하는 하나님을 깨닫고 신뢰하는 법을 배우는 토대를 신앙공동체에게 제시한다. 성가 또는 찬양시편은 신실한 자들이 하나님의 본성, 하나님이 창조하신 우주의 구조, 선조들의 삶에서 일어난 하나님의 구원행위에 대해 들었던 이야기를 기억하고 감사하는 마음을 갖도록 초대한다. 신뢰시편은 읽는 이로 하여금 삶 속에서 드러나는 하나님의 확고한 사랑의 경험을 떠올리게 한다.

아래에서는 여성에게 특별한 관심을 보이는 두 개의 기본적인 시편을 간략하게 논의할 것이다. 시편 8편은 창조시편으로서 여기서 창조질서는 여성이 하나님의 계획의 능동적 참여자로서 자신의 권위를 주장할 수 있게 하는 토대를 제공한다. 시편 131편은 신뢰시편으로서 신앙심이 깊은 한 여인이 자신의 삶 속에 계시는 하나님을 깨닫고 이를 증언하는 방식을 보여준다.

시편 8편

이 찬가는 하나님이 창조질서 안에서 인간에게 주신 특별한 지위를 찬양한다. 4-6절에서 인간을 언급하는 구절은 모두 포괄적 용어(generic terms)로 되어 있다.(즉, 히브리어에서 해당 구절은 문법적으로 남성형이지만 의미상으로 남녀 모두를 포괄한다.) 3-4절은 하나님이 지으신 달과

별에 비해 연약하고 짧은 생을 사는 인간을 강조하는 반면, 5-6절은 하나님보다는 아래에 있지만 만물 위에 있는 인간의 특별한 지위에는 특권과 책임이 따름을 인정한다. 인간은 죽을 수밖에 없는 운명이지만 하나님으로부터 "영화와 존귀"를 받았다. 잘못을 저지르기 쉽지만 하나님의 피조물을 "다스리는" 권한을 받았다. 6-8절의 어법은 모든 생물을 "다스릴" 권한이 남녀 모두에게 수여되는 창세기 1:26-28에 나타난 어법을 상기시킨다. 창세기 1:28과 시편 8편은 '다스린다'는 개념을 표현하는 데 두 가지 다른 단어를 사용한다. 인간은 하나님에게서 받은 임무의 본질을 자칫 오해하기 쉽지만, '다스린다'를 의미하는 두 개의 히브리 단어는 인간의 유익을 위해 피조물을 착취하는 것이 아니라 창조의 선함을 감독하라는 의미를 내포하고 있다.

어떻게 보면 창조시편에는 주어진 현실을 찬미한다고 말할 수 있는 부분이 있다. 창조시편을 부르거나 기도하는 사람들은 현실에 만족하는 것처럼 보인다. 그러나 동시에 '삶의 안녕'을 노래하는 시편들은 하나님이 지으신 질서정연한 우주가 그 안에서 확고한 지위를 차지한 듯 보이는 자들에게 어떤 요구를 하고 있음 또한 알고 있다. 그러므로 시편 8편은 여성이 하나님의 창조질서 안에서 자신의 특별한 위치를 기뻐함과 **동시에** 그에 따르는 책임도 받아들일 것을 요청한다.

시편 131편

이 시편에 나오는 "올라가는"이라는 용어는 일반적으로 일종의 제의를 뜻하는 것으로 이해된다. 학자들은 예루살렘으로 향하는 산을 오르는 순례자나 성전 경내로 들어가는 계단을 오르는 예배자들이 이 시편을 암송했을 것이라고 생각한다. 2절에 쓰인 히브리어를 가장 문자적이고 자연스러운 의미로 이해한다면, 화자는 어린 아이를 데리고 가는 여성으로 보인다. 예배 장소가 가까워지자 그녀는 자신이 하나님을 만날 준비가 완벽하게 되어 있다고 단언한다. "내가 내 영혼을 고요하고 평온하게 하였나니

내 영혼이 내 품 안에 있는 젖 뗀 아이와 같도다."(저자 역) NRSV과 NIV 에서 "젖 뗀 아이"로 번역된 가물(*gamul*)이라는 용어는 구약성서의 다른 본문에서 아이가 젖을 떼는 시점을 언급하는 데 사용되는 어근에서 유래했다.(예. 사 28:9) 그러나 이 어근은 원래 '잘 또는 적절하게 대하다' 또는 '관대하게 대하다'를 뜻하며 아이에 관한 한 부족이 아닌 만족의 의미를 내포한다. 이러한 언어유희는 아이가 억지로 젖을 뗀 것이 아님을 의미한다. 오히려 매우 풍족하게 '대했기' 때문에 아이가 더는 젖을 먹을 필요를 느끼지 않는 상태를 뜻한다.

"영혼"으로 번역된 단어는 그 사람의 본질적 자아 또는 가장 깊은 본질을 의미하며, 히브리적 사고에서 인간 전체와 분리될 수 없다. 이 시편의 저자는 마음 깊은 곳으로부터 하나님이 그녀에게 아낌없이 내주셨기 때문에 더는 바랄 것이 없음을 알고 있는 가운데 조용히 만족한다. 그녀는 온 이스라엘을 향해 자신처럼 신뢰 속에 조용히 거하며 하나님을 '기다릴'(또는 '바랄') 것을 주장한다.

시편에 나타난 신학과 신앙

시편기자가 사용하는 정보와 실례의 원천으로서 이스라엘 전승은 하나님을 자비로운 분이며 **동시에** 정의로운 분이라고 분명하게 말한다. 정의란 하나님이 인간을 그의 행동에 '걸맞게' 대해줄 것을, 즉 선한 행위에는 보상을, 악한 행위에는 처벌을 내려줄 것을 기대하는 개념이다. 반면, 자비의 개념은 하나님이 항상 "우리의 죄를 따라 우리를 처벌하지는 아니하시며 우리의 죄악을 따라 우리에게 그대로 갚지는 아니하심"을 인정한다.(시 103:10; cf. 130:3)

일부 시편기자들은 인과응보의 정의에 매우 의존한다. 탄식시편은 종종 덕이 있는 자에게는 상을, 악행을 일삼는 자에게는 벌을 내려달라고 하나님께 빈다. 시편기자들은 죄를 지은 자나 죄를 짓지 않은 자나 그가 살아 있는 동안 여기 이 땅에서 눈에 보이는 방식으로 하나님의 정의가 이루어지리라고 전제하는 것 같다.(시 58:11) 그러므로 인간의 고통과 번영은 (항상은 아니라 하더라도) 이따금씩 하나님의 냉대 또는 호의의 증표로 보인다. "내 원수가 나를 이기지 못하오니 주께서 나를 기뻐하시는 줄을 내가 알았나이다."(시 41:11) 그러나 동시에 시편기자 중 상당수는 이 세상에 의로운 "인생은 하나도 없다"고 생각한다.(시 143:2) 그들은 엄격한 잣대로 따지면 자신들도 살아남을 수 없다고 주장하며 하나님의 은총과 자비에 호소한다.(시 130:3-4) 시편 8편에서는 연약하며 죽을 수밖에 없는 인간에게 피조물을 다스릴 권한을 주신 것을 찬양하는 반면, 시편 90편에서는 인간이 정해진 수명에 비해 지은 죄에 대해 더 큰 책임을 진다며 불평한다.

인생에서 일이 잘못되어 갈 때, 시편기자들은 다양한 방식으로 응답할 수 있다. 어떤 시편기자들은 죄를 뉘우치며 겸허해진다. 자신이 겪는 고통의 원인으로 생각되는 죄를 인정하고 뉘우치며 용서를 구한다.(시 6편; 32편; 38편; 51편; 102편; 130편; 143편) 그러나 다른 시편기자들은 분개하며 자신의 결백을 주장한다.(시 17편; 26편) 많은 항의자들이 보기에 문제는 자신의 행위가 아니라 기대의 좌절이다. 그들은 자신이 의존하고 있는 삶의 질서의 구조가 제대로 기능하지 않는다고 불평한다.(시 26편) 심지어는 하나님께서 세상일을 돌보지 않으시므로 피조세계에 속한 그들이 보기에 이 세상에서 일어나는 모든 일이 전부 옳은 것만은 아님을 하나님께 일깨워 드리거나 상기시켜 드려야 한다는 결론에 이르기도 한다.(시 44편)

시편에서 하나님을 향해 울부짖는 사람들은 곤경의 원인 또는 근원을 다방면에서 살펴보지만, 해결책은 오직 하나님께만 구한다. 하나님의 정의에 호소하든 자비에 호소하든 구원은 하나님의 손에 달려 있음을 깨닫는다. 매우 부정적인 결말을 담고 있는 시편 88편조차도 "내 구원의 하나님"(88:1)을 향해 말한다.

시편에서 가장 자주 등장하는 신학적 진술은 하나님의 '신실한 사랑'은 영원하다는 것이다. 시편 136편에서 단언하는 것처럼, 하나님이 하시고, 해오셨으며, 하실 모든 일은 '신실한 사랑'을 나타낸다. 시편기자들은 자신에게 닥치는 일이 정의의 표제 아래서 일어나든 은총의 표제 아래서 일어나든 신뢰를 가지고 자기 자신과 자신의 운명을 하나님의 신실하신 손에 맡길 수 있다.(시 73편)

종교 전승은 때때로 하나님의 의지로 인식되는 일은 무엇이든 저항하지 않는 것이 신앙이라고 신자들이 정의하도록 장려해 왔다. 시편 131편에서 그려진 하나님의 돌봄을 기꺼이 신뢰해 마지않는 수동적이고 순종적인 아이는 때때로 진정한 신앙인이라면 따라야 할 유일한 모범인 것처럼 보인다. 그러나 이것은 여러 성서 본문에 제시된 유일한 신앙 모델도 가장 지배적인 신앙 모델도 아니다. 시편에서 신앙이 깊은 사람이 언제나 번영하고 건강하며 안전한 것은 아니다. 항상 만족하는 것도 항상 주어진 현실을 찬양하는 것도 아니다. 시편에 나오는 신실한 자들 중에는 하나님의 현존 속에서 솔직하고 대담하게 말하는 사람들, 하나님에 대한 신뢰뿐만 아니라 의심과 고통까지도 분명하게 말하는 자들도 있다. 신앙과 종교에 관한 한 (어린 아이처럼) '자리에 있되 말은 하지 말도록' 교육받은 여성들은 분노와 초조, 좌절감을 표현하는 바로 그 행위야말로 끊임없이 돌보시는 하나님에 대해 새롭게 확신할 수 있는 계기가 된다는 점에 주목해야 한다. 시편기자들이 고백하는 태도(하나님의 현존 속에서 기쁨뿐만 아니라 분노와 고통에 대한 거리낌 없는 발언, 억압적인 상황에 대한 수동적 순종의 거부, 자신의 요구를 들어주시는 하나님에 대한 확신)는 많은 여성이 신학과 신앙, 삶을 형성하는 데 계속해서 중대한 영향을 끼치고 있다.

참고문헌

Allen, Leslie C. *Psalms 101–150.* Word Biblical Commentary 21. Waco, Tex.: Word Books, 1983.

Brueggemann, Walter. *The Message of the Psalms: A Theological Commentary.* Augsburg Old Testament Studies. Minneapolis: Augsburg Publishing House, 1984.

Craigie, Peter C. *Psalms 1–50.* Word Biblical Commentary 19. Waco, Tex.: Word Books, 1983.

Hopkins, Denise Dombkowski. *Journey Through the Psalms: A Path to Wholeness.* Kaleidoscope Series. New York: United Church Press, 1990.

Miller, Patrick D., Jr. *Interpreting the Psalms.* Philadelphia: Fortress Press, 1986.

Schreck, Nancy, and Maureen Leach. *Psalms Anew.* Winona, Minn.: Saint Mary's Press, 1986.

Tate, Marvin E. *Psalms 51–100.* Word Biblical Commentary 20. Waco, Tex.: Word Books, 1990.

잠언

캐롤 R. 폰테인
Carole R. Fontaine

개관

시대와 배경

여러 모음집이 담겨 있어서 각기 다른 제목을 갖고 있는 데서 알 수 있듯이(10:1a; 22:17a; 24:23a; 25:1; 30:1a; 31:1) 잠언서는 하나의 통일된 작품이 아니다. 저자가 솔로몬으로 알려진 것은 잠언이 이른 시기에 저술되었음을 가리킨다. 그러나 사실 이 문서는 포로후기 초반에 마지막 편집이 이루어진 것으로 보인다.(B.C.E. 6세기 말) 그러므로 잠언에는 왕정 초기의 지혜의 가르침과 후대의 유대공동체의 교육적 요구가 모두 반영되어 있다.

잠언은 이스라엘 '지혜문학' 중에서 가장 오래된 작품으로서 욥기 그리고 전도서와 함께 특별한 신학적 관점과 문학적·사회적 배경을 공유한다. 잠언서에는 엘리트 편집자들로부터 유래하지 않은 민간지혜적 요소도 들어 있지만, 저자들은 궁정사회에서 고문과 교육자의 역할을 담당하던 행정관이나 '현자'였다. 그들은 주변국가의 지혜전승에서 유래한 문학적 형식과 신학적 개념을 차용·변용했다. 이는 그들이 외교관으로서 일반 민중에 비해 상대국가와 좀 더 밀접한 교류를 했기 때문일 것이다.

문학적 형식과 내용

이 작품에서 발견되는 문학적 형태 중 상당수가 다른 민족의 문학과 구분되지 않는다. '교훈'은 아버지가 아들에게(또는 스승이 제자에게, 잠 1:1-9:18) 말하는 형식으로 된 긴 시로서 이집트 왕실에서 유래했다. 예를 들어, 잠언 22:17-24:22에 반영된 『아메네모페의 교훈』(*Instruction of Amenemope*)은 이스라엘 현자들에 의해 각색되었다. '수 잠언'(numerical sayings)(참조. 잠 30장)은 이스라엘 현자들이 선호하는 문학 형태로서 원래는 우가리트 문학에 속한다. 잠언 31:10-31의 아크로스틱 시(acrostic poem)[1]에서 볼 수 있듯이 지혜의 덕목에 대한 시가 자주 나온다. 현자들은 명령과 금지를 사용하여 자신이 주장하는 교육적 논지를 전하기도 한다. 두 행으로 된 예술적인 지혜의 말씀이나 잠언은 현자들이 가장 좋아하는 형식으로서 이 책을 지배하고 있다. 이러한 잠언들은 한 절에서 두 번째 행이 첫 번째 행의 사상을 재진술하거나 대조 또는 확대하는 '대구법'으로 되어 있다. 현자들은 주로 반의대구법을 사용하는데, 여기서 두 행은 서로 대조를 이룬다. 이러한 관행은 지혜 있는 자의 의무(agenda)와 조화를 이룬다. 그것은 젊은이들이 '바른 길'을 선택하게 하려는 목적에서 올바른 행위를 제시한다. 그러나 갈피를 잡기 힘든 인생 앞에 놓인 다양한 선택의 길을 이러한 방식으로 제시하면 이원론(이러한 사고 속에서 어떤 것은 '선하거나' '나쁘거나' 둘 중 하나이다.)을 영속화시키기 쉽고 사건이 모호하게 나타날 때에는 별 도움이 되지 않는다. 이 문제에 대해서는 욥기와 전도서에서 다룰 것이다.

1) [역주] 각 시행의 첫 번째 글자를 연결하면 단어나 어구가 되도록 만든 짧은 시.

잠언서의 내용은 광범위하며 모든 지혜문학과 마찬가지로 특색이 있는데, 이는 잠언서에 어느 정도 이국적 정취가 배어 있기 때문이다. 하나님을 주로 계약과 민족의 역사와 관련해서 보는 율법서나 예언서와 달리 지혜 전통에서 하나님은 일차적으로 창조주이다. 하나님은 지혜(Wisdom)를 이용하여 세상을 창조하고 그를 만물 안에 두었다. 여기서 사람들은 만물의 조화를 깨닫고 만물과 올바른 관계를 맺으며 살 수 있게 된다.(잠 3:13-20; cf. 욥 28장) 하나님의 통치를 알고 창조주의 축복을 확신하기 위해 특별한 계약관계를 맺을 필요는 없다. 단순한 상식과 책임감 있는 삶의 태도를 지니는 것으로 충분하다.

사회에서 행해지는 학대에 대해 종종 비판적 태도를 취하는 예언서와 달리 잠언에 담긴 대부분의 지혜전승은 남성 엘리트의 현상 유지와 관련되어 있다. 이를 관찰할 수 있는 한 가지 방법은 이 책의 사고의 상당 부분을 뒷받침하는 인과관계에 대한 현자의 믿음을 살펴보는 것이다. 지혜로운 자가 보기에 모든 행동에는 그에 따른 결과가 따르기 마련이다. 선행에는 좋은 결과가, 악행에는 나쁜 결과가 따른다. 죄와 게으름은 가난, 질병, 사회악을 낳는다. 가난한 사람의 운명이 부자의 무자비한 변덕에 달려 있는 경우도 있음을 현자가 알고 있다고 해도, 욥기에서 볼 수 있듯 인과응보 개념은 불행의 원인을 희생자에게 돌리기 쉽게 만든다. 이러한 종류의 세계관을 가지고 사회정의를 향한 투쟁에 나서면 히브리성서의 다른 곳에서 발견되는 에너지와 열정이 결핍될 수밖에 없다.

대부분 교훈시와 지혜시로 이루어진 잠언 1-9장은 현자들의 교육 방침을 상세히 설명하고 지혜(Wisdom)의 탁월함을 찬양하는데, 여기서 지혜는 놀랍게도 여성으로 의인화된다. 그러나 이러한 시들은 여성지혜의 '악한 쌍둥이'로서 이방여인에 대해 경고하기도 한다. 이방여인의 유혹에 넘어가면 죽음에 이르게 된다. 이처럼 긴 작품은 뒤에 이어질 여러 잠언 문서집에 대한 신학적·문학적 서문으로 기능한다. 학자들은 대개 이 부분의 연대를 포로후기로 보고 있지만, 일부 학자들은 이집트 문학과의 일부

병행을 근거로 10세기경 솔로몬 시대로 보기도 한다.

잠언 10:1-15:33은 "솔로몬의 잠언"이라고 소개된 첫 번째 모음집이다. 이 부분은 대부분 반의대구법으로 이루어져 있으며 서문의 주제 중 상당 부분을 재진술하고 있다. 15장의 야웨에 대한 잠언은 다음 모음집과의 연결고리로 기능한다. 잠언 16:1-22:16은 또 다른 왕실의 잠언 모음집으로서 친숙한 주제들을 광범위하게 다루고 있다. "지혜 있는 자의 말씀"이 들어 있는 잠언 22:17-24:22는 이집트의 『아메네모페의 교훈』에 근거하고 있는데 아람의 『아히칼의 말씀』(*Words of Ahiqar*)과도 일부 병행구절이 있다. 이것은 왕정에서 일하게 될 젊은이들을 교육하는 역할을 했을 것이다. 잠언 25:1-29:27은 "유다 왕 히스기야의 신하들이 편집한"(25:1) 모음집으로 인간의 본성(nature)과 경제에 대해 말하는 25-27장과 가난한 사람들, 왕, 정의를 다루는 28-29장으로 세분화될 수 있다.

잠언 30:1-14는 "야게의 아들 아굴의 잠언"으로서 부분적으로 교훈 형식으로 회귀하며 지혜와 관련된 친숙한 주제들을 다룬다. 잠언 30:15-33은 대부분 수 잠언을 담고 있으며 인간사회에 대한 지식의 원천으로서 자연세계를 찬미한다. 잠언 31:1-9는 아버지가 아들에게 말하는 전형적 형식이 아닌 르무엘 왕의 어머니가 전하는 훈계라는 점에서 매우 독특하다. 이 본문은 왕을 현혹하는 두 가지 요소로서 여인과 독주를 삼가라는 경고와 함께 통치자의 의무에 대해 이야기하고 있다. 이 책은 '현숙한 여인'을 찬미하는 아크로스틱 시로 되어 있는 잠언 31:10-31로 끝나는데, 여기서 현숙한 여인은 서문에서 눈에 띄는 '여성지혜'와 대구를 이룬다.

잠언이 여성에게 주는 의미

잠언서는 그 안에 담긴 여성에 대한 긍정적인 견해와 (대부분은) 부정적인 견해를 뛰어넘어 여성에게 훨씬 더 큰 의미를 준다. 메소포타미아와 이집트의 지혜전승은 수호여신의 승인 아래 놓여 있었으므로 잠언에 등장하는 여성지혜의 상은 여신숭배 신앙이 이스라엘 신학의 유일신론적 구조에서 살아남은 형태로 볼 수 있다. 이방여인(Woman Stranger)이라는 한 인물 안에 여성의 유혹에 대해 모든 남성이 갖는 두려움이 결합되어 있는 것처럼, 여성지혜는 적어도 이스라엘 사회에서 아내와 어머니가 맡은 긍정적인 역할의 전형을 제시한다. 여성의 이미지는 긍정적이든 부정적이든 이 책의 처음과 끝을 장식하며 남성이 '선한 삶'에 초점을 맞출 수 있게 하는 창으로서 기능한다. 이런 점에서 여성 이미지는 10-30장의 개별적 잠언에 담긴 함축적 의미를 이해하기 위한 지침을 제공한다.

잠언은 가정생활의 중요성을 강조하고 어머니와 아내의 중요한 역할을 엿볼 수 있게 해준다. (순종적이며 아무런 대가 없이 묵묵히 일하는) 좋은 아내는 하나님의 선물로 간주될 만큼 높은 평가를 받는다. 이에 동의하는 현자들은 어머니가 젊은이의 교육에서 담당하는 중요한 역할을 강조하고, 잠언 31:10-31에서 근면한 아내의 살림 솜씨는 많은 칭찬을 받는 주제이다. 남성중심적 성서에서 언제나 그렇듯 여성의 긍정적인 역할과 부정적인 역할은 일차적으로 여성이 관련 남성에게 무엇을 제공하는가라는 관점에서 고찰된다. 일부 여성을 매춘으로 몰아넣는 사회를 비난하는 현자의 목소리는 잠언 어디에서도 들리지 않는다. 그러한 여성들이 전도유망한 젊은이의 앞날을 망칠 수 있다는 경고만 들릴 뿐이다. 이것은 이스라엘의 지혜에서만 볼 수 있는 독특한 현상이 아니라 다른 나라의 전승에서도 볼 수 있는 전형적 현상이다.

사실 잠언의 본문이 남성중심적 관점에서 서술되어 있기는 하지만 지혜 사상을 뒷받침하는 지적 과정은 여성 독자에게도 자양분을 제공한다. 지혜는 신학을 하고 세상의 이치를 설명하는 모델을 세우는 출발점으로서 개인의 경험을 중시한다. 자연세계에서 얻은 통찰은 피조물에 새겨진 신성의 계시에 높은 가치를 두고 있음을 드러낸다. 계약과 예언이라는 대전승에서 배제된 대다수의 사람들에게 일상생활의 세계를 강조하는 지혜전승은 앎과 삶의 진정한 방식이자 계시의 방식으로서 여성의 경험을 중시할 수 있는 토대를 제공한다.

주석

인격화된 지혜와 어리석음(1-9장)

잠언 1장

현자의 가르침을 통해 무엇을 배울 수 있는지를 서술한 일반적 도입부에 이어(2-6절) 7절에서는 "하나님에 대한 경외"라는 중요 개념이 소개된다. 이 용어는 약자의 강자에 대한 두려움이 아니라 이스라엘 종교가 제시한 하나님과의 올바른 관계를 의미한다. 현자는 하나님(the Holy One)과의 적절한 관계가 지혜의 근본이라고 서술한다. 1:8-19에 나오는 교훈 형식의 잠언은 부모/교사가 자녀/제자에게 지혜의 가르침이 주는 축복을 칭송하는 것으로 보인다. 8절에서 "네 아비의 훈계"와 동의대구법을 이루는 "네 어미의 법"은 젊은이의 교육에 대한 어머니의 역할의 중요성을 나타낸다.

1:20-33에서는 고대 도시의 가장 시끌벅적한 곳을 찾아다니며 사람들을 불러 모으는 여성지혜라는 놀라운 인물을 만나게 된다.(20-21절) 예로부터 사사와 선지자가 잘못된 행동을 비난하고 매춘부가 큰소리로 호객행위를 했던 장소에서 말하는 이 여성은 누구인가? 하나님이 내민 손길과 이에 대한 인간의 거부를 강조하는 이러한 종류의 연설(24-30절)은 일반적으로 오직 하나님 또는 선지자와 같은 권위 있는 중재자와 관련된다. 그러나 현자들이 이 존귀한 여성에게 큰 힘을 부여했으므로 그녀의 가르침을 무시하면 인과응보의 원리에 따라 죽음을 맞이하게 된다.(31-33절) 학자들의 추론에 따르면, 이스라엘의 여성지혜상은 주변세계의 수호여신들과 관련되어 있는 것 같다. 그 예로는 수메르의 니사바(Nisaba), 이집트의

마아트(Ma'at), 그리고 수메르의 이난나(Inanna) 혹은 셈족의 이슈타르(Ishtar)에서 발전한 것으로 보이는 가나안의 풍요의 여신들을 들 수 있다. 다른 학자들은 여성지혜를 성서의 다른 부분에서 문학적 패러다임으로 기능하는 아내, 어머니, 지혜로운 여인, 공주-모사(某事)가 담당한 매우 귀중한 역할을 종합한 인물로 본다. 나아가 오늘날 어머니 자연(Mother Nature)이나 어머니 교회(Mother Church)처럼 여성지혜를 단순히 문학적 인격화로 이해한다. 그러나 이러한 입장은 남성지배 사회에서 한 여성 인물에게 부여된 엄청난 권력에 대해 적절한 설명을 제공하지 못한다.

잠언 2-3장

교훈시로 된 이 본문은 지혜의 추구라는 주제를 다시 한 번 다루는데, 여기에서도 지혜는 인격화된 인물로 이해될 수 있다. 2:6에 따르면, 지혜는 하나님이 주신 선물로서 패역을 말하는 자의 위험으로부터 지혜를 소유한 자를 구해준다.(2:12) 2:16에서 지혜의 쌍둥이로서 악한 인물인 이방여인이 처음으로 등장한다. 여기서 그녀는 남편을 배반하고 간음을 저지른 여인과 동일시된다.(2:17) 고대 신화에서 지하세계로 내려간 풍요의 여신들처럼 이방여인도 죽음의 세계로 내려간다.(2:18-19) 그러나 이스라엘 현자들은 여신이 지하세계에서 승리를 거두고 생명으로 귀환한다는 결론은 삭제하였다. 3:13-18에서 여성지혜의 찬양은 결정적으로 이집트적 정취를 풍긴다. 여기서 지혜는 한 손에는 장수의 상징인 앙크(ankh)를, 다른 한 손에는 권력의 상징(=부귀, 3:16)을 들고 있는 정의의 여신이자 서기의 여신인 마아트와 상당히 유사하게 묘사되어 있다. 3:18에서 여성지혜는 생명나무에 비유되는데, 이것은 창세기에서 매우 친숙한 상징이며 고대 근동의 초목의 여신에 강한 뿌리를 두고 있다. 3:19-20에서 하나님의 창조 활동에 여성지혜가 관련되어 있음을 언급하는 몇 개의 중요 본문 중 첫 번째 본문이 등장한다.(아래 8장에 대한 주석 참조)

잠언 4-7장

여기서는 진정한 배우자를 찾는 기쁨을 상기시키는 언어로 젊은이에게 여성지혜를 구할 것을 권고하는 아버지의 목소리를 다시 한 번 들을 수 있다.(4:8-9; 7:4) 5장에서는 이방여인에 대해 경고하며(NRSV: "음녀", 5:3) 그녀를 지혜의 부정적 쌍으로 그린다. 여성지혜와 이방여인의 대조로부터 이러한 교훈을 듣는 자들은 당연히 남성이라는 결론에 도달하게 된다. 이방여인을 언급하기 위해 '낯선, 이방의'라는 형용사를 사용했다는 것은 민족적 순수성이 생존 차원에서 주요 문제로 대두했던 시대(아마도 포로후기)에 계약공동체 사이에 만연했던 양면적 태도를 암시한다. 여기서 가장 눈에 띄는 것은 현자의 마음을 사로잡은 주요 생각 중 하나로서 이방여인의 언어이다. 이방여인은 사람을 여러 가지 고운 말로 유혹하며 입술의 호리는 말로 꾀지만(5:3; 6:24; 7:5, 21), 결국 사망과 재앙에 이르게 한다. 이러한 문학적 이미지는 여러 개의 특성을 결합한다. 이방여인은 간음으로 이스라엘의 율법을 어지럽히는 자이자(5:20; 6:24b, 29, 32-35) 기생으로 보인다.(5:7-14; 6:26a; 7:10) 본문은 여신들에게 전형적으로 사용되는 언어를 통해 이방여인에 대해 이야기하며(5:5; 7:18, 27), 이방여인이 제의 준수의 의미를 격하시킨다고 말한다.(7:14) 이방여인과의 만남에서 비롯된 잘못된 행위는 모두 그녀가 지닌 설득력과 유혹에서 비롯된 것으로 그린다. (남성의 우둔함을 제외하고) 남성 사이의 공모와 협력은 간과된다. 대신 현자는 남성들에게 아내도 이방여인 못지않게 매력적이므로 아내를 통해 성적 갈망을 해소하라고 충고한다.(5:15-20)

잠언 8장

여성지혜의 자기 찬양(4-21절)과 세계창조 때의 활약(22-36절)과 관련된 이 단락에는 잠언 전체에서 가장 열띤 논쟁에 연루되어 있는 두 개의 작품이 포함되어 있다. 1:20-21에서 볼 수 있는 것처럼 여성지혜는 권력이 행사되는 공공장소에서 청중들을 불러 모은다. 헬레니즘 세계의 이시스(Isis) 여신 찬양을 상기시키는 형식으로 자신을 찬미하면서 여성지혜는 자신과 정치권력의 관계를 분명하게 보여준다. 왕과 왕자들은 그녀를 통해 높은 자리에 오르고 자리를 유지한다.(8:15-16) 정의의 여신 마아트가 파라오의 왕권을 말 그대로 수호하고 8:17a에서 여러 이집트 문헌과의 유사성이 발견되는 것으로 미루어 보아 이 부분도 이집트의 영향을 받았을 가능성이 있다. 또한 이 구절들은 풍요의 여신과의 성적 결합을 통해 왕권을 획득할 수 있다고 전하는 메소포타미아의 여신 전승과도 유사한 분위기를 보여준다. 이 단락은 다윗의 정식 계승자가 아니었던 솔로몬이 자신의 통치권을 정당화하기 위해 하나님에게서 지혜의 선물을 받은 열왕기상 3장의 이스라엘 전승을 떠올리게 한다.

8:22의 상반절의 정확한 해석에 대해서는 의견의 일치가 이루어지지 않고 있다. NRSV에서 "나를 창조하셨다"로 번역된 동사는 일반적으로 (탈굼과 그리스어 그리고 시리아어 판본에서처럼) "(아버지가) 나를 (자식으로) 보았다"는 의미로 더 많이 이해된다.(참조. 창 4:1) 8:24-25에서 "내가 (이미) 났다"라는 절은 남성이 아닌 여성의 출산 행위를 뜻한다는 점을 고려해 볼 때, 이 절은 "나를 뱄다"로 번역하는 것이 좋을 것 같다. 고대의 문자주의적 번역의 지지를 받는 "여호와께서 태초에 나를 얻었다"는 독법도 이와 못지않게 타당한 번역으로 보인다. 고대나 현대나 유일신론적 편집자와 번역자들에게 문제는 여성지혜가 하나님이 성적 행위를 통해 임신한 자녀라는 개념이나 여성지혜는 야웨가 천지창조를 위해 얻은 선재적 존재라는 개념을 피하는 것이었다. 두 가지 해석 모두 마아트가 창조주의 자녀이자 창조주의 활동에 사용된 기본계획이었다고 전하는 이집트의 병행 본문의 지지를 받는다. 8:30에는 두 가지 분위기가 모두 들어있다. 거기서 여성지혜는 자신이 "장인"(NRSV) 또는 "그가 사랑하는 자녀"로서 창조 때에 매일 하나님 곁에 있었다고 주장한다. 이에 해당하는 히브리어는 어느 쪽으로든 해석이 가능하며 마아트와의 병행 본문은 두 가지 해석 모두를 지지한다. 지혜가 창조질서를 즐거워하고 창조된 인간

을 기쁨으로 삼았다는 점에 비추어 볼 때, 여기서는 "사랑하는 자녀"로 해석하는 것이 좀 더 설득력 있다.

8:32에서 지혜는 인간에게 교훈을 주는데, 여기서 그녀가 한 말이 가장 놀랍다. 35절에서 지혜는 자신을 얻는 사람은 생명을 얻는다고 진술한다. 이런 말은 오직 구원의 신만이 할 수 있는 것이므로 지혜창조신학(wisdom creation theology)이 요한복음 서막의 로고스(*logos*, 말씀) 신학의 중요 원천이 되는 것은 놀라운 일이 아니다. 이러한 지혜신학과 관련된 다른 평행 본문으로는 욥기 28, 38-42장의 일부; 시락서 1:1-10; 4:11-19; 14:20-15:10; 24:1-19; 솔로몬의 지혜서 7:22-8:1이 있다. 신약성서와 관련해서는 마태복음 11:19; 23:34-36; 누가복음 11:49; 고린도전서 10:4; 골로새서 1:15-16을 참조하라.

잠언 9장

잠언의 신학적 서론은 여성지혜의 초대와 어리석은 여인의 초대를 대조하면서 끝난다. 지혜는 자신이 일곱 기둥을 세워 지은 집에 잔칫상을 차린다. 이것은 천지창조 때 그녀의 역할을 암시하는 것으로 보인다. 왜냐하면 고대에 사람들은 세계가 일곱 기둥 위에 세워졌다고 믿었기 때문이다. 풍요의 여신을 섬기는 자들이 열성적으로 자신의 여신숭배를 설파하며 유혹의 손길을 내밀 때조차도 여성지혜는 시종을 보내 사람들을 초대한다. 7-12절은 앞에서부터 계속된 교훈을 요약하면서 지혜가 차린 잔칫상에서 나누는 대화의 핵심을 형성한다. 그런데 이상하게도 9장은 지혜에 관한 이야기로 끝나지 않고 그녀의 사악한 자매에 관한 이야기로 끝난다. 이 장은 사악한 여인이 앞서 지혜가 어리석은 사람을 부른 장면을 풍자한 데 이어(9:16; cf. 4절) 현자의 무서운 충고로 막을 내린다. 이 여인의 초대에 응하는 자는 죽음에 이르게 된다는 것이다.(9:18) 여기서 미련한 여인(Woman Folly)은 경쟁 중이던 여러 종교전승들, 외래적 요소, 여성의 위협적인 '타자성'뿐만 아니라 청년 전문가 집단에게 이러한 치명적 매력에 빠지지 말라는 경고를 상징한다. 이렇게 볼 때 미련한 여인은 현자의 선택적 여성혐오를 집합적으로 보여준다고 말할 수 있다.

잠언 모음집(10-30장)

1-9장은 통일된 시들로 이루어진 데 반해 잠언서는 대부분 개별 잠언들의 모음집으로 이루어져 있다. 일부 잠언은 민간전승 또는 부족전승, 그중에서도 특히 권면이라기보다는 경험적인 잠언에서 유래한 것으로 보인다.(14:4와 10:17 비교) 그러나 대다수의 잠언은 높은 수준의 문학적 예술성을 나타내며 현자들의 세계관을 보여준다. 말하자면, 선함과 지혜에는 반드시 상이 따르고, 악함과 게으름, 어리석음은 벌을 자초한다. 일부 학자들의 견해에 따르면, 실용적인 잠언들은 초기 지혜사상을 보여주며 나중에 초기 시대의 다소 비도덕적인 진술을 교정하는 과정에서 신학적 부분이 추가되었다. 그러나 만약 고도의 신학적 색채를 띠고 있는 잠언 1-9장이 솔로몬 시대에 쓰여진 것이라면, 잠언의 여러 모음집에 담긴 모든 종교적·도덕적 잠언들을 반드시 후대의 발전의 산물로 볼 필요는 없다.

잠언 10:1-15:33

이 모음집은 주로 대구적(반어적) 잠언들로 이루어져 있으며, 앞서 1-9장에서 일반적으로 다룬 주제들을 구체적 예를 들어 설명하고 있다. 신학적 서문에서는 가령 "하나님에 대한 경외"(10:27; 14:27 등), "생명의 샘"(13:14; 14:27), "생명나무"(11:30; 15:4)처럼 지혜와 관련된 전형적인 구절들이 등장한다. 이 모음집의 전체적인 분위기는 의, 지혜, 자기절제에 대해 축복을 선언하고 훈계를 마음에 새기라고 충고한다.(12:1; 13:1, 18, 24; 15:10, 12) 여기서는 말이 지닌 힘에 일반적인 관심을 보일뿐만 아니라(13:3 등) 인간의 행위에 대한 심리학적 통찰에도 지대한 관심을 보인다.(12:25; 13:12, 19; 14:10, 30; 15:1, 13, 30)

앞서 1-9장에서 언급된 여인들이 개별 잠언에서 갑자기 재등장한다. 자녀를 훈육하는 어미는 아들의 미련함에 실망한다.(10:1; 15:20) 그러나 만족스럽지 못한 훈육의 결과가 매번 어머니와 관련되어 언급된다는 사실을 확대해석해서는 안 된다. "어미"는 잠언의 대구법에서 긍정적 요소와 부정적 요소를 대조할 때 등장하는 아버지/어머니라는 용어에서 단순히 아버지의 대응쌍일 뿐이다. 같은 맥락에서 "유덕한 여자"(11:16)와 "어진 여인"(12:4)은 그들의 부정적 대응쌍으로서 남성의 가정생활을 파괴하는 여인과 대조를 이룬다. 11:22에 따르면, 아무리 아름다운 여인이라도 가부장제 사회에서 자기 위치를 모르면 쓸모가 없지만, 지혜로운 여인은 9:1에서 여성지혜가 자기 집을 지은 것처럼 자신의 집을 세운다.(14:1) 이 장들에서 종종 언급되는 하나님은 과부를 보살피는 데 특별히 관심을 기울인다.(15:25)

흥미로운 것은 인과응보의 원리를 고수하는 현자들이 삶의 모호성을 인정한다는 사실이다. 세상만사는 겉으로 보이는 것이 전부가 아니므로 현자는 다음과 같은 것들을 염두에 두어야 한다. 다른 이에게 베풀면 풍족해지지만 지나치게 아끼면 오히려 가난해진다.(11:24) 부유한 체 해도 가난한 자가 있다.(13:7) 보기에 바른 길이 재앙의 길이 될 수 있다.(14:12) 무엇보다도 많이 갖고 서로 미워하는 것보다 가난하지만 행복한 것이 낫다.(15:17) 이러한 잠언들은 남성이 지배하는 사회에서 자신의 운명에 대해 생각하는 여성들에게 특히 유용하다. 학대를 당한다면 물질적으로 풍족한들 무슨 소용인가? 여성들에게 장려되는 전통적인 삶의 목표가 처음에는 그럴듯하게 보일지 몰라도 실상은 다를 수 있다.

잠언 16:1-22:16

왕권과 관련된 잠언이 많이 담겨 있어 종종 왕실 모음집(royal collection)으로 이해되는 이 일군의 잠언들은 대조법에 상당히 의존하고 있다. 하나님과 인간의 인식은 다르다는 것이 주요 주제이다.(16:1, 2, 9,

33; 19:21; 21:2, 30, 31) 인간이 계획을 세우고 모략을 꾸밀 수는 있지만 결국 그 길을 이끄는 것은 하나님이다. 16:18; 17:22; 18:14은 사람의 마음을 이야기하고, 16:8, 19, 25; 17:1, 28은 삶의 모호성을 말한다. 16:16, 22; 18:4; 19:8에서는 지혜의 탁월함을 친숙한 용어로 이야기한다. 16:2와 17:3의 야웨의 심판에 대한 이미지는 이집트의 지혜의 여신 마아트에게서 유래한 것으로 보인다. 이집트 신화에 따르면, 사람이 죽어 지하세계로 내려가면 한쪽 저울에는 죽은 자의 심장을, 다른 한쪽에는 마아트의 깃털을 놓고 무게를 재어 죄를 심판받는다.

부모와 자식의 관계도 이 모음집의 주요 주제이다. 슬기로운 종이 부끄러운 짓을 하는 주인의 자식보다 낫지만(17:2), 손자는 "노인의 면류관"이라고 칭송받는다.(17:6) 17:25에 가면 마침내 미련한 자식을 만나게 된다. 미련한 자식은 아버지에게나 어머니에게나 슬픔을 준다. 현자들의 제안에 따르면, 이러한 재난을 피하기 위해서는 엄한 훈육이 필요하다.(19:18; 22:15) 심지어 젊은이에게도 인과관계의 원리가 적용되므로 아이의 성품도 그 행동으로 알 수 있다.(20:11) 어릴 때 훌륭한 교육을 받으면, 그 아이에게는 희망이 있다.(22:6) 현자들은 자식을 잘못 기르면 부모를 때리고 쫓아내는 일이 생길 수 있음을 깨닫고(19:26), 권면을 통해 젊은이들을 바른 길로 인도하려고 노력한다.(20:20) 그러나 안타깝게도 현자들은 가정폭력의 순환에 대한 근대의 심리학적 통찰은 모른다. 22:15에서처럼 자녀에 대한 체벌을 인정하면 자녀학대를 양산하는 결과를 낳기 쉽다. 여기서 현자들이 살았던 시대에 주의를 기울일 필요가 있다. 당시 부모들은 자녀를 하나님이 주신 귀한 선물로 여겼으므로 자녀를 일용품이나 내키는 대로 분풀이할 수 있는 대상으로 여기지는 않았을 것이다. 현자들이 승인한 체벌은 그 시대에 과도하거나 폭력적으로 여겨지지 않았을 것이다. 그러나 오늘날 진지한 사고의 과정을 거치지 않고 이 주제에 대한 그들의 생각을 그대로 받아들여야 하는가는 여전히 의문이다.

17:12에는 여성의 이미지가 나온다. 이 절은 새끼를 빼앗긴 암곰이

미련한 자보다 안전하다고 말하고 있다.(암곰은 새끼에 대한 모성본능으로 유명하고 특히 폭력적이라고 알려져 있다.) 18:21에는 '언어'를 인격화한 "혀"(여성형)가 등장한다. 18:22; 19:13-14; 21:9, 19의 주제는 좋은 아내와 나쁜 아내이다. 좋은 아내는 하나님이 주신 복으로 여겨지지만, 다투는 아내와 함께 사는 것은 낙원에서 사는 것처럼 보여도 실은 광야에서 사는 것과 같다. 9:13-18의 미련한 여인에 대한 경고로 잠언의 신학적 서막이 막을 내린 것처럼, 이 모음집도 22:14의 이방여인에 대한 경고로 끝난다.

잠언 22:17-30:33

이집트의 『아메네모페의 교훈』에 바탕을 두고 있는 잠언 22:17-24:22는 전통적인 주제를 논의하면서 교훈시의 형태를 띤다. 23:22에서는 아버지/어머니라는 단어쌍이 나타나고, 23:27-28에서는 음녀가 다시 한 번 구덩이와 관련된다. 24:3에서 이제까지 칭송되던 지혜는 집을 짓는다. 24:23에 가면 짧은 잠언 모음집이 새로 시작되는데, 앞선 모음집에 대한 부록으로 보인다. 뒤이어 25:1-29:27에서는 유다 왕 히스기야의 현자들이 수집한 일련의 잠언들이 이어진다.(25:1) 여기서는 "다투는 아내"에 관한 잠언들이 전통적으로 선호되던 주제로 보인다.(25:24; 27:15-16) 또한 부모를 기쁘게도 하고 실망시키기도 하는 자녀에 대해 이야기한다.(28:7, 24; 29:3, 15) 자녀와 종의 훈육에 대해서도 조언을 한다.(29:17, 19) 현자들이 타인에 대한 폭력행위는 자기절제의 부족 때문이라고 짧게나마 비난하면서도, 남성들에게는 집안을 다스리려면 폭력을 사용하라고 기꺼이 권한다.(cf. 13:24; 19:18) 이 잠언의 수집가들이 25:15에서 왕의 신료에게 인내심과 부드러운 혀를 가지라고 충고한 것으로 볼 때, 여기서 이중적 기준이 적용되고 있다고밖에 볼 수 없다. 자신을 보호할 수 없는 사람들—아내, 어린이, 종—에 대한 폭력은 용인하면서 높은 지위에 있는 사람에게는 좀 더 온건한 수단을 사용해야 한다고 말하고 있기 때문이다.

잠언 30장

"야게의 아들 아굴"이 말한 것으로 전해지는 이 신탁 모음집에서는 전형적인 지혜의 주제가 다시 한 번 나타난다. 아마도 아굴이라는 이름은 야웨의 아들로 비유되는 이스라엘을 빗대어 일컫는 말인 '나그네'(ger, 게르)를 상징하는 것 같다. 여기서는 수사의문문, 금령, 잠언, 수 잠언이 사용되고 있다. 30:11, 17에서는 부모를 공경하지 않는 자들을 향해 무서운 경고의 메시지를 전한다. 30:15에 나오는 거머리의 두 "딸"은 작은 생명체의 피를 빨아먹는 존재를 뜻하는 것 같다. 일부 주석가들이 시사하는 바에 따르면, 이 구절은 메소포타미아 신화에서 남성들이 두려워하는 존재로서 밤의 괴물이라 불리며 피를 빨아먹는 릴리트(Lilith)와 관련되어 있다. 고대 사회에서 자신의 사회학적·생물학적 기능을 다하지 못하는 여성을 일컫는 용어인 아이 배지 못하는 태는 언제나 탐욕에 목말라 있는 지하세계인 스올과 비교된다. 30:19에서는 남녀 서로 간의 이끌림을 몸집이 작음에도 불구하고 넓은 지역을 돌아다니는 생물들(공중에 날아다니는 독수리, 반석 위로 기어다니는 뱀, 바다로 지나다니는 배)만큼이나 신비로운 자연현상으로 보는데, 이것은 성행위 자체에 대한 상징적 표현일 수도 있다. "처녀"(NRSV)라는 단어는 아기를 가질 수 있는 젊은 여성을 뜻한다.

30:20에서 먹는 이미지는 자신의 욕구충족을 잘못된 것으로 보지 않는 음녀의 '육욕'에 대한 완곡한 표현이다. 이 이미지는 9:17에서 미련한 여인이 같이 도둑질한 물을 마시고 몰래 떡을 먹자고 꾀는 장면을 상기시킨다. 30:23에서는 혐오스러운 여성의 다른 전형을 제시한다. 미움 받는 성품인데도 시집 간 여자와 주인과 동침함으로써 여주인의 지위를 낮춘 여종이 바로 그들이다. 여기서 우리는 창세기 16장에 나오는 사라와 하갈의 갈등에서 보았던 자녀를 낳지 못하는 아내와 지위는 낮으나 자녀를 잘 낳는 첩의 갈등을 분명하게 떠올리게 된다.

결론

여성지혜와 이방여인, 간음하는 여인, 어리석인 여인을 비교하는 잠언 1-9장의 긴 시들에 이어 10-30장의 잠언 모음집들에서는 여성 이미지의 상당 부분이 사라지고 일상생활에 대한 구체적인 예들에 초점이 맞추어져 있다. 그러나 남성 저자와 잠언 수집가들은 여성 이미지의 선택과 삭제를 통해 자신의 여성관을 드러냈다. 다투는 여인과 관련해서 삶의 불행에 대한 잠언은 많지만, 학대와 폭력을 일삼는 남성에게 닥치는 무시무시한 곤경에 대한 잠언은 없다. 어리석은 자, 거만한 자, 술주정뱅이, 게으름뱅이에 대해 노골적으로 비난하기는 하지만, 그것은 주로 그 사회의 다른 남성들과 관련된 말이다. 말하자면, 술주정뱅이가 자기 가정을 파괴하고 거짓말쟁이나 간음을 저지른 남자가 자기 가정에 끼치는 해에 대해서는 자세히 말하지 않는다. 비열하고 포악한 남편을 둔 여인은 완전한 사회적 지위와 힘을 누릴 수 없기 때문에 31:10-31의 아내처럼 유능하다고 해도 가장이 재산을 탕진하기로 마음먹으면 모든 노력이 허사가 된다. 물론 이러한 상황에 처한 여성을 위한 사회적 차원의 제재가 있었다. 이를테면, 가까운 친척이 여인의 처지를 향상시키기 위해 영향력을 행사할 수도 있었다. 그러나 현자들은 한 가지 관점에서만 가정의 병폐를 그리고 있기 때문에 여기서는 이 모든 것이 고려되지 않고 있다.

같은 맥락에서 우리는 잠언을 읽으면서 당시 젊은이들이 사방에서 유혹의 손길을 뻗치는 여인들과 마주치지 않고는 길을 다닐 수 없었을 것이라고 생각하기 쉽다. 간음한 남성은 이제껏 쌓아올린 명성과 인생을 잃어버릴 만큼 멍청한 바보로 여겨지지만, 죽음과 구덩이와 같은 최악의 이미지는 간음한 여인에게 적용된다. 전통적으로 중매결혼을 하던 사회에서 상대적으로 불리한 위치에 있던 여성이 그러한 행동을 할 가능성이 높았던 상황에 대해서는 아무것도 말하지 않는다. 여성이 유산 상속을 받기가 어려웠기 때문에 어쩔 수 없이 매춘을 하게 되는 경우도 간과하고 있다. 현자들은 사회와 그 병폐를 특권층 남성의 협소한 시야로 보고 있기 때문에 그들이 제시한 상은 아무리 좋다 해도 편파적일 수밖에 없다.

어머니의 율법서(31장)

잠언의 마지막 장에서는 이 문서의 서문에 해당하는 1-9장에서 활약한 강력한 여성인물들이 재등장한다. 그러나 여기서는 은유적 외피를 입기보다는 실제 인간으로 나타난다. 이 장은 르무엘 왕의 어머니가 준 교훈에 해당하는 1-9절과 훌륭한 여인(Woman of Worth)을 칭송하는 10-31절, 이렇게 두 부분으로 나뉜다.

잠언 31:1-9

1-9장과 22-24장에 교훈의 형태가 나타나기는 하지만, 잠언 31:1-9는 아버지가 아닌 어머니의 말씀으로 전해지는 최초이자 유일한 잠언이다. 여러 잠언들이 자녀 훈육에서 어머니의 역할을 암시하고는 있지만, 여기에서야 비로소 그 구체적 실례가 제시된다. 흥미롭게도 이 단락은 지혜와 관련된 기존의 주제(왕의 의무, 술에 취하지 말라는 경고, 약자 보호)에서 벗어나지 않으며, 만일 이 단락의 실제 화자가 여성이라면 엘리트 여성이 잠언서 전반에 뿌리박혀 있는 여성에 대한 남성의 두려움을 내면화하고 있음을 보여준다.(31:3a)

31장처럼 특히 왕실과 관련된 문맥에서 이 두려움의 원인은 무엇으로 설명될 수 있는가? 정략결혼이 만연했던 고대에는 동맹관계를 강화하기 위해 아내와 딸을 주고받았다. 이방 아내는 흔히 고국에서 함께 온 '지지' 집단과 함께 남편의 궁전에서 살았다. 이러한 집단은 심약한 왕이 아내의 비위를 맞추느라 나랏일을 등한시하도록 '꾀어낼' 수 있는 정치적 분파의 핵심을 쉽게 형성할 수 있었을 것이다. 솔로몬이 조상들과 달리 하나님을 올바르게 섬기지 않게 된 것을 이방 아내들의 탓으로 돌릴 때 신명기사가가 염두에 둔 것은 바로 이러한 역학관계였다.(왕상 11:1-8) 왕실 여인들이 행사하는 힘의 다른 예들로는 열왕기상 15:13; 19:1-3; 21:1-16; 열왕기하 9:22; 11:1이 있는데, 대체로 부정적인 관점에 입각해 있다. 여기에는 남성이 여성과 동침하면 쇠약하게 된다는 민담—오늘날에도 육상, 연극, 오페라계에 널리 퍼져 있는 생각—도 반영되어 있지만 르무엘의 어머니가 갖고 있는 두려움에는 정치적·역사적 배경도 깔려 있다.

31:4-5에서 태후는 과음하지 말라고 경고하지만, 이 금령은 상황에 따라 다르게 적용된다. 31:6-7에서 그녀는 술에 취하는 것이 고통받고 희망이 없는 자에게 위안이 될 수 있다는 사실에 주목한다. 31:8-9에 가면 르무엘의 어머니가 음주를 오직 마지막 수단으로만 여긴다는 것이 분명해진다. 약물은 사회 부정의에 대한 일시적 치료제에 불과하며 약자 옹호는 왕에게 달려 있다.

잠언 31:10-31

'능력 있는', '완벽한', '좋은' 아내로 번역되는 단어들은 문자 그대로 '훌륭한 여인'(a woman of worth)[2]을 의미한다. 히브리어에서 '여성'과 '아내'를 가리키는 단어는 같다. '훌륭함'(worth)이라는 용어는 보통 '강한 자'(mighty man)로 번역되는 구절과 마찬가지로 남성에게 더 많이 적용되며, 상당한 권력과 능력을 가진 사람을 뜻한다. 이 단락은 아크로스틱 시로 이루어져 있다. 다시 말해, 각 행은 히브리어 알파벳 순서에 맞추어 시작한다.(cf. 시 9-10편; 25편; 119편; 애 1-4장) 31:10에서 유능한 아내를 귀한 진주에 비교한 것은, 3:15와 8:11에서 여성지혜를 진주와 비교한 것을 상기시킨다. 또한 여성지혜와 마찬가지로 유능한 여인을 아내로 둔 남자는 부족함이 없다.(31:11-12) 그녀는 다방면에서 근면하다. 전통적인 여성의 임무에 충실하고(13-14, 19, 22, 24절), 다른 이들을 지도하며(15, 27절), 가난한 자에게 자비를 베풀고(20절) "지혜/인애의 법"을 말

2) [역주] 한글 개역개정판에서는 "현숙한 여인"으로 번역되어 있다.

하고 가르친다.(26절) 결론적으로 그녀는 여성지혜의 가르침과 특성의 살아 있는 구현체이며 단순히 미모에만 기대지 않는다.(25-26, 30절)

여기서 그려진 가정은 엘리트 가정을 모델로 하고 있으며, 현자의 사회적 배경과 목표와 일치한다. 그러나 여인의 부유함이라든지 신중한 자세로 가정의 행복한 미래를 준비하는 모습은 현자의 배경에 대한 단순한 반영을 넘어선다. 여성지혜가 자신의 현명한 가르침을 따르는 데 대한 보상으로 부와 명예, 행복과 장수를 약속하면서 이 책을 시작한 것처럼, 현숙한 여인과 그녀의 세심한 살림살이는 앞선 약속들이 구체적으로 어떻게 지켜지는지를 보여줌으로써 서두와 어울리는 결말을 보여준다. 여기서는 오직 엘리트 여성만이 일상생활에서 실현할 수 있는 가능성이 나타나지만(16절의 토지구매처럼), 이러한 만족과 행운에 대한 장밋빛 상은 모든 아내들이 자신의 사회적 지위와 상관없이 열망해야 할 목표로 제시된다. 앞서 본 것처럼 이 여인의 성공은 남편과 자녀에게 무엇을 제공하는가를 기준으로 평가받는다. 현숙한 여인이 여성지혜가 처음으로 소리를 외쳤던 바로 그 성문에서 칭찬받기 위해서는 바로 사회가 그녀에게 부과한 가정에서의 역할을 완수해야 한다.

참고문헌

Camp, Claudia V. *Wisdom and the Feminine in the Book of Proverbs.* Bible and Literature 11. Sheffield: Almond Press, 1985.

______. "Wise and Strange: An Interpretation of the Female Imagery in Proverbs in the Light of Trickster Mythology," *Semeia* 42(1988), 14-36.

Crenshaw, James L. *Old Testament Wisdom: An Introduction.* Atlanta: John Knox Press, 1981.

Fontaine, Carole R. "Proverbs," *Harper's Bible Commentary.* ed. by James L.

Mays, 495–515. San Francisco: Harper & Row, 1988.
Lang, Bernhard. *Wisdom and the Book of Proverbs: An Israelite Goddess Redefined.* New York: Pilgrim Press, 1986.
Newsom, Carol A. "Woman and the Discourse of Patriarchal Wisdom: A Study of Proverbs 1–9," *Gender and Difference in Ancient Israel.* ed. by Peggy L. Day, 142–160. Philadelphia: Fortress Press, 1989.
Rad, Gerhard von. *Wisdom in Israel.* Nashville: Abingdon Press, 1972.
Vawter, Bruce. "Prov. 8:22: Wisdom and Creation," *Journal of Biblical Literature* 99(1980), 205–216.

전도서

캐롤 R. 폰테인

Carole R. Fontaine

개관

연대, 배경, 저자(들)

전통적으로 솔로몬의 저작으로 여겨지지만(전 1:1), 전도서를 솔로몬이 썼을 가능성은 없다. 언어적인 면에서 전도서에는 아람어와 페르시아어에서 차용된 단어들과 문법 형태가 나타나기 때문이다. 학자들은 전도서의 작성 연대를 기원전 250년에서 마카비 혁명이 일어나는 기원전 167년 사이의 어느 시점으로 추정한다. 왕실 배경의 이야기(fiction)를 차용하고 현자로 자처하는 것을 보면 저자는 예루살렘의 엘리트 계층인 것 같다.

전도서의 히브리어 제목은 코헬렛(*Qohelet*)으로, '모으다, 수집하다'라는 뜻의 단어에서 유래했고, 문법적으로는 여성형이다. 그러나 이 현자가 여성일 확률은 거의 없다. 이 제목은 저자가 학생들을 모아 가르치는 교사 또는 지혜 수집가의 역할을 했다는 것을 말해주는 듯하다. 전통적인 지혜 가르침에서 이탈한 듯한 태도를 자주 보이기는 해도, 저자가 예루살렘의 학교에서 가르쳤을 가능성도 있다. 전도서에서 전반적으로 관찰되는 모순점들로 인해 문서의 통일성에 대한 의문이 제기되기도 한다. 일부 학자들은 전도서에서 전통적인 입장을 인용하는 것은 저자가 그에 대한 자신의 반대의견을 내기 위해서라고 주장한다. 1인칭 화법을 벗어나는 에필로그(12:9-14)에서 우리는 전도서에 주요 저자의 목소리 외에 다른 목소리가 적어도 하나는 존재한다는 명백한 증거를 발견할 수 있다.

형식과 내용

전도서는 지혜문학에 속하지만, 잠언 그리고 욥기와 상당히 다르다. 전도서의 구조는 금언, 비유, 일화, 성찰, 지혜시의 수집물이라는 전형적인 지혜 양식을 취하고 있다. "헛됨" 또는 무상함이라는 주제는 저자의 성찰을 요약적으로 보여주는데, 저자는 일곱 차례나 청자들에게 죽음은 인간이 피할 수 없는 결말이므로 삶을 즐기라고 권면한다.(2:24-26; 3:12-13, 22; 5:18-20; 8:15; 9:7-10; 11:7-10) 제 아무리 지혜라도 종국에 올 죽음을 막을 힘은 없기에 그 가치에 한계가 있다.(2:12-17) 전도서는 시작부터 남성의 경험을 전제로 하며 저자는 남성 청중을 향해 말하고 있다. 잠언에서 여성으로 의인화된 지혜는 사람이 다가갈 수 있고 사람을 사랑하는 반면, 전도서의 지혜는 저 멀리에 있다.(7:23-24) 욥기에서는 하나님이 사건에 개입하신다는 사실이 전혀 의문시되지 않지만, 전도서의 하나님은 멀리 계시고, 알 수 없으며 어쩌면 무관심한 분으로 나타난다.(3:11, 18; 5:1-2; 6:1-2 등)

주석

위대한 실험(1:2–3:22)

전도자는 왕실 이야기(royal fiction)의 일부로 삶의 의미를 발견하기 위한 자신의 여정을 들려준다. 그는 자연의 단조로움과 새 것도 기억됨도 없음을 노래한 시로 서두를 연다. 이어 저자는 쾌락과 높은 지위, 지적 탐구를 모두 시험해 보았노라고 말한다. 그러나 이러한 것들 중 어느 것도 삶에 의미를 주지는 못했다. 노비와 처첩과 노래하는 자들, 정원과 연못을 아무리 많이 가져도 그는 그러한 소유에서 의미를 발견할 수 없었다. 지혜에 대한 탐구 역시 비슷하게 끝이 났고 그는 자신의 삶을 미워하기에 이른다.(2:17) 중요한 것은 저자가 의미 있는 관계를 맺는 것에 대해 단 한 번도 언급하지 않으며, 오로지 자기만 진정한 주체인 세상에서 산다는 사실이다. 자연도, 여자도, 여타 사회적 하층민들도 그가 사용하는 대상일 뿐이다. 당연히 그는 엘리트의 한 사람으로서 자기들끼리만 살아가는 세상의 지루함에 괴로워한다. 억압당하는 자들의 곤경에 대해서 냉담할 정도로 무심한 것도 자기중심적인 엘리트 남성의 세계관을 보여주는 징후로 읽을 수 있다.(4:1–3; 5:8–9) 이런 사유의 흐름에서 전도자가 차라리 태어나지 않는 것이 더 낫다고 결론내리는 것은 이상하지 않다.(4:3; 6:1–6) 여성을 '자연'과 연관시키는 전통과 출산에서 여성이 하는 역할을 고려할 때 전도자가 여성혐오를 드러내는 것도 놀랍지 않다.(7:26) 전도서는 여성들이 사회에 할 수 있는 기여를 필요로 하지 않는다. 그가 보기에 자녀들은 게으른 강탈자들일 뿐이며, 열심히 수고해서 자기들에게 재산을 남겨준 이의 수고를 잊어버릴 것이다.(2:18–19)

한편, 전도서는 모순으로 가득차 있다. 삶은 무상하기에 자기 삶을 끝까지 즐기는 것이 최선이다. 죽은 자는 아무것도 모르기 때문이다.(3:9–

22; 9:4-6, 10) 그러므로 여성과의 관계도 불가피하다.(3:5-6, 6절[개역개정판, 5절]에 나오는 "돌을 던지다"와 "돌을 거두다"와 같은 표현은 성교에 대한 완곡한 표현이다.) 여성들은 당시 문화에서 살림(sustenance), 유흥, 성적 향응을 제공하는 존재로서 남자들이 자신의 인생을 즐기고, "오늘을 즐기며 살아가"기 위해 필요한 존재이다. 흥미로운 것은 이러한 충고가 많은 고대의 텍스트들, 가령 메소포타미아의 『길가메쉬 서사시』 같은 것을 반영하고 있다는 사실이다. 거기서 신들의 숙소를 지키는 자인 시두리(Siduri)는 지혜로운 여인인데 길가메쉬에게 불멸을 향한 영웅적인 탐구를 멈추고 죽을 수밖에 없는 인간의 운명(mortality)을 받아들이라고 훈계한다. 또한 그녀는 죽음 앞에서 인생을 즐기라고 권하는데, 여기에는 아내, 자녀들과의 관계가 주는 즐거움도 포함된다.

동반자 관계-기쁨인가? 위험인가?(4:1-11:10)

이처럼 인생과 사람들에 대한 환멸을 보여준 후, 갑작스럽게 4:9-12에서 전도자는 동반자 관계(partnership)를 찬양한다. 이것은 또 하나의 놀라운 전환이다. 물론 그는 자아(ego)를 통제하는 데 우정(companionship)이 무엇을 할 수 있는가의 관점에서만 그것을 바라본다. 그럼에도 불구하고 그가 우정이 도움이 되는 유익한 것이라고 판단한 것은 분명하다. 친구는 도움을 주고 밤에 온기와 보호를 제공한다. 전도자는 메소포타미아의 지혜문학에서 잘 알려진 속담을 인용하여(4:12b, 세 겹줄) 두 사람이 하나보다 낫다는 자신의 생각을 간결하게 표현한다.

성서에 자주 등장하는 "사망을 가져오는 여인"이 7:26-29에서 다시 나타난다. 여기에 나오는 전도자의 말이 어찌나 지독했던지, 15세기의 마녀사냥에서 사용된 심문자의 매뉴얼, 『마녀소추지침』(*Malleus Maleficarum*)에서 사악한 마법을 부린다는 죄목으로 잡혀온 여인들을 고문하는 것을 승인하기 위해 인용되었을 정도다. 고대 근동의 지혜문학에는 젊은 남성들이 "위험한" 여성들과 어울려서는 안 된다는 경고가 자주 등장한다. 그러나 전도자가 '좋은' 여성과 '나쁜' 여성을 구분하지 않고 비난하는 것은 그가 자신의 높은 기준을 만족시키는 여성을 찾지 못했기 때문이다. 여기서 그가 암시한 것은 자신이 그저 좋은 아내를 찾지 못했다는 것일지도 모른다. 왜냐하면 히브리어로 "여자를 찾다"는 아내를 맞는 것을 의미하기도 하기 때문이다. 여기서 전도자가 또다시 전통적인 주장을 인용하고 나서 그것을 반박하고 있다고 보는 학자들도 있다.(cf. 2:13-14) 그러나 전도자가 자신이 끌어들인 여성혐오의 관습에 동의하지 않는다는 증거는 거의 없다.

9:9에서 또 한 번 반전이 나타난다. 이 구절은 7:26-29의 경고와 같은 저자의 말인가? 아니면 저자는 결혼에서 생기는 복잡한 관계들은 불가피한 것이라고 그저 인정하고 있는가? 전도자가 인생의 단순한 기쁨을 즐기라고 충고할 때는 항상 이것이 하나님이 각자에게 주신 "몫"이며 그 자체로 하나님이 인정하신 것임을 지적한다. 한없이 이어질 죽음 앞에서도 사람은 인간됨의 즐거움을 누려야 마땅하다.

여성들에게 전도서는 왜 중요한가

여성에 대한 저자의 관점이 유쾌하다 할 수는 없지만, 그의 사고의 전반을 흐르는 어떤 경향에는 관심을 기울일 필요가 있다. 전도자는 확고하게 자신의 개인적 경험에 근거하여 자신의 인생철학을 펼친다. 그는 성서의 신앙을 이루고 있는 가장 기본적인 내용의 일부분을 반박한다. 그중에서도 멀리 계신 무관심한 하나님에 대한 전도자의 관념은 완전히 새롭지는 않지만 분명 비정통적이다.(cf. 욥기) 심지어 그는 지혜의 유용성도 제한적일 뿐이라고 주장한다. 이처럼 자신의 전통에 깔려 있는 기본 전제들을 수정했다는 점에서 전도서는 오늘날 일어나는 비슷한 움직임에 권위를 부여한다. 자연세계와 몸을 통해 얻는 즐거움을 긍정적으로 평가한 그의 헤안 역시 여성신학의 선구자라 할만하다. 물론 여성들에 대한 그의 태도의 어떤 측면은 탐탁지 않을 수도 있다. 그는 삶을 즐기라고 역설하면서도 예부터 내려온 현자들의 경고에 공명했던, 그 시대의 아들이었던 것이다. 이렇듯 불쾌하기도 하지만 용감하기도 한 이 작은 책은 비정통적인 남성의 목소리가 억눌리지 않고 전승에 통합된 증거이다.

참고문헌

Crenshaw, James L. *Old Testament Wisdom: An Introduction.* Atlanta: John Knox Press, 1981.

______. "Qoheleth in Current Research," *Hebrew Annual Review* 7(1983), 41–56.

Fox, Michael V. *Qohelet and His Contradictions.* Journal for the Study of the Old Testament Supplement Series 71. Sheffield: Almond Press, 1989.

Gordis, Robert. *Koheleth – The Man and His World.* 1951. Reprint. New York: Schocken Books, 1968.

Murphy, Roland E. "Qoheleth's 'Quarrel' with the Fathers," *From Faith to Faith.* ed. by G. Y. Hadidian, 235–245. Pittsburgh: Pickwick Press, 1979.

______. *The Tree of Life: An Exploration of Biblical Wisdom Literature.* The Anchor Bible Reference Library. New York: Doubleday, 1990.

Rad, Gerhard von. *Wisdom in Israel.* Nashville: Abingdon Press, 1972.

아가

레니타 J. 윔즈
Renita J. Weems

개관

아가를 처음 대하는 독자들은 성서 안에 이렇게 성적으로 도발적인 언어와 이미지가 있다는 사실에 예외 없이 놀라게 마련이다. 그간 많이 읽히지 않았던, 여덟 개의 짤막한 장으로 이루어진 이 책에는 한 여인과 그녀의 구혼자가 나눈 매우 자극적이고 로맨틱한 대화가 들어 있다. 서로를 향한 사랑과 열정, 욕망과 갈망을 토로하는 이들의 대화는 고전시대의 세속 로맨스 작품들 중에서 그에 비견될 만한 사례를 찾기 힘들다. 또한 아가서의 내용은 성서의 다른 부분과 비교할 때도 극명하게 대조된다. 신구약을 막론하고 성서에서 일반적으로 인간의 성은 신중한 지도를 요하며, 특히 여성의 성은 엄격하게 통제되어야 하는 것으로 간주된다. 따라서 성서에서 아가서가 차지하는 위치의 문제가 상당한 논쟁과 성찰을 요하는 주제였고 지금도 그렇다는 사실은 놀랍지 않다. 그러나 혹자들이 하듯 아가서를 인간의 성을 예찬하는 연애시의 모음으로만 본다면 결국 아가서의 독특한 사회적·이데올로기적 의의를 제대로 평가할 수 없을 것이다. 사실, 아가서에서 인간의 성이 탐구와 향유의 대상이 되는 것은 여성의 성에 관한 몇 가지 매우 구체적인 주장을 하고 아름다움에 대한 확고한 개념에 반박하며 지배적인 문화적 규범과 상관없이 남녀가 자신이 마음으로 선택한 누구와도 사랑할 권리가 있음을 주장하기 위한 것이다.

에로틱한 내용 외에도, 아가와 성서의 다른 부분을 구분해주는 두 가지 눈에 띄는 특성이 있다. 첫째, 아가의 여덟 장 어디에서도 하나님이 언급되지 않는다. 이런 점에서 성서에서 에스더서는 유일하게 아가서와 비교할 만한 책이다. 에스더도 하나님을 언급하지 않지만, 기도와 금식, 부림절 기념을 언급하면서 하나님과 그에 대한 숭배를 전제한다. 아가서가 신(神)을 직접 언급하지 않고, 따라서 신의 법이나 거룩한 역사에 대한 어떤 직접적인 통찰도 제공하지 않는 것으로 보인다는 점은 아가서가 성서 전체에서 가장 세속적인 문서 중 하나라는 인상을 주는 데 일조한다.

아가서의 두 번째 특징은 아가서의 주인공이 성서에서 매개를 거치지 않은 유일한 여성의 목소리라는 점이다. 이 익명의 여성이 내는 목소리와 그녀의 생각은 (예를 들면, 에스더나 룻기에서처럼) 내레이터의 목소리를 통하지 않고, 주인공 여성의 독백(monologues)과 혼잣말(soliloquies), 그리고 연가(戀歌)를 통해서 독자들에게 전달된다. 성서 어디에서도 아가서만큼 한 여성의 생각과 상상, 열망과 언어가 한 책에서 두드러지게 나타나는 경우는 없다. 아가서가 정경의 부분으로서 정말로 종교적 통찰을 표현하고 있다면, 그것 역시 한 여성을 매개로 표현되는 것이다.

연가(戀歌) 모음집

이 글의 히브리어 제목은 아가에 포함된 문학의 장르를 알려주는 유용한 단서이다. 대부분의 주석가들은 히브리어 제목을 문자적으로 — 그러나 평이하게 — "노래들의 노래"로 번역한다. 그러나 아가서의 형식을 면밀히 검토하면, 이 책의 제목은 — 영어로는 "솔로몬의 노래(들)"로도 알려져 있다. — "많은 노래들로 된 노래" 또는 "노래들로 이루어진 노래"라고 번역하는 것이 더 나아 보인다. 제목의 문장구조는 최상급, 즉 "가장 뛰어난 노래"로 번역할 수 있는 여지도 갖고 있다.

아가는 아름답게 짜여진 연가 모음집 또는 시들로 이루어진 합창이다. 노래의 정확한 수(14, 18, 28, 31편?)는 어떤 문학적 기준을 사용해서 작은 단위로 쪼개느냐에 따라 다를 것이다. 성서 안에 노래로 된 역사와 신학이라 할 만한 예들이 많지만(예. 출 15장의 바다의 노래, 삼상 2장의 한나의 노래, 시편, 눅 1:46-55의 마리아의 노래), 아가서는 고대 근동의 연애시와 가장 유사하다고 할 수 있다. 고대 근동의 연애시는 연인들 간의 솔직함과 개방성, 부드러움과 간절한 열망, 성적 욕망의 과감한 표출로 유명하다.

저자와 연대

1:1은 아가서를 솔로몬에게 귀속시키고 있지만, 이것은 편집자의 주석일 확률이 높다. 아마도 이 구절이 삽입된 것은 노래를 많이 지었다고 알려진 솔로몬 왕이(왕상 5:12) 이 노래를 직접 지었거나, 아니면 거기에 영감을 주었음—이방인 아내들을 좋아했다는 악명 때문일 수도 있다.(왕상 11:3)—을 암시하기 위해서일 것이다. 아니면 아가서를 하나의 사상 전통, 즉 지혜 집단과 연결시키려는 시도일 수도 있다. 그렇다면 이 지혜 집단은 수세기 동안 아가를 보존, 전수했을 것이고 그 기원을 거슬러 올라가면 솔로몬이 통치하던 시절일 확률이 아주 높다.

솔로몬에게 돌려진 작품임에도 불구하고 아가서에 여성의 발언이 얼마나 많은 비중을 차지하며, 또 그 특징이 어떠한지를 보면 놀라지 않을 수 없다. 여주인공과 예루살렘의 딸들이 느끼는 감정과 경험은 이 시에서 주변적인 요소가 아니라 핵심이다. 이들의 감정과 경험은 진실한 울림을 주고, 이들의 말은 성서에서 매개를 거치지 않은 유일한 여성의 목소리이다. 이 사실을 근거로 아가의 시인이 여성일지도 모른다고 추측한 학자들이 있었다. 이것을 반증할 강력한 증거는 없다. 귀족문화와의 친밀성을 보여주는 이미지들과 더불어(예. 1:6에서 본인 소유의 포도원을 언급; 3:6-11에서 왕실의 결혼절차를 언급; 질 좋은 향신료, 과일, 향수 등을 산발적으로 언급) 시의 세련됨은 시의 저자가 지식인 그룹(예. 지혜 집단)과 관련이 있을 가능성을 시사한다. 실제로 솔로몬의 이방인 아내들 가운데 하나가 아가서의 저자일 확률도 있다.(왕상 11:1-3) 이들은 지배 엘리트의 일원으로서 적어도 어느 정도의 교육을 받았을 것이다.

아가서의 옛스러운 문법과 언어 형태를 근거로 일부 판본의 연대를 이스라엘 역사의 초창기로 추정할 수도 있지만, 사실 서정시의 연대를 추정하기 어렵다는 것은 주지의 사실이다. 아가가 호소력을 갖는 것은 특정 시대와 상관없이 인간의 상황에 보편적으로 적용될 수 있기 때문이다. 아가의 서정적 유산의 기원을 솔로몬 통치 또는 그 이전으로 추정해선 안 될 이유는 없다. 그러나 사회 규범에 구애받지 않고 서로를 사랑할 권리가 연인들에게 있음을 강조하는 주제의식은 이스라엘 역사의 후기에 좀 더 적합하다. 이때 아가의 서정시는 민족, 계급, 지리적 경계에 따라 사회적 관계를 제약하려는 시도들에 대한 일종의 항변으로 볼 수 있다.

구조와 내용

아가서의 몇 가지 문학적 특성을 꼽자면 독특한 시점, 복수의 화자(speaker), 다양한 주제들을 들 수 있다. 이로 인해 아가서의 사회, 종교, 문학적 맥락을 이해하기 위해 아주 다른 설명들이 제기되었다. 먼저 아가서는 신성한 결혼을 통해 신과 민족을 하나로 결합하는 고대의 풍요 의식을 재현하는 종교 의례를 희곡화한 것으로 보기도 한다. 그리고 핵심구, 핵심어, 핵심동기의 반복에 의해 결합된 한편의 연애시로 보는 입장도 있다. 또한 아가서를 하나의 알레고리로 보는 입장도 있다. 이 해석에 따르면, 아가서는 처음부터 히브리적 관점에서는 이스라엘을 향한 하나님의 사랑을, 기독교적 관점에서는 교회를 향한 그리스도의 사랑을 이상화하고 있다. 의견은 다양하지만, 아직 일치된 의견은 없다.

화자와 대화, 그리고 청중의 존재는 아가의 시에 명백하게 극적인 어조를 부여하는 것이 사실이다. 그래서 현대의 독자들은 아가서가 한편의 드라마라고 결론내리기도 한다. 그러나 하나의 장르로서 드라마는 통일성과 식별가능한 플롯을 가지고 있어야 한다. 아가서를 면밀히 검토해 보면 많은 재배열과 구조적 변경을 거치지 않는 한, 그리고 아가서의 다른 많은 특성(예. 배경, 분위기, 시점)을 무시하지 않는 한 문학적 통일성과 인물묘사의 일관성을 주장하기가 쉽지 않다.

화자의 정체(3:6-11)와 성별(6:13b)이 간혹 불분명하긴 하지만, 화자의 변화는 아가서의 구조를 보여주는 가장 중요한 단서일 것이다. 가령 예루살렘의 딸들을 보자. 이 여인들은 연인들의 연애에 때로는 지지를 보내고(6:1), 때로는 의심하기도 하며(5:9; 6:13), 때로는 축하를 보낸다.(1:4b) 이들의 목소리는 여주인공과 그녀의 약혼자 사이의 은밀한 대화에 거듭해서 끼어드는 유일한 목소리이다. 물론 인정하다시피 이 여인들의 개입을 통해 반드시 아가서의 구조적 형태를 식별할 수 있는 것은 아니다. 그러나 분명한 것은 이들이 시 안에서 두 연인의 감정과 말, 생각을 지지하기도 하고, 때론 방해하며, 묻기도 하고 끌어내기도 하는 역할을 하고 있다는 점이다. 사실상 우리는 아가서에서 형식과 내용이 일치하는 매우 드문 예를 하나 발견하게 된다. 감정의 기복, 갑작스러운 배경의 변화, 화자의 전환은 인간의 사랑이 가진 열정적이고 황홀하며, 흔들리고 예측되지 않는 성격을 강조함으로써 시의 파토스를 강화한다.

주석

사랑, 성(sex), 에로티시즘의 수사학

예언자들과 마찬가지로 시인들도 은유에 의존한다. 그것은 시인들이 인간의 경험 가운데 가장 정의하기 힘든 것들, 가령 평화, 희망, 기쁨, 공동체, 죽음, 신앙 등에 관해 말해야 할 경우가 많기 때문이다. 아가서의 시인도 인간의 모든 경험 중에 가장 미묘한 것인 사랑을 설명하려 할 때 은유에 더 많이 의존할 수밖에 없음을 깨닫는다. 사용되는 이미지만큼 아가서의 언어 역시 모호함(8:8-10)과 명쾌함(2:4-7), 현실(1:5-7)과 환상(5:2-8), 직설적인 표현(3:6-11)과 비유적인 표현(4:16)을 오가며 사람을 매혹시킨다. 연인들이 연애하면서 겪는 것을, 즉 열정의 미묘하면서도 본능적인 바로 그 측면을 독자들도 읽어가면서 경험해야 한다고 아가서는 주장한다. 아가서의 수사를 지배하는 것은 바로 사랑이다.

사랑을 간단하게 정의하기는 불가능하다. 그래서 시인은 아가의 주인공인 두 연인의 입을 통해 사랑의 본성에 대한 추상적인 담론을 전개하지도, 상대를 공정하게 평가하지도, 두 사람의 모습이 어떤지 상세히 묘사하지도 않는다. 대신 두 연인은 사랑을, 그리고 서로를 바라보는 자신의 시선을 시적인 이미지로 묘사한다.(예. 과일, 꽃, 동물) 이 이미지들은 그들이 사랑을 경험하는 방식을 감각적으로 포착한다. 연인들은 "기꺼이 감각에 굴복하여", 서로의 맛(2:3; 4:11; 5:1)과 촉감(7:6-9), 향기(1:12-14; 4:16)와 목소리(2:8, 14; 5:16)를 즐겨마지 않는다. 이 모든 것은 부끄러움도 변명도 없이 육체적 쾌락을 자세히 설명함으로써 사랑을 경험할 수 있게 한다. 아가 전체에 걸쳐 나타나는 서로의 몸에 대한 찬사를 통해서(4:1-7; 5:10-16; 6:4-10; 7:1-5), 이 연인들은 성관계를 맺는 동안 서로가 탐색하고 탐닉하는 신체부위에 대해 열광적으로 이야기한다.(예. 입술, 이, 머리카락, 목, 허벅지, 유방, 배꼽, 성기) 불행히도 고대와 현대의 문화적 격차로 인해 현대 독자들은 시인의 상상과 언어에 담긴 구체적인 내용을 상당부분 제대로 이해하지 못하는 것이 사실이다.(예. 2:15; 6:13b) 그 점에서 현대의 독자들은 사정이 좋지 못하다. 어쨌든 아가서의 솔직하고 직설적인 시가 에로틱하다는 것은 분명하다.

아가의 연인들은 거듭 사랑, 성관계, 서로를 향한 갈망과 욕망을 드러내놓고 이야기한다. 온건한 감각을 가진 현대의 독자들은 아가의 이처럼 에로틱한 언어를 "구제"하여 여기서 말하는 사랑을 사실상 플라토닉하고 순결한 것으로 간주하려는 유혹을 느낄 것이다. 그러나 아가서와 같은 성애문학은 포르노 문학과는 분명하게 다르다. 후자는 감정 없는 감각만을 강조한다. 그러나 [아가서에 나오는 것처럼] 자신의 관능(sensuality)에 충실한 여성은 자율권을 가진(empowered) 여성이다.

분명 아가서의 여주인공은 성서 문학에서 두드러진 여성이다. 사랑을 주도하고 자신의 섹슈얼리티가 가진 힘을 느끼고 향유하며 경험할 권리를 주장한 여성이기 때문이다. 그녀는 스스로에게 만족하며 자신을 향한 연인의 욕망을 즐긴다. 사실 연인을 향한 그녀의 사랑과 찬사가(남자의 경우도 그렇지만) 너무 스스럼없고 단호하며 다급해서 거의 논쟁적으로 느껴질 정도다. 어쩌면 이것이 성(sexuality)의 수사학 표면 아래 아가서의 목적을 알려주는 단서이지 않을까? 이들의 애정표현이 이토록 솔직하고 집요한 것은 이들의 연애가 이스라엘의 전형적인 청중들로부터 저항을 받을 것이라고 저자가 생각했기 때문은 아닐까? 아가의 시인은 서로를 향한 이 여성과 남성의 사랑이 정당하다는 것을 청중들이 납득해야만 한다고 생각했던 것으로 보인다.

아가서에 나타난 사회적 세계

역사가의 관점에서 모든 글 가운데서 가장 매혹적인(beguiling) 것은 아마도 연애시일 것이다. 연애시가 호소력이 있는 까닭은 시간을 초월해 보편적인 타당성을 가진 것처럼 보이기 때문일 것이다. 그러나 모든 문학이 그렇듯 연애시도 특정한 사회적·물질적 배경에서 탄생한다. 다시 말해 연애시는 사회 현실에 대한 특정한 견해를 보존하는 동시에 촉진하며, 사회적으로 사람들을 구성하는 방식에 도전하거나 그것을 옹호한다. 간단히 말해 연애시는 매혹적이긴(beguiling) 하지만, 순수하지는(guileless) 않다.

이 아름답게만 보이는 연애시의 합창 바로 아래에 거의 감지할 수 없는, 그러나 놓칠 수 없는 논쟁이 깔려 있다. 아가서 전체의 어조를 논쟁적으로 만드는 것은 무엇보다도 솔직한 성적 대화들, 종종 나타나는 예루살렘의 딸들의 의심하는 말투(5:9; 6:13a), 예루살렘의 딸들을 향해 사랑하는 이가 반복해서 던지는 후렴구(2:7), 때로 방어적으로 들리는 그녀의 말(1:6; 6:13b)이다. 여기에 깔린 핵심적인 전제는 이것이다. 고대와 현대의 화자들과 마찬가지로 시인들도 특정 청중을 마음에 두고 자신의 메시지를 계획한다는 점이다. 즉 그들은 지배적인 가정들을 가르치거나, 아니면 그것을 근거로 삼거나, 옹호하거나, 도전하거나, 수정하기 위한 목적을 가진다. 고로 문학이 정치적이라는 것은 피할 수 없는 사실이다. 아가에서 미묘하게 나타나는 방어적인 어조는 두 연인의 관계에 지배적인 규범에 반하는 어떤 측면(들)이 있다는 것을 시인이 알고 있었다는 것을 암시한다. 이 여성시인은 서로를 사랑할 수 있는 연인들의 권리를 옹호하면서 청중들이 가진 많은 편견을 드러내고 그 오류를 밝혀준다. 이때 그녀는 청중에 대한 자기 나름의 가정들을 근거로 하고, 청중이 가진 유토피아적 욕망들을 최대한 활용한다.

시의 수사학 안에 미묘한 논쟁이 깔려 있는 것을 알려주는 단서는 무엇일까?

1. 먼저 여성의 외모에 관한 문제가 있다. 정확한지는 모르지만 여주인공은 자신의 거무스름한 얼굴색이 여자 친구들, 즉 예루살렘의 딸들의

시선을 끄는[개역개정, '흘겨보는'] 대상이 된다고 말하는데, 그녀의 주장에 따르면, 그녀의 피부가 그을린 것은 오빠들이 시켜서 포도원에서 일을 했기 때문이다.(1:5-6) 여인들이 그녀를 쳐다보는 이유가 감탄해서인지, 편견 때문인지, 그저 호기심 때문인지는 다만 시 안의 다른 진술을 통해 짐작할 수 있을 뿐이다. 그러나 여주인공이 자기의 검은 피부를 두고 하는 말("예루살렘 딸들아 내가 비록 검으나 아름다우니")은 예루살렘의 딸들의 말과 상반된다. 7:1[개역개정판, 6:13]을 보면 예루살렘의 딸들은 얼굴색이 검은 데다 불행히 가슴까지 작은 술람미 여인에게서(8:8) 그녀의 약혼자는 무엇을 보고 있는 건지 의심하기 때문이다. 예루살렘의 딸들이 하는 의심의 말들을 통해 우리는 두 연인이 상당한 분량을 할애해서 서로의 외모를 칭찬할 만한 이유가 있다는 사실을 이해하게 된다.(4:1-7; 5:10-16; 6:4-10; 7:1-5) 거듭해서 주인공 남성은 남들은 어떻게 생각하든지 자신의 연인이 거부할 수 없을 만큼, 너무 아름답다고 주장한다.(1:9-11, 15; 4:1, 9; 6:4, 9) 이것을 단순히 사랑의 열병에 걸린 연인들의 과도한 감정표출로 치부할 수 있을까? 아마도 그럴 수는 없을 것이다.

일반적으로 주석가들은 검은 피부를 인종과 관련시켜 해석하기를 피하고, 그보다는 이 여인이 아마도 계급적 편견의 희생자였을 것이라고 보는 것을 선호한다. 이러한 주장의 근거로는 고대 동방 문화에서 밝은 얼굴색의 여성이 어두운 얼굴색의 여성에 비해 선호되었다는 사실이 지적되었다. 전자는 낮 동안 집안에 머무는 사치를 누리는 여성들이었던 반면, 햇볕 아래 바깥에서 노동할 수밖에 없는 여성들은 얼굴색이 어두울 수밖에 없었다는 것이다. 그렇지만 여기에는 인종 문제가 관련될 수 있는 한 가지 암시가 있다. 마이클 굴더(Michael Goulder)는 7:1에서 흔히 "귀한 자의 딸"[NRSV: "여왕 같은 아가씨(queenly maiden)]"로 번역되는 구절은 실제로 여주인공이 아라비아의 나디브 출신임을 나타내는 것이라고 주장하기도 했다.

2. "예루살렘의 딸들아 내가 너희에게 부탁한다. … 흔들지 말며 깨우

지 말지니라"(2:7; 3:5; 8:4)는 자주 반복되는 후렴구인데, 이 구절은 여러 가지로 해석되었다. 마샤 포크(Marcia Falk)의 설득력 있는 주장에 따르면, 여기서 여주인공은 청중인 예루살렘의 딸들에게 그녀가 꿈꾸는 사랑을 방해하지 말아달라고, 그것이 실현될 때까지는 안 된다고 설득하고 있다. 이것을 염두에 두고 포크는 더 나은 번역을 제안한다. "오, 예루살렘의 여인들아, 들암사슴을 두고 맹세하라 우리가 사랑을 완성할 때까지 우리를 깨우거나 일으키지 않겠노라고!" 이러한 번역은 주인공과 예루살렘 여인들 사이에 깔려 있는 긴장을 분명하게 포착하고 있다.

3. 연인들은 언제나 빨리 출발하고 황급히 떠난다. 그들은 계속해서 서로를 찾아나서야 하고(5:6), 사랑을 완성하지도 못하며(5:8), 만족스러울 만큼 함께 시간을 보내지도 못한다. 그를 손짓하여 부르고도, 그녀는 그를 떠나보내야만 한다.(8:14) 아마도 그것은 그나 그녀의 안전 때문일 것이다.(5:7) 그들의 사랑이 사회의 승인을 얻을 유일한 방법이라고 그녀가 상상한 것은 그들이 오누이거나 (인종적인 의미에서?) 친척이었더라면 하는 것이다. 그랬더라면 거리에서도 그녀의 어머니의 방에서도 그들의 입맞춤이 업신여김을 받지는 않았을 것이다.(8:1) 무슨 이유 때문인지 그들은 연애를 공개할 수 없고 현실에서든 상상 속에서든 은밀한 장소에서만 만나야 하는 형편이다. 거기에서조차 그들은 다급하고 감춰야 하며, 자주 훼방을 받는다.

4. 여주인공은 세 차례 사랑하는 연인이 자신의 소유임을 주장한다.(2:16; 6:3; 7:10) 그녀의 진술은 그 자체로 단순한 선언으로, 즉 두 사람은 서로의 것이라는 주장으로 보는 것이 적절할지 모른다. 그러나 다른 방어적인 진술의 맥락에서 보면 그녀의 말은 강력한 주장이 된다. 사실 한 후렴구에서 그녀는 남들이 뭐라 생각하든지 연인이 자신만을 갈망하고 있다고 주장한다.(7:10)

여기서 중요한 것은 아가서의 연애시라고 해서 논쟁이 없는 것이 아니라는 점이다. 그것을 단순히 인간의 성과 사랑에 대한 찬가로 해석하는 것은 이 책을 지나치게 현대적으로 이해하는 것일 뿐 아니라, 본문 안에 있는 분명한 다른 암시들, 즉 수면 아래 뭔가 복잡미묘한 것이 있다는 사실을 간과하는 것이다. 아가의 연인들은 단순히 추상적인 의미에서 사랑의 아름다움이나 인간의 성(sexuality)의 통전성을 주장하고 있는 것이 아니다. 그들이 주장하는 바는 서로를 향한 **그들 자신의** 사랑과 거부할 수 없는 끌림의 아름다움이다. 그들은 뭔가 알 수 없는 이유들로 인해 사회에서 떨어뜨리려고만 하는 연인들이다. 아마도 서로 다른 계급 출신이거나 인종적 배경이 다르거나 피부색이 다르기 때문일 것이다.

현대의 독자들이 아가의 시 아래 깔려 있는 논쟁적 어조를 못보고 지나치는 경우가 많다는 사실은 현대 독자들의 둔감함 만큼이나 시인의 독창성을 말해주는 것이다. 명쾌한 논쟁연설(예. 제2이사야)이나 반항소설(예. 요나)이 아닌 연애시 형태로 자신의 주장을 펼친 것은 이 여성시인의 기민한 수사 전략이다. 즉 시인은 청중의 관심을 끌어내 그들에게서 상상의 동의를 얻어낸다. 연애시를 통해서 그녀는 청중들 안에 있는—그들이 갖고 있는 편견에도 불구하고—상호적 사랑과 충만한 친밀감을 향한 보편적 열망에 호소할 수 있었던 것이다.

종교, 섹슈얼리티, 문화

아가서가 원래 고대 이스라엘에서 문학으로서 어떤 기능을 했는가와 아가서가 정경 안에서 어떤 방식으로 기능하는지는 별개의 문제다. 이 지점에서 그것은 문화 비판의 영역을 넘어 경전 비판의 영역으로 확장된다. 혹자들은 구약의 맥락에서 아가서를 넓게는 인간의 성, 구체적으로는 여성의 성을 평가절하하는 성서의 다른 부분에 대한 주석 또는 미드라쉬로 해석되기도 했다. 아가서와 균형을 이루는 분명한 이야기는 창세기 2-3장의 창조이야기이다. 낙원에서 일어난 사건으로 인해 창조에는 균열이, 남녀 간에는 부조화가, 사회관계에는 불균형이, 여성에게는 종속이, 그리고

(함축적이긴 하지만) 상호적인 성적 충일감에도 종말이 왔다. 아가서가 없다면 성서에서 여성에 관한 지배적인 이야기는 자신들의 섹슈얼리티로 인해 유죄선고와 비난의 대상이 된 여성들의 이야기뿐일 것이다. 이때 여성들의 섹슈얼리티는 충일한 성관계가 아닌 번식행위로 제한되고, 억압적인 성역할에 종속됨으로써 아예 잊혀질 것이다. 그런데 아가서가 있음으로 해서 여성들은 성서에서 에로틱한 어떤 것을 주도하고 향유하며 갈망할 권리를 인정받게 된다. 아가서는 남녀 관계의 균형을 옹호함으로써 지배가 아닌 상호성을, 적대가 아닌 상호의존을, 단순한 번식이 아닌 성적 충일감을, 편협한 감정이 아닌 금지되지 않는 사랑을 장려한다. 아가서는 우리에게 사랑을 가로막지 말고, 관계가 자연스럽게 무르익어 만개하게 할 것을 요청한다. 또한 성적으로 적절한 행동과 부적절한 행동은 무엇인지, 그리고 누가 좋은 상대이며 또 누구는 아닌지에 관한 우리 자신의 뒤틀린 선입견을 관계에 강요하지 말라고 외친다. 이런 의미에서 아가서는 현대의 독자들이 반복해서 읽고 되새겨야 할 텍스트임이 분명하다.

참고문헌

Falk, Marcia. *Love Lyrics from the Bible, The Song of Songs: An New Translation and Interpretation.* San Francisco: Harper–Collins, 1990.

Goulder, Michael D. *The Song of Fourteen Songs.* Journal for the Study of the Old Testament Supplement Series 36. Sheffield: JSOT Press, 1986.

Lorde, Audre. *Sister Outsider.* Trumansburg, N.Y.: The Crossing Press, 1984.

Pope, Marvin H. *Song of Songs.* Anchor Bible 7C. Garden City, N.Y.: Doubleday & Co., 1977.

Trible, Phyllis. "Love's Lyrics Redeemed," *God and the Rhetoric of Sexuality,*

144–165. Overtures to Biblical Theology. Philadelphia: Fortress Press, 1978.

Weems, Renita J. *Battered Love: Marriage, Sex and Violence in the Hebrew Prophets*. Minneapolis: Fortress Press, 1995.

이사야

수잔 애커만
Susan Ackerman

"보이는 대로 믿으면 안 된다."는 속담은 헛말이 아니다. 성서에서 이사야서만큼 이 말이 잘 들어맞는 책은 없다. 66장으로 이루어진 이 책은 예언서모음 중 가장 긴 책이다. 이런 이유로 어떤 이들은 이 책에 한 성서 예언자의 삶과 사상에 대한 가장 완벽한 보고가 담겨 있다고 기대할 수도 있다. 그러나 통일적으로 보이는 이사야서 66개의 장은 현대 학자들의 일치된 견해에 따르면 사실 합성물이다. 이 합성물 속에는 두 명, 어쩌면 세 명의 서로 다른 예언자의 목소리가 담겨 있다. 그것을 우리는 제1이사야, 제2이사야, 그리고 세 번째가 존재한다면, 제3이사야라 부른다.

개관: 제1이사야

제1이사야의 신탁(1-12장; 28-32장)

제1이사야는 기원전 8세기의 마지막 사십년 간(742-701년경) 유다(남왕국)의 수도인 예루살렘에서 활동한 예언자이다. 넓게 잡아 제1이사야는 이사야 1-39장과 관련된다. 그러나 좀더 자세히 보면 제1이사야의 작품은 1-12장과 28-32장으로 제한된다. 36-39장은 열왕기하 18:13-20:19와 거의 동일한 것으로 보아 열왕기하의 기록을 베낀 것 같다. 34-35장은 메시지나 어조, 스타일 면에서 이사야 40-55장, 즉 6세기 중반(기원전 540년경)의 제2이사야의 신탁과 아주 유사하다. 마찬가지로 24-27장 역시 이사야 56-66장이 작성된 6세기 후반의 작품일 것이다. 33장도 후대의 글이다. 마지막으로 13-23장의 예언은 대부분 제1이사야 시대의 것이지만(13:1-22; 21:1-10; 그리고 아마도 23:1-18은 제외), 그 메시지는 특별하게 제1이사야의 특징을 보여준다고 하기 어렵다. 어떤 부분은 제1이사야의 작품이 아닐 수도 있다. 여기서는 1-12장과 28-32장만 다룰 것이다.

제1이사야의 시대와 메시지

1-12장과 28-32장에서 가장 초기의 예언은 6:1-13에서 발견되는데, 이것은 "웃시야 왕이 죽던 해"인 기원전 742년으로 거슬러 올라간다.(6:1) 이 단락은 제1이사야가 예언자 소명을 받는 장면을 보도한다. 이 장면의 배경은 특별한 주의를 요하는데, 이스라엘의 하나님 야웨가 예루살렘 성전의 지성소에 앉으신 것을 제1이사야가 보고 묘사하기 때문이다. 좀 더 후기에, 어쩌면 제1이사야 시대에도 이 장소에 접근할 수 있는 권한은 제사장들에게만 있었을 것이다. 제1이사야가 제사장이었다고 자료가 명시적으로 말하지는 않지만, 6:1-13에서 암시적인 증거는 발견할 수 있다.

제사장이었든 아니든 제1이사야가 예루살렘과 유다의 귀족과 밀접히 연관된 인물임에는 틀림없다. 제1이사야가 한 중요한 일 중 하나는 아하스 왕과(기원전 734-715년경) 히스기야 왕의(기원전 715-687년경) 일종의 국무대신 역할이었다. 예를 들어 아하스의 통치 초기였던 734-733년에 유다는 시리아와 이스라엘(북왕국)의 동맹에 의해 위협받고 있었는데,

이 두 나라는 아하스를 폐위시킨 후 유다를 끌어들여서 당시 근동을 지배하던 세력인 아시리아에 대항하여 전쟁을 하려 했다.(사 7:1-2) 아하스가 아시리아와 동맹을 맺음으로써 이러한 위협에 대항할 결심을 하자(왕하 16:7-9), 제1이사야는 왕에게 시리아/이스라엘의 위협도 무시해야 하며, 동시에 아시리아와의 동맹이 안전하리라 믿어서도 안 된다고 조언했다. (7:3-8:15) 예언자는 아하스가 중립을 지키고 관여하지 말아야 한다고 생각했던 것이다.

이 위기상황이 끝나고 제1이사야는 공적 활동에서 물러난 듯 보이는데(8:16-17), 아마도 아하스가 예언자의 조언에 귀를 기울이지 않고 아시리아인들과 조약을 맺었기 때문일 것이다. 제1이사야는 기원전 715년 아하스가 죽은 후에야 다시 무대에 등장한다. 곧이어 일어난 두 번째 아시리아 위기가 있었던 713-711년과 705-701년에도 그는 히스기야 왕에게 앞서 아하스에게 했던 비슷한 충고를 한다. 이웃 나라들이 아무리 아시리아에 맞서 반란을 일으키자고 종용하더라도 중립정책을 지켜야 한다고 제1이사야는 조언한 것이다. 그에 따르면, 아시리아 제국 군대에 맞서 전쟁을 일으키는 것은 분명한 파국을 불러들이는 일이었다. 그것을 하려는 자들은 "사망과 언약하고" "스올과 맹약하려는" 것이다.(28:15)

기원전 734-733년에는 물론이고, 713-711년, 705-701년에도 제1이사야가 깨달은 것은 유다와 같이 힘없고 미미한 나라가 위기 때 취할 수 있는 최상의 정책은 세계의 거대한 제국 권력의 시선에서 벗어나 배경 속에 녹아들어 있어야 한다는 사실이었다. 그러나 예언자에게 이러한 실용적 고려보다 더 중요한 것은 다름 아닌 신학적 관심이었다. 제1이사야는 외국과의 연맹은 유다 입장에서 정치적으로 생산적이지 않을 뿐 아니라 종교적으로도 부적절하다고 생각했다. 제1이사야의 주장에 따르면, 유다는 하나님만 의지해야 한다. 이것이 가장 분명히 드러나는 본문은 그 위대한 임마누엘 예언이다.(7:10-17) 이 예언에서는 '하나님이 우리와 함께 계시다'는 뜻의 임마누엘이라는 이름을 가진 아이가 야웨가 유다의 동맹이 되어 주시리라는 징표로 아하스 왕 앞에 제시된다. 예언자의 생각에 이 거룩한 동맹을 이방 국가의 지지와 바꾸려는 왕실의 시도는 불경이나 다름없다.

아하스가 바로 이 불경을 정말 저질렀을 때, 제1이사야의 대응은(8:5-8) 임마누엘이라는 이름을 다시 한 번 끌어들이는 것이었다. 이때 '하나님이 우리와 함께 계시다'는 말은 심판, 즉 아시리아와 동맹을 맺은 아하스의 죄 때문에 어떻게 하나님이 사자를 유다에 보내 보응하실지를 설명해 준다.(참조. 1:2-5:24a) 그뿐만 아니라 제1이사야의 주장에 따르면, 아시리아가 바로 하나님이 행하시는 응징의 사자, 곧 "내 진노의 막대기"(10:5)이다. 그러나 아시리아를 통한 유다의 징벌이 절대적인 것이 아니라는 사실은(참조. 1:9, 24-26; 8:9-10; 10:12, 27b-32; 14:24-27; 29:1-8) 아하스와 히스기야로 대표되는 다윗 왕조가 영원히 예루살렘을 통치하도록 하나님께서 정하셨다고 제1이사야가 믿는 데서 드러난다.(9:2-7; 11:1-9)

주석: 제1이사야

시온의 딸들

유대교와 기독교 경전의 전통적 순서에 따르면, 이사야는 "고전"(classical) 예언자들의 책들 중에서 제일 먼저 등장한다. 따라서 많은 독자가 예언문학에 자주 나타나는 수사적 장치를 처음으로 접하게 되는 것도 이사야, 특히 제1이사야에서이다. 그 장치들 중 하나는 여성들에게만 야웨를 섬기는 공동체에서 용납할 수 없는 행동을 한 책임을 돌리는 것이다.(사 3:16-24; 4:1; 32:9-14; cf. 예. 호 1-3장; 4:13; 암 4:1-3; 겔 8:14; 렘 7:18; 44:15-19, 25) 이런 유형의 신탁들은 특히 여성들은 종교적 배교자들이었다고 예언자가 생각했다고 기술하는 경향이 있다. 예언자들에 따르면, 그 결과로 공동체 전체에 신의 형벌이 내린 것이다.

제1이사야에 처음으로 나오고, 뒤이어 다른 예언서에서도 발견되는 하나의 변형 모티브는 시온 또는 예루살렘을 배교한 여성 또는 "창녀"[개역개정판, '창기']로 의인화하는 것이다.(사 1:21-23; 3:25-26; cf. 예. 사 57:6-13; 렘 4:30; 13:20-27; 22:20-23; 애 1:8-9; 겔 16:1-63; 23:1-4, 11-49) 여성들, 특히 예루살렘/시온의 여성들과 예루살렘/시온 그 자체를 너무 쉽게 동일시하다 보니 예언자가 거의 아무런 언급도 없이 전자를 설명하다가 후자로 넘어갈 때도 있다. 이사야 3:16-4:1의 예를 보자. 먼저 3:16-24에서 시온의 딸들을 책망하고, 3:25-26에서는 여성 시온을 정죄하고, 4:1에서 다시 시온의 여성들에게 관심을 돌린다. 시온의 여성들과 시온 그 자체를 이렇게 쉽게 동일시한 결과, 일반적으로 여성들이 배교를 저지른 경우와 마찬가지로 여성으로 의인화된 시온의 '창녀들' 때문에 온 백성이 심판을 받게 되었다고 예언자들은 주장한다.

페미니스트 독자들에게 이런 이미지는 불쾌할 수밖에 없다. 따라서 많은 이들이 이런 내용의 신탁을 연구에서 제외하거나 극단적인 경우 해당 전승과 거기에 담긴 여성 혐오 경향을 거부하는 것도 이상하지 않다. 한편, 이런 "창녀" 예언에 맞서서 거기에 담긴 모욕을 완화시키는 방법도 있다. 예를 들어, 여성 독자는 이런 예언 신탁을 예언자의 비판적인 눈으로 읽지 않으려고 의식적으로 노력할 수 있다. 다시 말해 여성들의 종교 활동에 대한 예언자의 서술을 그런 종교 활동이 잘못되었다고 보는 예언자의 평가에 동의하지 않으면서 읽을 수 있다는 것이다. 이렇게 함으로써 때로는 이스라엘과 유다의 여성들의 종교 생활에 대한 중요한 정보를 밝혀낼 수도 있을 것이다.

가령 이사야 32:9-14에서 예언자의 비판이라는 외피를 걷어내면 우리는 여성들이 제의에서 한 역할을 긍정적으로 묘사하는 이미지들을 발견할 수 있다. 이 시에서 제1이사야는 연례행사인 포도수확 축제 동안 예루살렘 여인들이 안일했다고 비난한다. 야웨의 절기라는 상황에서 여인들의 안일함을 고발한 이러한 구절은 분명 심상치 않다. 그러나 이러한 고발 밑에는 여성들이 포도수확을 축하하는 데 한 몫을 했다는 암시가 깔려 있다. 실로에서 가을 포도수확 축제 때 결혼하지 않은 처녀들이 포도원에서 춤을 추었다고 기술한 사사기 21:16-24를 참조하라.

사사기의 단락이 시사하는 바는 포도원 축제에서 여성들이 맡은 임무는 음악과 관련이 있었다는 점이다. 가을 포도수확 절기에 여성들이 한 역할이 노래와 춤이었음을 보여주는 또 다른 힌트를 이사야 5:1-7에서도 발견할 수 있다. 실제로 이 단락은 포도원의 노래로 잘 알려져 있다. 현재 본문 상태로 볼 때, 이 노래는 일종의 알레고리이다. 하나님은 포도원, 즉 이스라엘과 유다를 고이 기르시나(7절), 포도원이 낸 것은 들포도, 곧 포학과 부르짖음 뿐이었다.(4, 7절) 이러한 알레고리를 만들면서, 특히 1-2절에서 예언자는 포도수확 축제에서 실제로 불렸던 노래를 인용하는 듯 보인다. "사랑하는" 남성을 향한 것으로 되어 있는 이 포도원의 노래는 원래 한 여인의 입에서 나온 노래였을 것이다.

이스라엘의 제의 생활에서 음악은 다른 측면에서도 중요한 여성 의식이었다. 이사야 32:9-14를 편견 없는 눈으로 읽을 때 우리는 제의에서 여성이 맡은 음악의 두 번째 영역이 애도의 상황에서 곡을 하는 일이었음을 알게 된다. 32:11-12에 따르면, 포도수확 절기를 즐기는 가운데 안일함에 빠졌다고 비난을 받은 여인들은 포도원이 망가지는 벌을 받게 될 것이다. 예언자가 예견한 것처럼, 여인들은 전형적인 이스라엘의 애도 의식에 참여할 수밖에 없을 것이다. 즉 옷을 벗어 몸을 드러내고 베로 허리를 동이고 가슴을 치며 애곡할 것이다. 여기에 불편한 논쟁이 있는 것은 사실이지만, 거기에 깔려 있는 이미지는 이스라엘의 제의에서 여성들이 애도의 역할을 전담하고 있었다는 증거가 된다.

이스라엘의 애도의식에서 여성들이 맡은 역할을 보여주는 또 다른 증거는 이사야 3:16-4:1에서 발견된다. 이 단락은 시온의 딸들이 '교만'하다는 말로 시작한 후, 그들이 오로지 향수, 보석, 그와 유사한 사치품에만 관심을 둔다고 서술한다.(3:18-23) 예언자는 야웨께서 그러한 사치를 참지 않으실 뿐 아니라, 3:24에 따르면, 시온의 딸들의 향기를 악취로, 고운 허리띠를 노끈으로, 곱게 빗은 머리를 대머리로, 화려한 옷을 삼베 옷으로 바꾸실 것이라고 경고한다. 3:26에서 이 논쟁은 여성으로 의인화된 시온이 약탈을 당해 땅에 주저앉는다는 묘사로 끝맺는다.

여기서도 여성혐오는 수그러들지 않는 듯하다. 그러나 야웨가 시온의 딸이 입은 화려한 옷을 베옷으로 바꾸신다고 했을 때, 이 베옷이 위에서도 언급했듯이 고대 이스라엘에서 애도 의식 때 입는 전형적인 복장이었음을 유념해야 한다. 여성들의 곱게 빗은 머리를 대신한 대머리 역시—물론 신명기 저자들은 이 관습에 반대했지만(신 14:1)—이스라엘의 애도의식에서 요청되었던 것 같다.(레 21:5; 사 15:2; 렘 7:29; 16:6; 41:5; 47:5; 48:37; 미 1:16) 3:26에서 황폐해진 시온이 한 것처럼 땅바닥에 주저앉는 것도 마찬가지로 이스라엘의 전형적인 애도의식으로서(사 47:1; 겔 26:16) 유대 전통에서 오늘날까지도 지속되는 관습 중 하나이다. 그렇다면 3:16-4:1의 매우 비하적인 논쟁 밑바닥에 깔려 있는 것은 여성들을 애도하는 자로 묘사하는 긍정적인 이미지이다. 사무엘하 1:24; 예레미야 9:17-21; 에스겔 32:16; 역대기하 35:25와 같이 애도의식에서 여성이 하는 역할을 언급하는 단락들은 모두 곡을 하는 의식이나 관련된 애도 의식이 (독점적으로는 아니라 할지라도) 일차적으로 여성의 책임이었음을 입증한다.

언급된 단락들은 6세기에 나온 후기 이사야 본문인 24:7-12를 조명하는 데도 도움이 된다. 24:7-12는 기쁨에 찬 포도수확 축제가 심판 때에 어떻게 애곡으로 바뀌게 될지 묘사한다. 기뻐하는 자나 애도하는 자들의 성별을 특정해줄 언어는 나타나지 않지만, 이사야 3:16-4:1; 5:1-7; 32:9-14에 비추어 24장에 나오는 포도수확 축제의 즐거운 음악과 애도의 슬픈 곡소리에서 여성들이 노래하고 춤추는 장면을 연상하는 것은 더 그럴 듯하다. 이사야 16:10-11(cf. 렘 48:33, 36) 역시 비슷하게 분석될 수 있다.

이사야에는 종교적 '매춘행위'에 대한 결정적인 신탁이 두 군데 나온다. 여기서도 논쟁적인 언어를 걷어내면 부정적인 시각을 드러내는 표면 아래 있는 여성들의 종교 생활에 대한 긍정적인 정보를 발견할 수 있다. 그러나 여기서 그 작업은 훨씬 어렵다. 왜냐하면 이사야 1:21-23과 57:3, 6-13이 여성을 비하하는 이미지를 사용하면서 그것을 구제할 만한 언어를 거의 내놓지 않기 때문이다. 1:21-23의 묘사에 따르면, 예루살렘은 "신실하던 성읍"이었으나 "창녀가 되었"으며(1:21), 야웨가 특별히 보호하시는 고아와 과부의 권리를 옹호하는 데 실패하였다.(1:23) 6세기 이사야의 신탁인 57:3, 6-13은 훨씬 더 충격적이다. 이 시에서 예루살렘은 무당, 간음한 여인, 창녀(수정 본문, 3절)로 의인화되고, 풍요제의(8절; cf. 사 1:29)와 유아희생제(9a절은 "네가 희생제물로 바칠 아이에게 기름을 부으며"로 읽을 수 있다.), 마법(9b절)에 참여했다는 비난을 받는다.

의인화된 예루살렘을 배교로 고발하는 이 예언들은 여자들뿐만 아니라 그 성의 주민 전체를 비난하고 있다. 하지만 배교한 도시를 여성으로 의인화한 것은 여성주의적 의식에 거슬린다. 더욱이 현대 독자들 중 다수는 이 여성 도시를 비난하는 이런 본문들의 편을 들고 싶은 유혹을 느낄지도 모른다. 고대 예언자들의 감수성은 물론이고 오늘날의 감수성으로도 1:21-23과 57:3, 6-13에서 비난하고 있는 행위들은 용납될 수 없다. 그러나 그렇다고 해서 이런 반(反) 야웨주의적 종교 관행들에 참여했던 고대의 남성과 여성들이 동일하게 느꼈다고 볼 수는 없다. 오히려 예루살렘 주민들이 이러한 활동에 참여했다는 바로 그 사실은 이런 행위들이 그들에게 영적인 충족을 주었음을 의미한다. 그리고 그것은 야웨 제의로 규정된 활동들보다 훨씬 더 많은 충족감을 주었을 것이다.

이것은 고대 이스라엘과 유다 여성들의 종교생활을 고려할 때 특히 유념해야 할 중요한 요점이다. 성서에 나타난 대로 야웨 제의는 거의 전적으로 남자들의 지배하에 있었다. (위에 언급했듯 음악과 애도에 대한 증거와 같이) 이와 반대되는 증거가 분명히 있음에도 불구하고 성서 전통 안에서 여성들에게는 영적 표출의 기회가 드문 것이 현실이었다. 종교생활에 온전히 참여하고자 하는 여성들에게는 사제나 예언자들의 권한 바깥에서 성행했던 제의 행위들을 활용하는 외에 다른 선택권이 없었다. 이런 관점에서 볼 때, 이사야 1:21-23과 특히 57:3, 6-13과 같은 시들은 여성들의 배교에 대한 증거가 될 수 없다. 오히려 이 구절들은 성서 종교의 지나친 남성 편향성 때문에 많은 여성이 다른 곳에서 영적인 충족을 구할 수밖에 없었다는 증언으로 읽혀야 한다.

이사야 8:3의 여성 예언자

이사야 1:21-23과 57:3, 6-13에 대한 이상의 분석은 조 앤 해킷(Jo Ann Hackett)의 연구에 의존하고 있다. 그녀는 인류학적 모델을 사용하여 이스라엘과 유다에서 야웨 제의가 안정되고 고도로 집중화되었던 시기에 여성들이 느꼈던 종교적 무력감을 기술하였다. 해킷에 따르면, 안정적이고 매우 중앙집권화된 정부 치하에서 이스라엘과 유다의 여성들은 정치적으로도 비슷한 무력감을 느꼈다. 그러나 역으로 종교적 또는 정치적 기능이 원활하지 않았던 시기에는 실제로 여성들에게 종교와 행정에서 힘을 행사할 기회가 있었다. 제1이사야는 한 신탁에서 예루살렘에 도래하게 될 무정부 상태(anarchy)를 예견하면서 이러한 사실을 인정하고 있다.(3:1-15) 예언자에 따르면, 다가올 무정부 상태의 한 가지 특징은 "내 백성을 … 다스리는 자는 여자들이라"는 것이다.(12절, "여자들"[*nashim*] 대신 "고리대금업자들"[*noshim*]이 나오는 고대 사본도 있다.)

제1이사야는 여성들이 다스리게 될 미래의 아나키 시대를 두려워한다. 여기서 예언자가 그와는 정반대 사회, 즉 중앙집권적이고 안정적인 공동체 조직들로 이루어진 사회에서 살았음을 알 수 있다. 제1이사야가 예루살렘 성전이나 다윗 왕조 같이 오래 지속된 제도들에 집중하는 것 역시 그가 살았던 당시의 유다 사회가 확실히 안정적이었다는 것을 나타낸다. 이것은 특히 예루살렘의 경우 사실이다. 8세기의 유일한 대도심이었던 예루살렘은 기원전 734-733, 713-711, 705-701년에 있었던 여러 차례의 아시리아발 위기에도 버텨낼 수 있었다. 이 기간 동안 예루살렘의 사회조직을 완벽하게 묘사할 수는 없지만, 제1이사야가 살았던 제한된 기간 동안 예루살렘은 분명 안정적이고 중앙집권화된 사회였던 것 같다. 그리고 해킷에 따르면, 이런 사회에서 여성들은 주변적인 존재였다.

그렇다면 한 여성 예언자와 제1이사야의 만남을 보도하는 이사야 8:3은 어떻게 이해할 수 있을까? 이것이 우리가 가정한 것과는 반대로 여성들이 사회적 안정기에 종교 지도자 역할을 할 수 있었다는 증거는 아닐까?

그렇지 않다고 생각하는 이유는 다음과 같다. 이사야 8:3에서 여성 예언자의 역할은 제1이사야와 성관계를 갖고 그 결과 아들을 낳는 것으로 제한되어 있다. 다시 말해 이 여성 예언자는 제1이사야의 아내이다. 이 여성은 이야기 안에서 아이들을 낳는 것 외에는 아무런 행동도 하지 않기 때문에(그녀는 7:3에 언급된 스알야숩도 낳은 것으로 보인다.), 우리는 이 여인의 칭호가 왕의 부인을 여왕이라 하듯 남편 때문에 붙여진 경칭이었다고 추측할 수 있다. 8:3의 여성 예언자는 이런 의미에서 해킷의 원칙을 입증하는 예외이다. 즉 중앙집권화되고 비교적 안정된 시절을 살았기 때문에 그녀는 종교 또는 정치 권력을 잡은 예언자는 될 수 없었다. 미리암, 드보라, 훌다, 노아댜와 같이 실제로 상당한 정도의 독립적인 권력을 행사했던 여성 예언자들은 전부 어느 정도 사회적 혼동, 나아가 불안정의 시대(이에 대한 자료 역시 제한적이긴 하지만)를 살았다고 할 수 있다.

개관: 제2이사야와 제3이사야

제2이사야의 시대와 메시지

이사야 34-35장, 40-55장은 통상 제2이사야로 불리는 익명의 예언자의 작품이다. 제2이사야는 제1이사야보다 거의 200년 후인 기원전 540년경 이것을 썼다. 당시 백성은 거의 불가해한 규모의 재앙을 목도한 후였다. 곧 기원전 587년 바빌론 제국의 손에 유다와 예루살렘이 멸망한 것이다. 이때 유다 사회의 상류층과 중류층 일부가 정복자들에 의해 바빌론으로 끌려갔는데(왕하 24:12-16), 제2이사야는 바빌론에 유배 중인 한 집단을 향하여 말한다. 청중들은 자신들이 과연 하나님께 선택받은 민족인지, 그리고 심지어는 천상의 신전에 하나님이 계시기는 한 것인지 의심하지 않을 수 없었다. 제2이사야의 메시지는 이러한 의심에 대한 답변이다. 그는 야웨가 여전히 그들에게 자비를 베푸신다는 것을, 또한 바빌론이 유다를 정복했음에도 불구하고 야웨가 변함없이 하늘과 역사의 주권자이심을 백성에게 확신시키려 하고 있다.

제2이사야의 첫 번째 신탁인 40:1-11은 별도의 서두도 없이 바로 하나님의 자비를 선포하는 것으로 시작한다. 1-2절에서 야웨는 천상에서 그를 모시는 존재들에게 "너희는 위로하라 내 백성을 위로하라 … 예루살렘의 마음에 닿도록 말하라"고 명한다. 그런데 여기서 위로에는 말 이상의 것이 담겨 있다. 3절에서 사자는 광야에서 야웨의 길이 준비될 것이라고 선포하기 때문이다. 이것은 회복에 대한 약속이다. 광야에 난 길은 바빌론에서 유다로 귀환하는 길이다. 여기서 언어는 이스라엘의 출애굽 이야기를 상기시키며 "약속의 땅"으로 가는 기적적인 여정을 암시하고 있다.(참조. 35:1-10; 41:17-20; 43:14-21; 48:10-22; 49:9c-11; 51:9-11; 52:11-12)

그런데 위로, 더 나아가 회복을 약속하실 만큼 백성을 사랑하시는 그 하나님이 왜 그보다 먼저 백성에게 이러한 고통을 허락하셨는가? 여기서도 40:1-11은 해답을 준다. 2절의 하반절은 예루살렘을 향하여 "그녀의 죄악이 사함을 받았느니라 그녀의 모든 죄로 말미암아 야웨의 손에서 벌을 배나 받았느니라"고 말한다. 예언자는 유다의 멸망과 바빌론 포로가 유다 백성이 죄로 인해 받아야 할 형벌이었다고 주장한다. 하나님의 자비는 결코 백성을 떠난 적이 없지만, 하나님의 정의는 민족의 죄악에 징벌이 있어야 한다고 요구한다.(참조. 42:18-25; 50:1-3)

그러나 "그녀의 모든 죄로 말미암아 배나"(40:2) 되는 그렇게 엄청난 고통을 이스라엘 공동체가 받아야만 하는 이유는 무엇인가? 제2이사야는 이 백성의 고통이 어떤 의미에서 모든 민족을 구원하는(redemptive) 것이라고 답한다. 계약공동체로서 이스라엘은 이방인들의 죄를 짊어짐으로써 전 세계에 축복을 가져올 수 있고, 또 그래야만 한다. 적어도 이것은 잘 알려진 (그리고 논란도 많은) 종의 노래들(42:1-4; 49:1-6; 50:4-9; 52:13-53:12)의 요점이라 할 수 있다. 이 노래들은 하나님의 종(여기서는 이스라엘 백성으로 해석된다; 참조. 49:3)의 대속적인 고난이 민족들을 구원하고 그들에게 온전함과 평화(*shalom*)를 회복시켜 준다고 말한다.(53:5)

이러한 신학은 야웨가 역사의 주권자로서 모든 피조물을 위한 계획을 가지고 있다는 가정에 근거한다.(48:1-22) 여기서 출발하여 제2이사야는 야웨주의적(Yahwistic) 보편주의의 메시지를 선포한다. 포로기 이전 문학에 이러한 보편주의적 선포의 선례가 없지 않다. 그러나 제2이사야에서는 혁명적일 만큼 과감한 방식으로 선언되고 있다. 일례로, 예언자는 이전까지 이스라엘과 유다의 왕들을 가리키던 칭호인 메시아(하나님의 기름 부음 받은 자)를 페르시아인 정복자 고레스에게 적용한다.(41:2-4, 25-29; 44:28; 45:1-13; 46:8-11) 왜냐하면 고레스가 기원전 539년에 바빌론을 멸망시키고 포로들에게 귀향을 허가하는 칙령을 반포함으로써 이스라엘

의 구원자 역할을 하고 있기 때문이다.(스 1:2-4)

더욱더 놀라운 것은 제2이사야가 유일신론(monotheism)을 드러내 놓고 주장한다는 점이다. "야웨가 이같이 말하노라 … '나는 처음이요 나는 마지막이라 나 외에 다른 신이 없느니라.'"(44:6; 참조. 41:4; 43:10; 44:8; 45:5-7, 14, 18, 22; 48:12) 포로기 이전에 이런 신학의 선례가 있지만, 이론적인 유일신론을 우리가 처음 접하게 되는 것은 바로 제2이사야에서이다. 제2이사야는 야웨가 온 땅의 유일한 창조주이며(40:12-31), 열방의 우상들을 아무것도 아니라고 일축한다.(41:21-24; 44:9-20; 46:1-13) 예언자는 한 걸음 더 나아가 땅의 모든 민족이 돌이켜 이스라엘의 하나님을 경배하게 될 날을 예견한다. 이것은 억제되지 않은 낙천주의로 가득 찬, 거의 과감하다 할 정도의 강력한 메시지이다. 제2이사야의 모든 선포에는 하나님의 선하심과 위대하심 그리고 계약공동체와 민족들에 대한 임박한 구원을 선포하는 바로 이 거리낌없는 낙관주의가 깔려 있다.

제3이사야?

이사야 24-27장과 56-66장의 연대는 고레스가 포로귀환 칙령을 내린 기원전 538년 이후로 추정된다. 이 신탁은 예루살렘에서 나온 것으로 고레스 칙령으로 혜택을 입은 사람들의 경험을 묘사하고 있다. 귀환자들은 제2이사야가 꿈꾼 영광스러운 회복을 기대했으나 헤아릴 수 없는 고난, 특히 기근과 그로 인한 가난으로 좌절을 맛봐야 했다. 24-27, 56-66장의 신탁은 더해가는 비관주의, 나아가 절망을 증언한다. 절망과 좌절이 심해질수록, 귀환자들은 하나님께 그들의 불행한 상황을 기적적으로 해결해 주시길 구했다. 이런 관점에서 보면 그것은 현 세대가 대파국의 운명에 처했다고 하는 묵시적 언어로 한 걸음 내디딘 것이라 할 수 있다.(24:1-23; 26:1-19; 27:2-11; 65:17-25; 66:1-24)

절망의 신탁, 결국 묵시문학의 초기 형태라 할 수 있는 이 신탁들의 저자를 결정하기는 쉽지 않다. 그저 하나의 집단으로서 제2이사야의 "추종자들" 또는 "학파"로 규정하는 것이 최선이다. 이 명칭은 이사야 24–27, 56–66장이 제2이사야에 의존하고 나아가 그것들과 대화하고 있다는 사실을 인정한다. 동시에 그것은 제2이사야의 방심한 낙관주의와 포로기 이후 공동체가 경험하는 깊은 좌절 사이에 있는 간극을 해명하고 있다. 그러나 제3이사야라는 별개의 저자나 심지어 나이가 들어 환상에서 깨어난 제2이사야를 가정하는 다른 학자들도 있다. 이런저런 시도에도 불구하고 이 질문에 대한 해답은 아직 나오지 않고 있다. 우리가 확신할 수 있는 것은 이사야 34–35, 40–55장과 24–27, 56–66장은 우주를 통치하시는 하나님의 주권에 대한 공통의 이해를 가지고 발언하며 이스라엘 백성과 하나님의 관계라는 동일한 주제를 다룬다는 사실이다.

주석: 제2이사야와 제3이사야

여성 시온

이사야 34–35, 40–55장과 24–27, 56–66장은 여성적 이미지가 담긴 어휘를 공통적으로 사용한다. 양자 모두 예루살렘/시온을 여성으로 의인화한다. 제1이사야에도 이런 의인화가 이미 나왔기 때문에(1:21–23; 3:25–26) 여기서도 낯설지는 않다. 그러나 제1이사야에서 여성 시온은 배신자와 창녀라고 비난받았다. 반면 이사야의 6세기 자료에서 여성 예루살렘/시온의 이미지는 한 가지 예외(57:3, 6–13; cf. 47:1–15)를 제외하고 모두 긍정적이다.

이사야 66:7–16은 장차 올 예루살렘의 회복(restoration)을 기리는 신탁이다. 7–8절에서 시는 회복(rejuvenation)에 걸맞는 이미지, 곧 해산에 대한 묘사로 시작된다. 여기서 출산하는 어미는 다름 아닌 시온성이며,

그녀가 낳은 자녀는 다름 아닌 재건된 민족이다. 성서 전통에 따르면 아담과 하와가 에덴동산에서 쫓겨난 이래(창 3:16) 여성들은 출산의 고통이라는 저주를 받았다. 그러나 시온의 출산은 해산의 진통이 시작하기도 전에 끝난다. 66:7-8에서 이처럼 진통이 사라진 것은 낙원으로의 회복에 대한 전조이다.(참조. 51:3) 어머니 시온은 민족을 낳는 동시에 새로운 에덴을 낳는다.

여성 예루살렘/시온에 대한 긍정적인 서술은 시가 전개되면서 더욱 심화된다. 7-8절에서 출산을 한 어머니 시온은 이제 66:11a에서 그 갓난아이를 사랑으로 돌본다. 그 백성은 "그녀의 위로하는 가슴에서 … 젖이 넘치는 유방에서"(저자 역) 젖을 빨고 만족하게 될 것이다. 젊고 헌신적인 어머니 예루살렘은 12b절에 다시 나타나며, (고대 그리스어 역본을 따라 읽으면) 시온의 젖먹이들을 향하여 "너희가 [그 어머니] 옆에 안기며 그 무릎에서 놀 것이라"(참조. 49:22; 60:4, 9)는 약속이 주어진다. 13절에서 어머니 시온은 심지어 하나님에 비유된다. 그들은 둘 다 기적적인 출산과 백성의 회복을 이뤄내기 때문이다.

혹자는 66:7-16에 나오는 여성 예루살렘/시온 이미지가 아무리 긍정적이라 해도 이 시가 미래의 에덴에 대한 희망을 반영한다는 점에서 6세기의 예루살렘 또는 예루살렘으로 대변되는 당시 여성들에 대한 예언자의 태도를 정확하게 반영하지는 않는다고 주장할지도 모른다.(cf. 제1이사야는 그가 살던 당시의 여성들과 도시를 비판했지만, 동시에 미래의 고결한 도시, 고결한 여성들을 꿈꾸기도 했다. 1:24-26; 2:2-4; 4:2-6; 29:1-8) 그러나 사실상 포로기 이사야의 예언들은 이런 긍정적인 묘사를 당시의 예루살렘에 대한 묘사로까지 확장시켰다. 그러므로 49:14에서 기원전 587년에 닥친 멸망으로 고난당하는 시온은 비탄에 빠진 하나님의 딸로 묘사된다. 이런 이미지는 이사야와 마찬가지로 여성 시온에 대한 약탈을 묘사하는 애가서를 상기시킨다.(특히 애 1:1-22를 참조하라.) 그러나 제2이사야는 결국 이런 고뇌의 이미지를 거부하고, 황폐해졌음에도 불구하고 시온이 여전히 야웨가 사랑하는 자손이며, 더 중요하게는 자녀의 고통이 끝날 것임을 확언한다. 현재 시온이 겪고 있는 고난이 끝나리라는 약속은 51:17-52:2에도 나온다. 거기서 버림받은 어머니(51:18)와 아내(52:1)로 묘사된 예루살렘/시온은 깨어나 매인 사슬을 풀어버리라는 명령을 받는다. 그뿐만 아니라 지금은 사로잡혀 있지만 그녀는 여전히 "거룩한 성"이며, 이제 곧 "아름다운 옷"으로 치장하고 고레스 칙령으로 인해 가능해진 회복을 축하하게 될 것이라는 확신을 얻게 된다.(52:1)

독자들은 52:1에 나오는 예루살렘의 아름다운 옷을 혼인예복이라고 가정하고픈 유혹을 느낄 것이다. 예루살렘의 회복을 기뻐하는 6세기 이사야의 다른 시들에서(49:7-26; 54:1-10; 62:1-12) 결혼 이미지가 지배적인 것은 분명하다. 이사야 49:7-26은 딸 시온이 위로를 받을 것이라고 확언한 뒤, 회복된 도성의 영광을 결혼식 날 신부가 치장할 때 쓰는 보석에 비유한다.(18절) 마찬가지로 62:4는 예루살렘 성이 구원의 날에 더는 "버림받은 자"나 "황무지"라 불리지 않고 "나의 기쁨이 그녀에게 있다", 또는 "결혼한 여자"로 알려질 것이라는 약속을 받는다. 다음 구절은 이러한 결혼은유를 확장하여 "신랑이 신부를 기뻐함 같이 네 하나님이 너를 기뻐하시리라"(62:5)고 시온에게 약속한다.

이사야 54:1-10도 마찬가지로 시온을 야웨의 신부로 묘사한다. 하지만 이 시에서 일차적인 이미지는 결혼식에 대한 것이 아니라, 어긋났다가 이제 화해하는 부부에 대한 것이다. 그러므로 예루살렘/시온은 전에는 남편 야웨에게 버림받아 자식도 없는 아내였지만 이제는 하나님으로부터 많은 자손과 영원한 사랑을 약속받는다.

예루살렘/시온을 버려졌다가 다시 결혼관계로 돌아온 아내로 묘사하는 것은 6세기 이사야 자료(corpora)에서 우리가 발견하는 긍정적인 여성 도시 이미지의 또 다른 예이다. 존 소여(John Sawyer)에 따르면, 여기서 훨씬 더 이목을 끄는 것은 제2이사야가 버려진 아내를 예루살렘에 대한 긍정적인 이미지로 제시하면서 결혼관계를 깬 일차적인 책임이 남편인 하나님에게 있다고 암시한다는 점이다. 일례로 은유적인 언어로 예루살렘을 "버림을 받아 마음에 근심하는 아내", 곧 "어릴 때에 아내가 되었다가 버림을 받은 자"에 비유하는 이사야 54:6의 요지도 마찬가지인 것으로 보인다. 54:1-10에서 오직 짤막한 한 구절만 아내 예루살렘/시온이 남편이 그녀를 버린 것에 책임이 있다고 암시한다.("네 젊었을 때의 수치와 네 과부 때의 치욕", 4절)

그러나 여기서 성서해석자는 배우자를 동등한 존재로 보는 현대의 패러다임을 고대 이스라엘에 주입하여 읽지 않으려고 유념해야 한다. 당시 문화에서 결혼관계에 있어 권한은 남성에게 있었고, 여기에는 이혼을 먼저 요구할 권리도 포함된다.(신 24:1-4) 남편에게, 이 경우 하나님에게는 사회에서 비난도 전혀 받지 않고 아내를 버릴 권리가 있는 것이다. 더욱이 6세기 이사야의 신탁들이 남성적 이미지를 사용할 때 일관되게 하나님에게 비판적인지도 분명하지 않다. 이사야 34-35, 40-55장과 24-27, 56-66장 안에는 하나님의 남성적인 이미지를 긍정적으로 사용하는 단락들이 대단히 많다.(가령 62:4-5의 하나님은 사랑 많은 남편의 모습이다.) 그러나 54:1-10에서 하나님이 후회하는 남성의 역할이고, 여성이 괴롭힘을 당하는 역할이라는 점은 놀랍다.

여성 하나님

6세기 이사야의 신탁에 나타나는 많은 이미지는 여성적 이미지를 끌어들여 하나님을 묘사한다. 42:14에서는 산고와 출산의 이미지가 하나님에게 적용된다. 이 구절은 창조의 찬가 안에 놓여 있는데(42:5-17), 그 요점은 옛 일의 창조주이자 새 일의 창조주로서 포로 공동체를 구원하실 야웨를 기리는 것이다. 하나님은 혼란스러운 새 창조의 과정을 출산의 언어로 적절하게 묘사한다. "내가 해산하는 여인 같이 부르짖으리니 숨이 차서 심히 헐떡일 것이라."(42:14)

하나님의 모성을 연상시키는 단락들은 이사야 34-35, 40-55장과 24-27, 56-66장에도 있다. 45:9-10의 일련의 수사적 질문들은 야웨를 도공, 아버지, 어머니에 비유하는데, 하나님은 이 셋을 모두 함축한다. 야웨가 자신을 잊었다는 딸 시온의 탄식에 들은(49:14) 야웨는 "여인이 어찌 그 젖 먹는 자식을 잊겠으며 자기 태에서 난 아들을 긍휼히 여기지 않겠느냐"(49:15a)며 의문을 제기한다. 이 질문은 시온을 향한 야웨의 사랑이 자식을 향한 어머니의 헌신에 비견될 수 있음을 시사한다. 시인이 암시한 대로, 야웨와 어머니의 사랑은 둘 다 한결같다. 그러나 혹 인간인 어머니의 사랑이 시들해진다 해도, 하나님(divine) 어머니 야웨는 "나는 너를 잊지 아니할 것이라"(49:15b)고 시온에게 자신 있게 말한다. 자식을 위한 인간 어머니의 사랑이 지극하지만, 하나님(divine) 어머니 야웨의 시온성을 향한 사랑은 이것조차 뛰어넘는다.

마찬가지로 이사야 66:12-13도 지상의 어머니 예루살렘과 하나님(divine) 어머니 야웨를 비교한다. 13절에서 야웨는 "어머니가 자식을 위로하듯" 그 백성을 위로하겠다고 약속한다. 12절에서 젖먹이 공동체를 안고 무릎 위에서 어르는 어머니 예루살렘의 모습이 묘사될 때 이 위로의 성격이 분명해진다. 12절에 나오는 예루살렘의 어머니됨에 대한 이러한 이미지는 어머니 야웨가 젖먹는 이스라엘을 안고 놀아준다고 말하는 13절에서 은유적으로 확장된다. 마찬가지로 7-8절에서 해산하는 시온에 대한 신탁이 나온 후 9절에서도 출산의 이미지는 하나님에게 적용되며 야웨는 해산하는 시온과 스스로를 동일시한다.

필리스 트리블은 이사야 27:11b에서도 하나님에 대한 모성적 이미지가 사용된다고 강력하게 주장한다. 심판 신탁 안에 있는 이 본문은 야웨에 대해 "그들을 지으신 이가 불쌍히 여기지 아니하시며 그들을 조성하신 이가 은혜를 베풀지 아니하시리라"고 말한다. 여기서 동사 "짓다"와 "조성하다"가 여성형인지는 분명하지 않지만, 다른 본문에서 이 동사들은 모태에서 역사하시는 하나님과 관련된다.(렘 1:5a; 욥 31:15) 모태를 가리키는 히브리어 단어(*rechem*)와 연관되는 단어인 "자비"(*rachamim*)의 사용을 근거로 트리블은 하나님을 어머니로 암시하려는 것이 본문의 의도라고 확신한다.

이사야 46:3-4에서 동사 "짓다"와 명사 "모태"의 연결은 하나님을 어머니에 빗대고 있음을 나타낸다. 이 구절에서는 이스라엘의 유모이자 산파로서 야웨의 모습이 훨씬 더 생생하게 그려진다. 하나님은 산파와 같이 이스라엘을 모태에서 받아올리는 분이며, 유모와 같이 이스라엘 백성을 그 태어난 날부터 먹이는 분이다. 더욱이 '유모'로서 하나님의 신실함은 흔들리지 않는다. 즉 백성에게는 "너희가 노년에 이르기까지 내가 너희를 품을 것이라 … 내가 품고 구하여 내리라"(4절)는 약속이 주어진다.

결론

이사야 34-35, 40-55장과 24-27, 56-66장에서 우리는 긍정적인 여성 이미지를 많이 만날 수 있다. 이런 여성적 이미지의 풍요를 어떻게 설명할 수 있을까?

많은 학자가 설명을 시도했는데, 가령 메이어 그루버(Mayer Gruber)는 남성이 지배하는 종교에서 배제되었다고 느꼈던 여성 예배자들을 수용하기 위해 긍정적인 여성 이미지들이 의도적으로 도입되었다고 주장했다. 레아 브로너(Leah Bronner)는 왕정과 성전, 그리고 조국의 상실을 경험한 6세기의 이사야 저자가 아직 그 기능을 하고 있는 하나의 사회단위인 가정과 관련된 은유를 찾은 것이라고 주장한다. 그러므로 그녀의 주장은 결혼, 출산, 모성에 대한 강조가 전부 가정의 영역으로부터 끌어온 이미지들이라는 것이다.

6세기의 사회적 혼란이 이사야 34-35, 40-55장과 24-27, 56-66장에 나타나는 긍정적인 여성 이미지를 탄생시킨 자극제였음을 인식했다는 점에서 아마 브로너가 옳을 것이다. 그러나 해킷의 가설에 따르면, 브로너가 가정의 영역으로의 후퇴에 초점을 맞춘 것은 잘못이다. 오히려 다른 사회적 격동기와 마찬가지로 6세기에도 여성들은 공적 영역에서 힘을 행사할 수 있었을 거라고 해킷은 주장한다. 전에는 폄하되거나(시온) 무시당했던(모성, 출산 등) 것들을 포로기 이사야 자료에서 긍정적으로 묘사한 것은 여성 지위가 일시적으로 상승한 데 대한 반응이었을지 모른다. 다시 사회가 안정되자, 불행하게도 여성혐오도 다시 출현했다. 그러나 이사야 24-27, 34-35, 40-66장에는 다른 예언서는 물론 성서의 다른 어느 곳에서도 발견할 수 없는 긍정적인 여성 이미지의 유산이 남아 있다.

참고문헌

Bronner, Leah. "Gynomorphic Imagery in Exilic Isaiah(40-66)," *Dor Le Dor* 12(1983-1984), 71-83.

Clifford, Richard. *Fair Spoken and Persuading: An Interpretation of Second Isaiah.* Theological Inquiries. Ramsey, N.J.: Paulist Press, 1984.

Darr, Katheryn Pfisterer. "Like Warrior, Like Women: Destruction and Deliverance in Isaiah 42:10-17," *Catholic Biblical Quarterly* 49(1978), 560-571.

Gruber, Mayer. "The Motherhood of God in Second Isaiah," *Revue Biblique* 90(1983), 351-359.

Hackett, Jo Ann. "Women's Studies and the Hebrew Bible," *The Future of Biblical Studies: The Hebrew Scriptures.* ed. by R. E. Friedman and H. G. M. Williamson, 141-164. Atlanta: Scholars Press, 1987.

Kaiser, Otto. *Isaiah 1-12, A Commentary.* Old Testament Library. Philadelphia: Westminster Press, 1972.

______. *Isaiah 13-39, A Commentary.* Old Testament Library. Philadelphia: Westminster Press, 1974.

Muilenburg, James. "Isaiah: Introduction and Exegesis," *The Interpreter's Bible.* ed. by G. A. Buttrick, 5:381–773. Nashville: Abingdon Press, 1956.

Sawyer, J. F. A. "Daughter of Zion and Servant of the Lord in Isaiah: A Comparison," *Journal for the Study of the Old Testament* 44(1989), 89–107.

Trible, Phyllis. "Journey of a Metaphor," *God and the Rhetoric of Sexuality,* 31–59. Overtures to Biblical Theology. Philadelphia: Fortress Press, 1978.

예레미야

캐슬린 M. 오코너

Kathleen M. O'Connor

개관

예레미야서는 파국과 생존, 멸망과 재건, 슬픔과 기쁨에 대한 책이다. 예레미야서의 주제들은 서로 반향하고, 대립하면서 비극과 희망의 애절한 교향곡을 만들어낸다. 이 책에는 여성들에 대한 이미지가 풍부하게 나타나지만, 여성들을 정형화하고, 하찮게 취급하며, 민족에 닥친 재난의 책임을 여성들에게 전가하는 방식일 때가 많다. 그러나 여성들이 이 책을 비판적으로 읽는다면, 예레미야서의 고통이 여성들 자신의 고통을 반영하고 있으며, 예레미야서의 희망이 여성들에게 다른 미래를 약속한다는 사실을 깨닫게 될 것이다.

예레미야서의 발전과 저자

예레미야서에는 질서나 계획이 없어 보이는 문학 자료들이 섞여 있다. 그래서 예레미야서를 읽는 독자들은 당황할 수 있다. 예레미야의 시들은 예레미야에 대한 이야기들과 뒤섞여 있을 뿐 아니라 예레미야에게 돌려지는 산문체 설교들과도 섞여 있다. 연대가 표시된 표제들은 맞지 않고, 구절들은 예상치 못한 상이한 문맥에서 다시 나타나며, 희망의 메시지는 파멸에 대한 위협과 공존한다. 그 결과 계시적인 요리법이 필요한 문학적인 잡탕(soup)이 탄생했는데 어떤 재료들을 사용해서 이 잡탕을 만들었는지 묘사하는 것은 가능하지 않다.

20세기 동안 대체로 해석자들은 예레미야서에 독립된 세 개의 기록문서 혹은 문헌 자료가 있고 이것을 결합한 것은 신명기에 영향 받은 편집자들이라고 생각했다. 이 세 가지 자료는 예레미야의 시, 그의 서기 바룩이 전하는 예레미야에 대한 이야기들, 편집자들에 의해 예레미야의 것으로 돌려진 설교들을 말한다.

20세기 말 학계는 이러한 일치된 견해에 의문을 제기하고 있다. 한 해석자는 신명기적(Deuteronomistic) 편집자의 관련설을 부인하면서 예레미야서 대부분이 예레미야와 바룩에게 귀속된다고 보았다. 학계의 두 번째 주장은 오랜 기간 동안 예언 자료들을 수집한 공동체의 익명의 구성원이 그것을 예레미야의 것으로 돌렸다는 것이다. 세 번째 제기된 주장은 아무리 예레미야의 말이 이 책의 핵심을 이루고 있다 해도 독자들이 그것을 복원해 낼 수는 없다는 것이다. 왜냐하면 예레미야의 선포에 대한 후대의 첨가로 인해 예레미야의 원래의 말이 모호해졌기 때문이다.

예레미야

이러한 논의를 통해 독자들이 과연 본문에서 예레미야라는 인물 자체를 만날 수 있는지에 대해서 해석자들마다 의견이 다르다는 것을 분명히 알 수 있다. 본문을 예레미야의 생애에 대한 믿을 만한 보도로 보는 입장부터 예레미야를 허구의 인물로 보는 입장까지 의견은 다양하다. 그러나 고대의 저자들은 사건의 의미를 전달하는 것이 목적이었기 때문에, 그것을 위해서 자료를 자유롭게 구성했다.

예레미야서는 예레미야에 대한 하나의 묘사를 제시하는데, 거기에는 사실과 해석이 뗄 수 없이 섞여 있다. 예레미야의 말과 행동이 본문 안에 있을 공산이 크지만, 어느 것이 역사적 정보이고 어느 것이 해석인지를 결정하기는 어렵다. 그럼에도 불구하고, 확실한 것은 이 공동체가 이 예언자의 메시지를 살아 있는 말씀으로 인식하고 있었다는 사실이다. 그들은 그 메시지를 기억하고 소중히 보존했으며, 포로로 끌려가 귀환의 희망 속에서 사는 동안 그것을 각색했다. 이 책의 최종 형태가 갖추어진 것은 아마도 귀환을 희망하던 이 시기거나 아니면 귀환 직후였을 것이다. 그 목적은 백성들이 자신들이 겪은 비극을 이해하고 정체성을 회복하여 미래를 향해 나아갈 수 있도록 돕는 것이었다.

역사적 맥락

예레미야의 예언은 모진 고통의 세월에서 나온 것이다. 예레미야에 보도된 사건들은 요시야 왕이 통치하던 기원전 626년에 시작되어(1:2) 582년이 지난 얼마 후 여호야긴 왕이 망명지에서 죽는 데서 끝난다.(52:34) 이 기간 동안 유다라는 민족국가는 내적, 외적으로 혼란을 겪어야 했다. 이집트와 바빌론은 유다의 통제권을 두고 경쟁하고 있었다. 605년에 결국 유다는 바빌론의 봉신국이 되었다. 이런 상황 하에서 바빌론은 유다로부터 높은 세금을 걷어가고, 왕위에는 꼭두각시 왕을 앉혀놓고서, 국내 사안들에 간섭했다.

유다는 세 차례 반란을 일으켰으나, 그때마다 바빌론은 침략으로 대응했다.(597, 587, 582년) 침략할 때마다 유력 인사들과 상류 계층 사람들은 바빌론으로 끌려갔다.(39:1-10; 52:1-30) 587년의 침략에서 바빌론은 예루살렘을 파괴했다. 바빌론 군대는 장기간 포위 끝에 성벽을 부수고, 왕궁과 성전을 파괴한 후, 왕과 그 가족을 사로잡아갔고, 유다의 많은 지도자를 살해했다. 기원전 582년, 유다 땅의 삶은 극도로 피폐해졌다.

예레미야는 바빌론이 장악하기 전에는 유다의 임박한 멸망을 예언했다. 백성이 자신들의 우상숭배와 불의를 회개하지 않으면 그들에게 재난이 닥칠 것이다. 재난이 정말 일어났을 때 예레미야는 그들에게 바빌론에 투항하라고 외쳤는데, 바빌론은 하나님이 사용하시는 도구였기 때문이다. 그러나 국가가 패망한 이후, 예언자의 선포는 희망의 말로 바뀐다.

구조

예레미야서는 작은 단위에서는 질서가 없지만, 큰 구획은 쉽게 구별된다. 1-25장의 유다와 예루살렘에 대한 고발, 26-29장, 예언자에 대한 설화인 34-45장, 위로의 소책자인 30-33장, 열방에 대한 신탁인 46-51장, 마지막으로 열왕기하 24-25장에서 유래한 에필로그인 52장이다.

주석

유해한 젠더 언어

예레미야서에는 여성 이미지가 풍부하기 때문에 예레미야가 여성들의 현실에 특히 민감했다는 인상을 준다. 여성 비유들은 유다 국가와 예루살렘 도시를 의인화한 표현이다. 여성들의 고통은 백성 전체의 고통을 상징한다. 그러나 예레미야가 여성 언어를 사용한 것은 좋게 봐야 양날의 검이다. 한편으로 그 존재는 여성들의 고통스러운 상황에 대한 인식이 있음을 시사한다. 그러나 다른 한편으로 그것은 여성을 악함의 상징으로 사용하고, 민족의 멸망에 대한 책임을 여성에게 전가하며, 여성들의 경험을 남성들에게 적용함으로써 그것을 부당하게 활용한 처사이다.

신부, 간음한자, 창녀(2:1-4:4)

예레미야의 소명 설화(1장)가 나온 후, 원래는 독립되어 있던 운문과 산문 단락의 수집물로 예레미야의 선포가 시작된다.(2:1-4:4) 이 단락들은 민족의 죄와 부정(infidelity)을 고발한다. 이 단락들을 통합하는 한 가지 특징은 부정한 성적 파트너라는 여성 모티프이다. 남성적 표현이 나타나는 일부 단락들도 있지만(2:14-19; 2:26-28; 4:1-4), 여성 이미지들은 강하게 비난하는 수사로 이 단락들을 묶어준다.

첫 번째 시(2:1-3)는 이어질 내용에 대한 독자의 인식을 형성한다. 남편 하나님은 아내가 과거에 보여준 충실함을 회상한다. "내가 너의 청년 때의 헌신과, 네 신혼 때의 사랑을 기억한다."(2:2b) 그는 슬픈 목소리로 광야에서의 신혼시절과 아내의 헌신과 그녀에게 자신이 베푼 애정을 떠올린다. 향수에 젖은 이 시의 어조는 그들의 결혼이 끝났음을 나타낸다. 이어지는 시들은(2:4-13, 14-19) 이 관계에서 무엇이 잘못되었는지 질문을 던지고, 하나님을 버린 민족을 고발한다.(11, 13, 17절)

2:20-25에서 비난은 격렬해진다. 이 시는 이 신부를 간음한 여인으로, 또한 매춘부(prostitute)로 바꿔놓는다. "창녀"(whore)(2:20)로 번역된 이 단어는 아마 문란한 미혼여성을 가리킬 것이다. 그러나 2:1-3에서 깨어진 결혼관계는 이 여성의 죄가 간음이라고 시사한다. 신부였던 여인은 계약관계가 깨져 자유의 몸이다. "너는 옛적부터 너의 멍에를 부러뜨렸다."(2:20) 언덕마다, 또 푸른 나무 밑에서 그녀는 "창녀짓을 한다."(2:20b)

시인은 그녀의 죄를 묘사하면서 이미지들을 겹겹이 쌓아놓는다. 이제 그녀는 "상한" 포도주와 같다.(2:21) 부정(infidelity)을 저질러 음탕하고 불결해진 그녀는 잿물로 씻어도 깨끗해질 수 없다.(2:22) 마치 발정난 암낙타나 들암나귀처럼 헐떡이며 그녀는 우상을 찾아다닌다.(2:23-24) 이 구절에서 동물 이미지가 창녀 언어와 합쳐지면서 여성의 성은 야성적이고, 혐오스러우며 통제불가능한 것으로 규정된다. 이 여성은 스스로도 어쩌질 못한다. "헛된 말이라 내가 이방 신들을 사랑하였은즉 그를 따라 가

겠노라."(2:25)

그녀의 남편인 하나님은 그녀의 반항에 대해 심문한다.(2:29-32) 잔인하게도 그는 그녀를 돌아오게 하려고 자녀들을 쳤다고 말한다. 그러고는 그녀의 변덕을 비웃는다. "처녀가 어찌 그의 패물을 잊겠느냐? 신부가 어찌 그의 예복을 잊겠느냐?"(2:32; 참조. 4:30) 이 질문이 기대하는 답은 당연히 '아니오'다. 그것은 생각조차 할 수 없다. 치장하는 것에 마음을 빼긴 처녀가 패물을 잊을 리는 없다. 그런데도 여성들은 사소한 것들에 완전히 사로잡혔고, 이스라엘은 쉽게도 그들의 하나님을 잊었다.

다음 시를 보면, 이 난잡한 여성은 다른 사람까지 물들인다.(2:33-37) 스스로 연인을 찾아나서는 데 만족할 줄 모르고 "악한 여자들"에게 창녀짓을 가르치기도 한다.(2:33) 설상가상으로 그녀는 이스라엘 민족 중 가난한 자들을 무정하게 죽인다. "너의 치맛자락에는 가난한 사람들의 죄 없는 피가 묻어 있다. 그들이 담을 뚫고 들어오다가 너에게 붙잡힌 것도 아닌데, 너는 그들을 죽였다."(2:34) 여기서 시인은 이상할 정도로 뒤틀린 이미지들을 동원하여 한 여성을 통해 가난한 자들을 무자비하게 대한 이스라엘 민족의 모습을 그리고 있다. 그러나 고대 이스라엘에서 학대당하는 가난한 자들만큼 힘없고 존중받지 못했던 것은 여성들이었다.

다음 시에서(3:1-5) 남편은 법에 근거해서 두 차례 이혼당하고 거부당한 아내를 데려오기를 거절한다. 신명기 24:1-4에 의하면, 두 번째 남편에게 이혼당한 여성은 첫 번째 남편에게 돌아올 수 없다. 그들이 재결합한다면 그것은 그 땅을 죄로 물들이는 일이 될 것이다.(신 24:4) 이스라엘 사회에서 이혼한 여성은 생존의 희망이 거의 남지 않은 거나 다름없다. 따라서 이 시는 위협적인 언어로 민족의 운명을 그리고 있는 것이다. 예레미야의 시는 남편인 하나님이 자기 아내를 데려오길 원한다 해도, 그녀를 구하는 것을 율법에 금한다고 말한다.

다른 구절들도 계속해서 그 땅을 오염시키는 부정한 여인의 은유를 사용한다. 한 산문 단락에서는(3:6-11) 북이스라엘 왕국이 땅을 음행

(harlotry)으로 오염시켰다고 고발한다. 그런데 유다는 그보다 더한 죄를 짓고 있다. 유다 역시 음녀 짓을 하여(3:8), "행음함을 가볍게 여기고 행음하여 이 땅을 더럽혔다."(3:9) 예언자들 입장에서 삶에서의 도덕성은 그 땅에서의 안녕과 직결된다. 유다의 음행은 양떼와 소떼와 백성들을 삼켜버리고(3:24), 땅에 기근을 가져온다.(3:3; 13:25-27; 14:1-6)

이상의 시 모음집에서 근간이 되는 은유는 계약관계를 상징하는 결혼 은유이다. 이 은유는 예레미야가 창조한 것이 아니라 호세아 예언자로부터 차용한 것이다.(1:2-3:9) 그러나 두 예언자가 사용한 언어의 원천은 고대 이스라엘의 결혼과 매춘 제도이다. 기혼 여성들은 권리라는 것이 거의 없었으며 남편의 재산으로 간주되었으며, 남성들과는 달리 부정(infidelity)을 저질렀을 때 엄격한 처벌을 받았다.

그렇지만 결혼 은유를 예레미야가 사용한 것이 부정적이기만 한 것은 아니다. 이 은유는 친밀함과 애정이라는 보편적인 인간 경험과 관련시켜 계약을 설명함으로써 그것을 납득가능하며 매력적인 것으로 그리기 때문이다. 게다가 그것은 신(神)을 연약하고 인간의 죄로 상처받는 존재로 묘사함으로써 하나님에 대한 공감을 불러일으킨다. 한 시에서 하나님이 이혼한 아내에게 돌아오라고 재촉할 때 하나님은 당시 사회보다 여성들에게 더 잘 대해준다.(3:1-5) 그러나 이런 언어는 장점보다 부정적인 영향이 더 크다. 예레미야는 결혼 언어로 신과 인간 사이의 친밀감을 강조하기보다 아내의 부정을 극적으로 표현하기 때문이다. 결혼 언어는 오로지 남성만 신에 걸맞는 상징으로 사용함으로써 남성들은 높이고, 여성들과 그들의 성(sexuality)은 악과 배신의 상징으로 사용함으로써 낙인찍는다.

딸 언어

예레미야는 민족들과 도시들을 여성으로 의인화함으로써 또 한 번 여성들을 악(evil)의 상징으로 사용한다. 의인화는 사물을 사람으로 표현하는 문학적 장치이다. 도시와 나라들을 가리키는 히브리어 명사가 문법적으로 여성형이다 보니, 시인들로서는 그것들을 여성으로 의인화하기가 쉬웠을 것이다. 예레미야는 여러 구절에서 유다와 예루살렘을 "딸"로 의인화한다. "딸 내 백성"(4:11; 6:26; 8:11, 19, 21, 22; 9:1, 6; 14:17; 저자역), "딸 시온[새번역, 개역개정에는 '시온의 딸']"(4:31; 6:2, 23), "처녀 딸"(31:21; 49:4; NRSV: "virgin"), 그리고 다른 민족을 가리키는 "딸"(46:11, 19, 24; 48:18; 50:42; 51:33)이 그것이다.

이런 표현들은 비난과 고발의 어조를 강화한다. 시인은 "반역한 딸"에게 돌아오라고 강권한다.(31:21–22) 하나님은 목자들을 보내 사랑하는 딸을 멸절시키겠다고 약속한다.(6:2–3) "딸 애굽이 수치를 당할 것이다."(46:24) 딸 언어가 긍정적인 함의를 띠는 경우도 있다. 아버지는 죽어가는 딸에 대해 애통해 한다.(8:11, 19, 21–22; 9:1; 14:17; 참조. 4:31)

그러나 딸 언어가 어떻게 사용되든 그것은 딸의 가치가 기껏해야 애매할 뿐이던 가부장적인 세계를 반영한다.(6:26) 딸의 가치는 그녀가 가져올 신부지참금이나 결혼으로 맺게 되는 가족 간 동맹으로 올라간다. 이런 언어는 딸에 대한 상냥한 관심을 표현할 때조차 남성은 하나님을 표상하고 여성은 또다시 잘못을 저지르는 민족들과 도시들을 상징하는 그런 관계구조를 전해준다.

하늘의 여왕(7:18과 44:15–28)

여성들에 대한 예레미야서의 비난은 우상숭배에 관한 산문체 설교에서 가장 단호해진다.(44:15–28) 이 설교는 예레미야의 성전 설교(7장)에서 처음 나타난 개념을 발전시킨다. 7장에서 예레미야는 하늘 여왕에게 예배하며 우상숭배에 참여하는 가족 전체를 고발한다. "자식들은 나무를 줍고 아버지들은 불을 피우며 부녀들은 가루를 반죽하여 하늘의 여왕을 위하여 과자를 만든다."(7:18)

바로 이 고발이 44장에서는 재해석되고 확장된다. 44장은 하늘 여왕에게 예배를 드린 여성만 비난하면서 남편들은 아내들을 통제하지 못한 것에 대해서만 공격한다.(44:15-19, 24-25) 그러므로 44장은 국가 붕괴의 직접적 원인을 여성에게 돌린다.(20-23, 26-30절) 이 단락은 하와 이야기의 패턴을 따라(창 3장), 죽음과 재앙이 여성들의 불순종으로 인한 것이라고 주장한다.(이 이야기의 긍정적인 측면에 대한 고찰은 이하의 내용을 참조하라.)

너의 마음에 할례를 행하라(4:4)

예레미야는 유다의 남성들에게 하나님을 위해 스스로 할례를 행하라고 명한다. "너희 마음의 포피를 잘라 내어라."(4:4) 처음 보면 이 명령은 남성을 위한 의식을 여성들도 참여할 수 있는 영적인 사건으로 전환하는 듯 보인다. 그러나 그렇지 않다. 오히려 예레미야의 명령은 유다의 할례받은 남성에게 온 마음을 다해 계약 의식에 따라 살기를 촉구하는 것이기 때문이다.

하나님 언어의 문제

하나님에 대한 칭호로 예레미야가 선호하는 것은 남성적 표현들인데, 이는 고대 세계의 사회 현실에서 유래한 것이다. 그 중에는 아버지(3:4, 19; 31:9), 판관(12:2-3), 왕(8:19; 10:7)이 있고, 가장 자주 등장하는 것은 만군의 야웨로 이것은 만군의 주로도 번역된다. 가부장제 사회에서 이 표상들은 자애로울 수도, 억압적일 수도 있다. 그러나 그들의 권력 행사 방식이 어떻든 그들이 자기 밑에 있는 모든 이들의 삶을 통제하는 것은 분명하다.

예레미야가 사용하는 이런 칭호들은 하나님의 권위, 정의, 능력을 묘사한다. 그런데 여성들의 입장에서 문제는 예레미야서에 여성들의 삶에서 끌어낸 하나님 칭호가 부족하다는 사실이다. 결국 예레미야는 남성이 하나님을 표상하고 여성은 아니라고 은연중에 가르친다. 게다가 이런 칭호들은 위계적인 인간 관계를 강화한다.

예레미야서는 자주 백성을 폭력적으로 벌하는 자로 하나님을 그리는데, 여기서 위에서 지적한 문제가 더 복잡해진다.(예. 5:10, 15-71; 6:12, 19; 8:17) 특히 13장의 언어는 주의를 요하는데, 거기서 하나님은 여성으로 표현된 민족을 그녀의 죄 때문에 강간한다. "네 치마가 벗겨지고 네 몸이 폭행을 당한 것은, 바로 네가 저지른 많은 죄악 때문이다."(13:22) "내가 네 치마를 네 얼굴에까지 들춰서…."(13:26) 하나님을 표현하는 이런 언어는 인간관계를 반영하며, 암묵적으로는 인간들의 행위를 정당화한다. 전부는 아니더라도 예레미야의 하나님 언어는 상당 부분 여성에 대한 폭력을 정당화하고, 여성들을 인간 왕들과 판관들, 그리고 아버지들에게 종속시키는 역할을 한다.

예레미야서에 나타난 여성의 중요성: 여성의 역사

여성과 관련시켜 예레미야서를 이렇게 비판한다고 이야기가 끝난 것은 아니다. 남성중심적 관점과 여성에 대한 유해한 편견에도 불구하고, 예레미야서는 여성들에게 유익한 문학적·신학적·정치적인 자원도 있기 때문이다. 예레미야서는 과거 여성들의 실제 삶의 단면을 보여준다. 하나님과 여성들을 긍정적으로 그리는 시적 이미지도 나타난다. 여성들을 위로하고 더 나은 미래를 위한 희망을 심어주는 이야기들과 주제들도 담겨 있다.

아내, 매춘부, 이혼여성, 곡하는 여인들, 어머니들, 예배하는 여인들, 전쟁 희생자들에 대한 예레미야의 이미지 배후에는 실제 여인들이 있다. 고대 문학의 흐린 장막 너머 그들을 만나는 것은 그들의 고통스러운 역사를 현대 여성들에게 상기시키고 그들과 그들의 딸들을 위한 다른 미래를 절실히 바라는 일이 될 것이다.

곡하는 여인들(9:17-22)

아마도 대개는 가정이라는 테두리 안에 머물러 있었겠지만, 죽음이나 전쟁에서 패배하는 특정한 상황에서 여성들은 전문적으로 곡하는 일을 했다. 곡하는 여인들이 하는 일은 통곡하고 울부짖으며 가족의 슬픔을 표현하는 것이었다. 이들이 행하는 공식적인 통곡은 다른 사람의 눈물을 대신하는 것은 아니었다. 그 목적은 사랑하는 사람의 죽음 앞에서 모두가 울음을 터뜨릴 수 있게 슬픔을 표현하는 것을 돕는 것이었다.

예레미야는 전문적으로 곡하는 여성들의 이미지를 써서 민족의 비극적인 운명을 극적으로 표현한다. "너희는 잘 생각해 보고 곡하는 부녀를 불러오며 … 그들로 빨리 와서 우리를 위하여 애곡하여 우리의 눈에서 눈물이 떨어지게 하라."(9:17-18) 예레미야는 곡하는 자들을 불러 울며 통곡하게 한다. 그런데 곡하는 대상이 되는 시신은 죽은 사람이 아니라 다름 아닌 이스라엘 민족이다. "너희 딸들에게 애곡하게 하고 각기 이웃에게 슬픈 노래를 가르치라"(9:20)고 예레미야는 외친다. "무릇 사망이 우리 창문을 통하여 넘어 들어왔다."(9:21)

하늘의 여왕(44:15-28)

이스라엘 여성들이 하늘의 여왕에게 제사드린 것은 확실해 보인다. 여성들은 성전 제의에 온전하게 참여하는 데서 배제되었고, 이스라엘에서 지배적인 하나님 관념은 남성적이었다. 이런 상황에서 하늘의 여왕은 여성들에게 보호와 풍요를 가져다주는 여성신의 역할을 했다.(44:17)

하늘 여왕의 정체는 불분명하다. 아마도 고대 근동의 풍요여신들의 자질을 둘 이상 가지고 있을 수 있다. 여성들이 그녀를 어떤 식으로든 이스라엘의 하나님과 연관시켜 이해했을 가능성도 있다. 그렇다면 여성들에게 우상숭배의 의도는 없었을 것이다. 이런 제사의식을 두고 가족 전체를 고발하는 7:18과 달리, 44장에서는 왜 여성들만 비난하는지 설명하기 어렵다. 시간이 흐르면서 하늘의 여왕에 대한 제사의식이 남성들 사이에서는 쇠퇴하고, 여성들 사이에서 더 유행했을 수도 있고, 44장이 여성혐오가 더 심해진 사회의 변화를 반영할 수도 있다.

오늘날 여성들의 관점에서 44장에 나오는 하늘 여왕을 숭배하는 자들은 긍정적인 함의를 갖는다. 이들은 그들 나름의 하위문화를 가진 지혜롭고, 독립적인 여성들이었다. 이 여신에게 제사드리기를 멈추었을 때, 여성들은 "모든 것이 궁핍하고", "칼과 기근에 멸망을 당하였다."(44:18-19) 이런 경험을 근거로 여성들은 종교적 주체가 되어 오늘날의 많은 여성처럼 독자적으로 제의를 주도할 수 있었다.

유아희생

예레미야서가 신랄하게 비판하는 또 하나의 우상숭배는 유아희생제이다.(7:31-32; 19:5; 32:35) 유아희생제의가 어느 정도로 행해졌으며, 거기서 여성들의 역할이 무엇이었는지 학자들은 알지 못한다. 여성들은 유아희생에 저항했을 수도 있고, 행하는 주체였을 수도 있다. 어느 쪽이든 유아희생이라는 관행은 여성들에게 엄청난 공포와 고통을 주었을 것이다. 여성들의 삶은 대체로 자녀들에게 집중되어 있었고, 그들의 신분과 때로는 그들의 미래까지 자녀들에게 의존했기 때문이다.

출산

예레미야에는 출산하는 여인들이 자주 등장한다.(4:31; 6:24; 13:21; 20:14-18; 22:23; 30:6; 48:41; 49:24; 50:43) 출산 이미지가 풍부하다는 것은 예언자가 여성들에 대해 특히 민감하다는 사실을 나타내거나, 아니면 출산이 남성들에겐 너무 큰 공포여서 민족에게 다가오는 재난에 대한 적절한 상징이 될 수 있었다는 것을 의미한다. 시인의 관심을 끈 것은 출산의 기쁨이 아니라 진통이 닥쳐올 때 여성들이 겪는 두려움과 진통, 그리고 절망감, 곧 "숨을 헐떡이며 그의 손을 펴서" 외치는 "고통"의 "소리"이다.(4:31)

예레미야는 출산을 죽음의 상징으로 사용함으로써 그 의미를 전도시킨다.(참조. 31:8) 그는 여인들의 진통을 남성들과 전사들, 나아가 이스라엘 민족에게 적용한다. 해산하는 여인과 같이 진통이 남성들을 압도하게 될 것이다. "어찌하여 모든 남자가 해산하는 여자 같이 손을 자기 허리에 대고 있는가?"(30:6) 예레미야는 생명에 대한 여성들 고유의 희생을 전용하여 그것을 남성들에게 적용함으로써 죽음의 은유로 바꾸어놓는다.

전시(戰時)의 여성들

역사를 보면 전시에는 특히 여성들과 아이들이 고통당한다. 그러나 예레미야는 전시에 여성들이 경험하는 공포를 이용해서 다가오는 재난을 강조한다. 전쟁은 모든 계급의 여성들에게 영향을 미칠 것이다. 왕실 여인들은 포로로 끌려가고(38:22-23), 지주의 부인들은 적들에게 넘겨질 것이며(6:12), 가난한 여인들은 살아남아 바빌론 침략의 여파 가운데 유다에서 혼돈 속 분투에 직면하게 될 것이다.(40:7)

전쟁으로 과부가 된 여인들은 아브라함과 사라에게 주어진 약속의 반전을 상징한다. "그들의 과부가 내 앞에 바다 모래보다 더 많아졌느니라. 내가 대낮에 파멸시킬 자를 그들에게로 데려다가 그들과 청년들의 어미를 쳤다."(15:8) 전에는 복 받은 자로 여겨졌던 일곱 아이의 어미는 전쟁이 그녀의 자손을 쓸어가 버릴 것이기 때문에 저주받은 자가 될 것이다.(15:9) 전통적인 저주를 사용해서 예레미야는 적들의 아내들이 과부가 되게 해달라고 하나님께 구한다.(18:21) 그는 예루살렘에 기근이 극심하여 부모가 자식의 살을 먹게 될 것이라 예언한다.(19:9) 이런 일이 예루살렘에서 실제로 있었는지 확실치 않지만, 기근이 극심했던 것은 분명하다.(38:9; 52:6; cf. 애 2:20; 4:10)

실패한 지도층

예레미야서의 여성주의적 읽기는 여성들이 눈에 띄는 역할을 하는 본문뿐 아니라 여성들의 투쟁에 모델을 제공하는 본문에도 주의를 기울일 필요가 있다. 예를 들어, 지도층의 실패에 대한 예레미야의 비판은 여성들의 말과 재능, 그리고 경험을 무시하거나 부정할 때가 아주 많은 종교 지도자 그리고 기관들과 관계하는 현대 여성들에게 하나의 모델을 제시한다.

예레미야가 살던 시절 공동체는 리더십을 자처하는 여러 세력들 때문에 골치를 앓고 있었다. 예레미야는 불의를 행하고 하나님의 말씀을 듣지 않는 예언자, 제사장들, 왕들을 운문과 산문형태로 고발한다.(6:13-15; 14:13-18; 20:1-6; 22-23장; 26장; 27-28장; 36-39장) 예언자들은 평화가 가깝지 않은데도 평화롭다는 말로 백성을 속이고 있다.(6:14; 8:11) 왕은 웅장한 궁전을 지으면서 가난하고 궁핍한 자들의 송사는 돌보지 않는다.(22:13-17) 그리고 제사장은 예레미야를 성전 안에 가두고서 백성들에게는 거짓말을 한다.(20:1-6)

왕권은 힘을 잃고 포로민은 미래의 방향제시를 원하고 있었던 포로기에 이러한 패권다툼은 특히 심해졌다. 과연 누가 하나님의 말씀을 전해줄 것인가가 중요한 문제로 대두했다. 예레미야서 후반부의 여러 이야기에는 이런 갈등이 나타난다. 26장에서 제사장들과 예언자들이 예레미야의 선포를 듣고 그에게 사형선고를 내린다. 27-28장에서 예레미야는 예언자 하나냐에 맞서 둘 중 누가 진정으로 공동체를 위한 계시를 받았는지 논쟁을 벌인다. 36장에서 왕은 예레미야의 예언이 담긴 두루마리를 태워 없애고, 예레미야와 바룩은 숨어 지낼 수밖에 없었다. 여성들은 반대와 박해에도 불구하고 변함없이 신실한 예레미야를 보면서 용기를 얻을 수 있다.

고난

예레미야의 고난이라는 주제는 이 책의 서로 독립된 자료들을 하나로 이어주는 끈이라 할 수 있다. 예레미야의 고난은 그의 소명 설화에서부터 시작되는데, 거기서 하나님은 백성이 그에 맞서 싸울 것이라고 말씀하신다.(1:19) 적들은 그의 생명을 빼앗으려 하고 있고(11:19, 21), 그의 가족조차 그에게 등을 돌린다.(12:6) 한 제사장은 그를 때린 후 차꼬를 채워 성전에 가둔다.(20:1-6) 왕들은 그의 예언을 거부하고(26, 36장), 그의 목숨을 위협하며, 옥에 가둔다.(37-38장) 두 차례-한 번은 귀족인 아히감에 의해서(26장), 또 한 번은 아프리카 출신의 왕실 관리인 에벳멜렉에 의해서-죽을 고비를 넘긴 적도 있지만, 그의 활동은 비극으로 끝난다. 그의 백성 가운데 몇 사람이 이집트로 피난가면서 원하지도 않는 예레미야를 억지로 끌고간다.(43장)

예레미야의 고통은 단지 육체적인 것만은 아니었다. '고백록'으로 불리는 여러 시편들은(11:18-12:6; 15:10-21; 17:14-18; 18:18-23; 20:7-13) 번뇌와 고독, 그리고 의심에 휩싸인 예언자로 예레미야를 그린다. 이 고백시편들은 1인칭으로 서술된 기도로 일반적으로 탄식시와 동일한 문학양식을 따르고 있다. 탄식시에서 화자는 하나님께 자신의 고통에 대해 항의하고 자신들의 문제, 즉 자신들이 처한 곤경에 개입해 주시길 간구하고, 하나님의 구원을 기대하며 찬양을 올린다.

예레미야는 이런 기도형식을 활용하여 적들의 공격에 대해서(11:19; 18:19-23; 20:10), 자신의 예언자 사명(15:15-17; 17:15-16; 20:7-9)에 대해서, 그리고 무엇보다 하나님의 부당한 처사에 대해서(12:1-2; 15:18; 20:7) 거세게 항의한다. 예레미야는 자신을 둘러싼 악을 보며 하나님 탓을 한다.(12:12) 그는 자신의 삶이 외롭고(15:17), 자신이 하는 임무가 지긋지긋한 것이(20:8-9) 다 하나님 때문이라고 원망한다. 그는 하나님을 "속이는 시내", "말라버린 물"(15:8)로 부르며, 하나님이 자신을 속이고 기만했다고 고발한다.(20:7)

예레미야의 탄식은 예언자 사명 고유의 어려움 때문에 일어난다. 그러한 곤경 한가운데서 그는 하나님을 향해 분노의 주먹질을 하기도 하고, 속이고 기만하는 하나님을 고발하고, 심지어 자신의 사명을 피하려고 한다. 그러나 이렇게 분노와 절망을 분출하는 중에도 하나님과 예레미야의 관계는 긴밀하다. 오히려 예레미야의 분노 표출은 그의 신실함을 드러내는 매개체가 된다. 이 고백들은 "가난한 자의 생명을 행악자의 손에서 구원하시는"(20:13) 하나님을 찬양하면서 끝난다.

이런 고백들과 예레미야 자신의 삶이 어떻게 관련되는지는 학자들 사이에 논란이 있다. 어떤 학자들은 이런 기도들이 예레미야를 고난당하는 백성의 상징으로 보았던 후대 편집자의 작품이라고 생각한다. 예레미야처럼 이스라엘 백성도 포로가 되어 자기 땅에서 끌려가고 성전을 빼앗겼기 때문이다. 또한 백성은 한 민족으로서 매맞고 옥에 갇히고 죽음에 직면해야 했다. 예레미야처럼 백성들 역시 분노와 절망에 차서 하나님께 부르짖으며, 포로가 된 백성들은 속이고 불의한 하나님을 재판에 회부하려 했다.

예레미야의 고백을 이렇게 이해하는 것이 옳다면, 이것은 종교당국에 의해 자신들의 말을 거부당하는, 또한 매를 맞고 학대당하면서 하나님이 자신들을 버리고 배반한 것은 아닌지 의문을 품는 모든 여성의 항변에 대한 하나의 모델이 될 수 있다. 고난당하는 여성들은 예레미야와 함께 "어찌하여 나의 고통이 그치지 않습니까?"(15:18)라고 외칠 수 있다. 예레미야처럼 여성들도 분노와 의심을 표출함으로써 "가난한 자의 생명을 행악자의 손에서 구원하시는"(20:13) 하나님께 자신들의 신실함을 드러낼 수 있다.

탄식(lamentation)과 통곡(weeping)

비탄과 탄식, 그리고 애통은 예레미야서 전체에 나타난다. 라헬이 그의 자녀를 위하여 애곡하며(31:15), 곡하는 여인들이 민족을 위하여 통곡하고(9:17-19), 가축과 땅조차 울부짖는다.(9:10) 예레미야도 하나님의 양떼가 사로잡히자 통곡한다.(13:17) 하나님은 예레미야를 향하여 이렇게 외치라고 명령한다. "내 눈이 밤낮으로 그치지 아니하고 눈물을 흘리리니 이는 처녀 딸 내 백성이 참혹하게 얻어맞아 죽을 지경에 이르렀기 때문이다."(14:17)

예레미야서에서는 하나님 자신도 통곡한다. 두 편의 시에서는(8:18-21; 9:1-3) 울고 있는 인물이 예레미야인지 하나님인지 구분되지 않는다. "죽임 당한 내 백성을 위하여 내가 낮이나 밤이나 울 수 있도록 내 머리가 물이 되고 내 눈은 눈물샘이 되었으면!"(9:1) 두 인물이 이렇게 합류하는 것은 일종의 시적 장치로서 예언자가 하나님을 대변하여 말하고 행동한다는 사실을 드러낸다. 하나님은 울부짖는다. "나의 기쁨이 사라졌다. 나의 슬픔은 나을 길이 없고, 내 마음은 병들었다."(8:18) "불쌍한 내 백성이 상하였으므로, 나도 상하며 슬퍼하며 놀라움에 잡혔도다."(8:21) 이런 통곡의 시들 안에서 하나님은 백성의 고통으로부터 멀리 있지 않다. 하나님은 백성과 동일시된다. 백성의 고통은 곧 하나님의 고통이다.

이 시들에서 백성과 함께 탄식하고 슬피 우는 하나님의 모습은 벌하고 멸하는 하나님과 모순되어 보인다. 자기파멸의 길에서 자녀들을 구해내기를 간절히 바라는 어머니처럼 하나님은 백성이 처한 운명 때문에 비통해 한다. "이런 일을 내가 벌하지 않을 수가 있겠느냐?"(5:9, 29) 그리고 그녀는 대체 어떻게 자신이 자녀들을 실망시킬 수 있었는지를 묻는다. "내가 이스라엘에게 광야가 되었었느냐 캄캄한 땅이 되었었느냐?"(2:31)

통곡과 탄식이라는 예레미야의 주제는 보편적인 인간 경험에 호소한다. 그러나 통곡과 슬픔, 즉 자녀와 사랑하는 가족, 그리고 자신과 세상에 대한 그런 슬픔을 특별히 잘 아는 것은 다름 아닌 여성들이다. 예레미야의 통곡은 여성들로 하여금 자신들의 '이름 없는'(unnamed) 슬픔을 인식하고 표현할 수 있게 해준다. 아마도 여성들은 하나님 앞에, 즉 위협하고 벌주는 하나님이 아니라 여성들의 고통을 지고 함께 울어주는 하나님 앞에 자신들의 고통을 내려놓을 수 있을 것이다.

희망(30-33장)

예레미야서 전체에 깊게 흐르고 있는 파국과 비탄, 그리고 절망의 분위기를 상쇄할 만한 희망은 파편적으로만 나타난다.(3:14-18; 12:14-17; 16:14-15; 17:24-26; 22:2-4; 23:5-8; 24:4-7; 29:10-14; 42:7-12) 소위 "위로의 소책자"로 불리는 일종의 산문과 운문 모음집에서(30-33장), 슬픔은 기쁨으로 바뀌고, 통곡은 노래가 된다. 위로의 책은 예레미야서의 다른 데서 나온 파괴와 죽음에 관한 여러 주제들을 역전시켜 치유와 새로운 삶을 선포한다. 이 시편들은 여성들을 긍정적으로 그려낸다. 여성들은 분명하게 귀환자들에 포함되며, 회복된 사회의 상징으로 제시된다.

온전함의 회복(30:8-31:6)

예언자는 포로로 살아가는 청중들의 현실을 완전히 뒤집는 꿈의 세계를 그려낸다. 그의 약속은 청중들을 희망의 끝자락에 세워놓기 위해 의도된 것이다. 언젠가 하나님께서 그들의 목에서 멍에를 꺾고(30:8), 그들이 흩어졌던 땅에 그들을 다시 모을 것이다.(30:10-11) 하나님께서는 쫓겨난 여인 시온의 고칠 수 없는 상처를 고쳐주실 것이다.(30:12-17) "야웨의 말씀이니라 그들이 쫓겨난 자라 하매 시온을 찾는 자가 없은즉 내가 너의 상처로부터 새 살이 돋아나게 하여 너를 고쳐 주리라."(30:17)

위로의 책에 나오는 시들은 귀환의 주제를 중심으로 움직인다. 한 시에서는 패배의 굴욕 이후에 하나님께서 민족의 명예를 회복시키고 통곡을 즐거워하는 소리로 바꾸실 것이라고 약속한다.(30:18-22) "그들에게서 감사하는 소리가 나오고 즐거워하는 자들의 소리가 나오리라."(30:19) 민족은 그 수가 늘어나고 번성할 것이며(30:19), 그들의 지도자가 같은 민족에서 나올 것이다.(30:21) 또 다른 시에 따르면, 처녀 이스라엘은 소고를 들고 "즐거워하는 자들과 함께 춤추며 나와" 민족의 재건을 축하할 것이다.(31:4) 이 시편은 처녀 이스라엘을, 홍해를 건너 이집트를 탈출한 후 소고를 들고 춤추며 노래했던 미리암과 일군의 여성들에 비유하고 있다.(출 15:21) 그때처럼 하나님은 다시 한 번 포로들을 해방시키고, 여성들은 종교적 주체로서 귀환의 사건을 예배하며(in worship) 축하할 것이다.

귀환(31:7-14)

새로운 시작은 분명하게 눈앞에 와 있다. 또 한 편의 시는 이 새로운 시작을 맞아 "기쁨으로 크게 노래하라"는 명령으로 시작된다.(31:7-14) 예레미야서에서 처음으로 북쪽은 침략군이 오는 방향이 아닌(1:13; 6:22), 포로들이 귀환을 시작하는 장소로 나타난다.(31:8) 두렵고 잔인하게 들어오는 군대와 달리, 귀환자들이 고향으로 돌아오는 모습은 연약하고 상처받은 자들의 행진으로 그려진다. 그들은 소경과 절뚝발이와 잉태한 여인과 해산하는 여인들의 큰 무리이다.(31:8) 이 시에서 출산은 죽음이 아니라, 수많은 백성을 잃은 민족을 채워줄 새 생명을 상징한다.

아직은 실현되지 않은 이 낙원에서 모든 이들은 삶의 기쁨과 풍요를 함께 나눌 것이다. 백성들은 "곡식과 새 포도주와 기름과 어린 양의 떼와 소의 떼를 얻고 크게 기뻐하리라. 그 심령은 물 댄 동산 같겠고 다시는 근심이 없으리로다."(31:12) 여성과 남성, 청년과 노인, 제사장들과 백성이 모두 위로를 얻고 기뻐하며 풍요와 만족을 누리게 될 것이다.(31:13-14) 이런 시들이 상상하는 변화된 사회는 단지 예배뿐 아니라 물질적 삶의 축제에 모든 사람이 참여하는 사회적 비전을 제시한다. 모든 사람이 "곡식과 새 포도주와 기름"을 그리고 "양떼와 소떼"를 함께 나눌 것이다.(31:12, 5) 이런 사회는 모든 사람의 기본적인 필요를 충족시키며, 정의와 조화, 그리고 평화를 특징으로 할 것이다.

이스라엘의 어머니, 라헬(31:15-22)

귀환을 선포하는 또 다른 시에서 이스라엘의 어머니, 라헬의 위로는 바로 이러한 새로운 사회를 상징한다.(31:15-22) 시는 자녀를 잃고 슬프게 통곡하는 라헬의 모습을 그려준다. 자녀를 잃은 어머니가 그렇듯, "그녀는 자식들이 없어졌으니, 위로를 받기조차 거절한다."(31:15) 하나님께서는 자식을 여읜 어미에게 "네 울음 소리와 네 눈물을 멈추어라 … 그들이 그의 대적의 땅에서 돌아오리라 너의 장래에 소망이 있을 것이라"(31:16-17)고 말씀하신다. 독자들은 가슴이 멎도록 놀라운 이 소식에 라헬이 기뻐하는 모습을 상상할 수 있다. 그녀의 자녀들은 죽지 않았다. 하나님께서 그들을 그녀에게 돌려주실 것이다.

이제 이 시는 죄를 회개하고 자비로운 하나님께 용서받은 자녀인 에브라임으로 관심을 돌린다. 라헬의 아들을 향한 하나님의 애정은 어머니의 애정 만큼이나 강하다. "내가 깊이 생각하고 내가 반드시 그를 불쌍히 여기리라."(31:20) 여기서 불쌍히 여긴다는 의미의 히브리어 단어는 자궁을 뜻하는 단어와 어원이 같다. 따라서 이 시편에서 하나님 역시 백성의 어머니이다.(참조. Trible)

라헬의 시는 수수께끼 같은 행으로 끝난다. 하나님은 "반역한 딸" 이스라엘을 향해 "새 일을 세상에 창조하였나니 곧 여자가 남자를 둘러 싸리라"(31:22)고 약속하신다. 글자 그대로 번역하면 두 번째 행은 "한 여인이 한 전사를 둘러싼다"(a female surrounds a warrior)인데, 그 의미는 분명하지 않다. 여성들이 능동적인 주체가 되어 회복된 백성의 번식에 참여하는 미래의 성적 관계를 의미할 수도 있고, 여성들이 전사들을 보호할 수 있게 되는 평화로운 사회를 말하는 것일 수도 있다. 또는 어떤 역할의 역전을 말하는 것일 수도 있다. 분명한 것은 여성들의 놀라운 새 역할이 새로이 세워진 기쁨에 찬 사회의 변화된 관계 질서를 상징한다는 사실이다.

새 언약(31:31-34)

이렇게 회복된 사회의 근본적인 측면은 거기서는 "작은 자로부터 큰 자까지" 모두가 언약관계 속에서 살게 될 것이라는 점이다. 예레미야서에서 가장 유명한 이 단락에서(31:31-34), 하나님은 이스라엘 전체와 새로운 언약을 맺겠노라 약속한다. 이 약속은 신약성서가 아니라 하나님과 이스라엘 사이의 언약의 갱신을 가리킨다. 과거에 이스라엘은 그 언약을 거듭 깨뜨렸었다. 그러나 앞으로는 온 백성이 전심으로 그 언약 관계에 따라 살아갈 것이다. 하나님께서 이것을 가능케 하실 것이다. “내가 나의 법을 그들의 속에 두며 그들의 마음에 기록하여 나는 그들의 하나님이 되고 그들은 내 백성이 될 것이라.”(31:33)

이 단락은 결혼 이미지를 끌어들이지만(31:32), 그것은 그들이 어떤 부정을 저지르든 하나님이 그들을 버리지 않으신다는 확신을 백성에게 심어주기 위한 것이다. 하나님은 그들이 고통 중에 있을 때도 그들과 함께 계셨고, 상호이해와 헌신의 언약 관계로 그들과 하나 되기를 원하신다. 게다가 이 언약에서는 어느 누구도 하나님과 특별한 관계라거나 더 친밀하다고 주장할 수 없다. 가장 작은 자로부터 가장 큰 자까지 모두 하나님을 알게 될 것이다. 이러한 비전에는 선택된 소수의 종교적 지배에 도전하는 평등주의적 주장이 담겨 있다. 그것은 상호성과 상호의존에 근거한 사회적 관계라는 새로운 질서를 희망하는 여성들을 위한 자원이 된다.

인간과 지구

인간들을 지구의 동반자가 아닌 지배자로 생각하는 위계적인 이분법은 예언자들에게서 나타나지 않는다. 예레미야에게 인간은 지구의 일부이며, 지구의 운명은 인간들의 성실성에 달려 있다. 창세기 1:3의 언어를 빌려서 예레미야는 인간의 죄로 인해 지구가 혼돈으로 돌아갈 것이라고 예언한다.(4:23-28; 참조. 14장) 31:35-37에서 하나님은 이러한 비전을 역전시켜 창조가 그치지 않는 한, 그리고 하늘을 측량할 수 없는 한 이스라엘을 결코 버리지 않겠다고 약속하신다.

한 사회가 지구를 대하는 방식은 여성을 대하는 방식과 연관될 때가 많다. 전통적으로 여성들은 땅과 연관되어 남성에게 종속된 존재들이었다. 예레미야의 시는 이러한 전제에 도전한다. 지구, 그리고 거기에 사는 모든 거주민은 하나님의 피조물이며, 개인의 생존은 전체의 생존에 달려 있다.

하나님 언어

비록 예레미야서가 하나님을 주로 남성적 언어로 그린다 해도, 몇몇 단락에서 하나님은 가부장적 이미지의 좁은 한계를 벗어난다. 하나님은 백성이 처한 운명 때문에 울고, 애도하고, 울부짖는다.(8:19–9:3) 또한 하나님은 백성의 건강을 회복시키는 치유자이다.(30:17; 33:6) 그리고 하나님은 백성과 올바른 관계를 맺기 위해 그들을 빚고, 때로 깨뜨리고, 다시 만드는 도공이다.(8:1–12) 하나님은 끊을 수 없는 사랑의 끈으로 자녀와 연결된 어머니다.(31:20) 하나님은 불의(injustice)와 종교적 오만을 싫어하는 언약 체결자이며(7:1–15), 상호적이고 정의로운 언약 관계를 요청하신다.(31:31–34) 이러한 신의 이미지는 유대교와 기독교 신앙 안에서 여성들이 자기 자리를 주장할 수 있는 신학적 근거를 제공한다.

참고문헌

Ackerman, Susan. "'And the Women Knead Dough': The Worship of the Queen of Heaven in Sixth Century Judah," *Gender and Difference in Ancient Israel*. ed. by Peggy L. Day, 109–124. Minneapolis: Fortress Press, 1989.

Bird, Phyllis. "'To Play the Harlot': An Inquiry Into an Old Testament Metaphor," *Gender and Difference in Ancient Israel*. ed. by Peggy L. Day, 75–94. Minneapolis: Fortress Press, 1989.

Carroll, Robert P. *Jeremiah*. Old Testament Library. Philadelphia: Westminster Press, 1986.

Follis, Elaine R. "The Holy City as Daughter," *Directions in Biblical Hebrew Poetry*. ed. by Elaine R. Follis, 173–184. Journal for the Study of the Old Testament Supplement Series 40. Sheffield: JSOT Press, 1987.

Holladay, William L. *Jeremiah.* 2 vols. Hermeneia. Philadelphia and Minneapolis: Fortress Press, 1986, 1989.

McKane, William. *A Critical and Exegetical Commentary on Jeremiah.* Vol. 1. International Critical Commentary. Edinburgh: T. & T. Clark, 1986.

Trible, Phyllis. "Journey of a Metaphor," *God and the Rhetoric of Sexuality*, 31–59. Overtures to Biblical Theology. Philadelphia: Fortress Press, 1978.

예레미야 애가

캐슬린 M. 오코너
Kathleen M. O'Connor

개관

애가서는 한 전쟁에서 살아남은 자들의 애끓는 고통과 비탄에서 나온 외침이다. 이 책에 담긴 슬픔은 어느 시대에나 일어나는 전쟁을 반영하고 있으며, 전쟁의 공포와 무상함을 증언하고 있다. 여성들은 애가서에서 전쟁의 참혹함을 묘사할 때 두드러지며, 백성의 고통을 상징하는 역할을 하고 있다.

배경과 목적

바빌론의 예루살렘 침략은 기원전 589년부터 587년까지 계속되었다. 침략 초기에 이미 도시는 폐허가 되었고, 왕궁과 성전은 파괴되었으며, 많은 사람이 죽고, 도시의 유력한 시민들은 바빌론으로 끌려갔다. 전쟁의 여파로 생존자들은 도성을 휩쓴 끔찍한 기근을 비롯한 전쟁의 참화에 대한 쓰디쓴 기억들에 직면해야 했다. 전쟁으로 인해 발생한 엄청난 문제들 중에는 육체적 생존의 문제를 넘어서 극복 불가능해 보이는 정서적이고 영적인 딜레마들도 있었다. 예루살렘에 남은 자들이 보기에는 하나님이 자신들을 잊고 등을 돌리셨든지 아니면 그들을 영원히 버리신 것 같았다. 애가서에 나오는 다섯 편의 시는 이처럼 맞물린 재난들에 직면한 백성들의 절절한 응답이라 할 수 있다.

저자

오랜 전통에 따르면, 애가서는 예언자 예레미야의 작품이다. 이 책의 그리스어 번역인 칠십인역 서문은 예레미야를 애가서의 저자로 언급하며, 칠십인역 경전에서 애가서는 예레미야서 바로 뒤에 놓인다. 예레미야서와 마찬가지로 애가서는 백성의 운명을 한탄하는 탄식시 형식을 사용했다. 예레미야서와 가까운 동시대 작품인 애가서는 여러 면에서 바로 그 "고통당하는 예언자"의 정신을 환기시킨다. 그러나 예레미야가 애가서의 저자일 가능성은 거의 없다. 왜냐하면 시의 언어와 정신이 예레미야서의 그것과 너무 다르기 때문이다. 게다가 애가서의 히브리어 본문은 예레미야를 언급하지 않으며 히브리어 정경은 그 위치도 달라서 애가서는 다섯 개의 두루마리(*megillot*)에 속한다.

그보다는 한 명, 또는 그 이상의 익명의 저자들이 백성들이 공적으로 암송할 수 있도록 탄식시들을 지었다는 설명이 가능하다. 생존자들은 폐허가 된 성전터에서 이 시들을 암송하면서 자신들에게 닥쳤던 재난들을 기억하고 슬픔을 토로했을 수 있다.(렘 41:5) 사람들이 그들이 경험한 비극을 떠올리고 통곡하면서 그 고통을 표출하는 데 탄식시가 도움이 되었다는 점에서, 애가서는 실로 이스라엘 백성의 작품이다. 이스라엘에서 여성들은 공식적으로 애도자의 역할을 했기 때문에, 이 책의 저자 가운데는 여성도 있을 수 있지만 이 가능성을 뒷받침해줄 증거는 없다.

이 책은 유대교와 기독교 공동체들의 제의에서 그 생명력을 이어가고 있다. 유대인들은 아브월(Ab) 9일에 애가를 암송하면서 기원후 70년에 멸망한 제2성전을 기리고, 기독교인들은 이 책의 부분들을 고난주간 예배에서 사용한다.

문학적 양식

애가서에 사용된 주요 문학 양식은 탄식시이다. 탄식시란 화자가 자신의 상황에 대해 하나님께 불평하고 구원을 비는 제의적 기도 또는 시편들을 말한다. 이때 화자는 개인이나 공동체를 대표한다. 탄식시 양식에 전형적으로 나타나는 요소들은 일련의 불평들, 죄의 고백, 하나님의 은총을 구함, 적에 대한 탄원으로 이것들은 애가서의 시 다섯 편에 모두 나타난다.

그런데 중요한 것은 이 다섯 편의 탄식시에는 탄식시편(예. 시 22편)에 관습적으로 나타나는 찬양하는 말이 없다는 점이다. 찬양문이 없다는 것은 이스라엘 백성의 절망과 혼란이 너무 심해서 하나님을 직접 찬양할 수는 없었음을 나타낸다. 그럼에도 불구하고, 탄식시 양식을 사용한 그 자체가 바로 신실한 행위이다. 왜냐하면 설명할 수 없는 고난 한가운데서 하나님께 토로하는 것이 바로 이 양식의 목적이기 때문이다.

세 편의 탄식시에는 또 하나의 문학 양식이 통합되어 있는데, 이것은 시에 나타나는 슬픔과 절망의 표현을 극대화한다. 그것은 장례식 절차에 사용되는 만가, 또는 곡소리이다.(1:1; 2:1; 4:1) 2박 뒤에 3박이 나오는 "절뚝거리는" 리듬은 만가의 특징이다. 키나(*qinah*) 박자로 알려진 이 리듬은 애가서에 나오는 시 전체에서 발견되는데, 이것은 민족의 사멸을 경험한 백성들의 비탄을 강조한다.

문학적 배열

탄식시 양식 외에도 탄식시 한 편 한 편에는 영어번역에 드러나지 않는 문학적 구성이 더 있다. 모든 시는 어떤 식으로는 22개의 히브리어 알파벳에 상응한다. 네 편의 시는(1-4장) 구절의 첫 글자가 히브리어 알파벳 순서와 맞는 아크로스틱(acrostic) 시이다. 3장은 이 아크로스틱 형식을 극대화시켜 세 구절씩을 히브리어 알파벳 하나에 할당했다. 5장은 아크로스틱 형식은 아니지만, 이 장 역시 22구절로 되어 있다는 점에서 일종의 알파벳 시라 할 수 있다. 이러한 알파벳 도식을 통해 알 수 있는 것은 이 시들이 되는 대로 쏟아낸 것이 아닌 신중하게 통제된, 예술적 창작이라는 것이다. 시들의 짜임새 있는 구성은 압도적인 혼란의 경험을 제한하는 효과가 있기 때문에 이스라엘 백성의 비극을 살아낼 만한 것으로 보이게 만든다.

신중한 문학적 배치는 책 전체로 확대된다. 희망을 극대화시켜 표현한 유일한 시인 3장을 중심으로(21-66절) 나머지 네 장은 틀이 된다. 이러한 틀 장치는 3장을 신학적 핵심으로 강조함으로써 암흑 같은 시간 속에서 희망을 향해 나아가려는 공동체의 움직임을 돋보이게 한다.

주석

애가서의 감성을 자극하는 아름다움에도 불구하고 애가서를 읽는 여성들이 주의를 기울여야 하는 이유가 몇 가지 있다. 여성에 대한 편견이 애가서의 이미지와 구조에서 발견되기 때문이다.

모호한 젠더 이미지

1, 2, 4장에 나오는 시들은 다양한 여성 이미지들을 사용하여 유다와 예루살렘을 묘사한다. 이러한 이미지들은 유동적이며, 서로 종횡으로 얽혀 있어서 마치 여러 명의 여성들이 한 시에 등장한다는 인상을 준다. 그

러나 유다와 예루살렘에 대한 여성적 표상들은 예루살렘의 의인화인 "딸 시온"이라는 하나의 은유로 통합된다. 1, 2, 4장에서는 내레이터가 "딸 시온"에 대해 말하며, 1:12-22와 2:11, 20-22에서는 딸 시온 자신이 직접 말한다.

딸 시온

의인화란 사물에게 인간의 자질을 부여하는 문학장치이다. 히브리어에서 도시나 나라가 문법적으로 여성형이기 때문에, 성서의 시인들이 도시들을 여성으로 상징화한 것은 쉽게 납득이 간다. 시온이라는 도시명 속에 도시의 수호 여신에 대한 고대적 개념의 흔적이 남아 있을 수 있다. 그러나 만약 그렇다면 그것이 어떤 신성을 담지한다는 증거는 애가서에서 사라졌다고 볼 수 있다. 딸 시온으로 예루살렘을 의인화하는 것은 성전이 지어진 도시 중심에 있는 산의 이름에서 유래한 것이다. 시온은 하나님이 거하시기로 선택한 장소였다.

그러므로 "딸 시온"이라는 명칭은 일견 당시 여성들에게 성서에서 아주 존귀한 여성 상징을 부여하는 것으로 보인다. 그녀[시온]는 하나님이 사랑하는 딸이다. 그녀는 백성의 비탄을 감동적으로 대변하는 자이며, 시편의 많은 화자처럼 자신의 슬픔을 강렬한 감정 언어로 표현한다.(1:16, 20; 2:11) 결국 그녀는 희생자 역할을 벗어던지고(1장), 하나님의 적수가 되어 그녀와 그녀의 백성을 홀대하시는 하나님께 도전한다.(2:20-22)

애가서의 저자들이 이 책에서 딸 시온에 그렇게 두드러지는 역할을 부여했다는 사실은 그들이 공동체의 고통을 표현하는 은유로 그것을 사용할 만큼 여성의 고통을 인식하고 높이 평가했다는 것을 알 수 있다. 그럼에도 불구하고, 딸 시온에 관한 시적 비유는 여성에게 해로운 뉘앙스를 띠고 있다. "딸"이라는 칭호가 시온을 향한 하나님의 온화함을 전한다 해도, 동시에 그 용어는 여성을 남성으로 상징되는 신성에 종속적인 존재로 그린다. 더욱이 애가서는—특히, 1장은—딸 시온을 비방의 대상으로, 그녀가 겪는 고통의 원인으로, 그리고 자신을 학대하는 데 협조하는 여성으로 그린다.

월경하는 여성(1:1-11, 17)

애가서를 시작하는 구절은 황폐해진 예루살렘을 과부에 비유함으로써 독자의 공감을 자아낸다. 고대 세계에서 '과부'는 그저 남편을 여읜 아내를 가리키는 것이 아니라 남편이 죽어서 경제적인 부양을 박탈당한 아내를 특별히 지칭한다. 그녀[과부]는 상황의 무고한 희생자이다. 그러나 애가 1:2는 이 무고한 과부를 "연인으로부터 버림받은" 문란한 여자로 바꾸어 버린다. 이미지의 이러한 전환은 그녀가 겪는 고통의 책임을 그녀 자신에게 돌린다.

이어지는 구절은 딸 시온을 특별히 다루면서 그녀가 겪는 비극에 대해 대놓고 그녀를 비난한다. 그녀가 고통당하는 것은 "그녀의 죄가 많기 때문이다."(1:5) 그녀는 "크게 범죄함으로 조소거리가 되었다."(1:8) "그녀의 더러움이 치마 속에 묻어 있으나 자기 앞날을 생각하지 않는다."(1:9)

일부 구절에 사용된 언어는 영어 번역에는 분명하게 나타나지 않는 함의를 시에 드리운다. 가령 "불결"(uncleaness)을 나타내는 히브리어 단어는(1:9) 제의적 부정(impurity)을 가리키는데, 여기에는 여러 가지 기원이 있을 수 있다. 특히 여성과 관련해서는 월경으로 인한 부정(레 19:19-30) 또는 간음으로 인한 부정(민 5:9)이 있다. 딸 시온의 부정은 간음으로 인해 발생한 것인데, 딸 시온은 앞날을 전혀 생각하지 않고 간음을 행한다.(1:9) 그럼에도 불구하고 월경으로 인한 부정은 1장에서 딸 시온이 겪는 수치의 한 측면이다. 그녀는 대적들 가운데서 "더러운 것"(*niddah*, 1:17)이 되었다. 여기에 사용된 히브리어 단어는 일반적인 의미의 '부정'을 뜻하지만 종종 월경을 특별히 지칭하기도 한다. 1:8에서 "조소거리"(*nidah*)로 번역되는 비슷한 단어는 이 "더러운 것"(*niddah*)과 연결된 언어유희일 수도 있다. 그 여인은 조소거리가 되었는데, 그것은 그녀가 월경을 하여 불결하기 때문이다. 그러므로 이 장에서 자연 상태의 여성의 몸이 수치와 굴욕의 은유가 된다.

딸 시온의 수치는 또 다른 방식으로 그녀의 몸과 관련된다. "그녀에게 영광돌리던 모든 사람이 그녀를 업신여겼다. 그들이 그녀가 벗은 것을 보았기 때문이다."(1:8) 고대 이스라엘에서 신체노출은 엄청난 불명예의 원인이었기 때문에 옷을 벗기는 것이 창녀나 신입 노예에 대한 형벌로 사용되기도 했다. 이 시에서 딸 시온의 벌거벗음에 대해서 구체적으로 설명되지 않는다. 그러나 그녀의 수모와 신체적 굴욕은 명백하게 나타난다.

학대당하는 여성(1:12-27)

1장의 후반부에서, 딸 시온은 직접 말하기 시작한다. 1장은 공동체에 닥친 재앙을 신학적으로 설명하는 것을 목표로 한다. 즉 하나님이 무능해서가 아니라 백성들의 죄와 부정(infidelity) 때문에 비극이 일어났다는 것이다. 딸 시온이 자신의 고통을 토로할 때 그녀는 오늘날 매맞는 여성들의 상황을 떠올리게 하는 언어로 자신을 묘사한다. 그녀는 자신이 믿었던 사람에게 학대당하고 매맞고 고문당한다. 그녀는 비통한 심정으로 자신의 애환을 토로하고, 그 원인을 열거한다. 그 고통을 주신 분은 바로 하나님이시다. "그가 진노하신 날에, 높은 곳에서 나의 골수에 불을 보내어 이기게 하시고 내 발 앞에 그물을 쳐서 나로 물러가게 하셨으며, 종일토록 나를 피곤하게 하여 황폐하게 하셨다."(1:12-13) 딸 시온은 학대자의 과도한 행위에 대해 자기 자신을 탓한다. 오늘날 가정 폭력의 희생자들과 마찬가지로 그녀는 자부심이라는 게 전혀 없는 것처럼 보인다. "야웨는 의로우시다. 그러나 내가 그의 명령을 거역하였다."(1:18)

이처럼 1장에서 시인은 인간들에게 책임을 돌리면서 간음과 월경하는 여성, 학대당하는 여성의 은유를 끌어들인다. 그 결과, 이 시는 도시의 멸망에 대해서 상징적으로 여성들만 비난하고 여성들과 그들의 몸에 대한 모멸감을 주입시킨다. 그 중에서도 가장 불순한 것은 1장이 하나님을 학대자로 묘사함으로써 여성들의 학대를 간접적으로나마 정당화하고 있다는 점이다.

애가서의 구조에 나타난 젠더 이미지

젠더에 대한 이 책의 편견은 그 구조에서도 잘 드러난다. 저자는 백성을 비난하거나 백성이 겪는 굴욕에 대해 말할 때, 여성 상징을 사용한다.(1, 2, 4장) 반면 희망을 말하고(3:55-66), 하나님의 도움을 직접 구할 때는(5:1-19, 22), 여성 상징이 사라진다. 5장에서 화자는 여성이 아니라 공동체의 집단적 목소리이다. 책의 신학적 정수에 해당하는 3장의 화자는 남성이다. NRSV 역본은 3:1을 "나는 고통을 당하는 자(the one)이다"로 번역함으로써 이 구절에 나타난 남성의 목소리를 가린다. 이 번역은 2장에서부터 계속해서 화자는 딸 시온인 것으로 암시하지만, 사실 하나님의 자비가 "아침마다 새로우"(3:23)며 하나님께서 "내 원통함을 풀어주셨다"(3:58)고 선언하는 자는 딸 시온이 아닌 "힘센 남자" 또는 "전사"(*geber*, 3:1)이다. 바로 이 남자가 떠오르는 예루살렘을 대표하고 하나님의 한결같은 사랑을 확신하는(3:22) 자인 것이다.

여성들의 역사

애가서에서 상징적 인물인 여성들은 복합적인 메시지를 전한다. 그러나 실제 여성으로 언급될 때 그것은 고통스럽고도 명확한 방식으로 여성들의 역사를 설명한다. 이 책은 전쟁이 끝난 후에도 오랫동안 고통당하는 숨겨진 전쟁 희생자들의 존재를 드러낸다. 어떤 구절들은 남성들과 다른 사회집단들이 겪는 고통과 나란히 여성들의 고통을 언급한다. 젊은 여자들은 젊은 남자들과 함께 포로로 잡혀가고(1:18), 양쪽 다 무자비하게 학살당한다.(2:21) 어린 소녀들과 장로들이 함께 시온의 멸망에 대해 애곡한다.(2:10) 한편, 여성들이 겪는 곤경에 특히 관심을 기울이는 구절도 있다. “나의 성읍의 모든 젊은 여자들의 운명”(3:51)으로 인해 슬퍼하는 남성 화자도 있다. “어머니들이 과부들 같다.”(5:3) “여성들이 시온에서 강간을 당한다.”(5:11)

그러나 전쟁이 여성들에게 미친 영향은 기근에 대한 생생한 장면묘사에서 가장 예리하게 드러난다. 기근은 모든 사람에게 미치지만(4:9; 2:19), 그 충격은 어미와 어린 자녀들에게 가장 크게 마련이다. “어린 자녀와 젖먹는 아이들이 성읍 길거리에서 기절한다.”(2:11) 어머니들은 아이들이 먹을 것을 달라고 우는 것을 들으며, 그들이 자기 품 안에서 죽는 것을 본다.(2:12) “아이들이 먹을 것을 구하나, 그들에게 뭐라도 줄 수 있는 사람이 없다.”(4:3-4) “젖을 주어 새끼들을 먹이는” 들개와 달리, 이스라엘은 잔인해진다.(4:3)

애가서의 시들이 아이를 잡아먹는 어머니를 고발하는 대목에서 굶주림은 공포로 변한다. 4장의 화자는 “자비로운 여인들이 자기 손으로 자기 자녀들을 삶아 먹었다”(4:10)고 보도한다. 딸 시온은 신의 형벌이 불러온 끔찍한 결과를 묘사하면서 “여인들이 어찌 자기 열매 곧 그들이 낳은 아이들을 먹을 수 있겠습니까”(2:20)라며 하나님을 향해 비난을 퍼붓는다.

대부분의 어머니들은 자기 자식이 자기 손에 죽게 되는 것보다 더한 공포를 상상할 수 없을 것이다. 정말로 여성들이 사람을 잡아먹는 지경에 이르렀다면, 아마도 그것은 자기를 위해서가 아니라 굶어 죽는 다른 자녀를 먹이기 위해서였을 것이다. 이런 비통한 사건들 속에서 여성들이 겪는 고통을 시인들은 인식한 듯 보이지만, 그것은 이를 묘사하는 시인들의 주된 관심은 아니었다. 그들의 일차적 관심은 자녀들이 살아남지 못했을 때 백성들이 얼마나 참담했는가를 보여주려는 것이다.

그러나 이 탄식시에서 여성들이 고발당하는 이유인 자기 자식을 잡아먹는 상황은 실제상황이기보다는 상징적인 표현일 것이다. 애가서의 저자들은 이스라엘이 계약을 위반했을 경우 일어날 일을 묘사하는 신명기 28:53-57에 나오는 저주를 각색했을 것이다. 이 추측이 옳다면, 시인들은 여성을 희생시켜 신명기의 저주를 수정한 것이다. 신명기는 남성과 여성 모두가 자기 자식의 살을 먹게 될 것이라고 약속한 반면, 애가서는 여성들에게만 그 저주가 그대로 이루어졌다고 보도한다.

여성들의 기도

애가서는 여성들로 하여금 그들의 선조 어머니들의 고통스러운 삶을 엿볼 수 있게 해준다. 그뿐만 아니라 성서의 제의적 기도에 드물게 드러나는 여성의 목소리를 여성들에게 들려준다. 딸 시온이 자신이 겪는 학대를 수용하고 때론 거기에 동참한다 해도, 또한 그녀는 자신의 고통을 분명히 표현하고 결국에는 신의 불의인 것처럼 보이는 그 상황을 하나님께서 바꿔놓으시기를 구한다.

딸 시온은 구경꾼들이 그녀의 고통을, 마치 그것이 사소한 것처럼 취급하는 것을 불평하면서 "내가 겪은 슬픔 같은 것이 어디 있나 살펴보라" (1:12)고 촉구한다. 그녀는 자신이 겪는 고통의 책임을 하나님께 돌린다. (1:13-15) 그녀는 자신이 고립되고 학대를 당하고 적들의 손에 자녀들이 유린당하는 것 때문에 눈물을 흘린다.(1:16) 마침내 그녀는 하나님께서 적들에게 보복하셔서 그녀가 겪은 고통을 그들에게도 똑같이 주시기를 간구한다.(1:21-22) 2장에서 그녀는 자기질책을 전부 그만두고, 그 성읍의 젊은 남녀를 죽인 데 대해, "무자비하게 그들을 학살한" 데 대해(2:21) 하나님께 분노로 소리친다.

그러므로 딸 시온의 기도는 현대 여성들의 기도에 도움이 될 것이다. 딸 시온의 목소리는 자기 자녀를 잃은 여성들, 성적 학대를 경험한 여성들, 전쟁과 기근의 희생자가 된 여성들의 고통을 떠올린다. 딸 시온과 함께 기도하는 것은 전 세계 여성들의 투쟁에 참여하는 것이다. 관계를 전환시키는 동력을 제공할 수 있는 것은 희생자가 되기를 거부하고 기꺼이 분노를 끌어안는 자세이다. 그리고 "마음을 야웨 앞에 물 쏟듯"(2:19) 토해내는 것이다.

딸 시온은 하나님께서 진정 그녀의 백성이 겪는 곤경을 보셨다면, 뭔가를 하실 것이라고 주장한다. 그녀는 하나님께서 "보시고" "누구에게 이같이 행하신 것인지"(2:20)를 생각해 달라고 요청한다. "내가 얼마나 절망하고 있는지를" 살펴보십시오.(1:20) 마치 이 모든 고통이 하나님의 부주의 때문에 일어난 것처럼 보이지만, 정말 하나님이 사랑하는 딸 시온의 고통을 보셨다면 하나님의 마음도 바뀔 것이다. 그녀가 기도하면서 품은 확신은 바로 이것이다. 성서 탄식시의 모든 화자들이 그렇듯, 그녀 또한 하나님이 그녀의 삶을 귀히 보시고, 그녀의 기도를 듣고 그녀를 위해 행동하실 것이라고 믿는다.

딸 시온과 함께 기도함으로써 여성들은 자신들의 고통과 절망에 대해 목소리를 낼 수 있게 될 것이다. 이렇게 목소리를 내고, 자신들의 분노를 표현함으로써 여성들은 자신들이 처한 교착상태를 뛰어넘어 자신들의 삶 속에서 하나님의 "자비가 끝이 없으며, 아침마다 새롭다"(3:22)고 선포하게 될 것이다.

참고문헌

Guinon, Michael D. "Lamentations," *The New Jerome Biblical Commentary*. ed. by Raymond E. Brown et al., 558–562. Englewood Cliffs, N.J.: Prentice–Hall, 1990.

Hillers, Delbert R. *Lamentations*. Anchor Bible 7A. Garden City, N.Y.: Doubleday & Co., 1972.

Kaiser, Barbara Bakke. "Poet as Female Impersonator: The Image of Daughter Zion as Speaker in Biblical Poems of Suffering," *Journal of Religion* 67 (1987), 164–182.

Westermann, Claus. "Lamentation," *The Books of the Bible*, vol. 1, *The Old Testament/The Hebrew Bible*. ed. by Bernhard W. Anderson, 303–318. New York: Charles Scribner's Sons, 1989.

에스겔

캐서린 피스터러 다르
Katheryn Pfisterer Darr

개관

에스겔과 그의 시대

에스겔은 기원전 597년 바빌론에 포로로 끌려가, 유배생활을 한 지 5년이 되던 해 예언자로 부르심을 받았다. 유다 역사의 중대한 시기에 그는 백성들에게 그들의 죄상을 깨닫게 하고 하나님의 처우가 정당함을 입증하고, 이스라엘의 미래에 대한 비전을 선포하려고 노력하였다.

에스겔은 이전 예언자들이 사용했던 여성 이미지를 더욱 발전시켰으나 그 결과 우리는 성서에서 가장 여성혐오적인 일부 본문을 갖게 되었다. 그는 특정 여성들의 종교 의식을 단호하게 비난했으며, 월경 기간 동안 여성들은 남자들을 제의적 부정에 빠뜨릴 수 있는 잠재적 원인이라는 제사장적 믿음을 강조했다. 이런 이유로 현대의 많은 여성은 에스겔을 비판하고, 그의 메시지가 여성들에게 미치는 영향을 경계해 왔다. 에스겔서를 좀 더 깊이 연구한다 해서 그러한 우려가 불식되지 않을 수도 있지만, 독자들은 에스겔이 왜 그렇게 말했는지를 이해할 수는 있을 것이다.

역사적 배경

기원전 7세기 말, 한때 강성했던 아시리아 제국이 붕괴일로를 걷게 되면서 이집트와 바빌론이 패권을 다투고 있었다. 당시 유다와 같은 아시리아의 가신국에게, 이는 위태로운 상황이었다. 바빌론을 지지해야 하는가, 아니면 이집트에 충성을 맹세해야 할 것인가?

갈게미쉬(Carchemish)에서 이집트가 패하자(기원전 605년), 시리아-팔레스타인은 바빌론의 통제 하에 놓이게 되었다. 잇따른 이집트와 바빌론의 무력 충돌은 어영부영 끝이 났고(기원전 601년), 바빌론이 물러가자 유다의 여호야김 왕은 당연히 이집트의 원조가 있으리라 예상하고서 바빌론의 군주 느부갓네살에 대항해 반란을 일으켰다. 그러나 597년 느부갓네살이 예루살렘을 포위하자, 여호야김의 뒤를 이은 여호야긴은 항복할 수밖에 없었다. 느부갓네살은 시드기야를 왕위에 앉혀놓고, 여호야긴과 왕실 가문 사람들은 물론 정치·군사·종교 지도자들을 포로로 잡아갔다. 여기에는 제사장이었던 부시의 아들, 에스겔도 포함되어 있었다.

유배지에서의 생활 조건에 대해서는 알려진 바가 거의 없다. 큰 규모의 공동체가 그발 강가 근처 텔아비브[개역개정: 델아빕]에 정착했다. 에스겔의 집에 대한 설명들을 보면 포로들이 강제 노역을 하지는 않았던 것 같다. 물론 일부 포로들은 여호야긴의 일가와 함께 투옥되었을 수 있다. 그러나 대부분은 각자의 일을 하면서 가족을 부양하도록 허용되었던 듯하다. 예루살렘으로 귀환한 예언자 예레미야는 편지를 보내 포로로 잡혀간 사람들에게 집을 짓고 과수원을 만들라고 권고했다.(렘 29:5) 실제로 예레미야가 그들의 상황을 알았다고 가정한다면(그리고 예레미야 29장이 두 지역 간에 비교적 쉽게 소식이 오갈 수 있었음을 시사한다면), 이러한 예레미야의 충고는 포로민들이 자유롭게 이런 일들을 하는 것이 가능했다는 증거로 볼 수 있다.

그렇다고 포로민들의 고충과 불안을 축소해서는 안 된다. 그들은 가족도 친구도 땅도 없는 낯선 환경에 밀어넣어져 자신의 미래와 고국의 운명에 대한 불안을 안고 살아야 했다. 포로민들은 두려움 속에서 신의 인도하심을 간절히 바라며, 용기가 되는 야웨의 말씀을 구했다. 그러나 제사장/예언자 에스겔로부터는 어떤 위안도 받을 수 없었다.

예언자로 부름받은 제사장

에스겔에 대한 전기적 정보는 별로 없다. 그는 제사장 가문 출신으로 예루살렘 성전에서 복무했던 것으로 보인다. 결혼은 했지만 자녀에 대한 언급은 없다. 특이한 행동을 했던 것을 보면, 기인(奇人)이었던 것 같다. 과거에는 에스겔이 심리적/생리적 장애를 앓고 있었다는 주장도 있었다. 그러나 이스라엘의 초기 예언 전통에서 에스겔의 이런 이상행동들의 선례들을 발견할 수 있다. 에스겔의 행동이 극단적이었다면, 그것은 그가 살았던 시대의 극단성을 반영하고 있는 것이다.

예레미야와 달리(렘 1:6), 에스겔은 예언 소명에 저항하지 않았다.(3:1-3) "애가와 애곡과 재앙"(2:10)의 말이 쓰여진 두루마리를 먹으라는 하나님의 명령을 받고서, 오히려 에스겔은 그것이 "꿀처럼 달다"고 생각했다. 에스겔을 읽는 동안 우리는 적대적인 반항(2:3, 6; 3:7)과 낙담(20:32), 그리고 (최악의) 무관심(33:31-32)에 직면해서도 포로가 된 백성들에게, 그들과 그들의 조상은 죄를 지었지만 하나님께서는 그들의 부정을 씻고 그들의 정의를 회복시키셔서 온 세상에 자신의 주권을 표명하실 것이라는 믿음을 심어주려 한 에스겔의 순전한 결의에 놀라지 않을 수 없다.

에스겔서

구조

에스겔서는 크게 3부로 나눌 수 있다. 1부(1-24장)는 야웨의 영광에 대한 첫 번째 환상 보도(1:1-28)와 에스겔의 예언 소명 설화(2:1-3:11)로 시작해서 주로 이스라엘의 과거와 현재의 백성들에 대한 고발과 심판을 다루고 있다. 2부(25-32장)는 이방 나라들과 통치자들에게 대항하는 신탁을 담고 있고, 3부(33-48장)는 주로 장래 회복될 이스라엘에 대한 예언으로 이루어져 있다.

에스겔서 중 다음의 열 네 단락은 그 연대를 추정할 수 있다. 1:1, 2(이중 연대); 3:16; 8:1; 20:1; 24:1; 26:1; 29:1; 29:17; 30:20; 31:1; 32:1; 32:17; 33:21; 40:1(이중 연대). 이 단락들의 연대는 기원전 594년(또는 593년) 7월에서 571년 4월까지 걸쳐 있으며, 대체로 연대기적인 순서로 되어 있어서, 책의 구조가 짜임새 있어 보인다.

에스겔서의 내러티브 요약

에스겔이 보좌에 앉은 야웨의 영광을 보고 예언자로 소명을 받은 지 이레 후, 하나님께서는 그를 이스라엘의 파수꾼으로 임명하신다.(파수꾼들은 언덕이나 높은 성 위에 머물면서 지평선을 주시하다가 적이 나타나면 성읍주민들에게 위험을 알렸다.) 그러므로 파수꾼은 악한 자들에게는 그들에게 닥칠 운명을 경고하고, 잘못된 길에 들어선 의인들에게는 회개를 요청해야만 한다.(3:16-21) 그러나 곧 야웨는 에스겔의 움직임과 말에 제약을 가한다. 에스겔이 직접 '반역하는' 공동체를 질타할 수는 없고, 하나님이 그 입을 여실 때만 말할 수 있게 된 것이다. 이스라엘의 파수꾼 역할을 해야 하는 사명과 이러한 신체적 제약 사이에 나타난 모순을 쉽게 해결할 수는 없다. 어쨌든 3:27의 의도는 그 청중들로 하여금 에스겔의 말은 실상 하나님의 말씀, 즉 이스라엘의 주권자이신 하나님이 참 예언자를 통해 말씀하시는 믿을 만한 메시지라는 것을 믿게 하려는 것이다.

일련의 표징행위들은 (그 자체로 예언자의 청중을 향한 신의 메시지이자 그의 말을 강화해 주는 행동으로서) 하나님의 백성에게 닥칠 비극적인 미래의 전조이다.(4:1-5:4; 참조. 12:1-20; 24:15-24) 이러한 표징행위 다음에 나오는 세 번의 심판 신탁들은 큰 악인들의 무리, 즉 예루살렘 주민(5:5-17)과 이스라엘 산악지대의 주민들(6:1-14), 그리고 "이 땅

사방", 곧 유대의 전(全) 백성(7:1-27)을 고발하는 내용이다. 8-11장은 가증한 일들이 다양하게 벌어지는 예루살렘 성전 안을 돌아보는 에스겔의 환상 속 여행을 자세히 그려준다. 야웨는 성 안의 악한 주민들을 모두 죽이라고 명한다. 이 엄청난 절멸의 위기 앞에서 에스겔이 부르짖었을 때 하나님은 맹세코 자비를 거절하신다. 어조는 엄중하며 전하고자 하는 메시지는 명확하다. 예루살렘은 눈앞에 닥친 파국을 당해도 싸다는 것이다. 환상이 끝날 때까지도 하나님의 영광은 예루살렘 성을 그 처한 운명에 그냥 내버려둔다.(11:22-25)

에스겔의 고발과 위협은 1부의 나머지 본문에서도 변함없이 격렬하게 나타난다. 에스겔이 심판에서 벗어나 이따금씩 이스라엘의 회복을 말하기도 하지만(예. 16:53-63; 20:33-44), 이런 본문들이 남성과 여성 예언자들(13장), 금지된 형태의 예배의식에 참여한 포로들(14장), 예루살렘(예. 16장), 시드기야(예. 17장), 이스라엘의 왕자들(예. 19장)—실로 역사상의 이스라엘을 전부 포괄한다.(20장; 23장)—을 향한 에스겔의 사나운 공격을 전혀 누그러뜨리지 못한다. 에스겔은 가차 없이 포로민들에게 이스라엘이 과거에 야웨와 맺었던 관계나 예루살렘의 특권적 지위는 해방과 민족의 구원을 희망하는 근거가 될 수 없다고 선언한다. 도리어 이스라엘 백성은 처음부터 야웨를 거슬러 반역을 일으켰고, 예루살렘의 죄악은 소돔의 죄악을 능가하였다. 에스겔의 사랑하는 아내를 야웨가 죽게 했을 때 에스겔은 통상적인 애도 의식을 통해 슬픔을 표현할 수도 없었다. 그의 이러한 소리없는 번민은 예루살렘 성전이 멸망했을 때 애도할 수 없는 포로민들의 전조이다.(24:15-24) 그러나 예루살렘의 멸망과 함께 에스겔에게 가해진 발언 제약도 끝이 난다.(24:25-27; 33:21-22)

이방 민족들에 대한 신탁들은 1부(21:28-32)와 3부(35:1-15)에도 있지만, 주로 2부(25-32장)에서 발견된다. 25장에서는 유다와 인접한 악한 민족들—암몬과 에돔, 모압과 블레셋—을 비난하고 있지만, 2부의 나머지 부분은 이스라엘을 꼬드겨 야웨의 뜻을 거스르게 만든 두 세력인 두로

(26:1-28:19)와 이집트(29:1-32:32)에 반대하는 신탁에 할애되어 있다. 이방 민족에 반대하는 신탁은 고대 근동 군주들이 의뢰한, 적국에 반하는 내용의 전쟁 신탁에서 유래한 것인지 모른다. 그러나 에스겔의 이런 신탁들은 전 세계에 대한 야웨의 주권을 선포하는 동시에, 이스라엘을 향해 오만과 교만의 결과를 경고하고, 회복에 대한 신탁으로 이행하는 역할을 한다.

예루살렘이 멸망한 후(33:21), 에스겔의 선포는 심판에서 구원으로 넘어간다. 그렇다고 백성의 죄에 대한 에스겔의 생각이 달라진 것은 아니다.(36:31-32) 그럼에도 에스겔은 하나님께서 이스라엘의 "선한 목자"(34:15)가 되시고, 그 백성은 회복된 고향땅에서 평화와 번영을 누릴 것이며(36:8-12), 마른 뼈 골짜기에 대한 강렬한 환상에서 볼 수 있듯이 이스라엘의 온 집이 "다시 연결"(re-member)되고 다시 생명을 얻게 될 미래를 약속한다.(37:1-14) 곡(Gog)의 군대가 이스라엘을 공격하면서 시작하는 최후의 우주적 전쟁은 하나님의 주권과 거룩함을 온 민족들에게 드러낼 것이다.(38-39장) 에스겔서의 나머지 부분(40-48장)은 이스라엘의 성전 재건, 제의의 회복, 고국(故國)의 재활과 재정비에 관한 에스겔의 위대한 환상을 들려준다.

에스겔서의 역사

에스겔이 실제로 현재 형태의 에스겔서 전체를 직접 썼다고 주장하는 학자들도 일부 있긴 하지만, 에스겔 사후 수년의 기간을 두고 형성되었다는 학자들도 있다. 후자의 입장에 따르면, 에스겔이 생애 동안에 수집하고 확장시켰을 가능성이 있는 원래의 신탁들이 차후에 편집자들에 의해 채집, 배열, 보충된 것이 현재의 에스겔서라 할 수 있다. 편집자들은 바빌론 포로기가 끝나는, 기원전 538년 이후에야 이 책을 완성했을 것이다.

에스겔 선포의 전제들

에스겔의 엄격성을 이해하려면, 그의 선포의 출발이라 할 수 있는 전제와 확신이 무엇인지를 알아야만 한다. 하나님 중심 세계관에 깊이 젖어 있던 에스겔은 유다 역사의 중대사건들을 그저 운명이나 불미스러운 사건의 우연한 결합으로 생각할 수 없었다. 에스겔의 신탁을 떠받치고 있는 기본적인 확신으로는 적어도 다음의 네 가지를 들 수 있다. 첫째, 에스겔은 597년에 일어난 사건들이 이스라엘 백성이 겪을 고난의 시작에 불과하다고 믿었다. 어떤 유대인들, 그 중 예언자 하나냐와 같은 자는(렘 28:1-4) 상황이 곧 좋아질 것이라 믿었지만, 에스겔은 **자신의** 선포가 진정한 하나님의 말씀이라고 주장했다.

둘째, 에스겔은 유다를 멸망시킨 것은 하나님이라고 주장했다. 그는 민족의 멸망을 야웨가 바빌론의 신들에 비해 약하다는 뜻으로 해석되는 것을 단호히 거부했다. 그는 "여호와께서 우리를 보지 아니하시며 여호와께서 이 땅을 버리셨다"(8:12)는 불평도 받아들이지 않았다. 에스겔의 주장에 따르면, 하나님이 역사를 통제하고 계시기 때문에, 현재의 상황은 하나님이 무력하거나 백성을 버리신 탓이 아니다.

셋째, 에스겔은 야웨가 유다를 멸망시킨 것은 무심한 하나님의 변덕이 아니라, 오히려 인간의 죄에 대한 신의 보응이라고 주장했다. 넷째, 야웨의 징벌은 적절하고 정당하다. 이스라엘이 수백년 전부터 저지른 죄를 보면 자기 땅에서 쫓겨나 포로가 되어 마땅하다.(20:23-24) 하나님께서 자신의 거룩한 명예("이름") 때문에 이때껏 민족의 멸망을 미뤄주셨을 뿐이다. 에스겔의 동료들은 "주의 길은 공평하지 않다"(18:25, 29; 33:17, 20)고 불평했을지 모르지만, 에스겔은 하나님의 행동이 정당하다고 변호했다. 또한 에스겔은 장래 이스라엘이 회복된다 해도, 그것은 인간의 의로움에 대한 보상이 아니라 이스라엘을 향한 자신의 거룩한 계획을 성취하려는 야웨의 결단으로 이해되어야 한다고 주장했다.

에스겔에 나타난 제사장적 관점

하나님에 관한 그의 언어와 이스라엘의 도덕적·종교적 병폐에 대한 진단, 그리고 미래에 대한 환상(vision)을 보면, 에스겔이 제사장적인 사고와 언어의 영향을 받았음을 알 수 있다. 예를 들어, 학자들은 에스겔서와 소위 성결법전(레 17-26장) 사이의 특별한 유사성을 지적해 왔다. 하나님의 거룩함은 제사장 신학의 핵심이라 할 수 있다. 에스겔은 거룩함이라는 신의 속성의 중요성과 이스라엘과 뭇 민족들에게 그것이 가지는 의미를 증언한다. 에스겔의 환상은 하나님의 "영광", 즉 신의 거룩함의 현현을 묘사한다. 에스겔은 역사를 돌아보며 야웨는 이스라엘을 거룩하게 하셨지만 이스라엘 민족이 스스로를 더럽히고, 하나님의 거룩한 이름을 모독했다고 주장한다. 제사장들까지 거룩한 것을 모독하는 죄를 범한다.(22:26) 이런 부정이 야웨와 이스라엘의 관계를 위협하는데도, 이스라엘은 스스로 깨끗하게 할 수 없다. 하나님만이 이 백성을 깨끗케 하시고 여러 민족들 앞에서 신의 거룩함을 드러낼 수 있기 때문이다.(36:22-23) 미래의 이스라엘 성전과 제의, 그리고 땅에 대한 에스겔의 장엄한 환상(40-48장)은 하나님의 영광이 다시 이스라엘 가운데 거하실 때 이스라엘의 거룩함을 유지하는 데 필요한 조건들을 조목조목 세심하게 그려주고 있다.

이스라엘 민족이 스스로를 정화할 수는 없지만, 그래도 이스라엘 백성들 한 사람 한 사람은 도덕적으로 행동해야 할 책임이 있다고, 에스겔은 촉구한다. 가령, 에스겔 18장에는 의롭고 정의로운 삶을 위한 다양한 요구 조건들이 나온다.(18:5-9, 10-13, 14-18) 다른 남자의 아내와 간음하거나 월경 중인 여성과 성교하는 것을 언급하는 대목에서, 이런 지침들이 남성들을 위한 것임을 분명히 알 수 있다. 현대 독자들로서는 월경 중인 여성과의 성교가 그보다 훨씬 심각해 보이는 다른 범죄나 훈계와 함께 나오는 것을 의아해 할 수 있다. 그러나 제사장적 관점에 따르면, 그런 성교는 한 남성을 불결하게 만들어(참조. 레 18:19), 그 개인, 나아가 하나님의 백성 전체를 위협할 수 있는 부정을 초래한다.

에스겔서에 나타난 예언자들의 영향과 그 주제

에스겔은 선배 예언자들로부터 영향을 받았다. 에스겔은 적어도 호세아, 이사야, 예레미야의 예언의 일부를 알고 있었으며 호세아와 예레미야가 결혼의 이미지를 사용하여 하나님과 이스라엘의 관계를 묘사한 것을 발전시켰다. 그의 선배들이 장래에 일어나리라 예상했거나(사 7:20과 겔 5:1-4를 비교하라.) 은유적으로 표현했던 것을(렘 1:9와 겔 3:1-3을 비교하라.) 에스겔은 실제로 수행했다.

그 외에도, 에스겔서에는 소위 초기 예언자들, 특히 엘리야와 엘리사와의 관련성도 나타난다. 엘리야와 같이, 에스겔은 강력한 "야웨의 손"을 경험했다.(겔 3:14; 왕상 18:46) 엘리사와 마찬가지로 에스겔도 그가 실제로 볼 수 있는 범위 너머의 사건들을 볼 수 있었다.(겔 8-11장; 왕하 5:25-27)

에스겔의 표징행위 역시 선례가 있는데(예. 사 20장), 표징행위의 목적 중 하나는 예언자의 말을 강화하는 것이다. 이스라엘 세계에서 예언자의 선포가 믿을 만한 것인지 아닌지를 결정하기는 쉽지 않았다. 선배들과 마찬가지로 에스겔 역시 자신과 반대되는 예언을 하는 자들과 경쟁을 해야만 했다.(예. 13:10-12)

주석

죄 많은 하나님의 백성과 그들이 받을 형벌

왕족에 관한 신탁(19:1-14)

유다 왕족에 대한 두 번의 고발에 여성적 이미지가 나타난다. 에스겔은

19:2-9, 10-14에서 다음의 두 가지 이미지를 렌즈 삼아서 이 애가에 등장하는 "이스라엘의 왕자들"을 바라보도록 청중들을 초대하고 있다. 하나는 자기가 기른 새끼들이 함정에 걸려 끌려가는 것을 지켜봐야 하는 어미사자이고, 다른 하나는 기름진 땅에서 뿌리채 뽑혀 마른 땅에 던져져 타 없어져 버리는 포도넝쿨이다. 두 이미지 사이의 차이에도 불구하고, 이 두 단락은 주제와 "너의 어머니"(19:2, 10)라는 표제에 의해서 서로 관련되어 있다.

에스겔이 관습에 따라 애도의 대상을 위해 애가를 부르고 있는 것이라면, 자연히 19:2-14는 유다의 왕자들 중 한 명(또는 그 이상)을 위한 것이라 할 수 있다. 에스겔이 언급하는 첫 구절이 "너의 어머니"인 것을 보면, 그녀는 중요한 의미를 갖고 있다. 한편, 암사자는 능동적인 주체로서 처음에는 새끼 한 마리를, 이어서 또 다른 새끼를 골라 사냥을 가르친다. 그 새끼들이 붙잡히자, 그 어미의 눈을 통해 새끼들의 곤경이 묘사된다. 다른 한편 19:10-14의 초점은 "어머니" 포도넝쿨에 고정되어 있다. 그녀는 자녀들의 종말을 그저 관찰만 하지 않는다. 오히려 그녀 자신의 멸망—갑작스럽고 충격적이고 철저하다.—이 높이 솟은 (즉 교만한) 가지들의 멸망과 뗄 수 없이 연결되어 있다.

애가를 구성하면서, 에스겔은—뛰어난 문학적 기교를 통해—하나의 이미지를 긍정적으로 제시해놓고 결국에 가서는 그 속에 숨어 있는 부정적인 또는 취약한 특성을 드러내고 있다. 19:2-9를 보면, 에스겔은 처음에 암사자에 대한 긍정적인 인상, 즉 그 힘과 자부심, 고결함을 부각시킨다. 어미의 애정과 훈련으로, 새끼들은 젊고 힘센 사자로 장성하여 유능한 사냥꾼이 되었다.—생존을 위한 필수요건을 갖춘 셈이다. 그런데 곧 이 두 마리의 젊은 사자가 사람을 삼켜버렸다는 언급이 나오면(19:3, 6), 자부심과 고결함이라는 긍정적인 함의는 희미해지고 다른 성질 곧 탐욕과 폭력성이 두드러진다.(참조. 겔 22:25; 습 3:3; 잠 28:15) 마찬가지로 10-14절도 긍정적인 언급으로 시작된다. "너의 어머니"가 물가에 심겨진 포도넝쿨처럼 열매를 맺고 튼튼히 가지가 무성하게 나와 (확실히) 계속 건강하게 자랄 것 같아 보인다. 그런데 갑자기 에스겔은 이 이미지에 담긴, 안전과 장수라는 의미를 파괴해 버린다. 넝쿨은 뽑혀서 땅에 던져져 메마르고, 가지들은 다 떨어져 불에 타고, 가문 땅에 심겨진다. 이 모든 것이 앞서 나왔던 비옥한 환경과 정반대이다.

이러한 관찰과 "네 어머니는 무엇이냐 암사자라"(19:2)고 애도하는 구절을 짝지어 생각해 보면, 에스겔 19장은 왕자들의 곤경이 아니라 어머니의 상실감(자식을 여읜 **경험**[2-9절]과 자신의 **죽음**[10-14절])을 애도하고 있음을 알 수 있다. 그러나 이 어머니는 누구를, 또는 무엇을 나타내는가? 일부 학자들은 역사상의 여성인물 가운데서 여호아하스와 시드기야의 어머니인 하무달을 꼽기도 하고, (적어도 10절에서는) 아들 여호야긴과 함께 포로로 끌려갔던 여왕 느후스다(왕하 24:12)를 들기도 한다. 이 시에서 그러한 추측을 하는 것은 물론 가능하다. 그러나 기억해야 할 것은 시적 이미지는 다중의미를 가질 수 있다는 사실이다. "어머니"는 유다, 다윗 왕조, 그리고 특히 유다 왕실의 고향이자 그 자체인 예루살렘을 의미한다고도 볼 수 있다. 왜냐하면 이것을 에스겔은 다른 본문에서도 여성으로, 그리고 어머니로 묘사하고 있기 때문이다.

여성들의 종교 활동에 관한 신탁(8:14-15; 13:17-23)

환상 가운데 예루살렘으로 끌려간 에스겔은 유다에서 가장 신성한 장소인 성전 안 혹은 주변에서 네 가지 가증스러운 것을 목격한다. 성전 안뜰로 들어가는 북쪽 문에서 에스겔은 "질투의 우상 곧 질투를 일어나게 하는 우상"(8:3)을 보는데, 일부 주석가들은 이것을 아세라 여신의 신상과 동일시하기도 한다.(참조. 대하 33:7, 15) 에스겔은 70명의 이스라엘 민족의 장로들이 부정한 동물들이 새겨진 상 앞에서 은밀하게 향을 피우는 모습도 목격한다. 네 번째이자 가장 가증스러운 장면은 스물다섯 명의 남자들이 야웨의 제단을 등지고서 태양을 경배하는 모습인데, 그에 앞서 에스겔은 어떤 여성들이 성전 북문 입구에 앉아 "담무스를 위하여 애곡하는"

것을 본다.

담무스 또는 두무지(이 이름은 "[어머니의 자궁에서] 아이를 빨리 자라게 하는 이" 또는 "흠없는 젊은이", 즉 건강하고 흠없는 자손을 낳는 것을 주관하는 신을 뜻하는 듯하다.)로 불리는 이 메소포타미아 신을 위한 제의는 주로 여성들의 제의였다. 메소포타미아에서 유래한 이 제의는 계절에 따른 자연의 풍요를 기념하고 그 풍요의 상실을 애도한다. 담무스는 나무의 수액, 야자수와 그 열매, 빵과 맥주의 원료인 곡식, 암양의 젖 안에 깃들어 있다고 한다.(Jacobsen, 73-74) 현존하는 텍스트에서 분명히 알 수 있는 것은 담무스는 숭배자들에게 아주 사랑받는 신이었다는 사실이다. 숭배자들의 상상에 의하면, 이난나와 결혼한 담무스는 인간의 본성을 일부 갖고 태어난 젊고 매력적인 청년이었다. 봄의 새 생명이 여름의 열기로 시들어가는 매 년 네 번째 달—이 달은 그를 기념하여 담무스라 불린다.—에 여성들은 그의 죽음을 애도한다. 그들의 애가에는 가슴 깊은 비탄과 상실감, 세상을 떠난 이에 대한 그리움이 뚜렷하게 나타나며, 담무스를 사랑하는 자들의 슬픔이 잘 표현되어 있는데, 그 사랑은 오라비에 대한 누이의 사랑, 신랑에 대한 신부의 사랑, 귀한 아들에 대한 어머니의 사랑과 결코 다르지 않다.

에스겔이 이토록 격분한 것은 담무스를 위해 애곡하는 행위도 나머지 세 가지 가증스러운 일과 마찬가지로 우상숭배, 즉 이스라엘의 하나님이 아닌 다른 신의 능력을 인정하고 그에게 헌신을 바치는 행위라고 생각했기 때문이다. 하지만 당시 다른 유대인들은 담무스 제의가 야웨숭배와 모순된다고 생각하지 않았을 가능성도 있다. 부정(impurity)의 잠재적 원인인 이 여성들이 성전 근처에 있었기 때문에 에스겔의 분노가 더 컸던 것일까? 에스겔에 따르면, 담무스를 위해 애곡하는 여성들의 제의는 네 번째 달이 아니라 여섯 번째 달에 있었는데, 이는 두 가지로 설명되어 왔다. 하나는 (그들이 있던 지역의 지리적 특성상 봄이 늦게 도래했기 때문에?) 유대 여성들이 일종의 제의적 변형을 가했다는 것이고, 다른 하나는 에스겔이 한 번의 환상 경험이라는 제한된 틀 안에서 예루살렘의 과거와 현재의 죄상을 전부 넣어 묘사하려다 보니 원래 그것들이 일어난 시간과 장소와는 무관하게 되었다는 것이다.

토르킬드 야콥슨(Thorkild Jacobsen)은 "담무스 이미지에 대하여"라는 그의 유명한 에세이에서 담무스 제의의 윤리적·종교적 가치를 평가하고 있다. 에스겔 8:14에서 나타난 바와 같이 그것이 여성 종교였다는 사실은 그의 분석에 있어 특히 중요하다. 왜냐하면 담무스 제의는 "고대 메소포타미아 여성들의 특수한 심리적 지평이라는 조건에서 형성된" 것이기 때문이다. 야콥슨에 따르면, "남성신이기는 하지만, 담무스에게는 가령 초기 서사시 텍스트에서 본받고 찬양해야 될 것으로 여겨지는 남성의 미덕인 용기, 지략, 끈기가 눈에 띄게 부족하다."(p. 91) 오히려 담무스 신은 젊은이여서 책임감이 부족하고, 철저하게 의존적이며, 연약하다는 바로 그 점 때문에 흠모의 대상이 된다. 그렇다고 해서, 흠모자들이 그를 향해 느끼는 사랑을 성숙하고, 이기적이지 않은 감정으로 볼 수는 없다. 그보다는 욕망에 의해 타자에게 집착하는 자기 사랑의 한 형태이다. 여성들의 헌신에 대한 표현이 과장되어 있다고 해도, 야콥슨이 보기에 담무스에게 매료된 여성들은 사실 미숙하고, 애정에 굶주려서, 놔주지 않으려고 하는, 열병에 빠진 것이다. 한쪽에는 '남성의 미덕'을, 다른 한쪽에는 희화화된 여성들의 '감정적인' 성격을 놓고 양극화시켜 이해한다는 점에서 야콥슨의 평가는 도전받아 마땅하다. 게다가 야콥슨은 고대 여성들의 "심리적인 지평"을 강조하느라 그들의 생리적인 지평은 대체로 무시했다. 그러나 담무스라 불리는 이 신 안에 현시된 거룩한 능력들, 가령 새 생명이 태 안에서 자라고, 탄생하며, 젖을 먹는 일들을 여성들이 남성들보다 훨씬 친밀하게 경험할 수 있었던 것은 다름 아닌 [심리적인 지평에서가 아니라] 생리적인 지평에서였음에도 불구하고, 야곱슨은 그것을 간과했던 것이다.

13:17-23에서 에스겔은 "네 백성 가운데 자기 마음대로 예언하는 여인들"(17절)을 비난한다. 이 여성들에 대해 에스겔은 이미 불만을 토로했

었는데, 그들의 행실이 무엇이든 간에 (안타깝게도 구체적인 행동은 나타나지 않는다.) 그것은 야웨가 아니라 '그들 자신의' 행동이라는 점이다. 에스겔의 고발에 따르면, 이 여성들은 자기 고객들을 속여서 무죄한 자들은 목숨을 근심하게 만들고 오히려 죄 있는 자는 모든 것이 다 잘되리라 안심하도록 만들었다. 이러한 행동은 에스겔의 자기 이해에 정면으로 위배되는 것이다. 왜냐하면 에스겔은 악한 자에게는 회개를 외치고, 의인들에게는 죄에 따르는 형벌을 경고하는 사명을 하나님께서 주셨다고 믿었기 때문이다. 이 여성들이 처할 운명은 자명하다고 에스겔은 단언한다. 하나님께서는 이들로 인한 피해자들을 자유롭게 하신 후에, 이들의 거짓말과 점복(divination)을 끝장내실 것이다.

이 여성들이 착용한 부적띠와 수건(또는 너울)은 미래를 예언하는 데 사용된 도구로 보인다. 13:19에 언급된 보리와 빵 역시 이들이 봉사한 데 대한 대가이기보다는(침멀리) 점복(divination)을 하는 데 사용되었다고 보는 것이(그린버그) 맞을 것이다. 이들이 활동한 곳이 바빌론이었다면 바빌론 점술가들의 술법에 영향을 받았을 수도 있다. 성서의 부정적인 태도에도 불구하고, 마술은 사실상 고대 이스라엘 사회의 한 부분이었다. 특히 위기 때, 유대인들이 가능한 어떤 수단을 통해서라도 미래에 대한 어떤 보장이나 자기 삶을 통제한다는 느낌을 얻으려 했다고 추론하는 것은 가능하다.(삼상 28장에 나오는 사울과 엔돌의 무당 이야기를 참조하라.) 결국 이 여성들의 행동에 대한 에스겔의 성격규정이 정확했다고 우리는 확신할 수 없다. 왜냐하면 에스겔은 자신의 선포와 그 방식에 상충되는 그런 중재자(intermediaries)들을 깎아내리려 하고 있기 때문이다.

예루살렘에 대한 신탁(16장; 23장; 22:1-16)

예루살렘에 관한 두 개의 긴 신탁은 예루살렘(16장과 23장)과 사마리아(23장)를 간통을 저지른 야웨의 아내로 묘사한다. 에스겔 16장이 들려주는 예루살렘 이야기에 따르면, 예루살렘은 버려졌으나 하나님이 건져낸

갓난아이이다. 이 아이가 자라 성적으로 성숙했을 때, 야웨는 그녀와 결혼을 하여 아낌없이 아름다운 옷을 입히고 좋은 음식을 먹인다. 그러나 예루살렘은 남편을 배신한다. 그의 금과 은으로 남근 형상을 만들어(이런 맥락에서 남성형 대명사가 적합하다.), 이 형상들을 위해 하나님의 자녀들로 희생제사를 드리고 어느 길에서나 이방인들—아시리아인들, 바빌론인들, 이집트인들—에게 몸을 내어준다. 에스겔은 값을 받기는커녕 오히려 연인들에게 값을 지불하는 그녀가 일반 창녀보다 더 나쁘다고 비난한다.(16:34) 그러자 야웨는 그녀의 연인들이 모여 그녀를 돌로 치고, 칼로 찌르며, 그녀의 집을 불태울 것이라고 위협한다.(여기서 은유가 약간 벗어난다.) 그러나 이러한 절단과 살해 너머에 회복이 있다. 예루살렘은 수치로 가득차겠지만, 야웨는 영원한 언약으로 그녀와 재결합할 것이다.

23장에서 음탕한 예루살렘은 자매인 사마리아—기원전 721년 아시리아에 의해 멸망한 북이스라엘의 수도—와 한 패가 된다. 이제 야웨는 에스겔에게 오홀라(사마리아)와 오홀리바(예루살렘)의 이야기를 들려준다. 이 두 여성은 젊었을 적 이집트에서 문란한 성생활을 하며, 장래 남편들을 위해 아껴둬야 마땅한 은밀한 행위들을 자기 애인들과 헤프게도 즐겼다. 야웨는 결국 이 자매들과 결혼하여 자녀를 낳았지만, 오홀라는 준수하고 정력 넘치는 아시리아에 홀려 전에 했던 난잡한 생활로 돌아간다. 야웨는 그에 대한 처벌로 그녀를 아시리아인 애인들의 손에 넘긴다. 그들은 그녀를 벌거벗겨 욕보이고, 자녀들을 빼앗은 후, 칼로 그녀를 살해한다. 언니가 이러한 운명에 처한 것을 보고도, 오홀리바는 또 간음을 행한다. 실로 오홀리바의 음행은 언니 오홀라를 뛰어넘는다. 그러자 하나님은 그녀의 전 애인들이 그녀를 쳐서 자녀들을 잡아가고 남은 것들까지 다 불에 태워버릴 것이라고 위협한다.

이처럼 에스겔이 여성적 이미지를 사용하여 예루살렘과 사마리아를 묘사한 것을 시적인 혁신으로 볼 수는 없다. 왜냐하면 다른 고대 근동의 텍스트는 물론 히브리성서에서 도시가 여성으로 의인화되는 것은 흔한 일이기 때문이다. 에스겔은 결혼과 결혼의 요구사항, 즉 (남성이 아니라) 여성의 성적인 정절을 야웨와 (거기에 사는 주민들의 구현이라 할 수 있는) 한 도시 사이의 관계를 나타내는 은유로 사용한 최초의 인물은 아니다. 그러나 에스겔은 호세아, 이사야, 예레미야보다 더 완벽하게 결혼/간음 이미지를 발전시켰다.

이 두 여성에게 가해진 폭력은 까다로운 문제를 제기한다. 이 아내들이 왜 죽어 마땅한가에 대해서 격분한 남편이 하는 설명을 우리가 그냥 받아들여야만 하는가? 에스겔의 입장에서는 예루살렘의 막대한 파괴상황을 설명하려면, 나아가 하나님의 공정함에 대해 의문이 제기되지 않으려면, 백성들의 죄를 그에 걸맞은 정도로 극악하게 묘사해야 했다. 그럼에도 에스겔이 여성적 이미지를 사용한 데는 문제가 적지 않다. 왜냐하면 에스겔은 여성의 성을 남성이 소유하고 통제할 수 있는 대상으로 그리고 있으며, 신체에 대한 학대를 그러한 통제에 대한 권한을 되찾을 수단으로서 제시했을 뿐 아니라, 폭력이 깨어진 관계를 **치유하는** 방법이 될 수 있다고까지 암시하기 때문이다. 물론 16장과 23장에서 이 여성들이 도시의 주민 전체, 즉 남성과 여성 모두를 대표한다는 것은 사실이다. 그러나 특정 성(gender)의 이미지를 양성 포괄적으로 사용했다는 것을 무시하기는 어렵다. 가령, 에스겔 23:46-48의 예를 보자. "나는 이렇게 해서, 음란한 행위를 이 땅에서 없애 버려, **모든 여인이 경고를 받아, 너희의 음행을 본받지 않게 하겠다**"(23:48[새번역])는 구절을 보면, 후대 편집자가 (남성들이 아니라) **여성들에게** 성적 방종을 하지 않도록 훈계하고 있음을 알 수 있다. 결국 양성 모두에게 해당되었던 원래 이미지가 깨지고 여성들만을 대상으로 한 일종의 위협이 된 것이다. 결국 여성의 성적 이미지와 자주 그것에 동반되는 폭력—이스라엘과 유다 역사의 위기상황을 묘사하는 이미지—은 여성의 성에 대한 불편함과, 그것을 남성의 통제 하에 두려는 욕망 둘 다를 반영한다고 생각할 수밖에 없다. 에스겔 23:48은 그러한 태도가 성서 시대를 살았던 여성들에게는 의의가 있었는지 몰라도, 그 결과는 먼 과거에만 제한되지 않음을 보여준다. 우리가 성서를 성스러운 문헌으로 보든, 아니면 그저 고전 문학으로 대하든 간에, 그것은 우리 문화에 깊이, 그리고 지속적으로 영향을 끼쳐왔다.

그러나 예루살렘을 향한 또 하나의 고발을 에스겔 22:1–16에서 발견할 수 있다. 16장과 23장에서와 달리 이 신탁에서는 여성적 이미지가 두드러지지 않는다. 그러나 저자는 예루살렘의 남성들이 여성들과는 달리, 또는 여성들과 함께 저지른 가증스러운 일들을 언급한다.

이 신탁은 "피흘린 성읍"–예루살렘이 이렇게 불린다.–의 가증스러운 일들을 알려서 심판하라는, 에스겔을 향한 야웨의 명령으로 시작된다. 예루살렘은 폭력행위와 우상숭배를 저질러서 스스로 멸망을 재촉함으로써 적국을 즐겁게 했다.(22:2–5) 예루살렘 주민들은–이들은 살인자에, 학대자, 비방꾼이자, 강도들이다.–부모를 업신여겨서 가장 초기의 이스라엘 법을 어겼다. 그들은 스스로를 보호할 법적 지위도, 물질적 수단도 가지지 못한 이방인과 과부와 고아를 학대하였다. 예루살렘 주민들은 간음을 행하고, 며느리나 이복 누이들과 근친 성관계를 맺었으며, 월경 중인 여성을 강간하였다.(그렇게 해서 폭력에다 제의적 부정까지 더했다.) 에스겔은 전형적인 방식으로 부도덕하고, 부정하며, 억압적이고 탐욕스러운 행위들을 병치함으로써 백성들이 공적, 사적 영역을 막론하고 삶의 모든 영역에서 죄를 저질렀다고 주장한다. 간단히 말해, 그들은 하나님을 "잊었다."(22:12) (야웨가 이스라엘을 자기 땅에서 살도록 지키지도 못한 무능한 신이라고 해석될 수도 있다는 점에서; 참조. 36:20) 유배당한 백성의 존재가 야웨의 이름을 더럽히는 일이 될 수 있음에도 불구하고, 결국 야웨는 예루살렘 주민을 그 땅에서 추방하겠다고 선언한다. 예루살렘 주민들이 형벌을 받을 것이라는 위협은 9장보다 가혹하지는 않다. 9장을 보면, 여섯 명의 사형집행자에게 "늙은 자와 젊은 자와 처녀와 어린이와 여자를 다 죽이"(9:6)라는, 즉 살 수 있는 표식을 미리 받은 자들을 제외한 모든 자들(4절)을 처형하라는 명령이 내려진다.

하나님 백성의 미래

이스라엘의 회복에 대한 에스겔의 위대한 환상에서는(40-48장) 여성적 이미지와 여성들 자신이 별다른 역할을 하지 않는다. 익명의 선배 예언자들, 즉 소위 제2, 제3이사야와는 달리, 에스겔은 아내/어머니 은유를 써서 장래에 회복될 예루살렘을 묘사하지 않는다. 이러한 이미지는 예루살렘과 사마리아의 가증스러운 행위들과 몰염치함을 혹독하게 비난할 때 완벽하게 잘 어울렸다. 슬픔을 표현할 수 없었던 에스겔은 한 여성—에스겔 자신의 아내—의 때이른 죽음을 예루살렘 멸망으로 인해 성전과 자손들을 잃은 백성의 말할 수 없는 절망의 전조로 표현하였다. 그러나 에스겔이 신이 정한 이스라엘의 미래의 운명을 내다보고 있을 때, 인간 여성들은 거의 끼어들지 않는다. 이 맥락에서, 접촉하는 모든 것을 변화시키는 여성의 생식력에 대한 고대적인 이미지가 단 한 번 등장할 뿐이다.

제사장들에 대한 규제(44:22-25)

이 단락은 거룩함의 개념과 거룩함의 지속—미래에 이스라엘 제의의 대상과 그 의식, 그리고 그것을 담당하는 자들이 사회적으로 용인되고 하나님 앞에서 거룩할 수 있기 위해서—이라는 문제를 다룬다. 하나님의 제단에서 일하는 제사장들은 사제가 아닌 자들에게 요구되는 것보다 더 엄격하게 정결법을 준수해야 한다. 한편으로 그들은 실수로 일반 백성에게 "거룩함"을 전달하지 않도록 주의해야 한다.(44:19) 또 한편으로, 제사장들은 스스로를 더럽히지 말아야 한다. 따라서 제사장들의 거룩함을 통제하고 보호하는 법들이 있다. 가령 44:25-27을 보면, 제사장들은 죽은 자가 부모나 자녀, 형제나 결혼하지 않은 누이인 경우를 제외하고(제사장의 아내가 죽었을 때의 적절한 행동은 명시되지 않는다.), 시체와 접촉하는 것이 금지된다. 마찬가지로 제사장의 성관계 역시 신중하게 통제되어야 한다. 제사장들은 남편이 죽은 과부라 해도, 성관계의 경험이 있는 여성과는 결혼할 수 없고, 이스라엘의 처녀와만 결혼할 수 있다. 이 원칙에 유일한 예외는 제사장의 아내였던 과부와는 결혼할 수 있다는 것이다. 이들이 자격이 되는 이유는 그들은 이미 거룩함이라는 특별한 영역의 일부이기 때문이다.(44:22) 레위기 21:7에서는 같은 주제가 다르게 서술되고 있다.

생명의 강물(47:1–12)

에스겔은 성전 문지방에서 흘러 나와 동쪽으로 흘러갈수록 불어나는 기적의 강물에 대해 말한다. 이제 이 풍성한 강물이 요단강 서안의 메마른 땅인 이스라엘 아라바 지방을 가로지르며, 땅을 기름지게 하고 열매 맺는 나무들을 풍성하게 내놓는다. 시내가 사해로 흘러들자, 더럽고 악취나던 물이 바뀌어 물고기가 살기에 적합하게 되고, 심히 많은 물고기가 바다를 가득 채우게 된다.

사막이 에덴동산이 되는 이러한 기적적인 장면을 묘사할 때(참조. 36:35), 여성 이미지는 전혀 명시적으로 나타나지 않는다. 그러나 지하수는 여성의 생식력을 표현하는 이미지이다.(참조. 아 4:15; 시 87편; 렘 31:12; 사 51:1–3) 예를 들어, 이스라엘의 조상들이 자주 신부가 될 여성을 우물가에서 마주치는 것도 이와 무관하지 않다. 우물물은 (아무도 손대지 않은) 처녀의 생식력을 상징하기 때문이다. 출산 직전에 터져 나오는 양수가 이런 비유의 적합성을 보여주는가? 어쨌든 에스겔은 이 단락에서 자신이 보여주려는 생명부여와 치유의 과정이라는 주제가 가지고 있는 여성적 차원들을 발전시키지 않았다. 그러나 물 이미지가 가지고 있는 문화적 함의와 연관시켜 본다면, 여성적 차원은 저변을 흐르고 있다고 말할 수 있다.

결론

에스겔서는 건축적인 웅장함과 문학적인 기교로 성서를 풍부하게 해준다. 유다 역사의 중대한 시기에, 에스겔과 그 추종자들은 인간의 죄, 개인과 민족들에 대한 하나님의 보응, 이스라엘의 미래 모습과 같은 문제들을 놓고 씨름했다. 사람을 무력하게 만드는 상실을 경험하고도 야웨에 대한 믿음을 절대 버리지 않은 그들을 우리는 존경하지 않을 수 없다. 그러나 독자들에게 진지한 문제를 제기하는 주제들도 적지 않다. 가령 에스겔이 여성 이미지를 사용할 때 자주 등장하는 폭력, 여성의 제의적 불결함을 전제하고 들어가는 자세, 특정 여성들의 종교 의식을 규정하고 완전히 비난하는 태도는 주의를 요한다. 이 제사장, 즉 에스겔이 왜 이렇게 말하고 있는지를 이해한다면, 이런 우려는 다소 줄어들 수 있다. 그러나 더욱 필요한 것은 역사적인 이해를 넘어 이 책과 현재의 관련성을 생각하는 것이다. 에스겔의 전제는 현대의 많은 독자가 가진 전제와 다르기 때문에, 에스겔의 말, 가령 폭력과 살인을 깨어진 부부관계를 회복하는 수단으로 제시하는 그런 발언은 결정적인 원리가 아니라고 현대의 독자들은 당연히 결론내릴 것이다. 그러나 에스겔의 선포가 가지는 이런 측면들을 거부한다고 해서 정경 속의 불쾌한 단락들을 삭제해 버려야 한다는 뜻이 아님을 명심해야 한다. 오히려, 그런 본문들의 주장을 긍정하기 위해서가 아니라 그 본문들이 독자들에게 제기하는 중요한 질문들에 맞서 숙고하기 위해서, 에스겔서의 난해한 본문들을 놓고 계속해서 대화를 하는 것은 더없이 중요하다.

참고문헌

Adler, Elaine June. "The Background for the Metaphor of Covenant as Marriage in the Hebrew Bible." Ph.D. dissertation, University of California at Berkeley, 1989.

Darr, Katheryn Pfisterer. "Teaching Troubling Texts: Ezekiel's Justifications of God," *Journal for the Study of the Old Testament* 55(1992), 97–117.

Galambush, Julie. *Jerusalem in the Book of Ezekiel: The City as Yahweh's Wife.* Society of Biblical Literature Dissertation Series 131. Atlanta: Scholars Press, 1992.

Greeenberg, Moshe. *Ezekiel 1-20.* Anchor Bible 22. Garden City, N.Y.: Doubleday & Co., 1983.

Jacobsen, Thorkild. "Toward the Image of Tammuz," *Toward the Image of Tammuz.* ed. by William L. Moran, 73-111. Harvard Semitic Series 21. Cambridge, Mass.: Harvard University Press, 1970.

Klein, Ralph W. *Ezekiel: The Prophet and His Message.* Studies on Personalities of the Old Testament. Columbia, S.C.: University of South Carolina Press, 1988.

Zimmerli, Walther. *Ezekiel 1.* Ed. by Frank M. Cross, Klaus Baltzer, and Leonard Jay Greenspoon. Trans. by Ronald E. Clements. Hermeneia. Philadelphia: Fortress Press, 1979.

______. *Ezekiel 2.* Ed. by Paul D. Hanson with Leonard Jay Greenspoon. Trans. by James D. Martin. Hermeneia. Philadelphia: Fortress Press, 1983.

다니엘

캐롤 A. 뉴섬

Carol A. Newsom

개관

현재 우리가 가지고 있는 유대교와 개신교 경전의 다니엘서에서 눈에 띄는 점은 여성이 등장하지 않는 것이다. 대사가 있는 유일한 여성인물은 두려워하는 벨사살 왕에게 조언하여 벽에 나타난 기이하고 혼란스러운 글씨에 대해 다니엘에게 물어보도록 한 이름 없는 왕후이다.(5:10–12) 결과적으로 다니엘서에서 페미니스트들이 주의를 기울이는 본문도 정교회와 로마가톨릭교회의 경전에 포함된 그리스어 다니엘서에 집중되어 있는데, 여기에 수산나 이야기가 들어 있다.(이 책의 외경 주석에서 "그리스어 다니엘서"를 참조하라.) 히브리어와 아람어 다니엘서에 여성인물이 적다고 해서 여성주의적 고찰에 대한 관심을 끌지 않는 것은 아니다. 왜냐하면 다니엘서는 국가 권력의 본질에 대해 신학적인 비판을 일관되게 수행하고 있기 때문이다. 이러한 비판은 많은 부분 권력의 오만에 대한 여성주의적 이해를 드러내는 데 적합하다. 그러나 페미니즘적 분석은 다니엘서가 권력을 비판하는 관점이 어떤 한계를 가지고 있는지도 드러낼 수 있어야 한다.

구조, 작성, 연대

다니엘서에는 두 가지의 서로 다른 장르가 나타나는데, 1-6장은 이야기 수집록이고, 7-12장은 이어지는 네 개의 묵시이다. 1-6장에 나오는 이야기들은 (느부갓네살이 예루살렘을 파괴한) 기원전 6세기에 바빌론에 포로로 잡혀갔다가 바빌론, 메대, 페르시아의 왕실에서 권좌에까지 올랐던 네 명의 유대인 청년들을 다룬다. 이 내러티브가 허구, 즉 역사적 배경을 가진 짧은 이야기라는 사실은 오래 전부터 인식되었다. 이 내러티브의 플롯은 정교하지만, 역사적 오류로 가득차 있다. 이 이야기들은 민담에 흔히 나타나는 요소들을 결합하고, 이전의 설화나 원래 다른 인물들에 대한 것이었던 전승들을 재생하고 각색한다. 그러나 허구적 성격을 인정한다고 해서 그것의 신학의 의미가 줄어들지는 않는다. 내러티브는 신학적 성찰을 담는 강력한 도구이기 때문이다.

아마 이 이야기들은 기원전 4세기 또는 3세기에 유대인 디아스포라의 동쪽인, 이스라엘 땅 바깥 시리아나 메소포타미아에서 살았던 유대인들 사이에서 기록되었을 것이다.(에스더와 토비트의 이야기도 참조하라.) 이 내러티브는 디아스포라 생활에서 두드러지는 주제들과 관심사들을 다루고 있다. 또한 외국 왕실이라는 이방세계에서 유대인들이 성공할 수 있는 가능성에 대해 낙관하는 경향이 있다. 물론 이 이야기들은 하나님에 대한 충성과 이방 왕들의 배타적인 충성 요구가 충돌할 때 유대인들이 경험하는 유혹도 인정한다. 다니엘 1-6장의 이야기들은 하나님의 주권과의 관계 속에서 국왕과 국가 권력의 본질을 탐색한다는 점에서 같은 장르의 다른 작품에 비해 더 신학적인 지향을 보여준다. 국가 권력의 오만에 대해 아무리 비판적이라 해도, 이 이야기들은 그러한 권력이 구원가능하며 하나님이 다스리는 세계의 정치 경제 안에서 제 기능을 완수할 수 있다고 주장한다.

다니엘서의 후반 여섯 장(7-12장)은 이야기가 아니라, 어떤 사람이 천상의 존재로부터 받은 천상의 비밀과 역사 전개과정에 대한 묵시 또는 계시이다. 다니엘이 이 묵시적 계시의 수령인이 됨으로써 앞선 이야기들과의 연속성이 확립된다. 그러나 다니엘서 전반부에서는 이방의 국가 권력에 대해 비판적이지만 결국은 긍정적인 입장이었던 데 반해, 후반부의 묵시는 그러한 권력은 본래부터 악하기 때문에 구원받을 수 없고, 하나님에 의해 파멸당할 운명에 처한 것으로 묘사한다. 이러한 관점상의 차이는 이 묵시들이 서로 다른 역사적 상황에서 쓰여졌다는 사실로 설명된다. 이 본문은 셀레우코스의 안티오쿠스 4세 에피파네스의 박해와 유다 마카비의 반란이 일어났던 기원전 168년에서 164년 사이에 팔레스타인에서 쓰여졌다.

주석

권력과 무력(無力)의 아이러니(1장)

다니엘서 전반부의 이야기를 시작하는 첫 내러티브는 참 권력과 보이는 권력을 명쾌하게 구분한다. 이야기의 시작부터 느부갓네살 왕은 매우 강력한 인물로 나타난다. 그는 예루살렘을 점령하고 왕과 귀족들을 포로로 끌고 가며, 성전 기물을 약탈해 간다. 비록 스스로 깨닫지 못했지만 **그가** 이런 승리를 이룰 수 있었던 것은 "주께서" "[그들을] 그의 손에 넘기"(1:2)셨기 때문이다. 왕은 자신의 권력을 좀 더 온정적으로도 사용하고 싶었는지, 사로잡은 유대인 청년 중 몇을 골라 왕실 행정직을 맡도록 훈련시킨다. 그들을 준비시키는 일환으로, 왕은 자신이 먹고 마시는 좋은 음식과 포도주로 그들을 먹이도록 명한다. 그러나 다니엘의 관점에서 그런 음식은 불결한 것으로 여겨졌을 것이다. 다니엘은 그런 음식 대신에 채소와 물만 먹겠다고 요청한다. 청년들을 맡은 관리는 열악한 식단 때문에 그들이 약해질 것을 걱정해서 처음에는 그 제안을 거절하지만, 나중에는 마지못해 받아들인다.

유대인들의 음식법(레 11장; cf. 유딧 10:5; 제2마카비 5:27; 6:8 등) 준수에 다니엘의 관심이 집중되어 있지만, 이 이야기에서 음식은 권력 그 자체, 그리고 온정적인 권력이 그 혜택을 입는 사람들에게 하는 요구 둘 다를 상징한다. 다니엘과 그의 친구들을 "먹이는" 자는 누구인가라고 이야기는 질문한다. 일반적인 상징에 따르면, 풍부한 음식과 포도주는 힘 있는 자의 음식을 뜻하는 반면, 채소와 물은 약함을 연상시킨다. 이런 음식은 대부분의 문화에서 젠더화되어 있어서, 고기와 센 술은 남성과, 채소와 물은 여성과 연관된다. 그런데 이 이야기는 이런 전통적인 가치를 뒤집고 있다. 다니엘과 그의 친구들을 왕의 식탁에서 잘 먹여 기른 자들보다 우월하게 만드는 것은 겉으로 연약해 보이는 바로 그 음식, 그리고 그것이 상징하는 숨은 권력이기 때문이다. 그러나 독자들에게는 보이는 이 아이러니가 왕에게는 감춰져 있다. 왕은 유대인 청년들이 가진 탁월함의 진정한 근원이 무엇인지 전혀 알지 못하기 때문이다.

이야기의 역동성은 전에는 닫혀 있던 제도권력 안으로 들어갈 기회를 얻은 여성들이나 소수 민족들, 기타 외부인들에게 공감을 자아낸다. 포로로 잡혀간 유대인들과 마찬가지로 여성들과 소수 민족들도 무력함을 연상시키는 그런 상황에 처해 있기 때문이다. 교회든, 기업이든, 다른 조직이든 제도권이라는 것은 단순하게 그리고 완전하게 스스로를 강력한 존재로 여기기 때문에, 전에는 배제되었던 자들에게 관대하게 권력에 이르는 길을 제공하기도 한다. 그들의 눈에 후견이 필요해 보이는 사람들이 실상은 자신이 만들 수도 통제할 수도 없지만 언젠가는 절실히 필요하게 될지 모르는 그런 힘의 근원을 담지한 자들이라는 사실—마침내 느부갓네살은 이것을 깨닫게 된다.(2, 4장)—을 제도권은 상상조차 못할 때가 많다. 그러나 자신이 속한 제도가 인정하지 않는 다른 근원으로부터 권한을 부여받았다고(empowerment) 주장하는 것은 위험한 일이다. 다니엘과 그의

친구들이 겪었듯, 그것은 불충이라는 비난과 치명적인 갈등으로 이어질 수 있다.(3, 6장)

1장에서 언급해야 할 세부사항이 하나 더 있다. 아프리카계 미국인과 여성 독자들은 네 청년들의 훈련을 감독한 궁정 관리들이 그들에게 바빌론식으로 벨사살, 사드락, 메삭, 아벳느고라는 이름을 붙인 것에 자주 주목한다. 아메리카로 끌려온 아프리카인들에게 '노예명'이 붙여지고 전통적으로 여성들이 남편의 성을 받은 것처럼, 이것 또한 한 인간의 정체성에 대한 상징적 주장으로서 일종의 권력 행사로 볼 수 있을까? 현대 독자들에게는 그렇게 보일지 몰라도, 이야기 자체는 이러한 이름 변경에 특별한 의미를 부여하지 않는다. 플롯 상에서 이것은 음식 주제가 했던 방식으로 기능하지 않는다. 유대인들이 그들의 유대적 정체성이 훼손된다는 인식 없이 바빌론, 페르시아, 그리스식의 이름을 받아들인 예는 역사에서 자주 나타난다.

왕실 권력의 구원과 심판(2-6장)

독자들은 1-6장의 이야기가 다니엘과 세 친구에 대한 것이라 생각할 것이다. 그러나 이야기의 실제 초점은 왕들, 특히 그들이 자신의 권력이 절대적인 것이 아니라 그들을 있게 한 진짜 주권자인 하나님의 신임에 달려 있다는 사실을 인식할 수 있는지 여부에 있다. 5장과 6장은 서로 반대되는 유형의 유약한 왕, 즉 심판을 통해 하나님의 주권을 경험하는 왕(벨사살)과 구원을 통해 경험하는 왕(다리우스)을 보여준다. 그러나 이 주제가 가장 포괄적으로 전개되는 것은 느부갓네살 왕의 교육에 관한 이야기에서이다.(2-4장) 자신의 권력이 진정 어디에서 오며, 그 권력의 한계는 어디인지를 깨닫지 못하는 느부갓네살의 이야기는 아이러니한 유머로 가득차 있다.

1장 끝에서 느부갓네살 왕은 다니엘과 그 친구들이 "온 나라 박수와 술객보다 십 배나 나은 줄"(1:20) 알지만, 그 우월함이 하나님으로 인한 것이지, 자신이 제공한 훈련이나 음식 때문이 아니라는 사실은 모르고 있다. 2장에서 자신을 괴롭게 하는 꿈을 해석해 달라는 느부갓네살의 절실한 요구를 어떤 전문가도 채우지 못하는 상황에서 다니엘이 성공하자, 그는 자신의 능력이 아니라 "은밀한 것을 드러내시는 하늘에 계신 하나님"(2:28, 30) 때문에 그것이 가능했다고 설명한다. 이러한 주장을 느부갓네살이 이해한 듯 보임에도(2:47), 그가 또 거룩한 영광을 다니엘에게 돌리는 것은(2:46) 앞뒤가 맞지 않는다. 마찬가지로 다니엘의 꿈 해석의 의미를 과연 느부갓네살이 이해했는지도 확실치 않다. 꿈에 나타난 네 가지 금속으로 이루어진 신상은 이어지는 네 왕조를 상징하는데, 결국 이것은 하나님께서 영원히 세우실 다섯 번째 왕국을 상징하는 바위에 의해 부서질 것이다. 꿈에서 느부갓네살은 "순금으로 된 머리"라는 상징으로 영화롭게 표현되는데, 이것은 하늘의 하나님께서 전에 없던 권력을 그에게 주셨기 때문이다.(2:37-38) 그러나 이 꿈에는 심판의 요소도 분명 포함되어 있다. 느부갓네살이 다니엘의 하나님을 "모든 왕의 주재"(2:47)로 찬양하는 것을 보고, 그가 심판의 중요성을 이해했다고 생각하는 독자들이 있을지도 모른다. 그러나 꿈속에 담긴 심판의 의미를 느부갓네살이 이해했다는 어떤 표지도 찾을 수 없을 뿐 아니라 이어지는 그의 행동도 그가 전혀 이해하지 못하고 있음을 보여준다.

3장에서 느부갓네살은 거대한 금 신상을 세운다. 그 신상이 나타내는 바가 무엇인지 명시적으로는 드러나 있지 않지만 그것이 꿈에 본 "금으로 된 머리"와 비슷하고 (그의 왕국에 속한 모든 사람이 엎드려 절하게 하기 위해) 느부갓네살이 그것을 세웠다는 사실을 보면 느부갓네살 왕권에 대한 이미지로 기능한다고 할 수 있다. 사드락, 메삭, 아벳느고가 절하기를 거부하자 느부갓네살은 그들을 죽음으로 위협하면서, 그들의 신과 자신이 겨루고 있음을 이렇게 표현한다. "능히 너희를 내 손에서 건져낼 신이 누구이겠느냐?"(3:15) 왕의 명령을 어긴 그들을 구원해 내신 "사드락과 메삭과 아벳느고의 하나님"을 느부갓네살이 찬양했기 때문에, 왕이 세 청년의 신비로운 구출로 인해 그들의 신이 우월함을 믿게 되었다고 생각할 수도 있다.(3:28) 그러나 느부갓네살의 이해에 결함이 있다는 사실은 그의 마지막 행동에서 잘 드러난다. 그는 이 신이 신성모독을 당하지 않도록 "보호"하는 조서를 내려, 신성모독자를 능지처참으로 벌하는 데 자신의 권력을 행사한다.(3:29)

느부갓네살이 자신의 능력과 하나님의 주권의 본질적인 차이에 대한 진정한 이해에 도달하게 된 것은 4장에 나오는 굴욕적인 사건들을 통해서이다. 이 이야기는 왕이 지상의 모든 백성에게 전하는 고백적 증언의 형식으로 1인칭으로 서술되는데, 여기서 느부갓네살은 마음을 어지럽히는 다른 꿈과 그 꿈이 성취되는 것에 대해 말한다. 이번 꿈에는 느부갓네살 왕권에 대한 하나의 상징이 등장하는데, 이것은 자신을 위해 그가 세웠던 금신상보다 더 복잡하다. 이 꿈의 이미지는 왕권 또는 국가 권력이 어떠해야 하며, 그것이 왜 실패하는지에 대한 다니엘서의 이해를 간결하게 표현해 주고 있기 때문에 특히 중요하다. 그 꿈속에서 왕권은 나무 이미지로 표현되고 있는데, 이 나무는 세계수 또는 생명나무를 암시하고 있다.(4:10-12 [아람어, 4:7-9]) 그 자체로 그것은 통합적인(integrative) 역할을 한다. 지구의 중앙에 심겨진 그 나무는 하늘까지 닿아서 땅끝에서도 볼 수 있다. 또한 그것의 일차적인 역할은 양육이다. 그 열매는 모두를 먹이는 양식이고, 그 가지는 만물이 둥지를 틀 장소이자 쉬어가는 그늘이며, 그 무성한 잎은 아름다움에 대한 욕구를 채워준다.

물론 행정 권력에 대한 고대적 이상을 현대 상황과 혼동할 수는 없다. 특히 세속적인 민주주의 국가에서 행정 권력은 그 권위가 하늘의 위임이 아니라 "피지배자의 동의"로부터 나온다고 생각된다. 그럼에도 불구하고 이러한 이미지에는 부자들뿐 아니라 아이들, 가족, 가난한 사람들의 요구에 대한 정부의 책임 있는 대응을 이끌어내기 위해 정치적인 노력을 기울이는 여성들의 흥미를 끌 만한 요소가 많이 있다. 이러한 이미지는 정부

권력은 군사적 역량이 아닌 공동체 전체의 번영에서 나타난다는 것을 보여준다.

독자들이 나무 이미지에 내포된 어떤 여성적 특질을 감지하는 것도 이상한 일은 아니다. 여기 나오는 나무는 남성 군주의 이미지로 사용되었지만, 다른 문맥에서 생명나무는 분명 여성 이미지와 연관되기 때문이다. 가령 잠언 3:18에서 여성으로 인격화된 지혜는 그녀를 붙드는 사람을 양육하는 "생명나무"로 불리기도 한다. 고대 근동 미술에서 생명나무는 종종 왕권을 상징한다. 그러나 어떤 작품들에서는 생명나무가 자기 옆에 서 있는 동물들에게 양식을 주는 여신의 모습으로 대체되기도 한다.(Johnson, 48, 58, 203)

느부갓네살이 꾼 꿈에서 느부갓네살 자신을 상징하는 나무는 심판을 받아 베어진다. 나무의 선함을 부패시킨 결점이 무엇인지를 알아내기 위해서는 나무라는 이미지를 좀 더 신중하게 음미할 필요가 있다. 문제의 단서를 제공하는 부분은 "그 높이가 하늘에 닿았"(4:11a[아람어, 4:8a])다는 표현인데, 이것은 창세기 11:4에서 바벨탑을 묘사할 때 사용된 것과 같다. 나무의 결점이란 오만으로, 권력을 다른 사람의 필요를 채우기 위해 쓰기보다는 스스로를 높이고 권력 그 자체에 매혹되는 인간들의 경향을 말한다.(동일한 나무 이미지가 이집트 바로 왕의 심판을 표현하는 데 사용된 예를 보기 위해서는, 겔 31:1–14를 참조하라.)

다니엘서 4장에서 느부갓네살이 사람 사는 사회에서 쫓겨나서 보냈던 광기의 시간은 그에게 굴욕적인 형벌이었지만, 구원의 수단이기도 했다. 7년을 보낸 끝에 그는 눈을 들어 하늘을 우러러 보며 하나님의 주권을 인정한다. 그 후에 왕좌에 다시 오른 그는 하나님이 "교만하게 행하는 자를 능히 낮추실 수 있"음을 모든 백성에게 가르치기 위해 자신의 이야기를 기록하여 전한다.(4:37b[아람어, 4:34b])

성찰

느부갓네살 이야기는 여성주의적 권력 비판에 상당한 반향을 일으켰다. 거대해져가는 권력 구조의 희생자가 되곤 했던 여성들은 인간의 모든 권력 체계가 하나님의 심판 아래 있음을 선언할 중요한 근거를 여기서 발견한다. 그러나 우리가 염두에 두어야 할 것은 다니엘 1-6장 이야기의 원래 사회적 맥락이다. 이 이야기들은 인간의 권력 자체를 성찰한다기보다는 기원전 3세기 디아스포라 유대교의 렌즈를 통해 보여지는 **이방** 왕국의 권력의 본질을 고찰하는 것이다. 이 이야기들이 그런 이방의 정치 권력을 구원 가능한 것으로 그린다 해도, 2장에서 분명하게 나타나는 것은 유대 왕국 재건에 대한 열망이다.(2:44) 이 점에서 이 이야기는 자기결정권을 얻기 위해 애쓰는 식민지 또는 기타 피지배 민족들의 투쟁에서 가장 가까운 병행을 발견할 수 있다. 그런 상황에 처한 여성들의 경험은 다니엘서 2장에서 표현된 것과 같은 낙관적인 전망을 제시하지 않는다. 또한 민족의 자기 결정권을 보장하는 것이 반드시 여성들을 위한 정의를 의미한다고도 볼 수 없다. 여성 민족운동 지도자들은 여성과 그 자녀들의 이익옹호를 위해 자민족 정부에 대항하여 2차 투쟁을 전개해야 하는 경우도 있기 때문이다. 다니엘서의 내러티브가 권력 비판의 유용한 도구임은 분명하지만, 그것으로 충분하지는 않다. 그러나 성서의 다른 부분, 가령 아모스나 미가와 같은 예언자들에게서 우리는 소외계층과 약자들을 위한 정의실현과 권리옹호에 실패한 민족 지도자들에게 해명을 촉구하는 사람들을 위한 모델을 발견할 수 있다.

묵시적 환상들(7-12장)

7-12장은 안티오쿠스 4세 에피파네스에 의한 유대인 박해라는 매우 상이한 역사적 상황에서 쓰여진 만큼 매우 다른 권력 비판을 행하고 있다.

자료의 양식 또한 다르다. 느부갓네살이 꾼 계시가 담긴 꿈을 다니엘이 해석해주는 앞선 내러티브와는 달리, 7장과 8장에서는 다니엘 자신이 계시가 담긴 꿈을 꾸는 주체가 된다. 천사의 해석이 없었다면 다니엘은 이 환상들을 이해할 수조차 없었다. 9장에서도 예루살렘에 관한 예레미야의 말을 읽으면서 이해하려고 애쓰고 있던(렘 25:11, 12; 29:10) 다니엘에게 천사 가브리엘이 나타나 그것이 종말론적 예언임을 알려준다. 마지막 환상에서(10-12장) 가브리엘은 다니엘에게 나타나 "진리의 글에 기록된 것"(10:21)을 그에게 말해준다. 이상의 네 가지 계시는 서로 다른 이미지들로 표현되었지만 모두 동일한 역사적·종말론적 시나리오와 관련되어 있다. 연이은 네 제국, 즉 바빌론, 메대, 페르시아, 그리스가 세상을 지배한다. 그리스 제국은 나뉘어 서로 싸울 것인데, 그 중 가장 강력한 것은 이집트의 프톨레마이오스 왕국과 시리아의 셀레우코스 왕국이다. 이 두 왕국이 전쟁을 하는 동안 안티오쿠스 4세 에피파네스라는 아주 교만한 왕이 나타나 예루살렘 성전을 더럽히고 하나님께 충성하는 자들을 공격한다. 권력의 정점에서 하늘에까지 도전한 그는 결국 천상의 판결에 의해 파국을 맞게 된다.

7장은 면밀히 분석해 볼 필요가 있다. 7장의 이미지는 내러티브와 묵시적 환상에서 서로 다른 이방 왕국에 대한 관점이 나타난다는 것을 분명히 보여주기 때문이다. 우선 눈에 띄는 것은 7장의 환상과 2장에 나오는 느부갓네살의 꿈이 놀라울만큼 유사하다는 점이다. 두 본문에 연달아 나오는 네 왕국에 대한 이미지가—2장에서는 네 가지 금속으로 이루어진 신상이, 7장에는 바다에서 연달아 올라오는 네 짐승이—나온다. 또한 양쪽 본문 모두에 왕국에 대한 심판 행위가 나온다. 2장에는 신상을 부수어 버린 돌이, 7장에는 천상의 법정과 판결이 나온다. 결국 주권을 이어받는 것은 하나님이 선포한 영원한 왕국으로(2:35b, 44; 7:13-14, 27), 이는 7:27에서 "지극히 높으신 이의 거룩한 백성"과 동일시된다.

이러한 유사점에도 불구하고 중대한 차이점도 존재한다. 2장에 나오는 신상의 이미지는 본질적으로 부정적인 것은 아니었다. 더욱이 다니엘의 해석은 금으로 이루어진 머리로 표현된 느부갓네살에게 권세와 권력을 준 분이 다름아닌 하나님임을 확언한다.(2:27-28) 다른 왕 또는 왕국이 권력을 이어받는 것 역시 하나님의 뜻이라고 생각될 수 있다. 그러나 7장의 묵시적 환상에서는 네 왕국이 바다에서 올라오는 네 마리의 무시무시한 짐승으로 표상되고 있다.(7:2) 전통적으로 고대 근동 신화나 성서에서 바다 또는 그것의 의인화인 바다 생물은 창조주 하나님이 전투에서 물리친 혼돈을 상징한다.(욥 7:12; 26:12-13; 시 74:13-17; 89:9-10; 사 27:1; 51:9-10) 그러므로 7장의 이미지에 따르면, 왕국들은 하나님이 부여하신 권위로 다스리는 것이 아니라 악에서 솟아나와 하나님의 질서를 위협하는 존재이다.

특히 여성주의적 읽기의 관심은 바다 이미지가 형성된 배경을 규명하는 데 있다. 창조주 하나님과 혼돈의 괴물 사이의 전쟁에 관해 알려진 최고(最古)의 전승은 바빌론의 창조 서사시인 『에누마 엘리쉬』(기원전 1000년 무렵)이다. 그 기록을 보면 염해를 상징하는 혼돈의 괴물은 티아맛이라는 여성으로, 그녀는 "만물에 생명을 내려준" 태초의 어머니이다.(I. 4) 결국 그녀는 마르둑이라는 젊은 신에게 패하여 죽임을 당하게 되는데, 마르둑은 그녀의 죽은 몸을 둘로 갈라 우주의 구조를 창조하는 일을 준비한다.(IV. 128-46) 히브리성서에는 바다가 특정 성(gender)으로 간주된 예가 없지만, 이런 이미지의 배경을 알고 나면 창조가 이루어질 때 파괴되어야만 했던 것의 이미지로 바다가 사용한 데는 성별 간, 세대 간 적대감이 무의식중에 영향을 미쳤다는 사실을 인식하지 않을 수 없다.(cf. 계 21:1)

그런 이미지 속에 성적인 의미가 감춰져 있든 없든, 바다에서 올라온 짐승들과 천상의 초월적인 권력 간 대결은 묵시문학의 이원론적 사고 유형, 즉 선과 악은 분명하게 구별되고 그 둘 사이의 투쟁이 역사의 진행과정 그 자체라는 견해를 분명하게 보여준다. 이러한 묵시적 상상력은 여러 측면에서 여성주의적 관점으로 분석될 필요가 있다. 여성주의 사상은 대체로 묵시에 비판적이지만, 어떤 유형의 페미니즘은 사고 구조에 있어 묵시문학과의 흥미로운 유사성을 보여주기도 한다.(Quinby 참조) 가령 생태 여성주의의 특정 형태들은 여성과 남성 사이에는 본성상의 본질적인 차이가 있음을 주장하고, 인간 역사를 시대들의 연속으로 이해한다. 즉 원래는 자비롭고, 자연중심적인 모계시대에서 출발했으나, 위계적이고 억압적인 가부장적이며 기술적인 시대로 '타락'한 후, 각 전통의 담지자들 간의 투쟁을 거쳐 결국엔 평등주의적이고 다시 자연과 하나가 되는 유토피아적 미래가 도래한다는 식이다. 그러나 그러한 설명은 다양한 문화의 선과 악을 이해하는 데도 나이브할 뿐 아니라 인간 본성의 복잡성을 이해하는 데도 부적절한 면이 있기 때문에, 대부분의 페미니즘은 남성과 여성의 본질적인 차이를 가정하고 그 관계를 이원론적으로 파악하는 입장에 비판적이다.

마찬가지로 시간, 역사, 권력에 관한 묵시적 이해도 여성의 경험에 비추어 면밀히 검토할 필요가 있다. 묵시 사상에서 시간은 직선적이며, 여기서 중요한 것은 태초에서 종말에 이르기까지의 과정을 규정하는 위대한 시대들이다. 역사에서 중요한 국면들로는 주요한 정치적 사건들, 즉 왕들과 제국들 간의 충돌이다. 묵시가 이런 측면에 몰두해 있다 보니, 남녀 모두의 큰 관심사이지만 여성의 경험에 의해 가장 잘 조명될 수 있는 현실의 다른 측면들에 대해서는 무지한 것이 사실이다. 전통적으로 여성들의 시간과 여성들의 세계 참여는 일상의 반복되는 일과 속에서 형성되었다고 해도 과언이 아니다. 다니엘서에서 표현된 바와 같은 묵시는 끼니를 준비하고 아이들을 먹이고 입히며, 텃밭을 가꾸는 매일의 일과로 이루어지는 시간에 가치를 부여하지 않으며, 심지어 인정조차 하지 않는다. 인간 실존의 역사에 대한 묵시적인 보도에서 그런 활동들이 차지할 자리는 전혀 없다. 이렇게 비판한다고 해서 묵시문학에 귀중한 것이 아무것도 없다는 뜻은 아니다. 묵시문학은 악과 억압에 저항하는 강력한 외침이며, 눈에 보이는 모든 권력이 악의 세력에 속한 듯 보일 때도 선이 승리하리라 믿는 자들을 지탱해주는 수단일 수 있다. 오히려 비판의 여지는 묵시적 비전이 세계를 너무 급진적으로 도식화한 나머지 많은 중요한 문제들을 다루지 않았다는 데 있다. 역사상 가장 중요한 사건들의 다수는 세계 무대가 아닌, 정의와 자비를 위해 지역에서 투쟁하는 여성과 남성들의 일상의 정치학에서 일어나는 것이다.

다니엘서는 독자들이 단순하게 수용 또는 거부할 수 있는 획일적인 관점을 제시하지 않고, 두 개의 서로 다른 문학 형식과 국가 권력의 본질에 관한 대립되는 두 개의 분석을 제시한다. 오히려 다니엘서는 특정 역사적·사회적 조건 하에서 이렇게 보이던 문제가 또 다른 역사적·사회적 조건 하에서는 아주 다르게 보일 수도 있다는 사실을 보여주는 좋은 모델이다. 다니엘서의 저자, 또는 적어도 다니엘서의 묵시 본문을 쓴 저자는 이런 가정에 동의하지 않을 것이다. 그들은 자신이 전에는 감춰져 있던 세계에 대한 영원한 진리를 받는다고 생각했지, 다른 관점에 의해서 평가받아야 할 "진리에 관한 특정 관점"을 얻는다고 생각하지 않았다. 그러나 세계에 대한 여성의 관점이 고려의 대상에서 배제되는 경향이 있음을 잘 알고 있는 페미니즘은 중대한 문제를 놓고 대화에 참여할 때 서로 다른 사회적 자리에 속한 다양한 목소리들이 중요하다고 변호한다. 그러므로 다니엘서의 여성주의적 읽기에 좀 더 적절한 것은 지혜로운 엘리트에게만 계시되는 숨겨진 지혜를 말하는, 다니엘서에 분명한 지식 이데올로기가 아니라 다니엘서의 형식이다. 다니엘서의 형식이야말로 국가 권력이라는 문제를 두고 고심했던 두 개의 서로 다른 유대인 공동체의 관점을 보존하고 있기 때문이다.

참고문헌

Collins, John. *Daniel.* Hermeneia. Minneapolis: Fortress Press, 1994.

Craven, Toni. *Ezekiel/Daniel.* Collegeville Bible Commentary 16. Collegeville, Minn.: Liturgical Press, 1986.

Fewell, Danna Nolan. *Circle of Sovereignty: Plotting Politics in the Book of Daniel.* Nashville: Abingdon Press, 1991.

Goldingay, John. *Daniel.* Word Biblical Commentary 14. Dallas: Word Books, 1983.

Johnson, Buffie. *Lady of the Beasts: Ancient Images of the Goddess and Her Sacred Animals.* San Francisco: HarperSanFrancisco, 1988.

Quinby, Lee. *Anti-Apocalypse: Exercises in Genealogical Criticism.* Minneapolis and London: University of Minnesota Press, 1994.

Viviano, Pauline A. "The Book of Daniel: Prediction or Encouragement?," *The Bible Today* 21, no. 4(July, 1983), 221–226.

호세아

게일 A. 이

Gale A. Yee

개관

호세아서는 페미니스트 성서학자들 사이에서 가장 많이 연구된 작품이다. 왜냐하면 예언자 호세아는 최초로 남편이라는 은유로 신을 표현하고, 이스라엘에게는 하나님의 간음한 아내라는 부정적인 여성 이미지를 덧씌운 인물이기 때문이다. 이러한 이미지 사용은 고대 이스라엘의 역사적 상황, 즉 젠더 관계가 불균형했던, 곧 남성이 사회에서 더 많은 특권을 보유하는 지위를 차지하고 여성은 그런 남성에 종속되었던 시대를 반영한다. 여성들에게 중요한 사실은 이처럼 사회적으로 조건지워진 관계가 호세아서의 신학에 깊은 영향을 주었다는 점이다. 호세아서의 신학은 신을 남성으로, 죄인들을 여성으로 해석한다. 예언자는 이러한 이미지를 통해 하나님이 내리는 정당한 형벌을 남편이 아내에게 가하는 신체적 폭력으로 묘사한다. 문제는, 이러한 성서 이미지의 은유적 특징이 간과되고 아내에 대한 남편의 신체적 학대가 이스라엘에 대한 하나님의 보응으로서 정당화될 때 발생한다.

호세아서의 구조

이 책은 3부로 이루어져 있는데, 각 부는 하나님-이스라엘 관계에 대한 구체적인 은유를 강조한다.

호세아 1-3장은 남편-아내 은유에 집중한다. 문란한 아내 고멜과의 결혼생활과 세 아이의 출산이라는 쓰라린 경험은(1장) 예언자에게 하나님과 이스라엘 간의 계약관계에 관한 깊은 통찰의 계기가 되었다.(2장) 호세아는 이 관계를 일종의 혼인으로, 그리고 이스라엘이 가나안 신들을 숭배하는 것을 간음으로 상상했다. '아내' 이스라엘과 하나님의 최종적 화해는 고멜과 호세아가 재결합하는 데 모델이 된 것으로 보인다.(3장)

2부인 4-11장은 가장 긴 부분으로 이스라엘의 정치와 제의에 대한 신탁 대부분이 여기에 속한다. 이 부분의 요약이자 결론인 11장은 하나님과 이스라엘의 관계를 부모-아들의 은유로 표현한다. 하나님은 자식을 사랑하고 돌보는 부모인 반면, 계약을 깨뜨린 이스라엘은 반항하는 아들이다.

이 책의 3부인 12-14장에서 호세아는 다시 한 번 남편-아내 은유를 끌어들인다. 회개한 아내는 남편에게로 그리고 고향으로 되돌아온다. 돌아온 아내 그리고 남편과 그녀의 재결합을 상징하듯, 전에 황폐하였던 땅은 다시 무성해져서 열매를 맺고 풍요로운 들판이 된다.

호세아와 그 아내가 살았던 역사적 상황

정치적·종교적 풍토

8세기 예언자에 속하는 호세아는 북왕국 이스라엘에서 선포했다. 그의 활동시기는 여로보암 2세의 통치 말기인 대략 기원전 750년에서부터 북왕국이 아시리아에 멸망하기(B.C.E. 721년) 직전인 725년까지이다. 이 시대는 정치적 혼란기였다. 번영과 평화를 구가했던 여로보암의 통치는

746년 그의 죽음으로 끝이 났다. 이후 국가의 상황은 몇 차례의 국왕 암살 사건, 왕실 음모, 무분별한 정치 동맹, 시리아-에브라임 전쟁, 아시리아의 지도자 디글랏빌레셀 3세의 이스라엘의 영토 침략 등으로 혼란스러웠다.

호세아는 민족의 정치적 불안정은 물론 이스라엘 종교의 타락이라는 문제를 두고 고심했다. 호세아는 아내/이스라엘이 정부(情夫)인 가나안의 바알을 좇아다닌다고 고발한다.(2:7-8, 13) '주인' 또는 '남편'을 뜻하는 바알은 가나안의 폭풍신으로 생명을 주는 비를 주관한다. 이스라엘과 같이 건조한 기후에서 비는 생존에 필수불가결한 요소이다. 가나안 종교는 한 해의 농사 절기에 뿌리를 두고 있어서 경작과 가축사육에서부터 자녀출산에 이르는 삶의 전 영역에서 풍요(fertility)를 강조한다. 호세아는 바알과 여타 가나안 신들에게 물질적 안녕을 기원하면서 야웨를 버리거나 바알과 야웨를 나란히 두는 백성들을 고발한다. 호세아에게 중요한 질문은 이것이었다. 모든 선한 것들을 주시는 분은 누구신가? 불모에서 풍요를 낳는 창조주 하나님은 누구신가? 호세아에게 이 질문에 대한 답은 당연히 야웨였다.

이스라엘 종교에 대한 가나안의 영향

(다른 예언서나 사사기에서 열왕기하에 이르는 신명기역사서 전체와 마찬가지로) 호세아를 읽을 때 우리는 순수한 야웨 숭배가 이스라엘이 정복한 땅의 가나안 종교로 인해 오염되었다는 인상을 받는다. 그러나 호세아서를 해석할 때 우리가 염두에 두어야 할 것은 여기서 나타나는 유일신론적 신학은 **나중에 가서야** 이스라엘의 표준이 된 신학이라는 사실이다. 한 분 하나님만을 믿고 어떤 다른 신의 존재도 부인하는 유일신론이 이스라엘에서 항상 실행되었던 것은 아니다. 성서 본문이 묘사하는 종교는 중요한 부분을 차지하긴 했지만, 아주 다양한 이스라엘의 종교적 신념과 실천의 극히 일부에 불과했다. 고대 이스라엘의 종교는 고정되고 완성된 것이 아니라 다른 문화들의 영향 하에서 형성되고 있었다. 고대 이스라엘의

종교가 가나안 종교의 강력한 유산이었다는 사실을 깨닫는 것은 호세아를 이해하는 데 특히 중요하다. 초기 이스라엘 종교에서 제1의 신은 야웨였지만 여러 다른 신들에 대한 숭배도 공존했다. 이스라엘 종교의 초기 발전 단계에서 엘이나 바알, 심지어 아세라 여신에 대한 숭배도 용인되었거나 적어도 관용의 대상이었다. 이스라엘의 종교가 점차 유일신론으로 진화해 가면서 자기 안에 있는 가나안 전통을 거부하게 된 데는 다수의 복합적인 요인이 작용했다. 가령 제의의 중앙집중화, 군주제의 발생, 표준적인 관점을 유포하는 데 기여한 기록의 증가, 타문화에 대한 종교적 자기규정의 강화와 같은 요인들이 그것이다. 바알 숭배는 한때 합법적인 이스라엘 종교의 일부였지만, 이제는 호세아의 규탄의 대상이 되었다.

가나안 신들에 대한 숭배가 고대 이스라엘에서 장기간에 걸쳐 확립된 관행이었을 가능성이 높다 하더라도, 성서 본문만을 근거로 가나안의 종교 의식을 재구성하는 것은 매우 어려운 일이다. 가나안 종교에 대한 논쟁으로 인해, 성서 본문은 가나안 제의에 대한 편향된, 나아가 왜곡된 상을 보여주기 때문이다.

소위 "신전 매춘"(cultic prostitution)에 대하여

호세아서와 특히 관련이 깊은 가나안의 관습으로 알려진 것 중 하나는 바로 신전 매춘이다. 앞에서도 언급했지만, 삶의 전 영역에서의 풍요와 거기서 유래하는 조화로운 세계질서는 가나안 종교의 주요 관심사였다. 가나안 종교에 대해서는 50여 년 전 시리안 연안에서 발견된 라스 샴라(Ras Shamra) 토판들을 통해 상당히 알려져 있다. 이 신화적인 텍스트를 보면 폭풍의 신 바알은 불모와 죽음의 신인 모트에 의해 살해된다. 과학이 발달하기 전, 이런 신앙은 비가 전혀 내리지 않는 5월과 9월 사이의 무덥고 건조한 기간을 설명하는 장치였다. 바알의 누이이자 연인인 여신 아낫은 바알을 구하기 위해 모트를 죽이고 바알을 소생시킨다. 바알과 아낫의 정열적인 성교로 인해 10월부터 우기가 시작된다고 가나안인들은 믿었다.

라스 샴라 토판에 축제가 묘사되지는 않았지만, 많은 학자는 이 신화적 드라마가 매년 10월에 열리는 신년 축제에서 재현되었을 것이라고 가정한다. 추측에 따르면, 바알과 아낫을 모방한 "신성한 결혼" 의식, 즉 왕을 시작으로 해서 가나안 남성들이 신전 창녀들과 벌이는 제의적 성교가 축제의 일부로 행해지는데, 이는 땅과 가축, 그리고 가정에 풍요를 가져오기 위한 것이다. 이러한 풍요 제의에는 적대적인 기후에서 백성들의 생존을 기원하는 매우 진지한 종교적 의도가 깔려 있다. 그러나 인간 본성이 비슷하다면, 일부 숭배자들은 종교적 이유가 없는데도 신전 창녀들에게 드나들었을 수 있다. 많은 해석자는 이러한 의식이 성소와 산당들(high places)에서 행해지는 본격적인 난교(orgy)로 변질되기도 했다고 생각한다. 그러한 주장에 따르면 호세아가 매우 공격했던 것이 바로 이러한 의식들이었다.(참조. 4:11-19; 9:1-3) 심지어 어떤 비평가들은 호세아의 아내 고멜과 이스라엘의 다른 여성들이(참조. 4:14) 신전 창녀였다고 주장하기도 한다.

하지만 최근 많은 학자는 가나안뿐 아니라 다른 고대 근동 지역에 이러한 신전 매춘 현상이 있었는지 의문을 제기한다. 과연 그런 창녀 계급이 존재했는지, 또는 그런 성교 의식들이 행해졌는지를 입증해 줄 구체적인 본문 증거나 고고학적 증거들이 없기 때문이다. 신전 매춘을 입증하는 데 사용되었던, 그리스의 헤로도투스나 스트라보와 같은 고대 작가들의 증언도 상당히 후대에 쓰여진 데다 편향적이기 때문에 실제로는 신뢰할 수 없는 경우가 많다.

게다가 고멜을 "창녀 같은(of harlotry)[개역개정, '음란한'] 아내"(1:2)로, 이스라엘을 "창녀짓을 한(who has played the harlot)[개역개정, '음란한']" 자들(2:5)로 옮긴 표준적인 번역 역시 오해의 소지가 있다. "창녀"에 해당하는 히브리어 명사인 '조나'(*zonah*)는 '자나'(*zanah*)라는 동사에서 파생된 단어로, 이 동사의 일차적인 의미는 "혼외성관계를 맺다"이다. 자나(*zanah*)는 좀 더 포괄적인 용어로, 기혼여성들의 **간음**, 미혼의 딸이나 누이, 시형제결혼 율법에 매인 과부(참조. 신 25:5–6)의 **음행**, 성교를 직업으로 삼는 여인들의 **매춘** 등 다양한 성적인 위법행위들을 포함한다.

여기서 고멜이 "창녀 같은 아내"인 것은 그녀가 창녀라서가 아니다. 그녀는 한 번도 창녀를 가리키는 전문용어인 조나(*zonah*)로 칭해지지 않았다. 그녀의 행실이 문란했기 때문에, "창녀 같은 여인/아내"(*'eshet zenunim*)가 된 것이다. 직업적인 창녀가 아니었음에도 불구하고, 간음을 저질렀기 때문에 경멸적으로 "창녀 **같은**" 여인이라는 평가를 받은 것이다. 따라서 좀 더 정확한 번역은 "창녀 같은 아내"가 아니라 "문란한 아내"이다. 이렇게 하면 고멜을 창녀와 동일시하는 것도 피할 수 있다. 마찬가지로 "창녀짓을 한"(2:5) 역시 "문란한" 정도로 해석하는 것이 더 정확하다.

마찬가지로 호세아 4:14b에 묘사된 이스라엘의 딸들을 "신전 창녀"로 번역한 것도 부정확하다. 관습적으로 "신전 창녀"로 번역되는 히브리어 단어는 '조나'(*zonah*)가 아니라 '케데샤'(*qedeshah*)이다. 조나는 일반적인 창녀를 가리키며 제의 활동과 특별한 연관성도 없는 반면, (글자 그대로 "거룩한 것"을 가리키는) 케데샤는 제의와 특별히 관련된 단어다. 그러나 제의를 담당한 이 여성들이 이스라엘 성소에서 실제로 어떤 일들을 수행했는지를 성서 본문, 심지어 라스 샴라 토판을 근거로 재구성하는 것은 매우 어려운 일이다. 그들의 의식(儀式)이 성(sexuality)과 관련되었다고 예언자가 생각했다 하더라도, 그것을 액면 그대로 받아들이는 것은 잘못이다. 성서 본문은 매우 논쟁적이어서 제의가 실제로 어떻게 행해졌는지보다는 고발하고 있는 예언자의 생각을 더 많이 드러낸다. 좀 더 납득할 만하고 논쟁의 여지가 적은 근거가 나올 때까지 케데샤는 "신전 창녀"보다는 '신전 노예'(hierodule)로 번역하는 것이 나을 것이다. 그리스어에서 차용되어 '신전 시종'을 뜻하는 '신전 노예'(hierodule)는 제의적인 함의는 보존하면서, 여성 사역의 성적 측면—혹 그런 측면이 있다면—에 대해서는 중립적인 표현이기 때문이다.

고대 이스라엘의 결혼과 간음

야웨-이스라엘 관계를 표현하는 호세아의 독특한 은유가 남편과 아내이기 때문에, 이스라엘의 결혼 제도와 간음과 관련된 법을 이해하는 것은 중요하다. 이때 결혼의 두 가지 본래적 특징으로는 크게 부계, 부거(父居) 중심의 친족 구조와 명예/수치(honor/shame) 가치 체계를 들 수 있다.

고대 이스라엘의 친족 구조는 부계 혈통 중심이다. 즉 가족의 이름과 유산이 남자에서 남자로 전해진다. 또한 혼인 후 이루어지는 정착과정 역시 부거 중심으로, 혼인한 후 아내는 시아버지의 집안에 들어와 남편과 함께 산다. 이러한 부계, 부거 중심 관습으로 인해 고대 이스라엘에서 남성은 특권적 지위에 있었다고 할 수 있다. 정착하는 과정에서 여성들은 유동적이었던 반면, 남성들은 안정적이었다. 젊은 여성은 그녀가 나고 자란 가족을 떠나 낯설고 때로는 적대적이기까지 한 남편의 집으로 들어가 최대한 적응하며 살아야 했다. 한 쌍의 남녀가 부부의 연을 맺는 데 사랑이나 연애는 중요한 요인이 되지 않았다. 딸을 결혼시켜서 다른 가문 또는 씨족과 연맹을 맺거나 강화하려는 아버지들도 있었다. 더욱이 남편에게 아내가 여럿일 경우 아내는 다른 아내들과도 경쟁을 해서, 남편의 환심을 사고 아들까지 출산해야 안정된 지위를 확보할 수 있었다.

이스라엘과 같이 노동집약적인 농업 사회에서 자녀출산은 생존에 필수불가결한 요소였다. 특히 아들은 아버지의 상속자이며 가문을 떠나지 않기 때문에 가치가 있었다. 아들들은 아내(들)를 맞고, 아들을 낳음으로써 추가인력을 창출할 수도 있었다. 아내가 가문에 공헌할 수 있는 첫 번째도 그녀의 성적 측면, 다시 말해 가문의 이름을 잇고 가문의 토지와 재산을 지킬 합법적인 아들을 낳는 것이었다. 그러므로 아내와 딸의 성(sexuality)은 신중하게 보호되고 통제되어야 했다.

명예와 수치의 가치체계는 이러한 부계, 부거 중심의 친족 구조에 깊이 배어 있었다. 명예는 한 사람의 평판, 즉 자신과 자신이 속한 사회 집단의 눈에 비친 그 사람의 가치를 말한다. 현시대에는 '수치'가 부정적인 의미를 띤 것과 달리 고대 이스라엘에서 수치는 누군가의 평판과 명예에 대한 긍정적인 관심을 의미했다.

명예와 수치의 가치기준은 특히 성별(gender)에 따라 달랐다. 구체적으로 남성은 남자다움, 용기, 가족을 부양하고 가족의 명예를 지키는 능력, 성적인 남성성의 과시 등을 통해 명예롭다는 긍정적 평가를 받았다. 여성은 자신의 평판을 염려할 때 수치를 안다는 긍정적 평가를 받을 수 있었는데, 구체적으로 온순함, 수줍음, 남성의 권위에 대한 존경과 복종, 수동성, 성적 순결이 중요한 덕목이었다. 용기가 없었거나 가족의 명예를 지키지 못한 남성이나 성적 순결을 지키지 못한 여성은 똑같이 **수치를 모르는** 사람이 되었고, 따라서 공동체로부터 **망신을 당했다**. 물론 남성이든 여성이든 자신과 가족의 평판을 신경쓰지 않으면 **망신도 당하지** 않았을 것이다. 어쨌든 그들이 **수치를 모르는** 사람이 되는 각각의 이유는 성별에 따라 달랐다.

부계 중심 친족 구조에서 남성의 명예를 측정하는 큰 기준은 그의 아내든, 딸이든, 누이든, 어머니든 그에게 속한 여성의 성적인 행실에 달려 있었다. 따라서 남자들은 이 여성들의 명예를 (그리고 넓게 보아 자신의 명예를) 지키기 위해 다양한 전략을 구사했다. 가령 여성들이 사람들 앞에 드러나면 안 된다고 주장하면서 그들을 격리시키고, 그들의 사회적인 행동에 제약을 가했다. 한 여성이 어떤 식으로든 성적으로 수치를 모르는 행동을 했다면, 그녀를 통제하지 못한 남편이나 아버지, 오빠나 아들이 가문의 명예를 지키지 못했음이 공개적으로 드러난다. 결과적으로 그 남성은 공동체에서 자신의 명예와 평판을 잃게 된다.

그러므로 간음은 부계 중심 사회 그리고 명예/수치에 기반한 사회 체계에서 제일가는 범죄였다. 무엇보다 간음은 아내의 성에 대한 남편의 절대적인 권리를 침해하고 그의 부권을 의문에 빠뜨리는 것이기 때문에, 부계중심의 친족 구조가 지배하는 사회에 아주 위협적이고 파괴적인 요소였다. 둘째, 간음은 남편과 가족의 명예에 상당한 손실을 가져왔다. "수치를 모르는" 아내는 남편이 아내를 통제하여 가족의 명예를 보존할 의무를 다하지 못했음을 드러냄으로써 결국 남편의 권위에 도전한 것이다.

간음에 대해서는 두 가지 유형의 형벌이 적용되었던 것 같다. 첫 번째는 양 쪽 모두를 돌로 쳐 죽이는 것이었다.(레 20:20; 신 22:22) 그러나 현실에서 이 형벌은 여성들에게만 적용되었다.(참조. 창 38장; 요 7:53-8:11) 율법에 따르면, 간음한 남녀를 사형에 처하려면 두세 명의 증인이 있고 현장에서 붙잡힌 경우여야 했다.(신 19:15) 물론 이것이 항상 가능했던 것은 아니다. 특히 여성의 경우 간음 후에 임신으로 드러날 수 있기 때문에 남성에 비해 고발 위험이 더 많았다. 간음에 대한 형벌의 두 번째 유형은 호세아서에 나오는데, 사람들이 보는 앞에서 간음한 여성을 벌거벗겨 그녀에게 수치를 주는 것이었다.(호 2:2-3; cf. 겔 16:37-39)

혼인관계를 깨트린 남성에 대한 성서의 평가를 보면 암묵적으로 이중기준이 적용되고 있음을 알 수 있다. 아내가 저질렀다면 용서의 여지가 없을 혼외정사도 남편이 저질렀을 때는 대부분 관대한 처우를 받는다. 남성은 약혼을 했거나 결혼한 여성과 관계를 맺고서 현장에서 잡힌 게 아니라면 처벌을 받지 않는다.(신 22:23-29) 남자는 창녀와 관계를 맺는 것도 용인된다.(참조. 창 38:12-23; 수 2:1-7; 왕상 3:16-27) 이러한 이중기준은 고대 이스라엘 사회의 특징이었던 명예와 부권의 문제를 강조함으로써 간음을 저지른 여인을 일차적 가해자로 규정한다.

주석

신실한 남편인 하나님, 부정한 아내 이스라엘(1-3장)

호세아 1:2에서 야웨는 호세아에게 "너는 가서 문란한 여자를 맞이하여 문란한 자식들을 낳으라 이 나라가 여호와를 떠나 크게 문란함이니라" (저자 역)고 명한다. 그러자 호세아는 디블라임의 딸 고멜과 결혼하고 그녀에게서 세 자녀를 낳는다. 아들의 이름은 이스르엘, 딸의 이름은 로루하마, 즉 긍휼이 여김을 받지 못하는 자, 또 다른 아들의 이름은 로암미, 즉 "내 백성이 아니다"였다.(1:3-9) 세 자녀는 타락한 민족에 대한 알레고리적 표현이다. 고멜의 방탕함은 호세아 본인에게뿐 아니라 온 가족의 불명예를 초래했다. 그 결과 그들이 낳은 후손도 "문란한 자식들"이 되었다.(참조. 2:4-5)

문란한 여성과 예언자 호세아의 결혼은 "이 땅이 여호와를 떠나 크게 문란하다"는 것을 상징하는 행위이다. 이 땅(백성)은 음란하게도 야웨를 떠나 가나안의 폭풍신인 바알을 숭배했다.(참조. 2:8, 13, 17) 예언자 호세아의 비극적인 개인사가 야웨-이스라엘의 은유적인 이야기와 상호연관된다는 점에서, 두 이야기는 본질적으로 하나이다. 예언자는 이러한 연결을 통해서 하나님과 이스라엘의 특별한 계약관계를 표현하는 강력한 결혼 은유를 창조해냈다.

그럼에도 불구하고 이 은유는 역사상 특정 시기에 결혼에 관한 당시의 문화적 관념과 연관되어 탄생했기 때문에 현대 여성들에게 신학적 문제를 제기한다. 신학적 문제는 계약관계를 파탄한 결혼관계로 표현한 2장에서 특히 두드러진다. 앞에서도 언급했지만 고대 이스라엘에서 간음을 저지른 아내는 일차적인 가해자이고, 명예를 손상당한 남편은 '피해자'이다. 따라서 은유로 표현하면, 여러 신을 섬긴다고 예언자가 비난한 이스라엘 민족은 부정한 아내 고멜이고, 야웨는 명예가 실추된 남편 호세아이다. 호세아의 결혼에 대한 휴먼 스토리(1, 3장)에 둘러싸인 2장은 이 결혼 은유를 위험할 정도로 밀어붙인다. 계약을 깨트린 이스라엘에 대한 야웨의 정당한 형벌을 묘사하는 비유가 다름 아닌 아내에게 신체적 폭력을 가하겠다는 위협이기 때문이다.

2장에 나타난 첫 번째 위협을 보면, 야웨/호세아는 어머니에게 문란한 삶을 멈추기를 간청하라고 자녀들에게 명한다. "그렇지 아니하면 내가 그를 벌거벗겨서 그 나던 날과 같게 할 것이요 그로 광야 같이 되게 하며 마른 땅 같이 되게 하여 목말라 죽게 할 것이다."(2:3) 이렇게 점점 더 강해지는 위협에는 수치를 모르는 어머니의 행실로 오염된 자녀들까지 포함된다.(2:4–5a) 자녀들이 치욕을 겪는 것은 어머니가 성적인 범죄를 저질렀을 뿐만 아니라, 그녀가 자신을 안락하게 해줄 물질적 자원이 연인들로부터 온다고 생각했기 때문이다.(2:5b) 종교적인 차원에서 이 "연인들"은 풍요를 가져온다는 가나안의 신(神) 이해를 나타낸다. 인간적인 차원에서 이들의 존재는 그녀의 남편에게 엄청난 치욕이다. 남편이 아내의 물질적·성적 필요를 채워주지도 못하고, 그녀의 행실을 통제하지도 못한 것으로 보이기 때문이다. 이처럼 2장에서는 종교적 차원과 인간적 차원이 수렴한다.

야웨는 "아내의" 행동을 통제하기 위해 3단계 전략을 구사한다. 이 전략은 위에서 기술한 부계 중심, 명예/수치 문화에서 여성의 성(sexuality)을 통제하는 사회적 방안들을 반영한다. 남편의 첫 번째 행동전략은 아내를 연인들에게서 떨어뜨려 놓는 것이다.

> 그러므로 내가 가시로 그 길을 막으며
> 　담을 쌓아
> 　그로 그 길을 찾지 못하게 하리니
> 그가 그 사랑하는 자를 따라갈지라도 미치지 못하며
> 　그들을 찾을지라도 만나지 못할 것이라.
> 　(2:6–7a)

이 강제 격리의 목적은 그 아내로 하여금 남편에게 전적으로 의존해야 한다는 사실—아마도 이전에 그녀가 몰랐던—을 깨닫게 하는 것이다.(2:7b–8) 이스라엘을 그녀의 정부에게서 떼어놓는 신의 행위가 3:3–4에서 호세아가 고멜을 격리시키는 모델이 된 것으로 보인다. 그러나 이스라엘의 남편들이 그 아내에게 하는 인간적인 행동이 하나님의 행동인 것처럼 묘사된 것이지, 그 역은 아니다.

남편이 취하는 두 번째 전략은 아내에 대한 일련의 신체적·심리적 처벌이다. 그는 아내에게 먹을 것과 입을 것을 주지 않는다.(2:9) 그는 그녀의 성기를 연인들 앞에 드러내 그녀에게 수치를 줄 것이다. 그녀를 그의 손에서 구해낼 자는 아무도 없을 것이다.(2:10) 그는 그녀의 즐거움(희락)과 절기들도 폐할 것이다.(2:11) 그는 그녀의 포도원과 과수원도 망가뜨려 들짐승들이 먹어 치우게 할 것이다.(2:12) 남편의 입장에서 "귀고리와 패물로 장식하고 사랑하는 자를 따라가서 나를 잊어버리고 향을 살라 바알들을 섬긴"(2:13) 아내가 공개적으로 신체적인 수모를 당하고 처벌받는 것은 그의 명예가 손상당한 데 대한 보상이 된다.

아내를 통제하는 남편의 세 번째 전략은 가장 기만적이다. 왜냐하면 야웨와 이스라엘의 기쁨에 찬 화해에 사로잡혀 읽다 보면 독자들은 이러한 전략이 실제로 학대당하는 아내들에게 어떤 의미를 갖는지를 간과하기 쉽기 때문이다. 아내가 벌을 잘 받고, 여러 가지 방식의 학대를 다 견디고 나자, 남편은 그녀를 꾀어 거친 들로 데리고 가서 부드러운 말로 그녀를 달랜다.(2:14)

종교적인 측면에서, 시나이의 "거친 들"은 야웨와 이스라엘이 처음으로 계약관계를 맺고, 몇몇 전승에 따르면 유일하게 행복한 부부생활을 누렸던 바로 그곳이다. 이스라엘이 "어렸을 때와 애굽 땅에서 올라오던 날과 같이"(2:15) 야웨에게 응답하게 될 바로 그곳도 역시 이 거친 들이 될 것이다. 이스라엘은 바알이 아니라 야웨가 그녀의 진정한 남편임을 인정하게 될 것이다.(2:16) 야웨도 그녀의 죄를 용서하고 또다시 영원한 혼약을 맺게 될 것이다.(2:19-20) 다시 사랑하는 관계가 된 부부는 그들의 계약/결혼 맹세를 갱신하고 우주적 평화와 조화, 넘치는 풍요의 새 시대를 시작할 것이다.(2:18-22) 부권에 대한 심각한 의문도 2:23에서 결판이 난다.

야웨/남편은 그의 자녀들을 자기 자식으로 인정하고 그들에게 새로운 계약 질서를 나타내는 새 이름을 지어 준다. 이스르엘은 이제 그의 어머니가 다시 그 땅에 씨를 뿌리는 것을 상징한다. 야웨는 자신의 딸, "긍휼히 여김은 받지 못하는 자"를 긍휼히 여기고, "내 백성이 아닌" 아들을 "너는 내 백성"으로 선포할 것이다.

아무리 이런 종교적인 이미지가 아름답고 심오하다 하더라도, 그러한 이미지들의 근거가 되는 인간적인 차원은 여성들에게 심각한 문제를 제기한다. 연구들에 따르면, 많은 아내들이 학대를 당하다가도 잠깐씩 친절하고 관대한 대우를 받으면 그 관계를 계속 유지한다고 한다. 이런 양가적인 전략은 남편에 대한 아내의 의존을 강화시킨다. 친절하게 대해주는 기간에 아내의 두려움이 일시적으로 누그러져서 그런 관계를 지속하기로 결정하면, 다시 학대의 순환이 시작된다. 게다가 호세아에 나타나는 아버지와 자녀들의 관계회복에 대한 일방적인 이미지는 어머니를 학대하는 아버지를 보고 자란 아이들이 실제로 경험하는 트라우마를 왜곡한다.

야웨와 이스라엘의 결혼에 관한 호세아의 은유는 신과 인간의 관계에 대해 어떤 다른 은유로 표현할 수 없는 것을 표현한다. 그것은 이스라엘의 죄악에도 불구하고 사랑하고 용서하고 자비를 베푸시는 하나님에 대한 강렬한 이야기 안으로 독자들을 끌어들인다. 그러나 여성보다 남성에게 특권을 부여하는 사회 구조와 가치 체계에서 나온 이러한 은유는 성폭력의 피해자였고, 지금도 피해자인 현실의 여성들과 아이들을 희생시키면서 신학적인 주장을 펼치고 있다. 성서 이미지의 이러한 은유적 성격이 망각되면 남편이 아내에게 가하는 신체적 학대도 이스라엘에 대한 하나님의 보복으로 정당화될 수 있다.

이런 난점들을 고려한다면, 이 은유가 신과 인간의 관계를 묘사하는 적절한 은유라고 현대 독자들에게 말할 수 있는가? 또한 어떤 은유가 적절한지 여부를 결정하는 기준은 무엇인가? 은유의 적절성을 평가하기 위해서 우리는 여러 가지 질문을 던져야 한다. 이 은유가 대변하는 것은 누구의 경험이며, 배제하는 것은 누구의 경험인가? 그러한 은유가 긍정적으로 묘사하는 것은 누구의 경험이고, 부정적으로 묘사하는 것은 누구의 경험인가? 이 은유의 묘사는 공정하고 정당한가? 현재의 호세아서에는 남성의 폭력이 깔려 있기 때문에, 남녀불문하고 독자들은 호세아서의 결혼 은유를 무비판적으로 받아들이지 않도록 유의해야 한다. 더욱이 이것이 하나님을 남편과 **같다**고 말하는 은유임을 잊고서 글자 그대로 하나님은 남편이고 따라서 남자라고 주장한다면, 남성/남편 이미지로 하나님을 표현하는 것은 더욱 곤란해진다.

인간의 종교적 경험이 다양한 만큼 그것을 표현하기 위해서도 다양한 은유가 필요하다. 신과 인간의 관계에 대해 다른 통찰을 제시하는 은유가 호세아서에 또 있을까? 결혼 은유만큼 잘 알려지지는 않았지만 호세아 11장에 나오는 부모와 아들의 이미지가 그런 은유에 해당될 것이다.

사랑을 베푸는 어버이 하나님, 반항하는 아들 이스라엘(4-11장)

11장은 호세아서의 두 번째 주요부라 할 수 있는 4-11장을 요약하면서 마무리한다. 11장의 시작부분을 보면, 다음과 같다.

> 이스라엘이 어렸을 때에 내가 사랑하여
> 　내 아들을 애굽에서 불러냈거늘
> 선지자들이 그들을 부를수록
> 　그들은 점점 멀리하고
> 바알들에게 제사하며
> 　아로새긴 우상 앞에서 분향하였느니라.
> (11:1-2)

11장을 시작하는 이 구절들에서 우리는 2장의 주제들이 반복되는 것을 보게 되는데, 가령 이스라엘에 대한 하나님의 사랑(2:19-20; cf. 3:1), 이스라엘의 출애굽(2:15), 가나안 신들에 대한 우상숭배(2:8, 13) 등이다. 그러나 여기서 하나님을 표현하는 은유는 사랑하는 남편이 아니라 돌보시는 어버이다. 이스라엘을 표현하는 은유도 간음을 행한 아내가 아니라 반항하는 아들이다.

야웨는 이스라엘을 돌보는 일련의 동작들을 1인칭 서술로 표현하고 있다.

> 그러나 내가 에브라임에게 걸음을 가르치고
> 　내 팔로 안았음에도
> 　내가 그들을 고치는 줄을 그들은 알지 못하였도다
> 내가 사람의 줄
> 　곧 사랑의 줄로 그들을 이끌었고
> 그들에게 대하여 그 목에서 멍에를 벗기는 자 같이 되었으며
> 　그들 앞에 먹을 것을 두었노라.
> 　(11:3-4)

드러내놓고 하나님을 남편으로 표현했던 2장과는 대조적으로, 11장에서는 야웨를 "어머니"로도, 또는 "아버지"로도 부르지 않는다는 사실을 지적하는 것은 중요하다. 아들에게 걷기를 가르치고 그를 팔에 안고, 치유하며, 그를 이끌며, 몸을 굽혀 그를 먹이는 이 모든 활동은 아버지와 어머니가 모두 행할 수 있는 것들이다. 물론 누군가는 어린 시절 아이를 돌보는 가장 중요한 사람은 어머니라고 주장할 수도 있을 것이다. 어쨌든 이 부모 은유에서 강조되는 것은 야웨의 기르고 양육하는 야웨의 사랑이다. 아내/이스라엘이 자신에게 그 모든 것을 주는 이가 남편 야웨임을 "알지 못했"던 것처럼(2:8), 아들/이스라엘도 "내가[야웨가] 그들을 고치는 줄을 알지 못"한다.(11:3) 오히려 아들은 계속 반항을 할 뿐이다. 아내/이스

라엘이 남편과 갈라섰던 것과 같이(2:2a), 아들도 부모와의 의절을 선언한다. "내게 돌아오기를 싫어"한(11:5) 아들/이스라엘은 이집트와 아시리아 땅으로 추방당할 것이다.

신명기 율법에 따르면, 완강하고 순종하지 않는 아들을 그 부모가 성읍의 장로들 앞에서 고발하면 돌로 쳐 죽일 수 있다.(신 21:18–21) 이러한 법적 배경을 깔고 보면 11:8의 신학적 의도가 더욱 두드러진다.

> 에브라임이여 내가 어찌 너를 놓겠느냐
> 이스라엘이여 내가 어찌 너를 버리겠느냐
> …… (중략) ……
> 내 마음이 내 속에서 돌이키어
> 나의 긍휼이 온전히 불붙듯 하도다.
> (11:8)

여기서 우리는 아들을 죽이기 전 감정적으로 고뇌하는 하나님의 모습을 언뜻 볼 수 있다. 아들의 처형이 끔찍이도 싫은 야웨는 점차 연민을 느끼게 된다. 결국 어머니/아버지-하나님은 결단을 내린다.

> 내가 나의 맹렬한 진노를 나타내지 아니하며
> 내가 다시는 에브라임을 멸하지 아니하리라.
> (11:9a)

아들을 죽일 수 있는 법적 권리가 부모에게 있다 하더라도 하나님은 자식을 향한 연민과 애착 때문에 그렇게 할 수 없다. 야웨는 불순종하는 아들에게 사형을 집행하는 인간의 법제도를 뛰어넘는다. "이는 내가 하나님이요 사람이 아님이라 네 가운데 있는 거룩한 이니 진노함으로 네게 임하지 아니하리라."(11:9b)

어머니/아버지-하나님은 아들이 회개하여 악한 길에서 돌이키기를 바라신다. 4-11장에서 회개에의 부름은 절정에 해당하는 11장 앞인 6:1-3과 10:12에 전략적으로 배치되었다. 이 단락들은 결국에는 아들이 회개하고, 어머니/아버지-하나님은 그 아들이 추방당한 땅에서 돌아오는 것을 기쁘게 맞이하는 11장 종반부를 예비하고 있다.

여호와께서 소리를 내시면
  자손들이 서쪽에서부터 떨며 오되
그들은 애굽에서부터 새 같이,
  앗수르에서부터 비둘기 같이 떨며 오리니
  내가 그들을 그들의 집에 머물게 하리라
  나 여호와의 말이니라.
  (11:10b-11)

신실한 남편 하나님, 신실하고 열매맺는 아내 이스라엘(12-14장)

호세아서의 마지막 3부인 12-14장에서 예언자는 1-3장에서 사용했던 결혼 은유를 다시 한 번 끌어들인다. 1-3장에서 아내가 벌을 받고서 회개하고 남편에게 돌아온 것과 마찬가지로, 11장에서 아들 역시 추방당한 이후에야 깨달아 회개하는 것으로 보인다. 이런 점에서 호세아의 마지막 장이 회개에의 부름으로 시작하는 것은 적절하다.

이스라엘아 네 하나님 여호와께로 돌아오라
  네가 불의함으로 말미암아 엎드러졌느니라
너는 말씀을 가지고 여호와께로 돌아오라.
(14:1-2a)

14:4에서 야웨는 이스라엘에 회개에 응하여 여러 가지 선언을 한다. 어머니/아버지-하나님이 아들을 고쳤듯(11:3), 야웨는 "내가 그들의 반역을 고치겠다"고 말하고, 야웨/남편이 회개한 아내에게 열정적으로 부드러운 감정을 표출했듯이(2:19-20; 3:1) "내가 기쁘게 그들을 사랑하겠다"고 선언한다.

2장에서는 아내/이스라엘에 대해 야웨는 "내가 나를 위하여 그를 이 땅에 심겠다"(2:23)고 선포했었다. 14:4-7에서 호세아는 이 이미지를 발전시켜 이렇게 씨가 뿌려진 후에 이스라엘이 울창하게 자라나는 모습을 묘사한다. 14:4-7에 나오는 풍요에 관한 은유들은 아가서에 기록되어 있는 형태의 히브리 연애시 전통에서 나온 것들이다. 사랑하는 연인에게 비친 여성이 "가시나무 가운데 백합화"(아 2:2)였듯, 이스라엘도 야웨가 이슬을 부어줄 때, "백합화 같이 피어날" 것이다.(14:5) 여기서 이슬을 내린다는 묘사는 바알이 아닌 야웨가 생명을 주는 비를 내려주는 분이라는 사실을 강조한다. 아가 2:3의 여성은 자신의 연인을 다음과 같이 묘사한다.

남자들 중에 나의 사랑하는 자는
　수풀 가운데 사과나무 같구나
내가 그 그늘에 앉아서 심히 기뻐하였고
　그 열매는 내 입에 달았도다.

마찬가지로 호세아 14:7에서 야웨는 이스라엘이 "다시 내 그늘 밑에 살게" 될 것이라고 선포하면서, 스스로를 이스라엘을 보호하고 열매로 이스라엘을 기쁘게 만들어 줄 나무 한 그루에 비유한다.

오 에브라임아, 내가 우상과 무슨 상관이 있겠는가
　너에게 응답하고 너를 찾을 이는 바로 나다
나는 푸른 잣나무 같아서

네가 나에게서 열매를 얻을 것이다.
(14:8, 저자 역)

호세아 14장에서 예언자는 야웨와 이스라엘의 계약이 다시 체결됨으로써 풍성하게 열매가 열리는 모습을 표현한다. 그는 남편과 아내에 대한 자신의 이야기를 매우 호의적인 언급으로 마무리한다. 14:4에서 사랑을 선포하는 야웨의 말 가운데 있는 부연절에 잠시 주목할 필요가 있다. "내가 기쁘게 그들을 사랑하리니 **나의 진노가 그에게서 떠났음이니라**."(저자 강조) 독자들은 2장에서 아내를 향해 진노를 퍼붓던 하나님/남편의 모습을 생생하게 기억할 것이다. 남편의 총애를 다시 얻기 위해 아내가 치뤄야 했던 육체적인 대가를 기억한다면 아내의 넘치는 풍요로움에 대한 이 아름다운 은유를 보면서 우리는 양가적인 감정을 느낄 수밖에 없다. 그런 은유들은 연이어 나오는, 다수 여성들에게 너무 현실적이고 고통스러운 이미지들을 근거로 형성되었다. 이 마지막 장을 여성들을 치유하고 감싸주는 방식으로 해석할 다른 길이 있을지도 모른다. 하나님의 지혜를 여성으로 인격화한 표현으로 잘 알려진 여성지혜(Woman Wisdom) 또한 생명을 주는 나무로 묘사된다.

지혜는 그 얻은 자에게 생명 나무라
지혜를 가진 자는 복되도다.
(잠 3:18)

호세아 14:8의 나무가 여성지혜를 나타나는 은유라는 사실은 다음에 나오는 14장 마지막 절을 보면 좀 더 확실히 알 수 있다.

누가 지혜가 있어 이런 일을 깨달으며
누가 총명이 있어 이런 일을 알겠느냐

여호와의 도는 정직하니
의인은 그 길로 다니거니와
그러나 죄인은 그 길에 걸려 넘어지리라.
(14:9)

지혜롭고 분별 있는 자들에게, 그리고 학대받고 고통당하는 자들에게, 하나님/남편은 하나님의 지혜, 즉 생명나무인 여성지혜에게 자신의 자리를 넘겨준다. 그녀를 맞이하여 그녀에게서 자기 열매를 얻는 자들은 복이 있나니!

참고문헌

Anderson, Francis I., and David Noel Freedman. *Hosea.* Anchor Bible 24. Garden City, N.Y.: Doubleday & Co., 1980.

Bird, Phyllis. "'To Play the Harlot': An Inquiry into an Old Testament Metaphor," *Gender and Difference in Ancient Israel.* ed. by Peggy L. Day, 75–94. Minneapolis: Fortress Press, 1989.

Oden, Robert A., Jr. "Religious Identity and the Sacred Prostitution Accusation," *The Bible Without Theology: The Theological Tradition and Alternatives to It,* 131–153, 187–193. New Voices in Biblical Studies. San Francisco: Harper Row, 1987.

Pitt-Rivers, Julian. "Honour and Social Status in Andalusia," *The Fate of Shechem or the Politics of Sex,* 19–47. Cambridge: Cambridge University Press, 1977.

Setel, T. Drorah. "Prophets and Pornography: Female Sexual Imagery in Hosea," *Feminist Interpretation of the Bible.* ed. by Letty M. Russell, 86–95. Philadelphia: Westminster Press, 1985.

Smith, Mark S. *The Early History of God: Yahweh and the Other Deities in Ancient Israel.* San Francisco: Harper & Row, 1990.

Weems Renita J. "Gomer: Victim of Violence or Victim of Metaphor," *Semeia* 47(1989), 87–104.

요엘

베스 글래지어-맥도날드
Beth Glazier-McDonald

개관

저자와 연대

예언자 요엘에 관해 확실한 것은 아무것도 없다. 이 책에 두드러지는 제의적 요소들－쇼파르(뿔나팔)의 울림, 성회의 소집, 금식 촉구, 사제와 제의에 대한 잦은 언급－에 주목하여 일부 학자들은 이 예언서를 성전 예전 모음집으로, 요엘을 예루살렘의 사제로 간주하기도 한다.

예언자 요엘의 활동 연대는 기원전 515년에서 500년 사이로 추정된다. 먼저 성전이 언급된 것을 보면 제2성전이 봉헌되는 기원전 515년 이후임을 알 수 있다. 3:19의 에돔에 대한 위협을 보면 말라기에 언급되는 에돔의 멸망(대략 기원전 475-450년)보다 앞선 시기임을 알 수 있다. 또한 2:32에서 오바댜 17절을 명시적으로 인용하고 있는 것을 보면 포로기 이후 초기의 것으로 추정되는 오바댜보다 약간 후대임을 알 수 있다.

요엘과 야웨의 날

요엘의 예언을 하나로 묶어주는 주제는 야웨의 날이다. 그날이 되면 야웨는 역사 현장에 개입하셔서 보편적 주권(sovereignty)을 확립하실 것이다. 그날은 민족들과 죄를 저지른 이스라엘 모두에게 심판과 저주의 날이다. 그러나 신실한 자들에게 이날은 신원과 축복의 날이 될 것이다.

전반부에서 요엘은 기근(1:15-20)과 메뚜기 재앙(2:2-11)을 생생하게 묘사하는데, 그는 이러한 자연 재앙을 다가올 야웨의 날에 관한 다양한 이미지들을 전개하는 개념적 발판으로 사용한다. 성서 전승의 다른 부분에서와 마찬가지로 요엘도 메뚜기와 기근을 계약 위반에 대한 하나님의 징벌로서, 다름 아닌 야웨가 재판장에 좌정하시리라는 표지로 간주한다. 그러므로 요엘은 백성들에게 회개하여 야웨의 진노를 피하라고 요청한다.(1:14; 2:12-17) 백성이 긍정적인 반응을 보이면 야웨의 날에 유예를 얻고 물질적 보상을 받을 가능성이 있지만(비, 무성한 곡식), 이것이 끝은 아니다. 메뚜기 떼는 야웨의 날의 전조로서 야웨의 백성을 억압한 민족들을 향한 위협을 나타낸다. 그들은 여호사밧 골짜기에 모여(3:2) 최후의 격전을 치를 것인데, 여기서 야웨는 그 민족들과 그들의 죄를 심판하실 것이다.(3:9-15) 그들은 멸망하겠지만 신실한 이스라엘은 야웨가 다스리시는 예루살렘에서 살게 될 것이다.(3:21)

주석

유다, 메뚜기 떼, 하나님(1:2-2:17)

요엘은 침입해 들어오는 메뚜기 떼의 비유를 사용하여 진군하는 적군의 함성과 그 맹렬함을 표현하였는데, 이는 종교적으로 무감각한 자기 민족을 향하여 상황의 심각성을 인식하고 야웨와의 관계 속에서 그 의미를 깨달아 응답할 것을 호소하기 위한 것이었다.(2:1) 예언자 요엘은 반복과 점층 구조를 도입하여 재앙이 미치는 범위를 강조한다.(참조. 1:4, 10, 12, 17-20; 2:2-11) 모든 주민은 물론(1:12), 들판과 들의 소산(1:10-12), 가축과 소와 양떼들까지(1:18-20) 메뚜기 떼의 습격을 받을 것이다. 요엘은 멸망한 나라 백성들의 비탄을 표현하기 위해 과부의 상복인 삼베옷을 입고 남편을 애도하는 젊은 여성(1:8)의 이미지를 끌어들인다.(참조. 암 8:10)

요엘이 외친 구호는 마음을 다하여 야웨에게 "돌아오라"는 것이다.(2:12) 흥미로운 점은 예언자 말라기는 백성이 야웨께 돌이키면 야웨께서도 그에 응답하여 돌이키실 것이라는 확신을 청중들에게 주었지만(3:7), 요엘에게 회개는 어떤 구원도 보장해 주지 않는다는 사실이다. 그것은 다만 야웨가 그가 세운 무서운 계획에서 돌이키사 축복을 부어주실지 모르는 기회일 뿐이다.(2:14)

회개의 구체적인 실천으로서, 먼저 백성들은 회개를 위한 대성회에 소집된다.(1:14; 2:15) 이 의무에서 면제받는 자는 아무도 없다. 이스라엘 공동체가 모이는 장면은 연령과 사회적 조건에 관계없이 철저하게 포괄적인 용어로 묘사되는데(2:16), 이는 이스라엘 공동체가 직면하고 있는 위험이 그만큼 크다는 것을 의미한다. 실제로 이 위기가 너무 엄중한 나머지 평상시 지켜지던 모든 특권도 유예된다. 갓 결혼한 새신랑은 "일 년 동안 그가 맞이한 아내를 즐겁게 할" 의무가 있기 때문에 군역과 다른 부역을 면제받는 것이 일반적이었지만(신 24:5), 지금은 그들까지도 개인적인 기쁨을 잊고 하나님께 전 민족이 탄원하는 자리에 나와야 한다.

유다 멸망의 대반전(2:18-32)

회개하라는 요엘의 외침이 진지하게 받아들여졌으며, 야웨는 백성들의 태도가 변화된 것을 보고 물질적인 축복을 부어주신다.(2:19-26) "내가 전에 너희에게 보낸 큰 군대 곧 메뚜기와 느치와 황충과 팥중이가 먹은 햇수대로 너희에게 갚아 주리라."(2:25) 2:28-32에 따르면, 이 후에(2:28), 그러나 야웨의 날이 이르기 "전에"(2:31) 세 가지 축복이 더 내려지는데, 영의 부으심(2:28-29), 우주적인 표적(2:30-31), 시온의 구원(2:32)이다. 과거에 예언의 은사는 소수의 특권이었지만, 장래에는 모든 사람에게 주어지는 보편적인(inclusive) 은사가 될 것이다.(참조. 민 11:29) 모두에게 영이 수여될 때, 연령(늙은이와 젊은이, 2:28), 성별(아들과 딸, 2:28), 사회 계급(여종과 남종, 2:29)의 구분도 사라질 것이다. 여성들에게 이러한 미래는 현재의 반전이 될 것이다. 현재 남성에게 굴종하는 여성들은 "그날이 되면" 남성과 동등한 위치에 서게 될 것이다.(2:28-29) 그렇지만 요엘은 다가올 야웨의 날에 구원이 모두에게 해당되는 것은 아니라고 단언한다. 야웨를 인정하고 또 야웨에게 인정받은 자들만 예루살렘으로 안전하게 피할 수 있을 것이다.(2:32)

민족들의 심판(3장)

유다와 예루살렘의 축복에 뒤이어 다른 민족들에 대한 무서운 심판이 이어진다. "심판의 골짜기"로도 불리는(3:14) 여호사밧("야웨가 심판하실 것이다") 골짜기에서, 야웨와 이스라엘의 적군들이 모두 엎드러지는 최후 결전이 벌어질 것이다.(3:9-15) 전투를 준비하는 장면에서, 이사야 2:4와 미가 4:3의 평화로운 묘사들이 역전되는데, 평화의 도구들을 쳐서 전쟁 무기로 만드는 것이다.(3:10) 그러나 실제로 이것은 우주적인 변화를 수반하는(3:15) 야웨의 전투이다.

야웨와 백성, 그리고 땅의 친밀한 관계가 다시 수립되었다. 그것은 물질적인 축복이 부어지고(3:18), 거룩한 도성은 누구도 침범할 수 없으며(3:17), 이 땅에서 대를 이어 영원히 거하게 될 것이라는 보장에서(3:20) 분명히 드러난다. 이제 야웨는 시온에 거하신다.(3:17, 20)

참고문헌

Ahlström, Gösta W. *Joel and the Temple Cult of Jerusalem.* Supplements to Vetus Testamentum 21. Leiden: E. J. Brill, 1971.

Wolff, Hans Walter. *Joel and Amos.* Trans. by Waldemar Janzen et al. Hermeneia. Philadelphia: Fortress Press, 1977.

아모스

주디스 E. 샌더슨

Judith E. Sanderson

개관

아모스는 남왕국 유다 산지의 드고아 마을 출신으로, 북왕국 이스라엘의 멸망을 선포했다.(1:1; 4:1, 4; 7:10) 신탁이 보존된 최초의 예언자인 아모스는 이스라엘에서는 여로보암 2세가, 유다에서는 웃시야가 왕으로 있던 기원전 790년에서 745년 사이에 활동했다. 아모스의 사회경제적 지위에 대해서는 특정하기 어렵다. 1:1과 7:14-15에서 그는 양 또는 양떼를 기르는 자(또는 목자?), 또는 "양을 따르"는 자, 뽕나무－드고아 주변에서는 자라지 않는－를 기르는 자로 다채롭고 아리송하게 묘사되기 때문에, 추측만 가능할 뿐이다. 아모스는 이주한 농민이자 목동이었는가? 아니면 양떼와 과수원을 가진 부유한 지주였는가? 어쨌든 그의 신탁은 그가 "이 땅의 가난한 사람들"(8:4)에게 강한 연대감을 가진 뛰어난 시인이었음을 보여준다.

아모스서는 형태상으로 그리고 내용상으로 개관이 가능하다. 먼저 형태상으로 운문으로 된 신탁(1:2-6:14) 다음에 3인칭 내러티브(7:10-17)

가 나오는데, 이 본문을 다시 네 개의 1인칭 환상 보도가 감싸고 있다.(7:1-9; 8:1-3) 뒤이어 운문으로 된 신탁(8:4-14; 9:7-15)이 나오는데 이 안에 또다시 1인칭 화자의 환상 보도가 들어 있다.(9:1-4) 4:13; 5:8-9; 9:5-6에는 찬양시 단편들이 나타난다. 내용상으로 아모스서는 이방민족을 향한 신탁으로 시작되는데, 많은 전쟁을 저지른 민족들을 고발하는 내용이며, 이스라엘에 대한 신탁에서 절정에 이른다.(1:2-2:16) 아모스서는 대부분의 내용을 이스라엘 내부의 악과 하나님의 심판인 이스라엘의 멸망에 할애하고 있고(3:1-9:10), 회복에 대한 짤막한 약속으로 끝난다.(9:11-15)

아모스의 주된 관심은 힘 있는 자들이 누리는 풍요와(3:15; 4:1; 6:1, 4-6) 그것을 가능케 한 가난한 자들에 대한 압제라는 이중의 문제에 있었다.(3:9-10) 아모스의 생생한 묘사에 따르면(2:6-8; 5:11-12; 8:4-6), 이러한 착취는 이미 극에 달해 공의와 정의는 완전히 왜곡되었고(6:12), 종교는 정의에 대한 하나님의 요청과는 유리된 안락한 의식(儀式)이 되어버렸으며(2:8; 4:4-5; 5:21-24; cf. 3:14) 왕실과 사제들은 부패했다.(7:10-17) 이 모든 것은 분명 이스라엘을 향한 하나님의 뜻에 위배되는 것이었다.(3:2) 그래서 하나님은 그 백성을 회개시키기 위해 여러 가지 벌을 내리셨다.(4:6-11) 이러한 경고까지 무시했기 때문에 하나님은 민족 전체를 전멸시키실 것이다. 이 파멸의 과정은 문자적으로(3:11-12; 5:3, 16-17; 6:7-11; 7:9, 11, 17; 8:3; 9:8, 10), 그리고 비유적으로(5:2, 18-20; 8:8-14; 9:1-6, 9) 자세하고 무시무시하게 그려지고 있다.

오늘날 여성들에게 아모스서는 두 가지 차원에서 문제를 제기한다. 첫째, 여성에 관한 특정 본문들은 독자들로 하여금 아모스의 의도가 무엇인지 이해하라고 도전한다. 이 과정은 해석 전통 그리고/또는 성서 본문 자체에 대한 비판까지도 포함한다. 여기에 해당되는 여러 본문은 아래 주석에서 다루어질 것이다. 둘째, 아모스서를 통전적으로 읽는다면 아모스 자신의 생각까지는 아니더라도 – 이것에 대해서는 더 알 수 없기 때문에 –

적어도 아모스의 신탁으로 보존된 본문에 균형이 결여되어 있다는 사실에 대해서는 비판이 필요하다. 아모스는 대다수의 사람들이 지금 경제적·법적 착취의 고통을 겪고 있으며 소수의 부유하고 안락하게 살아가는 자들만이 사치스러운 삶을 살고 있다는 사실을 분명히 알고 있었다. 뿐만 아니라 하나님이 진노하시는 그날, 전쟁이 나고 사람들이 포로로 잡혀갈 때 바로 이 부자들이 겪게 될 미래의 고통도 명확하게 인식하고 있었다. 그러나 불행히도 여성의 상황에 대해서는 그만큼 분명하게 알지 못했던 것 같다.

아모스는 가난한 자들을 억압하는 부유한 여성들을 콕 집어 비판하면서(4:1) 가난한 여성들을 특별히 옹호하지는 않았다. 그러나 현대의 유비와 성서의 증언 자체가 이스라엘의 가난한 자들 가운데 압도적인 다수가 여성들이었음을 보여준다. 현대에서도 빈곤의 여성화는 분명한 현상이다. 여러 통계들에서 우리는 압도적으로 많은 여성이 열악하지만 값비싼 주택, 적고 불안정한 급여, 좋지 못한 영양상태, 의지할 데 없이 아이들을 돌보아야 하는 어려움 등 빈곤으로 인한 고통들을 겪고 있음을 알 수 있다. 성서에는 사회에서 가장 취약하며 착취당하는 계층으로서 고아, 거류 외국인과 함께 과부에 대한 관심이 자주 나타난다.(예를 들면, 율법: 출 22:21-24, 예언서: 사 1:17, 지혜서: 잠 15:25, 제의시편: 시 94:6, 설화: 창 38장) 이는 다른 성서 저자들이 적어도 하나의 여성집단, 즉 경제적·법적으로 그들을 부양할 남자가 없는 여자들의 곤경을 인식하고 있었다는 것을 보여준다. 그런데 여성들이 겪어야 했던 고통과 착취에 대해서 아모스도 이와 동일하게 인식했음을 나타내는 어떤 구절도 남아 있지 않다. (작은 집단에 불과한) 부유한 여성들을 뽑아 특별히 비판한 만큼, 아모스가 (훨씬 더 큰 집단인) 가난한 여성들에 대해서도 따로 변호해주고, 분명한 연대감을 보여줬다면 균형잡힌 분석이 되었을 것이다. 그러나 분명 그렇게 할 수 있었음에도 불구하고, 아모스는 그러지 않았다.

더욱이 아모스가 부유한 여성들을 싸잡아 비난한 것도 의심의 눈길로 봐야 한다. 가부장적 사고방식이 여성들의 권력과 죄악을 심하게 과장하는 경향이 있다는 것은 현시대나 성서의 증언을 보아도 알 수 있는 사실이다. 성서와 성서 해석 전통에서 문자적인 의미에서든 은유적인 의미에서든 여성들이 희생양이 되거나 심지어는 의인화된 악으로 간주되는 경우가 너무 많다.(예를 들면, 율법: 민 5:11-31; 예언서: 겔 16장; 지혜서: 잠 5, 7장; 설화: 삿 16장; 왕상 21장) 성서에서 성적인 죄에 관한 한 여성을 비난하는 것이 일반적이긴 해도, 아모스와 이사야(3:16-4:1)는 여성들의 과실을 더 크게 묘사했다. 아모스 4:1에 관한 현대의 주석들을 한번만 살펴봐도 사회의 여러 가지 악들에 대해 얼마나 주저 없이 여성들을 비난하는지가 드러나는데, 이때 권력에서 배제당한 여성들의 상대적 지위는 무시되고 상황이 허락하는 그 이상으로 죄에 대한 여성들의 책임만 크게 부각된다. 오늘날 미국의 부유한 가정에서 매맞는 아내가 적지 않다는 것이 점차 드러나면서(이것은 소위 '부유한' 여성들의 권력과 부, 그리고 안전에도 한계가 있다는 사실을 보여주는 한 가지 예일 뿐이다.), 우리는 고대 이스라엘의 '부유한' 여성들의 삶이 어떠했는지 묻지 않을 수 없게 되었다. 4:1에 등장하는 여성들을 열정적으로 비난하는 일부 주석가들을 따르더라도 아모스의 말 자체를 의심해 볼 필요가 있다.

중요한 것은 아모스가 소수의 부유한 여성들이 전쟁이 나서 포로로 잡혀갈 때 겪을 고난을 두 차례 예언하면서(4:2-3; 7:17), 동일한 상황에서 다수의 가난한 여성들이 그보다 훨씬 더한 고난을 겪는다는 것은 간과했다는 사실이다. 아모스가 성별과는 무관하게 부유한 자들을 비난하고, 가난한 자들을 변호하면서 그들에게 닥칠 장래의 고난을 예언했다면, 아무런 불만도 생기지 않았을 것이다. 그런데 그는 자신이 본 소수 여성들의 사치를 통렬한 언어로 고발하면서 대다수 여성들이 당하는 억압은 무시했다. 바로 여기서 현대 독자들의 고민이 시작된다. 극소수의 여성들이 행하는 압제를 보고 그들이 심판을 받을 것을 예견한 아모스가 같은 상황에서 짓밟히고 있는 다수의 가난한 여성들을 보지 못하고 자신이 예언한 군사적 패배로 인해 강간과 약탈과 추방을 당해야 하는 그들의 미래를 예견하지 못했다는 사실은 매우 아이러니하다. 안타깝게도 전체적으로 볼 때 아모스서의 이러한 불균형성은 여성혐오적 성서 해석에 불을 지폈을 뿐이다.

주석

"그들이 길르앗의 아이 밴 여인의 배를 갈랐음이니라"(1:13)

우리는 과거 또는 미래의 전쟁에 대한 아모스의 묘사를 읽어가면서 행간을 읽어내고 여성들에게 어떤 일이 일어났을지 상상해야 한다. 왜냐하면 대체로 아모스는 전쟁 중에 여성들이 감내해야 했던 특수한 고통에 초점을 맞추지 않았기 때문이다. 아모스는 "그들이 철 타작기로 타작하듯 길르앗을 압박하였다고"(1:3; cf. 사 41:15) 다메섹을 고발한다. 아모스의 이렇듯 그림 같은 생생한 언어들을 조금만 보아도 이런 장면에 여성들도 포함되었음을 쉽게 알 수 있다. 포로를 가리켜 "모든 사로잡은 자들"(1:6, 9)이라고 말할 때처럼 여성들을 포함시켜 쉽게 이해할 수 있는 일반적인 언급들도 있지만, 아모스가 남자들, 특히 일부 권력층 남성만을 언급하는 부분도 있다.(1:15; 2:3)

때로 가부장적 관점에서 여성들의 운명이 언급되기도 한다. 가령 7:17에서 아모스는 벧엘의 권력자이자 부패한 제사장인 아마샤가 받게 될 벌을 선포하는데, 그 벌은 그의 아내와 자녀, 재산, 마지막으로 그 자신에게까지 미친다. 아모스가 그의 자녀들의 죽음을 예견한 것은 성서에 일반적으로 나타나는 죄와 형벌에 관한 집단적 이해와 맥을 같이한다. 아모스는 그 자녀들의 죽음을 아마샤의 죄에 **대한** 형벌이자 아마샤 자신**의** 처벌로 이해한 것이다. 따라서 아모스에게서 자녀들에게 죄가 있는지의 여부나 아이들의 운명 그 자체는 관심사가 아니다.

아모스가 전쟁이 여성들에게 초래하는 특별한 고통을 명시적으로 언급하는 매우 드문 예 가운데 하나는 아마샤의 아내를 향해 "성읍 가운데서 창녀가 될 것"이라고 위협하는 대목이다. 아모스가 말하는 바가 (정복자들의 군사적 강요로 인해서) 그녀가 점령군을 위한 창녀가 된다는 것인지, 아니면 (포로가 되거나 또는 남편과 아들이 죽어서 경제적인 압박 때문에) 그녀가 생존을 위해 창녀 일을 한다는 것인지는 분명치 않다. 아모스가 말한 성읍이 점령군 본부를 의미한다면 전자의 해석을 지지하며, 그녀에게 어떤 잘못이 있었음을 암시한 것이라면 후자의 해석을 지지하는 것일 수 있다.(cf. 신 22:23-27) 어느 쪽이든 분명한 것은 아모스가 그녀가 처한 어려운 상황을 그녀 때문이 아니라 그녀의 남편에 대한 정당한 처벌로 인식하고 있다는 점인데, 이것이 시적 정의에 해당된다면 특히 아이러니한 예라 아니할 수 없다. 남편이라면 누구나 수치스러웠을 것이고 창녀와 결혼하는 것이 금지된 사제라면 더더욱 그랬을 것이다.(레 21:7, 14) 아모스의 의도가 뭐였든 간에 주의 깊은 독자라면 전쟁이라는 참화가 여성들에게 초래하는 특수한 형태의 재난을 분명하게 알아챌 것이다.

전쟁이 여성들에게 어떤 참혹한 결과들을 초래하는지에 대한 아모스의 인식을 보여주는 본문 가운데 임신한 이스라엘 여성들의 배를 가르는 암몬족속을 언급하는 대목만이(1:13) 유일하게 동감을 자아내거나 복수심을 유발시킨다. 암몬족속의 땅은 비좁고 생산성이 떨어졌지만 이스라엘 사람들이 살던 길르앗 땅은 비옥했고, 두 땅의 경계는 유동적이었다. 이것이 암몬족속이 자주 이 경계를 습격하여 이러한 테러 행위를 할 만한 특별한 동기를 제공했을 수도 있다. 그럼에도 불구하고 아모스의 고발은 암몬족속의 잔인성을 보여주는 특별한 내용은 아니다. 그것은 어느 전쟁에서나 있을 수 있는 관습적인 전투 활동 중 하나로 보이기 때문이다.(왕하 8:12; 15:16; 호 13:16) 일부 학자들은 적군의 후세를 없애거나 아니면 이러한 의식(ritual)으로 아이의 아버지를 무력화시키려는 동기로 이러한 결정을 내렸다고 보기도 한다. 이러한 가설에 개연성이 없는 것은 아니다. 그러나 흥미로운 사실은 그들이 죽임당하는 아들이든 아이의 아버지든 오로지 남자에만 주의를 기울이느라 살육당하는 어머니들에 대해서는 간과하고 있다는 점이다. 그러나 역사를 돌아보면 군인들이 강간, 성기절단(sexual mutilation), 살인과 같은 통제되지 않는 폭력을 여성들에게 가하는 것이 일반적인 현상이었다. 특히 고대에는 정복당한 여성들이 성폭행을 당하거나 약탈품으로 적국으로 끌려가는 것이 관습적으로 이루어졌다. 이때 이동하기 힘든 어린 아이들과 임신한 여성들은 그 자리에서 도륙을 당했다. 불행히도 이런 행위가 예외적인 것은 아니었다. 그러나 적어도 아모스가 임신 중인 이스라엘 여성들에게 가혹행위를 한 암몬족속이 정복과 추방이라는 하나님의 심판을 받아 마땅하다고 생각한 것은 분명하다.

“너희 바산의 암소들아 … 너희는 가난한 자들을 압제하며”(4:1)

압제와 빈곤에 대한 아모스의 묘사를 읽을 때도, 우리는 행간을 읽으며 여성들의 상황을 상상해야 한다. 아모스는 아주 생생한 묘사를 통해 가난한 사람들에 대한 착취나(예. 2:6-7a, 8; 8:4-6) 부자들의 나태하고 사치스러운 생활(예. 3:15; 6:1, 4-6)을 전반적으로 보여준다. 여기서 여성들의 역할이 특별하게 언급된 것은 단 한 차례(어쩌면 두 차례)이다.

2:7b에 묘사된 상황에 대해서는 이론이 분분하다. “한 남자와 그 아버지가 한 소녀에게 다녀서 내 거룩한 이름을 더럽힌다”는 구절의 히브리어가 모호하고 정보가 부족하기 때문이다. 여기서 사용된 동사가 성교를 의미한다면, 이 구절은 그런 용례로 사용된 유일한 예이다. 게다가 관련된 소녀가 자발적이었는지 아닌지도 이 동사를 통해서 알 수 없다. 이 여인이 누구며, 어떤 신분의 여성인지, 또는 이 여성이 두 남자와 어떤 관계였는지 진술되지 않는다. 대부분의 번역과 주석서들은 어떤 부자(父子)가 “그 소녀”, 즉 “동일한 젊은 여자”와 성교하는 장면을 연상시킨다. 이 소녀를 일반적인 매춘부(common prostitute)로 보는 이들도 있고, “신전 창녀”로 보는 경우도 있다. 후자의 해석은 두 남자가 제의적인 죄를 범했다고 주장

한다.(호 4:14; 신 23:17) 이 소녀를 "노예"라고 보는 주장도 있는데, 그렇다면 여기서 두 남자가 저지른 죄는 사회경제적인 것이다. 자기 아버지에 의해 노예로 팔린 소녀라도 그녀의 주인이든 그 아들이든 어느 한쪽에만 소속될 권리가 있기 때문이다.(출 21:7-11; 레 19:20-22) 앞의 제의적 해석은 2:8의 문맥과 잘 어울리는 반면, 사회경제적 해석은 2:6-7a의 문맥과 잘 어울린다. 어쨌든 히브리어에는 일반적인 매춘부, "신성한 여인들"(이들이 창녀였다는 전통적인 견해는 호세아가 성적인 은유를 논쟁적으로 사용한 데서 유래한 듯하다.), 여종 또는 노예를 가리키는 단어들이 따로 있고, 아모스는 이 중 하나를 쓸 수 있었을 것이다. 그런데도 아모스는 그냥 "(결혼적령기의) 젊은 여자"를 뜻하는 단어를 채택했다. 이 단어가 노예 또는 여종의 의미로 사용된 구절은 열 개인데, 전부 복수형으로 나타나며 여주인(한 번은 남주인)과 여종의 관계를 나타내는 소유대명사와 함께 사용되었다.(예. "그녀의 시녀들," 출 2:5) 색다른 시나리오를 제시하는 학자들도 있다. 한 남자가 (모르는) 한 여성과 성교를 하고 나서 어쩔 수 없이 혼인을 했는데, 그 아버지가 그들의 관계에 끼어들어 며느리와의 성관계를 금지하는 명령을 어기게 되었다는 것이다.(레 18:15) 아모스의 모호함은 여성의 경험에 대한 그의 관심 부족을 드러내는 것인가? 아니면 고대 이스라엘에서는 구체적인 의미를 띠었던 히브리어의 관용표현이 더는 의미가 통하지 않게 된 것인가? 어쨌든 아모스는 소녀의 직업이나 신분에 관해서, 관계가 그녀의 의사에 의해서 이루어진 것인지 아니면 반해서 이루어진 것인지, 그리고 남자들의 행동으로 소녀는 어떻게 되었는지에 대해서 아무 말도 하지 않는다. 오로지 그의 관심은 하나님의 이름을 더럽혔다는 데 있다. 신학적인 고발을 하느라 소녀의 존재는 사라진 것이다.

네 번째 해석은 히브리어 본문이 가진 문제점을 정당하게 보려고 노력하면서, 이 구절을 통칭 "남자"가 아버지의 대를 이어 "같은" 여신을 숭배하러 신전에 들어가는 행태를 비난한 것으로 이해한다. 아모스의 청중들에게는 이 여신이 누구인지 자세히 설명할 필요는 없었다. 아모스가 의도한 것이 이것이라면, 여기에 인간 여성은 전혀 나타나지 않는다.

4:1-3의 히브리어 역시 곤혹스럽긴 마찬가지다. 가장 일반적인 해석에 따르면, "바산의 암소들아 … 너희는 가난한 자들을 압제하며"에서 아모스는 수도에 사는 상류층 여성들이 가난한 자들을 압제하며 나태하게 사치를 즐기는 것을 맹렬히 비난하고 있다. 이 구절이 원래 본문의 의도보다 현대의 독자들에게 훨씬 더 여성혐오적으로 들리는 것은 두 가지 점 때문이다. 아모스가 자신이 보고 이해한 대로 가난한 자들을 대하는 이 여성들의 태도나 행태를 날카롭게 비판하려는 의도인 것은 분명하다. 그러나 주석가들이 자주 가정하는 것처럼 공연히 여성들의 몸이나 이들과 남편들의 관계를 모욕하려는 의도로 그런 것은 아니다. 아모스가 머릿속에서 떠올린 구체적인 뉘앙스를 정확히 알 수는 없지만, "너희 바산의 암소들"이라는 표현은 영어 번역에서만큼 그렇게 경멸적인 표현이 아니었음이 거의 확실하다. 인간에게 동물 은유를 적용하는 것은 일반적이었고, 이것이 긍정적인 의미인지 부정적인 의미인지는 전적으로 문맥에 달려 있었다. 가령 이러한 어법이 특히 긍정적으로 사용되는 성애 문학(erotic literature)에서, 여성은 "바로의 병거를 끄는 암말"에, 남성은 "노루나 어린 사슴"에, 여성의 유방은 "한 쌍 사슴이나 쌍둥이 노루"에 비유될 수 있었다.(아 1:9; 2:9; 4:5; 7:3) "황소", "숫양", "어린 사자"는 성서에서 지도자, 귀족, 전사들을 가리키는 데 사용되는 표현들이다.(예. 시 68:30; 나 2:13) 영어로 번역되면서 산문 단락에서 이런 은유들은 대체로 모호해져 버렸고, 의미는 보존되었지만 비유는 사라졌다.(예. 왕하 24:15에서 "그 땅의 숫양"은 "그 땅의 엘리트들"로 번역되었다[개역개정판도 "권세 있는 자"로 번역됨]) 그런 예들에서 대부분 수컷 동물은 남성 지도자들을 가리킨 반면, 4:1에서 암컷 동물은 그러한 지도자들의 아내를 지칭하는 데 사용되었을 것으로 보인다. 이 경우 아모스는 일차적으로 그들의 사회적 신분을 고려한 것이다.

바산은 요단강 동편의 산악 지대로, 무성한 밀밭과 목초지가 있고 귀한 품종의 소가 나는 것으로 유명하여 성서에서 풍요로움이라는 매우 긍정적인 이미지를 주는 곳이다. 시편 22:12에서 적군을 "바산의 힘센 소"로 부르는 것은 은유로서 거기 소들이 바산의 풀을 먹고 자라 힘이 세기 때문이거나, 그곳의 풍부한 현무암층 땅을 갈 수 있을 정도로 힘이 세기 때문일 것이다.(참조. 신 32:14; 겔 39:18) 온 이스라엘 백성이 다시 "옛날같이 바산과 길르앗에서 먹게" 되기를 고대했던 예언자들도 있었다.(미 7:14; cf. 렘 50:19) 그러므로 아모스는 여성들이 잘 먹고 안락한 삶을 산다고 조롱하고 있는 것이 아니라 그런 여성들이 타인을 착취하여 자기 지위를 차지하고 또 그런 자신의 지위를 이용하여 계속해서 압제하는 것을 고발한 것이다.

남편에게 술을 요구하는 여성들을 언급하는 대목에서(4:1b) 아모스의 요점이 주석가들이 자주 가정하는 것처럼 이 여성들의 태도와 행실이 가난한 자들에게뿐만 아니라 남편에게도 비난받아 마땅하다는 것인지는 불분명하다. 남편들이 아내들과 함께 술을 마셨을 가능성도 꽤 있는데다 (히브리어 원문은 단순히 "술을 가져다가 우리로 마시게 하라"고만 되어 있고 "우리"가 누구인지는 언급이 없다.), 많은 현대 독자들이 생각하는 것처럼 남편과 아내의 역할이 엄격히 나눠지지 않았음을 보여주는 증거들도 있다. 정의와 공의를 왜곡하는 사람들이 드리는 모든 예배를 아모스가 비난한 것(5:21-24)과 마찬가지로, 이 구절 역시 6:1, 4-7에서처럼 "가난한 자를 짓밟는" 자들이 즐기는 사치를 비난하는 것으로 단순히 해석될 수도 있다. 그렇다면 아모스에게는 이런 여성들이 가난한 자들에게 보이는 태도나 행동을 비난하려는 의도가 중요했던 만큼, 그들의 신체적 외양이나 결혼관계에서 그들이 해야 하는 적절한 역할과 관련해서 불필요한 인신공격을 덧붙이진 않았던 것 같다. 그러한 인신공격은 아마도 주석가들이 이 단락에 끌어다붙인 것으로 보인다.

그렇다면 아모스가 말하고자 한 요점은 과연 타당한가? 가부장제 사회에서 모든 여성이 똑같은 형태의, 또는 똑같은 정도의 억압을 겪지 않은 것은 사실이다. 타인의 부와 권력을 빌어서 누리는 사람들 가운데는 남편이 가진 부와 특권을 누리는 아내들도 있었을 것이다. 남편이 살아 있고 그들이 아내에게 잘 해주는 한—두 가지 중요한 요건임—이 여성들은 남편과의 관계에 따라 불안정하나마 안전을 보장받았으며 대부분의 여성들이 경험하는 남성 지배의 해악으로부터 어느 정도 보호를 받았다. 그런데 이 여인들이 빌린—그래서 일시적일 경우가 많은—권력을 불운한 사람들을 억압하는 데 썼다면 얼마나 비극적이며 아이러니한 일인가. 그러나 다른 한편으로 우리는 이런 질문을 던져야 한다. 이스라엘의 남자가 여성들이 처한 실제 상황을 얼마나 분명하게 평가할 수 있었겠는가? 또 그는 여성들이 실제로 향유한 권력, 또는 안전의 정도를 얼마나 정확하게 그려내고 있는가? 만일 이 여성들이 누린 권력에 대한 그의 평가가 빗나간다면 그들의 태도나 죄에 대한 이해는 또 얼마나 정확할 것인가?

우리가 이 여성들에 대한 아모스의 태도가 어떠했는지 뉘앙스까지 확실하게 분별할 수는 없다. 그러나 가난한 이들을 부당하게 대한 책임이 바로 이 여성들에게 있다고 아모스가 생각하는 것은 적어도 분명하다. 익명으로 나오는 아마샤의 아내는 남편의 죄로 벌을 받아야 했던 반면, 이 여성들은 자신의 죄로 인해 고통을 당해야 한다. 물론 다수의 축복문이나(예. 시 128편) 예언자들의 비판(예. 호 4:14; 겔 18장)은 물론, 대부분의 성서의 가르침(예. 출 19:15)과 규정(예. 출 20:17; 21:22-25; 레 19:29)은 이스라엘의 남자들만을 대상으로 한 것이 분명하다. 그러나 아모스는 남자들과 마찬가지로 여성들도 윤리적 의무를 다할 책임이 있다고 생각한다.

"정의를 물같이 흐르게 할지어다"(5:24)

아모스는 어떤 히브리 예언자보다 정의에 대한 하나님의 요구, 경제 현실을 무시한 제의에 대한 하나님의 혐오, 그리고 착취당하는 자들을 향한 하나님의 사랑과 관심을 명확하게 표현한 인물이다. 또한 아모스는 이스라엘에서 정의가 실현되는 것을 가로막는 여러 가지 요인들을 분명하게 이해했다. 그것은 탐욕, 풍요와 나태함에 대한 욕망, 안전에 대한 그릇된 관념, 제물로 하나님의 환심을 사려는 태도, 사업 거래에서의 부정직함, 사법제도의 부패였다.

오늘날 여성들은 아모스가 보여준 통찰을 기반으로 해서 아모스서에 분명히 나타난 것보다 더 일관된 사회 비판을 전개해 나가고 있다. 좀 더 철저한 분석을 통해 과거 아모스 시대에 가능했던 것 이상으로 정의에 대한 좀 더 구체적이고 구조적인 인식에 이른 것이다. 모든 집단의 여성들, 그리고 억압받는 집단의 모든 성원들, 이들이 그 정도는 다르지만 사회구조의 희생자가 되고 있음을 이해하게 된 많은 여성은 성차별, 계급차별, 인종차별, 군사주의, 민족주의가 상호 결합하여 다수를 노예화하고 억압하는 현실에 대해 더욱더 깊이 인식하기 위해 노력하고 있다. 현재 작동하고 있는 구조들을 명확히 인식하면 빈곤과 착취에 대해서도 좀 더 균형잡힌 이해가 가능해질 것이다. 예를 들어, 성차별, 인종차별, 군사주의에 기인한 경제적 착취에 여성들이 특히 희생당하기 쉽다는 사실, 그리고 여성들이 빌린 권력을 사용하여 가난한 계급의 사람들을 억압하는 비극적 아이러니도 드러날 것이다. 또한 이러한 인식을 통해서 지금 세대의 남성과 여성 모두 아모스의 비전에 귀기울이고, 나아가 아모스보다 더 심도 깊게 그 비전을 구체화하는 것도 가능해질 것이다. 아모스는 "형제의 계약"(1:9)을 깨트리는 악을 통렬히 인식했다. 마찬가지로 오늘날 많은 여성은 무엇보다 자매의 계약, 즉 모든 계급과 모든 민족의 여성들 사이에 맺어져야 할 그 연대를 깨트리는 악을 절감하고 있다.

참고문헌

Anderson, Francis I., and David Noel Freedman. *Amos.* Anchor Bible 24A. Garden City, N.Y.: Doubleday & Co., 1989.

Bird, Phyllis. "'To Play the Harlot': An Inquiry into an Old Testament Metaphor," *Gender and Difference in Ancient Israel.* ed. by Peggy L. Day, 75–94. Minneapolis: Fortress Press, 1989.

Brownmiller, Susan. *Against Our Will: Men, Women and Rape.* Toronto: Bantam Books, 1975.

Hayes, John H. *Amos: The Eighth-Century Prophet: His Times and His Preaching.* Nashville: Abingdon Press, 1988.

Hiebert, Paula S. "'Whence Shall Help Come to Me?': The Biblical Widow," *Gender and Difference in Ancient Israel.* ed. by Peggy L. Day, 125–141. Minneapolis: Fortress Press, 1989.

Hobbs, T. R. *A Time for War: A Study of Warfare in the Old Testament.* Wilmington, Del.: Michael Glazier, 1989.

Mayes, James Luther. *Amos, A Commentary.* Old Testament Library. Philadelphia: Westminster Press, 1969.

Wolff, Hans Walter. *Joel and Amos.* Trans. by Waldemar Janzen et al. Philadelphia: Fortress Press, 1977.

오바댜

베스 글래지어-맥도날드
Beth Glazier-McDonald

개관

오바댜의 메시지

오바댜서는 스물한 구절로 이루어진, 히브리성서에서 가장 짧은 책이다. 오바댜서는 에돔(에서)을 집중적으로 공격한다. "형제" 민족인 유다(야곱)에게 저지른 "폭력"으로 인해 야웨의 날에 에돔은 근절되고 멸절될 것이다.(10, 18절) 오바댜가 이렇듯 복수심을 느끼는 것은 너무 당연하다. 왜냐하면 바빌론이 예루살렘을 정복했을 때(기원전 587년) 에돔인들은 "멀리 서 있었"(11절)을 뿐 아니라 나중에 무방비 상태의 도시를 약탈하고, 달아나는 유대인들을 잡아 바빌론 사람들에게 넘겨주기까지 했기 때문이다.(11, 13, 14절) 오바댜의 메시지는 에돔을 향해 퍼붓는 예언자의 조롱 속에 명쾌하게 요약돼 있다. "네가 행한 대로 너도 받을 것인즉 네가 행한 것이 네 머리로 돌아갈 것이라."(15b절)

저자와 연대

예언자 오바댜에 대해서 알려진 바는 없다. 학자들의 추정에 따르면, 오바댜는 살아남은 예루살렘 제의 예언자 중 하나이며, 그의 책은 바빌론의 정복에서 살아남은 자들을 위한 애도 의식에 사용된 제의적인 작품이다. 그러나 제의를 위한 글들이 일반적인 어조인 것과는 대조적으로 오바댜의 예언은 구체적이고 역사지향적이다. 이는 그가 자신의 선포를 발전시키기 위해 전통적인 주제들을 차용했을 뿐이라는 점을 시사한다.

오바댜의 활동 연대는 포로기 시대 후반부 혹은 포로기 이후 초반부일 것이다. 오바댜의 비난이 맹렬한 것을 보면, 바빌론에 의한 정복 그리고 아마도 초기 아랍의 에돔 침입—이로 인해 에돔인들이 자기 땅에서 점차로 추방당하게 된다.—에 대한 기억이 오바댜에게 생생했던 때임을 확실히 알 수 있다.

주석

에돔의 멸망(2-9절)과 에돔의 죄(10-14, 15b절)

2-9절은 예레미야 49:7-22와 거의 동일한 본문으로 두 본문의 관계에 대해서는 많은 논의가 있었다. 이에 대해서는 포로기 이전에 있었던 반(反)에돔 신탁들을 모은 제3의 자료에서 예레미야와 오바댜 두 예언자가 끌어다 썼으리라는 추측이 가능하다.

모든 인간 사회는 상징적 모델을 활용하여 다양한 사회적·민족적 관계를 표현한다. 고대 이스라엘에서는 가족 관계의 영역에서 이런 모델들을 끌어 오는 경우가 많았다. 이스라엘/야곱과 에돔/에서의 가족관계는 창세기 25-29, 32장의 족장전승에 근거하고 있으며, 신명기 23:7 같은 구절들에서 강조되고 있다. 특별히 유다를 야곱이라 부른 것은(10절), 이스라엘과 에돔, 이 두 민족이 형제라는 점 그리고 가족으로서 서로에게 책임이 있다는 것을 상기시키고, 에돔이 저지른 죄가 극악무도하다는 것을 강조하기 위한 것이다. 물론 형제관계가 예상되는 행동의 표준을 암시하는 모델인 것은 맞다.("… 했어서는 안 된다"는 구절이 반복되는 것[12-14절]은 특히 인상적이다.) 그런데 흥미로운 사실은 이스라엘의 족장 사회에서 형제에 대한 설화 자료가 강조하는 것은 다름 아닌 갈등이며, 이런 자료에서 갈등은 형제 관계에 있어 거의 불가피한 요소라는 점이다.(가인과 아벨, 이삭과 이스마엘, 야곱과 에서, 요셉과 그 형제들, 다윗의 아들들을 보라.) 형제간 갈등이 가족 전체에 영향을 주듯이, 에돔/에서가 유다/야곱을 거슬러 저지른 행동은 유대사회는 물론(12-14절), 에돔에게도 영향을 미칠 것이다.(15b, 18절)

야웨의 날(15a, 16-21절)

대부분의 학자들은 15절의 상반절과 하반절의 순서를 바꾸어, 에돔의 멸망을 이야기하는 15b절을 10-14절과 연결시키고, 15a절은 16-21절로 이어지는 야웨의 날에 대한 보도의 도입부로 본다.

야웨의 날에 관한 전승들에는 야웨의 보편적 지배에는 보상과 보복이 따른다는 믿음이 담겨 있다. 오바댜는 이 "날"을 예루살렘이 멸망한 그 끔찍한 "날"과 연결시키고 있는데(8, 15a절), 이것은 야웨의 보복 활동이 기원전 587년의 대재앙에서 연유한다는 것을 암시한다. 또한 에돔의 운명이 바뀌고 유다가 복권되는 것은(17-20절에서 북왕국과 남왕국이 통일되고 국경이 확장되어 고대의 영토를 전부 회복하는 것으로 그려진다.) 야웨의 역사인데, 그 역사는 회복된 시온 산에 사는 순종하는 백성들을 통해 이루어진다.(21절)

참고문헌

Wolff, Hans Walter. *Obadiah and Jonah: A Commentary.* Trans. by Margaret Kohl. Minneapolis: Augsburg Publishing House, 1986.

요나

마샤 C. 화이트

Marsha C. White

개관

아밋대의 아들 요나는 여로보암 2세가 통치하던 시절의 예언자이다.(참조. 왕하 14:25) 그러나 요나서는 현실을 기반으로 상상하여 만들어낸, 다시 말해 사실적인 내용을 담은 (허구의) 문학작품이다. 시대를 초월하는 이야기다보니 연대를 추정하기 어려운 것이 사실이지만, 인용하거나 암시하는 성서 구절들을 볼 때 기원전 6세기 이후의 작품인 것은 분명하다. 저자는 지혜 교사들, 즉 확립된 사고 유형에 의문을 제기하는 자유를 폭넓게 누릴 수 있었던 집단과 관련되었을지도 모른다.(욥기와 전도서를 참조하라.) 요나서의 저자는 욥기의 저자와 마찬가지로 불명확한 과거의 한 인물을 택하여 하나님의 정의의 본질을 탐색하는 일종의 신학 논문의 주인공을 삼았다. 그러나 저자는 '이상한 나라'를 만들어서 청중의 기대를 혼란시키는 기교를 사용한다. 그 이상한 나라에서는 예언자가 도망을 가고, 오히려 이방인이 이스라엘 백성처럼 행동하며, 악하디 악한 도시가 대대적으로 회개를 하는 곳이다. 저자는 신의 정의에 대한 엄격한 개념을 갖고 있어서 자기-의를 추구하다 절망에 빠진 사람들, 즉 그의 청중들을 동요시킴으로써 그들로 하여금 하나님의 자비에 대한 급진적인 선포를 받아들이도록 준비시킨다. 이야기는 선문답처럼 수수께끼 같은 특성을 보이며 코믹하면서도 호감이 가는 주인공을 묘사할 때는 성차를 뛰어넘는다.

주석

위대하신 하나님(1:1-2:10)

요나는 전형적인 방식으로 예언자로 부름을 받는다.(1:1-2) 그러나 문제는 그가 심판을 선포해야 하는 곳이 기원전 8세기에 이스라엘을 정복했고 잔악함으로 이름을 떨친 아시리아 제국의 수도인 니느웨였다는 점이다. 여기서 요나서에 나타나는 많은 모순 가운데 첫 번째 모순이 나타난다. 요나는 어떤 언어를 써야 하는가? 또한 그들에게 요나는 무슨 권위로 말할 것인가? 우리는 니느웨 백성이 정말로 요나의 말을 들을 것이라고 기대할 수 있는가?

히브리성서에서 예언자의 저항은 자주 나오는 모티브라 할 수 있다. (cf. 모세, 엘리야, 예레미야) 그러나 요나가 뜬금없이 반대 방향으로 도망을 간 것은(1:3) 그런 반항의 수준을 넘어선다. 그것은 이상한 요청에 대한 유별난 반응이다. 하나님 앞에서 달아나려 한 요나의 도피 시도는 그러한 시도 자체가 불가능하다고 말하는 시편 139:7-10의 패러디이다.

이제 하나님이 개입하셔서, "큰 바람"이 불게 하시니 "큰 폭풍"(1:4)이 일어난다. 선원들은 적절하게 대응한다. 그들은 두려워하여 자기들의 신을 부르며 짐을 배밖으로 내던진다. 그런데 불가해하게도 이 와중에 요나는 배밑층에 내려가 깊은 잠에 빠져 있다.(1:5) 1:6에 나오는 선장의 말은 니느웨 왕의 포고령을 예고한다.(3:9) 이 불행의 원인이 요나임을 확인한 선원들은 그에게 누구냐 묻는다.(1:7-8) 요나는 "바다와 육지를 지으신 하늘의 하나님, 야웨"(1:9)를 경외하는 자라고 자신의 정체를 밝히는데, 이 고백은 이야기의 전반부를 해석하는 열쇠라 할 수 있다. 야웨는 만물의 창조자이자 주인이신 전능자 하나님이시다. 여기서 "육지"(dry land)는 우주의 창조(창 1:9, 10), 그리고 이스라엘의 탄생(출 14장)과 관련하여 특별한 함의를 갖는다. 요나의 고백과 행동 사이의 불일치는 그의 동기에 대한 의문을 불러일으킨다.

두려워하며 묻는 선원들에게 답하며 요나는 자신을 배 바깥으로 내던지라고 요청한다. 이는 아량을 베푸는 태도 아니면 자살 시도로 해석될 수 있다.(1:10-12; cf. 1:5; 4:3, 9) 여기서 또 한 번 요나의 행동은 독자들을 당황스럽게 만든다. 이방인 선원들은 이러한 요나의 요청을 무시한 채 해변을 향해 힘써 노를 젓는다. 이러한 시도가 실패하자, 그들은 [이방인들로서는] 어울리지 않게 이스라엘의 전통적인 언어로 야웨를 향해 기도를 올린다.(1:13-14) 이 기도는 예레미야 26:15를 반어적으로 뒤집고 있다. 바다가 잠잠해졌을 때 선원들은 야웨를 "크게 두려워하며" 제물을 드리고 서원을 하는데, 이 역시 이스라엘의 표준적인 관습들이다.(1:15-16)

이때 하나님이 두 번째로 개입한다. "큰 물고기"로 하여금 요나를 삼키게 하신 것이다.(1:17) 이 물고기 덕분에 요나는 익사하지 않고 살 수 있었을 뿐 아니라 "육지"에 그를 갑자기 토해냈을 때는 출발했던 곳으로 돌아올 수 있었다. 2:1-9에 나오는 시는 요나를 경건한 모습으로 그리고 있는데, 나머지 이야기와 모순되기 때문에 후대의 삽입으로 보아야 한다.

하나님의 선하심(3:1-4:11)

회개의 능력(3:1-10)

요나에게 니느웨에 심판을 선포하라고 명한 하나님의 결정은 변함이 없었고, 이번에는 요나가 복종한다.(3:1-3a) 니느웨는 전설적인 "큰 성읍"으로 나오는데, 이것은 그 악함 때문에 멸망이 예고되었던 소돔과 고모라를 상기시킨다.(창 19장) 요나의 짧은 선포로 니느웨 백성은 자신들이 받은 선고에 대처할 기회를 얻게 되었다. 즉 회개의 가능성이 생긴 것이다.(3:3b–4)

백성과 왕의 반응은 하나같이 즉각적이다. 그들은 즉시 금식을 선언하고 베옷을 입고 재 위에 앉아서, 이스라엘의 전통적인 참회의식을 행한다.(3:5–6) 어울리지 않게 이스라엘 관습을 따르는 이방인들의 모습은 이미 앞서 선원들에게서 예견되었다. 그런데 놀랍게도 이 현대판 '소돔'은 여기서 그치지 않고 악행에서 돌이키는 데까지 나아간다.

왕은 조서를 내려 짐승들까지 회개할 것을 명한다. 이는 소떼와 양떼가 굶주리며 베옷을 입고 하나님을 부르짖는 익살맞은 그림을 떠올리게 한다.(3:7–8) 여기서 일련의 놀라운 사건이 절정에 달하는데, 이것은 회개라는 중심 주제를 강조한다. 여기에 나타난 신학은 전적으로 예레미야에서 유래한 것이다. "각기 악한 길에서 떠날 것이라"(3:8b)는 표현은 예레미야만의 독특한 관용표현이다. "누가 알겠느냐"(3:9)에도 선장이 말했던 "혹시"(1:6)의 여운이 남아 있는데, 이 역시 예레미야가 유다의 회개 가능성을 말할 때 썼던 표현이다. "진노를 그치다"와 "돌이키다"(3:9)를 나란히 사용한 예도 예레미야에만 나온다.

절정에 이른 사건들을 요약하는 구절(3:10)에서도 우리는 회개에 관한 예레미야의 사상의 요점을 볼 수 있다. 물론 하나님이 징벌의 뜻을 돌이켰던 선례는 황금송아지 이야기에서도 발견할 수 있고(출 32:12–14), 8세기 예언자들도 이스라엘을 향해 하나님께 돌아오라고 부르짖었었다.(예. 암 4:6–12) 그러나 "회개"라는 용어를 만들고 그것을 계약의 의미로 발전시킨 것은 바로 예언자 예레미야이다. 요나서는 예레미야 18:7–8에서 선포된 원칙에 대한 일종의 예화로 볼 수 있다. 예레미야 18:7–8에서 하나님은 자신의 악에서 돌이키는 민족에게는 내리려고 했던 재앙에 대하여 뜻을 돌이키시리라 약속하신다. 이 구절은 사실상 이스라엘에게만 적용되던 원칙을 모든 민족에게 적용되는 일반원칙으로 만드는데, 이것은 과장이다. 이스라엘만이 야웨와 계약관계로 묶여 있다. 이스라엘만이 야웨로부터 벗어나 징벌을 받을 수도, 회개하여 야웨로 돌아올 수도 있는 것이다. 그러므로 니느웨의 회개를 그리고 있는 공상적이고도 완전히 불가능한 묘사는 이스라엘에게 하나의 메시지를 전하기 위한 것이다. 곧 악의 본질이 야웨에게로 '돌아오게' 할 수 있다는 데 있다면, 야웨 자신의 백성도 당연히 그럴 수 있다는 것이다. 그의 백성이 돌이킨다면 하나님 편에서도 그에 부응하여 돌이키실 것이다. 백성이 그 악을 버리는 것과 하나님께서 징벌을 폐하시는 것을 대칭시키는 것은 예레미야의 회개 사상의 특징이다.

하나님의 자비로운 응답(4:1-11)

니느웨가 재앙을 모면하는 것을 본 요나의 분노(4:1-2)는 이 믿을 수 없는 사건에 대한 반응으로는 예상을 벗어난다. 요나는 자신의 몇 마디 말에 압도적인 호응이 따른 데 대해 매우 불쾌해 한다. 이런 요나의 모습은 멸망당할 운명에 처한 이들을 위해 중재에 나섰던 성서의 인물들(창 18장의 아브라함, 출 32장의 모세를 보라.)과도, 실패를 무릅쓰고 이스라엘을 야웨께로 돌이키려고 애썼던 모든 예언자와도 너무 대조적이다. 결국 요나는 자신이 이해할 수 없는 행동을 한 이유를 스스로 밝힌다. 처음부터 요나는 하나님께서 니느웨 백성을 용서하실 것이라는 사실을 알고 있었는데, 이것이 그의 정의감에 위배되었던 것이다.

중요한 것은 여기서 요나가 하나님의 성품에 대한 고대의 제의 고백문－원래 출애굽기 34:6-7에서 나오는－을 인용하고 있다는 점이다. 하나님의 성품을 묘사하는 이 공식구는 인간의 죄와 관련하여 하나님의 자비와 정의를 신중하게 균형을 맞춰 표현하고 있다. 이 공식구의 일부 버전은 자비라는 속성을 강조하고(예. 시 103편), 또 다른 버전은 정의의 속성을 강조한다.(예. 나 1:2-3) 출애굽기에서 황금송아지를 섬긴 이스라엘의 배교 상황에 뒤이어 신의 용서와 계약 갱신이 이루어지는 것을 보면(출

32–33장), 원래 심판보다는 자비에 무게가 있었음을 알 수 있다. 실제로 야웨라는 신명에는 은혜와 자비가 내포되어 있다.(출 33:19) 그러나 요나서에 나오는 '야웨 성품' 공식구의 버전은 여기서 한 걸음 더 나아간다. 심판에 대한 구절 대신에 징벌의 폐기가 들어간다. 즉 야웨는 "뜻을 돌이켜 재앙을 내리지 아니하시는" 은혜롭고 자비하신 하나님인 것이다.(4:2) 자비는 정의를 완화시키는 정도가 아니라 완전히 그것을 넘어선다. 이야기의 후반부까지 요나가 달아난 이유를 제시하지 않은 결과, 하나님의 성품에 대한 공식구의 변화는 더욱 강조된다. 이 새로운 공식구는 핵심구절로서 앞서 나타난 모든 긴장을 해소하면서 하나님의 자비라는 근본적인 속성에 관심을 집중시킨다.

요나가 죽기를 간청하는 이상한 장면은 모세(민 11:15)와 엘리야(왕상 19:4)의 진정성 있는 절망에 대한 일종의 패러디이다. 쉬이 시들어 버린 넝쿨의 교훈은 자기 외에 남에게는 연민을 느끼지 못하는 요나를 부끄럽게 만들기 위한 것이다. 하나님의 방식은 그가 세상에 내신 모든 피조물에 연민을 느끼고 가능한 모든 노력을 다해서 그들을 구하는 것이다.

회개와 자비

요나서의 중심 주제는 회개의 효력, 그리고 하나님의 자비로운 응답이다. 요나서는 편협하고 배타적인 한 이스라엘 사람을 깨우치기 위한 보편주의적인 설교가 아니다. 오히려 이방인들의 완벽한 경건이라는 터무니없을 정도로 부조리한 묘사는 하나님과 요나의 드라마가 펼쳐지는 배경이다. 독자들은 요나와 동일시하기도 하고, 그를 비난하기도 하면서 자신이 속한 종교공동체와 하나님의 관계를 재평가할 것을 요구한다. 그리고 이것은 남성과 여성에게 동등하게 해당된다.

참고문헌

Darr, Katheryn Pfisterer. "Jonah," *The Books of the Bible*, vol. 1, *The Old Testament/The Hebrew Bible*. ed. by Bernhard W. Anderson, 381–384. New York: Charles Scribner's Sons, 1989.

Magonet, Jonathan. *Form and Meaning: Studies in Literary Techniques in the Book of Jonah*. Sheffield: Almond Press, 1983.

Sasson, Jack M. *Jonah*. Anchor Bible 24B. New York: Doubleday & Co., 1990.

Trible, Phyllis. *Studies in the Book of Jonah*. Ann Arbor, Mich.: University Microfilms, 1963.

미가

주디스 E. 샌더슨

Judith E. Sanderson

개관

미가는 이사야보다 후대의 사람이지만 그와 동시대에 활동했던 예언자로 (요담이 왕위를 계승했던) 기원전 742년(1:1)과 (히스기야가 세상을 떠난) 687년 사이에 살았던 인물이다. 유대 구릉지대의 모레셋 마을 출신이었던 미가는 예루살렘의 부유하고 부패한 지도자들, 곧 왕과 지주, 판관과 제사장, 예언자들이 백성들을 착취하는 것을 비난했으며, 백성에 대한 깊은 연대의식을 갖고 있었다.

편집자의 표제(1:1)를 제외하고 미가서 전체는 다양한 장르를 활용한 독창적인 운문으로 쓰여졌다. 첫 번째 주요부분인 1:2-3:12는 사마리아의 멸망 예고로 시작하여 예루살렘이 자신의 폭력과 압제로 인한 예루살렘의 멸망에 대한 예언으로 끝난다. 두 번째 부분인 4:1-5:15는 총체적 역전, 즉 예루살렘이 전 세계 평화의 중심으로서 상징적으로 높아지는 데서 시작되는데, 이 부분은 여성들에게 상당히 의미 있는 언어로 묘사되고 있다.(4:4) 그리고 재앙 후의 회복이라는 주제로 이어진다. 마지막 부분인 6:1-7:20은 하나님과 이스라엘의 논쟁, 정의, 사랑, 신실함에 대한 하나님의 요청, 하나님과 교제하는 지혜로운 삶을 말하면서 시작된다.(6:8, 미가에서 가장 유명한 구절이라 할 수 있다. "겸손하게 행하다"로 전통적으로 번역되지만 이는 좋은 번역도 아닐뿐더러 여성들에게 유익한 단어도 아니다. 습 3:12 주석을 참조하라.) 그리고 주제를 바꾸어 압제에 해당하는 특정 범죄들을 비난하고 온 백성을 고발한 후 회개와 하나님의 용서로 끝을 맺는다. 미가서 전체 또는 대부분을 미가의 것으로 간주하는 학자들도 있지만, 부분별로(특히 4-7장) 연대를 추정하는 학자들도 있는데, 이들은 주제나 문체를 근거로 포로기 이전 후기, 포로기 동안, 포로기 이후로 나눈다.

미가서 전체에 등장하는 유일한 여성은 미리암 한 사람이지만 미가는 부자들의 착취로 고통당하는 여성들에 대한 특별한 관심을 보여준다.(2:9; 아모스와 대조해보라.) 그럼에도 불구하고 미가서의 언어와 이미지는 전반적으로 여성들에 대한 남녀의 인식 모두에 유해하다고 할 수 있다.

주석

"그가 기생의 값으로 모았은즉"(1:7)

미가서에서 민족과 도시들, 특히 예루살렘은 여성으로 의인화된다. 미가서의 메시지가 죄와 심판이기 때문에, 이런 여성 의인화는 여성들에 대해 매우 부정적인 인상을 주는 데 일조한다. 히브리어에서는 "도시"와 "땅"이 여성형이기 때문에 당연히 여성대명사로 지칭된 것이지만, 영어로 번역되면서 영어에 중성대명사가 있는데도 여성대명사로 번역된 경우가 많다.(예. 1:6; "her stones … her foundations") 더욱이 일부 증거에 따르면, 이스라엘이 가나안으로부터 수도(首都)의 표상, 즉 그 도시를 수호하는 남성 신과 혼인한 여성 신의 이미지를 받아들였을 수도 있다. 이것이 옳다면, 남성 저자들이 여성형을 단순히 문법의 차원을 넘어 이미지로까지 확대했으리라는 것은 훨씬 더 자연스러워 보인다. 그러므로 1:7의 전반절에 나오는 "그녀의 값(보수)"이라는 표현은 후반절에서 사마리아를 묘사하는 기생(창녀)이라는 표현으로 쉽게 이어진다.(cf. 예. 렘 3:1-3) 또한 이것은 4:10에서 ("딸 시온") 예루살렘의 괴로움을 표현하는 '산고'(産苦)의 이미지와도 연결된다.(cf. 렘 4:31) 영어보다 히브리어에서 부정적인 함의가 더 부각되는 경우도 있는데, 1:11-15에서 다섯 차례 언급된 "주민"은 실제로 여성단수명사로 표현되었다. 그러므로 1:11에서 한 여성("사빌의 주민")은 "벗은 몸에 수치를 무릅쓰고" 나아가라는 요청을 받는다.(cf. 4:11) 다른 한편 원래의 이미지가 지금처럼 부정적인 함의를 지니지 않았던 경우도 있다. 가령 1:16에 나오는 머리털을 깎으라는 요구는 오늘날처럼 적과 동침한 여성에게 주는 모욕으로 해석되어서는 안 되고 애곡의 상징으로 이해되어야 한다.(cf. 암 8:10)

이러한 은유로 7:8-10의 화자가 결정된다. 7:8-10을 보면 '여성' 예루살렘이 또 한 명의 여성으로 표현된 대적에게 '남성'으로 표현된 하나님에 관해 말한다. 그리고 7:11-13에서 '남성' 하나님은 그 '여성'에게 응답한다. 그리고 7:14-20에서 화자는 '남성' 하나님에게 말한다. 영어에서는 그것이 분명하지 않지만, 히브리어에서 동사와 "너"나 "너의"라는 표현은 전부 남성형 아니면 여성형이다. 이렇게 히브리어 문법과 시적인 이미지가 결합한 결과 하나님은 남성이고 이스라엘 또는 예루살렘의 백성은 집합적으로 여성이라는 개념이 자리잡게 되었다. 설상가상으로 하나님은 선하고 의로우며 용서하는 남자인 반면, 백성은 최악의 경우 악하며 타락한 여성이고 기껏해야 회개한 여성일 뿐이다.

"모세와 아론과 미리암을 네 앞에 보냈느니라"(6:4)

미가 6:4는 예언서 가운데서 유일하게 미리암의 이름을 언급하는 구절이다.(렘 31:4에서는 이름은 밝히지 않고 출 15:20-21에 나오는 미리암의 소고와 춤을 암시한다.) 놀라운 것은 아론이 예언서에서 언급된 경우도 이때뿐이며, 심지어 모세도 이 구절 외에 이사야 63:11-12; 예레미야 15:1; 말라기 4:4에서만 언급된다는 사실이다. 미가 6:4를 주목해야 할 이유는 다음과 같다. 첫째, 이것은 모세, 아론, 미리암 이 세 사람이 모두 이스라엘 백성의 지도자로서 하나님으로부터 보냄받은 자임을 나타내는 명백하고 중요한 진술이다. 둘째, 4-5절은 이 세 사람이 하나님께 받은 임무가 (이집트의) 종살이로부터의 해방만큼 중요하며, 또한 이들이 광야에서 일어난 "하나님의 구원행위"의 일부임을 암시한다. 세 번째, 6:4는 7:20과 대비된다. 7:20에서는 고대로부터 기억되어온 두 인물인 야곱과 아브라함만 언급된 반면, 6:4에서는 여성인 미리암이 두 남성과 동등한 자격으로 호명되기 때문이다.

6:4에는 나타나지 않기 때문에 주목해야 할 두 가지 특징이 있다. 첫 번째 6:4에는 세 인물에 대한 어떤 설명이나 묘사가 없다. 이것은 이 단락이 쓰여질 당시 이스라엘에서 이들 모두가 매우 잘 알려진 인물이었음을 시사한다.(다음 구절에서 발락과 발람, 두 사람이 누구인지 설명이 나오는 것과 대조된다. 7:20에 야곱과 아브라함에 대한 설명이 없다.) 이 문맥에서 이들의 명성은 특히 중요하다. 왜냐하면 하나님의 구원행위를 낭송함으로써 청중들에게 감사의 마음을 불러일으키려는 의도가 있기 때문이다. 이러한 낭송은 민족의 기억에서 중대한 역할을 한 이 인물들을 의도적으로 부각시킨다. 본문에 나타나지 않기 때문에 중요한 특징 두 번째는 성서에서 여성이 소개될 때 통상 나타나는 아버지나 남편에 대한 언급이 미리암에게서는 나타나지 않는다는 점이다. 미리암은 오로지 이름으로만 제시되고, 남에게 의존하지 않는 독립적인 여성으로 나타난다. 실제로 성서는 미리암의 결혼을 전혀 언급하지 않는다. 이 구절도 미리암이 아론, 모세, 이 두 사람과 어떤 관계가 있다고 말하지 않는다. 이 세 사람이 동기간이었다는 전승(민 26:59; 대상 6:3; cf. 출 15:20)은 후대의 전승으로 보이

며 이 역시 가족관계가 아니라 세 사람이 제의에서 중요한 지도력을 행사했음을 시사한다.

이 구절은 이것이 쓰여지던 시기에 광야 시절에 하나님이 보낸 매우 중요한 지도자로서 미리암이 기억되고 있었다는 것을 보여준다는 점에서 중요한 의미를 갖는다. 우리가 현재 가진 성서에 미리암에 대해 보존된 전승이 거의 없음에도 불구하고 이것은 틀림없는 사실이다. 이 구절을 쓴 것이 미가든 아니면 후대의 저자든 간에, 성서에는 미리암에 대해 말해주는 – 어쩌면 그 이상을 말해주는 – 적어도 세 개의 주요 전승이 보존되어 있는데, 틀림없이 이것들은 누구나 알고 있는 사실이었을 것이다. 첫째, 미리암은 노래하고, 소고치며 춤추면서 갈대 바다에서 승리하신 하나님을 찬양하는 여성들을 이끌었다.(출 15:20-21) 둘째, 그녀는 모세의 권위에 도전하는 일에 앞장섰다가 일시적으로 나병에 걸리기도 했다.(민 12장; cf. 신 24:9) 셋째, 우리가 가진 성서의 연대에 따르면, 모세와 아론이 '그 죄'를 저질러 죽기 바로 전에 미리암은 죽었고 가데스에 장사되었다.(민 20:1)

참고문헌

Burns, Rita J. *Has the Lord Indeed Spoken Only Through Moses? A Study of the Biblical Portrait of Miriam*. Atlanta: Scholars Press, 1987.

Fitzgerald, Aloysius. "The Mythological Background for the Presentation of Jerusalem as a Queen and False Worship as Adultery in the Old Testament," *Catholic Biblical Quarterly* 34(1972), 403–416.

Hillers, Delbert R. *Micah*. Hermeneia. Philadelphia: Fortress Press, 1984.

Mays, James Luther. *Micah, A Commentary*. Old Testament Library. Philadelphia: Westminster Press, 1976.

나훔

주디스 E. 샌더슨

Judith E. Sanderson

개관

나훔은 엘고스 사람으로 니느웨가 멸망하던 기원전 612년과 이집트의 수도인 테베가 멸망하던(3:8-10) 663년 사이에 예루살렘에서 흡족한 말들로 선포활동을 하던 사람이라는 점 외에는 별로 알려진 것이 없다. 그의 이름은 '위로' 또는 '위로자'를 의미한다. 이는 유다의 입장에서는 아주 타당하지만(참조. 1:12-13, 15), 니느웨의 입장에서 보면 아이러니하다.(참조. 3:7) 세상에서 가장 강력하고 두려운 미움의 대상인 아시리아의 수도 니느웨의 "황폐, 공허, 낙담"(2:10)은 유다에게는 위로를 의미했을 것이다.

이 책에 나타나는 두 번째 아이러니는 복수와 폭력이라는 무서운 메시지가 히브리성서 가운데 가장 생생하고 뛰어난 아름다운 시가의 형태로 표현되었다는 것이다. 이 책은 표제에 이어(1:1) 지금은 다소 훼손되었지만(2-8절) 아크로스틱 시(시의 각 행이 히브리 알파벳 순서대로 시작되는 시)로 처음 상반부를 시작한다. 이 시는 하나님을 묘사할 때 한편으로는 이스라엘을 보호하고 적을 파괴하는 분노에 찬 복수의 전사처럼 역사적인 용어를 사용하고(2–3a, 7–8절), 또 다른 한편으로는 하늘을 뚫고 올라가며 자연을 향해 마치 복수의 대강탈을 감행하는 폭풍의 신처럼 신화적인 언어로도 표현하고 있다.(3b–6절; 본서의 “하박국” 참조) 이 장면을 예언자는 적을 향해서는 위협으로 그러나 이스라엘을 향해서는 평화와 위로로 해석한다.(1:9–15) 2장은 니느웨의 최종적인 패배를 그림을 그리듯 묘사하는데, 7절은 니느웨의 여신 이슈타르의 신상이 여사제들의 탄식 속에 발가벗겨지고 제거되는 것으로 해석되어야 할 것이다.(여기서는 RSV가 NRSV보다 나음. cf. 1:14; 바빌론의 두 주신[모두 남성]의 추방에 대해서는 사 46:1–2 참조) 나훔 2:13–3:7에서 하나님은 신적 분노와 보복을 말하며 니느웨에 대해 직접화법으로 말씀하신다. 이집트의 위대한 수도였던 테베가 아시리아에게 패망했듯이 이제는 니느웨가 패망할 차례이다.(3:8–10) 아시리아의 요새들과 군인들의 빠른 항복, 포위당했을 때를 대비했던 모든 일이 허사로 돌아간 일, 제국 전체에서 아시리아 관료들이 빠르게 사라져 버린 것에 대한 심한 조롱의 말이 3:11–17에 이어진다. 맺음말인 3:18–19에서는 열방이 기뻐 박수치는 소리가 들려온다.

나훔을 구성하는 세 장의 각 요점은 모두 전령에게 주는 말이나 전달해야 할 소식의 형태로 된 맺음말 속에 요약되었다. 1:15에 나오는 유다에게 “좋은 소식을 전하는 자”는 하나님의 모든 적을 물리치시는 능력으로 인해 그것을 찬양하며 좋은 소식을 전할 수 있게 되었다. 반면, 2장에서는 “너의(니느웨의) 소식을 전하는 전령의 목소리는 더 들리지 않는다.” 그 목소리는 아시리아 제국에 조공을 바치라는 명령(2:13)이었지만 2장에 묘사된 전쟁이 끝난 후 이제는 들리지 않게 되었다. 3:19는 니느웨의 패망이 갖는 국제적인 의미를 분명히 보여준다. “네 소식을 듣는 자가 다 너를 인하여 손뼉을 치나니, 이는 네 악행을 늘 받지 않는 자가 없음이 아니냐?” 이 마지막 구절은 이 책이 보복의 정신을 표방하고 있음을 설명하는 데 도움이 된다. 아시리아 제국의 수도인 니느웨는 제국적인 정복과 공물 강탈로 인해 최근까지지도 세계에서 가장 부유하고 막강한 도시였다. 그 군대는 테베를 포함한 많은 나라에서 극악무도한 일(3:8-10; 걸어서 포로로 잡아갈 수 없는 사람들은 유아를 포함해서 그 자리에서 죽였다.)을 저질렀다. 그들은 무수한 사람들을 그들이 살던 땅으로부터 추방하여 수백 마일이나 떨어진 곳에 재정착하게 했는데, 이것은 제국으로부터 멀리 떨어진 지역들을 좀 더 쉽게 통제하기 위한 것이었다.(나 2:12는 왕하 17:1-6, 24 그리고 18:13-16에 역사적으로 기술된 것을 은유적으로 표현한다.) 니느웨에 의해 너무 많은 사람이 고통받은 만큼 이제 그들은 기쁨으로 손뼉치며 정당한 복수가 이루어졌다는 생각에 기뻐한다.

주석

"네 치마를 걷어쳐 네 얼굴에 이르게 하고 … 열국에 보일 것이며"(3:5-6)

현대 서구 사회에서 벌어지는 여성들에 대한 대규모의 폭력에 직면해서 나훔 3:4-7에서 보여주는 것과 같은 여성들에 대한 남성들의 폭력, 심지어 여성들에 대한 하나님의 폭력과 같은 이야기를 성서에서 읽는다는 것은 여성들에게는 아주 힘겨운 일이라고 할 수 있다. 비록 하나님에 대한 모든 언어가 은유적이며 하나님은 오직 인간적인 유비에 의해서만 묘사된다는 사실을 감안한다 해도 하나님의 심판의 행동이 성적인 폭력으로 묘사되는 구절을 읽는다는 것은 고통스런 일이다. 하나님의 심판에 관한 나훔의 묘사는 다음의 두 부분으로 나뉜다. 우선 니느웨는 창기로(성매매 여성으로) 묘사되며, 하나님의 손에 의한 니느웨의 패배는 성적인 수치로 묘사된다. 독자는 어떻게 이러한 이미지를 이해하며 반응해야 하는가? 이것은 다음의 네 가지 질문과 연관된다. 먼저 이러한 이미지들을 유의미하게 만들었던 이스라엘 사회의 실제 상황은 무엇이었는가? 어떻게 나훔은 이러한 이미지들을 니느웨와 하나님을 표현하는 데 사용하는가? 이러한 이미지들이 들려올 때 우리에게 영향을 끼치는 오늘날의 사회적 상황은 무엇인가? 오늘날의 사회에 이러한 이미지들은 하나님에 대해 무엇을 표현해주는가? 이 모든 전체의 논의에서 마치 이러한 은유들을 연구하는 데 있어 하나님을 지칭할 때는 남성대명사가 유일하게 적합한 언어로 사용되고, 여성대명사는 도시나 국가에 대해 사용된다는 점을 보게 될 것이다. 아마도 바로 이러한 연구 자체가 이 양자의 대명사들을 사용하는 방식에 내재된 위험성을 드러내줄 것이다.

이 본문의 기능을 저자와 청자 모두가 이해하기 위해서는 고대 이스라엘에서 벌어진 성매매나 성폭력에 대해 무엇을 알 수 있는지 그리고 저자를 포함해서 남성들이 이 양자에 대해 어떻게 인식하고 있는지에 대해 판단해야만 할 것이다. 모든 사회에서 창기의 역할은 양가적이다. 대부분의 여성의 성(sexuality)이 아버지나 남편에 의해 엄격하게 통제되면 될수록 이 여성들은 남성들의 성적 만족을 위해 기능하는 정도가 떨어지게 되지만, 남성들에 의해 통제되지 않고 그래서 정상적인 사회질서의 테두리를 벗어난 여성들에 대한 남성들의 욕망은 더욱 주체할 수 없게 된다. 한편, 모든 가부장적 사회에 공통적으로 주어진 이중 잣대에 의하면 오직 여성만이 성적 행위에 대한 비난의 대상이 된다. 이런 경우, 창기의 역할은 사회의 필요악으로 간주되고, 따라서 이런 여성들은 멸시당하고 가혹한 언어적 폭력을 당하는 것이 당연하며 마땅히 그런 멸시를 참아야 한다. 성서의 몇몇 예언서에 나오는 매춘 행위에 대한 은유적인 폭언(예. 호 2장; 렘 13:27; 겔 16:23)은 실제 이스라엘의 많은 사람이 일반적으로 창기에 대해 가졌던 태도를 알려준다. 매춘은 그 사회에서 근절될 수 없고, 창기들은 말 그대로 쫓겨날 수 없음에도 마치 사회에서 쫓겨난 사람처럼 취급받으며 주변화된다. 남성들이 창기를 찾는 것이 불법은 아니지만, 남성들도 그 악행의 결과에 대해 가장 강력한 목소리로 경고를 당한다. 그것은 윤리적으로나 제의적으로나 현실적인 경고들이다. 이러한 극적인 경고 속에서 창기들은 어떤 면에서는 화려한 의복의 장신구나 화장품 등으로 남자들을 그릇된 길로 인도하고 속이며, 결과적으로 남자들을 희생양으로 만드는 강력한 힘을 가진 존재로 묘사되었다.

이러한 이미지의 또 다른 일면은 성적인 폭력을 보복으로 이해하는 것이다. 옷을 발가벗기는 행위가 보여주는 폭력성과 수치감은 강간의 전조로 보임에도, 고대사회에서 창기에 대한 강제적인 성행위는 강간으로 이해되지 않았다. 철저하게 가부장적인 사회에서 강간이란 특정 남성에게 종속된 여성에 대한 성행위에만 국한되었다. 일반적인 창기들은 특정 남성에게 종속되지 않았고 따라서 그녀들에 대한 폭력은 강간으로 인정되지 않았다. 대신에 이들은 자신들의 성을 뽐내고 다니면서 남성들을 속이며 재물을 챙기기 때문에 이들의 성을 천하게 취급하는 것은 당연한 보복으로 간주되었다.

두 번째 질문은 나훔이 어떤 방식으로 이러한 이미지들을 니느웨와 하나님을 표현하는 데 사용하고 있는가에 관한 것이다. 다시 말해, 성폭력과 매춘의 어떤 측면들이 그에게는 니느웨에 대한 하나님의 처벌과 섭리에 대한 유비로 보였는가에 관한 것이다. 성행위를 은유적으로 사용한 다른 성서 저자들과 나훔 사이에 공통점이 있다면 비난은 언제나 여성들에게 향한다는 것이다. 여기에는 다음의 두 가지 원인이 있다. 먼저 앞서 언급한 이중적인 잣대에 의해서이다. 두 번째는 하나님과 인간의 관계에 대한 이미지로 남녀관계가 사용될 때는 하나님은 언제나 남성으로, 인간은 언제나 여성으로 그려진다는 것이다.(테베 역시 한 여성으로 그려지는 3:8-10을 보라. 미가에서도 도시와 나라에 관련된 문법이나 은유 역시 여성이다. 본서의 "미가" 참조) 그럼에도 창기에 대한 은유는 여기서는 대부분의 다른 성서 본문과 다르게 기능한다. 다른 본문에서 창기는 이스라엘로(호세아), 유대/예루살렘으로(예레미야와 에스겔) 하나님의 백성들을 뜻한다. 여기서 강조되는 이미지는 하나님과 그의 백성 간의 결혼이다. 궁극적으로 하나님만이 그의 백성에 대한 배타적 권리를 갖는다는 것을 마치 남편이 아내의 성에 대한 배타적 권리를 갖는 것처럼 표현한 것이다.

그러나 하나님의 아내(그의 백성)는 자신의 성을 타인에게 내어줌으로써 하나님에게 과오를 범한다. 따라서 그녀는 먼저 남편에게 부정한 짓을 했다는 점이 강조되어 간음녀의 모습으로 비친다. 그리고 그녀의 습관적인 난교를 강조하면서 결과적으로는 창기로 표현된다. 그러나 이사야 23:15-18에 나오는 도시 두로의 경우와 나훔 3:4-7에서의 니느웨와 관련해서는 등장하는 여성이 이스라엘의 하나님에게 속했다는 점을 강조하기 위함이라고 볼 수는 없다. 오히려 니느웨는 이슈타르(에로틱하며 호전적이라는 두 가지 주된 특징을 갖는)에게 봉헌된 도시이다. 따라서 이것은 여기서 말하는 것처럼 하나님에 대한 부정, 또는 남편에 대한 부정이 아니라, 오히려 여러 나라와의 습관적인 난교라고 할 수 있다.("많은 음행을 하는 음녀" 또는 문자적·중립적인 의미로 그녀의 많은 난교, 나 3:4)

일반적으로 여성의 성은 남성들에게 위험한 것으로 비춰진다.(예. 잠 7장) 그런데 창기의 성은 다음의 두 이유로 더욱 위험하게 비친다. 우선 그녀의 성은 남성에게 통제되지 않는다.(잠 7장에는 "남편이 먼 길을 떠나서[19절]" "헤픈 여성"에게 희생자가 되는 경우가 많이 나온다.[26절]) 다음으로 그녀는 뻔뻔하고, 돈만 바라며, 자기가 얻을 소득에만 관심이 있고, 오직 자신만을 위하는 포식자로 인식된다.(참조. 렘 3:3; 겔 16:30-31; 잠 23:27-28) 그녀의 또 다른 위험한 능력에 대한 은유는 마술이다.("마술에 능숙한 미모의 음녀", 나 3:4; cf. 바빌론에 적대적인 사 47장) 이세벨을 난교와 마술로 경멸했던 예후처럼(왕하 9:22), 나훔도 두 단어를 니느웨에 적용한다.(영어에서 성적 매력과 마술적 매력을 연관짓는 것과 비교하라.) 나훔의 가부장적 상상력 속에서 니느웨는 유다를 포함하여 정치·군사적 동맹국들을 유혹해서 속인다.(왕하 18:31-32에서 이세벨의 사탕발림의 예가 나온다.) 3:4에 나오는 "노예 삼는다"는 말은 "속이다"나 "덫에 걸리다"로 이해되어야 한다. 어느 경우든지 그녀의 유혹은 동맹국들에게 고통을 안겼다. 그것은 아마도 그녀가 동맹국들과 조약을 맺은 이후 도움을 주기로 한 약속을 어기거나 동맹국들을 배반하는 일을 행했기 때문일 것이다.(대하 28:16–21는 아시리아의 "도움"에 대한 나훔의 태도를 예증한다.) 나훔은 아마도 니느웨를 여성으로 인격화한 자신의 특이한 아이러니를 이해하지 못한 것 같다. 아시리아는 타국을 정복할 때 남성 군인들이 계획적으로 수행한 잔인함으로 깊은 원한을 샀다. 그런데 여성이 전쟁과 관련되는 경우는 피흘리는 일에서 가해자가 되는 일은 거의 없었고 오히려 전리품의 일부로서 여성 포로가 겪어야 하는 특별한 취급, 즉 강간을 당했다. 분명히 나훔의 의인화는 뭔가 잘못되었다.

이 이미지가 계속되면서 니느웨는 동맹국들에 대한 그녀의 배신과 속임으로 인해 벌을 받게 되며 이런 경우 성서에 규범적으로 나오듯 그녀가 당하는 벌은 그 죄에 상응하는 것으로 묘사된다. 니느웨의 죄는 성적인 것으로 묘사되었는데, 열방들을 유혹하기 위해 자신의 성을 과시하고 다녔기 때문에("우아하게 유혹하는", 3:4) 벌도 성적인 것, 즉 열방 앞에서 강제로 발가벗겨지는 것이다. 그녀의 고운 옷이야말로 열방을 유혹하는 데 가장 큰 요인이었기 때문에 강제로 제거되어야 한다. 2:7에 좀 더 타당해 보이는 해석들 중 하나에 따르면, 나훔은 이미 벌거벗겨진 이슈타르 여신상에 대해 묘사했다. 여기서 사용한 같은 동사를 나훔은 니느웨 도시에도 은유적으로 적용하여 사용했다. 이런 이미지를 사용한 것은 호세아가 처음인데, 호세아 2:2–3에서 하나님이 그녀(이스라엘)를 벌거벗기고 태어난 때처럼 적신을 보이겠노라고 위협한다.(cf. 사 3:16–17) 호세아 2:9–10에서 하나님의 목적은 더 명백하게 언급된다. "내가 그녀의 애인들 앞에서 그녀의(이스라엘의) 수치(음부)를 드러내리라." 거기서 하나님은 질투하는 남편으로서, 벌도 받지 않고 부정을 저지른 아내를 애인들 앞에서 벌줌으로써 그 애인들보다 남편인 자신이 좀 더 강함을 입증한다. 그러므로 그는 아내에게 수치를 주고 그보다 조금 약한 수준에서 애인들에게도 수치를 준다. 나훔과 아마도 동시대 사람인 예레미야는 13:22에서 발가벗김과 폭력을 명백하게 연결짓는다.("네 치마가 들리고 네 발꿈치가 상할 것이다/너가 폭력을 당할 것이다.") 13:26–27에서는 하나님이 수치를 주는 의도를 보여준다. 이번에는 명백하게 여성만이 그 대상이 되는데, "내가 네[예루살렘의] 치마를 얼굴까지 들춰서 네 수치를 드러내리라." 시기적으로 이보다 얼마 후에 저작된 에스겔에서는 하나님에 의해 먼저 드러내지고 나중에 애인들에 의해 발가벗겨지는 예루살렘을 묘사한다.(16:36-40; 바빌론에 관해서는 사 47:2-3 참조) 이 모든 예언자는 나훔과 일종의 벌의 적합성이라는 유사한 관점을 보인다. 나훔이 니느웨의 배반을 여성의 성의 관점에서 묘사했기 때문에 그에게는 니느웨가 받는 벌이 남성이 여성에게 가하는 성적 폭력으로 묘사되는 것이 적합하다. 그녀의 성적인 행위가 "수치를 모르는" 것이기에 그녀는 이제 "수치스럽게" 다루어져야 한다.

세 번째 질문은 이러한 이미지들이 들려올 때 우리에게 영향을 끼치는 오늘날의 사회적 상황은 무엇인가이다. 여성의 성은 지속적으로 마치 여성들의 힘의 원천처럼, 여성들의 주요 특성인 것처럼, 시장성 있는 소모품처럼 간주되어 왔고, 이 모든 것은 여성의 온전함을 훼손하고 축소시켜 왔다. 이 사실은 여성의 성을 종교적 지식이 담긴 은유로써 사용하는 것이 부적절하다는 점을 보여준다. 인류와 하나님의 관계의 그 어떤 측면도 여성의 육체적 자아를 파괴하는 관점에 의존하는 이미지에 의해서 대표될 수 없다.

나아가 여성들과 소녀들을 매춘으로 내모는 사회적 조건에 대한 각성이 늘어난다는 것은 창기에 대한 오래된 전형적인 사고방식, 즉 창기는 능력이 있고 사악하며 남성의 유혹자라는 관념에 대해 주의할 것을 요청한다. 창기들을 매력적이고 위험하게 보던 것과는 너무 다르게 이제는 그들을 그들의 본 모습으로, 즉 가부장제와 경제구조의 희생양으로 보는 것이 더 쉬운 일이다. 가부장제에서 창기를 인식했던 것과 달리 오늘날 초점을 두어야 하는 것은 시대와 장소를 막론한 창기들에 대한 여성주의적 이해에 있다. 가부장제 사회에서 여성들은 실질적으로나 이상적으로나 살기 위해 남성에게 의존했던 것으로 보인다. 소녀들은 성적인 방법, 즉 남성을 유혹해서 자신을 부양하게 만드는 방법 외에 자신을 부양할 수 있는 직업 교육을 받거나 스스로를 신뢰할 수 있고 긍정할 수 있는 품성이나 태도를 교육받지 못했다. 따라서 여성은 어떤 이유에서든 자기를 부양할 남성을 찾지 못하거나 그녀를 부양했던 남성을 잃은 경우 성적인 방법 외에는 자기를 부양할 수 없었다.(참조. 암 7:17) 게다가 경제적으로나 정서적으로나 취약한 상황에 있는 여성들과 소녀들은 종종 속거나 강제로 창기가 되는 길로 내몰린다. 현대 서구사회에서도 어느 정도 진실인 이러한 사실들은 여성이 유산을 상속받거나(민 27장과 36장의 중요하고 자세히 나온 제한된 예외 참조) 독자적으로 사업을 할 수 없었던 고대사회에서 훨씬 더 그러했을 것이다.

뿐만 아니라 여성의 역사에 대한 지식이 증가하면서 마술에 대한 고발에 대해서도 비록 은유적이지만 주의해서 볼 수 있게 되었다. 니느웨에 대한 나훔의 은유적 사용은 여성의 성적 능력에 대한 가부장적 두려움만 드러낸 것이 아니다. 이것은 수세기 동안 무수한 여성들을 고통과 죽음으로 몰아간 마술에 대한 고발을 상기시킨다.

마지막으로 사회적으로 가부장제가 좀 더 완화되어 갈수록 거기에 합당한 강간에 대한 새로운 정의 그리고 그와 함께 다른 형태의 성적 폭력에 대한 새로운 정의가 있어야 한다. 이제 강간은 더는 여성을 소유한 남성에 대한 범죄가 아닌 그 피해여성 자신에 대한 범죄로 이해된다. 따라서 여성에 대한 어떠한 형태의 성적 폭력도 여성의 개인적인 통전성과 복지를 깨뜨리는 것으로 간주되어 거부되어야 하며, 여성의 복지를 원하는 모든 사람으로부터 거부당해야 한다. 여성의 전인성이 좀 더 많이 받아들여질수록 직업을 불문하고 여성들에 대한 폭력은 결코 정당화될 수 없다는 새로운 의식이 생기고 있다. 저녁준비가 늦었다 해서 매를 맞는 여성의 사례가 정당화될 수 없는 것처럼, 간음이나 매춘의 경우에서도 성적 폭력은 정당화될 수 없다.

네 번째 질문은 이러한 이미지들이 오늘의 사회에서 하나님에 대해 무엇을 표현하는가에 대한 것이다. 현실적으로나 집합적인 상상력을 통해서나 좀 더 평등한 결혼을 위해 고투하는 현재의 상황은 성서에 자주 등장하는 하나님과 인간의 관계, 곧 하나님이 언제나 남편으로 표현되는 결혼의 은유가 적합한지를 묻게 된다. 예언자들은 이러한 은유를 너무 자주 그리고 강도 높게 사용했는데 그것은 인간관계에서 취할 수 있는 어떤 은유보다 나은 뚜렷한 강점들이 몇 가지 있기 때문이다. 이러한 강점들은 다른 예언 본문들을 분석할 때는 중요하게 받아들여질 수 있지만(본서의 "호세아", "예레미야", "에스겔" 참조), 나훔의 경우는 그렇지 않다. 나훔에서는 하나님과 이스라엘의 관계를 다루는 것이 아니기 때문이다. 따라서 여기서는 성적인 은유적 묘사들의 해로운 결과를 경감시킬 만한 것이 없다. 나훔이 분노를 표출하기 때문에, 유다는 니느웨의 실망한 가신 중 하나이며 그 결과로 유다의 하나님이 니느웨가 유다를 배반한 행위에 대해 보복한다는 점을 제시하는 것이 나훔에게는 정당한 일로 보인다. 유다는 마치 속아서 들어왔다가 유혹당하고 속임을 당해 내던져졌기에 분노하며, 그 분노의 정당성을 주장하는 가신/고객과 같다. 만일 유다가 방위를 위해 아시리아에 의존했다가 배반을 당한 것이라면 그 분노의 정도와 보복에 대한 갈망은 이해할 만한 것이다. 그러나 나훔이 분노를 터트리기 위해 사용하는 이미지들은 여성의 건강과 생명, 복지에 위협을 가하는 것이며, 그 이미지들은 그런 위협적인 것으로 인식되어야 한다. 여성에 대한 폭력이 만연한 사회에서 하나님을 어떤 방식으로든 그런 폭력과 연관된 것처럼 심상화하는 것은 매우 위험한 것이다. 위험은 두 가지 방식으로 나타난다. 화가 난다고 여성을 강간하는 남성의 이미지로 묘사된 하나님을 경배한다는 것은 대체 무슨 의미인가? 그리고 만일 인간이 스스로를 어떤 의미에서든 하나님의 형상이라고 할 때 그 형상이 하나님의 행동의 그러한 측면을 반영한다는 것은 인간적 수준에서 무엇을 의미하는가? 하나님을 성적인 폭력에 대한 이미지와 연관짓는 것은 어느 정도는 성폭력을 정당화함으로써 어떤 이유에서든 여성에게 화가 난 남성이 성폭력을 할 수 있다고 허락한다는 의미가 될 것이다. 따라서 이러한 성서적 구절들이 설교나 가르침에 거의 사용되지 않는다는 점에 놀랄 것도 없다.

혹자는 자기 시대의 포악한 폭군에 대한 나훔의 분노가 정당하게 평가될 수 있으며, 하나님의 처벌은 그 죄에 상응하는 바른 방식이라는 성서적 언급을 생생한 은유로 표현하고자 한 나훔의 열망도 정당하게 평가될 수 있다고 말할 수 있다. 그러나 오늘날의 세계에서는 이러한 분노와 하나님의 처벌이 여성과 여성의 성을 평가절하하는 방식으로는 표현되거나 여성에 대한 폭력을 증가시키면 안 된다는 것을 주장해야만 한다. 인간은 여성으로 하나님은 남성으로 표현되는 것만으로도 충분히 위험하다. 이 위험은 하나님이 그의 남성성을 증명하고 여성에 대한 성적 보복과 폭력으로 그 우월함을 증명하는 남성으로서 묘사될 때 더욱 복잡해진다.

참고문헌

Bird, Phylis A. "The Harlot as Heroine: Narrative Art and Social Presupposition in Three Old Testament Texts," *Narrative Research on the Hebrew Bible*. ed. by Miri Amihai, George W. Coats, and Anne M. Solomon. *Semeia* 46(1989), 119-139.

Gebhard, Paul Henry. "Prostitution," *The New Encyclopaedia Britannica*. 15th ed. Vol. 15, 75-81. Chicago: Helen Hemingway Benton, 1977.

Smith, John Merlin Powis, et al. *A Critical and Exegetical Commentary on Micah, Zephaniah, Nahum, Habakkuk, Obadiah and Joel*. International Critical Commentary. Edinburgh: T. & T. Clark, n.d.

하박국

주디스 E. 샌더슨

Judith E. Sanderson

개관

하박국에 대해서는 1:1; 3:1에 그를 예언자로 규정하는 장면에서 이름이 언급되는 것을 제외하면 알려진 것이 없다. 1:6의 갈대아인들(바빌론 사람들)이 제국을 세우던 시절에 대해 언급하는 것을 통해 추정한다면 하박국은 기원전 7세기 말 유다에서 활동했음을 알 수 있다.

이 책의 대부분은 시가의 형태로 되어 있지만, 세 가지 아주 다른 형태로 구성되었다. 즉 하박국과 하나님의 대화(1:2–2:5), 일련의 다섯 저주문(2:6–20), 제의적 지침으로 완성되는 하나의 시편(3:1–19)이다. 이렇게 각기 다른 문학적 형태들은 이 책의 저자가 여러 명이었거나 저작을 하던 상황이 달랐다는 것을 암시하는데, 각기 다른 부분이지만 거기에 나오는 주제들은 하나의 일관성을 보이고 있다. 전체를 아우르는 주제는 현재 보이는 모습에 상관없이 인내하는 믿음, 즉 인간의 폭력이 신적인 힘에 의해 궁극적으로는 끝장날 것이라는 것에 대한 신념이라고 할 수 있다. 대화 부분은 하박국의 두 가지 불만어린 탄원으로 구성되었으며 각기 그에 대한 하나님의 응답이 이어진다. 이 대화의 실타래를 따라가려면 행간을 읽을 필요가 있다. 첫째로, 하박국은 하나님이 유다에서 벌어지는 폭력과 불의를 종식시키려는 그 어떤 일도 행치 않으시는 것에 대해 불평한다.(1:2–4) 이에 대해 하나님은 유다와 그 이웃들이 바빌론에 의해 하박국은 꿈도 꿀 수 없을 만큼 무시무시하게 폭력적인 정복을 당할 것이라고 응답하신다.(1:5–11) 둘째로, 하박국의 불평은 바빌론의 폭력과 악행이 유다 사람들보다 더하기 때문에 하나님이 그들의 정복을 저지해야 한다는 것이다.(1:12–17) 도시를 방어하는 경비병을 자처하면서(2:1) 하박국은 자신이 성루 위에서 하나님의 응답을 지켜보겠다고 제안한다. 하나님의 응답은 하나님이 미리 서판에 쓰도록 지시한 것으로 (달려가면서도) 쉽게 볼 수 있도록 크게 쓰게 했다.(2:2–3) 이 응답은 그 자체로는(2:4–5) 수수께끼와 같지만 적어도 하나님의 궁극적 승리에 대해 믿음을 갖고 인내한다는 이 책의 주제를 담고 있다. 여기에는 바빌론의 억업자들에 대한 일련의 다섯 개의 조롱의 말이 뒤따르는데, 각기 아이러니하게, "오호라" 또는 "화 있을진저"와 같은 말로 시작된다. 악한 자들에게는 제각기 합당한 벌이 제시된다. 2:20의 저주문이 끝나는 부분이 아마도 원래 이 책의 끝부분이었을 것이다. 그러나 3장의 시편은 이 책의 주제를 지속하며 하나님의 현현을 서술한다. 즉 하나님에게 이전에 그러셨듯이(3:2) 다시 행동해 주십사 탄원하던 자, 처음에는 두려움을 느꼈지만 나중에는 위로와 힘을 얻어 하나님의 승리를 기다리는 자(3:16–19)가 경험한 하나님의 직접적인 현시를 서술한다.(3:3–15)

주석

폭력과 지배적 권력 관계가 아닌 새로운 관계유형을 찾기 위해 고투하는 여성들에게 가장 큰 걸림돌이 되는 것은 성서에 폭력이 난무한다는 사실과 하나님이 전사-왕으로서의 이미지로 그려진다는 두 가지 측면일 것이다. 하박국처럼 짧은 책에서도 이러한 폭력과 지배적 유형은 압도적이다. 이러한 모습은 3장에서 하나님이 모든 땅과 거기의 모든 열방에 대적하여 싸우는 분으로 묘사되는 신현현의 장면에서 극대화된다. (성서의) 폭력에 대한 예언들과, 하나님이 전사로 그려진다는 것을 과연 어떻게 이해할 것인가?

네가 레바논에 강포를 행한 것이 네게로 돌아오리라(2:17)

책 전체를 관통하는 폭력의 과정을 추적하는 것이 도움이 될 것이다. 그 짧은 세 장 내에서 하박국은 폭력이라는 단어를 6번(1:2, 3, 9; 2:8, 17a, b) 사용했는데, 그것은 성서 전체의 10%를 차지하는 것이다. 그보다 더 많게는 비록 폭력이라는 단어가 나오지는 않았지만 거의 모든 구절에서 폭력의 이미지가 사용되었다. 처음 폭력을 사용한 가해자는 유다에서 그것도 하박국의 눈앞에서 패역을 행하고 파괴, 분쟁을 가져왔으며 율법을 행하지 않았다.(1:2-4) 하박국의 탄식에 대한 하나님의 응답은 바빌론이 이보다 훨씬 더 큰 폭력을 가져오리라는 것이다. 그들은 전 지역을 강탈하고 왕들과 수호자들을 비웃을 것이며, 그들의 힘에 자신만만할 것이다.(1:5-11) 이 구절들에서 명백한 것은 바빌론의 폭력적인 정복은 유다 자신의 폭력을 벌하시는 하나님의 방법이라는 것이다. 하박국의 두 번째 불평 "당신의 눈은 너무 순수하여 악을 보실 수 없고 당신은 잘못을 볼 줄 모른다"(1:13)는 말은 "왜 당신은 나로 하여금 악을 보게 하시고 악행을 목도하게 하십니까?"(1:3, 저자 역)라는 하박국이 앞서 한 질문을 되풀이한 것이다. 그런데 하박국은 유다 내부의 폭력이 나쁘다면, 자신들의 힘만을 신으로 삼는 자들(1:11, 16)의 더 가혹한 폭력을 통해 벌 받는 것 자체에 대해서는 반대하지 않는다. 하나님의 응답만이 2:3-5에서 발견될 뿐이다. 부와 교만은 오래 지속되지 않을 것이며, 의인들은 신실한 태도로 폭력적인 압제자들의 종말을 기다릴 것이다. 이 간단한 대답이 하박국의 압제자를 향한 다섯 개의 자신만만한 조롱의 말 다음에 이어지는데, 여기서 세 번 더 폭력이라는 말이 반복되고, 하나님의 폭력적인 모습에 대한 환상이 이어진다. 이것은 바로 하나님이 유다를 벌하기 위해 사용하셨던 바빌론이 바로 자신들의 폭력 때문에 벌 받는다는 것을 보여주는 저주문이다.

하나님께서 범죄에 대해 벌을 내리시는 것이 합당하다는 관념은 성서 신학의 공통된 특징인데, 여기서도 이러한 사고가 단어와 문구들을 통해 반복되어 전달되고 있다. 하박국이 유다 내부에서 "정의가 넘쳐나지 않고" "구부러졌다"(1:4, 저자 역)고 불평하자, 하나님은 바빌론 사람들의 "정의는 그들 자신들로부터 나온다"(1:7, 저자 역)고 응답하신다. 즉, 유대인들이 하나님의 정의로 살기를 거절한다면 그들은 힘이 곧 정의가 되는 바빌론의 "정의"를 경험하게 될 것이다.(cf. 1:11) 이것이 어떤 이스라엘 사람에게는 처벌의 적절한 방식으로 인식될지도 모르겠다. 그러나 그것이 이야기의 끝이 아니다. 바빌론은 하나님의 의도를 성취했지만 그것은 하나님을 모르면서 한 것이므로 결국 그들 또한 폭력에 의해 벌 받을 것이다. 따라서 처음 저주문(2:8)은 반복해서 다음 단계를 보여준다. "네가 여러 나라를 강탈했기 때문에 거기서 살아남은 모든 백성들이 너를 강탈할 것이다." 네 번째 저주문(2:17)도 이와 같이 처벌의 의미를 갖는 역전된 폭력을 보여준다. 이러한 구절들에서는 마지막 단계에서 폭력을 사용하는 가해자가 누구인지 언급되지 않는 상황에서 미리 바빌론이 멸망할 때 벌어질 일에 대해 암시한다. 사람이나 가축이 살해당하는 것은 물론이고 레바논과 땅에 대한 폭력도 이에 포함된다.

그러므로 이 책의 주된 요점은 인간들이 인간관계에서의 정의의 부재에 대해 탄식하는 동안, 하나님은 그 상황을 아시고 정말로 응답하시며 설령 처음에는 하나님이 사용하시리라 생각지 못했던 사람들과 집단들을 움직여 예상치 못했던 가운데 행동하신다는 것이다.

주께서 말을 타시며 구원의 병거를 모신다(3:8)

지금까지는 하나님의 심판이 인간의 폭력에 의해 이루어졌다. 하박국이 분개하여 주장하던 것과 상반되게 하나님은 사실상 "악행을" 볼 수 있고(1:13), 그것이 적을 "일으키는"(1:6) 지경에 이르더라도 그것을 당신의 의도에 맞게 사용할 수 있었다. 그러나 여기까지는 하나님이 직접적으로 폭력에 개입하는 모습으로 그려지지는 않았다. 그러나 3장의 시편에서는 하나님이 전사로서 직접 땅을 정복하는 모습으로 그려진다.

이 이미지를 이해하기 위해서는 이스라엘이 고대 근동의 다른 신들에 대한 묘사들로부터 이러한 하나님에 대한 이미지를 가져와 사용했다는 것을 알아야 한다. 가나안의 폭풍과 풍요의 신인 바알은 천둥과 같은 목소리를 가진 전사로 묘사되었다. 그의 화살은 번개의 섬광이며 그의 숨결은 바람이다. 그는 혼돈, 즉 바다(와 강)의 힘을 패배시키며 그가 등장할 때면 땅을 뒤흔드는 폭풍이 인다. 이스라엘의 하나님은 자주 이와 유사한 폭풍의 신으로 묘사되었는데 그의 번개는 파멸을 몰고 왔다.(합 3:4, 9, 11) 그러나 그가 주는 비는 풍요를 가져오며(예. 시 29편), 그는 전사로서 이집트에서 히브리인들을 구하기 위한 무기로 바다/강을 사용한다.(합 3:8, 15; cf. 출 15:1-21) 하나님은 데만과 바란산으로부터 구산과 미디안을 통해 오셨는데(3:3, 7; cf. 신 33:2 그리고 삿 5:4-5에서는 시나이와 세일을 통해), 이 모든 곳은 다 시나이(시내산/시내광야)가 있는 남쪽이다. 바다와 남쪽에 대한 이러한 언급들은 이스라엘의 근본적인 두 개의 사건, 즉 출애굽과 시내산에서 하나님과의 만남을 암시하고 있다. 폭풍의 신으로서 바알이 가진 칭호 중 하나가 구름을 탄 전사인 것처럼, 하박국 3:8에서 이스라엘은 자주 그들의 하나님을 전투의 주요 운송수단인 병거를 타고 하늘을 통과하는 모습으로 형상화한다.(cf. 신 33:26; 시 18:10; 68:4, 33; 104:3; 사 19:1) 전쟁의 수행원으로 나타나는 다른 신들은 분명히 이스라엘의 하나님에게 복속되었다. 하박국 3:5의 유행병과 역병(역병은 가나안의 신이다.), 또 다른 곳에서는 "무수한 거룩한 존재들, 일군의 그의 것,… 그들은 당신의 발굽 아래 행진하며 당신에게서 지시를 받는다"고 나타난다.(cf. 신 33:2-3; 시 68:17) 하박국 3:6-12에서 보듯이 땅이 흔들리고 하나님의 길을 따르는 모든 자연과 민족들은 깊이 분노한다.(cf. 삿 5:4-5; 시 114; 출 15:14-16)

그런데 이러한 구상적인 언어가 가나안 문화에서 온 것이라면, 이스라엘 사람들이 그들의 하나님을 생각하며 예배하는 데 있어서 이러한 표현을 사용한 관건은 무엇인가? 하박국 3장에서 가장 중요한 구절은 13절로 이 구절은 하나님이 전사와 폭풍의 신으로 등장한 이유를 서술한다. "주께서는 주의 백성을 구원하시려고 나오셨다." 하나님이 갈대바다에서 애굽의 압제자들로부터 히브리 노예들을 해방시키러 왔던 것처럼 하나님은 바빌론의 압제자들에게는 심판을, 이스라엘에게는 평화와 자유를 주기 위해 다시 한 번 행동하신다. 즉 3장에서는 1-2장에서 말한 것을 그림처럼 생생하게 묘사하는 방식으로 한 번 더 말하는 것이다. 하나님은 궁극적으로 세계와 역사를 통치하시며 처음에는 유다를 벌주기 위해 바빌론을 일으키셨고(1:6), 다시 바빌론을 벌주기 위해 바빌론에게 희생당한 자들을 사용하신다.(2:6-17) 바빌론은 자신의 군사적인 힘을 경배하지만(1:11, 16), 3장의 찬양자는 하나님의 현현에서 힘을 찾는다.(3:19) 역병과 전염병, 폐허라는 전사 신들을 동반하고 병거를 탄 채 하늘을 통과하는 모습으로 그려진 하나님은 모든 땅의 거민들이 절대적인 침묵으로 응대할 수밖에 없는 장엄하고 웅장함 속에서 거룩한 성전에 좌정한 모습으로도 그려질 수 있다.(2:20)

성서기자가 그린대로 하나님의 이미지를 이해하는 것이 정답은 아닐 것이다. 하나님에 대한 일부 성서의 이미지, 특히 이러한 폭력에 대한 묘사가 적합한지에 대해서는 지속적으로 많은 의문이 제기된다. 이미 성서 속에 나타났지만 오늘날에는 거의 사용되지 않는 이미지들을 발견하기 위해 성서를 연구하는 것, 그리고 고대의 성서기자들이 고대의 문화 속에서 하나님의 이미지들을 찾아냈듯이 현대의 문화 속에서 하나님의 이미지를 발견하기 위해 오늘의 세계 속에서 삶을 탐구하는 것, 이 양자에서 도전은 계속될 것이다.

참고문헌

Bergant, Dianne. "Yahweh: A Warrior-God?," *The Bible Today* 21(1983), 156-161.

Christ, Darol P. "Feminist Liberation Theology and Yahweh as Holy Warrior: An Analysis of Symbol," *Women's Spirit Bonding*. ed. by Janet Kalven and Mary I. Buckley, 202-212. New York: Pilgrim Press, 1984.

Eszenyei Széles, Mária. *Wrath and Mercy: A Commentary on the Books of Habakkuk and Zephaniah*. Trans. by George A. F. Knight. International Theological Commentary. Grand Rapids: Wm. B. Eerdmans Publishing Co., 1987.

스바냐

쥬디스 E. 샌더슨
Judith E. Sanderson

개관

스바냐는 유다의 왕 중에서 정치적·종교적 개혁으로 가장 유명했던 요시야 왕의 통치기간(B.C.E. 640–609년) 동안에 예루살렘에서 활동했던 예언자이다. 1장에서는 하나님의 진노의 "큰 날"(1:7–10, 14–16, 18; cf. 2:2–3; 3:8, 11)이 묘사된다. 1장의 시작과 끝부분에서 모든 땅에 임할 재앙(1:2–3, 18)이 언급된다면 중간 부분은 유다와 예루살렘의 죄와 심판에 대해 묘사한다.(1:4, 8, 10–12) 1:5를 예레미야 44장과 비교해 볼 때, 하나 또는 그 이상의 여성신들이 "하늘들의 주인" 중에 있고, 경배의 대상이라는 것을 알 수 있다. 2:1–3에서는 다시 유다에게 초점을 맞추어 주민들에게 의롭고 겸비할 것과 하나님의 분노로부터 구원받기를 희망하며 하나님을 찾을 것을 경고한다. 이어서 스바냐는 주변 국가들의 패망을 예언하는데, 유다의 서쪽에 있는 네 개의 블레셋 도성들과(2:4–7), 동쪽에 있는 모압과 암몬(2:8–11), 남쪽 멀리 에디오피아(2:12)와 북쪽으로 멀리 아시리아, 특히 그 수도 니느웨(2:13–15; cf. 나훔)에 대해 예언한다.

다시 3장에서는 예루살렘으로 화제를 돌리는데 이 도시를 이름으로 알 수 있게 하지 않고 하나님이 계신 곳이라고 함으로써 예루살렘인지 알 수 있게 했다. 여기서는 도시의 악에 대해, 특별히 지도자들의 악에 대해 기술한다.(3:1-7) 3:8-10에서 스바냐의 환상은 다시 확대되어 하나님의 심판이 온 이방에 임함을 보여주고, 그들의 회개가 뒤따른다. 이 책은 교만한 자가 제거되고 신실한 자들만이 남는 예루살렘의 행복한 미래로 끝을 맺는다.(3:11-20)(전사-왕으로서의 하나님의 이미지[3:14-20]에 대해서는 본서의 "하박국" 참조)

주석

"구시의 아들 스바냐 … 히스기야의 증손"(1:1)

최근 몇십 년 동안에 성서를 연구하는 여성들에게는 스바냐의 정체성에 대한 의문과 관련된 두 가지 사실에 대해 점점 더 많은 것이 알려졌다. 먼저, 고대 이스라엘 여성들의 역할에 대해 발견 또는 재발견하게 됨에 따라 오늘날의 여성들은 현재 서구사회에서 소외되고 있는 다양한 여러 집단들, 예를 들어 아프리카 흑인들과 같은 집단들이 성서 속에 존재한다는 사실에 대해 매우 민감해졌다. 스바냐의 경우 그 족보가 4대까지 거슬러 올라가는데(1:1) 여기에 해석이 난감한 부분이 있다. 스바냐의 아버지는 구시인데, 구시는 성서의 모든 부분에서 "에디오피아의"라는 형용사적인 의미로 사용되었다.(예외적으로 렘 36:14가 있는데 여기서는 족보 속의 사람 이름으로도 나온다.) 따라서 스바냐의 아버지가 모세의 아내(민 12:1)나 예레미야의 목숨을 구해준 왕의 장관 에벳멜렉(렘 38:7-13; 39:15-18)처럼 에디오피아 사람일 가능성을 생각할 수 있다. 그러나 명백하게 히브리식 이름을 갖고 있는 구시의 세 조상들 때문에 만일 입양된 경우를 제외한다면(렘 36:14의 연대기와는 상충된다.), 그렇게 보기는 어렵다. 구시가 예루살렘, 아마도 성전의 흑인 노예였을 가능성에 대한 제안은 구시보다는 해석자의 사회적 상황에 대해 더 많은 것을 알려준다. 에디오피아 사람들의 검은 피부는 속담처럼(렘 13:23) 사용되었기 때문에 구시는 아마도 그 피부가 보통 이스라엘 사람들보다 훨씬 검어서 이러한 이름이 붙여진 것이 아닌가 생각할 수도 있다. 스바냐 3:10에서 구스 땅을, 2:12에서 구스 민족이 언급된 것을 보면, 적어도 스바냐가 에디오피아에 대해서 상당히 지대한 관심을 보이고 있다는 것을 알 수 있다. 왜냐하면 성서의 다른 모든 예언자가 이 말을 사용한 경우는 전부 21번이기 때문이다. 이런 것을 보면 그의 에디오피아 조상들이 스바냐의 생각과 상상력에 영향을 미친 것이 아닌가 추론할 수 있다.(그러나 어떤 학자들은 3:9-20을 후대 저자의 것으로 본다.)

둘째, 여성 해석자들은 성서 저자들의 삶의 정황에 대해 더 많은 것을 알 수 있게 되었다. 성별과 인종뿐만 아니라 그들의 외향과 관심 그리고 저작활동에 근본적인 영향을 줄 수 있는 기회들, 즉 그들의 국적, 계급, 교육, 직업, 그리고 사회적인 기회들과 그 밖의 기회들에 대한 인식이 증대된 것이다. 나아가 예언자들의 경우 그들이 왕이나 사회적 지도인사들과 맺고 있는 관계는 매우 갈등적이면서도 이스라엘의 역사와 성서 신학과 윤리에 있어 아주 의미심장한 것임을 알 수 있다. 이렇게 볼 때, 스바냐의 족보와 그의 사회적 지위와 관련된 또 다른 난제는 그의 증조부로 나오는 히스기야라는 사람이 동일한 이름인 유대 왕 히스기야(8세기 말)일 가능성이 있다는 것이다. 히스기야 왕이 스바냐가 활동한 시기의 왕인 요시야 왕의 증조부이기 때문에, 이러한 동일시는 연대적으로 꽤 가능성이 있는 것 같다. 그러나 성서의 인물 중에 히스기야라고 불리는 다른 세 사람이 더 있기 때문에 이 이름은 흔한 이름이라는 것을 알 수 있고, 따라서 꼭 이렇게 동일시를 할 필요는 없어 보인다. 반면 예언서 14권 중 오직 스바냐서에서만 조상의 계보를 1대에서 그치지 않고 4대까지 추적했다.(스가랴의 아버지와 할아버지가 언급되었다.) 스가랴의 조상이 4대까지 거슬러 올라갔다는 사실은 그의 가족관계가 특별히 중요함을 시사한다. 이것은 첫 번째 이름, 또는 마지막 이름에 초점을 맞추어 두 가지로 해석될 수 있다. 먼저 그의 조상들 중에 히브리식 이름을 가진 세 명의 조상을 기록한 이유는 첫 번째 이름이 초래할 수 있는 잘못된 해석을 방지하기 위해서라는 주장이 있다. 즉 그의 아버지 구시가 이방인이 아닌 온전한 이스라엘 사람이라는 것이다. 한편, 다른 주장으로는 마지막 이름에 강조점을 두어 그의 (현)증조부가 유다의 히스기야 왕이라는 것을 주장한다.

만일 스바냐가 왕의 자손이었다면 이 사실이 그의 설교에 어떤 영향을 미쳤을 것인가? 비록 스바냐가 주로 힘 있는 엘리트들을 향해 선포했다 해도(매우 신랄한 어조로), 그들을 향해 그들의 풍요로움이나 그들이 행한 가난한 자들에 대한 착취를 저주한 적이 없다는 것은 의미심장하다. (1:9의 "폭력과 거짓", 3:1의 "억압당하는 도시"라는 대략적인 표현이 저주에 가장 가까워 보이기는 한다.) 스바냐는 2:3과 3:12에서 세 단어를 사용했는데, 이에 대한 최선의 번역으로 "가난한" 또는 "압제당하는"이 있지만, NRSV에서는 이 부분을 "낮은", "겸손한"으로 번역했는데, 아마도 여기서는 이 번역이 적합한 것 같다. 왜냐하면 스바냐는 이 책 전체에서 교만을 강조할 뿐만 아니라 2:3에서는 의로움과 겸손함을 나란히 놓기 때문이다. 아마도 스바냐는 상류층 사람으로서 불운한 사람들과 연대감을 형성하지는 않았던 것 같다.(예를 들어, 미가, 아모스, 예레미야와 대조적이다.) 다른 가능성도 역시 존재한다. 그것은 스바냐가 사회 정의보다는 이스라엘의 타락한 예배에 한층 더 큰 관심을 보였다는 사실이다. 이것은 그가 성전 그리고 제의에 깊이 연관되어 있음을 시사한다.

스가랴의 사회적 지위에 대한 불확실성과 관계없이, 그의 설교에는 적어도 이점만은 분명하게 보존되어 있다. 즉 그의 설교는 사회 전반적으로 여성과 분명하게 관련된 그 어떤 것에도 관심을 보이지 않았다는 사실이다. 그의 책에는 여성과 관련해서 어떤 것도 거론되지 않았다. 이름이 나오든 안 나오든, 개인이든 집단이든, 긍정적이든 부정적인 것이든, 어떤 상황에서도 여성에 대해서는 거론된 바가 없다.

"겸손하고 낮은 사람"(3:12)

성서는 남성들에 의해 쓰여진 책이기 때문에 자연히 성서에는 죄나 의로움이 남성들의 경험에 적합한 방식으로 묘사되었다. 사회에서 지배적인 지위를 차지하고 있는 사람들 중에 많은 사람은 하나님으로부터 음성을 들을 필요가 있을 것이다. 말하자면, 하나님은 교만과 자만심을 버리고 타인도 자신만큼 존중하고 자신보다 하나님의 도움과 인도에 의지하게 하는 겸손을 배우라고 말씀하신다. 그러나 이러한 언어는 종종 여성들의 경험이나 사회적 약자들에게는 적합하지 않다. 오히려 이들 중 상당수는 타인만큼 자신도 존중하며 자신의 행동에 스스로 책임질 수 있는 힘을 주시는 하나님께 의지하게 하는 자부심을 배움으로써 하나님의 음성을 낮은 자존감과 의존성을 버리라는 말씀으로 들을 필요가 있다. 성서가 죄로 비난하는 것은 '자부심'이라기보다는 '교만'—교만은 언제나 명백하게 나쁘다.—이라고 설명함으로써 죄에 대한 이미지를 새롭게 정립하는 한 걸음을 떼는 동시에 많은 남성은 당연하게 여기지만 어린이를 비롯해서 많은 여성은 배우지 못한 정당한 자부심이 허용될 수 있는 여지를 남겨야 한다. 또 다른 단계는 스바냐서의 저자가 자신의 정의에 맞는 겸손의 뉘앙스를 살리기 위해 교만의 뉘앙스로 사용한 용어들을 다시 한 번 조심스럽게 생각해보는 것이다.

스바냐는 교만과 겸손에 대해 우리에게 작으나마 단서를 제공하고 있다. 2:8-11에는 모압과 암몬의 교만에 대한 비난이 나온다. 이 교만은 하나님의 백성들을 향한 조롱, 악의, 자랑, 냉소 등으로 표현되었다. 스바냐는 모압과 암몬에게 소돔과 고모라처럼 파괴될 것이라고 말한다. 이 도시들의 죄악을 묘사하지는 않았지만, 스바냐는 아마도 에스겔 16:49-50에 나오는 것과 유사한 이미지를 떠올렸던 것 같다. 거기서 소돔은 번영했음에도 불구하고 가난한 자들을 돕지 않았던 교만으로 인해 고발당한다. 스바냐는 니느웨도 고발하는데 다른 도시의 존재를 인정하지 않을 만큼(2:15) 스스로에게 만족하며 스스로 안전하다는 극단적인 생각에 빠져 있기 때문이다.

스바냐는 고발의 대상을 자기 고향으로 돌리면서, 하나님은 자기 백성을 향해(1:12) 축복도 해도 끼치지 않을 것이라는 안일한 생각에 빠져 있는 유다의 교만을 고발한다. 그들은 수치를 모르며(2:1), 다른 사람의 말이나 어떤 충고도 듣지 않고, 하나님을 믿는 것을 거부하며(3:2) 말할 수 없이 의기양양하다.(3:11; "의기양양"은 또 다른 모호한 단어로서 니느웨의 교만을 묘사할 때[2:15], 미래에 예루살렘에 올 기쁨을 표현할 때[3:14] 모두 사용되었다.) 스바냐는 겸손이라는 말을 하나님의 명령을 행할 때와 의를 추구할 때(2:3), 하나님을 두려워하고 경고를 받아들일 때(3:7), 그리고 하나님의 이름으로 피난처를 찾을 때(3:12) 등과 관련지어 사용했다. 이처럼 겸손한 사람들을 향해서는 그들이 "땅의 모든 거민들 가운데 알려지며 칭송될 것"(3:20)이라는 약속이 주어진다. 멀리서 들려오는 이러한 칭송의 함성 속에 자신의 행동과 신념에 대해 책임질 능력이 없던 무능함은 지워지고 이제 분명히 자신의 가치를 깨닫게 될 것이다. 죄악과 선함에 대한 스바냐의 생각이 여성들을 위한 최종적인 말을 제공할 수는 없겠지만, 그것은 "겸손하고 낮은 사람"이라는 주석 부분의 제목, 즉 본문 인용구가 시사하는 것과 마찬가지로 여성들의 경험에 유해하지 않을 것이다.

참고문헌

Eszenyei Széles, Mária. *Wrath and Mercy: A Commentary on the Books of Habakkuk and Zephaniah.* Trans. by George A. F. Knight. Grand Rapids: Wm. B. Eerdmans Publishing Co., 1987.

학개

베스 글래지어-맥도날드

Beth Glazier-McDonald

개관

역사적 개론

기원전 539년경 바빌론 제국에서 고레스 치하의 페르시아 통치시대로의 전환은 유대인들에게 의미 있는 결과를 가져왔다. 만족스런 속주민들은 반란을 덜 일으킬 것이라는 생각에 고레스는 포로로 잡혀온 민족들이 귀환하여 그들의 신전을 다시 짓고 제의를 재정비하는 것을 허락했다. 불행하게도 예루살렘의 재거주가 시작되었던 상황은 현저히 나빴다. 개척자들은 가뭄과 낮은 수확, 가난과 물가상승 그리고 사회적 긴장을 경험했다. 재산권에 대한 문제가 급속히 확산되었고, 이것은 바빌론으로 끌려가지 않고 바빌론으로 유배를 간 가문들이 소유지에서 지금 살고 있는 사람들과 돌아온 유대인들 간에 생긴 균열의 원인이 되었다.

기원전 520년에 다리우스가 제국에 대한 그의 통치를 강화하기 위해 페르시아 당국이 여호야김 왕의 손자 스룹바벨을 예루살렘에 보냈다. 그가 임명된 것은 페르시아의 통합정책에 따른 것으로 결정적으로 중요한 지역에는 왕실을 대표하는 사람을 세운다는 정책을 보여준다. 스룹바벨은 다른 유대인들과 동행했는데, 대제사장 여호수아도 포함되었다. 그들의 목적 중에는 스룹바벨과 여호수아가 성전을 다시 세운다는 것도 포함되었는데, 515년 큰 기쁨 속에 그 임무는 완수되었다. 스룹바벨은 유다의 왕으로서 복위할 것을 희망했던 일군의 예루살렘 사람들의 정치적 기대에 따랐던 것으로 보인다. 그러나 그는 이 시점에서 곧 성서의 기록 속에서는 사라진다. 왕정복고를 지지하는 이러한 태도들은 페르시아의 헤게모니를 위협하는 것으로 간주되어 페르시아가 그를 제거한 것이라 보는 사람들도 있다. 다른 한편으로 가능한 것은 스룹바벨이 사라진 원인을 종교적 업무나 일반 시민들의 일들에서 대제사장들의 세력이 점차 증대하였고 또한 성전 중심성을 보여주는 것일 수 있다고 보는 경우도 있다,

저자, 연대, 그리고 메시지

학개에 대해서는 알려진 것이 거의 없다. 비록 이 책은 성전 전승에 깊이 연관되어 있지만, 학개가 제사장이었을 것 같지는 않다. 왜냐하면 그가 제의적 정결에 대해서 사제적 지침을 얻고자 하기 때문이다.(2:10-13) 그는 다리우스 1세의 제위 두 번째 해에(B.C.E. 520년) 넉 달 동안 활동했다. 그는 동시대인인 스가랴에 앞서서 활동한 것 같은데, 그 이유는 성전 재건, 즉 학개 예언의 핵심인 성전 재건이 스가랴보다 앞서기 때문이다.

학개서는 네 개의 신탁으로 되어 있다. 각각은 날짜와 다음의 형식구로 시작된다. "야웨의 말씀이 학개에게 임하셨다."(1:1; 2:1; 2:10; 2:20) 이 신탁의 말씀들은 이 말씀들을 역사적 상황에 자리잡을 수 있도록 그 배경들에 대한 정보를 추가한 편집자에 의해 편찬되었다. 짧은 수집물들을 보면 편집자가 주로 성전 재건에 깊은 영향을 주었던 신탁들을 선택했음을 알 수 있다. 이 신탁들에는 여성에 대한 언급이 없다. 그러나 포로후기에 유대의 종교적·사회적 삶을 재정비하는 데 특히 결혼과 관련해서 여성

들이 연관된다는 것은 분명하다.(본서의 "말라기"와 "에스라-느헤미야" 참조)

학개는 유대사회에서 벌어지는 모든 문제의 원인이 예루살렘 성전 재건의 실패에 있다고 믿었다. 그에게 문제의 해결은 간단했다. 성전을 회복하면 마침내 새로운 시대가 도래할 것이다.

주석

성전을 재건하라는 명령(1:1-15)

선배 예언자들처럼 학개도 백성들의 죄와 야웨의 심판을 긴밀하게 연관짓는다. 백성들은 성전을 재건하지 않은 죄를 지었고 야웨는 그 죄를 가뭄과 경제적 손실로써 심판한다.(1:9-11) 다시 번영을 가져오려면 야웨의 처소, 야웨가 생명을 주고 공동체를 보존하는 야웨가 현존하는 성전을 재건해야만 한다.(1:8)

학개의 설교는 효과적이어서 즉각적이고 압도적인 공동체의 반응, 그 지도자들과 백성들의 반응을 가져왔다.(1:12-15) 예언자가 처음 호소한 지 겨우 3주 만에 재건 공사가 이미 시작되었다. 주목할 것은 학개와 대략 비슷한 시기의 다른 예언서들에서 성전 재건축에 대한 양가적인 태도가 나온다는 것이다.(사 56-66장) 이것은 실제 역사적 상황은 학개의 편집자가 보여주는 것보다 훨씬 더 복잡했다는 것을 시사한다.

야웨의 현존에 대한 확신(2:1-9)

학개의 격려의 말은 자신의 미약한 노력으로는 솔로몬의 성전과 같은 물리적 장대함을 도저히 이룰 수 없다는 사실을 인식한 실망한 사람들에게 필요한 것이었다.(2:1-3) 학개는 현재의 모습에도 불구하고 재건된 성전은 이전의 성전을 능가하리라고 약속한다.(2:9) 그리고 사람들에게 현재의 행동들이 장차 야웨가 통치하실 미래, 열방의 재물이 예루살렘으로 흘러들어올 영광스러운 미래의 출발점이라고 확신을 준다.(2:6-8)

포로후기의 종교적·사회적 조건들은 복지와 변혁의 시대에 대한 많은 비전을 발생시켰다. 그러나 학개는 대략적으로 비슷한 시기의 책인 요엘서처럼(cf. 욜 2:28-29) 이러한 변혁들을 특별히 여성들과 관련시켜 언급하지는 않았다.

제사장들의 판정, 예언자적 해석(2:10-19)

이 구절들은 부정과 정결에 대한 사제적 지침의 형식으로 되어 있다. 학개가 제시한 질문들에 대한 응답으로 제사장들은 부정함은 성결하고 정결한 것들을 오염시키는 힘이 있다고 주장한다.(2:12-13) 그러면 학개는 이러한 제사장들의 판정을 백성들의 죄와 공동체의 빈궁 간의 연결고리를 더욱 강화하는 데 사용한다.(cf. 1:1-11) 그는 백성들에게 그들이 성전 재건축을 통해 하나님의 뜻에 응답하는 데 실패한 일이 그들 삶의 전 분야에 만연한 부정함의 원인이라고 상기시킨다.(2:16-17) 그는 나아가 백성들이 성전을 회복하라는 명령에 응답하며 야웨에게 "돌아"올 때, 야웨도 그들을 돌아볼 것이며, 공동체에 물질적 축복이 약속될 것이라고 말한다.(2:18-19)

미래적 희망과 축복(2:20-23)

성전의 회복은 이스라엘의 삶(2:19)뿐만 아니라 인류 사건들의 흐름에도(2:22) 영향을 준다는 것은 분명하다. 2:21의 하늘과 땅이 "흔들린다"는 개념은(cf. 2:6) 심판과 구원의 마지막 행동으로 하나님이 인간 역사의 영역에 들어오시는 모습을 묘사하는 데 사용되었다. 그리고 학개는 야웨가 다윗의 자손, 유대의 총독인 스룹바벨을 땅의 통치자로서 왕좌에 좌정시킬 준비가 되었음을 선포한다.

스룹바벨이 독립적인 행위자가 아님을 인식하는 것이 중요하다. 그의 역할은 야웨가 보편적 통치권을 세우셨다는 것에 의존한다. 오직 그 이후에만 야웨가 선택한 자가 '인장'(주인의 이름이 새겨진)이 되어 그것을 통해 하나님의 주권이 행사될 것이며 그것으로 하나님의 의도를 이 땅 위에 인치게 될 것이다.

참고문헌

Meyers, Carol L., and Eric M. Meyers. *Haggai, Zechariah 1–8*. Anchor Bible 25B. Garden City, N.Y.: Doubleday & Co., 1987.

Petersen, David L. *Haggai and Zechariah 1–8, A Commentary*. Old Testament Library. Philadelphia: Westminster Press, 1984.

스가랴

베스 글래지어-맥도날드

Beth Glazier-McDonald

개관

스가랴에 대해서는 알려진 것이 거의 없음에도 그는 예언자이자 제사장이었던 것으로 보인다. 학개와 동시대의 인물로 그가 처음 예언의 말을 한 연대는 기원전 520년 10/11월이며 밤에 환상을 본 연대는 519년 1/2월, 그리고 그의 마지막 말은 518년 11/12월로 추정된다. 스가랴는 성전의 재건이 힘들고 지체됨에 따라 낙담한 자들을 위한 희망의 예언자로 곧 변화가 일어날 것이라고 그들을 격려한다. 그는 성전이 야웨의 구원의 새 시대를 시작하는 결정적인 시기에 완성되는 것을 보았다. 그 시대는 아직 흩어져 있는 백성들을 하나님이 모으시고, 복지와 번영, 군사적·정치적 구원이 일어나는 시대이다.(8:7-8) 성전의 완성과 함께 야웨는 세계 문명의 중심일 뿐만 아니라 우주적인 순례지가 될 예루살렘의 주민들과 함께 거할 것이다.(8:21-23)

스가랴 1-8장

스가랴 예언의 중심부분은 에스겔을 연상시키는 이미지와 상징들로 가득 찬 여덟 개의 밤의 환상들 속에 깔려 있다. 다른 색깔들의 말을 타고 땅을 순찰하는 자들(1:8-17), 날아다니는 두루마리(5:1-4), 사악함이 여성의 모습으로 인격화되어 바구니 속에 들어 있는 모습(5:5-11) 등이다. 여기 야웨 통치하의 세계상에 대한 일련의 환상들에서 독자들은 발전된 단계의 묵시문학(끝날에 관한 "계시적" 문학)을 보게 된다. 전형적인 형식에 따라, 이 예언자는 천상 회의에 직접 접근하여, 해석해 주는 천사로부터 미래에 관해 지시를 받는다. 결과적으로 스가랴는 천사의 매개를 통해 받은 보도 계시만큼 야웨의 말씀을 전달하지 않는데 이 매개방식은 전통적인 예언방식에서 벗어난 의미 있는 이행이다. 스가랴는 진정으로 과거에는 신이 예언자들을 통해 미래를 선포했다고 보았다. 그러나 그 시대는 종결되었다. 그들은 이제 "이전의 예언자들"(7:7)이라고 불린다. 야웨를 돕는 천사들의 존재는 하나님의 초월성을 강조하는데, 이것은 아마도 바빌론과 페르시아의 통치자들이 그들의 제국을 통치하기 위해 사용했던 제국의 통신망들이라는 정치적 수단을 본 딴 것 같다.

스가랴 9-14장

독자가 스가랴 1-8장을 지나 9-14장에 이르면, 완전히 다른 분위기를 만나게 된다. 여기에는 전혀 환상이 나오지 않는다. 천사들도 사라진다. 1-8장에서처럼 스가랴라는 이름도 발견할 수 없고, 예언의 연대도 나오지 않는다. 성전 건축에 대한 암시도 없으며, 스룹바벨이나 여호수아 같은 지도자도 나오지 않는다. 처음 8장까지 드리워져 있던 페르시아 시대에 대한 반영도 전혀 없다. 앞 장들의 특징이라 할 윤리적 사안들에 대한 강조들도 전혀 나오지 않는다. 새로운 주제들이 소개된다. 두로와 블레셋이 심판받으리라 위협당한다. 유대의 지도자들, 점쟁이들, 그리고 예언자들은 비판받는다. 예루살렘은 열방에 의해 사로잡히고 나중에 구원된다. 그리고 그리스를 지칭하는 용어인 "너의 아들들, 오 야반"(9:13)이라는 말이 나온다. 이러한 특징들을 모두 고려할 때, 9-14장은 6세기 예언자 스가랴의 작품이 아니라는 것을 알 수 있다. 흔히 마치 한 저자인 듯 제2스가랴라고 불리지만, 9-14장은 오히려 초기 헬레니즘 시대로 연대를 잡을 수 있는 익명의 후기 예언들의 수집물이라고 할 수 있다. 그들의 공통된 주제는 세계에 평화를 가져오는 하나님의 승리, 열방에 대한 하나님의 묵시적 승리이다. 이러한 승리가 반드시 온다는 필연성은 현재의 모든 대립적인 현상들 위에 우뚝 설 하나의 사실이 된다. 야웨는 승리하실 것이다.

흥미롭게도 스가랴 1-8장과 9-14장이 다름에도 불구하고 다음과 같은 특정한 신학적 확언들이 이 모든 자료 속에 스며들어 있다. 예루살렘이 야웨의 거주지이며 열방들이 경배할 장소라는 것에 대한 확신(1:12-16; 9:8-12), 하나님이 이 공동체를 정화하시고 새롭게 하실 것이라는 점(5:1-11; 13:1-2), 그리고 모든 사람에게 개방된 보편의 왕국(8:20-23; 14:16-19) 등이 그것이다. 따라서 비록 스가랴 1-8장과 9-14장이 명백하게 다르며 후기의 손길을 거쳤다 해도 이러한 유사성들은 스가랴 전승이 연속성을 가지고 발전했다는 점을 시사한다.

주석

에바 바구니의 여성(5:5-11)

스가랴 1-8장의 여덟 가지의 환상은 어떻게 예루살렘의 회복이 준비되는지를 묘사하고 있다. 천상의 활동(1:7-17), 이스라엘의 적들을 물리침(2:1-4), 예루살렘을 측량함(2:5-9), 지도자들의 정당성(3:1-10;

4:1-14), 도덕적 정결(5:1-4; 5:5-11), 그리고 다윗가의 군주 스룹바벨을 통해서 야웨의 통치를 수립하는 것이다.(6:1-15)

그중 일곱 번째 환상은 그 땅에서 우상숭배를 제거하는 것을 묘사한다. "사악함"(리샤, *risha'*, 우상숭배를 의미하는 기술적인 용어이기도 함)이라고 불리는 한 여성이 "에바"라고 하는 곡식을 담는 5갤론 들이 나무통에 갇혀 있다. 중요하게도 에바는 또한 메소포타미아에서 제의를 행하는 방을 말하기도 한다. 따라서 "사악함"(우상숭배)이라는 이 여자는 자기의 신전에 있는 여신을 나타내는 것으로 야웨 숭배를 하지 않는 것을 상징화한 듯하다. 또 다른 선택은 이 여자를 인간으로 보는 것인데, 성서에서 자주 묘사되듯이 이방의 문화를 가져와 야웨주의적 통합을 위협하는 이방여인(이 경우 포로로부터 돌아온 유대인들이 데려온 바빌론의 아내들)을 대표한다고 볼 수 있다.(출 34:16; 스 10장; 말 2:10-16) 종합적으로 에바에 갇힌 이 인물은 이방 문화적 통합이 가져온 명백한 역사적 위협을 의미하는 이방여인일 수도 있고, 어떤 여신, 또는 이러한 통합의 결과, 즉 우상숭배로도 볼 수 있다.

"황새와 같은 날개들"(5:9)을 가진 두 여성들이 이 에바와 그 내용물을 시날, 즉 바빌론을 시적으로 표현한 곳(창 11:2; 사 11:11)으로 운반하는 것이 상세히 묘사된다. 거기서 그들은 "집" 곧 그녀를 위한 신전을 지을 것이다. 여기서 "사악함"(우상숭배)이 자신의 기원이며 자신에게 적합한 유일한 장소인 바빌론으로 추방된다는 일종의 아이러니가 발생한다. 여기에 나오는 날개를 가진 이 여자들이 여신의 시녀들일 것 같지는 않다. 야웨주의적 사고에 의하면 통에 갇혀 있다는 것은 이 여자나 혹은 어떤 시종들이라도 무능하다는 것을 의미한다. 황새(카쉬다흐, *chasidah*)는 히브리어로 '헌신적인', '신실한'(카시드, *chasid*) 등과 긴밀하게 관련된다. 따라서 야웨주의적 통합에 대한 파괴를 대표하는 이방여인들을 대항하여 균형을 맞추는 역할을 하는 "신실한" 유대여인들이 등장하여 야웨의 명령을 행하고 이들의 행동은 공동체의 정화와 회복을 가져온다.

예언의 끝(13:2-6)

스가랴 9-14장은 마지막 때를 생생하게 묘사한다. 그때에 야웨의 원수들이 큰 싸움에서 대패할 것이며(12:3, 7-9; 14:1-7) 우상숭배와 예언이 거부당할 것이며(13:2-6), 생활은 물질의 풍요로움으로 가득 차고(9:17) 하나님의 주권이 인정될 것이다.(14:16-21)

흥미롭게도 예언적 정신에 대한 부정적인 관점이 13:2-6에 나온다. 몇몇 학자들은 이 구절들이 우상숭배를 하는 예언자들에 대한 것이라고 주장한다. 또 다른 학자들은 야웨가 곧 성전에 임할 것이기 때문에 이전에 예언을 했던 모든 예언자는 예언 성취의 끝자락에 있는 셈이고 이제 공동체와 야웨를 매개하는 그들의 역할이 더는 필요 없음을 의미하는 것이라고 주장한다. 후자의 주장은 문제가 있는데, 그것은 미래에는 예언이 돌아오리라는 생생한 기대가 당시에 있었기 때문이다.(말 4:5-6) 실제로 요엘은 야웨의 날에 있을 예언적 은사의 포괄적인 성격을 강조한다.(2:28-29) 아마도 포로후기에 레위 지파의 가수들과 같은 집단들이 출현했을 것이다. 그러나 전통적 예언자들의 후원자들에 따르면 예언자적 권위를 주장했지만(대하 20:14-19; 29:30) 그만한 자격은 없었던 것 같다.

이 전통주의자들은 당시의 예언적 활동에 대한 모든 시도를 경원시하고 오직 야웨의 날 직전에 있을 예언의 재등장에 대해서만 역설했던 것 같다.(욜 2:28)

참고문헌

Mason, Rex. *The Book of Haggai, Zechariah and Malachi.* The Cambridge Bible Commentary. Cambridge: Cambridge University Press, 1977.

Meyers, Carol L., and Eric M. Meyers. *Haggai. Zechariah 1-8.* Anchor Bible 25B. Garden City, N.Y.: Doubleday & Co., 1987.

Petersen, David L. *Haggai and Zechariah 1-8, A Commentary.* Old Testament Library. Philadelphia: Westminster Press, 1984.

말라기

베스 글래지어-맥도날드

Beth Glazier-MacDonald

개관

말라기는 열두 예언자의 수집물을 결론짓는 책이다. 그리고 그다지 알려진 것이 없는 포로후기 유대 생활상에 환대의 빛을 비추고 있다. 이 책에는 과거 예언자들에 의한 약속이 성취되지 않아 낙담한 한 공동체의 약점들이 반영되어 있다. 제사장들이 성전 예배에 게으른 것(1:6-2:9), 백성들이 예배 행위에 대해 소홀하고 무심한 것(3:6-12), 만연한 이혼과 혼합결혼(2:10-16) 등이 그것이다. 말라기는 제사장들과 악을 행하는 자들을 신랄하게 저주하지만, 반면 굳건하게 믿음을 지키는 자들에 대한 깊은 배려를 보이며 그들에게 하나님의 사랑과(1:2-5) 그들의 모든 희망을 완수하시려 하나님이 분명히 오실 것을(3:1-5; 3:16-4:6) 확인시킨다.

저자, 연대, 그리고 형식

말라기의 신탁들 배후에 어떤 인물들이 있는지에 대해서는 전혀 알려진 바가 없다. 비록 말라기가 '나(야웨)의 사자'라는 뜻의 적절한 이름이라

할 수 있겠지만(예언자가 소명을 받을 당시에 받은 것으로 보이는), 많은 학자는 이 이름이 말라기 3:1에 나오는 약속된 사자와 이 책의 저자를 동일시하려는 후대 편집자의 시도라고 간주한다.

말라기가 사용한 용어들과 페르시아 시대의 유대의 정황을 비교해 볼 때, 대략 그의 예언이 느헤미야와 에스라 시대에 속한다는 것에 대해서 의심의 여지가 없다. 제사장들의 태만(1:6-8), 만연한 혼합결혼(2:10-16), 십일조를 잘 내지 않는 사람들(3:8), 그리고 명백히 사회정의는 실현되지 않고 있다는(3:5) 점들이 언급된다. 이러한 잘못들은 에스라와 느헤미야가 개혁하고 싶어했던 것들과 정확하게 일치한다. 따라서 대부분의 학자들은 말라기가 기원전 470-450년 사이의 시대에 속한 사람이라고 본다.

말라기의 예언의 내용이 여섯 개의 부분으로 뚜렷하게 나뉜다는 점에 대해서는 거의 모든 학자가 동의한 것인데 대략적으로 말하면 이 부분들은(1:2-5; 1:6-2:9; 2:10-16; 2:17-3:5; 3:6-12; 3:13-4:3) 구전 논쟁의 형식을 모방했다. 각 부분들은 야웨의 말이나 예언자의 말로 시작된다.(예. 1:2) 그 다음 그것에 제사장들이나 백성들이 도전하고(1:2b), 마침내 야웨의 비판이나 저주의 말로 변호된다.(1:3-5)

주석

야곱과 에서(1:2-5)

여기서 야곱과 에서는 개인이 아니라 그들로부터 이어진 나라들에 대한 상징들이다. 지리적으로 에돔(에서)은 이스라엘의 이웃이며, 전승적으로는 이스라엘의 쌍둥이(창 25:22-26)이다. 이러한 친밀한 관계 때문에 야웨가 이들을 비슷하게 대해줄 것이라 기대할 수도 있을 것이다. 그러나 야웨는 야곱은 사랑한 반면 에서는 미워했다. 이것의 증거로 말라기는 에돔 영토가 최근에 황폐화된 사실을 언급한다. 비록 에돔을 미워하게 된 이유는 나오지 않지만, 아마도 말라기가 에돔에게 적의를 품은 것은 기원전 6세기 바빌론이 유다를 멸망시킬 때 에돔이 협력했던 것에 기원이 있는 것 같다.(참조. 오바댜)

제사장들의 태만에 대한 고발(1:6-2:9)

거룩함을 유지하는 것과 율법을 지키는 것은 공동체의 생존에 필수적이기 때문에 백성들에게는 사제가 필요하다. 그러나 사제들은 종종 자신을 특권층이라 여기고 자신의 지위에서 명예를 취하면서도 내부적으로는 그들의 의무인 제의적 관행을 우습게 생각했다. 따라서 제사장들은 형편없는 내부 상태(1:13)와 상한 제물을 바치고(1:8, 13), 야웨의 제단을 모독하며(1:7) 그들에게 보호를 구하러 나온 백성들을 잘못 인도한(2:8-9) 죄로 고발당한다. 사실상 제사장들이 야웨가 지키기로 언약한 레위인의 언약을 타락시킨 것이다.(2:4) 그랬기에 야웨가 심판하신다.(2:9) 그런데 제사장들이 벌을 받는 이유는 단지 언약 파기 때문이 아니라 이 처벌이 새로운 미래를 준비하는 데 필요하기 때문이다.(3:1-5)

혼합결혼과 이혼에 대한 반대(2:10-16)

말라기 1:6-2:9와 2:10-16이 병치된 것은 우연의 일치가 아니다. 각 부분마다 (백성 또는 제사장이라) 불리는 집단의 행위에 의해 언약이 훼손되거나(2:8) 불경스러워졌음(2:10)을 다룬다. 여기서 말라기는 사회적·종교적 결과들을 야기한 두 가지 잘못을 범한 사람들과 대면하고 있다. 이것은 이방여인들과의 결혼과 법적 아내들과의 이혼으로, 두 문제는 풀 수 없게 얽혀 있다. 비록 일부다처의 문제가 왕정시대 이전의 이야기들에서 반복적으로 거론되기는 해도, 8세기 정도에는 일부일처 결혼이 확실히 좀 더 일반적인 관행이었다. 결과적으로 이혼을 하는 경우가 증가했다. 페르시아 시대에 혼합결혼이나 이혼이 급격하게 늘었던 것은 바빌론유수에서 돌아온 유대인들의 암울한 상황에 그 원인이 있을 것이다. 자신들의 경제·사회적 지위를 향상시키고자 많은 남자는 부유한 이방 가문들과 결혼하기를 원했다. 태생적으로 종교적이라고 종종 유형화되는 이 여성들은 새로운 환경의 지배적인 신념이나 가치를 받아들이기보다는 자신들의 고유한 종교들을 고수했다. 따라서 사회를 위협하는 측면이 있는 이러한 혼합결혼이나, 공통의 충성심의 대상이 사라지는 문제는 가볍게 다룰 수 없는 문제였다.(참조. 스 9:2; 10:3; 느 13:23-30)

말라기 2:10-13에 나오는 부인할 수 없는 사실은 혼합결혼이 초래하는 본질적인 함정은 인종적 순수성을 상실하는 데 있는 것이 아니라 그 결과로 다른 신들의 의례가 야웨 제의에 포함된다는 것이다.(참조. 2:13, 여기서 "울음"은 포로후기에 행해졌던 이방 풍요제의의 일부였을 것이다.) 이스라엘 남성이 이방여인과 결혼하는 것이 결과적으로 야웨에게 등을 돌리고 결국 여자의 신들을 따르는 결과를 가져왔다는 점을 생각하면, 말라기의 "우리 조상들의 언약을 욕되게 했다"(2:10)는 언급은 출애굽기 34:15-16(cf. 신 7:3-4)에 상술된 이스라엘이 혼합결혼을 하지 않기로 동의한 언약을 암시한 것으로 보인다. 말라기에서 이방여인을 "이방신의 딸"(2:11)이라고 명시적으로 부른 것은 놀랍다. 이는 이방제의 숭배자를 일컫는 말로 이들은 결국 유대인 남편을 자기들의 제의와 신으로 유혹하는 자로 묘사되어 있다.(cf. 느 13:23-30) 아이러니하게도 같은 페르시아 시대의 저작물인 룻기는 비유대인 여성을 종교적 신실성의 예로 들며, 이스라엘 건립에 중요했던 이방여성을 부각시킨 정반대의 예를 보인다.

말라기 2:14-16은 혼합결혼을 열망했던 결과로서 이혼을 다룬다. 일반적으로 2:16이 비록 "이스라엘의 하나님 야웨가 말씀하시길… 나는 이혼을 미워한다…"로 번역되지만, 신명기 24:1-4의 법적인 용어와 맞추어 볼 때 이 구절은 '야웨, 이스라엘의 하나님이 말한다… 싫어서 이혼을 하는 사람은… 잘못된 행동으로 옷을 덮을 것이다'로 읽을 수 있다. "옷으로 덮는다"는 말은 한 여자를 자신의 아내라고 주장할 때 사용하는 말로, 그 여자를 결혼이라는 보호막으로 덮어준다는 의미이다.(참조. 룻 3:9) 말라기에서 옷(*lebush*)이 (잘못된 행동으로) 덮였다는 말은 아내가 이혼으로 보호막을 잃었다는 것을 의미한다. 흥미롭게도 히브리어 '레부쉬'는 가장 밖에 입는 겉옷인데 얼룩이 묻으면 눈에 제일 잘 보인다. 따라서 그의 아내와 이혼하는 자는 모든 사람에게 그의 더러운 옷을 보라고 떠들고 다니는 자와 같으며 사람들이 있는 데서 아내에게 공개적으로 수치를 주는 것이다. 2:14에서 세 번 반복해서 나오는 유대인 아내에 대한 표현 "네가 젊어서 취한 아내", "너의 동반자", "언약에 의한 네 아내"라는 말은 야웨가 증인의 기능을 하는 결혼관계의 돈독함을 강조함과 동시에 배우자를 속이는 행동도 강조하고 있다.(참조. 2:10, "우리 선조의 언약"으로 이스라엘과 이후 세대들은 혼합결혼을 하지 않겠다고 동의했다.) 이러한 비난할 만한 행동의 결과는 불임의 모습으로 생생하게 묘사된다.(2:15) 결혼의 주된 목표가 남성 후계자를 낳아서 가계의 존속을 확보하는 것이라는 점에는 논란의 여지가 없다. 그러나 말라기는 혼합결혼을 통해 자손을 구하는 것은 언제나 허망한 계획이라고 경고한다. 혼합결혼을 함으로써 야웨와 유대인 아내들을 배반한 사람들은 미래의 생명을 싹틔울 수 없다.

야웨의 날이 다가옴(2:17-3:5)

2:17-3:5와 1:11에서 야웨의 날이 도래하기를 대망하는 말라기의 기대가 표현되어 있다. 두 부분은 모두 제사장과 제의의 문제를 다루고 있으며, 현재의 지배적인 상황에 변화가 올 것이라는 점을 다룬다. 미래에는 상황이 역전될 것이다. 명백한 것은 이러한 일관된 비전이 1:11의 일반적인 내용으로부터 보충 부분이 시작되면서부터 좀 더 구체적인 부분으로(3:1-5) 옮겨 간다는 것이다. 말라기 1:11에 따르면, 제물을 바치는 사람

들과 제물을 바치는 방식이 변화될 것이다. 이러한 생각은 3:1-5에 가면 구체화된다. 거기서 레위 지파의 (제물 바치는) 사람들은 정화되며(3:3) 그 결과로 제물들은 야웨를 기쁘게 한다.(3:4) 나아가 1:11에 나오는 적합한 제물이 모든 곳에서 바쳐지며, 야웨의 이름이 열방 중에 크게 된다. 3:1-5에 오면 이야기의 관점은 포로후기의 예루살렘 공동체로 좁혀진다. 따라서 말라기는 열방에서 시작된 갱신이(1:11) 야웨의 백성, 즉 포로후기의 공동체의 변화에서 정점을 이루게 된다고 역설한다.(3:1-5; 3:13-4:3)

엘리야, 화해, 그리고 야웨의 날(4:3-6)

많은 학자는 이 구절이 "율법을 옹호하는" 편집자로부터 나온 요약적인 경고문이며(4:4), 3:1에 약속된 사자가 누구인지 확인하는 두 번째 시도를 보여주는 후대의 첨가라고 본다.(4:5-6) 그러나 주제적으로나 언어적으로나 굳이 이 부분을 후대의 산물로 볼 필요는 없다. 오히려 말라기 자신의 의도적인 문학적 산물로 보아야 할 것이다.

말라기 4:4-6은 예언의 정점이다. 여기서 말라기의 모든 주제가 발견된다. 율법에 대한 강조(4:4; 참조. 2:6-8; 3:7), 야웨의 나타나심을 준비할 목적으로 오는 존재(4:5; 참조. 3:1), 야웨의 날(4:5; 참조. 3:1-5; 3:17-4:3), 야웨가 행악자들을 심판하시고 멸하실 때(4:6; 참조. 3:5; 3:18-4:1; 4:3), "야웨에게 돌이킬 것", "야웨의 진노를 피하기 위해 회개할 것"에 대한 강조(4:6; 참조. 3:7) 등이다. 나아가 이 마지막 구절들에서 말라기는 자신의 메시지를 이스라엘의 풍부한 전승 속에서 묘사한다. 그가 엘리야를 도래할 사자로 주장한 이유는 자신의 메시지를 듣는 사람들과 불순종하고 우유부단했던 엘리야 시대의 사람들을 나란히 비교함으로써 이들이 유사하게 하나님과의 연합이 해체될 위험에 놓였다는 사실을 말하기 위해서이다. 이 유비에 내포된 것은 희망이다. 엘리야가 자기 시대에 했던 것처럼 말라기의 동시대인들이 하나님의 위대함과 권능을 깨닫게 하면

(왕상 18:39), 이들이 하나님의 진노를 피할 수 있으리라는(참조. 4:6) 희망이다.

참고문헌

Fischer, Jame A. "Notes on the Literary Form and Message of Malachi," *Catholic Biblical Quarterly* 34(1972), 315-320.

Glazier-McDonald, Beth. *Malachi, The Divine Messenger.* Society of Biblical Literature Dissertation Series 98. Atlanta: Scholars Press, 1987.

히브리성서시대 여성들의 일상생활

캐롤 L. 메이어스

Carol L. Meyers

개관

서양문화에서 성서가 담당해온 기본적인 역할 중 중요한 측면은 성서의 인물들이 후대에 역할모델로 간주되는 방식이다. 잘못된 시각이겠지만 성서에 등장하는 남성과 여성들이 후기성서시대(post-biblical)의 사람들보다 하나님과 좀 더 가까운 것처럼 보인다. 따라서 히브리성서시대 여성들의 삶에 대한 검토는 서양 전통에서 성서와 그 안의 인물들이 담당해온 역할과 관련되어 있다. 오늘날 여성들은 이스라엘 조상을 모방할 것인가? 아니, 모방해야 하는가?

성서의 조상들의 삶을 깊이 생각할 때 떠오르는 또 다른 생각은 성서가 젠더를 다루는 방식이 다음 세대에게 타당한가이다. 현대세계에서 남녀평등주의의 가치는 널리 수용되고 있다. 그러나 많은 성서 본문은 젠더관계에 관한 한 명백하게 위계적인 사회조직의 형태를 전제한다. 오늘날의 삶의 관점과 성서의 불일치를 해결하는 한 가지 방법은 현재와는 매우 다른 고대 성서시대의 사회적 현실을 인식하는 것이다. 다시 말해, 수천 년 전 이역만리에 살던 사람들의 일상생활을 검토하면 성서에서 여성을 제시하는 일부 방식이 20세기 말 우리의 관점에 비해 무의미하고 심지어 받아들일 수 없는 것으로 보이는 이유를 이해할 수 있다.

오늘날 종교공동체의 구성원에게는 성서의 세계 속 여성들의 삶에 대한 탐구가 매우 중요할 수도 있다. 그러나 좀 더 중요한 과제는 그러한 여성들의 일상생활의 양식과 역동성을 회복하는 것이다. 서양 페미니즘은 지난 25년간 서양문화를 바라보는 전통적인 방식에 내재한 심각한 결함을 설명해왔다. 서양문화는 일관되게 여성의 공헌을 무시하고, 끊임없는 전쟁과 그 밖에 매우 눈에 띄는 남성지배적인 정치적 사건 — 대부분의 역사서술은 여기에 초점을 맞추었다. — 의 한가운데서 전체 인구의 절반을 차지하는 여성의 삶을 고려하지 않았다. 그러나 우리의 문화적 유산을 평가할 때 나타나는 이러한 불균형은 이제 여성학을 통해 교정되고 있다. 그러므로 서양인의 삶의 상당 부분을 형성한 성서 세계 속 여성들의 삶에 대한 탐색은 과거에 지배적이었던 남성중심적 관점에 의해 오랫동안 숨겨졌던 모든 사람을 드러내려는 오늘날의 어젠다의 중요한 부분이다.

성서 : 여성들의 삶에 대한 정보의 원천

히브리성서는 방대한 자료이다. 따라서 히브리성서는 성서시대, 특히 당시 여성들의 삶의 여러 유형을 재구성할 때 사용될 수 있는 자료들로 가득 차 있다고 가정할지도 모른다. 이것은 어느 정도 사실이다. 그러나 여성의 삶에 대한 검토 작업에 성서를 사용할 때 심각한 문제들이 발생하며, 그중 상당수는 주의를 요한다.

우선, 성서는 전체적으로 주제, 저자, 관점의 측면에서 남성중심적이다. 성서가 여성보다 남성에 훨씬 더 초점을 맞추고 있다는 사실은 단순히 성서에 등장하는 인물들의 이름만 보아도 알 수 있다. 히브리성서에는 총 1,426명의 이름이 언급되는데, 그중 1,315명이 남자이름이다. 달리 말하면, 여자이름은 111명이 나타나며, 이는 전체 이름의 9%에 해당한다. 이처럼 여자이름과 남자이름 사이의 큰 수적 차이는 성서문학의 남성중심적 관심을 보여준다.

성서의 저자에 관해 말하자면, 이름이 밝혀진 모든 저자들(예. 예언자들)이 남성이다. (아가서처럼) 몇몇 저자를 여성으로 가정할 수도 있지만, 아마 익명의 저자들도 남성일 것이다. 그러나 히브리성서시대 여성들을 살펴보는 과제와 관련하여 성서의 관점이 지나치리만큼 남성적이라는 사실이 훨씬 더 큰 관심을 끈다. 개별 여성이 무시되는 것은 물론이고 여성의 삶과 관련된 문제들이 단지 사소하거나 주제를 벗어나는 방식으로 나타나는 경향이 있다.

특히 방금 지적한 부분은 명백하게 차별적인 태도에 대한 반영이라기보다는 두 번째로 지적된 남성으로서의 편향성에 대한 반영으로 보인다. 말하자면, 고대 이스라엘의 이야기로서 히브리성서의 초점은 백성의 공적이고 공동체적인 삶에 맞추어져 있다. 이러한 삶이 남성－왕, 전사, 제사장, 예언자, 현자－의 지배를 받았으므로 일상생활의 좀 더 사적이고 가정적인 영역은 그만큼 직접적인 주목을 받지 못한다. 성서에 나오는 일부 율법처럼 심지어 이러한 부분을 언급할 때조차 특별한 문제와 관련해서만 다루어질 뿐 여성들의 일상적인 활동은 보여주지 않는다.

여성의 삶에 관한 정보의 원천으로서 성서를 이용할 때 단지 남성으로의 편향성만 문제를 야기하는 것은 아니다. 성서가 공식적인 문서라는 사실 또한 문제를 야기한다. 최근의 민족지학적 연구에 따르면, 한 민족의 공식문서에 나타난 내용과 그들의 일상적인 사회생활의 역학이 다를 수 있다. 표준적인 문서와 일상생활의 불일치는 특히 젠더 문제에서 전형적으로 나타난다. 즉 문서의 서술 내용과 실제 삶의 현실 사이에 차이가 있다는 말이다.

예를 들자면, 성서는 가령 재산권 이전처럼 여러 가지 법적 계약에서 남성의 지배를 보여줄 수 있지만, 이것이 반드시 개별적인 남녀의 상호적 역학관계에서 여성이 남성에게 종속되어 있음을 뜻하는 것은 아니다. 아울러 특정 문제를 지배한다고 해서 일반적 차원에서 지배권을 행사한다고 가정할 수 없다. 다시 말해, 히브리성서에 나타나는 서사적 기술(記述)도, 법적 규정도 현실에 정확히 부합한다고 가정할 수 없다. 비록 성서는 정반대를 믿도록 유도하지만, 사실 여성은 살아가면서 매우 중요한 부분들을 지배했을 것이다.

성서 외 자료들을 통한 여성들의 삶의 재구성

성서시대 여성들의 일상생활을 이해하기 위해서 성서만 이용하면 곤란하다. 다행히도 이 계획에 유용한 다른 연구 방법들이 있다. 오늘날 더는 직접 관찰할 수 없는 사회의 생활 유형과 젠더의 상호작용 양식을 복원하는 데 고대 세계와 좀 더 최근 시대에 나온 다른 종류의 정보들이 굉장히 중요하다.

여기서 한 가지 중요한 자료는 고고학적 발굴이 제공하는 정보이다. 고고학적 현장조사를 통해 발견된 물품은 여성과 남성이 살았던 물질적 환경을 재창조할 기회를 제공한다. 우리는 그들이 살았던 거주지, 그들이 획득한 귀중품, 그들 중 상당수의 삶과 관련된 공공건축물(신전, 궁전, 요새)을 볼 수 있다. 게다가 정교해진 분석기술 덕분에 점차 일상생활에서의 식습관, 기술, 그 밖에 일상생활을 지탱해주는 특징들에 관한 정보를 이용할 수 있게 되었다. 그러나 이러한 자료들은 신중하게 사용되어야 한다. 인공유물[1]은 아무리 많더라도 '젠더의 소리'(gender noisy)를 들려주지 않는다. 즉 그것을 사용한 사람의 젠더를 드러내지 않는다.

그러므로 고고학적 유물은 젠더의 문제에 관한 한 성서시대에 대해 침묵을 지키는 증인이다. 그러나 경제적 생활에서 유사한 특징을 보여주

1) [역주] 인공유물은 고고학 용어로서 인간이 과거 기술을 이용하여 만든 일상생활의 유품을 가리킨다.

고 유사한 환경적 제약 아래서 살아가는 다른 사회들에 대해 알려진 것에 비추어 해석한다면, 고고학적 유물은 목소리를 얻을 수 있다. 여기서 여성주의적 연구의 관심사를 예민하게 의식하면서 수행한 민족지학적 야외조사가 중요해진다. 핵심적 측면에서 고대 이스라엘과 유사한 사회들에 나타난 여성의 역할과 젠더관계의 역학에 대한 통찰이 성서 본문의 단서와 고고학적 기록의 단서 사이의 공백을 어느 정도 메워준다.

이스라엘 촌락에서 여성들의 생활

고대 이스라엘 민족은 농민으로서 민족적 삶을 시작하고 유지했다. 유목에 대한 이미지가 창세기에 나오는 모계제와 부계제 – 고대 이스라엘의 원형 – 에 대한 설화와 결부되어 있는 것도 사실이다. 그러나 이스라엘이 약속의 땅에서 정착생활을 하는 동안 경제는 확실히 농업에 기반을 두었다. 사실 팔레스타인은 비교적 평범한 토양, 바위투성이의 산비탈, 불안정한 물 공급 외에 천연자원이 거의 없었다. 이스라엘의 위태로운 생존은 성서시대에 고지대의 작은 촌락에 살던 농가의 고된 노동과 기술과 밀접하게 관련되어 있었다. 이러한 촌락에서의 삶의 방식은 이스라엘 역사에서 상당히 일관적으로 남아 있었던 것 같다.

일상생활은 사회의 기본단위로서 이른바 '가정'(family household)에 초점이 맞추어져 있었다. 이 명칭이 유용한 이유는 가족의 범위는 단순히 혼인으로 맺어진 사람들 그리고 그들과 함께 사는 같은 혈족을 넘어선다는 것을 의미하기 때문이다. 또한 가정은 가족의 생존능력이 가족을 수용하는 건물(들), 각종 도구와 가정용품, 가축, 밭, 별채와 연결되어 있음을 뜻한다. 사실, 가정이 생물학적 단위일 뿐만 아니라 경제적 단위라는 것은 분명한 사실이다. 가정은 팔레스타인의 고지대에서의 생존에 필요한 사실상 모든 식량과 의복, 도구(금속용품 제외)를 생산하고 가공했다. 부족 또는 왕정과 같은 다른 형태의 사회적·정치적 조직은 지역적·민족적 차원에서 기능했을 것이다. 그러나 가정은 이스라엘의 대다수 여성과 남성, 어린이에게 매우 중요한 장소로 남아 있었다. 그들의 일생상활과 활동은 가정이라는 물리적·사회적 테두리 안에서 일어났다.

성서 어디에서도 이스라엘 가정의 인적 구성에 대해 자세히 설명하지 않는다. 한 부모와 그 자녀로 이루어진 전형적인 핵가족을 생각하는 데 익숙해진 우리는 그러한 이미지를 과거의 성서시대에 투사하는 경향이 있다. 사실, 대략 1천 년에 달하는 히브리성서시대 동안 가족은 혈통과 혼인으로 연결된 사람들의 집합체로서 인적 구성이 복잡하고 계속 변화했다. 농촌 촌락의 가정집의 공간배치는 최소한 얼마 동안은 가족이 다세대로 이루어졌음을 알려준다. 말하자면, 노부부는 성인이 된 아들, 미혼의 딸(딸은 결혼을 하면 집을 떠났다.), 아들의 배우자 외에도 경우에 따라 부모를 여읜 조카나 배우자를 잃은 형제자매와 함께 살았을 것이다.

이러한 확대가족은 사실 낭만적 이미지와 달리 대인관계의 측면에서 유지해 나가기가 상당히 어려웠다. 사람이 많을수록 불화와 긴장의 가능성이 높아진다. 그러나 확대가족은 한 가구가 생존하는 데 충분한 노동과 기술을 제공하면서 중요한 기능을 담당했기 때문에 존속했다. 경제적 자급에 필요한 모든 업무를 고려해 볼 때, 한 쌍의 부부의 노력만으로 가족의 생존을 이어가기가 벅찬 경우가 있었다. 따라서 가정의 생존력을 보존하기 위해 복합가족과 관련된 스트레스를 주의 깊게 관리할 필요가 있었다.

일하는 여성들 : 경제적 역할

이스라엘 촌락의 농업경제에 관해 많은 사실이 밝혀지면서 상당한 확신을 가지고 가정의 생산노동에 대한 여성의 참여를 재구성할 수 있게 되었다. 지역에 따라 다소 편차가 있기는 하지만 대다수의 가구는 곡물(밀이 대부분, 보리는 약간), 올리브(식사용, 식용유용), 포도(과일용, 포도주용)

를 다양한 비율로 경작하면서 살아갔다. 그 밖에 과수원과 마당에서 키우는 다양한 작물－무화과, 대추, 견과류, 씨앗류, 콩류, 야채, 부추－이 기본적인 식생활을 보충해 주었다.

그뿐만 아니라 아마와 같은 특화작물이 몇몇 지역에서 생산되었다. 또한 각 가정은 동물－양, 염소, 어쩌면 젖소와 황소 몇 마리－을 길렀다. 이러한 동물들은 유제품의 원료였으며, 이따금씩(주로 축제 기간에) 동물성 단백질을 보충하는 데 쓰였다. 경작이 실패했을 때에는 어느 정도 확실한 식량공급원이었고, (황소의 경우에는) 역축(役畜)[2]으로 일했으며, 의복과 그 외 직물 또는 가죽 제품을 만드는 데 필요한 가죽이나 털실의 원료이기도 했다.

이스라엘 농지의 전형적인 기후 그리고 지형과 관련해서 볼 때 경작 유형은 전형적인 집약적 농업을 보여준다. 쟁기로 갈아 만든 밭에서 자란 곡물이 주요 농작물이기 때문에 때때로 이것은 갈이농사(plow agriculture)라고도 불린다. 이러한 체제에서 여성들의 역할은 상당히 잘 이해된다. 이스라엘의 여성들은 미개발 농업체제(원예사회)－이 사회에서는 여성과 남성이 하루에 거의 같은 시간을 농사에 할애한다.－의 여성들과 마찬가지로 야외에서 농사일에 관여했다. 이스라엘 여성이 실제로 밭을 갈거나 농토를 개간하고(나무를 베고 바위를 나른다.) 저수지를 파며 축대를 세우는 것과 같은 기초작업에 참여한 것 같지는 않다. 그러나 씨를 뿌리고 잡초를 뽑고 수확하는 활동은 분명 여성의 참여에 의존했다.

일반적으로 여성은 하루에 4-5시간씩 이와 같은 밭일을 했다. 그러나 이 시간을 전부 집에서 멀리 떨어진 밭에서 보내는 것은 아니었다. 여성의 임무는 어느 정도 육아와 병행이 가능해야 했다. 따라서 과수원 일－밭작물과 반대되는 과실수, 포도나무, 채소, 허브 경작－이 여성의 야외활동 시간의 상당 부분을 차지했다. 그러한 생필품은 주거지에서 가까운 작은

---

2) [역주] 부리어 일을 시키기 위한 가축으로 소, 말, 당나귀 따위를 이른다.

땅에서 키웠다. 그 때문에 여성이 자녀와 농작물을 모두 돌보기가 한결 수월했다.

그러나 집약적 농업체제에서 이스라엘 여성은 농작물 생산과정에 참여하는 데 그치지 않고 훨씬 더 많은 일을 했다. 일례로 팔레스타인에서 농작물의 생장기는 연중 지속되지 않는다. 따라서 식량은 다음 수확기까지 먹을 수 있도록 저장용 음식으로 만들어야 했다. 이스라엘 거주지에서 발견된 많은 저장용 항아리와 구덩이들은 곡식, 올리브, 과일, 허브를 상하지 않고 제철이 지나서도 사용할 수 있는 형태로 전환하기 위해 폭넓은 노력을 기울였음을 증명한다. 여성들은 이러한 식량 저장 임무를 대부분까지는 아니지만 상당수 책임졌다. 여성들은 1년 내내 식량을 공급하기 위해 식량을 타작하고 건조하며 빻고 구덩이에 저장하는 일의 상당 부분을 담당했다.

이스라엘 여성들의 일과에서 중요한 또 다른 요소는 주요작물을 저장할 뿐만 아니라 가공해야 했다는 점이다. 집약적 농업체제에서 주식인 곡물은 먹을 수 있는 형태로 만드는 데 복잡하고 시간을 요하는 일련의 작업을 요구한다. 알곡은 물에 불리고 방아에 찧고 갈아야 한다. 그렇게 만든 밀가루는 섞어서 부풀어 오르면 구워야 한다. 그때에야 비로소 가족의 일용할 생명의 양식, 빵이 완성된다. 어떤 계산에 따르면, 여성이 이러한 곡식 가공에 쓰는 시간은 하루에 거의 2시간이나 된다! 이것은 곡물에만 해당되는 시간이다. 이와 더불어 유제품을 포함한 다른 식량을 준비하는 데도 시간이 요구된다. 가축－종종 사람이 사는 집 1층에 외양간을 두었다.－을 일상적으로 돌보는 일(먹이 주기, 우유 짜기)도 여성들의 책임이었다는 사실 또한 염두에 두어야 한다. 그러면 여성들의 일과에 야외뿐만 아니라 마당이나 실내에서 하는 많은 일이 포함되었다는 것이 분명해진다.

그러나 농사일과 식량 보관 그리고 가공이 이스라엘 가정에서 여성이 담당한 경제적 역할의 전부는 아니었다. 그들의 실내 업무에는 가족이 사용하는 의류의 대부분을 생산할 책임도 포함되었다. 이스라엘 정착지에서 그러한 활동과 관련된 유물들—물렛가락, 베틀추—은 각 가정에서 의복 생산이 이루어졌음을 증명한다. 그러한 업무는 언제 어디서나 대개 여성이 담당하는데, 이스라엘 여성들도 예외는 아니었던 것 같다. 따라서 이스라엘 여성들은 종종 의복을 만드는 복잡하고 시간을 요하는 작업을 하느라 바빴다. 여기에는 양모를 깎고 실을 뽑고 옷감을 짜고 옷을 꿰매는 일이 포함되었다. (양털 깎기와 가죽손질과 같은) 이러한 작업 중 일부는 남성들에 의해 수행되었을 가능성도 있지만, (왕정 후기에 몇몇 지역에서 일어났던 것처럼) 일부 가정이 아마도 상업적 목적으로 고급 직물을 전문적으로 생산한 경우를 제외하면 대부분은 여성의 노동으로 이루어졌다. 평균적으로 연중 상당 기간 동안 하루에 몇 시간씩 옷을 만드는 데 쓰였다.

직물 생산을 비롯하여 다른 종류의 그릇과 가내도구들도 여성이 직접 만들었을 것이다. 도시에서 상업적으로 판매되는 도기는 남성의 작업장에서 생산되었을 수도 있다. 그러나 민족지학적 비교에 근거해 볼 때, 작은 지역공동체에 물건을 대는 촌락의 도공은 여성이었거나 일부 도기는 (공동체적 차원에서 구웠다고 하더라도) 각 가정의 여성에 의해 만들어졌을 가능성이 크다. 바구니 세공품에 대해서도 같은 말을 할 수 있다. 오직 금속 기구와 도구를 생산하는 데만 외부의 전문가들이 필요했다.

가정에 대한 여성의 경제적 공헌에 대한 이상의 개관은 두 가지 핵심적인 특징을 중심으로 요약될 수 있다. 첫 번째 특징은 최소한 현대적 삶과 비교해 볼 때, 삶의 유지를 위한 일상적 활동수행에 들어가는 막대한 시간이다. 실내와 마당, 야외에서 일하는 데 필요한 시간은 계절에 따라 다르기는 하지만 하루에 10시간 이상이었다. 두 번째 특징은 젠더 관계와 관련하여 눈에는 덜 띌지 몰라도 매우 중요한 특징으로서, 이러한 작업의 많은—대부분은 아니라 하더라도—부분과 관련된 기술적 전문지식의 정도이다. 남성의 농사일은 종종 지속적인 노력과 물리적 힘을 특징으로 하는 반면, 여성의 노동은 일련의 정교하고 복잡한 작업을 특징으로 한다.

여성(그리고 남성)이 하는 많은 일은 단순 반복노동이었다. 그러나 여성들이 담당한 좀 더 많은 업무에는 기술과 경험, 계획이 필요했다.

농업체제의 특징으로서 젠더에 따른 노동 구분에서 남성과 여성이 생존에 필요한 모든 작업에 숙달되는 것은 비효율적이다. 따라서 이스라엘 여성들이 복잡하고 시간이 걸리는 농사일에 참여했다는 사실은 그들이 가정생활의 중요 측면에서 지배권을 행사했음을 의미한다. 활동의 다양성과 거기서 요구되는 전문지식은 어머니와 아내라는 여성의 다른 역할과 관련하여 중요한 의미를 내포했다.

출산과 육아 : 어머니의 역할

고대 이스라엘은 공동의 영토권 주장뿐만 아니라 개별 가정의 생존을 위해 여성에게 의존했다. 이러한 맥락에서 여성은 생산노동에 참여하고 인구성장에 기여했다. 대가족은 확실히 농사를 좀 더 생존력 있게 만들었으며, 다산의 강조는 집약적 농업사회의 특징이다. "생육하고 번성하라"는 성서의 명령은 이스라엘 촌락민과 사회 전체의 이익에 기여했다.

남아든 여아든 아기가 태어나면 무조건 환영하고 반겼다는 데 대해서는 의심의 여지가 거의 없다. 성서의 일부 관습과 본문이 여아보다 남아를 선호한다는 인상을 주지만, 그것은 부계, 즉 남성 혈통에 따라 가문의 토지를 양도하던 사회의 특정한 필요와 관련하여 이해해야 한다. 딸의 노동은 한 가정의 여성 구성원이 담당한 일련의 임무를 고려해 볼 때 분명 아들의 노동에 못지않게 가치가 있었다. 따라서 당시 소녀들이 혜택을 받지 못한다는 인식이 만연했던 것은 아니다. 이것은 성서에 대한 남성적 편견이 일상의 현실을 어떻게 은폐하고 왜곡할 수 있는지를 보여주는 일례이다.

부모가 자녀들을 얼마나 반겼든 다산에 대한 기대는 여성에게 매우 큰 위험부담을 안겨주었다. 우선, 유아사망률이 높았다. 반 이상의 어린이가 성인기에 도달하지 못했을 것이다. 이것은 여성들이 기대되는 자녀수보다 거의 두 배 가까운 임신을 해야 했음을 뜻한다. 네 명의 자녀를 둔 가정이 이상적이라고 가정해 보자. 이 수를 채우기 위해서는 살아서 태어난 아기가 7-8명은 되어야 한다. 다른 전근대 사회에서와 마찬가지로 고대 이스라엘에서 출산 시 산모사망의 위험성을 고려해 볼 때, 무덤에서 발견된 해골 분석을 근거로 이스라엘 여성의 평균수명이 대략 30세였다는 것은 놀라운 일이 아니다. 남성은 재생산 과정의 위험에서 열외였으므로 여성보다 평균 10년 정도 오래 살았다.

출산의 고통은 말로 이루 다 표현할 수 없을 만큼 컸음에도 불구하고 자녀를 갖는 것은 선택사항이 아니었다. 여성들은 (불임인 경우를 제외하고는) 모성적 충동에, 나아가 가족과 사회의 요구에 부응했다. 여성의 경제적 역할의 다양성과 복잡성은 모성적 역할의 요구에 분명하게 상응한다.

할머니나 자녀가 없는 고모와 마찬가지로 좀 더 큰 자녀도 도움을 주었겠지만, 어린 자녀를 돌볼 책임은 주로 어머니에게 있었다. 그러나 여성의 하루 노동시간 중 육아는 대개 여성의 다른 의무와 조화를 이루었다. 농가에서 어린 아이를 돌보는 일은 생존을 위한 일과에 포함되었다. 남성보다 여성이 더 많은 시간을 집안, 텃밭, 마당에서 보냈으므로 남성보다 여성이 남아와 여아 모두와 더 많은 시간을 보냈다. 소년도 아버지와 함께 밭에 나가 힘든 일을 할 수 있을 때까지 주로 어머니 밑에서 여자형제와 함께 자랐다.

형식적·제도적 교육이 완전히 부재한 것은 아니었지만 일반적으로 어린 자녀들의 사회화는 어머니의 손에 의해 이루어졌으며, 그 배경에는 위와 같은 이유도 있다. 자녀의 사회화는 학교가 없는 사회에서 결코 하찮은 일이 아니었다. 고대 이스라엘에서 그것은 분명 문화·기술·가치 전달의 근본적 측면이었다. 성서는 이러한 여성의 교육적 역할을 직접적으로 보여주지 않는다. 성서에서 현자와 장로들의 존재는 전통적인 관습과 신념을 가르치고 주입하는 임무가 전적으로 남성에게 있다는 인상을 준다.

그러나 가정 내에서 어머니와 자녀의 일상적인 상호작용은 한 세대에서 다음 세대로 이스라엘 문화를 전달하는 데 기본적으로 중요했다. 사실, 잠언에서 '지혜' – 여기에는 고결한 현명함뿐 아니라 실용적인 현명함도 담겨 있다. – 라는 개념이 여성이라는 사실은 자녀를 돌보고 사회화하는 데 어머니가 담당했던 광범위한 역할에 뿌리박고 있는 것일 수도 있다.(예. 잠 4:1-9; 6:20; 8:1-36; 31:10-31)

어머니와 자녀의 관계는 자녀가 유년기일 때 매우 중요하지만, 거기서 끝나지 않았다. 많은 가구의 복잡하고 다세대적인 인구 때문에, 가정생활과 관련된 일의 다양성 때문에, 어머니로서 여성의 역할에는 손아랫사람의 일을 관리하는 것도 포함되었다. 대가족이 필요했던 이유는 고대 이스라엘 농업경제가 노동집약적 성격을 띠었기 때문이다. 어떤 여성도 혼자서 여성에게 맡겨진 모든 집안일을 수행할 수는 없었다. 따라서 여성들, 특히 대가족에서 연장자는 관리의 책임을 맡았다. 그들은 좀 더 어린 가족 구성원 – 자녀뿐만 아니라 며느리와 조카딸을 포함하여 – 에게 특정한 일들을 어떻게 해야 하는지 가르쳤다. 또한 일을 분배하고 그 진행과정을 지켜보았다.

남편이 자신에게 주어진 일련의 일들을 완수하고 여성이 복잡한 가정을 제대로 꾸리기 위해서는 무엇보다도 부모로서 권위를 갖는 것이 중요했다. 일부 고대 근동 사회는 확실히 여성보다는 남성에게 자녀에 대한 권위를 부여하는 데 반해, 이스라엘은 이 점에서 어머니와 아버지의 동등성을 보여준다.(예. 출 20:12) 이것은 다세대 가구에서 단지 유아만이 아니라 성인 자녀에게까지 부모가 계속해서 영향력을 행사했음을 뜻한다. 성서에 나타난 일부 법에서 이처럼 강력한 부모의 권위를 볼 수 있다.(예. 신 21:18-21) 사실, 가정은 가족법과 더불어 공동체의 정의 확립을 위한 일차적 장소로 기능했다.

따라서 여성들은 집안 문제에서 권위 있는 인물로 대두했다. 자녀에 대한 그들의 권위는 가정의 범위를 벗어나 확대되기도 했다. 농가의 여성들은 자녀의 결혼 준비와 관련하여 어느 정도 영향력을 행사했을 것이다. 성서는 혼기가 찬 딸들과 관련된 몇몇 단락에서 어떤 집안을 가리킬 때 일반적으로 쓰이는 "아버지 집"보다는 "어머니 집"이라는 용어를 사용한다.(창 24:28; 룻 1:8; 아 3:4; 8:2) 이러한 예들은 최소한 딸의 문제에 관한 한 어머니가 집안과 집안 사이의 문제에 관여했다는 표시일지도 모른다. 그러한 역할로 인해 여성은 자기 가정이라는 맥락에서 벗어나서 토지와 재산에 영향을 미치는 문제들에 관여했다. 그것은 그들에게 자신과 맞닿은 환경을 초월하는 삶의 여러 측면에 대해 직접적인 영향력을 행사할 수 있게 했다.

여성과 예배 : 종교적 역할

경제적 역할과 모성적 역할의 확대 차원에서 여성은 특히 가정의 종교적·의례적 특징과 관련하여 중요한 역할을 담당했다. 제의와 관련하여 성서는 공공의, 즉 공동체의 관습에 주로 초점을 맞춘다. 그러나 성서와 고고학적 기록은 가정의 종교적 관습을 분명하게 보여준다. 지역적 차원이든 민족적 차원이든 중요한 가족행사는 연간달력에 정확히 기재되었다. 가정에 근거한 축제에서 여성은 기획자이자 참가자로서, 개별적 예배자로서 다양한 영적 생활에 참여했다. 심지어 여성의 기도양식이 시편에 보존된 예배의 공식적 표현에 영향을 주었을 가능성도 있다. 사실, 제사장이 되는 것 외에 젠더에 근거한 제약은 거의 없었을 것이다. 남성의 경우, 제사장이 될 수 있었다고는 하지만 대다수의 남성은 세습직으로 나아갈 가능성이 없었다.

고대 이스라엘의 촌락과 도시뿐만 아니라 가정에서 정기적인 종교 활동을 수행하는 외에도 일부 여성은 대중공연과 관련된 전문기술을 보유하기도 했다. 때로 이것은 장례식을 주관하는 것과 같은 슬픈 일이었다. 여성은 망자를 위한 전통적인 애가의 낭송자였으며 작곡자였을 가능성도 있다.(렘 9:17; 대하 35:25) 게다가 무희로서, 가수로서, 음악가로서 대규모 공공행사에서 공연을 했다.(참조. 삿 21:21) 문화적 차원에서 보자면, 그러한 공연은 하나님의 개입으로 적군을 무찌른 이스라엘의 승리를 축하하며 여인들이 부르는 위대한 찬가에서 정점에 달했다.(참조. 출 15:20-21; 삿 5장; 삼상 18:6-7)

아내로서의 여성 : 아내의 역할과 젠더 정체성

성서 학계에서는 결혼한 남녀의 법적 관계에 대해 많은 논의가 있었다.(본서의 "레위기"와 "신명기"의 주석 참조) 여성은 남편의 재산이었는가? 여성은 단순히 마음대로 처리 가능한 동산(動産)이었는가? 가부장은 여성 가족구성원에 대해 완전한 지배권을 가졌는가? 이스라엘 사회의 부계적 구조, 남성이 대부분의 경제적 자산을 통제했다는 사실, 그리고 많은 법적 맥락에서 여성이 종속적 존재로 나타나는 방식, 이 모든 요소가 이와 같은 문제제기를 타당하게 만든다. 본 논문이 제공한 다양한 정보는 성서 본문에 근거한 젠더의 서열에 대한 인상을 이스라엘의 현실에 대한 증가하는 지식에 비추어 검토해야 할 필요성을 시사한다.

이러한 문제들에 대한 판결은 거의 내려지지 않았지만, 그래도 몇 가지 견해는 유효하다. 하나는 히브리성서에는 여성에 대한 남성의 절대적 우월성을 단정하는 진술이 없다는 견해이다. 심지어 전통적으로 남성에게 지배권을 위임하는 것으로 보이는 창세기 3:16의 마지막 행조차 전체적 맥락과 관련지을 때, 특히 앞행과의 관계 속에서 살펴볼 때 좀 더 잘 이해될 것이다. 그것은 일반적인 사회적 지배가 아닌 출산율 증가를 장려하는 맥락에서 성(sexuality)을 다루고 있다. 사실, 여성의 삶에서 가정적 환경은 관계적·직업적 역학과 관련하여 매우 풍부했으므로 '여성'이라는 범주는 거의 중요하지 않았다. 여성은 어머니, 딸, 자매, 아내였다. 그들은 또한 제빵사, 요리사, 직공, 관리자, 교사, 예배자 등이었다. 이 모든 역할은 사회적·경제적·생물학적 기능의 조합을 어느 정도 포함하고 있었다. 성, 따라서 '여성'이라는 범주는 가정에서 분리될 때에야 비로소 여성의 정체성에서 핵심적인 요소로 부상한다. 대부분의 여성에게 가정과 떨어진 삶은 불가능했으므로 성별(sex)에 따른 추상적 범주에의 귀속은 거의 타당성이 없었다.

히브리성서, 특히 창세기의 창조이야기에 나타나는 젠더의 연합이라는 개념은 성별이 개인을 규정하는 범주로서 상대적으로 중요치 않다는 사실과 밀접하게 관련되어 있다.(참조. 창 1:27; 2:23-24) 특히 사사기와 같은 몇몇 눈에 띄는 예외를 제외하고는 성서에 등장하는 여인들의 목표와 전략은 특별히 여성적이라고 할 수 없다. 그것은 가족과 공동체의 일반적인 목표의 일부이다. 남성은 공격적이고 적극적인 반면, 여성은 순종적이고 수동적이라고 보는 서양의 이분법적 범주는 이스라엘의 젠더 개념에 간단하게 적용되지 않는다. 남성과 여성이 "한몸"이라는 이상적 관념은 이상해 보일 수도 있지만, 창세기 2:24에 분명하게 언급된 데서 그치지 않는다. 그것은 성서에 담긴 남녀의 결합을 그린 여러 서사적·시적 진술에 나타난다. 심지어 여성에게 호의적이지 않은 법적 자료를 여성에게 적대적인 것이 아니라 부계주의적 상황에서 가족과 영토의 안정성을 향상시키려는 노력과 관련지어 이해할 수도 있다. 이러한 점에서 고대 이스라엘은 고대 세계에서 사실상 독특한 사회였다. 이스라엘 하나님의 유일성과 무성성(無性性)이 그러한 신의 형상을 따라 창조된 인간공동체와 어떤 관련성을 맺고 있었다는 것은 숙고해볼 만한 가치가 있다. 말하자면, 하나님은 주로 남성의 이미지를 통해 제시되지만, 성서의 지배적인 유일신론은 신의 창조성의 무성적 특성과 하나님에 대해 이따금씩 등장하는 여성적 은유와 더불어 가정환경에서 남성과 여성의 상대적인 사회적 통합에 기여해 왔을 수도 있다.

도시환경에서의 여성

성서시대의 고대 이스라엘 백성은 대다수가 농업정착지에서 살았다. 촌락의 상황에서 가정은 기본적인 사회 형태로 남아 있었다. 그러나 이스라엘의 좀 더 큰 사회적·정치적 구조는 안정적이지 않았다. 이스라엘의 부족동맹은 민족국가에 자리를 내주었다. 국가의 형성을 수반한 근원적 변화는 도시중심지, 특히 수도 예루살렘에서 가장 크게 체감할 수 있었다. 왕정과 남성 중심의 관료체제로 이루어진 중앙정부는 지위와 특권이 여성보다는 남성에게 부여됨을 의미했다. 생필품과 사치품(가공식품, 도기류, 의류, 보석 등)을 구입할 수 있는 시장경제와 가정 밖에 국가의 형성이 젠더의 가치평가와 역할에 미친 영향에 대해서는 많은 논의를 할 수 있다. 그러나 팔레스타인의 균열된 지형에 자리잡은 고지대 촌락의 극도의 지리적 고립 상태를 고려해 볼 때, 그러한 영향은 시골 환경에서는 비교적 미미한 중요성을 띠었을 것이다. 주로 도시에서, 즉 공공생활의 중심지에서 젠더의 분화 현상이 나타났을 테지만, 사실 그러한 도시는 거의 없었다. '도시'라고 불리는 대부분의 장소들은 실제로는 매우 큰 성읍이었고, 사람들의 삶은 여전히 내륙의 농경지역에 매여 있었다. 왕조정부의 실제적 존재보다는 일부 큰 중심지, 특히 예루살렘에서 정치적 변화를 수반하는 도시생활의 특징들이 중요한 면에서 여성들의 삶에 영향을 끼쳤을 것이다.

여기서 농촌 여성들의 삶을 다룬 만큼 도시 여성의 삶에 대해 생각하는 것은 가능하지도 않고 적절하지도 않다. 도시 여성은 소수였다. 대부분의 성서시대 동안 이스라엘 사람들의 최고 90%가 촌락에서 살았을 것이다. 그러나 성서의 형성에서 예루살렘은 특별히 매우 중심적인 역할을 담당했으므로 이와 관련하여 몇 가지 견해를 제시하는 것은 타당하다.

아마도 가장 중요한 점은 여성의 경제적 역할에서 나타난 변화일 것이다. 도시에서 대다수의 가구는 자급자족적 단위가 아니었다. 만약 남편이 농부가 아니라 군인, 관료, 제사장, 직인, 상민이라면, 아내는 이처럼 전문화된 직업과 어느 정도 관련되어 있었을지는 몰라도 촌락에서 여성이 담당한 것과 같은 필수적인 경제적 역할을 하지는 못했다. 동시에 도시 가구는 더 축소되는 경향, 즉 핵가족화되는 경향이 있었다. 따라서 농촌 가정에서 광범위한 분야에 미쳤던 여성의 권위가 도시 가정에서는 제한되었다. 더욱이 경제적 상황의 변화는 사회경제적 계층화를 야기했다. 어떤 이들은 부유층·특권층이 된 반면, 다른 이들은 빈곤층이 되었다. 전자에게는 여가시간이 있었다. 핵가족의 지배가 낳은 또 다른 결과는 남편과 사별한 여성이 친정으로 돌아갈 수 없을 경우 혼자 남겨질 위험이 커졌다는 것이다.

이 모든 이유와 그 밖의 여러 이유로 인해 도시생활은 일부 여성이 촌락 여성보다 (끊임없는 수고, 집안의 권위, 남성이 있는 가족으로부터) 자유로웠다는 것을 의미한다. 따라서 얽매인 데가 없는 여성은 시골의 자매보다 젠더의 정체성화, 나아가 범주화에 대해 다양한 가능성을 보여주었다. 젠더의 차이는 농가를 특징짓는 상보성과 상호의존성이 줄어들 때 좀 더 날카롭게 정의되었다. 그러나 가족의 온전성(family integrity)은 심지어 도시에서도 계속해서 강조되었다. 그것은 분명 6세기 포로기에 이스라엘 백성과 그들의 민족적 정체성을 지탱하는 데 도움이 되었다. 그리고 히브리성서의 마지막 몇 세기 동안, 심지어 예루살렘이 고작 몇백 명만 거주하는 성읍으로 전락했을 때조차 가족의 온전성은 비도시생활로의 완전한 복귀를 위한 기반을 제공했다.

참고문헌

Bird, Phyllis. "The Place of Women in the Israelite Cultus," *Ancient Israelite Religion: Essays in Honor of Frank Moore Cross*. ed. by Paul D. Hanson, Patrick D. Miller, Jr., and S. Dean McBride, 397–419. Philadelphia: Fortress Press, 1987.

Bossen, Laurel. "Women and Economic Institutions," *Economic Anthropology*. ed. by Stuart Plattner, 318–350. Stanford, Calif.: Stanford University Press, 1989.

Ember, Carol R. "The Relative Decline in Women's Contribution to Agriculture with Intensification," *American Anthropologist* 85(1983), 285–304.

Frymer-Kensky, Tikva. "The Ideology of Gender in the Bible and the Ancient Near East," *Dum-e2-dub-ba-a: Studies in Honor of Åke W. Sjöberg*. ed. by H. Behrens, D. Loding, and M. Roth, 185–191. Philadelphia: University of Pennsylvania University Museum, 1989.

Meyers, Carol L. *Discovering Eve: Ancient Israelite Women in Context*. New York: Oxford University Press, 1988.

______. "'To Her Mother's House'—Considering a Counterpart to the Israelite *Bet 'Ab*," *The Bible and the Politics of Exegesis*. ed. by David Jobling, Peggy L. Day, and Gerald T. Shepherd, 39–51, 304–307. New York: Pilgrim Press, 1991.

Pressler, Carolyn Jo. "The View of Women Found in the Deutronomic Family Laws." Doctoral thesis, Princeton Theological Seminary, 1991.

Silverblatt, Irene. "Women in States," *Annual Review of Anthropology* 17 (1988), 427–460.

Stager, Lawrence E. "The Archaeology of the Family in Ancient Israel," *Bulletin of the American Schools of Oriental Research* 260(1985), 1–36.

외경

외경 해설

에일린 M. 슐러
Eileen M. Schuller

'apocrypha'(문자적으로는 '숨겨진', '따로 떼어놓은'을 뜻한다.), 즉 외경이라는 용어는 여러 가지 다른 의미로 사용될 수 있지만, 여기서는 개신교와 유대교는 정경으로 인정하지 않았으나 로마 가톨릭과 정교회가 정경으로 인정한 열다섯 권의 책을 지칭하는 것으로 보았다. 그것들은 제1에스드라서와 제2에스드라서, 토비트서, 유딧서, 에스더서에 추가된 부분(그리스어로 된 에스더서에 포함된 부분), 솔로몬의 지혜서, 집회서, 바룩서, 예레미야의 편지, 다니엘서에 첨가된 세 부분(아자리아의 기도와 세 유대인의 노래, 벨과 용), 제1마카비서, 제2마카비서, 므낫세의 기도이다. 정교회는 여기 더해서 제3마카비서와 시편 151편을 정경으로 받아들이고 있다. 제4마카비서는 정경으로 받아들여지지는 않지만 칠십인역 몇몇 사본들에서 부록으로 발견되었다. 이것들은 모두 유대공동체의 종교적인 문학작품들로서 대략 기원전 3세기에서 기원후 1세기에 걸쳐 작성되었다. 현대에 출판된 성서들의 경우 어떤 것은 외경을 포함하지 않지만, 또 어떤 것은 구약성서와 신약성서 사이에 따로 외경을 싣고 있다.(종종 신약성서 뒤에 외경을 싣는 경우도 있다.) 또한 가톨릭에서 출간된 성서들의 경우 이 책들은 구약성서에 나오는 비슷한 유형의 책들 뒤에 같이 나오기도 한다.

(예를 들어, 토비트서와 유딧서는 느헤미야서 뒤에, 솔로몬의 지혜서와 집회서는 아가서 뒤에, 다니엘서와 에스더서의 추가된 부분들은 각각의 정경 책들 안에 포함되어 나온다.)[1)]

외경이 하나의 구별된 책으로 존재한다는 사실 자체가 정경의 형성과정, 즉 유대공동체 안에서 규범적인 책의 목록이 정해지기까지 대단히 길고 복잡한 과정이었다는 사실을 반영한다. 어째서 어떤 책들은 "거룩한 경전"에 포함되고, 또 어떤 책들은 배제되었는가? 그 이유는 대부분 알려져 있지 않다. 대단히 복잡한 질문을 단순화해서 말하자면, 외경 책들은 나중에 히브리 정경이 된 스물네 권에 포함되지 않았기 때문이라고 말할 수 있을 것이다. 그러나 초대 기독교교회가 사용한 그리스어 구약성서(칠십인역)에는 그 외경 책들도 포함되어 있었고, 그것이 나중에 라틴어 성서(불가타, the Vulgate)의 일부가 되어 중세 전반에 걸쳐 사용되었다. 물론 4세기 히에로니무스 같은 학자들은 히브리 정경에 포함된 책들과 포함되지 못한 책들 사이의 차이에 대해 여전히 의식하고 있었다. 그런데 나중에 종교개혁시대에 이르러 개신교에서는 외경이 포함되지 않은, 짧은 히브리 정경을 채택했고, 따라서 외경을 통째로 성서에서 아예 빼버리든가 아니면 단지 "생활의 모범과 적절한 행동방식을 가르치기 위해"(성공회 39개조, 1562년)서만 포함시켰다. 그러나 결코 "교리의 근거로" 외경을 받아들이지는 않았다. 트렌트 공의회(1546년)에서 가톨릭교회는 외경 대부분의 정경성을 인정했다.(제1 · 제2에스드라서와 므낫세의 기도는 예외였다.) 따라서 가톨릭교회 안에서 외경은 "제2정경"으로 알려지게 되었다. 즉 정경으로서 외경의 위치가 의문시되었으나, 나중에 이차적으로 재확인된 것이다.

외경은 그 문학적 형태나 내용, 언어, 작성시대와 관련해서 보면 매우 다양한 책들의 수집록이다. 이야기 형태의 책들이 있는가 하면(유딧서, 토

---

1) [역주] 한글 공동번역에서도 이렇게 되어 있다.

비트서) 구약성서의 지혜전승을 계승하는 책들(집회서라고도 알려져 있는 시락서, 솔로몬의 지혜서)도 있고, 역사서들(제1·제2마카비서, 제1에스드라서), 시편과 기도문들(므낫세의 기도, 바룩서), 묵시문학적 환상들(제4에스라서라고도 불리는 제2에스드라서), 구약성서 에스더서와 다니엘서에 덧붙여진 부가문들도 있다.(에스더서에는 궁정의 서신들과 모르드개와 에스더의 기도가 덧붙여졌고, 다니엘서에는 수산나 이야기와 벨과 용 이야기, 세 젊은이의 노래가 덧붙여졌다.) 이 책들 대부분은 원래 히브리어(예를 들어 집회서, 바룩서, 제1마카비서)나 아람어(토비트서)로 작성되었을 테지만 그리스어 형태로만 남아 있고, 그 외는(솔로몬의 지혜, 므낫세의 기도) 확실히 처음부터 그리스어로 작성되었다.

외경 책들은 제2성전 시대 유대교를 이해하는 데 대단히 중요한 의미를 지닌다. 이 책들은 역사상 일어난 사건들에 대한 정보를 제공한다.(특히 기원전 180년에서부터 기원전 140년까지의 결정적인 시기. 이 시기는 그리스의 영향이 물밀듯 밀려오고, 하스몬가의 왕들이 등장하는 시기다.) 또한 외경 책들에 나오는 많은 기도문과 찬양, 시편들은 그 시대의 종교적 경건과 헌신의 증거들을 제공하며, 당시 절대적이었던 그리스의 언어와 사상의 영향에 대해 그 시대 유대교가 어떻게 저항했으며, 동시에 흡수되었는지 이 책들은 보여준다.

제1에스드라서

에일린 M. 슐러
Eileen M. Schuller

개관

이 짧은 책은 그 기원, 목적과 관련해서 볼 때 학자들에게 하나의 수수께끼이다. 칠십인역에서 이 책은 에스드라 A(에스드라는 히브리어 이름 에스라의 그리스어 형태이다.)라 불렸고, 라틴어 불가타에서는 제3에스라라고 불렸다.

이 책의 내용 대부분은 구약성서 다른 곳에 나오는 재료들을 그리스어로 번역한 것이다.(물론 이 책의 그리스어 번역이 칠십인역과 좀 다르기는 하다.) 제1에스드라서는 역대기하 35장 전체와 36장 앞부분의 21절, 에스라서 대부분, 그리고 느헤미야의 극히 일부(7:73–8:12)를 포함하고 있다. 시대적으로 이 책은 제1성전 시대 요시야 왕 치하의 유월절 축제 때부터 제2성전 시대 느헤미야가 율법을 읽는 때까지를 포괄한다. 이 책은 갑자기, 사실은 문장 중간에 끝나버린다. 마찬가지로 제1에스드라서의 서두가 원래의 서두를 보존하고 있는지, 아니면 앞부분에서도 특정 재료가 상실된 것인지 분명하지 않다.

구약성서 다른 부분과 중복되지 않는 재료는 제1에스드라 3:1–5:6에 나오는 세 경호원 이야기뿐이다. 이 이야기는 독립적인 기원을 가지고 있을 것이며, 아마도 히브리어나 아람어 원본에서 유래했을 것이다. 이 두 에스드라서와 스가랴서, 학개서는 모두 스룹바벨에 대해 이야기하고 있다. 그는 귀환한 유대공동체의 지도자로서 제2성전 재건의 임무를 맡았고, 기원전 515년에 그 일을 완수했다. 그러나 이 책에서만 스룹바벨이 경기에서 이겨서 그 상으로 성전을 재건할 수 있도록 페르시아 왕 다리우스로부터 허락을 받았다는 이야기를 전하고 있다.

궁정에서 재치를 겨루는 경기에 대한 이 이야기는 아마도 유대적 기원에서 나온 것이 아니라 고대 근동 민담의 일부일 것이다. 배경은 추측컨대 그가 직무를 맡았던 기원전 522년 직후 페르시아 왕 다리우스의 궁전일 것이다. 다리우스 왕의 세 경호원은 무엇이 가장 강한가라는 질문에 각기 답한다. 첫 번째 경호원은 포도주가 가장 강하다고 주장한다. 두 번째 경호원은 왕이 가장 강하다는 주장을 편다. 마지막으로 스룹바벨은 이중 논증을 제시한다. "여자들이 가장 강하다. 그러나 그 모든 것 위에 진리가 승자이다."(3:12) 다리우스는 스룹바벨이 승자라고 선언하고, 그에게 상으로 성전재건에 대한 후원을 약속한다. 이 이야기는 스룹바벨이 그러한 지혜를 허락한 하나님을 찬양하는 것으로 끝난다.(4:59-60)

주석

가장 강한 존재, 여성

확실히 이 이야기는 네 번째 진리에 대한 부분(4:33-41)이 덧붙여짐으로써 재작성되었다. 원래 형태에서는 아마도 여성에 대한 주장(4:13-32)이 정점이고, 경기의 결말이었을 것이다.

스룹바벨이 내세운 주장은 흔히 남자들이 느끼는 딜레마를 표현한 것으로서 "여자들—그들 없이는 살 수 없도다. 그들 없이는 살 수 없도다"라는 것이다. 스룹바벨은 먼저 포도주와 왕의 능력을 인정하면서 시작하지만, 결국은 바로 그런 왕들을 낳고 "포도주를 만들 포도를 심는 남자들을" (4:16) 낳는 것이 여자들이라고 말한다. 입을 옷을 만드는 것도 여자들이고, 남자를 영광스럽게 하는 것도 여자들이다. 이로부터 끌어낼 수 있는 결론은 성적인 영역만이 아니라 경제적이고 사회적인 영역에서도 "남자들은 여자들 없이 살 수 없다"(4:17)는 것이다.

게다가 남자들은 아름다운 여자를 보면 흔들린다. 스룹바벨은 구체적인 예를 들어 이 사실을 보여준다. 다리우스 왕도 후궁 아파메 앞에서는 이성을 잃고 "입 벌린 채"(4:20) 그녀를 바라볼 따름이다. 그리고 그녀는 이 힘센 왕을 멋대로 주무른다.

저자는 창세기의 창조 이야기에서 두 구절을 끌어온다. "이러므로 남자가 부모를 떠나 그 아내와 연합하여 둘이 한 몸을 이룰지로다"라는 창세기 2:24의 긍정적인 문장을 부정적으로 비틀어서 "마누라와 함께 그의 날은 끝난다. 아버지도, 어머니도, 조국에 대한 생각도 사라지게 된다"라는 주장의 근거로 삼는다. 나아가서 창세기 3:16에서 세워진 질서도 거꾸로 되었다고 주장한다. 남편이 아내를 "지배하는" 것이 아니라 이제는 "아내가 너를 지배"(4:22)하며, 이것은 부정적인 변화로 여겨졌다. 결국 남자가 여자에게 의존한다는 사실이 남자가 아니라 여자를 비난하는 근거가 된 것이다. 남자가 타락하고 걸려넘어지고 죄를 짓게 되는 것은 "여자 때문" (4:27)이라는 것이다.

이 논리는 통한다. 왜냐하면 올바른 남녀관계에 대한 나름의 생각을 청중이 공유하고 있기 때문이다. 배운 사람들의 이야기도, 신학적인 이야기도 아니라는 바로 그 사실 때문에, 이 같은 민담은 페르시아 시대나 초기 헬레니즘 시대 보통 사람들이 일반적으로 어떤 생각을 하며 살았는지 엿볼 수 있게 해준다.

참고문헌

Crenshaw, James L. "The Contest of Darius' Guards," *Images of Man and God: Old Testament Stories in Literary Focus.* ed. by B. O. Long, 74–88. Sheffield: JSOT Press, 1981.

Eron, Lewis John. "'That Women Have Mastery over Both King and Beggar' (*TJud.* 15:5)—The Relation of the Fear of Sexuality to the Status of Women in Apocrypha and Pseudepigrapha; 1 Esdras(3 Ezra) 3–4, Ben Sira and the Testament of Judah," *Journal for the Study of the Pseudepigrapha* 9(1991), 43–66.

Eskenazi, Tamara C. "The Chronicler and the Composition of 1 Esdras," *Catholic Biblical Quarterly* 48(1986), 39–61.

Myers, Jacob. *I and II Esdras.* Anchor Bible 42. Garden City, N.Y.: Doubleday and Co., 1974.

Zimmerman, Frank. "The Story of the Three Guardsman," *Jewish Quarterly Review* 54(1963–64), 183–194.

제2에스드라서

E. 엘리자베스 존슨
E. Elizabeth Johnson

개관

제2에스드라서는 "예언자 에스라의 책"(1:1)이라고 되어 있고, "주의 말씀이 내게 임하니"(1:4; cf. 렘 1:4; 미 1:1)라는 예언서들의 친숙한 서두로 시작되지만, 이 책을 구약성서에 나오는 전통적인 예언서라고 볼 수는 없다. 이 책은 묵시문학(apocalypse, 이 말은 '계시'를 뜻한다.)이다. 물론 제2에스드라서는 단일한 문학작품이 아니다. 고유한 의미에서 묵시문학이라고 할 수 있는 부분(3-14장. 종종 제4에스라서라고 부른다.)은 1세기의 유대 환상가가 쓴 것이다. 나중에 아마도 2세기나 3세기 어느 무렵에 익명의 기독교 저자들이 서론(1-2장, 또는 제5에스라서)과 부록(15-16장, 또는 제6에스라서)을 덧붙였을 것이다. "에스드라"라는 이름은 히브리어 이름 "에스라"의 그리스어 형태로서, 구약성서 에스라서와 느헤미야서에 나오는 서기관이다. 환상가는 영예로운 그의 이름을 빌어 기록하고 있다. 제2에스드라서의 내용 대부분이 유대교적이고, 기원후 70년 로마에 의한 성전 파괴 문제에 대해 반응하고 있는 것이지만, 이 책을 보존하고 궁극적으로 이 책에 준정경적인 위치를 부여한 것은 유대인이 아니라 기독교인들이었다. 제2에스드라서는 1세기와 2세기 유대인들과 많은 초대 기독교인들에게 권위가 있었던 것이 사실이지만, 최종적으로 유대 구약성서의 일부로 인정받지 못했다. 신약성서의 몇몇 저자들은 이 책을 잘 알고 있었던 것으로 보이며, 이 책의 사상과 언어를 공유하고 있기도 하다.

다른 외경 문서들은 히브리어 구약성서에 들어가지는 못했더라도 그리스어 구약성서인 칠십인역에는 나온다. 그러나 제2에스드라서는 이 그리스어판 구약성서에도 나오지 않으며, 라틴어와 몇몇 다른 고대 언어로만 남아 있다. 이 번역본들은 그보다 먼저 있었던 그리스어본을 번역한 것이고, 그리스어본 자체는 히브리어 원본을 번역한 것이다. 제2에스드라서가 전통적으로 외경에 포함될 수 있었던 것은 그것이 불가타, 즉 4세기 후반 히에로니무스가 만든 라틴어 성서 번역본에 들어왔기 때문이다. 또한 이 책은 동방정교회의 정경의 일부이기도 하다.

제2에스드라서 3-14장은 95-100년 사이에 쓰여졌을 가능성이 매우 높다. 왜냐하면 여기서 환상가는 "우리 도시가 파괴된 지 30년째 되는 해에"(3:1) 자신에게 계시가 왔다고 말하고 있기 때문이다. 게다가 12:23에 묘사된 머리가 셋 달린 독수리는 각기 베스파시아누스, 티투스, 도미티아누스를 가리키는 것으로 보인다. 도미티아누스는 96년까지 통치했다. 따라서 이 책의 연대는 신약성서 요한계시록과 거의 비슷한 연대인 셈이고, 두 책은 그 형식이나 전체적인 틀에서 몇 가지 특징들을 공유하고 있다. 많은 해석가들이 제2에스드라서 3-14장은 팔레스타인에서 작성되었을 것이라고 본다. 왜냐하면 여기서 저자는 히브리어로 쓰고 있고, 성전 파괴와 그 후속여파에 대한 반응을 마치 실제로 벌어지고 있는 일처럼 쓰고 있기 때문이라는 것이다. 그러나 그 시대의 유대인들 가운데는 비록 몸은 로마제국의 다른 곳에 있더라도 파국을 온몸으로 느끼며 괴로워했던 사람들도 있었다. 기독교인들이 이 책의 부가문을 어디서 썼는지는 알려져 있지 않다. 그러나 제2에스드라 15-16장의 배경은 소아시아 지역일 가능성이 있다.

제2성전시대의 묵시문학

기원전 2세기에서 기원후 2세기까지의 유대 묵시문학은 여러 가지 특징들을 공유한다. 묵시문학은 신적 존재들(천사들, 영들, 또는 하나님)이 인간 존재에게 준 메시지들의 기록이다. 대부분의 묵시문학은 환상(환상가가 본 내용의 기록)과 소리(환상가가 들은 내용), 과거 역사(특히 이스라엘의 역사)에 대한 기술, 천상과 지옥 여행, 우주의 구조에 대한 묘사, 미래에 대한 상세한 예언을 포함한다. 제2에스드라서는 그 나름의 특징들을 지니고 있기도 하지만, 그러한 내용들을 여러 가지 포함하고 있다.

흔히 묵시문학은 유대교, 또는 기독교 공동체가 극심한 고통을 겪던 시기에 쓰여졌다. 묵시문학을 쓰게 되는 동기는 공동체가 현재 아무리 절망적인 경험을 한다 하더라도 그로 인해 하나님이 계약을 지키시리라는 믿음이 사라질 수는 없다는 환상가의 신념이다. 인간의 삶이 정당한 종교적 기대와 모순을 이룰 때, 즉 악한 자가 득세하고 의로운 사람이 고통을 당할 때, 하나님의 신실하심이 문화나 정치, 경제 등 인간적인 힘에 의해 제약을 당하는 것처럼 보일 때, 악이 제지당하지도, 벌 받지도 않을 때, 이럴 때 여러 가지 반응이 나올 수 있다. 이럴 때 사람들은 자신들의 기대가 비현실적인 것이었다며 접어버리거나 주권적인 하나님의 이미지를 제한적인 것으로 조정한다. 그런가 하면 하나님의 사랑에 대한 생각을 수정해서 패배와 재앙이야말로 자신들의 죄에 대한 벌이며, 덕성을 가르치기 위한 교육의 한 방편이라고 해석하기도 한다. 또는 그 밖의 신들은 전부 믿을 필요가 없게 만드는 아주 강력한 다른 신에게로 갈 수도 있다. 이 각각의 가능성들은 모두 어느 정도 호소력을 지니며, 사람들은 삶의 종교적 의미를 유지하기 위해 그 가능성들을 모두 사용해왔다.

그러나 고대 묵시문학가들은 하나님은 계약의 신앙을 유지할 능력이 있으며 또 유지하고 싶어 하신다는 확신과, **동시에** 공동체가 겪고 있는 고통은 백성들 자신은 물론이고 하나님을 모욕하는 것이라는 확신, 이 둘을 고집스럽게 붙들었다. 하나님만이 현시대의 잘못을 바로잡을 수 있으며, 정의를 향한 인간의 노력은 궁극적으로는 부적절하고, 이 세상은 건전함과 통전성을 회복할 수 없다고 말하는 것은 무모할 수 있다. 그렇게 말함으로써 굴종이나 절망감을 확산시킬 수 있기 때문이다. 그러나 유대교와 기독교의 묵시문학적 희망은 언제나 도덕적 권면을 수반한다. 그것은 회개하라고 호소하며, 거룩하신 분의 현존 앞에 선 사람들이 거룩하게 거듭나리라는 희망을 제시한다. 이러한 맥락에서 "에스라"는 고전적인 의미의 묵시문학가이다. 그리고 2세기와 3세기에 제4에스라서에 부가문을 덧붙인 기독교 저자들 역시 첫 번째 저자의 묵시문학적 확신을 공유하고 있었을 것이다.

책 내용의 요약

제2에스드라서 3-14장의 저자가 직면했던 구체적인 문제는 티투스에 의해 기원후 70년 예루살렘 성전이 파괴된 것이다. 즉 4년 전에 시작된 유대 반란이 로마군대의 최후 작전에 의해 진압된 것이다. 거의 천 년 전에 솔로몬에 의해 건설된 원래의 성전은 이미 기원전 587년 바빌론인들에 의해 파괴되었고(왕하 25:8-10), 비교적 유화적이었던 페르시아 왕 다리우스의 통치 하에서 스룹바벨이 건설한 성전으로 대체되었다.(참조. 스 6:3-5) 재건된 성전 역시 기원전 20년 헤롯대왕의 명령에 의해 다시 분해되었다가 대규모로 확대 증축되었다. 헤롯이 세운 성전은 단일건물이라기보다는 도시의 거대한 복합건축물로서 그 장엄한 아름다움은 당시 유명했으며, 심지어는 유대인이 아닌 이방인들도 고대의 위대한 신전들 가운데 하나라며 찬사를 아끼지 않았다.

1세기 유대인들에게 예루살렘 성전은 단순히 예배 장소나 도시의 자랑거리만이 아니었다. 성전은 무엇보다도 이스라엘의 하나님이 머물기로 선택한 장소였고, 계약백성에 대한 신실함을 지키겠다는 하나님의 영원한 약속의 현시였다. 그러므로 성전이 파괴된 것은 단지 아름다운 건물이 무너져서 못쓰게 되어버렸다거나 민족적 자긍심이 모욕을 당한 것 이상으로 절망적인 일이었다. 그것은 약 400년 전 느부갓네살에 의해 솔로몬의 성전이 파괴되었을 때 제기되었던 종교적 문제와 매우 유사한, 심각한 **종교적** 딜레마를 유대인들 앞에 가져다놓았다. 이처럼 이스라엘만이 아니라 이스라엘의 하나님까지 다시 한 번 이교도들에 의해 모욕을 당하던 상황에서 1세기의 환상가 "에스라"는 자신의 경험에 의미를 부여하고자 한다.

이 부분, 즉 제2에스드라서 3-14장은 일곱 개의 환상으로 이루어져 있는데, 그중에서도 처음에 나오는 세 장은 묵시문학으로서도 어딘가 특이하다. 이 부분은 천상의 존재가 에스라에게 보여주거나 들려준 내용을 기록한 것이 아니라 환상가 에스라와 우리엘이라는 천사 사이의 직접 대화이다. 성전 파괴라는 현실에 직면해서 에스라는 하나님에게 설명해달라고 기도한다.(3:1-36) 하나님의 백성에게 이런 비극이 일어난 것은 누구의 잘못 때문인가? 우리엘에게서 하나님의 답변이 나온다. 그는 일련의 세 꿈에 나타나는데 거기서 이 백성의 도덕적·종교적 잘못에 대해서, 그리고 이스라엘을 훈련시킬 하나님의 권리에 대해서 에스라와 논쟁을 한다.(4:1-5:13; 5:31-6:34; 7:1-9:25) 네 번째 환상(9:26-10:59)에서 에스라는 우리엘이 아니라 울고 있는 한 여인을 만나서 이야기하는데, 이 여인은 나중에 영광스러운 도시로 변한다.(아래 주석 참조) 네 번째, 다섯 번째, 여섯 번째 환상에서 에스라는 천사의 두 주장이 진실하다는 것을 알게 된다. 즉 도덕적으로, 종교적으로 순종하지 않는 유대인들에게 하나님의 심판이 임할 것이고, 하나님은 신실한 사람들의 운명을 회복시켜 주시리라는 것이다.(11:1-12:39; 13:1-56; 14:1-47) 마지막 환상은 좀 더 관습적인 묵시문학적 내용을 담고 있다. 가까운 미래에 하나님은 이스라엘의 적들을 물리치고 신실한 유대인들을 높이시리라는 것이다.

이 책의 메시지가 구약성서 예언자들의 회개 호소나 회복의 약속을 단순히 반복하는 데 머무르지 않는 것은 제4에스라서 안에 나타나는 신실함의 본질에 대한 특이한 관점 때문이다. 첫째, 에스라는 인간 본성에 대해 매우 비관적인 견해를 가지고 있고, 백성이 의롭게 하나님께 응답할 수 있다고 보지 않는다. 에스라와 우리엘은—선택받은 자들 가운데서도—극히 소수의 사람들만이 의롭다고 거듭해서 말한다.(cf. 3:21; 4:38; 5:9; 7:46-61) 실제로 우리엘은 이렇게 말한다. "지극히 높으신 분께서 많은 사람들을 위해 이 세상을 만드셨지만, 다가올 세상은 소수의 사람들만을 위한 것이다."(8:1) 인간은 누구나 아담의 후손이기 때문에 아담의 죄를 함께 지는 비극을 겪을 수밖에 없다. "처음부터 악의 씨앗이 아담의 마음에 뿌려져 그것이 지금까지 얼마나 많은 사악한 죄를 낳았는가!—또 타작날에 이르기까지 얼마나 많은 죄를 더 낳을 것인가!"(4:30) "아담이여, 그대는 무슨 짓을 저질렀는가! 죄를 지은 것은 아담 당신이지만, 타락은 당신만이 아니라 당신의 후손인 우리에게까지 미쳤기 때문이오."(7:118) 둘째, 에스라는 좀 더 넓은 묵시문학적 세계관에 비추어서 하나님의 율법을 해석하고 있다. 이 환상가는 관습적인 정의를 백성들에게 호소하는 것만이 아니라, 성서 외에 특수한 계시들을 이해할 수 있는 지혜를 회복하도록 백성들에게 호소하고 있다. 에스라를 향한 하나님의 마지막 지시는 성서 "스물네 권"(전통적으로 유대교에서는 몇 권의 책을 묶어서 센다.)과 "마지막으로 쓰여진 칠십 권", 즉 에스라 자신의 책(14:45-46)과 같은 비의적인 책들을 베껴서 전자인 성서는 모든 사람에게, 그리고 후자인 비의적인 책은 "지혜로운 사람들에게"(14:46)만 전해주라는 것이다.

원래 유대 묵시문학이었던 이 책의 최종적인 정경적 형태는 기독교적인 서두 부분(1-2장, 또는 제5에스라)에 의해 그 목적과 의미가 급격하게 바뀌었다. 이 장들은 하나님은 언제나 이스라엘에게 신실하셨던 반면, 이스라엘은 하나님께 신실하지 못했음을 반복해서 대조하면서 이스라엘의 역사를 요약하고 있다. 에스라는 이스라엘을 향해 "너희가 나를 저버렸으므로 나도 너희를 저버릴 것이다"(1:25)라고 하는 하나님의 말씀을 전한다. 이것은 계약에 대한 하나님의 신실하심이 예수를 거부한 유대인들로부터 예수를 받아들인 기독교인들에게로 옮겨갔다는 1세기 후반과 2세기 초에 흔했던 기독교적 주제를 반영한다.(cf. 특히 마태복음과 요한복음, 히브리서와 바나바서) 제2에스드라서의 기독교인 편집자는 성전 파괴가 예수를 거부한 유대인들에 대한 하나님의 심판이라고 해석하고 있다. 이것은 마태와 아주 유사한데, 마태는 잔치비유(cf. 눅 14:15-24)를 재작성해서 유대 지도자들이 예수를 죽게 한 데 대한 하나님의 벌로 예루살렘 파멸이 이루어졌다는 알레고리적 해석으로 만들었다.(마 22:15-22) 이것들은 모두 유대교에 대항했던 기독교의 논쟁으로서 앞서 존재했던 유대교로부터 분리되어가는 과정에서 종종 갈등과 경쟁으로 점철되었던 경험을 해석하려는 어린 교회의 노력을 반영한다.

또 하나의 독립적인 기독교적 작문 부분(15-16장. 또는 제6에스라, 아마도 3세기경 작성되었을 것이다.)에서는 불신자들(여기서는 비기독교인들로 그려진다.)을 향한 하나님의 심판이 임박해 있다고 약속하며, 신실한 자들은, 비록 현재는 박해가 그들의 운명이지만, 마지막에는 신원될 것이라고 확신시킨다. 3-14장에서 히브리성서의 이미지들을 계속해서 가져오듯이, 15-16장에서는(1-2장과 마찬가지로) 나중에 신약성서가 된 기독교 문헌들을 계속해서 인용하고 암시한다.

주석

제2에스드라서에 나타나는 여성적 이미지

기독교적인 부분이든 유대교적인 부분이든 제2에스드라서 전반에 걸쳐 어머니의 이미지는 여러 가지 실재들에 대한 은유로 기능한다. 기독교 편집자들은 원래의 유대교적인 제4에스라서로부터 이 동기를 발전시키는 것으로 보이기 때문에 먼저 그 부분을 보는 것이 좋을 것이다. 5:48-49와

7:54-57에서 지구는 생물과 무생물 둘 다를 낳는 여인으로 인격화되고 있다. 13:56에서는 하나님의 율법이 하나님의 지혜와 동일시되고, 모든 의로운 백성의 어머니로 묘사되었다. 이 두 가지－지구와 하나님의 지혜－모성적인 인격화는 원래 전통적인 것으로서 구약성서의 비슷한 언어들을 반영하고 있다.(cf. 욥 1:21; 잠 8장) 제2에스드라 5:46과 5:51에서 우리엘은 에스라를 향해 "한 여인에게 가서 물어보라"고 말한다. 그녀는 세상은 점점 더 악해져가고 있으며, 하나님이 개입하실 때가 빠르게 다가오고 있다는 우리엘의 주장을 그녀 자신의 경험을 통해 확인해줄 것이다. 하나님이 살아 있는 모든 것을 한꺼번에 창조하지 않으신 것처럼 열 명의 자녀를 둔 어머니가 한꺼번에 그 모두를 다 낳았을 수는 없다.(5:43-49) 그리고 이 어머니의 나이 많은 자녀가 나이 어린 자녀보다 몸이 더 크듯이, 현재 지상의 거주자들은 이전 시대 살았던 사람들만큼 의롭지 못하다.(51-55절) 이와 비슷하게 1:28-29에서 기독교인 편집자는 하나님에 대해 어머니, 아버지, 유모, 암탉이라고 말한다.(cf. 2:25) 이러한 이미지들은 히브리 구약성서(예. 호 11:1-4; 시 103:13)와 초기 기독교 문헌들(마 23:37//눅 13:34; 살전 2:7) 둘 다에 나타난다. 가장 두드러지는 것은 9:38-10:28에 나타나는 애통하는 여인의 환상인데, 이 여인은 10:29-59에서는 예루살렘으로 나타난다. 이 여인의 환상은 나중에 2:1, 15의 기독교적 서술에서 예루살렘과 교회를 어머니이자 과부로 묘사하고, 기독교적 관점에서 아시아를 창녀로 묘사하게 되는(15:46-63; cf. 16:49-50) 자극이 된다.

제2에스드라서에서 두 번째로 여성과 관련되는 이미지들은 출산의 경험과 관련된 것들이다. 흔히 묵시문학 작품들에서는 임박한 하나님의 구원의 긴박성과 신실한 자들이 현재 겪고 있는 고통에 대한 은유로 출산과 진통이라는 이미지를 사용한다.(cf. 막 13:8; 롬 8:22-23; 살전 5:3 참조) 기독교적인 편집자는 이렇게 쓰고 있다. "임신한 여인이 아홉째 달이 되어 해산의 때가 가까워오면, 두세 시간 전부터 자궁에 큰 고통을 느끼지만, 자궁에서 아이가 나올 때가 되면 한순간도 지체함이 없을 것이다. 이와 같이 재난은 지체 없이 이 땅에 임할 것이며, 세상은 고통으로 신음할 것이고, 온 땅 위에 고통이 임할 것이다."(16:38-39) 그러나 제4에스라서의 유대인 저자는 자연스럽고 예측 가능한 삶의 과정들에 대한 은유로, 즉 마지막 날 사라지게 될 것들의 표징으로 임신과 출산을 사용했다. 6:21에서 하나님은 심판 이전의 시간이 극적으로 줄어드는 데 대한 상징으로 조산아들이 기적적으로 살아나고 어린 아기들이 말할 수 있게 되는 놀라운 현상이 일어날 것이라고 약속한다. 8:14-19에서 에스라는 아이가 나고 자라는 방식을 질서 있게 정해놓으셨던 하나님이 이제 심판과 파괴에 의해 그 창조적인 과정을 없애겠다고 위협하는 것에 대해 불평한다.

애통하는 어머니의 환상(9:38-10:59)

민족적 재난이 일어난 데 대한 이스라엘의 책임과 하나님의 심판권을 놓고 에스라와 우리엘이 세 번에 걸쳐 논쟁을 한 다음, 천사는 이 환상가에게 들로 나가서 거기 있는 식물을 먹으라고 한다. 그가 들판에 이르러 먹고 있을 때 애통하는 여인이 에스라 앞에 나타난다. 그녀는 마치 장례식에 가는 것처럼 찢어진 옷을 입고 머리에 재를 뒤집어쓰고 있다.(9:38) 환상가는 그녀에게 왜 울고 있느냐고 묻는다. 그러자 그녀는 자신이 겪은 커다란 비극을 이야기한다. 구약성서의 한나 이야기(삼상 1장)를 떠올리는 언어로 여인은 자신과 남편이 부모가 되기 위해 30년이라는 세월을 기다렸고, 날마다 아이를 달라고 하나님께 기도했다고 말한다. 드디어 아들이 태어났고, 여인은 아들의 결혼식을 준비했다.(9:43-47) 그런데 결혼식 날 아들은 죽었고(이것은 토비트 7-8장의 이와 비슷한 또 다른 이야기를 떠올린다.), 이로 인한 여인의 슬픔은 그 누구도 위로할 수 없다는 것이다.(10:1-4)

이 가슴 아픈 이야기에 대한 에스라의 반응은 화를 내는 것이었다. 그는 "우리의 어머니" 예루살렘(10:8)을 위해 온 이스라엘이 애통해 하고 있는데 여인이 단 한 명의 아들 때문에 그렇게 슬피 우는 것은 "어리석다"(10:6)고 한다. 게다가 이 땅은 더 큰 비참에 빠진 어머니라고 그는 말한다. 지상에 거하는 사람들 중 극소수만이 "의로우며", "거의 모든" 자녀들이 "멸망에 이르렀기" 때문이라는 것이다.(10:10) 에스라가 이 어머니에게 위로랍시고 한다는 것도 "의로우라는 하나님의 명령을 받아들이고" "때가 되면 [그녀의] 아들을 되돌려받게 될"(10:16) 것임을 기억하라는 삭막한 말이다. 미래의 부활에 대한 이 약속은 제2성전 시대 유대교에 자주 나타나는데, 제2에스드라에게 아주 익숙한 관념이다.(cf. 7:32; 14:34-35)

이 어머니는 에스라가 10:19-24에서 장황하게 늘어놓는 차가운 위로의 말에 당연히 별 감동을 받지 못한다. 여인의 고통은 하나밖에 없는 아이를 향한 어머니의 고통이며, 보편성을 지니는 끔찍한 경험이지만, 그녀 자신의 개인적인 위기를 나타낸다. 그녀는 자신의 살과 피를 잃어버렸을 뿐만 아니라 노년의 경제적인 안정도 잃어버린 것이다. 그녀는 앞서 나온 환상에서 에스라가 우리엘의 위로를 받기를 거부했듯이 에스라의 위로를 거부한다. 그리고 죽을 때까지 무덤에 앉아 있기로 결심한다.

다음에 제2에스드라서의 장면은 극적으로 바뀐다. 여인은 이제 울고 있던 어머니에서 "건설 중인 도시"(10:27)의 빛나는 환상으로 바뀐다. 그리고 천사 우리엘이 다시 나와서 에스라의 경험을 해석한다. 우리엘은 도시가 된 여인이 시온(10:44), "지극히 높으신 분의 도시"(10:54)라고 한다. 그녀가 30년 동안 아이를 낳지 못한 것은 솔로몬의 성전이 세워지기 전까지 3000년의 세상을 나타내며, 그녀의 아들의 생명은 성전 파괴로 인해 갑자기 단절된 희생제사의 시대를 상징한다고 한다.(10:45, 48) 이 도시는 "건설 중"(10:27, 42, 44)이라고 세 번에 걸쳐 말하고 있기 때문에, 이 이미지는 과거의 영광에 대한 뼈아픈 기억이라기보다는 희망 섞인 회복의 약속이다. 그리고 우리엘은 "가서" 하나님이 곧 이루실 것이 발하는 "찬란한 광영을 보라"(10:55)고 에스라를 초대한다.

도시를 인간 여성으로 묘사하는 것은 이스라엘 문학에서 흔히 나타나는 현상이다. 예레미야 애가에서 예루살렘을 과부에 비유한 것이나(애 1:1) 이사야가 신실한 도시가 창녀가 되었다고 말한 것(사 1:21), 또는 호세아가 민족과 하나님의 관계를 묘사하는 데 아내라는 은유를 사용했던 것(호 1-3장)을 생각해보면 된다. 제2에스드라서에서 도시를 여성으로 묘사하는 전승을 사용한 것은 그 시대의 다른 여러 저자들에게도 호소력을 지녔던 것으로 보인다. 밧모섬의 기독교인 요한은 로마와 예루살렘을 둘 다 여인으로 묘사했는데(계 12장과 17장), 후자의 경우 고통스런 어머니의 모습으로부터 혼인을 하기 위해 결혼예복을 입은 신부의 모습으로, 영광스러운 도시의 형상으로 바뀐다.(계 21장) 이와 비슷하게 헤르마스 목자서의 기독교인 저자도 교회를 환상가와 대화를 나누는 한 여인의 모습으로 이야기하는데, 그녀는 "물 위에 세워지고 있는 거대한 탑으로, 정사각형의 빛나는 돌이 박혀 있는 탑으로"(헤르마스 3.2) 변한다. 이렇게 변모한 여인들은 각기 저자의 확신을 나타낸다. 즉 겉으로 드러나는 것과 실제 사물이 반드시 일치하지는 않으며, 하나님의 백성이 과거 겪어온 일들이 하나님의 신실하심에 대한 그들의 희망을 궁극적으로 무너뜨리지는 못한다는 확신이다.

여인이 실제로 누구인가를 에스라가 알게 되는 것은 아이러니하다. 물론 이야기 속에서는 그가 알게 된다는 것이 잘 드러나지 않지만 말이다. 우리엘은 성전 파괴에 대해서 너무 그렇게 슬퍼하지 말라고 거듭 에스라를 타이른다. 하나님은 이스라엘의 불충에 대한 벌로 그렇게 하셨고, 마지막에는 성전과 이스라엘의 운명도 회복시키리라는 것이다. 에스라가 울고 있는 어머니를 향해 슬퍼할 일이 아니라고 나무랄 때, 그는 우리엘이 자신에게 이미 했던 말을 자기도 그녀에게 그대로 하고 있다는 사실을 의식하지 못하는 것으로 보인다. 그 도시의 회복에 대한 약속이 그에게 계시될 때, 심지어는 어머니에게 아들이 다시 돌아오리라고 약속했을 때도 그는 자기가 어떻게 했는지 깨닫지 못하고 그녀를 동정하지도 않는다. 그는 다만 말을 잃고, 11–14장에서 또다시 일련의 꿈을 통해 환상이 계시되어 천사의 말이 진리임을 확인해 줄 때까지 기다릴 뿐이다. 슬퍼하는 여인을 꾸짖음으로써 환상가는 그녀의 경험을 아둔하게 무시할 뿐만 아니라, 애곡하는 자로서 여인의 관습적인 역할을 하찮은 것으로 만든다.(렘 9:17, 20; 31:15) 환상이 끝나자 우리엘은 에스라에게 "남자답게 일어나라. 내가 너를 가르칠 것이다"(10:33)라고 말하는데, 이를 통해 저자는 여성적인 연약함을 나타낸다고 보는 슬픔과 남성적인 강함을 나타낸다고 보는 지혜를 대조하고 있는 것 같다.

아이러니한 것은 이 환상가가 여인의 슬픔에 대해 냉담한 반응을 보이고 있음에도 불구하고 울고 있는 여인의 환상은 이 이야기에서 대단히 적극적인 기능을 하고 있다는 사실이다. 처음에 나오는 세 환상에서 천사 우리엘조차도 하나님에 대해 희망을 갖도록 에스라를 설득할 수 없었지만, 여인의 정체가 정말로 무엇인지 계시되자, 여인이 갑자기 변모했듯이, 에스라 자신도 극적으로 변한다. 여인에 대한 에스라의 환상은 성전 파괴로 인한 그의 슬픔을 위로할 뿐만 아니라 자신의 경험을 의미 있게 재해석할 수 있는 수단을 그에게 제공한다. 제2에스드라서는 예루살렘이 당한 재난을 하나님께 더욱 헌신하고 다가올 구원에 대비해서 하나님의 율법에 순종해야 한다는 유대인들을 향한 긴박한 호소로 이해하고 있다. 겉모습과 실제 사이의 대조는–울고 있는 여인은 실제로는 빛나는 도시이다.–에스라로 하여금 그가 현재 겪고 있는 고통이 자신의 경험이 지니는 진리의 일면일 뿐임을 깨닫게 해준다. 그와 그의 동료 유대인들은 지금 하나님의 성전을 잃어버렸지만, 신실하신 하나님께서 다시 회복해주실 것이라고 확신할 수 있었다. 하나님이 그러셨듯이 그들 자신도 하나님께 신실하게 응답하기만 하면 말이다.

제2에스드라서의 기독교인 편집자는 교회를 나타내는 것으로 변모한 어머니의 이미지를 재현했다. 이 어머니는 자녀의 죽음에 슬퍼하는 어머니라기보다는 양육하라는 호소를 받고 후손들(즉 기독교인들)을 지혜롭게 인도하는 어머니이다. "어머니여, 네 자녀들을 품으라."(2:15) "선한 유모여, 네 자녀를 먹이라."(2:25) "어머니여, 네 자녀들로 기뻐하라."(2:30) 교회를 향한 이러한 권면들은 약자옹호(2:20–24), 마지막 때의 용기(2:25–29), 부활에 대한 희망(2:30–32) 같은 윤리적인 가치들을 강화한다.

참고문헌

Collins, John J. *The Apocalyptic Imagination: An Introduction to the Jewish Matrix of Christianity*. New York: Crossroad, 1987.

Esler, Philip F. "The Social Function of 4 Ezra," *Journal for the Study of the New Testament* 53(1994), 99–123.

Humphrey, Edith McEwan. *The Ladies and the Cities: Transformation and Apocalyptic Identity in Joseph and Aseneth, 4 Ezra, the Apocalypse and the Shepherd of Hermas*. Journal for the Study of Pseudepigrapha Series 17. Sheffield: Sheffield Academic Press, 1995.

Longenecker, Bruce W. *2 Esdras*. Sheffield: Sheffield Academic Press, 1995.

토비트서

에일린 M. 슐러

Eileen M. Schuller

개관

토비트서는 외경 중에서도 인기가 있고 매우 호소력이 있는 책이다. 경건한 한 이스라엘 사람과 그의 가족에 관한 허구적인 역사서술로서 이것은 잘 다듬어진 이야기이고, 무죄한 자가 당하는 고난과 하나님의 정의에 관한 근본적인 종교적 질문들을 다루고 있다.

이 책은 유대 정경에 속하지 않으며, 근대 이전의 유대 자료들에서 별로 언급되지 않았다. 쿰란 동굴에서 발견된 문서들 가운데서 다섯 편의 필사본이 발견되었다. 그러나 1세기에 이 본문을 필경했던 유대공동체 안에서 이 책이 정확히 어떠한 위치를 차지했는지는 알 수 없다. 반면 서방교회에서 이 책은 인기가 있었으며, 디다케(12사도교훈서)를 필두로 다양한 자료들에서 빈번하게 인용되었다. 그러나 동방교회에서는 서방교회에서만큼 잘 알려지거나 사용되지는 않은 것으로 보인다. 히브리 정경을 따랐던 마르틴 루터는 토비트서를 정경으로 인정하지는 않았지만, 그도 이 책이 "유익하고 우리 기독교인들이 읽기에 좋은 책"이라고 칭찬했다.

이야기

기원전 8세기에서 7세기를 배경으로 하고 있는 토비트서는 경건한 유대인 토비트와 그의 가족 이야기로서 그는 아시리아에 의해 니느웨에 포로로 끌려온 납달리 부족 출신이다. 이 책에서는 두 개의 불행한 장면이 병행해서 그려지다가 함께 만나고, 해결된다. 첫째로, 의로움과 덕스러움의 본보기인 토비트가 죽은 자를 묻어주는 선행을 했다는 이유로 눈이 머는 고통을 당하게 된다. 다음에 그의 질녀인 사라가 당한 곤경이 그려지는데, 그녀는 이미 결혼식 날 밤에 일곱 명의 남편들을 거꾸러뜨린 악마로 인해 괴로움을 당했다. 토비트가 아들 토비아를 멀리 떨어진 도시 메대로 보내 자신이 빌려주었던 돈을 받아오게 하면서 결말이 이루어지고, 하나님은 함께 할 천사 라파엘을 보내 그가 이 두 고통받는 사람들을 구하고 치유하게 된다. 토비아는 사라를 만나 그녀와 사랑에 빠진다. 라파엘이 준 마법의 약 덕분에 악마 아스모데우스는 격파당하고 둘은 결혼하게 된다. 돈을 받아서 토비아와 그의 신부는 집으로 돌아오고, 다시 라파엘이 약을 주어서 그 약으로 토비트의 눈을 고치게 된다. 이 책은 예루살렘을 찬미하는 긴 찬가와 주인공들의 후일담과 어떻게 죽었는지 말하는 간략한 이야기로 끝난다.

유래와 연대

이 책의 작성 연대, 또는 장소에 대해서 세부적으로 추측할 수 있는 증거가 이 책에는 없다. 이 책의 아람어 문체나 이야기의 몇 가지 특징들로 미루어보건대 아마도 이 책은 기원전 4세기, 어쩌면 기원전 3세기에 쓰여졌을 것이다. 토비트서는 전반적으로 확신에 차 있다는 느낌을 주고, 이방세계 한가운데서도 유대교적인 삶을 사는 것이 충분히 가능하다고 가정하고 있는데, 이것은 저자가 기원전 2세기 전반에 있었던 혹독한 박해를 아직 겪지 않았고, 당시의 치열했던 투쟁을 아직 경험하지 않았음을 시사한다.

이 책의 작성 장소 역시 불확실하다. 유대인들이 이방인들의 지배 아래 살고 있었던 시리아나 메소포타미아에서 이 책이 쓰여졌다는 주장이 종종 있었지만 팔레스타인에서 쓰여졌을 가능성도 없지 않다.

원래 이 책은 아람어로 작성되었을 가능성이 매우 높다. 쿰란 동굴에서는 네 개의 필사본이 아람어로 발견되었고(4Q196-199), 한 개만이 히브리어로 되어 있었다.(4Q200) 아마도 다니엘서와 마찬가지로 이 책도 두 가지 언어로 전해졌을 것이다. 사해 두루마리의 필사본들은 모두 단편이다. 다섯 개의 필사본을 모두 합친다 해도 원래 책의 5분의 1 정도만 보존된 것이다. 이 책의 완전한 형태는 그리스어와 라틴어 번역본뿐이다. 그리스어 번역본은 두 가지가 전해졌는데, 짧은 사본이 바티칸 사본(Codex Vaticanus)과 알렉산드리아 사본(Codex Alexandria)이고, 비교적 긴 것이 시나이 사본(Codex Sinaiticus)이다. 이 긴 사본이 아람어와 히브리어로 된 단편들과 훨씬 비슷하기 때문에 대부분의 현대 번역에서는 이것을 토대로 삼았다.(예. NRSV) 4세기에 히에로니무스는 아람어본을 라틴어로 번역하는 데 "하루의 일과를 바쳤다." 그리고 이렇게 해서 나온 불가타 번역이 널리 사용되고 알려지게 되었다.

이 책에 등장하는 여성들

토비트서를 읽는 사람들은 종종 이 책에 등장하는 강인한 여성인물들에 대해 언급했다. 사라는 주요 등장인물이다. 그녀가 처한 곤경과 기도, 구원이 이야기의 절반을 차지한다. 그리고 분명히 그녀는 토비트에 대응하는 인물로 나온다. 그러나 이 밖에도 많은 부수적인 여성인물들이 등장하며, 이들은 모두 구약성서의 여러 설화들에 나오는 여성들에 비해 훨씬 더 발전되어 있다. 예를 들어, 아브라함이 아들과 함께 산으로 여행을 떠나는 장면에서 사라가 등장하지 않는 것과 대조적으로 이 책에서는 토비트가 먼 곳으로 아들을 보내기로 결정했을 때 안나도 함께 등장하여 울고 탄식하며 남편을 비난한다.(5:17-22) 고아가 된 소년에게 십일조에 관한 율법을 가르쳐준 것도 토비트의 할머니였다. 그녀는 한 번 등장할 뿐이지만 이름도 언급되었다.(드보라, 1:8) 사라의 집에서 에드나는 자기 남편, 딸과 이야기할 뿐만 아니라 낯선 손님들이 어디서 왔는지, 그들의 배경에 대해 맨 먼저 물었던 사람이기도 하다.(7:3-5) 토비트서에서는 아주 사소한 세부사항과 관련해서도 남자와 여자를 모두 신경써서 묘사하고 있다. 예를 들어, 토비아는 정성을 다해 아버지와 어머니(14:11-12), 장인과 장모(14:13)를 장사지낸다.

죽기 직전에 토비트는 아들에게 충고와 가르침을 주는데, 이런 경우 전형적으로 그렇듯이 충고의 많은 내용이 여자에 관한 것이다. 명령문의 처음에 나오는 다섯 동사는 그의 어머니와 관련된다. 그녀를 명예롭게 하고, 버려서는 안 되며, 그녀가 즐거워하는 일들을 하라. 그녀를 슬프게 하지 말라. 그녀를 기억하라. "네가 아직 태어나기도 전에 네 어머니는 너 때문에 많은 위험에 처했었기 때문이다."(4:3-4) 족내혼(族內婚), 즉 가문 내의 결혼은 좋게 여겨지며, 토비아는 자기 부족과 민족 내에서 아내를 취해야 한다는 권면을 받는다.(4:12-13) 그러나 "이상한 여인"(cf. 잠 2:16-18; 9:13-18)에 대한 수사학적 표현과 순진한 젊은이를 방황하게 만드는 악한 여인의 위험과 올무에 대한 시각적인 표현은-이것은 당시의 많은 유훈문학에서 흔히 나타나는 주제이다.-아버지가 아들에게 주는 경고의 일부이다.

이 책에 나타나는 결혼관은 놀라울 정도로 낭만적이다. "그녀는 이 세상이 만들어지기 전부터 너를 위해 따로 예비되었다."(6:17) "그는 그녀를 너무 사랑해서 그의 마음이 그녀에게 끌렸다."(6:18-그러나 이때 그들은 아직 만난 적도 없다!) 아들이 결혼하는 날 밤 토비트가 했던 축복은 창세기 2장의 창조이야기를 적용해서 결혼을 이해한 것으로서는 우리에게 전해진 가장 오래된 본문이다. "오 축복받으실 분 우리 조상들의 하나님이시여… 당신은 아담을 만드셨고 그를 돕고 후원할 사람으로 그의 아내 이브를 만드셨습니다… 그녀와 제가 자비를 얻고 우리가 함께 늙어갈 수 있도록 허락하소서."(8:5-7)

그러나 이 책 전체는 결코 심각하게 도전받거나 비판받지 않았던 가부장적 가정세계 안에 확고하게 뿌리를 박고 있다. 사라라는 인물은 긴장을 나타낸다. 앞서 언급했듯이 한편으로 화자는 토비트와 사라를 병행하는 두 인물로 솜씨 좋게 잘 그리고 있다. "같은 날"(3:7) 장면이 시작되고, 둘 다 경건한 사람이면서 부당하게 고난을 겪는다. 그리고 두 사람 다 주변에 있는 사람들로부터 비난을 받으며(2:14-15에 나오는 안나의 말과 3:8-9에 나오는 사라의 여종의 말), 둘 다 라파엘과 그가 물고기로부터 내준 마법의 약으로 구원을 받는다. 심지어 새에게서 떨어진 것 때문에 토비트의 눈이 멀게 되는 것도 새와 관련된 악마적인 힘(희년서 11:11)을 시사하며, 따라서 사라의 남편들에 대한 아스모데우스의 공격과 병행한다. 또한 이들은 둘 다 자신들이 받은 비난에 대해 이야기하고 차라리 죽는 게 벗어나는 길이라고 하나님께 긴 기도를 드리고 있다.(3:1-6, 11-15)

그러나 이 두 인물의 성격이 발전되는 과정에서는 화자와 그가 속한 사회의 가부장적 성격이 드러난다. 토비트의 경우 자신이 했던 경건한 행동을 하나하나 열거하고 있는데, 그러한 행동은 그가 좋은 평판을 얻게 된 근거이기도 하지만, 그의 의로움에 대한 구체적인 증거이기도 하다.(1:5-11, 16-18; 2:1-5) 그런데 사라의 경우 우리가 듣는 것이라고는 "주여, 당신은 내가 결백하다는 것을 아십니다"(3:4)라는 그녀 자신의 공언뿐이다. 그리고 자신의 결백에 대한 그녀의 주장은 오로지 자기가 처녀성을 지켰다는 데 근거한다. 여러 곳에서 사라는 토비아나 이 이야기의 독자들보다 잘 알지 못하는 것으로 나타난다. 예를 들어, 그녀는 자신과 결혼하게 될지도 모를 친척 남자의 존재를 알지 못하는 것으로 보인다. 그러나 토비아는 그녀를 알고 있다. 또 그녀가 하는 말을 보면 자신이 당하는 어려움이 악마 아스모데우스 때문임을 알고 있는지도 분명치 않다. 사라는 자신의 감정이나 반응에 대해서 거의 말하지 않는다. 심지어 자살을 생각할 때조차도 그녀가 관심을 갖는 것은 늙으신 아버지가 수치를 당하게 되지나 않을까 하는 것이다.(3:10) 손님들이 도착했을 때 사라는 가족과 함께 있었지만 아무 말도 하지 않는다. 결혼은 그녀의 아버지가 결정하고, 창세기 24장의 리브가와 이삭 이야기와는 대조적으로 사라의 의사가 어떤지는 묻지 않는다. 혼자 있을 때 사라는 하나님께 직접 기도로 이야기하지만(3:11-15), 토비아와 함께 있은 후에는 결코 따로 기도하지 않는다. 사실 토비아가 등장한 후에는 이야기 속에 그녀의 대사가 없으며, 결혼식 날 밤 토비아의 기도에 "아멘"이라고 응답하는 것이 고작이다. 극이 종국을 향해 가면서 이야기의 세계는 점점 더 남성적이 되어간다. 천사 라파엘이 자신의 정체를 드러내는 계시의 순간에 사라와 안나는 분명히 배제되며(12:6), 사라의 죽음에 대한 언급도 없다.

주석

토비트의 경건함, 곤경, 그리고 기도(1:1-3:6)

이 책의 첫 부분은 토비트에 중점을 두고 있으며, 그의 경건함과 그가 당한 고난을 상세하게 묘사하고 있다. 토비트는 덕성 있는 인간의 모범이며, 이방 환경에서 살고 있음에도 모세의 율법이 요구하는 것들을 모두 지켰다. 그는 눈이 머는 고통을 당할 이유가 없다. 그에게는 자신의 불행이 설명되지 않았고, 위로를 받을 수도 없었다. 이 부분은 고통으로부터 벗어나게 해달라는 그의 극적인 호소로 끝난다. 그는 이렇게 말한다. "제게는 죽는 것이 사는 것보다 낫습니다."(3:6)

자신이 얼마나 율법을 잘 지켰는지 이야기하면서 토비트는 "나의 아버지 토비엘의 어머니 드보라의 가르침에 따라"(1:8) 행동했다고 말한다. 토비트의 아버지는 죽고 그를 고아로 남겨놓았다. 그를 가르친 것은 친가 쪽 할머니인 드보라였다. 이 내용은 토비트가 세 가지 십일조를 드리는 것과 관련된 복잡한 율법규정들을 자신이 얼마나 정확하게 지켰는지 설명하는 구체적인 문맥에서 나온다. 드보라는 그런 문제들에 대해 잘 알고 훈련을 받았던 것으로 보인다.

토비트는 자기 가문 안에서 아내를 취했다. 그러므로 아들에게 지금 명하고 있는 족내혼을 그 자신도 한 셈이다.(4:12-13) 그는 "우리 가문 가운데 한 사람과 결혼했다."(1:9) 가장 좋은 그리스어 필사본들의 경우 (아들 이름 토비아는 나오지만) 그녀의 이름은 여기서 언급되지 않고, 한참 뒤에 가서야 안나라는 그녀의 이름이 언급된다. 그런데 "내 아내 안나와 내 아들 토비아 외에는 아무것도 내게 남아 있지 않다"는 첫 번째 말(1:20)과 "내 아내 안나와 내 아들 토비아가 나를 회복시켰다"(2:1)는 나중 말 사이에는 모순이 있는 것으로 보인다. 어떤 사건을 전제하고 있는지 본문에는 아무런 암시도 없다. 드러내놓고 언급되지는 않았지만, 안나는 남편과 마찬가지로 경건했던 것으로 전제되어 있다. 그녀야말로 풍성한 식탁을 준비해서 남편이 환대를 베풀고 가난한 사람들이 함께 식탁에 참여할 수 있게 한 사람이었다.(2:2)

토비트와 안나 사이의 논쟁은 황당하다.(2:11-14) 부당하게 모욕을 당하고 공격받는 것은 토비트의 고난(3:6)과 사라의 고난(3:7, 13)에서 병행하는 것들 중 하나지만, 여기서는 안나 역시 비슷한 운명으로 고통을 당한다. 그리고 이 경우 그녀를 비난하는 사람은 그녀의 의로운 남편이다. 남편이 앞을 보지 못하게 되었기 때문에 안나는 "여자들이 하는 일", 즉 천 짜는 일을 하러 갔다. 그런데 이것은 토비트가 당하는 고난의 일부로 이해되었다. 남자가 여자가 벌어오는 것에 의지해서 살아가게 되었다는 것이다.(집회서 25:22, "아내가 남편을 부양하게 될 때는 분노와 뻔뻔스러움, 커다란 수치가 있을 것이다.") 다음에 독자는 그럴 필요가 전혀 없었다는 것을 알게 되는데, 메대에 저축해놓은 돈이 있었던 것이다.(4:1 이하) 더욱 감정이 고조되어가고, 눈 먼 토비트는 염소가 우는 소리를 들을 때까지는 부인이 받은 염소가 있다는 사실을 알지 못한다. 토비트가 염소를 훔쳤다고 심하게 비난하자 안나는 이 책에서 처음으로 입을 열어 자신을 변호하는 말을 한다. "그것은 내가 선물로 받은 것입니다." 이들의 대결은 안나가 그의 자선과 의로운 행동에 대해 본질적인 의문을 제기하는 마지막 말로 끝난다. 이 책의 다른 곳에서는 모두 안나에 대해 우호적으로 묘사하고 있는 것으로 미루어 보건대 저자는 독자들이 그녀를 동정하기를 원했을 것이다. 아마도 의인 토비트 역시 잘못을 저지를 수 있는 한 사람의 인간이라는 점을 그의 아내를 희생시켜서라도 그리고자 했던 것으로 보인다. 아마도 어느 차원에서 이 이야기는 훨씬 신랄한 말이 오갔던 욥과 그의 아내 사이의 대결장면으로부터 영향을 받았을 것이다.(욥 2:9-10)

사라의 경건함과 곤경, 기도(3:7-17)

두 번째 시나리오는 첫 번째 것과 병행하지만 훨씬 압축적으로 발전되었다. 1:3-3:6에서는 토비트 자신이 1인칭으로 말하는 소리를 독자가 들었던 것과 대조적으로 사라는 그녀 자신의 말이 아니라 전지적 화자의 음성을 통해 독자와 만난다. 따라서 이 부분에서는 화자(그리고 독자)가 알고 있는 것과 사라가 알고 있는 것 사이에서 종종 아이러니한 문학적 유희가 나타난다. 화자는 사라가 처한 곤경을 묘사하고, 그녀의 일곱 남편을 죽인 사악한 악마 아스모데우스의 장난으로 그렇게 된 것이라고 설명한다. 그러나 사라가 하는 기도를 보면 그녀가 자신이 어려움을 겪고 있는 이유를 알고 있는지 분명치 않다. 그녀는 자신이 겪고 있는 그 결과에 대해서만 분명하게 말한다. "이미 저의 일곱 남편이 죽었습니다."(3:15)

토비트가 아내로부터 비난을 들어야 했고(2:14), 기도하면서 "저는 부당한 모욕의 말을 들어야 했습니다"(3:6)라고 불평했던 것처럼, 사라 역시 자기 여종으로부터 비난을 받고 일곱 명의 남편을 죽였다는 힐난을 듣는다. 이 여성 대 여성의 공격은 아내 대 남편의 공격보다 훨씬 지독하다. 한 명의 여종이 여러 사람의 음성을 대변하고 있다. "어째서 당신은 우리를 때립니까?" 반면 안나는 토비트의 덕("자선… 의로운 행동", 2:14)을 공격한다. 또 사라가 아이가 없으니 죽은 남편들이 있는 곳으로 가겠다고 했을 때(3:8) 여종은 사라가 새로운 삶을 살 능력이 없다고, 그녀의 존재 자체에 대해 공격을 한다. 토비트의 기도(3:6)에서 그랬듯이 이러한 비난은 사라의 응답에서도 중요한 초점이 된다. 죽음이 평안을 가져올 것이다. 왜냐하면 그때가 되면 그런 비난을 더는 듣지 않아도 되니 말이다.(3:10, 13) 그리고 그녀가 하는 기도의 마지막 말은 다시 한 번 "그들이 나를 조롱한다"(3:15)는 것이다.

토비트와 사라의 슬픔은 매우 유사한 언어로 기술되었지만(3:1, 10), 사라만이 자살을 생각한다. 본문은 그런 생각을 한 데 대해 그녀를 비난하지 않는다. 그녀는 종교적인 이유에서가 아니라 아버지에 대한 염려 때문에, 아버지의 평판 때문에, 즉 그녀가 받았던 것과 같은 비난을 자기 아버지까지 받아서는 안 되기 때문에 자살할 생각을 그만둔다. 아마도 여기서 문제가 되고 있는 것은 가부장적 가정의 우두머리로서 남성의 명예일 것이다. 어머니에게 그녀의 죽음이 무엇을 의미했을지에 대해서는 아무런 언급도 없다.

사라는 "창문을 향해" "손을 뻗으면서"(기도할 때의 표준적인 제스처) 기도를 드렸다. 아마도 이것은 예루살렘을 향한 제스처일 것이다. 그녀는 정형화된 의전적인 언어로 기도를 드리며, "축복받으실 분"이라는 정형화된 축복문구로 기도를 시작한다. 이것은 제2성전 시대와 랍비들의 많은 기도문에서 표준적이 된 도입문 양식이다. 토비아의 결혼식이 있던 날 밤에도 이 양식이 사용되었으며(8:5), 라구엘의 감사기도에서도 이 양식이 사용되었다.(8:15) 그런데 병행하는 토비트의 기도는 어째서인지 좀 더 보편적이다. 그는 자신의 곤경을 민족 전체, "내 조상들"(3:3-5)의 고난과 연결시킨다. 반면 사라는 그녀 자신의 결백, 특히 처녀성에 초점을 두고 이야기한다. 그녀는 이렇게 말한다. "나는 어떠한 남자로부터도 더럽힘을 당하지 않았습니다." 토비트는 단 하나의 가능성—죽음—만을 인정하지만, 사라는 다른 가능성들도 열어둔다. 그녀는 위기를 해결할 어떠한 구체적인 대안도 제시하지 않지만, "만일 내 목숨을 가져가는 것이 당신께 기쁜 일이 아니라면" 하나님께서 무언가 다른 방식으로 그녀의 기도를 들어주실 것이라고 한다.

토비트와 사라의 기도를 들어주는 것에 대해 기술하고 있는 16절과 17절은 두 시나리오를 하나로 연결해서 어떻게 위기가 해결될지를 독자에게 미리 보여준다.

토비아의 여행(4:1-7:9)

곧 죽을 것이라고 생각한 토비트는 메대의 라게스에 맡겨놓았던 돈을 찾아오라고 아들을 보내기 전에 그에게 "마지막 유언"을 한다. 임종의 자리에서의 이러한 유언은 당시 유대문학에서 흔히 나타나며, 표준적인 주제들을 다루고 있다. 어머니를 잘 돌보아야 한다는 것(4:3-4)은 그 분량으로 보나 주로 첫 번째로 다루는 주제라는 점에서 타의 추종을 불허하는 제일의 자리를 차지하고 있다. 아마도 아들이 아직 결혼을 하지 않았기 때문에 성적인 범죄를 멀리하라는 것보다 동족 가운데서 아내를 골라야 한다는 말을 강조했을 것이다.(4:12-13) 여기서는 구약성서에 나오는 아브라함과 이삭, 야곱이 어떻게 아내들을 선택했는지 이야기하고 있다. 또한 토비트는 노아의 예를 언급함으로써 노아가 질녀인 엠자라와 결혼했다고 하는 희년서의 전승을 끌어들이고 있는 것일 수 있다.(희년서 4:33)

곧이어서 여행을 준비하고 라파엘을 여행 동반자로 고용하는데, 마지막 이별 장면은 토비아가 아버지와 어머니에게 작별의 키스를 하는 것으로 끝난다.(5:17-6:1) 여기서도 토비트와 안나(그리스어 필사본에서는 이름이 나오지 않는다.)는 갈등을 일으키는데, 이번에는 안나가 토비트가 돈 때문에 아들을 고생시킨다고 은근히 비난하는 것으로 인해 갈등이 촉발된다. 앞의 이야기(2:11-14)에서와 달리 여기서는 상호 비난으로까지 확대되지 않는다. 오히려 토비트는 "선한 천사가 그와 함께 할 것이니" 아들이 안전하게 돌아올 것이라고 하면서 그녀를 안심시킨다. 이 이야기는 불필요해 보이는 아내의 걱정을 누그러뜨릴 수 있는 유능한 인물로 토비트를 그리고 있으며, 둘 사이에 친밀성과 애정의 분위기를 회복시킨다.(연인, 또는 배우자들 사이에서 "나의 자매여"라는 말을 애정의 표현으로 사용하는 것에 대해서는 아 4:9, 10, 12; 5:1, 21 참조)

엑바타나로 가는 길에 라파엘은 토비아가 결혼할 만한 딸을 둔 자기 친척 라구엘에 대해 그에게 이야기한다. 그래서 사라는 라파엘의 관점에서 다시 한 번 소개된다. 3:7 이하에서와 마찬가지로 그녀는 처음에 3인칭 화자의 관점에서 소개된다. 그리스어 본문에서 라파엘은 라구엘에게는 "사라라는 딸이 있다"(6:11)고 간단하게 말한다. 이 구절을 보존하고 있는 쿰란의 한 아람어 필사본(4Q197frg. 4 i 17)에는 "그에게는 아름다운 딸이 있었다"고 되어 있고, 옛 라틴어본에도 그렇게 되어 있다.

극적인 사건의 전개과정에서 라파엘은 그들이 엑바타나에 도착하게 되는 바로 그날 사라에 대해 토비아에게 말한다. 라파엘은 결혼을 제안하면서 그것을 뒷받침할 만한 세 가지 서로 다른 주장을 편다. (1) 토비아는 모세의 율법에 따라 그녀와 결혼할 법적 권리가 있는 사람이다. (2) 그녀에게는 형제가 없기 때문에 그녀는 아버지의 재산을 상속하게 될 것이다.(민 27:1-11; 35:1-13) (3) 사라가 가지고 있는 자질 – 그녀는 "영리하고 용감하며 매우 아름답다. 게다가 그녀의 아버지도 좋은 사람이다."(6:12) 결혼할 신부는 아름다워야 한다고 생각되었다.(창 12:11의 사라; 창 24:16의 리브가; 창 29:17의 라헬) 그러나 영리하고 용감하다고 구체적으로 명시된 예는 다른 이야기들에는 없다. 여기서도 쿰란의 아람어 필사본(frag. 4 ii 1)은 약간 다른 종결문구로, 즉 "그리고 그녀의 아버지는 그녀를 사랑한다"고 되어 있다.

토비아가 자기도 죽을까봐 두려워서, 그리고 자신이 죽으면 부모들이 어떻게 될까 두려워서 주저하자 라파엘은 마지막 결정적인 주장을 편다. 법적 관계와 그녀의 부, 개인적 성격에 더해서 라파엘은 "그녀는 세상이 만들어지기 전부터 너를 위해 따로 마련된 여인"(6:18)이라고 말한다. 하나님이 창조 때부터 결혼할 두 사람을 정해놓으셨다는 생각은 가령 창세기 24:44의 "하나님이" 리브가를 이삭의 아내로 "정해놓으셨다"는 좀 더 일반적인 말을 훨씬 넘어서는 것으로 보인다. 아마도 이것은 아버지는 자기 딸을 그녀를 위해 "예비된" 사람에게만 주어야 한다는 다메섹 문서(Damascus Document)의 규정에 더 가까운 것 같다. 결국 그녀가 그와 친척관계에 있는 것은 사실이었고, 따라서 그녀와 결혼을 한다면 아버지의 명령을 따르는 것이 된다. 바로 이 점 때문에 토비아는 사라를 보기도 전에 그녀를 "몹시"(6:18) 사랑하게 된 것으로 보인다.

라파엘과 토비아가 토비아의 장래 처가에 도착하는 장면에서 여성 등장인물들에 대한 묘사가 흥미롭게도 사본들마다 다르다. 몇몇 그리스어 필사본들에서는 집 밖에 앉아 있다가 여행자들을 맨 처음 만나고 인사를 나누는 사람이 놀랍게도 사라이다. 아마도 이것은 리브가와 라헬이 공적 영역에서 꽤 자유롭게 다니는 창세기 24:24와 29:9 같은 구약성서 이야기들로부터 영향을 받은 부차적인 것일 수 있다. 아람어 사본에서 밖에 나와 앉아 있는 사람은 분명히 라구엘이다. 아람어 토비트서는 방문객들에게 맨 처음 질문을 하는 사람이 (몇몇 그리스어 필사본들에서처럼 라구엘이 아니라) 에드나임을 확인해준다.

결혼(7:9-8:21)

이 부분은 이 시대에 결혼식이 어떻게 치러졌는지 알 수 있는 자료로서 우리가 가지고 있는 가장 상세한 이야기들 중 하나이지만, 이러한 유형의 이야기로부터 실제 유대 결혼관습의 정확한 세부사항이나 할라카 규정들을 재구성해낼 수 있다고 생각하는 것은 지나치게 단순하다. 확실히 이 이야기에는 보통의 예에서 분명하게 벗어나는 요소들이 있다. 가령 신랑의 부모가 결혼식에 참석하지 않았다거나 단 하루에 결혼식을 서둘러 해서 약혼 기간이 없는 것 등은 일반적인 예에서 벗어난다.

결혼은 보호자들 사이에서 정해진다.(7:9)－(토비아의 아버지 대신) 라파엘이 라구엘(사라의 아버지)에게 간다. (창세기 24:58에서 이 남자와 함께 가겠는지 리브가에게 분명하게 묻는 것과는 대조적으로) 사라나 토비아가 서로 만나서 동의해야 한다는 암시는 전혀 없다. 라구엘은 "모세의 책에 기록된 율법과 규정에 따라 사라를 자네 아내로 데리고 가라"(7:12)고 간단하게 말하고 딸을 토비아에게 넘겨준다. 기록된 문서인 "결혼계약서"에 대한 언급이 있기는 하지만, 그 내용과 의미에 대한 기술적이고 법적인 서술은 나오지 않는다. 이것은 (남편이 아니라) 신부의 아버지에 의해 작성되었으므로, 후에 유대 율법에서 규범적인 것으로 된 케투바(*ketubbah*)는 아니었을 것이다. 사실 이 구절과 관련해서는 여러 사본들에 상당한 정도의 변형이 나타난다. 그리스어 짧은 사본에는 "그들은[아마도 라구엘과 에드나] 거기에 인장을 찍었다"는 말이 덧붙여져 있다.

에드나가 딸을 신방에 넣어주고 눈물을 흘리며 용기를 내라고 말한 뒤, 물고기의 간과 심장을 태우는 마술적인 의식이 치러지고, 악마는 이집트로 도피하는 등 모든 이야기가 속전속결로 진행된다. 반면 결혼식 날 밤 드린 기도를 서술하는 데 훨씬 더 주의를 기울였다. 기도를 하는 사람은 토비아인데, 그는 일차적으로 한 개인으로서 기도를 드리고 있다.("나는 지금 이 친척 여인을 아내로 맞습니다…", 8:7) 물론 마지막 간구는 두 사람을 다 포함해서 하고 있지만 말이다.("나와 내 아내에게 자비를 베푸시어 늙도록 함께 살게 해주소서.") 이 책에 나오는 대부분의 기도문들(cf. 3:11; 8:15)에서도 볼 수 있는 표준적인 축복문구가 처음에 나온 뒤, 창세기 2:18에서 가져온 언어로 아담과 이브의 창조를 다시 이야기한다. 그렇게 해서 지금 이루어지는 이 결혼과 최초의 부부의 결합 사이에 분명한 병행이 이루어지게 된다. 기도 마지막에 두 사람은 "아멘, 아멘"이라고 답한다. 사실 이 "아멘"이라는 말은 이야기에서 사라가 마지막으로 하는 말이다. 오직 불가타 번역본에서만 결혼을 하기 전에 사흘만 기다려 달라는 제안이 8:4-5에 언급된다. 유감스럽게도 쿰란에서 나온 본문에는 이 부분이 전혀 보존되어 있지 않다. 그러나 이것은 히에로니무스가 삽입한 것으로서 원래 기독교의 수덕주의적 이상에 기원을 둔 것일 가능성이 높다.

이야기의 이 부분을 최종적으로 마무리하면서 여성들에게 상당한 관심을 기울이고 있다. 방금 결혼한 사람들이 어떻게 하고 있는지 알아보기 위해 이름이 언급되지 않은 한 여종을 밤중에 보낸다. 앞에서 사라의 미래가 어떠할지에 대해 암울한 예언(3:7)을 했던 것과 대조적으로 이 여종(동일한 여종?)은 이제 "아무것도 잘못된 것이 없다"(8:14)고 반가운 소식을 전해준다. 에드나는 결혼잔치를 위해 많은 빵을 구우라는 말을 듣는다.(8:19) 토비아는 이제 새로 생긴 처가 식구들로부터 기뻐하라는 말을 듣는다. 왜냐하면 "나[라구엘]는 자네의 아버지이고 에드나는 자네의 어머니"(8:21)이기 때문이다. 기이하게도 사라는 이 장면에서 빠져 있다. 그녀는 라구엘이 새로 얻은 사위에게 "괴로워하는 내 딸을 즐겁게 해주게"라고 부탁할 때 간접적으로 나타날 뿐이다. 여기서 그녀가 괴로워하는 이유가 이제는 끝난 이전의 경험들로 인한 상처 때문인지, 아니면 집을 떠나야 하기 때문인지 분명치 않다.

귀환(9:1-12:22)

이 부분에서는 엑바타나의 결혼잔치와 최종적으로 돈을 되찾아오는 것에 대해 이야기하면서 이와 나란히 니느웨에 있는 토비트와 안나에게 무슨 일이 일어나고 있는지를 대조해서 보여주고 있다. 그 단락은 토비트의 근심과 질문에 대한 서술(10:1-3)로 시작되지만, 훨씬 두드러져 보이는 것은 안나의 슬픔과 걱정이다.(10:4-7) 그녀는 낮이면 길가로 나가 살펴보고, 밤이면 잠을 못 이룬 채 울며 애통해 한다.

마지막 작별과 떠나는 장면에서 그리스어 본문들은 남겨두고 떠나야 하는 눈먼 아버지에 대한 토비아의 염려를 부각시키고 있다. 그러나 이 부분을 보존하고 있는 쿰란의 한 아람어 필사본에는 이 대목이 "어떻게 내가 그분들을 남겨두고 떠났는가"라고, 즉 아버지와 어머니 둘 다에 대해 그가 염려하고 있는 것으로 되어 있다. 여행을 떠나는 아들 토비아에게 토비트가 마지막 권면의 말을 했듯이(4:1-21), 이제 새로 생긴 처가 식구들이 그에게 마지막 충고의 말을 한다. 여기서 특별히 눈에 띄는 것은 그의 아내/자신의 딸을 어떻게 대해야 하는지에 대한 에드나의 구체적인 권면이다. "평생토록 내 딸을 슬프게 하지 말게."(10:13) 에드나는 딸을 향해서는 특별한 말이 없다. 딸 사라는 이 마지막 이별 장면에서 시종일관 말이 없다.

집으로 돌아오는 장면에서 길가에 앉아 있다 아들이 오는 것을 보는 사람은 안나이다. 어머니와 아들이 다시 만나는 이 장면은 분명히 야곱이 오랫동안 잃었던 아들을 다시 만나서 인사를 나누는 장면(창 46:29-30)을 모델로 한 것이다. 야곱과 마찬가지로 안나도 이제 아들이 집에 돌아왔으니 죽어도 좋은 심정이다. 사라는 이 장면에 끼어들지 않으며, 토비트의 시력이 회복되는 극적인 장면에도 그녀는 없다. 라파엘과 토비아가 앞서 달려가는 동안 그녀는 훨씬 뒤에 쳐져서 천천히 다가가고 있기 때문이다. 그래서 시아버지와 며느리가 만나는 장면이 따로 나온다. 토비트는 그녀를 축복하고 새로운 가정 안으로 그녀를 환영하며 받아들인다.(11:17) 그러나 라파엘이 자신의 정체를 밝히는 마지막 계시장면에서 사라와 안나는 분명하게 배제되었다.(12:6-21) 이 마지막 장면은 남성 등장인물들이 하나님을 찬미하는 것으로 끝난다.

찬미와 마지막 결말(13:1-14:15)

13:1-17의 긴 찬가 부분, 특히 예루살렘을 부각시키고 있는 9-17절이 원래 이 책의 일부였는지, 아니면 이차적인 부가문인지에 대해 자주 의문이 제기되었다. 쿰란 필사본들에 증거가 나오는 것으로 보아 이 부분은 적어도 아주 일찍부터 이 책의 일부였던 것으로 보인다. 쿰란의 히브리어와 아람어 사본 둘 다에 이 단락의 부분들이 나오기 때문이다. 이 장이 갖는 기능들 중 하나는 단순히 한 가정에 초점을 두는 것을 넘어서 그 가정이 받은 축복을 전체 민족의 회복에 대한 전망과 약속으로 보게 만드는 것이다. 여성인물들에게 그렇게 많은 주의를 기울였던 이 책이 자주 여성으로, 어머니로 묘사되었던 도시 예루살렘의 회복으로 끝나는 것은 잘 어울린다고 할 수 있을 것이다.(물론 어머니 예루살렘이라는 상징이 이 시에서 더욱 발전되지는 못했지만 말이다.)

마지막 장은 느슨했던 종결을 다시 잘 마무리한다. 이 책은 한 이름 없는 죽은 자를 장사지냄으로써 경건한 의무를 다했던 토비트의 이야기로 시작했다. 그리고 이 책은 아버지와 마찬가지로 경건한 아들이 자기 부모와 처가 부모의 장사를 지내는 것으로 끝난다. 마지막 문장은 니느웨의 파멸 이후 토비아 자신의 죽음을 예기하고 있다. 그런데 기이하게도 이 마지막 결론 부분에 사라에 대해서나 사라의 죽음에 대해서나 아무런 언급이 없다.

참고문헌

Bow, Beverly, and George W. E. Nickelsburg. "Patriarchy with a Twist: Men and Women in Tobit," *Women like This: New Perspectives on Jewish*

Women in the Greco-Roman World. ed. by Amy-Jill Levine, 127-144. Atlanta: Scholars Press, 1991.

Fitzmyer, Joseph, ed. "4QS196-200: The Aramaic and Hebrew Fragments of Tobit," *Qumran Cave 4: XIV; Parabiblical Texts, Part 2. Discoveries in the Judaean Desert XIX*, J. Vanderkam, J. Fitzmyer, et. al., 1-76, Pl. I-X. Oxford: Clarendon Press, 1995.

Levine, Amy-Jill. "Tobit: Teaching Jews How to Live in the Diaspora," *Bible Review* 8(1992), 42-51.

______. "Diaspora as Metaphor: Bodies and Boundaries in the Book of Tobit," *Diaspora Jews and Judaism*. ed. by J. Andrew Overman and Robert S. MacLennan, 105-118. Atlanta: Scholars Press, 1992.

Moore, Carey A. *Tobit: A New Translation with Introduction and Commentary*. Anchor Bible 40A. New York: Double day & Co., 1996.

Zimmermann, Frank. *The Book of Tobit*. Dropsie College Series. New York: Harper & Brothers, 1958.

유딧서

드니즈 돔코프스키 홉킨스

Denise Dombkowski Hopkins

개관

경건하고 정숙하며 아름다운 한 과부가 자기 민족을 공포에 떨게 만드는 강력한 적장을 속여서 머리를 자르고 공적 구원자의 역할을 한다. 자신의 행동에 대해 찬양을 받은 후 그녀는 다시 영지로 돌아가 독신으로 산다. 성서의 책 이름이 된 네 명의 여성들(유딧 외에 룻과 에스더는 히브리 구약성서, 수산나는 제2경전 책의 명칭이 되었다.) 가운데 하나인 이 아름다운 과부 유딧은 여러 세기에 걸쳐 화가들과 작가들, 시인들, 작곡가들을 매료시켰다. 그러나 요부, 여전사, 여성주의적 영웅, 덕성스러운 인간, 거짓말쟁이 살인자, 성인의 아름다움을 지닌 여성 등 그들이 다양하게 해석해낸 유딧의 모습은 원래 유딧보다는 그들 자신의 시대를 반영했다. 1세기에 교회가 박해의 위협에 처했을 때 유딧은 그녀가 보여준 용기와 신앙심 때문에 칭송을 받았다.(제1클레멘트 55장) 그리고 나중에는 성직자의 독신생활을 옹호하려 했던 테르툴리아누스(C.E. 160–230년)와 밀라노의 암브로시우스(기원후 339–397)로부터 칭송을 받았다. 루터는 유딧서에 대해 "진지하고 용맹스러운 비극"이라고 했지만, 빅토리아 시대 영국에서는 유딧서에 나타나는 도덕에 반대했다. 유딧서를 해석하는 것은 단순히 그녀 자신의 시대나 우리 시대의 여성들을 위해 유딧이 긍정적인 역할모델을 제시하는가 아니면 부정적인 역할모델을 제시하는가를 결정하는 문제가 아니다. 그보다는 그녀가 서로 긴장하는 대립적인 두 이념을 동시에 유지함으로써 상투적인 고정관념들에 도전하고 그것들을 혼란시키고 있다는 사실을 인식하는 것이다. 유딧서가 지니는 모호함은 그녀에 관한 본문을 읽을 때 안고 들어가는 젠더에 관한 전제들과 우리 스스로 대면할 것을 요구한다.

유딧서는 히브리 정경이나 개신교 정경에 포함되지는 않았지만, 로마 가톨릭과 정교회 기독교인들에게는 제2정경의 일부가 되었다. 개신교에서는 이 책을 외경에 포함시켰다. 히브리어와 아람어로 된 유딧서 필사본이 발견된 것은 결코 우연이 아니다. 초대 기독교교회는 그리스어본인 칠십인역을 통해 유딧서를 알고 있었다. 유딧서는 기원전 200년에서 기원후 100년 사이 그레코-로마 세계에서 유행했던 고대 유대인들의 대중 소설의 한 예이다. 이 시기는 (여성들을 포함한) 상류계급 가운데 글을 읽을 수 있는 인구가 늘어나고 상인과 관료계급이 일어남으로써 흥미를 위해 글을 읽는 청중이 생겨난 시기였다. 유딧서는 유대 역사와 한 집단으로서 유대인들에게 가해졌던 위협을 장대하게 픽션화하고, 민족적 위험을 경험했던 한 연약한 여성을 두드러지게 내세움으로써 유대 소설의 전형을 보여준다. 그러나 유딧서는 단순한 흥밋거리 이상이다. 그녀는 민족적 차원과 개인적 차원 둘 다에서 유대인이 삶 속에서 겪었던 긴장을 자신의 인물 안에 구현하고 있으며, 상징적으로 변화시키고 있다. 한편으로 그녀는 전통적인 이스라엘의 계약신학을 확인해줌으로써 그레코-로마 세계에서 유대교적 정체성을 모범적으로 보여준다. 하나님은 이 백성에게 시험을 주셨으며, 그 기도를 들으시고 희생제사를 받으시며, 하나님의 신실한 백성을 외국의 억압으로부터 구원해내신다. 다른 한편으로 유딧은 여성지혜처럼 말하며, 자기 민족에게 생명을 주는 책임을 감당하고, 그 시대 여성에 대한 이상적인 관념에 도전한다. 그녀는 다면적인, 입체적인 해석으로 우리를 초대한다.

구조와 내용

유딧서의 문학적 예술성은 아이러니, 서스펜스, 이중의미, 반복, 교차대구법, 대조 등을 여러 차례 구사한 데서 잘 드러난다. 이러한 문학적 기교는 양극단의 정형화된 젠더 유형에 주목하게 하고, 거기 도전하는 기능을 한다. 유딧서의 열여섯 장은 균형 잡힌 두 부분으로 나뉜다. 처음의 일곱 장은 남자들과 전쟁의 이야기이며, 느부갓네살 왕과 그의 장군 홀로페르네스의 대부대가 서쪽의 비옥한 초승달 지역 민족들에게 정복과 복수의 전쟁을 벌임으로 인해 야기된 공포를 보여준다. 이스라엘의 전통적인 적인 암몬족의 총사령관 아키오르는 화가 난 홀로페르네스 앞에서 이스라엘 사람들이 항복하지 않을 것이라고 한다. 이스라엘이 죄를 범하지 않았다면, 하나님이 그들을 지켜주시리라는 것이다. 홀로페르네스는 아키오르를 아시리아 진영에서 내쫓고 이렇게 말한다. "느부갓네살 외에 또 다른 신이 어디 있단 말이냐?"(6:2) 그의 이 신학적인 질문은 이 책의 중심적인 갈등인 이스라엘의 하나님이 능력이 있으신가, 아니면 느부갓네살의 군사적인 힘이 능력이 있는가 하는 질문을 부각시킨다.(cf. 9:7, 14; 16:2, 5, 13, 17) 이것은 그레코-로마 세계에서 살아가고 있던 유대인들에게 종종 제기되는 질문이었다. 포위당해 있던 베툴리아 사람들은 자기들이 지은 죄 때문에 하나님이 자신들을 버리셨다고 생각하고, 그들의 지도자들에게 홀로페르네스에게 항복하자고 한다. 그 마을의 지도자였던 우찌야는 하나님이 자비를 베푸시도록 닷새만 더 버텨보자고 그들을 설득한다.

전형적인 유대 소설인 이 책 전반부에는 역사적 오류가 넘쳐나며, 이 오류들 때문에 청중은 이것이 허구적인 이야기임을 즉각 알아챘을 것이다. 예를 들어, 이 책은 "대도시 니느웨에서 아시리아를 통치하고 있던 느부갓네살 왕 제12년에 있었던 일이다."(1:1; 1:7, 11; 2:1, 4; 4:1도 참조) 라고 시작된다. 그러나 니느웨는 느부갓네살이 왕이 되기(B.C.E. 605년) 전인 기원전 612년에 파괴되었다. 그는 자신의 왕국의 수도였던 바빌론에서 신바빌론 제국을 통치했다. 게다가 베툴리아는 이 책 외에는 거의 알려져 있지 않다. 아마도 이 시기는 최근에 유대인들이 포로로부터 귀환해서 성전을 재건한 시기라고(5:18-19) 볼 수 있을 것이다. 왜냐하면 느부갓네살이 기원전 587년 성전을 파괴했고, 기원전 538년에 귀환이 시작되었으며, 성전은 느부갓네살의 통치가 끝난 뒤 한참 후인 기원전 520년에서 515년 사이 페르시아의 통치 하에서 재건되었기 때문이다. 따라서 이 소설의 관심사는 역사적인 사실이 아니고, 독자는 자유롭게 정말로 중요한 문제에 집중할 수 있다. 그것은 이방세계 한가운데서 유대인의 생존과 정체성의 문제이며, 또 남성 세계 한가운데서 여성의 생존의 문제이다.

유딧은 8장에 가서야 드디어 이야기 속에 등장한다. 이때는 긴장이 극에 달하고 백성은 "침통한 분위기에 휩싸여"(7:32) 곧 항복할 태세다. 책의 전반부가 남자들과 전쟁, 공포를 강조하고 있는 것과 대조적으로 8장부터 16장까지는 여자들(유딧과 그녀의 여종), 아름다움, 하나님에 대한 믿음에 근거한 용기를 보여준다. 삼중의 교차배열 구조에 의해 이야기는 두 부분으로 나뉜다. 8장에서는 족보와 함께 유딧이 소개된다.(A) 베툴리아의 장로들을 불러서 그들이 하나님을 시험한 데 대해 나무라고 비밀계획을 알리고 하나님께 기도를 드린 후 여행을 떠나기 위해 치장을 하고 준비를 한다.(B) 유딧은 여종과 함께 베툴리아를 떠나고(C), 곧바로 아시리아인들에게 잡혀 홀로페르네스의 진영으로 안내된다. 거기서 그녀는 가까운 사람들만 참석했던 연회에 참석하고 홀로페르네스가 "술에 잔뜩 취해" 있는 동안 그의 머리를 자른다.(13:2)(D) 이제 역순으로 유딧은 홀로페르네스의 머리를 가지고 베툴리아로 돌아간다.(C′) 그리고 장로들과 마을 사람들을 만나서 아시리아 진영을 참패시킬 방법을 가르쳐준다. 승리를 축하하는 연회에서 그녀는 칭송을 받고, 그녀 자신도 찬가를 부른다.(B′) 다음에 유딧은 다시 과부의 은둔상태로 돌아오고 명예롭게 죽는다.(A′) 악한 홀로페르네스의 머리를 자르는 장면은 교차배열구조의 중심에 있으며, 영예로운 여인 유딧의 전략과 용기로 포장되어 있다. 무력한 유딧을 유혹하려 했던 강력한 홀로페르네스는 거꾸로 그녀로부터 유혹을 당해서 자기 머리를 잃어버렸다. 상징적으로도 그렇고, 문자적으로도 그렇다.

이 책의 두 부분은 몇 가지 대조들로 연결될 수 있다. 즉 남성/여성, 전쟁/아름다움, 두려움/용기, 이방/유대인이라는 대조이다. 이러한 대조들 가운데서 아이러니가 발생하며, 전통적인 이항대립구조에 의문이 제기된다. 첫 번째 부분에서 이스라엘 남자들은 그들의 성벽과 요새 안에 안전하게 머물러 있다. 두 번째 부분에서 유딧과 여종은 남자들이 지켜보고 있는 가운데 그 안전한 곳을 떠나서 적을 만나러 간다.(10:10) 첫 번째 부분에서 홀로페르네스 군대가 거둔 커다란 승리에 대한 이야기들은 모두 두 번째 부분에서 유딧이 혼자서 했던 대담한 행동을 빛나게 하는 거울이다. 유딧의 여종은 홀로페르네스의 머리를 그녀의 음식 자루에 넣고(13:10), 유딧은 그것을 베툴리아 사람들에게 보여준다.(13:15) 아키오르는 그것을 보고 기절하고(14:6), 아시리아 병사들은 머리가 잘린 홀로페르네스의 시체를 보자 혼비백산해서 달아난다.(14:18-19; 15:1-3) 개종을 한 아키오르는 이교도 홀로페르네스와 유딧 둘 다와 관련이 있다. 새로운 상황에서 아키오르가 베툴리아 사람들과 한 편이 되고, 유딧은 아시리아 진영에서 홀로페르네스를 죽이면서 이 두 사람은 서로 역할을 바꾸게 된다. 그러나 주제적으로나 기능적으로 그는 신심 깊은 여인 유딧의 "거울 이미지"이지 대립 이미지는 아니다. 암몬 사람 아키오르는 비유대인 독자들을 위한 인물이고, 유딧은 유대인 독자들을 위한 인물이다. 이들은 둘 다 이방 그레코-로마 세계에서 유대인의 하나님과 유대인의 신앙의 우월성을 증거하는 인물들이다.

저자, 연대, 정경성

유딧서를 쓴 익명의 저자는 아마도 팔레스타인에서 살았을 것이다. 이 책에서 펼쳐지고 있는 사건들은 거의 모두가 팔레스타인 지역에서 일어난다. 이 소설의 의도적인 역사적 부정확성 때문에 정확한 연대를 규정하기는 어렵지만, 1세기에 쓰여진 클레멘스1서에서 유딧서를 언급하고 있는 것으로 보아 이 책은 그전에 쓰여졌음이 틀림없다. 아마도 느부갓네살은 기원전 175년 왕좌에 오른 후 유대인들을 박해했던 그리스 통치자 안티오쿠스 에피파네스 4세를 나타낼 것이다. 홀로페르네스는 기원전 167년에서 164년 마카비 혁명 뒤 유다에 의해 머리가 잘린 시리아 장군 니가노르를 나타낼 것이다. 니가노르의 군대는 참패했고, 그의 머리는 예루살렘에 전시되었다.(제1마카비 7:33–50) 유딧서는 나중에 하스몬 왕조 시대에 작성되었을 수도 있다. 이 시대에는 대제사장과 족장(시민 지도자)의 직무를 한 사람이 다 감당했고, 이것은 유딧서에서 예루살렘의 대제사장 요아킴이 군사적인 명령을 내리고 있는 상황을 설명해줄 수 있을 것이다.(유딧 4:6–8)

좀 더 설득력이 있는 작성 연대는 하스몬 왕조 아주 말기로서, 이때는 살로메 알렉산드라 여왕의 통치기간(B.C.E. 76–67)이었고, 기원전 63년 로마제국이 유대의 독립에 종지부를 찍기 직전이다. 유딧과 마찬가지로 살로메 알렉산드라도 과부였고, 대중들로부터 많은 사랑을 받았으며, 대규모 군대를 조직해서 이웃한 적들을 무찔렀고, 아주 오래 살았다. 여왕은 유딧과 마찬가지로 신앙심이 깊었고, 그녀의 경건함은 기적적인 수확을 거두었다고 해서 랍비들로부터 큰 신뢰를 받았다.(*Sifra Behuquotai* 1:1) 아마도 여왕 알렉산드라 살로메가 통치 기간 중 바리새인들에게 많은 권위를 부여했던 것에 부응해서 그녀의 대중적인 인기를 진작시키기 위해 바리새인 집단이 소설 형식의 유딧서를 창작해냈을 것이다. 이처럼 여성 지도자를 기리는 것은 헬레니즘 시대 지배집단 안에서 여성의 의미가 전반적으로 증대된 것과 궤를 같이한다.

정경에 유딧서가 포함되지 않은 이유에 대해 많은 설명이 있었다. 이 설명들 중 몇 가지는 지금은 뒤떨어진 생각, 즉 90년 이른바 얌니아 회의 때 랍비들이 어느 것은 '넣고' 어느 것은 '뺄지' 결정함으로써 정경화 작업이 이루어졌다는 생각에 근거하고 있다. 몇몇 학자들은 유딧서는 그 보편주의적 경향 때문에 랍비들이 정경에서 배제했다고 주장했다. 가령 아키오르의 개종(14:10)은 신명기 23:3에서 금지한 것이라고 한다. 아마도 유딧서가 빠진 것은 유대인/사마리아인 사이의 적대감 때문이었을 것이다. 베툴리아 마을은 사마리아 사람들의 영토에 있었던 것으로 묘사되었다.(14:6) 유딧서가 마카비 혁명과 봉헌절(하누카) 축제를 연상시킨다는 사실도 하스몬 왕조가 끝난 후 이 책의 인기가 떨어지는 데 일조했을 것이다. 여성해방주의자들은 유딧서가 명예로운 정경의 반열에 오르기에는 "너무 급진적"이었을 것이라고 단순하게 말한다. 그녀의 독립적인 행동은 기존질서를 어지럽혔으리라는 것이다. 유딧은 베툴리아가 처한 위기상황에서 공적이고 남성적인 역할을 자임하며, 베툴리아의 장로들을 진정시키고 재혼을 거부한다. 그러나 이 책 끝부분에서 그녀가 과부로서 자신의 전통적인 역할로 되돌아간 것은 남성들의 기존질서에 대한 그녀의 도전을 뒤집어버린다. 결국 마지막에는 유딧서가 어째서 정경의 일부가 되지 못했는지 확실하게 답변할 수 없게 된다.

주석

여자들과 아이들(1-7장)

유딧서의 전반부에 남자들이 중심에 있는 것은 사실이지만, 여자들이 전혀 나오지 않는 것은 아니다. 홀로페르네스가 해안을 따라 행군할 때 그들을 환영한 인파 가운데는 페니키아 여자들도 있었을 것이다.(3:6-7) 왜냐하면 북은 흔히 여자들이 춤을 출 때 사용했기 때문이다.(출 15:20-21; 삿 21:21; 남녀가 북을 치며 춤을 추는 것으로는 삼하 6:5; 시 149:3; 150:4 참조) 공포에 질린 유대인들이 홀로페르네스의 침략에 대비하는 모습이 우스꽝스러울 정도로 애처롭게 그려지는데, 이때 이스라엘의 남자들과 "그들의 아내와 자식, 가축"까지 모두 전통적인 방식대로 허리에 베옷을 두르고 슬퍼하고 울며 죄를 고백하고 애원한다.(4:10; 4:11) 이스라엘의 여자들은 종종 장례식을 행하며 죽은 자를 위해 곡을 했다.(렘 9:17; 대하 35:25) 예루살렘의 모든 남자들과 여자들, 아이들까지 모두 마음을 합하여 "자녀들이 원수들의 밥이 되지 않게, 자기의 아내들이 포로로 끌려가지 않게"(4:12) 해달라고 간절하게 기도하는데, 이것은 전쟁시 여자들과 아이들이 특히 피해를 받을 수 있음을 인정하는 것이다. 만일 유대가 홀로페르네스에 의해 정복당한다면 여자들은 포로로 잡혀가고 강간당하고 어쩌면 승리자들의 전리품으로 살해당할지도 모른다.

여자들은 아키오르를 심문했던 베툴리아의 공적 "의회"의 일원이기도 했다.(6:16) 나중에 이 모임에서 아시리아 사람들과 화평을 맺지 않은데 대해 우찌야를 공적으로 비난할 때도 여자들은 있었다.(7:23-29) 그러나 우찌야는 여자들에게 답하지 않는다. 그는 "형제 여러분, 용기를 내십시오"(7:30)라고 말한다. 포위되어 있는 동안 여성들은 힘도, 인내심도 없다는 이유로 전통적인 방식대로 유아들, 어린아이들과 함께 분류되었다. 그들은 기절하거나 목이 말라서 길에서 쓰러지기도 했다.(7:22) 7장 끝부분에서 여자들과 아이들은 우찌야의 명령에 따라 집으로 보내진다. 반면 남자들은 성벽과 탑에 그대로 남아 있다.(7:32)

유딧이 소개되다(8장)

유딧은 8장에서 갑작스럽게 소개된다. "그 때 유딧이 그 소식을 들었다." 이것은 앞에 나오는 일곱 장들을 요약하는 말이기도 하다. 유딧의 족보는 성서에 나오는 여성의 족보로서 가장 긴 족보이며, 그녀의 아버지의 족보는 야곱(이스라엘)에게까지 거슬러 올라간다. 베툴리아가 사마리아 영토라는 점을 감안하면, 이 족보는 유딧을 정통성 있는 유대 여성 영웅으로 정당화하려는 것일 수 있다. 속임수를 잘 쓰고 꾀를 잘 부렸던 야곱과 유딧이 관련이 있다는 사실은 그녀 자신도 홀로페르네스를 속이게 되는 것을 시사하는 것일 수 있다. 그녀의 족보는 남성들의 전쟁행위라는 문맥을 중단시키는 기능도 하며, 동시에 긴장을 고조시킨다. 지금까지 모든 사람이 홀로페르네스에게 항복했고, 이제 모든 저항이 유딧이라는 인물에 초점을 두고 있다. "유딧"이라는 이름은 남성 이름 유다의 여성 형태이며, 이 이름을 선택한 것은 "유딧의" 행동들이 유대의 정치적 독립을 이루어냈던 유다 마카비의 행적들과 연결될 수 있도록 하기 위한 것일 수 있다.(cf. 제1마카비서) 한편, "유딧"은 '유대인 여자'를 뜻하기도 하며, 그 자체로서 마르틴 루터가 주장했듯이 이스라엘 민족을 종적으로 나타내는 기능을 할 수도 있다. 이스라엘 공동체는 종종 여성인물로, 가령 처녀(애 1:15; 2:13; 렘 14:17)나 창녀(호 1-3장; 겔 16장), 과부(애 1:1; 사 54:4-8), 또는 신부(렘 2:2-3; 호 2:15)로 인격화되곤 했기 때문이다. 과부 유딧처럼 유대는 다가온 홀로페르네스의 살육 앞에서 홀로 상처받은 채 울고 있다.

그러나 과부 유딧이 어째서 상처받기 쉬운 존재인가? 그리고 그녀가 어떻게 민족 전체, 또는 다른 이스라엘 여성들을 충분히 대표한다고 할 수 있는가? 유딧이 처음에 베툴리아의 다른 여자들과 같았던 것이라고는 삼베옷을 입은 것뿐이었고, 얼마 안 가 그녀는 그것을 벗어버린다. 여성의 존재가 남편과 자식에 의해 규정되던 시대에 그녀는 남편 므낫세가 죽은 후 3년 4개월을 자식도 없이 거의 금욕적으로 살았다. 그녀는 자기 집 지붕 위에 천막을 치고 과부의 옷인 베옷을 입고 축제날만 빼고는 금식했다. (8:5-6) 그러나 그녀는 부유했고 죽은 남편이 물려준 땅에서 안전하게 살았다.(8:7) 부유한 과부였던 그녀는 "좋은 향유를 자기 몸에 바르고 처녀를 쓰고 발목가락지와 팔찌와 반지를 끼고 귀걸이와 그밖에 가지고 있는 모든 장식을 붙이고"(10:3-4) 홀로페르네스를 유혹하러 갈 수 있었다. 준비의 일환으로 그녀는 물로 목욕을 했는데, 이것은 목마른 여자들이나 목이 말라 길에서 기절을 하는 젊은이들과는 다른 것이었다. 그녀가 부유한 과부라는 사실은 그 시대 대부분의 여성들에게는 허락되지 않았던 대담한 방식으로 그녀가 이스라엘을 위해 행동할 수 있는 자유를 부여했다. 따라서 이스라엘이나 다른 여성들과 유딧과의 동일시는 기껏해야 모호하다고 할 수 있을 정도다.

그녀가 가진 부만이 아니라 미모 역시 그녀를 다른 여성들과 동일시할 수 없게 만든다. 의도적으로 꾸미기 전에도 그녀는 "매력 있고 용모가 대단히 아름다웠다"(8:7)고 했는데, 꾸민 뒤에는 장로들과 아시리아 병사들, 홀로페르네스까지 그녀에게 넋을 잃는다.(10:7, 14, 19, 23; 11:21, 23) 그리고 그녀 자신도 감사의 찬미를 드릴 때 자신의 아름다움을 찬양한다.(16:7-9) 그녀의 경건한 신앙심도 남보다 월등하다. "그 여자는 하나님을 무척 공경하는 사람이었기 때문에 그 여자를 비난하는 사람은 아무도 없었다."(8:8) 유딧의 경우 성역할이 불분명하고 다른 여자들과 다르다. 가령 우찌야가 "마음씨가 곱고 총명하다"(8:28-29)고 그녀를 공개적으로 칭찬하고 곧 이어서 하나님을 시험했다고 그녀가 장로들을 비난한 데 대해 반박했을 때도 그녀의 성역할은 모호하다. 다음에 그는 비가 오게 해달라고 기도를 드려서 저수지가 가득차게 하라고(8:31) 그녀에게 지시하는데, 이것은 전통적인 여성의 영역으로 그녀를 다시 집어넣는 것이다. 그러나 유딧은 집요하게 자신의 계획을 장로들에게 밀어붙이며 이렇게 요구한다. "내 말을 들으시오. 나는 우리 후손 대에 길이 남을 만한 한 가지 일을 이루어놓겠습니다… 주님께서는 내 손을 통하여 이스라엘을 구원하실 것입니다."(8:32, 33) 잠언에 등장하는 인격화된 여성지혜처럼 그녀는 "들으시오" 같은 정형문구를 써서 권위 있게 말을 하고 있다.(잠 1:8, 20-21, 23; 5:1; 8:6, 32, 34)

다른 한편으로 유딧은 그 시대의 이상적인 여성으로 나타난다. 그녀는 아름답고 충성스러우며 지적이고 처음에는 말도 하지 않았다. 그녀는 과부가 되자 집안에만 머물러 있었으며, 위기가 닥쳐서야 비로소 집밖으로 나갔다가 승리를 이루고 찬양을 받은 후에는 다시 집으로 돌아온다. 그녀의 이러한 모습은 초기 기독교 시대에 존경받았던 과부들의 모습을 미리 보여준다. 그러나 유딧은 이름이 언급되지 않은 자신의 한 여종에게 "자기의 온 재산을 관리하게"(8:10) 하고, 마을의 장로들이(그녀의 여종이 이들을 불러서 소집한다!) 항복을 약속한 데 대해 마치 여성지혜와 같이 그들을 나무람으로써 그 시대의 이상적인 여성상에 도전한다. 유딧은 장로들이 백성들에게 말한 것은 "옳지 않다"(8:11)고 대놓고 담대하게 그들에게 말한다. 마치 여성지혜처럼 그녀는 "옳은 것"(잠 8:6)을 말한다. 그녀는 "주님께서는 당신께 가까이 가는 사람들을 깨우쳐주시기 위하여 채찍으로 가르쳐주실 뿐입니다"(8:27)라고 여성지혜가 훈계하듯이(잠 3:12; 9:8) 말한다. 그러나 그녀는 과거 이스라엘의 이름난 남자들과 같이 말하기도 한다. 마치 모세처럼(신 6:16) 유딧은 그들이 "오늘 하나님을 시험했다"(8:12)고 경고한다. 그녀는 아브라함과 이삭, 야곱에 대한 기억도 끌어들인다.(8:26) 또한 그녀는 남자 장로들에게 권면할 때 그들을 자기와 동류로 놓고 말한다. "나의 형제 여러분, 우리는 이제 동포들에게 모범을 보여줍시다."(8:24) 이렇게 유딧은 마치 여성지혜처럼 전통적으로 그녀에게 속하지 않았던 힘을 주장하지만, 아이러니하게도 그 지혜전승이야말로 그녀가 자신과 동류로 놓고 있는 남성 엘리트들의 기존체제를 유지하는 기능을 한다.

유딧의 기도(9장)

유딧은 베툴리아의 남녀들로부터 떨어져 있었지만, "예루살렘에 있는 하나님의 성전에서 저녁 향을 태우고 있었을 때"(9:1) 하나님을 향해 기도를 드렸다. 그녀는 처녀 디나(창 34장)를 강간한 데 대해 복수했던 조상 시므온의 하나님께 기도를 드린다. 유딧은 자신이 과부라는 사실을 두 번 언급하는데(9:4, 9), 이것은 홀로페르네스를 응징하는 일에 성공하게 해 달라는 그녀의 기도를 하나님이 들어주시리라는 특별한 보증으로 여겨진다. 왜냐하면 하나님은 "보잘것없는 사람들의 하나님이시고 불쌍한 사람들을 도우시는 분이시며, 약한 자를 붙들어주시는 분이시오, 버림받은 사람들의 보호자"(9:11)이시기 때문이다. 그녀는 자신을 보통의 다른 여자들로부터 분리하는 뛰어난 미모와 부, 경건함을 지녔음에도 불구하고 구원하시는 하나님의 능력을 부각시키기 위해 약하고 상처받기 쉬운 과부라는 전통적인 관념을 자신에게 적용한다. 그러나 이 상처받기 쉬운 과부 유딧/이스라엘이라는 은유 역시 전도되고 마는데, 그것은 그녀가 기도를 하면서 디나의 이름을 구체적으로 거명하지 않고 그냥 "처녀"라고만 언급함으로써 디나에게서 구체적인 인격성을 빼앗아버리기 때문이다. 유딧은 디나의 강간을 베툴리아(이 지명은 히브리어로 "처녀"라는 말과 관련이 있다.)의 포위와 동일시하지만, 그녀 자신은 희생자 디나의 역할이 아니라 보호자이자 복수자로서 시므온의 역할을 맡는다. 이 역할을 맡으면서 유딧은 디나를 욕보인 세겜 사람들의 아내들과 딸들에게 전혀 동정을 보여주지 않는다. 사실은 그녀 자신도 홀로페르네스로 인해 그와 유사한 위험에 처해 있는데도 말이다. 그 여자들을 전리품으로 가져와 승리한 시므온 부족들이 나누어 갖는 것은 당연하다는 것이다.(9:4) 유딧은 "전쟁을 승리로 이끄시고" 복수의 분노를 내리시는(9:7, 9) 하나님께 호소한다. 그녀는 하나님이 "여자의 손을 이용해서"(9:10; 이것은 16:5에서도 언급된다.) 홀로페르네스의 교만을 꺾으시기를 원한다. 그것은 수치스러운 종말이며, 아비멜렉의 죽음(삿 9:53-54)을 떠올린다. 유딧의 기도에 나타나는 그녀의 하나님은 기존체제의 규범을 존중/도전하면서 유딧 자신이 보여주었던 혼란과 똑같은 혼란을 보여준다.

유딧의 간계(9-12장)

유딧은 자신이 꾸미는 간계를 하나님이 허락하셔서 홀로페르네스를 무찌를 수 있게 해달라고 두 번 기도한다.(9:10, 13) 그녀는 아시리아 순찰병을 만나자 내놓고 거짓말을 한다.(10:12-13) 홀로페르네스 앞에서 유딧은 자기 민족이 거룩하게 따로 떼어놓았던 과일의 맏물과 십일조를 먹는 죄를 범해서 하나님의 분노를 사려 한다고 거짓말을 한다.(11:11-15) 이것은 자기 민족이 곤경에 처하게 된 것은 죄를 범해서가 아니라고 그녀 스스로 앞에서 부정했던 것과 정면으로 모순되는 것이다.(8:18-19) 그녀는 11:17-18에서 홀로페르네스에게 또 거짓말을 한다. 유딧이 홀로페르네스와 나눈 대화는 뻔뻔한 거짓말인 것에 더해서 이중의미로 가득 차 있다. 그녀는 홀로페르네스에게 "오늘밤 제가 내 주께 말씀드리는 것은 거짓말이 아닙니다"(11:5)라고 약속하는데, 이때 "내 주"는 홀로페르네스를 가리킬 수도 있고, 그녀가 매일 밤 진영 밖에서 기도를 드리는 하나님을 가리킬 수도 있다.(11:6과 12:4에서 이 말은 하나님을 가리킨다.) 하나님은 과연 홀로페르네스를 통해서 "무언가를 이루실"(11:6; 11:16) 것이지만, 그것은 홀로페르네스가 의도했던 것은 아니다. 연회가 벌어진 그 밤은 유딧의 전 생애에서 "가장 영광스러운 날"(12:18)이지만, 그것은 홀로페르네스의 유혹을 받게 될 것이기 때문이 아니라 그녀가 그를 죽일 것이기 때문이다. 장로들에게는 그녀가 여성지혜였지만, 이제 홀로페르네스에게 유딧은 위험한 낯선 여인이다.(잠 7장; 9:13-18)

유딧의 거짓말은 도덕적인 약점으로 비난을 받기도 했고(그녀는 11:1, 23에서 거짓말을 했던 홀로페르네스보다 나을 것이 없다.), 홀로페르네스의 막강한 힘 앞에 선 패자 이스라엘과 그들의 계약의 존속을 위해 반드시 필요했던 것이라고 옹호되기도 했다. 그녀를 옹호했던 주석가들은 그녀를 리브가(창 27-28장)와 다말(창 38장)에 비교하기도 했고, 이스라엘의 선을 위해 거짓말을 했던 모세의 어머니와 누이, 산파들(출 1-2장)에 비교하기도 했다. 유딧이 무기로 사용했던 속임수를 특별히 여성의 특징으로 보기보다는 속임수 이야기라는 전반적인 틀 안에서 보아야 한다는 것이다. 그것은 하나님의 약속에 반하는 세계 속에서 위협받고 있던 이스라엘이 자신들의 위치를 이해하도록 도와주었던 이야기 유형이었다. 유딧은 게릴라 전술과 은밀한 군사작전을 벌이는데, 이것은 이스라엘이 야엘의 시대에, 그리고 사사들과 나중에는 마카비 혁명 기간에 사용했던 것이다. 유딧은 거짓말을 했고, 그렇게 함으로써 모든 사람이 "오로지 당신밖에는 아무도 이스라엘 민족을 보호하실 분이 없다는 것을"(9:14) 알게 했다.

유딧이 홀로페르네스의 머리를 자르다(13-14장)

사사기 4-5장의 드보라와 야엘의 이야기가 유딧이 홀로페르네스의 머리를 자리는 이야기의 모델이 되었을 것이다. 두 이야기 모두 외국 권력과의 정치적인 투쟁에 관한 내용을 포함하고 있고, 두 이야기 모두 승리의 노래로 끝난다. 그리고 두 이야기 모두 여자의 손에 의한 것이라는 동기를 강조하고 있다. 야엘은 "손에 망치를 들었고"(삿 4:21; cf. 5:26), 유딧은 "주님께서는 내 손을 통하여 이스라엘을 구원하실 것"(8:33; 9:13-14; 13:4, 14)이라고 선언한다. 시스라와 홀로페르네스 둘 다 천막 안에서 죽임을 당했고, 둘 다 머리에 해를 입었으며, 죽기 전에 무언가를(염소젖, 포도주) 마셨다. 후대의 해석자들은 야엘은 환대의 율법을 어겼고, 유딧은 거짓말을 했다고 지적했다. 성적인 주제 역시 두 이야기 모두에 내포되어 있다. 야엘과 유딧은 둘 다 하나님의 명령에 의해서가 아니라 그들 스스로 주도권을 쥐고 먼저 행동한다. 그리고 두 이야기 모두에서 남성 지도자들, 즉 바락과 우찌야는 처음에 여자들(드보라와 유딧)의 말 듣기를 머뭇거린다. 두 이야기는 모두 여전사의 은유를 제시하는데, 이들은 폭력적인 공격자가 됨으로써 남성적인 특징과 영예를 지니게 되는 경계의 인물이다. 여전사라는 상은 여성해방적인 측면에서 볼 때 모순적인 형상인데, 그것은 이들이 남성적인 가치들이나 전쟁과 아주 긴밀하게 동일시됨으로써 해방적인 측면과 위협적인 측면을 동시에 지니게 되기 때문이다. 남자들은 이러한 여성들을 가부장주의를 정당화하는 인물로 보기도 하고, 위협하는 인물로 보기도 한다. 어떤 여성들은 이런 여전사의 상을 받아들임으로써 보호받는 성으로서 자신들의 위치를 포기하게 되는 것을 원치 않는다. 이러한 모순된 반응들은 구체적인 사회적 상황 속에서 독자들의 전략이라고 할 수 있다. 즉 성역할의 의미를 지지하거나 비판하거나 수정하려는 전략인 것이다.

유딧은 홀로페르네스의 머리를 자르기 전에 두 번 기도한다. 그녀의 기도는 그녀의 역할이 지니는 긴장을 드러낸다. 첫 번째로 그녀는 "저의 계획을 실현하게"(13:5) 해달라고 하나님께 담대하게 요청한다. 두 번째로는 "저에게 힘을 주십시오"(13:7)라고 간단하게 기도드린다. 예술가들은 특히 그녀가 홀로페르네스의 머리를 자르는 장면에 깊이 매료되었는데, 그것은 홀로페르네스가 머리를 잃는 것과 같은 상징적인 거세를 나타내기 때문이다. 베툴리아로 돌아온 유딧은 과부로서 성적 자율성을 가지고 있었기 때문에 그럴 필요까지는 없었음에도 불구하고 자신은 홀로페르네스에게 성적으로 더럽힘을 당하지 않았다고 공언한다.(13:16) 우찌야는 이번에는 8:31에서 그랬던 것처럼 그녀를 말리지 않는다. 대신 그는 그녀를 축복하고, 백성들은 자신들을 버렸다고 생각했던 하나님을 경배한다.(13:17) 한 번 더 유딧은 마을 사람들을 가르친다. "동포여러분, 내 말대로 하십시오"(14:1)라고 말하면서 그녀는 아시리아 사람들이 머리가 없는 홀로페르네스를 발견하고 공포에 떨 때 그들을 어떻게 섬멸할지 자신의 계획을 알려준다. 아키오르는 유딧을 만나서 홀로페르네스의 머리임을 확인하고는 기절해버리고 만다.(14:6) 이것은 그의 머리를 자른 그녀의 용기를 더욱 부각시킨다. 유딧은 분명하게 자기가 할 일을 하며, 이야기 속의 남자들은 뒤로 물러난다.

승리와 찬양(15-16장)

베툴리아 사람들이 아시리아 진영을 약탈한 후 대제사장 요아킴이 와서 유딧을 축복한다.(15:8-10) 그리고 그녀에게 홀로페르네스의 천막에서 약탈한 것들을 준다. 요아킴의 축복을 통해 하나님은 유딧이 행한 것을 승인한다. 그녀는 약탈품을 자기가 갖지 않고 하나님께 바치는데(16:19), 이것은 여호수아서에 나오는 '헤렘'(*ḥerem*: '금지'라는 뜻. 전리품을 하나님께 바치는 관습) 관습과 왕조시대 왕들의 특권(삼상 25-30장)을 따른 행동이었다. 요아킴의 축복과 헤렘은 유딧이 성역할을 전도시킴으로써 이스라엘 사회에 위협이 되었기 때문에 공적 영역에서 자신의 지도력의 징표를 포기할 수밖에 없었다는 생각과 긴장을 이룬다. 오히려 이렇게 전리품을 바침으로써 그녀는 의식적으로 자신의 공적 위치를 제사장들과 나란히 할 수 있었을 것이다. 아니면 이 행동은 그녀가 이미 부유한 과부였기 때문에 홀로페르네스의 재물을 필요로 하지 않았다는 것을 나타낼 수도 있다. 미리암처럼 유딧도 머리에는 올리브 관을 쓰고 모든 여자들을 춤으로 인도한다. 한편, "이스라엘의 모든 남자들은 그들을 뒤따랐다."(15:13) 이전에는 여자들이 남자들의 명령을 따르고 스스로 행동하지 못했지만, 여기서는 여자들이 앞장을 선다.

16장에 나오는 유딧의 찬양시는 모세의 노래(출 15장)나 아니면 드보라의 노래(삿 5장)에 기초했을 것이다. 자신의 살인행위가 얼마나 특별한 것인지 유딧 스스로 강조하고 있다.(16:6) 힘과 젊음이 아니라 미모로 그녀는 홀로페르네스를 거꾸러뜨린 것이다. 재혼을 거부한 것(16:22)은 물론이고 이것 역시 전통적인 성역할을 강화하고 유딧을 온순한 인물로 만드는 작업의 일환인가? 아니면 그녀의 독특성을 강조함으로써 부유한 과부로서 그녀가 누렸던 자율성을 보존하기 위한 한 방법인가? 아마도 유딧은 성역할과 관련해서 이스라엘의 상황을 변화시키지 못했을 것이다.(예루살렘에서 축제가 끝난 다음 각 사람은 모두 자기 집으로 돌아갔다.

16:21) 그러나 그녀는 확실히 자신의 상황을 개선시켰다. "유딧은 남은 생애 동안 온 나라에서 존경을 받았다."(16:21c) 그녀가 남편 므낫세의 무덤에 합장된 것(16:23)을 두고 꼭 전통적인 아내의 역할에 동화된 것이라고 볼 필요는 없다. 그녀와 남편의 관계가 이 이야기에서 중요한 것은 오로지 그가 죽었고, 게다가 부를 남기고 사라져서 이스라엘을 위해 담대하게 행동할 수 있는 자유를 그녀에게 허락했다는 데 있다. 그녀가 죽어서 남편과 함께 있다는 것은 단순히 이 사실을 강화할 뿐이다. 그것은 결코 역사 속에서 그녀의 행동을 지우지 않는다.

유딧의 이야기는 "유딧이 살아 있을 때는 물론 그 여자가 죽은 후에도 오랫동안 이스라엘 사람들을 위협하는 자들이 없었다"(16:25)는 말로 끝난다. 이것은 신명기사가의 역사의 순환을 반영한다.("그 땅은 40년 동안 평온하였다", 삿 5:31) 유딧을 사사들과 관련해서 본다면, 적극적인 측면에서는 위기 때에 신실한 백성을 구원하시는 하나님의 능력을 확인할 수 있으며, 소극적인 측면에서는 역사순환의 하강기에, 사사들의 시대의 마지막에 이스라엘이 혼란에 빠지고, 아마도 살로메 알렉산드라 여왕 통치의 마지막에 하스몬 왕조가 끝나고 로마가 통치하게 되는 것을 반영하는 것일 수 있다.

생각해볼 문제들

유딧의 이야기는 성역할과 관련해서 팽팽한 긴장을 보이며, 이 때문에 상호 모순된 해석들이 존재한다. 유딧이 이야기에서 중심적인 인물이기는 하지만, 그녀를 여성해방적인 측면에서 여성들에게 용기를 줄 수 있는 역할모델이라고 할 수 있는가? 이야기 마지막에 그녀가 과부의 위치로 돌아온 것은 가부장주의에 도전한 그녀를 온순하게 묘사하려고 한 증거라고 볼 수 있는가? 유딧이 여성지혜처럼 행동한 것이 가부장주의에 도전한 것인가? 그녀가 홀로페르네스를 유혹하고 요부처럼 행동했다고 해서 그것이 여성을 깍아내리는 것인가? 그리고 그녀는 치명적인 미모와 속임수를 써서 남자들을 두려움에 떨게 만드는 상투적인 부정적 인물인가? 유딧은 처음과 마지막에는 원형적인 양성구유적·비(非)성적인 인물로, 중간에는 단순히 유혹자이자 암살자로 나타남으로써 남성적인 것과 여성적인 것 둘 다를 초월하는가? 여전사로서 유딧은 남성 영웅(주님)이 여성 형상(이스라엘)을 포로상태로부터 구해내는 출애굽의 구출 이야기를 역전시키고 있는가? 그러나 자신이 속한 사회의 규범과 반대되는 역할을 함으로써 그녀는 남자들을 위험에 빠뜨리고 있는 것인가? 유딧은 하나님이 자신을 승리하게 해주시리라 믿고 있으므로(11:16; 12:4; 13:14; 16:5) 남성 영웅인 하나님에 대비되는 연약한 조력자/유혹자로서 남성 등장인물들의 이익을 위해 봉사하며, 따라서 반여성적인 인물에 불과한 것인가? 위기에 직면해서 나온 유딧의 용기는 본받을 만한 것인가? 유딧은 판에 박힌 성역할과 은유들을 강화하기도 하고, 또 거기 도전하기도 한다. 그녀는 자신과 자신이 속한 문화가 전제하고 있는 성역할에 대한 가정들에 도전함으로써 서로 대립하는 이념들 사이에 혼란과 모호함을 불러일으킨다. 유딧이라는 인물이 지니고 있는 복잡함과 모호함은 그레코-로마 세계 속에서 자신이 처한 불확실한 상황을 이해하는 데 이스라엘에게 도움을 주었을 것이다. 그녀는 아마도 현대의 독자들이 원하는 것 이상으로 복잡하지만, 바로 그 복잡함 때문에 그녀의 이름을 제목으로 하는 이 책이 그렇게 흥미롭고 도전적인 책이 되었을 것이다. 유딧이 지니는 이러한 복잡성은 일차원적인 독서에 의해 그녀가 지니는 의미를 축소시켜서는 안 된다고 경고한다.

참고문헌

Bal, Mieke. "Head Hunting: 'Judith' on the Cutting Edge of Knowledge," *Journal for the Study of the Old Testament* 63(1994), 3–34.

Craven, Toni. *Artistry and Faith in the Book of Judith.* Society of Biblical Literature Dissertation Series 70. Chico, Calif.: Scholars Press, 1983.

Ilan, Tal. *Jewish Women in Greco-Roman Palestine: An Inquiry into Image and Status.* Tübingen: J.C.B. Mohr, 1995.

Milne, Pamela. "What Shall We Do with Judith? A Feminist Reassessment of a Biblical 'Heroine,'" *Semeia* 62(1993), 37–58.

Moore, Carey A. *Judith: A New Translation with Introduction and Commentary.* Anchor Bible 40B. Garden City, N.Y.: Doubleday & Co., 1985.

Prouser, O. Horn. "The Truth about Women and Lying," *Journal for the Study of the Old Testament* 61(1994), 15–28.

Vanderkam, James C., ed. *"No One Spoke Ill of Her": Essays on Judith.* Society of Biblical Literature Early Judaism and Its Literature Series 2. Atlanta: Scholars Press, 1992.

Wills, Lawrence M. *The Jewish Novel in the Ancient World.* Ithaca, N.Y.: Cornell University Press, 1995.

Yee, Gale. "By the Hand of a Woman: The Metaphor of the Woman Warrior in Judges 4," *Semeia* 62(1993), 99–132.

그리스어 에스더서

아델 라인하르츠

Adele Reinhartz

개관

그리스어 에스더서는 헬레니즘 시대 유대 소설로서 외경에 포함된 몇 권 중 하나이다. 그러나 이 책은 히브리성서에 상응하는 부분이 있다는 점에서 같은 장르의 다른 책들과 구별된다. 에스더서의 그리스어본과 히브리어본은 그 등장인물과 배경, 대사 등 여러 세부묘사에서 수많은 공통점을 지닌다. 이 두 책은 비슷한 이야기를 하고 있다. 호사스럽고 좀 어리석은 페르시아의 한 왕이 왕후를 폐위시키고 새 왕후를 얻기 위해 미인대회를 연다. 승리자는 에스더라는 이름을 가진 젊은 유대 여인이었고, 그녀의 후견인 모르드개는 그 과정에서 조신(朝臣)이 된다. 이 드라마에서 악역은 왕의 고관인 하만인데, 그는 유대인 모르드개에게 무시당했다고 느끼고 왕을 사주해서 유대인들을 죽이라는 칙령을 내리게 한다. 에스더가 개입해서 이야기는 극적인 반전을 이루고 계획은 좌절된다. 유대인들은 복수를 하고, 부림절 축제가 생겨난다.

그리스어본 에스더서는 히브리어 본문의 번역에 기초하고 있다. 그리스어본 에스더서는 두 가지 중요한 점에서 히브리어본과 다르다. 첫째로,

그리스어본에는 부가적인 여섯 개의 이야기 단편이 더 들어 있어서, 위에서 요약한 기본적인 이야기의 틀을 다시 만들고 확대한다. 둘째로, 그리스어본은 이야기 자체 안에서나 부가문에서나 50번 이상 하나님을 언급하고 있다. 이 점은 하나님에 대해 결코 내놓고 언급하지 않는 히브리어 에스더서와 대조된다. 이러한 변화는 줄거리를 바꾼 것은 아니지만, 독자들이 이야기를 해석하는 데 영향을 끼쳤다. 그리스어 에스더서는 하나님의 개입을 끌어들이고 강조함으로써 하나님과 이스라엘 사이의 계약관계라는 좀 더 넓은 문맥 안에 이 특별한 이야기를 위치시켰다. 그리스어본은 여섯 개의 주요 부가문과 그 외 사소한 수많은 부가문을 덧붙임으로써 중심적인 인물 에스더의 성격을 수정하고, 그녀와 그녀의 후견인 모르드개 사이의 관계에 독자가 좀 더 주의를 집중하게 했다. 여섯 개의 주요 부가문은 아래와 같다.

A. 모르드개의 꿈과 왕에게 적대하는 두 내시의 음모(11:2–12:6)
B. 페르시아 내 유대인들의 섬멸을 인허하는 왕의 칙령 본문(13:1–7)
C. 비극을 막게 해달라는 모르드개와 에스더의 기도(13:8–14:19)
D. 에스더가 허락을 받지 않은 채 왕에게 접근함. 이로써 유대인들을 구하고자 하는 에스더와 모르드개의 계획에 시동이 걸린다.(15:1–16)
E. 파괴의 명령을 뒤집는 칙령(16:1–24)
F. 모르드개의 꿈에 대한 해몽과 뒤이어 나오는 간기(刊記)(10:4–11:1)

부가문 A와 F는 이야기의 전체 틀을 재조정하고, 나머지 부가문들은 이야기의 흐름 속에 끼어들어 히브리어 에스더서에 있는 요소들을 확대한다. 이 부가문들은 모두 원래의 히브리어 본문에는 없던 것이 이차적으로 덧붙여진 것이며, 그리스어 에스더서는 이 히브리어 에스더서를 번역한 것으로 보인다. 이 부가문들의 히브리어 병행은 존재하지 않지만, 부가문들 자체를 내적으로 검토해보면 부가문 A, C, D, F는 원래 히브리어로 작성되었던 반면, 부가문 B와 E는 원래 그리스어로 작성되었던 것으로 보인다. 그러나 이 부가문들은 모두 디아스포라 유대인들의 문제와 관심사를 반영한다. 부가문들의 절표시는 (NRSV와 마찬가지로) 칠십인역을 따랐는데, 그것은 부가문들이 히에로니무스의 라틴어 번역(404년경)의 정경 부분 끝에 위치한 데 근거했다. 로마가톨릭에서는 이 부가문들을 "제2정경"으로 받아들였고, 개신교에서는 "외경"으로 받아들였다.

그리스어 에스더서는 아무리 늦어도 93-94년경에는 쓰여졌을 것이다. 이 무렵 유대 역사가였던 플라비우스 요세푸스가 자신의 에스더 이야기에 부가문 B, C, D, E를 사용하고 있기 때문이다. 그러나 좀 더 세밀한 연대규정은 이 책의 간기(刊記)에 근거해서 가능할 것이다. 간기는 그리스어 에스더서의 칠십인역본에서 부가문 F의 결론 부분에 나온다.(간기는 이 책의 두 번째 그리스어본, 즉 일반적으로 알파 본문[Alpha Text], 또는 AT Esther라고 하는 본문에는 나오지 않는다.) 간기에서는 도시데우스라고 하는 한 레위인 사제가 에스더서의 그리스어 번역본을 프톨레마이오스와 클레오파트라 재위 제4년에 이집트로 가져왔다고 한다. 이 언급은 클레오파트라라는 이름의 아내를 두고 적어도 4년 이상 통치했던 프톨레마이오스가 왕들의 시대로 추정 연대를 한정시켜 놓는다. 그러면 후보자는 프톨레마이오스 8세 소테르 2세(B.C.E. 114년경)와 프톨레마이오스 12세(B.C.E. 77년경), 프톨레마이오스 14세(B.C.E. 48년경)가 된다. 이 왕 부부가 누구인지 확실하게 밝혀내는 것은 불가능하지만, 위의 명단은 이 책이 기원전 2세기 후반에서 1세기 초반에 쓰여졌음을 시사한다. 물론 이러한 추정은 간기가 정확한 것이라는 전제 위에서만 가능하다. 그런데 이 책이 전반적으로 상상적인 성격을 지닌다는 점으로 미루어 볼 때 간기의 진정성 문제는 열려져 있다. 그럼에도 불구하고 문체와 장르는 위의 연대규정을 뒷받침해준다.

왕실 포고문인 B와 E는 팔레스타인 밖, 아마도 알렉산드리아에 있던 현학적인 유대인 집단으로부터 나왔을 것이다. 다른 부가문들은 아마도 팔레스타인에서 작성되었을 것이다. 왜냐하면 이 부분의 신학적인 내용이 당시 팔레스타인에서 유래한 다른 본문들, 가령 다니엘서나 유딧서의 내용과 양립 가능하기 때문이다. 그러나 이 책 전체의 내용과 강조점은 전통적으로 복종적이었던 디아스포라 유대인 공동체가 이방인이 다수인 세계 한가운데서 적절한 행동과 태도가 어떤 것인지 규정하려 했을 때 나타나는 관심사를 반영하고 있다.

주석

이하의 그리스어 에스더서에 대한 주석은 NRSV에 번역되어 있는 칠십인역본을 따르고 있다.

부가문 A : 모르드개의 꿈(11:2-12); 내시들의 계획(12:1-6)[1)]

부가문 A는 원래의 이야기 내용에 대한 서문의 기능을 한다. 이 부분은 모르드개라는 인물을 소개하는 것으로 시작된다. 그의 족보와 민족적 혈통, 신분, 직업, 개인적 경력이 이야기되는데, 이를 통해 그는 바빌론 포로기의 세대와 연결된다. 다음에 모르드개가 중심적인 역할을 하는 두 사건을 기술하고 있다. 첫 번째 것은 그의 꿈인데, 거대한 두 마리의 용이 서로 싸울 기세로 으르렁거리고 이로 인해 민족들은 "의로운 백성"(11:7)을 치려고 전쟁을 준비하게 된다. 하나님은 도와달라는 의로운 백성의 요구에 답하신다. 큰 강이 생겨나 물이 넘쳐흐르고, 태양이 뜨고 날이 밝아지며 비천한 백성이 높여져서 힘센 자들을 집어삼킨다. 모르드개는 이 꿈이 포로로 잡혀간 백성에 대한 하나님의 계획을 나타낸다고 생각하고, "그 뜻

1) [역주] 한글 공동번역에서는 1:1 앞에 나온다.

이 무엇인가를 알아내려고"(11:12) 무진 애를 쓴다. 두 번째 사건은 아닥사스다 왕의 어전내시 두 명이 왕을 죽이려고 했던 일에 관한 것이다.(이 왕의 이름은 히브리어본에는 아하수에로로 되어 있지만 칠십인역에는 아닥사스다로 되어 있다.) 이 음모를 미연에 방지한 공로로 모르드개는 궁 안의 직책을 받는다. 그러나 불행하게도 이 사건에서 그가 한 일로 인해 모르드개와 그의 백성은 "왕의 총애를 받던"(12:6) 하만의 미움을 사게 된다.

이 서문은 세 가지 중요한 정보를 제공함으로써 독자들을 앞으로 나올 이야기에 대해 준비시킨다. 첫째로, 이 서문은 모르드개를 이 책의 영웅으로 소개한다. 그는 사람들과 잘 연결되는 중요한 인물일 뿐만 아니라 예언자처럼 꿈을 통해 계시를 받기도 한다. 모르드개의 집안은 유대로부터 쫓겨나 포로생활을 경험했는데, 그것은 이 이야기를 디아스포라의 역사적 경험과 관련시킨다. 다음에 꿈 자체는 앞으로 이야기될 사건들을 묵시문학적 상상의 영향 아래 있는 좀 더 큰 문맥 안으로 끌어들이며, 하나님의 구원을 약속함으로써 결국에는 모든 일이 잘 될 것이라고 독자들을 안심시킨다. 마지막으로 궁정 안에서 있었던 사건들은 모르드개가 의로운 사람임을 보여주며, 하만과 모르드개 사이의 경쟁과 적대관계를 묘사하기 위한 터를 다지는 기능을 한다. 그리고 이 책의 중심 줄거리가 페르시아의 유대인들을 파멸시키려는 하만의 계획에 초점을 두고 있음을 암시한다.

무대설정(1:1-3:13)

서론적인 서술 뒤에 히브리어본의 상응하는 부분과 마찬가지로 요란하고 호사스런 왕의 잔치에 대한 서술로 이야기가 시작된다. 이 잔치에서 와스디는 "백성과 고관들 앞에서 그녀의 아름다움을 보여주기"(1:11)를 거부한다. 그리고 그녀의 반항이 결혼의 조화에, 특히 온 나라의 남성들의 권위에 어떻게 잠정적인 위협이 되는지를 직접 서술하는 대신, 이야기를 돌려서 와스디가 다시는 어전에 나타나지 못하게 되고, 모든 부녀자들은

"부자나 가난한 자나 똑같이 남편을 공대해야 한다"(1:20)는 왕의 칙령이 내려졌다고 서술하고 있다. 이 억지스러운 이야기는 왕을 귀가 얇고 남의 말 잘 듣는 얼간이처럼 보이게 한다.

히브리어 에스더서의 아하수에로 왕은 나중에 와스디의 일을 기억하고 후회하지만(히브리어, 에 2:1), 칠십인역의 아닥사스다 왕은 그녀를 완전히 잊어버리며, 새로운 왕비를 고르기 위해 즉각 계획을 진행시킨다.(그리스어, 에 2:1-4) 이 계획은 이 책 전체의 주요 줄거리와 이차적인 줄거리를 위한 무대를 설정한다. 모르드개는 앞서 부가문 A에서 이미 등장했는데도 여기서는 이전에 등장했었던 것을 전혀 언급하지 않은 채 새삼스럽게 다시 소개하고 있다.(2:5) 그와 함께 아름답고 순종적인 피후견인 에스더가 등장한다. 그녀는 새로운 왕비를 간택할 미인대회에 강력한 후보자가 된다. 그녀가 대회를 위해 몸치장을 하고 세심한 준비를 하는 동안 모르드개는 제 나름의 궁리를 하며 후궁 뜰에서 그녀를 지켜본다.

에스더는 왕비로 간택된 후에도 이전에 모르드개의 보호 아래 있을 때와 마찬가지로 계속해서 하나님을 두려워하고 그의 율법을 지켰다.(2:20) 모르드개는 궁전 경내에 계속 있다가 우연히 왕의 두 내시가 꾸미는 암살 음모를 미연에 방지하는 데 결정적인 역할을 하게 된다. 모르드개가 한 일은 궁중실록에 기록되었다.

이 일 후에 이 소설의 마지막 주요 인물이 소개된다. 하만은 방금 왕의 최고 "친구"(cf. 히브리어 에스더서에서는 고관)로 임명되었는데, 모르드개가 자신에게 절을 하기를 거부하자 격분한다.(3:2-6) 그는 자신의 이 분노를 전 유대인들에게로 확대한다. 왜냐하면 하만이 생각하기에 모르드개가 자신에게 존경을 표하기를 거부하는 것(3:4)은 그가 유대인이라는 사실에서 기인하기 때문이다. 하만은 남의 말 잘 듣는 왕을 설득해서 "왕의 법을 지키지 않는" 유대인을 파멸시키는 것이 나라에 유익이 될 것이라고 믿게 하는 데 성공한다. 거기에 더해서 그는 유대인들을 파멸시키기만 한다면 왕의 금고에 은화 1만 달란트를 내놓겠다고 약속하기까지 한다.

하만에게 인장반지까지 내준 왕은 “그 민족”을 마음대로 처리하라고 한다.(3:10-11) 제비뽑기로 아달월 14일이 유대인들을 파멸시키는 날로 정해졌다.

그리스어 에스더서의 이 부분은 히브리어 에스더와 병행해서 이야기의 주요 줄거리와 이차적인 줄거리를 전개하고 있다. 그러나 그 과정에서 부가문 A를 통해 제시된 내용과 모순을 일으키는 점이 있다. 부가문 A에서는 모르드개와 하만 사이의 적대감이 두 내시의 음모에 모르드개가 끼어들면서 생겨난 것으로 되어 있는데(물론 하만이 왜 모르드개의 행동에 반대했는지 이유가 설명되지는 않았다.), 여기서는 히브리어 에스더서와 마찬가지로 모르드개가 하만의 권위에 도전했기 때문에 적대감이 생겨난 것으로 나타난다.

그러나 가장 흥미로운 것은 에스더에 대한 묘사이다. 와스디가 반항적이라면 에스더는 고분고분하고 순종적이다. 그녀는 미녀 만들기라는 그 길고 지루한 과정을 우아하게 잘 견뎌내고, 우두머리 내시의 눈에 들고 나중에는 아닥사스다의 마음에도 들게 된다. 더욱이 그녀는 자기 민족, 또는 나라를 아무에게도 말하지 말라는 모르드개의 말에도 순종하고, 외국 왕의 후궁에 기거하면서도 율법을 잘 지켜서 하나님에게도 복종한다. 이제는 왕의 아내이지만, 에스더에게 일차적인 관계는 여전히 모르드개와의 관계이다. 모르드개는 그녀의 사회적 신분이 상승한 것과 상관없이 여전히 그녀에게 도덕적인 권위를 행사하고 있다. 따라서 와스디와 달리 에스더는 남녀관계의 위계질서에 잠정적인 위협이 되지 않는다.

부가문 B: 유대인들을 박해하라는 왕의 칙령(13:1-7)[2)]

역겹고 거만한 문체로 쓰여진 부가문 B는 대학살을 허가하는 편지 본

2) [역주] 한글 공동번역에는 3:13과 3:14 사이에 나온다.

문으로서 온 나라에 보내는 것이라고 한다. 이 편지는 왕의 이름으로 말하고 있지만, 하만의 관점과 그의 손길을 반영한다. 이 편지는 평화를 이룩하기 위한 것이라는(13:2) 이유에서 유대인들을 파괴하려는 왕의 결정을 정당화하고 있다. 또 이 계획을 세운 하만은 정보가 많고 지혜로운 지도자라고 추켜세운다.(3:3) 그리고 유대인들은 이 땅의 평화를 어지럽히는 족속이라고 비난한다.(13:4-5) 유대인들에 대한 이러한 비난은 그레코-로마의 여러 저자의 글 속에서도 나타나는데, 유대인들에 대한 이러한 관점은 디아스포라 유대인 독자들에는 정말 실감났을 것이다. 디아스포라 청중들은 하만의 파괴음모로 인해 희생자가 될 뻔했던 사람들의 경험과 자신들의 경험을 비교하고, 페르시아 아닥사스다 치하의 유대인들을 결국에는 구원해 주셨던 하나님이 자신들도 구원해주시리라고 희망을 이끌어낼 수 있었을 것이다.

계획이 드러나다(3:14-4:17)

임박한 파멸의 시간을 앞두고 수사의 유대인들은 통곡을 하며 슬퍼했다. 애곡할 때의 복장을 하고 있었기 때문에 궁정에 들어가기를 저지당한 모르드개는 에스더가 갈아입으라고 보낸 옷도 거부했지만, 에스더의 내시 하닥을 통해 에스더와 소통해야 했다. 그는 그녀에게 "왕후께서 내 손에서 자라던 그 비천했던 지난날을 생각해 보시오"라고 말하면서 "주님께 기도드리시고 왕에게 간청하여 우리를 죽음으로부터 구해주시오"(4:8)라고 한다. 왕의 허락 없이 어전에 들어가는 것을 에스더가 두려워하자 모르드개는 그녀도 다가올 운명에서 결코 벗어날 수 없을 것이라고 경고한다. 만일 그녀가 협조하지 않으면 "다른 데서라도" 구원의 손길이 와서 유대인들에게 살 길이 열릴 것이고, 그렇게 되면 왕후는 망하게 될 것이라고(4:14) 그는 위협한다. 다음에 모르드개는 그녀가 왕의 배우자로 간택된 것은 하만의 악한 계획으로부터 그녀의 백성을 구하도록 하기 위해 하나님이 미리 세우신 계획의 일부일지 모른다고 그녀에게 가르쳐준다. 에스더는 설득이 되고, 다만 자신이 시녀들과 사흘 동안 준비단식을 할 때 수사의 유대인들도 거기 동참해주기를 청할 뿐이다.

백성의 구원을 위해 움직일 수 있는 위치에 있는 사람은 오로지 에스더뿐이지만, 사실 모든 것을 계획하고 그녀를 가담하게 만드는 것은 모르드개이다. 히브리어 에스더서에 없는 이 계획에 대한 상세한 설명은 모르드개의 설득력과 동시에 그가 에스더에게 계속해서 권위를 행사하고 있음을 보여준다.

부가문 C : 모르드개와 에스더의 기도(13:8-14:19)[3)]

3일 간의 금식기간 중에 모르드개와 에스더가 드린 기도 본문은 하나님의 구원행위에 대한 믿음을 중심 주제로 하고 있는 다른 외경 문헌들의 기도문들과 문체나 내용 면에서 매우 유사하다.(cf. 유딧 9장; 토비트 3:1-6, 11-15) 하나님께 드리는 기도(13:8-18)에서 모르드개는 주이시자 창조자, 구원자이신 하나님께 출애굽 때 그랬듯이 이스라엘을 구원해달라고 간청한다. 그리고 자신이 하만에게 절하기를 거부한 것은 하만이 생각하듯이 무례하거나 오만해서가 아니라 오로지 하나님만을 경배하겠다는 믿음의 표현이었다고 자신을 변호한다.

에스더의 기도는 이러한 동기들을 더 확대한다.(14:1-19) 에스더는 일부러 아름다운 장신구들을 벗고 "슬픈 상복을 입고" 재와 오물을 머리에 뒤집어쓴 채(14:2) 왕후로서의 역할을 계속한다. 이렇게 함으로써 에스더는 자기 백성과 자신과의 일치감을 보여주고, 동시에 깊은 두려움과 절망감을 표현하고 있다. 에스더는 이스라엘을 선택하고 이스라엘에 대한 약속을 이루어주신 하나님을 자신은 평생 동안 믿어왔다고 한다. 그리고

3) [역주] 한글 공동번역에는 4:17과 5:1 사이에 나온다.

지금의 상황은 참된 왕이신 하나님과 자신이 신이라고 주장하는 아닥사스다 사이의 전쟁이라고 묘사한다. 마지막으로 에스더는 유창한 언어로 자신의 임무가 성공하게 해달라며 가장 중요한 기도를 드린다.

모르드개와 마찬가지로 에스더도 궁정에서의 과거 자신의 행동을 정당화하고 설명하기 위한 기회로 기도를 이용한다. 새로 얻은 부와 지위를 즐기기는커녕 에스더는 "악인들의 영예"를 미워하고, "할례받지 않은 자의 잠자리"를 증오하며, 그녀가 "더러운 걸레"(NRSV; 원래는 생리대; 14:15-16)라고 부르는 왕비의 관도 싫어한다. 자기 처지에서 페르시아 왕과 잠자리를 같이할 수밖에 없었지만, 그녀는 음식법을 범하지 않았고, 그들의 신들에게 바쳤던 제삿술도 마시지 않았다. 이렇게 해서 원래는 퇴폐적인 이방인 왕과 에스더와의 결혼을 인정하지 않았을 독자들이, 그럼에도 불구하고 에스더는 조상들의 하나님에 대한 신앙을 지켰고, 하나님의 계명을 지켰다고 믿게 된다. 마지막 에스더의 말은 이방인 왕의 배우자로서의 자신의 역할에 대해 영적인 저항감을 드러내고 있다. 와스디의 예에서 드러나듯이 그런 물리적인 저항이 치명적인 결과를 가져올 수 있는데도 말이다.

덧붙여 말하자면, 이 기도문들은 디아스포라 유대인 청중들에게 두 가지 중요한 메시지를 전하고 있다. 첫째로, 위기의 때에 에스더와 모르드개가 했듯이 하나님께 부르짖는 것은 가능할 뿐만 아니라 반드시 필요하다는 것이다. 출애굽 사건이 있기 전에 이집트에서 종살이하던 이스라엘의 부르짖음을 들어주셨듯이, 하나님은 모르드개와 에스더의 애원을 들어주시고, 모든 부르짖는 자들의 간청을 들어주실 것이다. 둘째로, 이방 환경 속에서도 음식법과 그 외의 율법을 지키는 것은 바람직할 뿐만 아니라 가능하기도 하다. 물론 에스더와 같이 극단적인 경우에는 싫어도 어느 정도 타협을 할 수밖에 없지만 말이다.

부가문 D : 에스더가 왕에게 가다(15:1-6)[4)]

히브리어 에스더 5:1-2와 대조적으로 이 부분에서는 에스더가 아닥사스다에게 가는 것을 지나칠 정도로 상세하게 묘사하고 있다. 자신의 계획에 따라 에스더는 기도할 때 입었던 허름하고 소박한 옷을 벗고 왕에게 갈 때 입는 호화찬란한 옷으로 갈아입었다. 마지막으로 하나님께 도움을 청한 후 그녀는 두 시녀의 도움을 받아 왕 앞으로 간다. 왕은 성장을 하고 옥좌에 앉아 있는데 그 모양이 어마어마했고 두려움을 불러일으켰다. 허락 없이 왕에게로 가면 왕이 벌을 줄 것이라는 에스더의 염려는 처음에는 타당한 것으로 보였다. 왕이 노기 띤 눈으로 쳐다보자 에스더는 주저앉아 창백해진 얼굴로 시녀 중 한 사람에게 기대어 실신해버렸다. 그러나 이때 하나님이 개입하셔서 왕의 마음을 부드럽게 바꾸어놓는다.(15:8) 아닥사스다는 그녀를 품에 안고 위로하며 그녀가 대담한 행동을 했지만 그렇다고 죽지는 않을 것이라고 안심시킨다.(15:10) 에스더는 깨어나서 왕의 영광과 광채에 대한 자신의 경외심을 말하고, 곧 이어서 두 번째로 실신한다. 그러자 그녀를 깨어나게 하고 위로하고자 더욱 노력을 하게 된다.

에스더가 사흘 간 금식을 하고 난 뒤 약해졌을 것이라는 상식적인 설명이 있기는 하지만, 그래도 역시 그녀의 행동은 놀랍다. 에스더가 두 번 기절한 것은 하나님이 그녀가 그렇게 열심히 기도하고 금식하면서 구했던 힘을 그녀에게 주지 않았다는 것을 말해주는가? 아니 그 반대다. 하나님의 구원이 이루어지기 위한 계획이 실행되려면 그녀의 말을 왕이 반드시 동정적으로 들어주어야 하는데, 이를 위해 처음에 분노했던 아닥사스다의 마음을 하나님이 돌려놓으려면 사실은 실신하는 것이 반드시 필요했을 것이다. 그런데 만일 부가문 C에 나왔던 그녀의 기도가 왕과 왕실에서의 자신의 지위에 대한 에스더의 진심을 나타내는 것이라면, 부가문 D는 그녀

4) [역주] 한글 공동번역에는 5:2와 5:3 사이에 나온다.

를 완전히 배우로 만들어놓는다. 에스더는 언제든 필요하면 연극을 할 수 있는 인물로 나타난다. 그녀는 휘황찬란한 옷차림과 태도, 듣기 좋은 말로 여자답고 아름다운 여왕의 연기를 해내며, 그렇게 해서 목적을 달성하고 살아남는다.

악한의 정체가 드러나다(5:3-8:12)

이쯤해서 하만과 모르드개 사이의 갈등에 관한 하위주제로 관심이 돌려진다. 하만이 모르드개를 매달기 위한 허락을 받으려 하는 바로 그 시점에 왕은 모르드개가 내시들의 암살음모를 폭로함으로써 자기 목숨을 구했다는 사실을 기억해낸다. 하만은 이제 모르드개를 처형하기는커녕 사람들 앞에서 모르드개를 영예롭게 하고, 왕복을 입히고 말을 태워 성내를 돌면서 그가 얼마나 큰일을 했는지 외쳐야 했다. 에스더가 그가 바로 자신과 자신의 백성을 파멸시키려 했던 악한 자라고 폭로하면서 하만의 운명은 걷잡을 수 없이 더 추락한다. 일차적인 갈등과 하만이 악역을 했던 이차적인 갈등은 둘 다 하만의 처형으로 해결된다. 하만은 모르드개를 매달려고 했던 기둥에 자기가 매달린다.

유대인의 구원에서 마지막 단계는 나쁜 칙령을 되돌려놓는 것이다. 그렇게 하기 위해서 왕은 처음의 칙령을 대체하는 칙령을 작성하도록 에스더에게 허락한다.(7:7-10; 8:1-12) 왕은 모르드개에게 자신의 반지를 주고 에스더는 모르드개에게 하만의 토지에 대한 권한을 준다. 이 같은 방식으로 모르드개는 에스더에 필적할 만한 위치로까지 신분상승을 한다. 그리고 이것은 그와 에스더 사이의 도덕적 관계와 법적 관계 사이의 통일성을 회복시킨다. 그러나 이 변화는 에스더라는 인물의 성격변화를 수반한다. 그녀는 더는 두려워하며 순종하는 미녀의 역할을 하는 것이 아니라, 서신을 작성하고 하만의 토지를 모르드개에게 하사하며 왕실의 권위를 행사한다.

부가문 E: 첫 번째 칙령의 공적 철회(16:1-24)[5)]

첫 번째 칙령에서 하만의 힘은 막강했지만, 이제 두 번째 칙령에서 그의 명성은 퇴락한다. 두 번째 칙령에서는 첫 번째 칙령에서 선언했던 유대인 파괴를 무효화했기 때문이다. 유대인 공동체가 아니라 하만이 온 나라의 평화에 위협이 된다. 하만에게는 페르시아 사람의 친절함도 없고, 오로지 정당한 페르시아 왕에게서 왕의 권력을 찬탈하여 자기 출신인 마케도니아 사람들에게 주고자 하는 마음밖에 없다. 이 칙령은 유대인들이 자신들의 율법에 따라 살도록 허락하고, 정해진 날의 공격에 대비해 스스로를 방어하라고 한다. 아달월 13일은 이제 유대인만이 아니라 제국의 모든 사람에게 애곡하는 날이 아니라 기쁨의 날로 바뀌었다. 여기서 다시 한 번 우리는 디아스포라 유대인 독자에게 이 칙령이 얼마나 중요했을지 알 수 있다. 이것은 부림절 축제를 설명하면서 동시에 명하고, 자신의 백성을 향한 하나님의 구원행위에 대한 믿음을 확인해주며, 유대인들은 디아스포라 지역에서도 그들 자신의 율법에 따라 살아야 한다는 신념을 강화한다.

아달월에 일어난 사건들(8:13-10:3)

원래 이야기는 아달월 14일이 되기까지, 그리고 그날에 일어난 일들에 대한 언급으로 결론을 맺는다. 죽은 자들의 수가 말해주듯이 일종의 양념으로 유대인들과 특히 모르드개에 대한 페르시아인들의 두려움이 이야기된다. 또한 부림절 축제에 대해서도 언급하는데, 흥겹게 놀며 선물을 주고받는 등 부림절 제도와 관습에 대해 기술하고 있다. 이 부분에서도 에스더는 왕비로서의 지위에 따르는 권위와 확신을 가지고 행동하며, 실제로 왕실 조언자의 역할을 하는 것으로 그려진다. 왕은 복수의 첫날 유대인들

5) [역주] 한글 공동번역에는 8:12와 8:13 사이에 나온다.

이 수사에서 500명을 죽인 후 어떻게 일을 진행시킬지 그녀에게 조언을 구한다. 그녀는 다음날도 유대인들이 똑같이 하도록 허락되어야 하며, 하만의 아들들의 시체를 매달아야 한다고 요구하고, 왕은 그녀의 요구를 들어준다.(9:13)

부가문 F: 모르드개의 꿈에 대한 해석(10:4-13); 간기(11:1)[6)]

이 부분은 책 전체를 시작하면서 꿈에 대해 설명했던 부가문 A와 상응한다. 꿈에서의 강은 에스더이고, 두 용은 하만과 모르드개이다. 의로운 백성은 이스라엘이다. 주변의 민족들-이방인들-은 이스라엘의 적들이다. 주께서는 이스라엘을 구해주셨고, 이 사건은 아달월 13일과 14일에 기쁨에 찬 축제를 하게 했다. 꿈과 그 해석이 책의 전체적인 틀을 이루고 있다. 그것은 사건들을 좀 더 큰 구원사의 맥락 안에 위치시키며, 암묵적으로는 디아스포라 유대인 독자들에게 구원의 확신을 준다.

앞에서 지적한 바와 같이 칠십인역 그리스어 에스더서의 부가문 F의 결론구절은 간기이고, 그것은 만일 진정한 것이라면 이 책의 추정 연대를 제공해준다. 설사 진정성이 없다 해도 간기는 이 본문이 집회서처럼 히브리어로부터의 번역임을 분명하게 말하며, 본문이 진정성이 있는 것처럼 보이게 하는 기능을 한다.

결론

구체적인 사건들의 순서나 결과와 관련해서 보면 그리스어 에스더서는 근본적으로 히브리어 에스더서와 동일한 이야기를 하고 있다. 그러나 특별히 디아스포라라는 맥락에서 보면 50번 이상 하나님에 대한 언급을

6) [역주] 한글 공동번역에는 10:3 뒤에 나온다.

포함시킨 것은 이 사건들에 대한 평가와 이해에 지대한 영향을 끼친다. 부가문 A의 모르드개의 꿈과 부가문 F의 그 해석은 이야기의 전체적인 틀을 형성하며, 이야기를 확고하게 하나님과 이스라엘 사이의 계약관계 안에 놓는다. 이 책의 다른 많은 세부사항들과 함께 이 틀은 하나님이 백성들의 슬피 우는 소리를 들어주시고, 그들을 파멸로부터 구원해내기 위해 역사를 통해 일하신다는 신학적 확신을 표현하고 있다.

길거나 짧은 부가문들은 에스더의 성격을 재규정한다. 히브리어 본문에서와 같이 에스더는 와스디에 대비되는 인물이다. 와스디는 아름답지만 고분고분하지 않으며, 왕의 명령에 복종하기를 거부한 그녀는 제국 전체에 걸쳐 남자들에게 위협이 된다. 에스더도 똑같이 아름답지만, 그녀는 적어도 겉으로는 협조적이고 순응적이다. 와스디는 술 취한 남성 무리 앞에 자신을 보여주는 짓을 하지 않지만, 에스더는 공들여 단장하고 기꺼이 나가는데, 이것이 왕 앞에서 성적으로 교태를 부리는 품위 없는 행동임은 말할 필요도 없다. 그러나 에스더 역시 그녀의 기도(부가문 C)가 분명하게 보여주듯이, 마지막에는 정신적으로만이 아니라 행동으로도 왕의 권위에 저항한다. 명령을 받았을 때 와스디는 나가기를 거부했지만, 에스더는 명령을 받지 않았는데도 나갔다. 격노한 왕이 그녀를 어떻게 하지 못하도록 막고, 그래서 왕에게 불복종한 결과로부터 그녀를 구한 것은 오로지 하나님의 개입뿐이었다.

와스디의 행동에 왕이 신경을 쓰는 모습은 우스꽝스럽게 그려졌고, 이보다 훨씬 부드러운 방식으로 에스더가 왕에게 저항하는 것은 이 책의 중심 줄거리를 이루고 있다. 이것은 그리스어 에스더서가 남성 권위에 도전한 이 두 여성의 용기와 능력을 그냥 인정하는 것만이 아니라, 기리고 있다는 것을 의미한다. 그러나 이것은 페르시아 왕과 관련에서만 그렇다. 그는 왕임에도 불구하고 자기본위의 거만한 신하들에게 둘러싸여 쉽게 조종당하는 어릿광대 같은 인물이다. 반면 이야기 속의 유일한 유대 남성인 모르드개에 대해서 에스더는 도전하지 않는다. 그리스어 에스더서는 후견인과 양녀로서 모르드개와 에스더 사이의 위계관계가 에스더가 아닥사스다 왕의 궁전으로 들어갔다고 해서 근본적으로 달라지지 않았다는 사실을 공들여 강조한다. 에스더가 고분고분한 후궁(harem)의 일원에서 단호하고 공격적이며 복수를 감행하는 여왕으로 변하는 것은 모르드개가 하만의 지위와 부를 차지함으로써 사회적으로 그녀와 동등하게 된 후이다.

이러한 면에서 에스더는 헬레니즘 유대교 소설의 다른 여주인공들, 특히 유딧 같은 인물과 매우 강한 유사성을 보인다. 에스더와 마찬가지로 유딧은 뛰어난 여성이며, 민족을 멸망으로부터 구할 수 있는 유일한 사람이다. 유딧 역시 행동에 나서기에 앞서 기도를 하며, 분명한 계산을 하고 몸을 단장하고, 죽음의 위험을 감수하며, 잠정적으로는 이제 그녀가 맞서 속여야 하는 이방인 지도자 홀로페르네스와의 성적인 관계도 감수한다. 에스더와 유딧의 비범한 행동은 가부장적인 남녀관계의 틀 안에서 이루어지면서 동시에 그로부터 벗어난다. 그러나 이처럼 경계를 넘어서는 것은 오로지 적들과 관련해서만, 말하자면 그냥 내버려두면 유대 민족을 파멸시켰을 원수들과 관련해서만 용인된다. 유대 남자들과의 관계에서 보면 그녀들은 여전히 정해진 역할의 한계 안에 머물러 있다. 유딧은 영원히 남편을 기리는 독신 과부로, 에스더는 모르드개의 보호 아래 그의 말에 복종하는 양녀로 머물러 있는 것이다.

물론 이러한 묘사는 이 작품들이 인기를 끌었던 디아스포라 유대교의 맥락에서 당연한 것이었는지도 모른다. 이 이야기들에서 이방인 압제자들의 수치스러운 모습은 그들을 파멸시키는 힘이 강력한 남성 전사가 아니라 아름답고 성적으로 매력적인 여성들을 매개로 해서 이루어진다는 사실과 관련된다.(삿 9:54에서는 여자에게 죽임을 당하는 것은 수치스러운 일이라고 분명하게 언급하고 있다.) 그러나 강력한 이방인 압제자들의 허를 찌르고 그들을 꺾은 이 외경의 여성들은 정작 자신들이 속한 디아스포라 유대인 공동체의 남녀 위계질서에는 전혀 위협이 되지 않는다. 에스더는 자기 인생에서 유대인 남성의 권위를 대변하는 모르드개를 계속 존경하고, 음식법을 성실하게 준수하며, 자기 민족에게 열렬하게 헌신함으로써 유대공동체의 지배적인 가치관과 사회 구조를 지지하며, 동시에 하나의 모범을 제시한다. 그녀가 스타로 나오는 이 그리스어 책은 디아스포라 유대인들에게 단순한 흥밋거리를 제공할 뿐만 아니라, 그들이 바라는 원수의 패배를 그림으로써 삶을 견딜 만한 것으로 받아들일 수 있게 해주는 문학적 수단을 제공하기도 했다. 그렇게 함으로써 이 책은 이스라엘의 삶에서 하나님의 능력에 대한 강한 확신을 표현하고 있으며, 동시에 이방인이 다수인 세상 한가운데서 내적인 질서와 안정에 대한 강력한 갈망을 드러내고 있다.

참고문헌

Bickerman, Elias J. "The Colophon of the Greek Book of Esther," *Journal of Biblical Literature* 63(1944), 339–362.

Day, Linda. *Three Faces of a Queen: Characterization in the Books of Esther*. Journal for the Study of the Old Testament–Supplement Series 186. Sheffield: Sheffield Academic Press, 1995.

Fox, Michael V. *The Redaction of the Books of Esther: On Reading Composite Texts*. Society of Biblical Literature Monograph Series 40. Atlanta: Scholars Press, 1991.

Levenson, Jon. *Esther*. Old Testament Library. Louisville, Ky.: Westminster John Knox Press, 1997.

Moore, Carey A. *Daniel, Esther and Jeremiah: The Additions*. Anchor Bible 44. New York: Doubleday & Co., 1977.

Reinhartz, Adele. "The Greek Book of Esther," *The Oxford Bible Commentary*. Oxford: Oxford University Press, 1997.

Wills, Lawrence. *The Jewish Novel in the Ancient World*. Ithaca, N.Y.: Cornell University Press, 1995.

솔로몬의 지혜서

사라 J. 탄저

Sarah J. Tanzer

개관

장르, 구조, 내용

솔로몬의 지혜서는 교훈적인 담론이며, 청중들에게 특정한 종류의 행동과 생각, 말을 하도록 종용하고 있다. 기술적으로 말하자면, 이것은 그리스 철학과 수사학에서 발전된 권고와 교훈 장르이다. 따라서 솔로몬의 지혜서는 추상적이고 철학적인 언어로 꽉 차 있다.

이 책은 세 부분으로 나뉜다. 첫 번째 부분 1:1-6:21은 "너희 지상의 통치자들"을 향한 2인칭 연설로서 하나님을 떠난 삶으로 인해 죽음을 불러들였으나 이제 거기서 떠나 의와 지혜가 따르는 영원한 생명을 향해 가라는 내용이다. 이 책의 첫 번째 부분은 통치자들을 향한 두 개의 연설, 1:1-15와 6:1-21로 틀이 짜여져 있다.

이 두 개의 연설 중간에 불의한 통치자와 그들로 인해 고통당하는 의인에 관한 드라마(1:16-5:23)가 나온다. 곳곳에서 불의한 자는 전형적인 디아트리베(diatribe) 형식으로 자신을 변호하며, 그렇게 함으로써 그들의 행동 배후에 있는 사고방식을 보여주고, 그들의 잘못된 길과 무서운 운명을 스스로 고백한다. 이 드라마는 겉으로 드러나는 것에 속기 쉽다는 사실을 보여준다. 불의한 자는 하나님의 뜻을 알지 못하며, 심판, 죽음과 하나가 된다. 반면 외관상 죽는 것처럼 보이는 의인은 사실은 하나님의 손 안에 있으며, 불멸성의 편에 있다. 하나님의 존재 안에 안전하게 있는 의인이 불의한 자를 심판할 것이다.

"의"는 1-5장의 핵심 주제이지만, 6:1-21의 결론적인 연설에서는 "지혜"가 두드러지게 나타나고, 연설의 절정을 이룬다. 아마도 솔로몬의 지혜서의 두 번째 부분에서 중심적인 역할을 하게 될 지혜를 미리 보여주면서 추구해야 할 지혜를 여성으로 인격화하고 있다고 말할 수 있을 것이다.(6:12-21)

1:1-6:21의 2인칭 권면으로부터 6:22-10:21의 1인칭 단수 연설로 바뀌는 것을 신호로 이 책의 두 번째 부분이 시작된다. 연설자는 처음에는 자신을 "언젠가는 죽을 사람"이라고 하고, 나중에는 왕이라고 한다. 독자는 이 사람이 그냥 왕이 아니라 위대한 왕 솔로몬이라는 사실을 (그의 이름이 결코 나오지는 않지만) 점차 알아가게 된다. 이 왕의 연설의 초점은 지혜에 대한 그 자신의 추구, 지혜의 여러 특징들, 그리고 지혜의 길이다. 6:12-21에서 시작되었던 지혜의 인격화는 계속되고, 지혜는 한 여성으로 묘사된다. 지혜를 추구함으로써 이 왕은 이 책에서 말하는 "통치자들"과 "왕들"의 모범을 제시한다. "하나님은 지혜와 더불어 사는 사람만을 사랑"(7:28)하시기 때문이다.

솔로몬의 지혜서의 이 두 번째 부분은 첫 번째 부분보다 느슨하게 틀이 짜여져 있지만, "창세 초부터 이어진"(6:22) 여성지혜의 자취를 더듬어 보겠다는 왕의 말에 의해 전체적인 틀이 잡혔다. 여기서는 하나님이 여성지혜의 근원이고 인도자이시며(예. 7:7, 15, 25; 8:21; 9:4, 10, 17), 오직 하나님이 그녀를 보내주셔야만 인간은 "하나님과 우정을 나눌 수 있게 된다"(7:14; cf. 7:27)고 거듭 상기시키고 있다. 7-9장에서 솔로몬은 여성지혜의 21가지 특징을 열거하고(7:22-23), 그녀의 본성과 그녀가 이룰 수 있는 모든 것을 기뻐하는 다섯 부분으로 된 서술을 하며(7:24-8:1), 불멸성을 비롯해서 그녀가 주는 많은 유익을 인정하면서 여성지혜를 자신의 신부로 삼고 싶다는 욕망을 이야기하고(8:2-21), 하나님의 왕좌에 함께 있는 여성지혜를 자신에게 보내달라고 하나님께 기도드린다.(9:1-18) 10장에서 솔로몬은 지혜의 "길"을 기술하겠다고 했던 목적으로 되돌아와서 아담으로부터 출애굽에 이르기까지 여성지혜가 시종일관 의인을 구출해 왔던 과정을 좀 더 구체적으로 말한다. 이 이야기는 구약성서의 역사에 대한 흥미로운 관점을 보여주며, 이 책의 문체에 보조를 맞추어서 성서 인물들의 이름은 나오지 않는다.

솔로몬의 지혜서의 세 번째 부분은 11-19장에서 갑자기 여성지혜가 사라지고 하나님이 직접 백성들을 위해 활동하는 것으로 나타나면서 눈에 띄게 구분된다. 6-10장에서 중심적으로 나타났던 지혜는 이 아홉 개의 장들에서는 몇 차례밖에 언급되지 않으며, 그것도 전혀 다른 관점에서 언급된다. "지혜는 기술자이다.… 그러나 그 길을 조종하는 것은 아버지, 당신의 섭리이시다."(14:2-3) 이 장들은 10:15-21의 역사요약에 나오는 마지막 에피소드인 출애굽 이야기를 이어받는다. 10장과 대조적으로 11-19장에서는 여성지혜가 아니라 하나님이 구원한다.

이 부분은 하나님이 이집트 사람들을 다루는 방식과 이스라엘 사람들을 다루는 방식을 비교한 일곱 개의 정교한 이야기들로 구성되어 있다. 이 책의 문체에 맞추어서 여기서도 이름이 언급되지는 않았지만, 모세와 아론, 이집트인들과 이스라엘 사람들에 대한 암시적인 언급을 구분해낼 수 있다. 이 비교문들 전체를 아우르는 주제는 이 부분의 도입문에 나타난다. "이렇게 그것은 그들의 원수들에게는 징벌이 되었고, 역경에 처한 그들에게는 오히려 고마운 선물이었다."(11:5) 이집트/이스라엘 대립문구는 일곱 개가 나온다. (1) 하나님이 이집트인들에게는 나일강을 피로 변하게 하셨지만, 이스라엘 사람들에게는 바위에서 물을 주셨다.(11:6-14) (2) 하나님이 이집트인들에게는 그들이 숭배하는 동물로 고통을 주셨고, 그들은 완전히 식욕을 잃었지만, 배고픈 이스라엘을 위해서는 메추라기를 주셨다.(15:18–16:4) (3) 이집트인들은 메뚜기와 파리 때문에 죽임을 당했지만, 이스라엘 사람들은 뱀에게 잠시 물리기는 했지만 하나님의 말씀으로 곧 치유되었다.(16:5–14) (4) 하나님은 심한 폭풍으로 곡식을 상하게 해서 이집트인들을 벌주셨지만, 이스라엘 사람들은 만나의 비가 내려 기뻐했다.(16:15–29) (5) 하나님은 이집트인들에게는 어둠을 가득 내리셨지만, 이스라엘 사람들에게는 찬란한 빛과 불기둥을 주셔서 그들의 방랑길을 인도하게 하셨다.(17:1–18:4) (6) 하나님은 이집트 사람들 가운데서 장자를 치셨지만, 역병이 광야의 이스라엘 사람들 가운데 왔을 때 아론을 세워서 백성을 구하셨다.(18:5–25) (7) 하나님은 이집트인들을 홍해에 빠뜨려 죽게 하셨지만, 이스라엘 사람들은 다치지 않고 인도해내셨다.(19:1–9) 이 이집트/이스라엘 대립문구들 사이에 두 개의 부록이 있다. 그것은 죄를 지은 사람 누구에게나 회개의 기회를 제공하시는 하나님의 자비에 대한 설명(11:15–12:27)과 우상숭배의 본성과 그 기원에 대한 설명(13:1–15:17)이다. 이 책의 마지막 행은 솔로몬의 지혜서의 이 세 번째 부분을 요약하고 있다. "당신[하나님]께서는 [너희 백성들을] 무시하시지 않고 언제 어디서나 도와주셨다."(19:22)

저자, 작성연대와 장소

두 번째 부분(6:22–10:21)은 이 책에서 말하고 있는 사람이 분명히 솔로몬 왕이며, 따라서 독자들이 그를 이 책, 즉 솔로몬의 지혜서의 저자로 받아들이기를 원하고 있다. 솔로몬을 암시하고 있다는 것은 의심의 여지가 없으며, 이 부분의 많은 내용이 하나님께 지혜와 지식, 이해를 달라고 했던 솔로몬의 요청(왕상 3:3–15; 대하 1:7–13)을 실현하고 있는 것으로 보인다. 그러나 학자들의 일치된 견해에 따르면, 솔로몬의 지혜서는 매우 능숙한 그리스어로 쓰여졌으며(매우 유려하고 풍부한 그리스어로 쓰여졌으며, 헬레니즘 시대 그리스 철학으로부터 많은 내용을 가져왔다.), 동시에 대단히 유대교적인 성격을 지닌다.(예를 들어, 유대인의 역사에 대한 이야기에서 잘 나타난다.) 이러한 특징들은 저자가 이름이 알려지지 않은 헬레니즘계 유대 지식인이었음을 말해준다. 그러나 이 책의 통일성에 대해서는 의문이 제기되었으며, 솔로몬의 지혜서는 집단적인 작업의 산물이거나 수십 년에 걸쳐 이 책을 작성한 저자들로 이루어진 한 "학파"의 산물이라는 주장이 제기되었다. 이 책이 단일 저자의 작품이라고 주장하는 사람들은 이 책의 언어와 주제, 문체가 통일성을 지닌다고 말하고 있다.

소수의 예외가 있기는 하지만 대부분의 주석가들은 솔로몬의 지혜서가 이집트, 아마도 디아스포라 유대교의 최대 중심지였던 알렉산드리아에서 기원했을 것이라고 본다. 연대는 불확실하고, 기원전 220년에서 기원후 50년 사이의 여러 연대가 제시되었지만, 최근에는 기원전 1세기 후반을 중심으로 많은 논의가 이루어지고 있다. 이때는 알렉산드리아 유대인들의 법적 지위가 결정적으로 약화되고 불안정한 상황에 처하게 되었으며, 언제 추방당할지 모르는 취약한 처지에 몰리게 되었다. 아마도 이러한 상황이 이집트인들을 향해 저자가 내보이는 강렬한 혐오감과 관련이 있을 것이다.

청중과 목적

"너희 지상의 통치자들"이라는 서두에도 불구하고 실제 이 책의 독자는 헬레니즘 문화와 사상에 끌렸던 알렉산드리아의 교육받은 유대인들이었을 가능성이 높다. 알렉산드리아의 그리스인들 사이에서 좀 더 높은 사회적·문화적 지위를 향해 상승해가고 있던 이 공동체는 기원전 1세기 거주 외국인이라는 이전의 지위로부터 강등되어 나그네이자 외국인의 신분으로 떨어졌다. 희망이 끊긴 이 공동체는 이제 파괴의 위협에 직면했다.

(cf. 1-5장에 나오는 의인의 박해) 이 상황이 유대인 공동체가 그리스인들, 이집트 원주민들로부터 완전하게 분리되는 상황을 말하는 것이든(Winston[1979], 3), 아니면 공식적으로 허가받지 않은 유대인 박해를 말하는 것이든(Kloppenborg, 64) 간에 파괴적인 사회적 상황으로 인한 영향은 솔로몬의 지혜서에서 쉽게 확인된다. 한편으로 박해를 겪고 있는 헬레니즘 유대인들에게 그들의 전통적인 신앙이 제공하는 것들을 다시 한 번 상기시키고 있다. 의는 하나님, 불멸성과의 우정이라는 보상을 받으며, 지금은 믿지 않는 자들 밑에서 고통을 받고 있지만, 자신들이야말로 "솔로몬의 지혜와 성공의 비밀"(Kloppenborg, 64)을 물려받은 의인들이라는 것이다. 하나님은 역사의 매 시기마다 백성들을 구하셨으니 결코 주저앉아서는 안 된다고 격려하고 있다.(11-19장) 다른 한편으로 의인들을 박해한 자들에 대한 파괴(5장)와 율법을 알지 못하는 이방 왕들에 대한 심판(6장), 이교도 우상숭배자들의 무가치함과 그 죄(13:1-15:17), 그리고 이집트인들에 대한 징벌과 파괴(10-19장)는 유대인들과 그들의 그리스인, 이집트인 이웃 사이의 긴장을 보여주며, 그들 사이에 경계를 만들어 놓는다.

이 책은 그러한 사회적 긴장을 말하고 있을 뿐만 아니라 유대교와 헬레니즘 문화의 매력적인 측면을 상호 타협해서 통합시키기도 한다. 유대교와 헬레니즘적 왕권 이데올로기를 혼합하고, 그리스 철학의 여러 요소들을 전용하며, 헬레니즘 시대 이집트인들의 여신 이시스로부터 유래한 여러 특징들과 형태들을 받아들여서 여성지혜 개념을 고양시킨 것 등은 모두 헬레니즘적 환경에서 유대교를 지적으로 무시하지 못하게 만드는 데 기여했다. 박해를 받으면서도 헬레니즘화된 이웃들의 문화적·정치적 지위에 자신들도 근접해 가려고 했던 알렉산드리아 유대인들의 열망은 계속되었던 것이다.

주석

솔로몬의 지혜서와 여성들

솔로몬의 지혜서는 실제 여성은 거의 나타나지 않는 남성지배적인 본문이면서 역설적이게도 추상적 여성형상인 여성지혜를 여신으로까지 고양시켜 묘사함으로써 여성지혜가 매우 강력하고 중심적인 역할을 하는 본문이다. 실제 여성은 딱 세 번 언급된다. 3:12에서는 악인들의 아내들은 "분별이 없고", 그 자녀들은 "악에 빠진다"고 한다. 이와 대조적으로 3:13에서는 "흠이 없는" 여자는 설사 자식을 낳지 못한다 해도 행복하다고 한다. 마지막으로 9:7에서 솔로몬은 하나님께 "당신은 나를 당신 백성의 왕으로 뽑으셨고, 당신의 아들딸들을 다스리게 하셨습니다"라고 말한다. 이 책이 하나님의 백성을 그 청중으로 간주하고 있는 만큼, 그런 한도 안에서 여성들에게도 이야기하고 있다고 볼 수도 있을 것이다. 그러나 실제 여성에 대한 언급이 거의 없기 때문에 아래에서는 여성지혜의 성격에 집중해서 다룰 것이다.

여성지혜의 성격

유대교적 배경

솔로몬의 지혜서에 나오는 여성지혜의 여러 가지 특징들은 히브리성서와 외경 다른 곳에 나타나는 인격화된 지혜 전승(잠 1, 8, 9장; 욥 28장; 집회서 24장; 바룩 3, 4장)에 근거해서 형성되었다. 이들 지혜전승에 따르면, 지혜는 원래 하나님과 함께 거하다가 와서 사람들과 사귀게 되었다. 여성지혜는 그녀를 구하는 모든 사람이 쉽게 가까이 갈 수 있도록 모든 세대에 걸쳐 존재했다.(그러나 욥 28장은 예외이다.) 여성지혜는 하나님의 창조활동에 함께 했지만, 사람들에게 의를 가르치며 사려 깊은 충고를 해 주기도 한다. 백성들은 그녀를 찾아야만 한다. 왜냐하면 그녀는 어떠한 부나 값진 물건보다도 더 귀하기 때문이다. 그녀는 장수하게 해준다.

여성지혜는 다른 곳에서보다 솔로몬의 지혜서에서 훨씬 확대된 모습으로 다루어진다. 이 책에서 그녀는 한편으로 훨씬 추상적인 존재로 나타나면서도 분명하게 여성으로, 인격적이고 신화적인 특징들을 다양하게 지닌 존재로 묘사된다. 그녀는 쉽게 가까이 갈 수 있는 존재이며(6:12-16), 모든 것의 모양을 형성하고(7:22), "그 정신은 영리하며 거룩하고 유일하면서 다양하다."(7:22) 그리고 그녀는 "전능하신 분께로부터 나오는 영광의 티 없는 빛"(7:25)이다. 여성지혜는 의인들을 "하나님의 친구들"(7:27)로 만들며, 하나님이 주신다.(8:21) 지혜는 모든 선한 것들의 "어머니"(7:12)로, 그리고 "신부"(8:2)로 추구된다. 왜냐하면 하나님과 함께한 존재로서 그녀는 "하나님의 지식의 전수자"(8:4)이기 때문이다. 따라서 지혜와 함께 불멸성이 온다.(6:18; 8:13) 또한 그녀는 역사 속에서 의인의 구원과 동일시되기도 한다.(9:18-10:22)

여성지혜와 하나님 사이의 관계는 다양한 방식으로 묘사된다. 궁극적으로 하나님이 다스린다는 것은 분명히 인식되고 있으며, 여성지혜도 하나님이 다스린다.(예. 8:21) 그러나 하나님의 것이라고 인정되는 많은 것을, 특히 인간과의 관계를 여성지혜가 다스리는 것으로 나타난다. 7:15-22에서 하나님과 지혜의 역할이 중첩되는 것에 주목할 필요가 있다. "하나님은 지혜의 인도자이시다… [하나님은] 만물에 대한 어김없는 지식을 주셨고 … 지혜의 가르침을 받아서 나는 드러나 있는 것은 물론 감추어진 모든 것까지도 알게 되었다." 하나님과 지혜 사이의 이러한 공생적인 관계는 하나님과 여성지혜에 대한 서술이 중첩되는 다른 부분에서도 분명하게 나타난다. 사람들은 하나님(1:1-2)과 여성지혜(6:12-16)를 "찾아야 하며", 진지하게 찾는 사람들은 하나님과 여성지혜 둘 다에 가까이 갈 수 있다. 또한 둘 다 창조의 과정을 함께 했다.(1:14; 7:22; 8:6; 9:2, 9; 11:17)

하나님(5:15-16)과 여성지혜(6:18; 8:13)는 둘 다 의인에게 불멸성이라는 보상을 하며, 의로운 사람들과 이스라엘을 원수들로부터 보호하고 구출한다.(4:15; 9:18-10:21; 11:1-19:22) 더욱이 이 책에서 여성지혜에게 돌린 많은 능력이 다른 곳에서는 전형적인 하나님의 능력으로 기술되었다. 예를 들어 여성지혜는 모든 좋은 것들의 근원이며(7:10-11), 모든 것에 널리 미치고, 뚫고 들어간다.(7:24) 아마도 이것들 중 어떤 것도 그리 놀랍지는 않을 것이다. 여성지혜는 천상에 있는 하나님의 왕좌의 동반자로 묘사되었고(8:2-9; 9:4, 10), "하나님의 지식을 배워서 하나님께서 하실 일을 함께 하는"(8:4) 존재로 묘사되었다.

여성지혜와 스토아 철학

여성지혜에 관해서 말한 내용의 많은 부분이 헬레니즘 시대 스토아 철학의 영향을 보여주며, 그것은 여성지혜에 추상적인 성격을 부여한다. 예를 들어, 집회서나 잠언과는 대조적으로 여기서 여성지혜는 하나님의 과거의 창조물이 아니라 하나님의 능력과 영광의 영원한 유출이다. 7:22-24의 여성지혜의 정신에 대한 서술에서는 21개의 형용사가 사용되었는데, 그것들은 대부분 그리스 철학의 언어에서 직접 가져온 것이다. 이 형용사들 중에서 마지막 두 개, 즉 여성지혜가 만물에 두루 영향을 미치고 만물을 관통한다는 표현은 전형적으로 스토아적인 것이다. 지혜의 가르침 역시 그리스 철학의 범주들을 반영하는데, 예를 들어 그녀는 익숙한 사중의 철학적인 덕인 "절제와 현명과 정의와 용기"(8:7)를 가르치고 있는 것으로 묘사된다. 6:17-21에서 그녀를 찾는 사람들이 얻는 결과를 묘사할 때는 그리스 철학의 특징적인 논리인 연쇄식논법(sorites)을 사용하고 있다. 그래서 여성지혜에 대한 갈망에서부터 그녀가 주는 "유익들", 특히 불멸성과 하나님과 그의 나라에 가까워지는 것으로 논리가 발전된다. 그리고 이 세 가지는 모두 이 책 두 번째 부분에서 이상적인 것으로 제시된다.

여성지혜와 이시스

여성지혜의 그 외 특징들은 헬레니즘 시대 이집트 여신 이시스에 관한 신화적 재료들의 형태와 특징들, 특히 이집트 왕실 이데올로기와 관련한 이시스의 역할에서 많은 내용을 가져왔다. 하나님과 여성지혜의 관계는 여러 가지 면에서 이시스와 이집트의 태양신 레 사이의 관계와 비슷하다. 마찬가지로 지혜와 지상의 왕들과의 관계는 이시스와 지상의 왕 오시리스/호루스 사이의 관계와 유사하다.(Kloppenborg, 73-78) 여성지혜는 왕이 왕권을 획득하는 수단으로 묘사되었다.(6:20-21) 왕이 재판을 하고 통치할 수 있게 하는 것도 여성지혜이고(8:10-16; 9:10-12), 그녀를 통해 왕은 불멸성(8:13, 17)과 영원한 왕권(6:21), 그리고 지혜와 명성과 힘을 얻는다.(8:3-21) 클로펜보그가 지적했듯이 "이시스가 이와 똑같은 기능을 한다는 것은 우연일 리가 없다."(74) 여러 곳에서 여성지혜는 천상의 하나님의 보좌 옆에 함께 있으며(8:2-9; 9:4, 10), 함께 일하는 것으로(8:3-4) 묘사된다. 그리고 바로 이러한 이유 때문에 지상의 왕 역시 자신의 신부이자 왕좌 옆에 함께 앉아 있는 존재로, 연인으로 그녀를 찾는다.(8:2, 9, 16) 이렇게 여성지혜가 한편으로는 하나님의 동반자로서, 다른 한편으로는 지상 왕의 동반자로서 맺는 이중적인 관계는 이시스가 맺는 관계들과 그 형태가 매우 유사하다.

사실 솔로몬의 지혜서 8:2-9에서 열거된 능력들과 특징들은(예를 들어, 여성지혜는 하나님과 왕의 사랑을 받고, 하나님의 지식을 함께 하고 또 배우며, 부의 원인이자 만물의 능동적인 원인이고, 모든 존재하는 것들의 형성자이자 덕을 통해 도덕 질서를 유지하는 자이며, 오래된 일들과 다가올 일들을 알고 있는 존재이다.) 모두 왕권과 관련된 문맥에서 이시스 여신에게도 똑같이 나타난다. 여성지혜가 왕의 동반자로서 그에게 "훌륭한 충고"(8:9)를 해주듯이, 이시스도 마찬가지다. "이시스의 충고는 훌륭하다 … 그녀의 지식이 없으면 천상에서부터 지상까지, 그리고 [지하세계까지] 계획을 할 수 없다."(Kloppenborg, 75)

또한 이시스의 영향은 의인을 구원하는 여성지혜의 역할과 관련해서도 찾아볼 수 있다. 구약성서의 역사 이야기들에 묘사된 사건들에서 보면 의인의 구원은 일반적으로 하나님이 하시는 일이다. 그러나 10장에서 여성지혜는 하나님이 하시는 그 역할을 대신한다.(11:2은 예외) 그녀의 구원하는 역할은 9:18에 나온다. 구약성서 역사에서 끌어온 일곱 개의 구원 장면은 아담에서 시작해서 출애굽으로 끝나는데, 여기서 여성지혜가 하는 구원의 역할이 묘사되었다. 그녀는 언제나, 심지어 감옥에서도 의인과 함께 있는 것으로 묘사되었다. 그녀는 의인들이 악인들과 불의한 자들, 압제자들, 원수들을 이기도록 도와준다. "그들은 지혜의 길에서 빗나감으로써"(10:8) 멸망하고 말았다. 이와 비슷한 형태로 이시스 여신 역시 구원자이자 그녀를 찾는 자들을 보호하고 구하는 존재로 묘사된다. 10:1-21의 이야기들은 잘 알려져 있지만, 주의를 끄는 세부묘사들은 그중 많은 것이 이시스의 구원행위와 매우 유사하다. 이 사실을 알기 전에는 그렇게 이상한 표현으로 보이지 않는데, 실제로 그렇게 이상하지도 않다. 예를 들어, 여성지혜가 "한 보잘것없는 나뭇조각 위에 실어서" 노아를 구해 주었다는 묘사에는 이시스가 선원들을 인도해주는 것을 묘사할 때 사용했던 언어가 반영되어 있다. 감옥에 있는 요셉과 함께 하는 여성지혜는 감옥에서 자신을 부르는 죄수들과 늘 함께 하는 이시스를 떠올린다.(Kloppenborg, 70-71)

여성지혜의 의미

헬레니즘 세계에 살던 유대인들은 이처럼 스토아 철학의 이상과 헬레니즘 시대의 강력한 여신 이시스의 특징을 반영하는 여성지혜 형상을 내세움으로써 자신들의 지적인 수준을 과시하고 존중받을 수 있었을 것이다. 이러한 연결은 여성지혜와 이시스 사이의 유사성을 보여줌으로써 상이한 문화들 간에 다리를 놓고, 유대교가 당시 지배적이었던 이시스 제의와 경쟁할 수 있게 했을 것이다. 그뿐만 아니라 상호 간의 차이(예를 들어 하나님의 역할)를 보여줌으로써 유대교와 헬레니즘화된 그들 이웃 사이의 경계를 유지할 수 있게 해주었을 것이다. 이외에도 여성지혜에는 여러 가지 이점들이 있었을 것이다. 이러한 여성지혜에는 이시스와 같은 인격적이고 신화적인 차원이 나타나기 때문에, 그녀는 다른 유대교 본문에 등장할 때에 비해 여기서 훨씬 강력하고 인격적이고 신적인 존재로 나타난다. 헬레니즘 세계의 사람들은 개인을 보호하고 구원하는 신적 존재와 인격적 관계를 가질 수 있게 해주었던 그레코-로마 제의에 익숙했고, 이제 유대교 역시 여성지혜를 통해 그러한 것을 제공할 수 있게 된 것이다. 그렇게 함으로써 유대인들이 유대교 밖에서 그런 관계를 찾을 필요를 덜 느끼게 만들었을 것이다.

참고문헌

Cady, Susan, Marian Ronan, and Hal Taussig. *Sophia: The Future of Feminist Spirituality*. San Francisco: Harper & Row, 1986.

Collins, John J. *Jewish Wisdom in Hellenistic Age*. Old Testament Library. Louisville, Ky.: Westminster John Knox Press, 1997.

Kloppenborg, John S. "Isis and Sophia in the Book of Wisdom," *Harvard Theological Review* 75(1982), 57-84.

Reese, James M. *Hellenistic Influence on the Book of Wisdom and Its Consequences*. Analecta Biblica 41. Rome: Biblical Institute Press, 1970.

Schroer, Silvia. "The Book of Sophia," *Searching the Scriptures*, vol. 2: *A Feminist Commentary*. ed. by Elizabeth Schüssler Fiorenza, 17-38. New York: Crossroad, 1994.

______. "Wise and Counseling Women in Ancient Israel: Literary and Historical Ideals of the Personified *Hokma*," *A Feminist Companion to Wisdom Literature*. ed. by Athalya Brenner, 67-84. The Feminist Companion to the Bible 9. Sheffield Academic Press, 1995.

Winston, David. "Wisdom in the Wisdom of Solomon," *Search of Wisdom: Essays in Memory of John G. Gammie*. ed. by Leo G. Perdue, Bernard Brandon Scott, and William Johnston Wiseman, 149–164. Louisville, Ky.: Westminster/John Knox Press, 1993.

______. *The Wisdom of Solomon*. Anchor Bible 43. Garden City, N.Y.: Doubleday & Co., 1979.

시락서[1)]

파멜라 M. 아이젠바움

Pamela M. Eisenbaum

개관

잠언과 마찬가지로 시락서는 삶에 대한 잠언 형태의 권고들과 여성을 비롯한 좀 더 광범위한 주제들에 대한 관찰들을 시적인 형태로 한데 엮은 작품이며, 느슨하게 구성되어 있다. 성서의 책들 가운데 집회서는 여성혐오적인 책으로 단연 두드러진다. 이 책에서는 전혀 감추거나 자제하지 않고 이렇게 말한다. "선을 행하는 여자보다 악을 행하는 남자가 더 낫다. 수치와 불명예를 가져온 것은 여자다."(26:14) 또 이렇게도 말한다. "죄는 여자로부터 시작하였고, 우리의 죽음도 본시 여자 때문이다."(25:24) 여성에 대한 집회서의 견해는 너무 부정적이어서 한 학자는 이 본문에 나타나는 저자의 모습은 그 시대의 남성지배적인 기준에서 보더라도 병적이라고 할 만큼 여성혐오적이라고 했다.(Trenchard) 그러나 대부분의 학자들은 여성에 대한 시락서의 부정적인 태도가 특이한 것이 아니라 고대 세계의 전형적인 특징이라고 보았다.

1) [역주] 한글 공동번역에서는 집회서로 되어 있다.

로마가톨릭 정경에서 일반적으로 집회서라고 알려져 있는 시락서는 헬레니즘 시대에 생겨난 지혜 교훈들의 수집록이다. 지혜문학의 전형적인 특징 그대로 시락서의 가르침은 인습적이며, 전통적이고, 일반적이어서 광범위하게 여러 문화권에 걸쳐 호소력을 지닌다. 시락서 역시 히브리 경전 대부분을 알고 있는 것으로 보이며, 심지어 율법서를 인격화된 지혜와 관련시키기도 한다. 눈에 띄게 유대교적인 성격을 지니지만, 시락의 지혜서는 전반적으로 유대 전통과 헬레니즘 문화의 혼합형태를 보여주고 있다.

헬레니즘화, 또는 헬레니즘 유대교에 대해 말할 때 학자들은 단순히 유대교 문화 위에 그리스 문화층이 덧씌워졌다고 말하지 않고 헬레니즘과 유대교 사이의 상호작용이라고 말한다. 시락서는 이러한 상호작용을 반영한다. 저자가 유대 전통이나 신념, 관습에 대해 비판적인 말을 하고 있는 것은 아니지만, 그의 가르침은 헬레니즘화에 의해 눈에 띄게 달라진 삶의 방식을 드러내고 있다.

사회적 · 역사적 상황

시락서 본문은 일반적인 지혜문학과 달리 역사적인 정보를 꽤 전해주고 있다. "예루살렘 사람 엘르아잘의 아들, 시라의 아들 예수"가 이 책의 저자라고 이름이 명시되었다.(50:27; 51:1; 이하에서는 "벤 시라"라고 부를 것이다.) 벤 시라의 손자가 쓴 서언에서는 자기 할아버지가 원래 히브리어로 쓴 작품을 기원전 2세기 후반 이집트에서 자신이 그리스어로 번역했다고 설명하고 있다.

집회서의 기원은 꽤 정확하게 말할 수 있다. 잘 알려진 "조상들에 대한 찬가", 즉 44–50장에 나오는 구약성서 영웅들의 긴 명단은 대제사장 시몬 2세를 찬양하는 데서 절정을 이룬다. 시몬은 구약성서의 인물은 아니지만 기원전 219년부터 180년까지 예루살렘 성전에 재위했던 인물이다. 시락서는 시몬찬가로 끝나기 때문에 대다수의 학자들은 기원전 190년에서 180년 사이에 있었던 시몬의 죽음 직후에 이 책이 쓰여졌을 것이라고 추측한다. 당시 이스라엘은 셀레우코스 왕조의 지배를 받고 있었다. 이스라엘은 한 헬레니즘 왕조의 지배를 받다가 다른 헬레니즘 왕조의 지배를 받게 되면서 커다란 문화적·정치적 변동을 겪었지만, 기원전 2세기 전반은 유대 역사에서 그 전이나 후에 비해 비교적 조용했다. 시몬 2세의 통치 이전 대제사장 오니아스 2세 때 예루살렘의 귀족은 가혹한 과세를 통해 권력을 확장했다. 그 후 기원전 167년 마카비가의 지도 아래 혁명이 일어나 대중적인 지지를 받았고, 결국 성공했다. 이 반란은 셀레우코스가의 통치자 안티오쿠스 4세 에피파네스와 그에게 충성을 바쳤던 유대 귀족들이 추진했던 철저한 문화적·종교적 헬레니즘화 정책에 대한 저항으로 일어난 것이었는데, 아이러니하게도 그에게 충성을 바쳤던 유대 귀족들 가운데는 시몬 2세의 아들이었던 대제사장 야손이 포함되었다. 벤 시라의 어조는 논쟁적이지도, 변호적이지도 않다. 이 책은 시몬 통치 기간의 비교적 평화로웠던 분위기를 반영하고 있다.

기원전 2세기 전반 유대인들이 어느 정도로 헬레니즘화를 겪었는지는 분명치 않다. 아마도 사람들이 각자 처해 있는 사회적 위치에 따라, 그리고 도시에 거주하는가, 시골에 거주하는가에 따라 상이한 수준에서 문화적 변화를 겪었을 것이라고 가정하는 것이 안전할 것이다. 잘 교육받은 서기관(34:39; 38:24)으로서, 그리고 아마도 제사장으로서 벤 시라는 예루살렘 사회의 상류층 구성원 가운데 하나였음이 틀림없으며, 따라서 헬레니즘적 관습과 가치, 취향에 노출되어 있었을 것이다.

집회서의 가부장적 관점

명예와 수치라는 공적 가치에 관심을 보이는 벤 시라는 고대 지중해 사회의 코스모폴리탄적인 세계관을 반영하고 있다. 이러한 세계관은 정치적 동맹과 외국과의 무역에 큰 관심을 가진 남성 엘리트들 가운데 연대를 형성하는 데 도움을 주었다. 이러한 연대의 유지를 위해 결정적으로 중요한 것으로서 명예와 수치라는 보완적인 개념은 벤 시라의 여성들에 대한 평가를 이해하는 데 열쇠를 제공한다.

명예를 얻는 것과 명예/수치 시스템 안에서 남성성을 구축하는 것 사이에 원래부터 관련이 있다는 사실은 벤 시라의 젠더 관점을 조명해준다. 인류학자 레비-스트로스가 오래 전에 지적했듯이, 사회경제 속에서 여성들은 교환의 대상이었고, 남성들은 여성들을 교환하는 주체였다. 시락서는 이러한 사회제도를 반영한다. "여자는 어느 남자든 남편으로 삼지만 남자에게는 더 좋은 여자가 있고 덜 좋은 여자가 있다."(시락 36:21) 달리 말하자면 여성들은 남성들이 그중에서 아내를 골라잡을 수 있는 일종의 소모품 같은 것이지만, 여성들은 자기 남편을 고를 수 없다는 것이다. 아내는 사회의 위계질서 속에서 남편이 "자리를 잡을 수 있도록" 돕는 상징적인 소유물이다. 사실 남성들은 여성들을 교환하는 행위를 통해 자신들 가운데서 관계를 만들고 유지한다.

아마도 벤 시라는 서기관, 즉 미래의 지혜교사가 되고자 하는 사람들이 다니는 학교를 설립했거나 적어도 거기서 가르쳤을 것이다. 집회서 본문은 오로지 남성 청중들만을 대상으로 했을 그의 가르침의 핵심을 보여준다. 서기관이 되기 위해서는 전문적인 훈련이 필요할 뿐만 아니라 세상의 지혜에 통달해야 한다. 벤 시라에 의하면 세상의 지혜에 통달한다는 것은 사회 내에서 자기 길을 성공적으로 개척하고 그렇게 함으로써 명예를 얻고 이름을 유지하는 것을 뜻했다. 예루살렘의 이 현자는 제자들에게 이렇게 말하고 있다.

> 어떤 이는 스스로 현명하게 처신하며, 그의 입에서 나오는 교양 있는 말로 남의 신임을 받는다. 진실로 현명한 사람은 자기 백성을 가르치며 그의 교양 있는 말은 믿을 만하다.…
>
> 현명한 사람은 자기 백성들로부터 신임을 받고 그의 이름은 영원히 빛날 것이다.(37:22-23, 26)

이러한 목표들을 전제로 할 때 벤 시라의 세계에 나타나는 여성들은 그들 자체가 실제 교환의 대상일 뿐만 아니라 명예의 체계 안에서도 교환의 대상이다. 적절하게 사회화된 남성들에게 여성은 목표를 위한 수단이거나 아니면 장애물이다. 간단히 말해 여성은 남성이 명예를 획득하기 위한 도움으로서 기능한다. 반대로 만일 그들이 수치스러운 행동을 한다면, 그것은 남성들의 명예에 해를 입히는 것이 된다. 결과적으로 이처럼 오로지 남성중심적인 관점에 입각한 벤 시라의 사회체계에서는 여성이 자율적인 인간 존재로 존중을 받지 못한다.

따라서 여성해방적인 감각을 가진 독자는 여성에 대한 벤 시라의 언급에서 구원의 의미를 발견하기 어려울 것이다. 그러나 시락서와 동시대의 다른 본문들, 가령 유딧서 같은 책은 여성에 대해서 훨씬 긍정적인 태도를 보이고 있다는 사실도 염두에 두어야 할 것이다. 시락서는 명예/수치에 대한 그 시대의 감각과 그에 수반되는 여성에 대한 견해에서 그 시대의 전형적인 견해를 보여주고 있다. 그러나 이 책이 여성에 대한 그 사회의 평가 전체를 반영하고 있는 것은 아니다. 그보다 시락서는 제2성전시대 유대 사회의 한 차원—물론 지배적인 차원이지만—을 반영하고 있다. 벤 시라가 남자들이 자기 아내들을 어떻게 통제해야 하는지 이렇게 공들여서 가르치고 있다는 사실이야말로 그 시대 여성들이 가정 내에서 꽤 힘을 발휘하고 있었음을 의미할 것이다.

주석

여성의 역할

전반적으로 벤 시라는 남성과의 관계에서 어떠한 사회적 역할을 하는가에 따라 여성들을 범주화하고 있다. 이러한 역할에는 어머니, 아내, 딸로서의 역할이 포함된다.

어머니(3:1–16; 7:27–28; 23:14; 41:17a)

어머니는 벤 시라의 본문에서 여성으로서 유일하게 비판받지 않는 존재이다. 그러나 그는 아버지들과 관련해서 부차적으로만 어머니들을 언급하고 있다. 의심할 바 없이 어머니들에 대한 모든 언급 근저에 있는 것은 부모를 존경하라는 구약성서의 명령이다.(출 20:12; 신 5:16) 이 주제를 가장 길게 다루고 있는 시락서 3:1–16은 한 편의 시로서 반드시 "어머니"와 "아버지"라는 말을 함께 읽어야 하며, 히브리 시에서 이 두 단어를 병행해서 사용하는 일반적인 관행을 반영하고 있다. 종합을 이루는 병행을 보면 한 구절의 두 행은 실제로 동의어적이며, 서로 긴밀하게 관련되어 있다. 한편, 반립적인 병행을 보면, 그것들은 서로 반대되거나 보완적인 개념들을 이룬다. 2절은 전자를 반영한다. "주님께서는 자식들에게 아비를 공경하게 하셨고, 어미의 권위를 보장해 주셨다." 한편, 9절은 후자를 반영한다. "아비의 축복은 그 자녀의 집안을 흥하게 하고 어미의 원망은 그 집안을 뒤엎는다." 이 두 경우 모두 각 구절의 두 부분들은 하나의 복합문을 구성한다. 각 행의 구체적인 내용은 젠더에 특수한 것이 아니다. 달리 말해서 "어머니"와 "아버지"라는 말은 "부모"라는 의미로 바꿔 쓸 수 있다. 그러나 반립적인 병행을 이루는 두 구절에서(9절, 11절) "어머니"라는 말은 가정생활에 대한 부정적인 경고를 담고 있는 행에서 나온다.

십계명의 다섯 번째 계명(출 20:12; 신 5:16)은 분명하게 명예를 다루고 있기 때문에 벤 시라에게 특별히 중요하다. 가정의 혈기왕성한 남성 우두머리, 또는 가장은 언젠가는 늙은 부모를 돌보아야 한다는 요구를 받는다.(3:12–13) 가정에서 그러한 의무를 다하는 것은 물질적인 축복을 받는 길일뿐만 아니라(3:14–15)—성서의 계명 자체가 분명하게 말하듯이—명예를 높이는 길이기도 하다. "아비의 영광은 자식의 영광이며, 어미를 존경하지 않는 것은 자식의 치욕이다."(3:10–11) 아이러니하게도 적절한 겸손의 표현은 영광을 가져다준다.(1:27; 3:17-18; 4:10; 10:19) 부모를 공경하라는 계명을 실천함으로써 사회적 위계질서를 존중하고 있음을 보여주게 되는 것이다.

물론 다른 사람들을 굴복시킴으로써 영예를 얻을 수도 있다. 여성과 자식이 가장에게 적절한 존경을 표하거나 철저하게 복종하는 것은 그의 영예를 유지하는 데 도움을 줄 것이다. 보통 영어로 "영광"(glory), 또는 "영예"(honor)라고 번역되는 것은 히브리어 단어 *kabod*, 또는 그리스어 단어 *doxa*이다. (다른 많은 구약성서 본문들에서처럼) 시락서에서 동사 형태로 "영광스럽게 하다"라는 의미로 나오기도 하는 이 말은 3:20에서처럼 종종 하나님을 가리킨다. "주님의 능력은 위대하시니 비천한 사람들에 의하여 그분은 영광스럽게 되신다." 이 구절에 반영되어 있듯이 주님은 인간의 예배행위를 통해 영광을 받는다. 따라서 하나님의 영광을 높이기 위해 예배자들 자신은 겸손해야 한다. 이와 비슷하게 한 남성의 가정의 구성원들은 예배와 비슷한 방법으로, 즉 복종과 존경의 표시를 통해 그의 영광을 높인다.

아내(23:22-26; 25:16-26:18; 36:26-31)

시락서에는 두 종류의 아내들, 착한 아내와 악한 아내가 있다. 세밀한 구분을 피해서 말하자면, 이 두 종류의 아내들에 대한 벤 시라의 묘사는 극과 극이다. 26장은 착한 아내의 모습을 매우 구체적으로 묘사하고 있다. 착한 아내는 다음과 같은 특성을 가지고 있다. (1) 착한 아내는 남편을 기쁘게 하며, 그의 수명을 길게 한다.(1-4절) (2) 그녀는 요리를 잘하고 집안을 깨끗하게 한다.(13, 16b절) (3) 그녀는 말이 적으며, 자제할 줄 안다.(14절) (4) 그녀는 정숙하다.(15절) (5) 그녀는 아름다운 얼굴과 몸을 가지고 있다.(17-18절; 11:2 참조) 부가적으로 36:24-25에서 그녀는 "내조"와 "의지의 기둥"이라 불리며, 안정시키는 힘으로 여겨진다. "울타리가 없으면 재산을 약탈당하고 아내가 없으면 슬픔에 잠겨 떠돌게 된다."

착한 아내와 뚜렷한 대조를 이루는 나쁜 아내는 남편의 지배에 도전하는 여자다. "나쁜 여자는 소의 목을 쓰리게 하는 멍에와 같다. 이런 여자를 다스리느니 차라리 맨손으로 전갈을 집어라."(26:7) 고분고분하지 않은 아내에 대해 경고를 할 때에는 독이 있는 짐승과 비교한다. "독사의 독보다 더 지독한 독은 없으며, 여자가 화내는 것보다 더 지독한 화는 없다."(25:15) 물론 남편은 그런 아내로 인해 구제불능으로 고통을 당할 필요는 없다. 그는 원하기만 하면 원하지 않는 결혼에서 놓여날 수 있다. 만일 아내가 말이 너무 많거나(25:20) 술을 너무 많이 마시거나(26:8) 정숙하지 않을 경우(26:11), 이 예루살렘의 현자는 이혼의 특권을 행사하라고 권하고 있다.(25:26)

나쁜 아내 중에서도 최악의 경우는 "자기 남편을 버리고 딴 남자에게서 자식을 낳아 상속자로 삼는 여자"(23:22)이다. 시락서 23:22-27은 단순히 정숙하지 못한 아내들에 대한 또 하나의 경고가 아니다. 여기서는 단순히 성적으로 통제되지 않은 아내의 행동(26:11-12)이 문제가 아니라, 비합법적인 상속자가 문제이다. 이 본문이 직접 향하고 있는 사람은 아내의 간통행위에 은밀히 공모하고 있는 남자들인 것으로 보인다. 어째서 남편들이 아내의 이러한 불충실한 행동을 권장하는가에 대해서 최근 학자들은 두 가지로 설명하고 있다. 첫째는, 아이를 못 낳는 부부가 상속자를 원하는 경우 아내가 다른 남자와 성행위를 해서 아이를 낳도록 하는 것이다.(솔로몬의 지혜 3:13) 두 번째 설명에서는 지중해 동부 사회에서 가난한 남자의 아내나 딸들은 때때로 부자인 남자와 매춘행위를 해서 가계수입에 보탬을 주었다는 증거들을 제시하고 있다. 만일 시락서의 배후에 정말로 그러한 사회현실이 있었다면, 아버지가 다른 자식을 얻는 것은 원하지 않은 결과였을 것이다.

첫 번째 해석에는 두 가지 난점이 있다. 첫째로, 그것은 남성 불임에 대한 인식을 전제로 하는데, 그것은 당시로서는 가능해 보이지 않는다.(창 16장에서 사라와 창 25장에서 리브가 이야기의 경우처럼 당시는 여성불임을 가정했다.) 둘째로, 당시의 가부장적 사회 구조와 간통에 대한 견해를 감안한다면 이스라엘 남자가 다른 남자를 통해 자기 아내가 임신하는 것에 동의했을 것 같지 않다. 따라서 두 번째 해석이 좀 더 설득력 있는 설명이라고 할 수 있는데, 실제로 그렇게 했다는 증거는 헬레니즘계 유대교의 본문들에 아주 적게만 나타난다. 아마도 벤 시라는 어떠한 종류의 매춘도 인정하지 않았을 것이지만, 특히 가난한 기혼여성이 부유한 남자와 성관계를 갖는 것은 더더욱 정죄했을 것인데, 그것은 그러한 행위가 가정의 경제에 대한 통제권을 아내에게로 옮기게 될 위험이 있기 때문이다.(25:21-22) 게다가 아내/창녀가 낳은 아이의 아버지가 누구인지가 문제가 되기 때문에, 남편은 다른 남자의 아이에게 자기 땅을 물려주는 결과가 되고 만다. 결국 남자는 자기 재산에 대한 통제권을 잃어버리게 되기 때문에 수치를 당한다. 그래서 이를 저지하기 위해 벤 시라는 그런 불법적인 연합을 하는 여자는 돌이킬 수 없는 수치를 당할 것이라고 경고한다. 그로 인해 낳게 된 아이들은 결코 이름값을 못할 것이다.(23:24-26)

이렇게 좋은 아내와 나쁜 아내에 대해 말한 것 외에도 벤 시라는 결혼관계의 다른 측면들에 대해서도 이야기한다. 벤 시라는 조화로운 결혼관계에 대해서도 말하는데, 그가 좋은 아내의 특징들을 열거하는 것을 보면 그러한 조화라는 것은 남편 혼자만의 만족에 근거한 것임이 분명하다. 아내를 즐겁게 하는 것(예. 여성의 혼인상의 권리)에 대한 언급이 전혀 없다는 것은 주목할 만하다. 벤 시라의 가르침에 따르면, 남편은 실제로 아내에게 아무런 의무도 없다.(cf. 잠 31:28-31) 차라리 노예에게도 가장이 이보다는 더 잘해야 한다.(33:25-33)

표면상으로 보면 성문제는 벤 시라가 아내에 대한 남편의 행동을 가르치는 하나의 장이다. 이 현자는 간통에 대해 강력하게 경고하고 있다.(25:2c) 그러나 간통은 전통적으로 다른 남자의 아내와 성관계를 갖는 것으로 정의되었기 때문에, 그것은 누군가의 아내를 범하는 것이 아니라, 다른 남자의 재산권을 침해하는 것으로 간주되었다. 벤 시라는 일반적으로 혼외 성관계를 갖지 못하도록 하지만(23:18; 41:17), 결코 누군가의 아내에게 상처를 주는 것이기 때문이라서가 아니다. 그가 보기에 성적 욕망에 굴복하는 것은 자기통제를 잃는 것이다. 따라서 그것은 남편으로서 명예를 잃는 것이며, 잠재적으로는 그를 파멸로 몰고 갈 가능성이 있다.(18:30-19:3)

또 하나 흥미로운 것은 아내가 아이를 잘 낳는 것이나 자녀를 잘 키우는 것에 대한 언급이 전혀 없다는 것이다. 그러나 다른 지혜문학에 이런 선례가 없는 것은 아니다.(cf. 잠 31장) 아이를 잘 낳는 것은 매우 중요했으리라고 합리적으로 가정할 수 있다. 가장의 입장에서 보더라도 아이는 그의 이름을 유지하는 데 도움을 줄 수 있는 존재이기 때문이다.(40:19; 44:9-14) 그러나 시락서에서는 후손을 통해서가 아니라 업적과 지위를 통해 좋은 평판을 얻는 데 강조점이 있다.(33:23-24; 39:8-11; 44:1-8) 44-50장에 나오는 영웅들의 목록은 이 강조점을 반영하고 있다.(이것은 전형적인 고대 유대 영웅들의 목록인데 여자는 하나도 없다.) 아내들은 가계를 보존하기 위해 대단히 중요한 존재임에도 불구하고 벤 시라는 그들의 재생산 기능을 전혀 고려하고 있지 않다.

게다가 부모로서 아내의 능력, 특히 사내아이를 기르는 능력은 남편에게 그다지 중요하지 않다. 아내/어머니는 아이들을 성인으로 이끌어가는 일을 통해 그녀 자신으로서는 아무런 명예도 얻을 수 없기 때문에, 아이를 키우면서 그녀가 들이는 공은 모두 남편/아버지의 권위 밑으로 들어간다. 아버지는 자녀에 대한 결정적인 권한을 계속 유지해서 그들이 자기를 수치스럽게 하지 못하도록 확실히 해두려고 한다. 자녀에 대한 아내의 권위(3:2)는 단순히 이 과정에서 보조적인 역할만을 한다.

36:29에서 분명하게 나타나듯이, 아내는 노예와 마찬가지로 재산으로 취급된다. "아내를 얻는 사람은 가장 좋은 소유물을 얻는 것이며, 그에게 맞는 조력자를 얻는 것이다." 이 구절에서 벤 시라는 창세기 2:18을 암시함으로써 남편과 아내 사이의 낭만적인 관계를 강조하고 있는 것으로

보이지만, 그러한 관계에 대한 이해는 소유권 의식만이 아니라 가정 내의 위계질서에 근거하고 있다. 아내는 남편의 재산이기 때문에 자율권을 가지지 못한다. 그녀의 의지는 그녀 자신의 것이 아니다. 시락서에서 좋은 아내는 자기 남편의 인격의 연장이다. 확실히 이것은 창세기 2:18-25를 독해하는 하나의 방식이다. 그러므로 남편은 자기 아내와 가정에 대해 확실한 통제권을 유지해야 한다.

딸들(7:24-25; 22:3-5; 26:10-12; 42:9-14)

어머니나 아내들과 달리 딸들은 시락서에서 단 한 번도 긍정적으로 언급되지 않았다. 반대로 "딸이 태어나는 것은 손해"(22:3)이고, 두려운 일이다. 다만 남자는 자기 딸이 의무를 다하고 순종하여 누군가의 자랑과 기쁨이 되기를 바랄 뿐이다. 끔찍한 것은 딸들이 아버지에게 걱정거리가 되는 것인데, 42:9-14의 시에 수많은 이유들이 열거되어 있다.

어째서 벤 시라는 이렇게 딸들에 대해서 악담을 하는 것일까? 그 답은 명예/수치 시스템뿐만 아니라 경제적인 데 있다. 경제적으로 딸들은 손해로 간주되었다. 딸은 수입을 얻지 못하는 대신 먹이고 입히고 재워야 하며, 시집을 못가는 상황이 벌어지지 않도록 보호해야 한다. 만일 딸이 시집을 못가면 그녀는 계속해서 아버지의 책임 아래 있다. 시집을 간다 해도 결국은 결함이 드러나서—그녀는 처녀가 아니거나 불충실하거나 아이를 못 낳을 수 있다.—남편에게 이혼을 당하고 아버지의 책임 밑으로 다시 돌아올 수 있다. 그러므로 딸은 아버지에게는 평생 따라다니는 재정적인 짐일 수 있다.

경제적인 부담 외에 더 괴로운 것은 딸이 성적으로 단정치 못해서 아버지의 명예를 더럽힐 가능성이다. 불충실한 아내는 이혼하면 되고, 과부가 된 어머니는 일반적으로 성적 타락의 가능성이 없다고 간주되지만, 나이가 차서 성적 욕망이 강한 딸은 재앙이 될 수 있다. "딸 때문에 원수들의 웃음거리가 되지 않도록 하여라 … 마침내는 대중 앞에서 망신을 당하게

된다."(42:11b)

이러한 걱정으로부터 아버지가 벗어날 수 있는 유일한 길은 문자 그대로 딸의 몸에 대한 통제력을 행사하는 것이다.(7:24; NRSV[2]는 여기서 "정숙함"이라고 읽지만, "몸" 또는 "살"이라는 말이 좀 더 문자적인 번역에 가깝다.) 42:9-14에서 벤 시라는 가능한 한 딸을 가두어놓을 것을 권하고 있다. 그의 관심의 초점은 그녀가 원치 않게 더럽혀진다거나 유혹당한다거나 강간당하는 것이 아니라, 그녀가 자신의 매력을 이용해서 성적인 욕망을 이루려고 하지나 않을까 하는 것이다.(42:11c-12a) 그러므로 딸은 결혼한 여자들과 어울려서는 안 된다.(42:12b) 왜냐하면 결혼한 여자들의 성경험이나 지식으로 인해 벤 시라가 믿어 의심치 않는 젊은 여자들의 억제할 수 없는 성적 욕망이라는 것을 더 부추길 우려가 있기 때문이다. 시락서를 읽었던 한 예민한 독자는 이렇게 썼다.

> [한 남자의] 아내들과 아들들은 둘 다 수치에 관한 이데올로기를 받아들임으로써 얻는 것이 있다. 그러나 딸들은 낭패다. 소유물로서 딸들이 더럽혀지지 않도록 함으로써 남자는 자신의 명예를 지켜야 한다. 여자로서 딸들은 무지막지한 성적 욕망과 "여성의 사악함"을 지니고 있다. 결혼하지 않았을 때 딸들은 자신의 명예를 지킬 능력이 없으며, 결혼을 해서 성적 본능이 일깨워지면 더더욱 자제하지 못한다.(Camp, 36)

사실 벤 시라는 딸이라는 존재를 성적 절제라고는 할 줄 모르는 욕망으로 가득 찬 여성의 전형으로 보았다. "목마른 여행자가 입을 열어 아무 물이나 닥치는 대로 들이켜듯이, 그런 여자는 아무 품에나 달려들고, 아무에게나 제 몸을 내맡긴다."(26:12) 몇몇 학자들은 이 구절이 원래 딸이 아니라 악한 아내에 대한 것이었다고 주장하지만, 어쨌든 여기 나오는 그다

2) [역주] 한글 공동번역도 마찬가지이다.

지 섬세하지 못한 유비는 벤 시라가 한 여성에 대한 성적 언급으로서 가장 역겨운 것이다.

여성과 성

명예/수치 사회체계에는 두 가지 종류의 수치가 있다. 벤 시라의 말로 표현하자면, "죄에 빠지게 하는 수치가 있고, 영광과 은총으로 인도하는 수치가 있다."(4:21) 후자는 사회적 교류와 그 실행의 복잡한 규칙들을 아는 것에 해당한다. 사실 이러한 규칙들을 가르치는 것이 이 책 본문 전체의 궁극적인 목적이기도 하다. 몇 군데에서 이 현자는 부끄럽게 여겨야 마땅한 구체적인 행동들을 열거하고 있다. 그는 무지(4:25), 의리에 어긋나는 것(41:19), 여종들과 노는 것(41:24) 등을 부끄러운 행동이라고 말하고 있다. 여성의 특징으로서 수치심은 정숙함과 유사하다. 여자는 자기 주제를 알아야 하며, 욕망을 자제함으로써 거기에 맞게 행동해야 한다. 이러한 종류의 수치심을 가져야 다른 종류의 수치를 당하게 만들 행동을 하지 않게 된다.

이처럼 "영광과 은총으로 인도하는 수치"와 대조적으로 영예와 반대되는 수치가 있다. 이것은 대중 앞에서 망신을 당함으로 인해 그 사람의 사회적 지위가 낮아지는 결과를 가져오는 수치다. 이러한 수치를 가져오는 행동에는 확실히 범죄나 죄된 행동들이 포함되지만, 더 중요한 것은 그것들이 명예/수치 체계에 의해 설정된 사회적 교류의 규칙을 위반하는 것을 포함한다는 것이다. 이러한 종류의 수치는 최소한 대중 앞에서 망신을 당하는 것에서부터 그 사람의 평판이 완전히 엉망이 되는 것까지 의미할 수 있다.

여러 가지 종류의 부적절한 행동이 남자와 그의 가정에 수치를 가져올 수 있지만, 그 중에서도 명예에 가장 위협이 되는 행동은 성적인 문제와 관련이 있다. 따라서 귀족 남자의 목표는 자신이 책임을 져야 하는 모든 여자의 성문제는 물론이고 그 자신의 성적 욕망을 완벽하게 통제하는 것이다. 이 예루살렘의 현자가 성적 통제라는 문제에 사로잡혀 있다는 사실은 시락서 전반에 걸쳐 드러나지만, 때때로 그는 거의 편집증적인 태도까지 보인다.

> 격정에 사로잡히지 말아라.
> 그것이 미친 황소처럼 네 영혼을 짓밟아버릴까 두렵다.
> 격정에 빠지면 너는 너의 잎을 뜯어 삼켜
> 열매를 못 맺게 되고
> 마침내 메마른 나무처럼 버려지리라.
> 탐욕에 사로잡힌 영혼은 그 사람을 망하게 하고
> 그를 원수들의 웃음거리로 만들리라.(6:2-4)

남자가 자신의 성적 욕망을 자제해야 할 필요성에 대해 일반적으로 경고를 하는 것 외에도, 저자는 구체적인 유혹의 상황들과 여성의 간계에 대해 독자들에게 엄중하게 경고하고 있다. 앞서 언급했듯이 벤 시라는 여성은 거의 통제 불가능한 성적 욕망을 가지고 있다고 믿고 있다. 따라서 벤 시라의 공포는 집안에 있는 여자들에게만 한정되지 않고, 집 밖에 있는 여자들, 가령 창녀들과 간음한 여자들, 또는 "이상한" 여자들 전반에게로 확대된다. 예를 들어, 9장은 그런 여자들과 그들이 자주 나타나는 장소를 피하라는 잠언의 경고들과 매우 비슷한 내용을 담고 있다.

그러나 벤 시라에게는 잠언의 격언들을 수집한 사람에게는 없었던 불안을 가질 만한 이유들이 있었다. 이 현자가 시락서의 다른 곳에서 식탁예절에 대해 세세한 관심을 나타내고 있는 것을 보면, 그가 당시 일반적이었던 그리스식 연회를 잘 알고 있었던 것 같다.(31:12-32:13) 이런 연회에서는 종종 엄청난 양의 포도주를 소비했고, 고급 창녀들이나 여성 예능인들이 있었다.(여자와 술의 위험한 결합에 대한 경고는 19:2에 나온다.) 집회서의 청중인 야심만만한 서기관계급의 엘리트들은 그런 연회에 분명히 참석했을 것이다. 왜냐하면 그런 연회에 참석해야 중요한 인물들과 접촉할 수 있었고, 자신의 세련됨을 과시하고 궁극적으로는 명예의 거래행위에 참여할 수 있었기 때문이다. 이 책을 쓴 현자는 결코 그런 연회에 참여하는 것을 금하지 않는다. 그는 단순히 독자들이 행동에 조심을 해서 그런 연회로부터 얻을 수 있는 이득은 최대한 챙기되 잠재적인 해는 줄이게 하고자 한다.(13:8-13)

연회에 대한 그의 관점이 보여주듯이, 자기수행에 관한 벤 시라의 관심은 금욕적인 극단으로까지 확대되지 않는다. 반대로 그는 독자들에게 이렇게 말한다. "마음이 기쁘면 입맛이 좋아지고, 먹는 음식이 모두 맛있다." (30:25) 벤 시라는 맛있는 음식, 포도주, 교제 등과 같은 삶의 기쁨을 긍정하고 있다.(40:18-27) 대중적인 그리스적 윤리를 성찰하면서 그는 중용을 남성의 사회생활의 중요한 원리로 옹호하고 있다.(31:22b)

그러나 성문제와 관련해서 벤 시라의 가르침은 단호하게 자제를 강조한다. 결코 성관계를 금해야 한다고 주장하는 것은 아니지만, 성적 쾌락을 긍정하고 있는 곳은 한 군데도 없다. 그는 좋은 아내는 아름답다고 하지만, 결코 그녀의 외모를 성적인 욕망과 관련시키지 않는다.(아마도 한 가지 예외가 36:27일 것이다.) 전반적으로 볼 때 벤 시라는 성적 욕망을 불러일으킬 수 있는 어떠한 것도 피하라고 한다. 성은 당연히 존재하며, 성적 욕망은 매우 실제적이다. 그러나 가령 음식이나 식욕과 달리 성적 쾌락을 누리는 것은 너무 위험하다.

여성으로 인격화 한 지혜

잠언과 마찬가지로 시락서에서 지혜는 여성으로 인격화되고 있다. (시락 1:1-20; 4:11-19; 6:18-37; 14:20-15:10; 24:1-22, 30-34; cf. 잠 1-9장) 그러나 잠언과 달리 집회서에는 여성지혜의 또 다른 자아인 어리석은 여인(잠 9:13-18)이 나오지 않는다. 대신 벤 시라가 묘사하는 여성지혜는 보통의 인간 여성, 즉 그가 싫어하는 성적 존재로서의 인간 여성과 대립되는 존재로 나타난다. 좀 더 구체적으로 말하자면, 여성에 대해 성적 욕망을 느끼는 남자－이것은 너무 위험스러운 일이다.－대신 벤 시라는 여성지혜를 소유하기를 원하는 남자를 그려놓았다.

시락서 24:1-22에서 여성지혜가 자신을 찬양하는 대목에서는 지혜를 찾는 사람들을 끌어당기는 자신의 능력을 묘사하면서 여성지혜가 농염한 성적 상징을 사용하고 있다.

나는 테레빈 나무처럼
영광과 자애의 가지를 뻗었다.
나는 포도나무의 어여쁜 첫순처럼 돋아나서
꽃을 피웠으며 영광과 부귀의 열매를 맺었다.
나를 원하는 사람들은 나에게로 와서
나의 열매를 배불리 먹어라.
나의 추억은 꿀보다 더 달고
나를 소유하는 것은 꿀송이보다 더 달다.
(24:16-20)

여성지혜는 추구의 대상이지만 자신을 찾는 사람들을 적극적으로 부르는데, 많은 경우 마치 위험한 유혹자처럼 그려지고 있다.(9:3; 26:9; cf. 잠 7:6-23) 그러나 지혜의 유혹은 두려워할 일이 아니라 기분 좋은 일이다. 마찬가지로 남자가 어떻게 여성지혜를 쫓아야 하는지 묘사할 때 벤 시라는 다른 곳에서 강력하게 경고했던 언어들을 사용하고 있다.(예. 32:16) 즉 성적 욕망에 따라다니는 무모한 감정을 나타내는 언어들이다.

마음속으로 지혜의 길을 찾고

그 신비를 깊이 묵상하는 사람은
행복하다.
그는 사냥꾼과 같이 그녀를 좇고
그녀가 가는 길목을 지킨다.
그는 그녀의 창문을 엿보며,
그녀의 문간에서 귀를 기울인다.
또 그는 그녀의 집 옆에 거처를 마련하고
그녀의 벽에 말뚝을 박아
그녀 가까운 곳에 천막을 친다.
(14:20-24)

26:12에서처럼 여기서도 천막을 친다는 것은 성적인 은유이다.

벤 시라는 여성지혜를 어머니(4:11; 15:2a), 신부(15:2b), 아내(14:26-27)로 묘사하기도 한다. 또한 그녀는 결코 위협적인 존재가 아니기 때문에, 보통 여자라면 남자들이 문제라고 느낄 만한 위험한 특징들을 그녀에게는 안심하고 부여하기도 한다. 가장 분명한 예는 남자들이 복종해야 하는 지배적이고 속박하는 힘으로 지혜를 묘사하고 있는 것이다.

네 발을 지혜의 족쇄로 채우고
네 목에 지혜의 칼을 써라.
네 등을 구푸려 지혜의 짐을 지고
그 속박에 짜증내지 말아라.
(6:24-25)

이러한 언급들을 9:2 — "아내에게 너무 빠지지 말아라. 네가 오히려 밟힐지도 모른다." — 와 비교해보면 여성지혜와 성적인 존재로서의 여성 사이의 대립적인 성격이 분명하게 드러난다. 한편으로 이 현자는 실제 여성의 유혹에 철저하게 저항할 것을 권하고, 다른 한편으로는 여성지혜에게 전적으로 복종하라고 권한다.

명예/수치라는 사회 시스템이 주는 압력 아래서 완벽한 남성을 만들어내려는 벤 시라의 관심은 여성과 성에 대한 뿌리 깊은 두려움을 불러일으켰다. 그러나 욕망은 결코 사라지지 않으며, 방향을 달리할 뿐이다. 이 책에서 여성지혜를 묘사하는 데 사용된 언어와 상징들은, 심리학적으로 말하자면, 남성의 성적 욕망이 여성지혜를 추구하는 과정으로 승화된 것이라고 할 수 있다.

참고문헌

Camp, Claudia V. "Understanding a Patriarchy: Women in Second Century Jerusalem through the Eyes of Ben Sira," "*Women Like This": New Perspectives on Jewish Women in the Greco-Roman World*. ed. by Amy-Jill Levine, 1-41. Society of Biblical Literature Early Judaism and Its Literature 1. Atlanta: Scholars Press, 1991.

Di Lella, Alexander A. "Women in the Wisdom of Ben Sira and the Book of Judith: A Study in Contrasts and Reversals," *Congress Volume: Paris, 1992*. ed. by John A. Emerton, 39-52. Supplements to Vetus Testament 61. Leiden: E. J. Brill, 1995.

Pilch, John J. "Beat His Ribs While He Is Young (Sir 30:12): A Window on the Mediterranean World," *Biblical Theology Bulletin* 23(1993), 101-113.

Rubin, Gayle. "The Traffic in Women: Notes on the Political Economy of Sex," *Toward an Anthropology of Women*. ed. by Ranya Reiter, 157-210. New York: Monthly Review Press, 1975.

Skehan, Patrick W., and Alexander A. Di Lella. *The Wisdom of Ben Sira.*

Anchor Bible 39. New York: Doubleday & Co., 1987.

Trenchard, Warren C. *Ben Sira's View of Women: A Literary Analysis.* Chico, Calif.: Scholars Press, 1982.

바룩서

패트리샤 K. 털

Patricia K. Tull

개관

전통적으로 바룩서는 예레미야서와 관련되었다. 첫 단락에 따르면, 이 책은 예루살렘이 불타고 난 지(B.C.E. 582년) "5년 째 되는 해에" 예레미야의 비서이자 친구였던 바룩이 바빌론에서 쓴 것이다. 바룩은 자신이 쓴 두루마리를 포로로 끌려와 있는 왕과 백성들에게 읽어주고, 그들은 그것을 탈취되었던 예루살렘 성전의 기물들, 그리고 제물을 살 돈과 함께 예루살렘 공동체에게 보내며 포로로 끌려간 사람들을 위해 기도해줄 것을 부탁한다.

그러나 역사적 사실들과 관련해서 수많은 오류가 나오는 것으로 보아 이 책의 주된 관심사는 역사가 아님을 알 수 있다. 예레미야 43:5-6에 의하면, 바룩은 바빌론이 아니라 이집트로 끌려갔다. 또 에스라 1:7-11에 따르면, 성전 기물은 훨씬 후에 페르시아의 고레스 왕 때 돌려받았다. 바룩은 벨사살을 이 이야기와 관계없는 후대 나보니두스 왕의 아들이 아니라 느부갓네살의 아들로 기술하고 있는데(똑같은 오류를 다니엘서에서도 범하고 있다.), 이것은 포로기를 한 세대로 축소시키고, 바빌론의 정치를 지나치게 단순화하는 결과를 가져온다.

해석자들은 이 책의 배경이 포로기로 되어 있는 것은 지속적인 고통의 상황에 처해 있던 청중들의 시대와 기원전 6세기 사이에 유형적인 병행을 이끌어내기 위한 문학적인 허구라고 본다. 대부분의 학자들은 이 책이 기원전 2세기에 기원을 두고 있다고 보며, 짧은 작문들을 편집자가 수집한 것이라고 본다. 사본들은 초대 기독교인들이 사용했던 언어로 되어 있는 것들만 남아 있다. 그러나 형식이나 언어용법을 보면 원래 히브리어로 쓰여졌을 가능성이 높다. 아마도 70년 이후 예루살렘 성전 파멸을 애통해 하는 시가로 애가와 함께 바룩서가 사용되었을 것이다. 오늘날 바룩서의 마지막 부분은 가톨릭교회와 감독교회에서 예수강림절 성구로 사용되고 있다.

주석

이야기의 서론(1:1-14) 다음에 이 책은 세 부분으로 이루어져 있다. 첫 번째 부분은 신명기와 다니엘서를 연상시키는 산문 형태의 고백 기도문이다.(1:14-3:8) 이 부분에서는 하나님을 "주님", "주 우리 하나님"이라고 부른다. 두 번째 부분은 주로 욥기와 잠언, 집회서를 떠올리는 지혜시로서 그냥 "하나님"이라고만 부른다.(3:9-4:4) 세 번째 부분은 예루살렘/시온을 슬퍼하는 어머니로 묘사하는 시이며, 이 부분은 애가와 이사야 40-66장을 떠올린다.(4:5-5:9) 여기서는 이사야의 언어인 "거룩하신 분"(사 40:25)과 "영원하신 분"(40:28), 그리고 물론 "하나님"이라는 말도 사용하고 있다. 이러한 차이점들에도 불구하고 이 세 부분은 많은 공통점을 지니고 있다. 가령 세 부분 모두 대단히 주석적이며, 구약성서 본문을 자유롭고 창조적으로 사용하여 새로운 의미를 만들어내고 있다. 또 세 단락 모두 중심 주제를 신명기에서 끌어내고 있고, 포로기에서 시작하여 그 의미를 해석하고, 미래에 대한 대안적인 비전을 제시하고 있다. 그러므로 바룩은 세 가지 다른 미디어를 통해 일관된 메시지를 창조해내고 있다고 할 수 있다. 즉 이스라엘은 조상들의 과오로부터 배워야 하며, 율법에 따라 살아야 하고, 그렇게 함으로써 영광된 회복을 이룰 수 있다는 것이다.

이야기 서두(1:1-14)

서두에서는 포로기와 관련된 여러 인물들을 불러내고 있다. 바룩이라는 이름은 예레미야를 떠올린다. 그리고 세 명의 유대 왕들의 이름이 빠르게 언급된다. 또 역사적 사건들과 바빌론 강변에서의 모임에 대한 묘사, 회개의 메시지를 통해서 이 책이 좀 더 세부적으로 시대와 관련시키고 있는 것을 보면 그것들은 모두 에스겔과 관련이 있다. 백성들이 모두 나와 이 책을 낭송하는 것을 듣고 회개하게 되었다는 것은 느헤미야 8장의 에스라 이야기와 비슷하다. 이전의 지도자들이 한데 뭉뚱그려지고 과거의 사건들이 뒤섞였듯이 지리적인 구분 역시 흐려졌다. 가령 예루살렘 사람들이 고백해야 하는 죄는 그들 자신의 죄만이 아니라 포로로 끌려간 사람들의 죄까지 포함한다. 결국 이 책에서는 그러한 모든 구분보다 하나님이 이스라엘을 선택하셨다는 하나의 커다란 통일성이 훨씬 중요하다.

고백기도(1:15-3:8)

이어지는 기도는 뉘우침을 신명기 28장의 경고와 관련시키고 있으며, 다니엘서 9장의 회개의 기도와 매우 유사하다. "주 우리 하나님은 공정하십니다. 그러나 우리는 오늘 이와 같이 부끄러움을 당하여 얼굴을 들지 못하게 되었습니다 … 우리는 주님 앞에 죄를 지었습니다."(1:15-17; 2:6; cf. 단 9:7) 심하게 자책을 하고 있기는 하지만 전반적으로 구체적이지 않다. 백성들은 불순종(1:18; cf. 단 9:10)하고 다른 신들을 섬기고 주의 목전에 악을 행한 데 대해(1:22; 신 4:25; 11:16 참조), 그리고 바빌론에게 항복하라는 하나님의 명령을 듣지 않은 것(2:24; cf. 렘 27:13)에 대해 회개한다. 하나님의 구원행위는 하나하나 상기된다. 하나님은 "젖과 꿀이 흐르는 땅을"(1:20; cf. 신 11:9) 주시려고 "우리 조상들을 이집트에서 이끌어내셨다."(1:20; cf. 수 24:17) 하나님이 내리는 벌은 매우 상세하게 기술되었다. 모세가 내린 저주는 전례 없이 끔찍한(2:2; cf. 단 9:12) 결과를 가져왔다.(1:20; cf. 단 9:11) 주께서는 백성들이 사람의 살을 먹게 하셨고(2:2, 3; cf. 신 28:53), 주변 나라들 가운데로 그들을 흩으셨다.(2:4; cf. 신 28:64) 그리고 온 땅이 사람 사는 곳이 없어 황폐하게 만들었다.(2:23; cf. 렘 9:11) 그럼에도 불구하고 하나님은 공정하시고(2:9; cf. 단 9:14), 친절하시며 자비로우셔서(2:27; cf. 신 30:2) 그들에게 새로운 순종하는 마음을 주시고(2:31; cf. 겔 36:26), 그들의 땅으로 그들이 다시 돌아오게 하시고(2:34; cf. 렘 32:37), 그들과 다시는 깨지지 않을 영원한 계약을 맺으신다.(2:35; cf. 렘 32:38-40) 이 기도는 포로들이 처한 급박한 위기를 상기시키고 절박하게 호소하는 것으로 끝난다.

현대의 독자들에게 기도의 구체적인 내용은 낯설게 느껴지겠지만, 특정한 측면들은 유익하다. 죄의 고백은 포로기와 포로후기 문헌에 눈에 띄게 많이 나온다. 승리주의적인 기독교는 이러한 비판적인 자기검열 전통에 감탄하고 그것을 모방하려 하지 않고, 여러 세기에 걸쳐 이와 같은 고백을 제2성전 시대 유대교를 비방하기 위한 기회로 삼았다. 그러나 바룩서를 읽는 독자들은 오랜 시련을 겪으면서도 성실한 자기비판을 통해 오래된 자신들의 소명을 완성하고자 했던 한 민족의 용기를 알아볼 수 있을 것이다.

포로들의 기도는 세대와 세기를 뛰어넘어 민족의 소명을 재확인함으로써 본문상으로나 주제상으로나 과거의 전승을 다시 살려내고 있다. 이러한 포괄적인 관점은 공동체로 하여금 자신들의 고통스러운 투쟁의 뿌리가 어디에 있으며, 선구자들이 어떻게 끈질기게 싸웠는지 알 수 있게 했고, 자신들이 누리지 못할 훨씬 후대에 실현될 이익을 위해 그들 자신도 애쓰도록 격려한다. 나아가서 이 기도는 밝은 것이든 어두운 것이든 전세대의 이야기들을 보존하고 계속해서 이야기하는 일의 중요성을 현대의 독자들이 깨달아서 역사 속에서 자신들의 위치를 이해하고 후세대를 위한 길을 준비할 수 있게 해줄 것이다.

지혜의 선물(3:9–4:4)

바룩서의 두 번째 주요부분은 수수께끼, 또는 요리문답 형식으로 되어 있어서 질문을 통해 독자들로부터 원하는 반응을 이끌어낸다. 전형적인 신명기 문구 "들으라, 이스라엘아"(NRSV 번역에서는 이 문구가 모호하게 되어 있다. cf. 신 5:1; 6:4 등)로 시작되는 이 시는 첫 번째 부분의 관심사를 다른 말로 다시 이야기한다. 이스라엘은 "원수들의 땅에서" 살고 있으며(3:10; cf. 레 26:34 등), 그것은 그들이 "지혜의 샘을 외면했기 때문이다."(3:12; cf. 렘 2:13; 신 4:6; 32:6, 29의 지혜에 관한 언급) 주변 민족들 가운데서 힘센 통치자들이나 지혜를 구하던 자들도 지혜를 발견하지 못했으며(3:16–23; cf. 겔 28:2–10; 렘 49:7), 옛 거인들도 지혜를 발견하지 못했다.(3:26–28; cf. 창 6:1–4; 솔로몬의 지혜 14:6) 지혜, 그녀는 금으로 살 수도 없고, 구한다고 발견할 수도 없다.(3:15–31; cf. 신 30:12–13; 욥 28:12–21) 지혜는 오직 창조주만이 발견할 수 있으며(3:32–34; cf. 욥 28:23), 이스라엘에게 주어졌고(3:24; cf. 사 41:8; 느 8:1; 시락 24:8), 율법 그 자체이며(4:1; cf. 시락 24:23), 그녀를 단단하게 붙잡고 있는 사람 모두에게 생명을 준다.(4:1; cf. 신 30:16–18)

이 열렬한 추구의 대상인 지혜는 바룩서에서 여러 가지 이름으로 불린다. 그녀는 소피아("지혜", 3:12, 23; 잠 1:20)일 뿐만 아니라 프로네시스("이해", 3:9, 14, 28; 잠 3:13)이고, 시네시스("지성", 3:14, 23, 32; 잠 9:6)이며, 이스키스("힘", 3:14; 잠 8:14), 에피스테메("지식", 3:20, 27,

37; 욥 28:12)이다. 그리고 이것들은 모두 여성형 명사들이다. 이렇게 동의어들이 많이 나오지만, 여성형 대명사는—18번 반복해서 나온다.—단수형이어서 다양하게 기술되는 하나의 통합된 실체를 가리키고 있음을 알 수 있다. 마지막 네 구절에 이르러서야 독자들은 이 시의 서두(3:9)와 중반(3:29-30)에서 암시했던 것이 무엇인지 확실히 알게 된다. 지혜란 곧 "하나님의 계명과 영원히 존속하는 율법을 기록한 책"(4:1) 외에 다른 것이 아니다. "책"을 가리키는 데 훨씬 자주 쓰이는 중성형 명사 *biblion* 대신 여성형 *biblos*를 사용한 것은 단 하나의 남성형 동의어 *nomos*("율법", 히브리어 여성명사 *torah*를 번역한 것이다.)와 병행을 이룬다. 이 말들 뒤에는 여성단수 대명사가 네 번 더 반복되는데, 이것은 여기서 성을 지칭하는 것이 문법적 사항을 넘어선다는 점을 강조하는 것으로 보인다.

지혜는 다른 곳에서도 이야기되지만, 바룩서는 이 주제를 매우 특징적으로 다룬다. 잠언이나 집회서와 달리 이 본문은 하나님이 지혜의 창조자라고 묘사하지 않는다. 지혜는 우주에 자명하게 드러나 있다. 바룩서에서는 지혜의 숨겨진 성격을 강조한다. 즉 지혜의 길을 인간은 누구도 알지 못하지만 하나님만이 아신다고 하는 욥기 28:12-21과 하나님의 명령을 알기 위해 하늘로 올라가거나 바다를 건너갈 필요는 없다고 하는 신명기 30:12-13 사이에 시너지 효과를 일으킴으로써 지혜의 숨겨진 성격을 강조한다. 지혜는 인간이 발견할 수 없다. 지혜는 힘 있는 자나 부자도 발견할 수 없으며, 창조주조차도 율법의 선물로 이스라엘에게 그것을 주기 전에 먼저 찾아야 했다.(cf. 욥 38:35-36)

여성지혜를 신적 존재로 회복하는 작업이 요즘 널리 환영을 받고 있는 것은 사실이지만, 잠언의 여성지혜에 대한 묘사에는 모순점이 나타난다고 보는 것이 맞다. 잠언에서 여성지혜는 저자가 부정적으로 보는, 욕망으로 가득 찬 여성과 대비되는 여성 파트너로 남성 청중들에게 제시되고 있다. 그러나 바룩서에서는 지혜를 "너희 이스라엘"(남녀 모두 포함하는 2인칭 복수)에게 권하고 있으며, 이에 대응하는 악역은 없다. 성적 풍자는,

설사 존재한다 해도 수면 아래 가라앉아 있다.(예. 3:32. 여기서는 하나님이 그녀를 "아신다"고 한다. 4:1, 2)

오늘날 대개는 잊혀졌지만 바룩서의 이 부분은 초대 교회의 그리스도론 논의에서 결정적으로 중요한 본문이었다. 사도 바울은 로마서 10:5-8에서 신명기와 바룩서의 새로운 종합을 이루어내면서 지혜/율법서를 그리스도로 변형시켰다.(cf. 고전 2:6-12) 이레니우스와 클레멘트, 오리게네스, 테르툴리아누스, 암브로시우스, 힐라리우스, 그 밖에도 여러 저자들이 그리스도의 선재에 관한 다양한 관점들을 뒷받침하기 위해 이 구절들에 의존했다.(특히 "땅 위에 그녀가 나타나게 되었고 사람들과 함께 어울리게 되었다." 3:38; cf. 요 1:14 참조) 오늘날의 관점에서 보면 구체적인 내용 자체보다는 하나님을 이렇게 여성화해서 묘사한 것이 아무런 문제가 되지 않았다는 사실이 훨씬 놀랍다.

시온의 고통과 위로(4:5-5:9)

성서의 다른 곳에서는 어디서도 인격화된 지혜와 인격화된 시온/예루살렘이 여기서처럼 나란히 나타나지 않는다. 지혜는 분명히 이웃한 문화권들의 수호 여신상들로부터 여러 가지 특징이 왔을 것이고, 어머니 시온은 신들의 회의석상에서 고통받는 자기 백성들을 위해 중재하는 근동 도시 여신전승으로부터 유래한 것으로 보인다. 지혜와 시온, 둘 다 여성이라는 점과 중재역할을 한다는 점은 그대로 유지되었지만, 이스라엘의 유일신 신앙으로 인해 그 지위가 수정되었다. 오늘날 여성의 성찰과 관련해서 지혜가 매우 유익한 형상인 것 못지않게, 인간의 고통과 하나님의 자비를 유려하게 표현하고 있는 시온 역시 중요한 의미를 지닌다.

시온은 앞부분과 동일한 배경, 즉 신명기식으로 이해된 포로기를 배경으로 암시하면서 소개된다. 시온의 자녀들에게 그들이 이방으로 팔려간 것은 "너희의 창조주를 분노케" 했기 때문이며(4:7; cf. 신 32:16), "제물을 귀신에게 바치고"(4:7; cf. 신 32:17), "너희를 길러주신 영원하신 하나님을 잊어버렸고, 너희를 돌보아준 예루살렘을 슬프게"(4:8; cf. 신 32:18) 했기 때문이라고 말한다. 신명기의 바로 앞에 나오는 단락에는 신적 어머니 이미지가 풍부하게 나오는데, 이것을 바룩은 중요한 계기로 삼았다. 여기서는 칠십인역에서 모세의 어머니를 "유모"("양육하는 여인", 출 2:7)라고 묘사할 때 유일하게 사용되었던 동사, *tropheuo*를 하나님에 대해서 사용하고 있을 뿐 아니라, 시온이 하나님과 함께 그들을 "양육한" 부모로 묘사된다.(하나님에 대한 묘사와 부모에 대한 묘사 둘 다와 병행하는 것으로 시 23:2; 사 49:21; 잠 23:24 참조) 덧붙여서 아버지와 어머니 두 분 다 기뻐하시게 하라는 데서도 지혜 주제가 미묘하게 나타난다고 할 수 있다.(cf. 잠 1:8 등)

이렇게 등장한 시온은 그녀의 자녀들에게, 그리고 그녀의 자녀들에 대해서 말한다. 아들들만이 아니라 딸들도 구체적으로 언급되었으며(4:10, 14, 16), "자녀들"은 *huioi*, 즉 "아들들"보다는 중성형인 *tekna*로 일곱 번 나온다. 여기서 시온은 호세아, 예레미야, 특히 에스겔에서처럼 성적으로 부정적인 의미를 전혀 지니지 않는다. 그 책들에서는 어머니 자신이 잘못을 저지르고, 죄는 성별과 관련이 있으며, 하나님은 공격적이고 걸핏하면 질투하는 남편이라 어떠한 항의도 못하게 입을 막아버린다. 그러나 바룩서의 이 부분에서는 부정적인 성적 언어는 생략되고, 어머니와 잘못을 저지르는 그녀의 자녀 사이는 분명하게 구별되고 있으며, 시온 자신의 목소리가 들린다.

홀로 남은 시온은 포로로 끌려가게 하신 하나님의 결정에 깊은 슬픔을 나타낸다. 그러나 그녀는 이 결정을 자신의 자녀들에게 알려주며, 가라고 한다.(4:19) 그리고 그녀가 줄 수 있는 유일한 도움은 기도라고 한다. "나는 평화로울 때 입던 옷을 벗고 기도할 때 입는 베옷을 입었다. 나는 죽을 때까지 영원하신 분께 부르짖을 것이다."(4:20) 그러나 사실 그녀가 하는 일은 그 이상이다. 그녀는 하나님이 구원해 주시리라는 확신을 드러내며, 끝까지 참고 하나님이 구원해주시기를 기다리라고 자녀들에게 권한다.(4:25) 그리고 "하나님께 부르짖으면" 그분께서 기억해 주실 것이라고 한다.(4:27) 여기서 시온은 울며 슬퍼하는 어머니로, 자식 잃은 과부로, 황폐하게 된 여인으로 묘사되고 있지만, 결코 비난받지 않으며, 타락한 자식들을 변호하지도 않는다. 다만 그녀는 자식들에게 상황을 받아들이고 회개하고 기다리라고 할 뿐이다.

바룩서의 첫 부분에서는 백성들이 자신들의 슬픔에 대해 말하고, 중간 부분에서는 냉정한 화자가 현재의 고통에 대해서 아주 간략하게 언급할 뿐이지만, 여기서 어머니 시온은 인간의 고통에 마음이 움직인 초월적인 연민을 나타낸다. 그녀는 자식들 때문에, 그리고 자식들과 함께 슬퍼한다. 그녀는 신적 질서에 대한 존중(이 때문에 그녀는 자식들에게 권고한다.)과 인간의 실패에 대한 연민(이 때문에 그녀는 하나님께 간청한다.) 사이에서 일어나는 긴장을 중재한다. 과거의 죄악에 대해 말하기를 회피하지 않지만, 그녀는 미래의 구원을 좀 더 강조한다.

이 강인하고 슬픔에 찬 인물의 비애를 더욱 강조하면서 4:30에서는 다른 화자가 나타나서 그녀의 시를 완결지으며, 그녀가 자식들을 위로할 때 두 번 썼던 것과 똑같은 단어를 사용해서 예루살렘을 위로한다. 즉 "용기를 내라"(4:30; 4:21, 27)고 한다. 전에 이사야서에서 그랬듯이, 하나님은 예루살렘의 위로자가 되실 것이라고 한다.(4:30; 사 51:12) 그녀를 학대했던 자들은 불행하게 될 것이다.(4:31-35; 사 47:11) 그녀의 자식들은 다시 돌아올 것이며(4:36-37; 5:5; 사 49:18), 영광스럽게 돌려보내지고(5:6; 사 49:22; 60:4), 하나님께서 기꺼이 인도해주실 것이다.(5:9; 사 52:12; 55:12) 한편, 시온은 영광의 옷을 입고(5:1-3; 사 52:1-2), 새로운 이름을 얻을 것이다.(5:4; 사 62:2, 12) 이 시는 피조세계의 반응을 파노라마처럼 보여주는 것으로 끝난다. 산과 골짜기(5:7; 사 40:4), 숲과 향기로운 나무들의 도움을 받아(5:8; 사 55:12-13) 시온의 자녀들은 "그분에게서 나오는 자비와 정의 안에서" 하나님의 인도를 받을 것이다.

이 예루살렘의 위로자는 결코 (예언자들처럼) 그녀의 목소리를 쓸모없게 만들지도 않고, 그녀의 목소리와 모순되지도 않으며, 그것을 대체하지도 않는다. 또 (애가에서처럼) 대신 말해달라고 그녀에게 간청하지도 않는다. 오히려 이 위로자는 그녀의 말을 완성하며, 미래의 희망을 뚜렷한 현실로 변모시킨다. 바로 앞에서 그녀는 자식들이 떠나는 것을 생생하게 묘사했지만, 이 위로자는 이제 그들이 떠나는 것이 아니라 "눈을 돌려" 그들이 돌아오는 것을 "보라"고 그녀에게 말한다. 이렇게 해서 예루살렘은 슬픔을 누그러뜨리고 위로와 희망을 갖도록 도움을 받는다.

이 책의 마지막 부분에서는 먼훗날의 청중들이 그토록 다양한 성서의 내용들이 생생하게 그려져 있는 것을 보고 다시 한 번 자신들의 유산을 되찾기를 기대하고 있다는 것이 느껴진다. 그들은 하나가 아니라 두 개의 여성 인격을 통해, 즉 그들의 삶의 토대인 지혜 율법만이 아니라 어머니 시온을 통해 그 유산을 회복하도록 초대된다. 어머니 시온은 그들을 낳아 키웠고, 그들 자신이 그녀의 몸이며, 그녀의 중재가 있었기 때문에 그들은 계속 유지될 수 있었다. 이제 그녀의 보호의 벽 안에서 그들은 다시 한 번 하나님의 부름에 응할 수 있게 될 것이다.

참고문헌

Burke, David. *The Poetry of Baruch: A Reconstruction and Analysis of the Original Hebrew Text of Baruch 3:9-5:9*. Society of Biblical Literature Septuagint and Cognate Studies 10. Chico, Calif.: Scholars Press, 1982.

Harrelson, Walter. "Wisdom Hidden and Revealed according to Baruch (Baruch 3:9-4:4)," *Priests, Prophets and Scribes*. ed. by E. Ulrich et al. Journal for the Study of the Old Testament-Supplement Series 149, 158-171. Sheffield: Sheffield Academic Press, 1992.

Metzger, Bruce. *An Introduction to the Apocrypha.* New York: Oxford University Press, 1957.

Tov, Emmanuel. *The Book of Baruch.* Missoula, Mont.: Scholars Press, 1975.

예레미야의 편지

패트리샤 K. 털

Patiricia K. Tull

개관

예레미야의 편지는 우상숭배의 어리석음에 대한 짧은 글이다. 칠십인역에서는 독립적인 책이지만, 불가타와 흠정역(KJV)에서는 바룩서에 부록으로 덧붙여졌다.(그래서 NRSV에서는 바룩서로 장표시가 되어 있다.) 편지 서두에 의하면, 이것은 예언자 예레미야가 바빌론에 포로로 끌려간 유대인들을 위해 쓴 것이다.

실제로 작성된 것은 훨씬 후대이지만 이 편지는 예레미야서와 제2이사야에 나타나는 우상숭배에 대한 비판을 반영하며, 확대하고 있다.(렘 10:1-16; 사 40:18-20; 42:17; 44:9-20; 45:16-20; 46:1-7) 이 편지의 서두는 예레미야가 기원전 597년에 포로로 끌려간 사람들에게 썼다는 한 편지(렘 29:1-23)를 모델로 하고 있다. 예레미야는 포로기가 70년 간 지속되리라고 생각했다.(렘 29:10) 이 외경 편지에서는 그 기간을 "일곱 세대까지", 다시 말해 약 280년간으로 고쳤다.(예레미야의 편지 6:3) 이 때문에 여러 학자들이 예레미야의 편지를 기원전 4세기 후반, 또는 3세기 초반의 문서로 추정한다.

편지에서는 "은과 금과 나무로 만든 신들을" 섬기지 말고 주님 한 분만을 섬기라고 권면하고 있다. 우상의 무익함에 대한 열 가지 성찰이 이어지고, 주기적으로 "너희는 그것들이 신이 아니라는 것을 알게 될 것이다. 그러니 너희는 그것들을 무서워하지 말라"라는 후렴구로 끊어진다. 이 편지에서는 네 가지 논증을 제시하고 있다. (1) 우상은 인간의 손으로 만든 한낱 물질일 뿐이다. (2) 우상은 아무 힘도 없어서 움직이지도 못하고 보호하지도 못하며, 그들 자신이나 예배자들을 돕지도 못한다. (3) 우상은 보잘것없는 기물들보다도 더 쓸모가 없으며, 예배자들이 힘과 정력을 낭비하게 만든다. (4) 우상숭배자들의 관습은 유대인들의 감성을 거스른다. 이 편지의 어조는 아이러니한 데서 더 나아가 풍자적이고 냉소적이며, 심지어 오만하기까지 하다. 그리고 반복도 여러 군데 나타난다.

주석

이 편지는 여성들에게는 복잡한 본문인데, 그것은 이 편지가 한 가지 널리 주장되는 여성주의적 가치와 멋지게 교차하면서 다른 가치들은 심각하게 훼손하고 있기 때문이다. 바빌론 신들의 머리 위에 박쥐와 새들, 제비, 고양이들까지 올라앉아 있다는 흥미로운 이미지는 저자가 지배문화의 성스러운 제도들을 풍자할 수 있는 예리한 수사학적 능력을 가지고 있음을 보여준다. 여성주의자들도 하나님에 대한 인간적 표현이 지니는 구성적이고 제한적인 성격을 잘 알고 있기 때문에, 종종 이와 비슷하게 탈신화화하는 해석학적 전략을 사용하곤 했다.

이와 동시에 비이스라엘적인 종교관행에 대한 저자의 불관용은 비판적으로 검토되어야 한다. 이 편지에서는 우상숭배를 주물숭배(呪物崇拜)로 묘사하며, 우상숭배는 보이지 않는 하나님을 생명이 없는 사물과 어리석게도 동일시하는 것이라고 한다. 우상숭배의 내적 논리는 저자에게는 이해가 되지 않는다. 그는 네 번이나 이렇게 묻는다. "어떻게 그것들을 신이라고 생각하거나 그렇게 부를 수가 있겠는가?" 그러나 이 질문을 반복한다는 사실 자체가 부자연스럽다. 만일 정말로 우상이 아무런 위협도 되지 않는다면, 어째서 그것들이 그렇게 격렬한 저항감을 불러일으키는가?

최근의 고고학적 연구는 이 편지가 말하고 있는 것보다 훨씬 복잡한 상황을 보여준다. 여기서는 어리석은 이방의 주물숭배와 계몽된 이스라엘의 우상숭배 금지 사이의 대립을 이분법적으로 제시하고 있지만, 이스라엘 안팎에서 행해지고 있던 성상숭배는 그보다 훨씬 다양하고 미묘하다. 나아가서 바빌론의 본문들은 우상 통과의례를 상세하게 묘사하고 있는데, 그에 따르면 목수와 금은세공사는 자신이 그 상을 만들었다는 사실을 제의적으로 부정하며, 신은 하늘로부터 내려와서 그 상 안에 거하도록 초대된다. 이렇게 함으로써 예배자가 우상과 신의 차이를 분명하게 알고 있었다는 점이 암시된다. 물론 우상을 숭배하는 사람들에게도 우상은 나무와 돌에 불과하지만, 그 이상의 것이 있다. 율법서가 단순히 양피지와 잉크가 아니듯이, 그리고 성만찬이 단순히 빵과 포도주가 아니듯이, 우상도 단순히 돌과 나무라고만 할 수는 없는 것이다.

우상의 제작과 유지에 대해 아주 잘 알고 있음에도 불구하고 저자가 우상들이 지니는 의미를 조명해줄 수 있는 제의에 대해 침묵하고 있다는 사실은 우상숭배자들의 자기이해로부터 의도적으로 멀어지기로 작정했다는 것을 보여준다. 외국 종교의 매력을 감소시키려는 분명한 목표를 가지고 있는 이 편지는 외부의 관점에서 특정 종교를 기술하는 데 고유하게 내재하는 해석상의 함정과 자신의 가치체계와 다른 것을 쉽게 폄하하고 싶어 하는 유혹을 보여준다. 이러한 유혹에 저항하고 종교 간 대화와 이해를 추구하려 할 경우 반드시 자신의 체계를 일시 정지시키고, 기꺼이 타인들의 세계관의 근저에 깔린 근본적인 의미를 물어야 한다.

그러나 이 편지는 여성주의적 가치와 관련해서 또 다른 긴장을 보여준다. 그것은 세계관이 단순히 다를 뿐 아니라 거슬린다는 것이다. 이 점에서 여성의 역할에 대한 이 편지의 서술은 특별히 주목할 만하다. 저자는 여성이 월경을 하는 중에도 제의적인 기능을 하는 것에 기분이 상한다.(27절) 그러나 오늘날 여성은 당연히 그렇게 한다. 저자는 또 여자들이 길거리에 나와 앉아서 남자들이 자기들을 골라서 섹스를 하러 데려가주기를 기다리는 것(42-43절)에 대해 기술하고 있다. 이것은 다른 이유에서이기는 하지만 오늘날의 여성들도 모욕적이라고 느끼는 것이다.(Herodotus, *Histories*, I. 199에서는 이런 여자들에 대해 좀 더 동정심을 가지고 기술하고 있는데, 놀라울 정도로 비슷한 장면을 그리고 있다.) 그러나 이 편지는 여성의 성스러운 역할과 성적인 역할 둘 다에 대해 맹렬히 공격하고, 우상숭배자와 저자만이 아니라 독자의 구체적인 문화적 감각까지도 노출시키기 때문에 오늘날의 독자로서는 그 중의 어느 한 편을 들기가 어렵다. 따라서 예레미야의 편지는 여성주의적 종교 간 대화추구에 내재한 딜레마를 보여주는 먼 거울이라고 할 수 있다. 즉 우리에게 소중한 윤리적 관점, 특히 여성에 대한 정의를 훼손하는 종교적 관행을 가지고 있기 때문에 그 신앙을 가진 자매들과 대화를 하기가 어려워지는 문제이다.

참고문헌

Harrington, Daniel. "Letter of Jeremiah," *Harper Bible Commentary*. ed. by J. L. Mays et al., 872-874. San Francisco: Harper & Row, 1988.

Jacobson, Thorkild. "The Graven Image," *Ancient Israelite Religion: Essays in Honor of Frank Moore Cross*. ed. by P. D. Miller et. al., 15-32. Philadelphia: Fortress Press, 1987.

Mettinger, Tryggve. *No Graven Image? Israelite Aniconism in Its Ancient Near Eastern Context*. Coniectanea Biblica Old Testament Series 42. Stockholm: Almqvist & Wiksell, 1995.

Moore, Carey A. *Daniel, Esther and Jeremiah: The Additions.* Anchor Bible 44. Garden City, N.Y.: Doubleday & Co., 1977.

그리스어 다니엘서

토니 크레이븐

Toni Craven

개관

히브리어 성서에서 다니엘서는 익명의 저자가 다니엘과 그의 친구들에 대해서 쓴 여섯 편의 짧은 이야기들(1-6장)과 다니엘이 1인칭으로 쓴 것으로 되어 있는 네 개의 묵시문학적 환상(7-12장)으로 이루어져 있다. 그리스어 성서에서 다니엘서는 두 편의 기도문과 세 편의 이야기들을 더 포함하는 것으로 확대되었다.(제2정경, 또는 외경 부가문들) 즉 아자리야의 기도와 세 유대인의 노래(3:23과 3:24 사이에 사드락, 메삭, 아벳느고가 느부갓네살의 무서운 화덕 속에서 순교를 당할 뻔한 이야기에 삽입된 68개의 절), 그리고 수산나(현존하는 가장 오래된 그리스어 다니엘서 본문을 포함해서 몇몇 다니엘서 사본에서는 1장 앞에 나오고, 그 외의 사본들에서는 13장에 나온다.)와 벨의 제사장들(14:1-22)과 용(14:23-42)의 이야기이다. 유대인들의 성서 번역본(예. Tanakh)은 다니엘서의 그리스어본을 포함하고 있지 않으며, 개신교 번역(예. NRSV, REB, NIV)에서는 외경 부분을 따로 부가문으로 실었다. 로마가톨릭 번역본(예를 들어, NAB, NJB)에서는 칠십인역 그리스어본을 따라서, 본문에 부가문을 통합한 형태로 다니엘서를 출간했다.

맨 앞의 여섯 장은 부분적으로는 히브리어로(1:1-2:4a), 부분적으로는 아람어로(2:4b-7:28) 쓰여졌으며, 다니엘과 그의 세 친구들에 관한, 느슨하게 서로 연결된 교훈적이고 흥미로운 짧은 이야기들이다. 이 젊은 남자들은 고향인 유대 땅으로부터 추방당해 자신들의 유산에 대한 충성을 보여주며, 외국이라는 배경이지만 정치적으로는 앞서 있었고 잘 나갔던 사람들이다. 물론 이들의 종교적 가치가 지배당국의 종교적 가치와 충돌했지만 말이다.

다니엘과 그의 친구들에 대한 세 편의 이야기는 충성 시험에 관한 것이다. 첫 번째 이야기는 다니엘(=벨드사살)과 하나냐(=사드락), 미사엘(=메삭), 아사랴(=아벳느고)가 느부갓네살의 바빌론 궁정에서 3년간 훈련을 받는 동안 겪었던 음식물 시험에 관한 것이다.(1:1-21) 두 번째 이야기는 사드락과 메삭과 아벳느고가 이스라엘의 하나님을 예배하기로 했다는 이유로 느부갓네살의 불가마에서 순교를 당할 위협에 처한 이야기이다.(3:1-30) 그리스어본에서 이 이야기는 하나님의 천사가 내려와서 화덕으로부터 불길을 돌렸다는 짧은 이야기(23-27절)와 두 개의 기도문까지 포함하는 것으로 확대되었다.(하나님의 지혜와 정의를 찬양하고 자기 민족의 죄를 고백하는 아자리야의 기도[1-22절]와 훨훨 타는 불길로부터 자신들을 구원해준 하나님께 찬양과 감사의 노래를 함께 부르는 세 사람의 기도[28-68절; cf. 시 148]) 세 번째 이야기는 다리오의 칙령에도 불구하고 하루 세 번씩 무릎을 꿇고 기도를 드리기로 한 결정 때문에 다니엘이 사자굴에서 위험을 당하게 되었다는 이야기이다.(6:1-28)

또 세 편은 지혜에 관한 이야기이다. 여러 가지 금속으로 된 조상이 부서지는 느부갓네살의 꿈을 다니엘이 해몽해주는 이야기(2:1-49)와 자신이 정신이 나갔었던 것에 관한 느부갓네살의 편지(4:1-37), 벨사살의 잔치 때 벽에 쓰여진 글씨와 그 해석에 관한 이야기(5:1-31)이다.

처음 여섯 장에 따르면, 다니엘과 그 동료들은 기원전 606년 어렸을 때 바빌론에 포로로 끌려왔다.(cf. 1:1) 그들은 거기서 경건한 유대인으로, 그리고 유능한 조신(朝臣)으로 자랐다. 추측컨대 기원전 6세기 바빌론과 메대-페르시아의 궁정에서 일어난 사건들에 대한 여섯 편의 이 짧은 이야기들은 하나님의 율법에 충성하고 복종해야 고향으로부터 떨어져 있어도 성공이라는 보상을 받을 수 있다고 가르치고 있다. 어떠한 난관에도 불구하고 선한 사람은 승리한다는 것이다.

사용된 어휘와 페르시아, 헬레니즘적 관습에 대한 지식, 그리고 근본적으로는 기원전 6세기에 일어난 주요 역사적 사건들과 인물들에 대한 부정확한 기술들로 미루어보건대 이 장들은 기원전 6세기 바빌론 포로기에 작성된 것이 아니다. 논란의 여지가 있기는 하지만, 다니엘서의 처음 여섯 장은 지나치게 그리스 문화와 유대교를 동화시키려 했던 기원전 3세기 디아스포라 공동체의 필요에 잘 들어맞는 것으로 보인다.

7-12장의 환상은 세계사의 과정에 대한 네 가지 계시이다.(아람어로 쓰여진 7장을 제외하면 히브리어로 쓰여져 있다.) 이 묵시문학(apocalypse: "드러내다", 또는 "계시"에 해당하는 그리스어)에서 다니엘은 비밀스러운 계시를 받는 사람이다.(2, 4, 5장에서처럼 해석자가 아니다.) 다니엘은 천사가 자신에게 설명해준 상징적인 환상(7, 8장)과 직접적인 계시(9, 10-12장)를 통해 곧 일어날 하나님의 행위를 알게 된다. 묵시문학은 과거의 역사적 사건들을 마치 앞으로 일어날 사건들인 것처럼 서술하는 회고적인 형태의 예언이다. 여기에 기술된 사건들로 미루어보건대 7-12장은 예루살렘의 유대인들과 유대를 박해했던 셀레우코스 왕 안티오쿠스 4세 에피파네스의 억압적인 통치가 끝나가던 무렵(B.C.E. 175-164년) 작성되어 1-6장과 연결된 것으로 보인다. 안티오쿠스의 죽음에 대해 부정확하게 묘사하는 환상(cf. 11:40-45)들이 나오는 것으로 보아 아마도 그것은 실제로 그가 페르시아의 타베(Tabae)에서 원인불명의 질병으로 죽기(B.C.E. 164년; cf. 제1마카비 6:1-16) 전, 통치 말기에 작성되었을 것이다. 이 모든 환상의 핵심은 하나님이 곧 개입하셔서 악을 쳐부수고, 신앙을 굳건히

지킨 사람들은 승리하게 되리라는 것이다.

13장과 14장은 매우 복잡한 역사를 가지고 있으며, 상이한 두 개의 그리스어 사본, 즉 칠십인역과 이른바 테오도시안 사본에 나온다. 아자리야의 기도와 세 젊은이의 노래는 두 그리스어 사본에서 실제로 동일하다. 그러나 수산나 이야기의 경우 두 사본은 언어나 내용 면에서 상당한 차이가 있다. 벨과 용 이야기의 경우는 두 사본 사이에 약간의 차이가 있다. 이 다섯 개의 부가문들은 2세기 중반 이전에는 인용되거나 심지어 암시되지도 않았다. 그러나 그 재료가 되는 것들은 대부분 기원전 2세기에 작성되었을 것이다. 기원후 250년경 언젠가 지금은 알 수 없는 어떤 이유로 다니엘서의 칠십인역 사본이 기독교교회 안에서 테오도시안 그리스어 본문으로 대체되었다. 히에로니무스의 불가타역에서는 아자리야의 기도와 세 젊은이의 노래가 다니엘 3:23과 3:24 사이에 삽입되었고, 이 책의 끝부분에 세 편의 이야기들, 즉 수산나 이야기(13장)와 벨의 사제들, 용 이야기(14장)가 덧붙여졌다.

벨 이야기(14:1-22)에서 다니엘은 바빌론 신 벨(=마르둑)이 매일 바치는 제사 음식을 먹지 못한다는 사실을 고레스 왕에게 입증해 보인다. 그는 신전 마루에 재를 뿌려서 사제들과 그 가족의 발자국을 왕이 보게 함으로써 벨이 아니라 그들 자신이 비밀통로를 통해 들어가서 음식을 먹었다는 사실을 왕이 알게 한다. 용 이야기(14:23-42)에서 다니엘은 용이 아무 쓸모없는 신이라는 사실을 왕이 알게 한다. 이 이야기에서는 다니엘이 용에게 역청과 비계와 머리털을 먹이자 용은 터져 죽고 만다. 사제들도 죽고 벨과 용이 사라져버린 것을 알게 된 백성은 분노해서 다니엘을 내놓으라고 요구하고, 그들은 그를 사자굴에 던져넣는다.(cf. 6장) 이 외경 다니엘서에서 다니엘은 일곱 마리의 사자와 함께 엿새를 보내지만 전혀 해를 입지 않는다. 왜냐하면 하나님이 유대땅으로부터 하박국을 보내어 음식을 주셨기 때문이다.

수산나

칠십인역에서는 수산나 이야기 다음에 벨과 용 이야기가 나온다. 테오도시안 사본에서는 수산나 이야기가 책의 맨 처음에 나온다. 대부분의 번역본들은(NRSV를 포함해서) 테오도시안 본문의 내용을 따르며, 히에로니무스의 불가타역을 따라 이야기를 13장에 배치한다. 수산나 이야기는 역경을 이겨낸 신앙의 영웅을 하나님이 높이시는 것에 관한 이야기이다. 이 영웅의 성격은 이 이야기가 그리스어 다니엘서에 덧붙여짐으로써 그 영향을 받게 되었다. 다니엘은 45절에 가서야 등장하고 잘해야 이차적인 인물에 불과하지만, 독자는 다니엘에게 주의를 돌리게 된다. 아마도 맨 처음에 수산나 이야기는 독립적인 이야기로, 추측컨대 페르시아 시대에 작성되었을 것이다. 자신의 결백을 주장하는 수산나의 항의(42-43절)와 "주께서는 수산나의 절규를 들으셨다"(44절)는 설명, 그리고 "다니엘이라는 소년의 마음속에 성령을 불어넣어 일으키셨다"(45절)는 말은 이 여자의 영웅적인 면을 강조한다.

음식물 시험(1장)과 무서운 불가마(3장), 사자굴(6장) 이야기와 마찬가지로 수산나 이야기(13장) 역시 용기와 율법에 대한 충성심을 시험하는 이야기, 즉 한 여인의 용기와 충성심에 대한 시험이야기이다. 느부갓네살의 꿈(2장)과 광기(4장), 벽에 글씨가 써지는 이야기(5장)와 마찬가지로 수산나 이야기는 일종의 문제 해결에 관한 이야기로서 다니엘의 지혜를 보여주는 내용을 포함한다. 이 때문에 이것은 최초의 탐정이야기 중 하나라고 일컬어지기도 한다. 다니엘서 1-6장과 달리 수산나는 왕궁에 있지도 않고, 외국인들이 위협이 되지도 않는다. 이 이야기에는 다른 신들을 숭배해야 한다는 압박이 없다. 수산나 이야기에 나타나는 유대공동체는 자치적이고, 종교법을 어기는 사람들을 사형에 처할 수 있는 권한까지 가지고 있다.

바빌론이 이야기의 배경이고(1절; 1-5장; cf. 7-8장), 장면은 요아킴의 정원에서 벌어진다. 요아킴은 포로로 끌려온 부유한 유대인이었으며, 하나님을 경외하는 아름다운 여인 수산나와 결혼했다. 두 명의 악한 노인 재판관이 수산나를 향해 욕망을 품는다. 그들은 매일 그녀가 요아킴의 정원을 거니는 것을 훔쳐본다. 그들은 각기 그녀와 성관계를 맺고자 하는 은밀한 욕망을 품었다.(여기서 사용된 다양한 어휘들에 주목할 필요가 있다. "유혹하다/끌어안다", 11, 39절; "함께 눕다", 37절; "그러니 거절하지 말고 같이 잡시다", 20절; "정을 통하다", 54절) 이 재판관들은 각자 지니고 있던 욕망을 서로에게 드러내고, 수산나를 유혹할 기회를 엿본다.

어느 더운 날 오후 수산나는 두 여종들에게 정원에 자신의 목욕준비를 하라고 시킨다.(17절) 여종들이 물러나자 원로들이 나타나서 수산나에게 자기들과 같이 눕자고 한다.(20절) 그들은 만일 그녀가 거절하면 그녀가 젊은 남자와 함께 있는 것을 보았다고 증거하겠다고 말한다.(21절)

수산나는 용감하게 도움을 요청하기로 결정한다. 그녀는 "내가 주님 앞에서 죄를 짓느니 차라리 이 자들의 모략에 걸려드는 편이 낫겠구나"(23절)라고 말한다. 그녀가 소리치자 원로들 역시 소리를 지르고, 그들 중 하나는 정원 문을 열려고 달려간다. 그들은 정황증거를 통해 그녀를 고발하려 한다. 요아킴 집안의 종들이 달려 나오고, 그들은 젊은 남자와 수산나에 관한 날조된 이야기를 듣게 된다. 원로들의 말을 믿은 종들은 여주인에 대해 매우 부끄럽게 생각한다.(27절)

다음날 수산나는 재판을 받고 사형판결을 받는다.(28-41절) 그녀는 하나님께 자신의 결백을 주장한다.(42-43절) 하나님은 그녀의 기도를 들어주시고(44절), 다니엘이라는 소년을 움직여서 그로 하여금 그녀를 위해 발언하게 한다.(45절; 이렇게 다니엘을 소년으로 서술한 것은 1장 앞에 이 이야기를 배열하는 것을 정당화하기 위한 것이다.) 이 재판관들이 거짓 증거를 했다고 처음부터 단언했으면서도(49절) 다니엘은 두 사람을 각기 따로 심문한다. 그는 수산나와 그녀의 애인이 어느 나무 밑에 있었는지 각기 따로 묻는다. 한 사람은 "아카시아 나무 아래서"(*schinon*)라고 대답하고, 다니엘은 그에게 "두동강이 날 것"(*schisei*, 54–55절, 그리스어로 한 언어유희)이라고 말한다. 또 한 사람은 "떡갈나무 아래서"(*prinos*)라고 대답하고 그도 "두동강이"(*prisai*, 58–59절) 날 것이라는 말을 듣는다. 율법에 따라(cf. 신 19:16–19) 그 재판관들은 자신들이 수산나에게 가하려고 했던 운명을 스스로 맞게 된다.(60–62절)

아이러니하게도 현재의 이야기 결론에 따르면, 수산나는 용감하게 율법을 따른 것에 대해 아무런 보상도 받지 못한다.(사드락과 메삭과 아벳느고가 무서운 불구덩이 속에서 잠시 죽음의 위험을 맛본 것 때문에 보상을 받고[3:28], 다니엘은 사자굴로부터 이끌어내져서[6:23] 보상을 받은 것과 달리) "힐키야와 그의 아내는 딸 수산나의 생명을 살려주신 하나님께 감사를 드렸다. 또 수산나의 누명이 깨끗이 씻겨졌기 때문에 그녀의 남편 요아킴과 그의 모든 친척도 하나님께 감사를 드렸다. 그리고 그 날로부터 다니엘의 명성은 백성들 사이에 크게 퍼졌다."(63–64절) "그녀의 누명이 벗겨졌기 때문에" 하나님은 찬양을 받고 다니엘의 평판이 높아진다.

이야기 결론부분에서 수산나의 발언이 중요하다는 사실이 주목되지 않았다. 소년 다니엘이 그녀를 옹호하는 발언을 했다는 단 한 가지 이유 때문에 그녀가 무죄판결을 받은 것은 벨과 용 이야기에서 오로지 하박국이 왔기 때문에 다니엘이 사자굴에서 살아나게 되었던 것(14:33–39)에 비견할 만하다. 그러나 본문에서는 두 번에 걸쳐 그 이상을 말하고 있다. 재판관들 앞에서 "수산나는 한숨을 내쉬면서 말하였다. '나는 지금 함정에 빠져 사방으로부터 몰리고 있구나. 만일 내가 이자들의 말을 들어주면 그것은 곧 나에게는 죽음이다. 만일 거부하면 이자들의 손아귀에서 벗어날 수가 없다. 내가 주님 앞에 죄를 짓느니 차라리 깨끗한 몸으로 이자들의 모략에 걸려드는 편이 낫겠구나.' 그리고 수산나는 크게 소리쳤다."(22–24a절) 사형판결을 받자 "수산나는 큰소리로 외치며 이렇게 말하였다. '영원하신 하나님, 당신은 모든 비밀을 다 아시며, 무슨 일이 일어나기 전에

다 아십니다. 당신은 이들이 저에 대하여 한 증언이 거짓이라는 것을 알고 계십니다. 그들이 악의로 저를 고발하여 저는 지금 죽습니다마는 저들이 조작해 낸 모든 죄는 저와 상관이 없습니다.'"(42-43절) 그래서 "주님께서는 수산나의 절규를 들으시고 그가 사형장으로 끌려 나갈 때에 다니엘이라는 소년의 마음속에 성령을 불어넣어 일으키셨다."(44-45절) 그녀는 그 원로들과 죄를 범하지 않기로 결심했을 때 이미 자신의 결백과 율법에 대한 헌신을 입증했다.(23절) 사회적 관습에 따라 나이 많고 지위가 높은 남자들이 그녀의 운명을 결정하는 상황 속에서 함정에 빠진 것 같았지만, 그녀는 그 원로들을 거부하고 하나님께 외쳤다. 하나님은 그녀의 기도를 들으셨다. 그러나 마지막에 이야기는 그녀를 무시하고 다니엘을 칭찬한다.

수산나 이야기는 예민한 독자들에게 몇 가지 의문을 제기한다. "당신은 이스라엘의 뭇 여자들을 그런 식으로 희롱해 왔는데, 그들은 겁에 질려 당신의 요구를 거부하지 못했던 것이오"(57절)라는 말에서 드러나는 사실이 잘 알려진 것이었다면, 어째서 공동체는 그 재판관들이 고발하는 것을 좀 더 일찍 막지 못하고 침묵했는가? 어째서 수산나의 어머니(토비트 7:16에서 자신의 딸 사라를 격려하는 에드나와 비교해 보라.)와 아버지, 남편, 여종들, 종들(26-27절에 따르면 기회도 있었다.)은 수산나를 옹호하는 발언을 하지 못하는가? 그녀의 의로운 양친은 "그 딸을 모세의 율법에 따라 잘 키웠다."(3절) 그러나 그들은 그녀의 결백을 방어하지도 못하고, 율법은 그녀와 그 외 다른 여자들을 보호하지도 못한다. 물론 마지막에 가서는 바로 그 "모세의 율법"에 의해 재판관들이 유죄판결을 받지만 말이다.(62절) 오로지 하나님의 성령이 불어넣어진 한 소년만이 수산나를 믿었다. 오직 하나님만이 그녀 자신의 말을 들었다.

율법은 수산나가 공개적으로 자신을 위해 변호할 권리를 허락하지 않았다. 오직 원로들만이 증거한다.(36-41절) 그럼에도 원로들의 욕망에 따르지 않기로 한 그녀의 선택은 모세의 율법에 따른 것이었다.(3절) 수산나는 원로들의 계략에 빠져들어 그들에게 넘어간다 해도 그것은 죽음을 의미할 뿐이라는 것을 알고 있었다.(22절) 이야기 속에서 그녀가 의지할 것이라곤 기도밖에 없었다. "수산나는 하나님을 믿고 눈물어린 두 눈을 들어 하늘을 쳐다보았다."(35절) 백성들의 집회에서 그녀에게 사형판결을 내리자 그녀는 하나님을 향해 자신을 변호한다.(42-43절) 그리고 "주님께서 그녀의 절규를 들으심"(44절)으로써 그녀는 자유롭게 된다.

수산나는 원로들의 요구를 거절했을 때 스스로 자신의 운명을 결정한 것이다.(22-23절) "완전히 함정에 빠졌지만"(22절) 그녀는 원로들과 관계를 갖기보다는 정원에서 소리를 지르기로 선택했다.(22-24절) 자신에 대한 부당한 판결에 대해 하나님께 항의하는 그녀의 말이 상황을 바꾸었다.(42-43절) 하나님은 그녀의 말을 듣고 구원해주신다. 그녀의 항거는 가부장제에 의해 성적으로 희생당한 성서의 다른 여인들로부터 그녀를 구별한다. 수산나는 디나(창 34장)와 밧세바(삼하 11장)와 다말(삼하 13장)과 달리 강간의 위협에 직면해서 아무 소리 없이 당하지 않았다. 그녀는 자신에 대한 부당한 사형판결에 대해 입다의 딸(삿 11장)처럼 가만히 있지 않았다. 오히려 수산나는 하갈(창 21장)과 리브가(창 25장)처럼 목청을 높여 자신이 당하는 부당함에 대해 하나님께 항의한다. 수산나는 율법을 어기기를 거부하고 자신의 부당한 운명에 대해 항의함으로써 하나님으로부터 기어코 복을 받아낸다.

그런데 이 이야기를 다니엘의 명성을 높이는 것으로만 이해하면, 수산나의 행동이 지니는 중요성을 놓치게 되며, 특히 룻기와 에스더서, 유딧서처럼 여성들의 이름으로 제목이 달려 있는 다른 책들과 이 이야기가 갖는 연관성을 놓치게 된다. 다니엘서에 부록처럼 덧붙여져 있기는 하지만, "수산나"라는 이름은 여전히 이 이야기의 제목으로 기억되고 있다.

힐키야의 딸, 요아킴의 아내 수산나(1-2, 29절)는 다니엘서 전체에서 이름이 언급된 유일한 여성이다. 다른 여성들은 모두 그들의 역할과 관련해서 지칭되었다. 이름이 언급되지 않은 수산나의 어머니는 그녀의 "양친"(13:3, 30) 중 한 사람으로, 그리고 힐키야의 "아내"(13:63)로 나온다.

그 외에 수산나의 "두 여종"(13:15, 17-19, 36), "이스라엘의 딸들"(3:57), "유다의 딸"(13:57)이 14장에 걸친 이 책에서 언급되고 있는 유대인 여성들이다. 다니엘서에서 이름이 언급되지 않은 이방여인들로는 바빌론의 "왕비"(5:10-12), 메대-페르시아 관리들의 "아내들"(6:24), 고레스의 페르시아 궁정에서 벨을 섬기는 사제들의 "아내들"(14:15, 20, 21)이 있다. 이 모든 다른 여인들로부터 수산나는 구별된다. 그것은 그녀만이 이름이 언급되고 있을 뿐만 아니라, 남성지배 세계 속에서 여성으로서 자신의 지위에 어쩔 수 없이 따라붙어 있는 무력함을 넘어서 스스로 용기를 내었기 때문이다. 수산나 이야기는 계약공동체 안의 한 여성이 – 외국관리가 아니라 존경받는 유대지도자들에 의해 – 죽음의 위협에 직면해서 어떻게 그 곤경을 극복했는지 말해주고 있다. 수산나는 다니엘과 사드락과 메삭과 아벳느고처럼 생명 그 자체보다 신실함을 더 가치 있는 것으로 여기고 행동함으로써 하나님을 영예롭게 했다. 그녀는 기도하는 투사이며, 악을 거부하고 선을 선택하여 자기 소리를 냈다. 그리고 하나님이 그녀의 외침에 귀를 기울임으로써 선이 승리했다.

참고문헌

Craven, Toni. *Ezekiel/Daniel.* Collegeville Bible Commentary 16. Collegeville Minn.: Liturgical Press, 1986.

Hartman, Louis F., and Alexander A. Di Lella. "Daniel," *The New Jerome Biblical Commentary.* ed. by Raymond E. Brown et al., 406-420. Englewood Cliffs, N.J.: Prentice-Hall, 1990.

Levine, Amy-Jill. "'Hemmed In on Every Side': Jews and Women in the Book of Susanna," *Reading from This Place*, vol. 1: *Social Location and Biblical Interpretation in the United States.* ed. by Fernando F.

Segovia and Mary Ann Tolbert, 175–190. Minneapolis: Fortress Press, 1995.

Moore, Carey A. *Daniel, Esther and Jeremiah: The Additions.* Anchor Bible 44. Garden City, N.Y.: Doubleday & Co., 1977.

Nickelsburg, George W. E. *Jewish Literature between the Bible and the Mishnah: A Historical and Literary Introduction.* Philadelphia: Fortress Press, 1981.

Towner, W. Sibley. "Daniel and Additions to Daniel," *The Books of the Bible*, vol. 1. *The Old Testament/The Hebrew Bible.* ed. by Bernard W. Anderson, 333–347. New York: Charles Scribner's Sons, 1989.

Wills, Lawrence M. "The Daniel/Susanna Tradition: From Legend to Novel," *The Jewish Novel in the Ancient World*, 40–67. Ithaca, N.Y., and London: Cornell University Press, 1995.

므낫세의 기도

패트리샤 K. 털

Patricia K. Tull

열왕기하 21장에 따르면, 유다의 므낫세 왕은 무죄한 자의 피를 많이 흘려 "예루살렘 이 가에서 저 가까지 가득하게" 했다. 그의 악행으로 인해 하나님은 "그릇을 씻어 엎음 같이 예루살렘을 씻어"버리기로 하신다. 그러나 그는 오랫동안 다스리고 평화롭게 죽었기 때문에 관습적인 하나님의 정의를 기대했던 사람들을 실망시켰다. 역대기하 33:10-20에서는 므낫세 이야기를 다시 써서 이 신학적인 문제를 해결하고 있다. 여기서는 므낫세가 바빌론 사람들에게 붙잡혀가 자신의 악행에 대해 회개하고, 하나님이 그를 다시 받아들여 진정한 회개의 모범이 된다.

다음에 외경 므낫세의 기도는 역대기에서 발견되는 결함, 즉 세 번이나 언급되는 그 결정적인 회개의 기도가 빠져 있다는 점을 시정하고 있다. 므낫세의 기도는 아마도 기원전 200년에서 기원후 100년 사이에 히브리어, 또는 그리스어로 쓰여졌으며, 초대 기독교인들 사이에서 매우 인기가 높았고, 3세기 문서인 디다스칼리아(Didascalia)에서 임종고백과 관련해서 엄격한 주의를 주면서 길게 인용되었다. 최종적으로 가톨릭과 개신교 정경 둘 다에서 완전히 빠졌지만, 동방정교회에서는 경전으로 포함시키고 있다.

전부 15절밖에 안 되고 성서적 이미지들이 생동감 넘치게 나타나는 이 기도문은 미적으로나, 신학적으로나 모범적인 것으로 여겨졌다. 처음에 므낫세가 당한 곤경을 회상하며 ("당신의 명령으로 바닷물에 차꼬를 채운") 하나님의 능력을 말하는 것으로 시작해서 그 위에 임하는 하나님의 자비를 이야기하고, 므낫세는 자신의 죄가 "바닷가의 모래알보다도 더 많다"고 한다. 그는 "수많은 쇠사슬로 괴로움을 당하고 있다" 그리고 "나는 마음으로 무릎을 꿇는다"고 말하며, 계속해서 하나님의 용서를 구하고 마지막으로는 하나님께 영광과 찬송을 돌린다.

이 기도는 하나님의 직접적인 사랑과 용서에 대한 훌륭한 예를 보여준다. 동시에 이 회개의 신학을 올바로 이해하고 "싸구려 은혜"로 되는 것을 막기 위해서는 그것을 이야기의 전체적인 맥락 안에서 해석해야 한다. 다시 말해 므낫세의 정치적이고 종교적인 정책이 그에 따라 어떻게 결정적으로 변화했는가라는 맥락에서 읽어야 한다.

참고문헌

Charlesworth, James. "The Prayer of Manasseh," *The Old Testament Pseudepigrapha*, vol. 2. ed. by James Charlesworth, 625–637. Garden City, N.Y.: Doubleday & Co., 1985.

Connolly, R. H. *Didascalia Apostolorum: The Syriac Version Translated and Accompanied by the Verona Latin Fragments.* Oxford: Clarendon Press, 1929.

Harrington, Daniel. "Prayer of Manasseh," *Harper's Bible Commentary*. ed. by J. L. Mays, 872–874. San Francisco: Harper & Row, 1988.

마카비서들

로빈 달링 영

Robin Darling Young

전체 개관

마카비서들은 성서 정경의 역사와 헬레니즘 시대 유대교 역사에서 모호하기는 하지만 매우 중요한 위치를 점하고 있다. 네 권의 책이 "마카비서"라는 제목을 달고 있지만, 실질적으로 그것들은 서로 관련이 없으며, 전혀 다른 저자들과 장소에서 유래했다. 이 책들은 모두 기원전 2세기와 1세기에 유대교가 겪었던 대격변에 대해 다양한 방식으로 증거하고 있다. 그러나 이러한 다양성에도 불구하고 이 책들은 모두 종교에 대한 체계적인 박해에 저항하는 것에 집중하고 있기 때문에 성서 문헌들 안에서 하나의 독특한 문서군을 이루고 있다. 제1마카비서와 제2마카비서는 안티오쿠스 4세 에피파네스(B.C.E. 168년) 시대의 박해와 이에 저항한 유다 마카비와 그 형제들의 혁명에 대한 이야기들이다. 제4마카비서는 철학적인 책인데, 여기서는 제2마카비서에서 이야기하고 있는 에피소드들을 끌어다가 어떻게 이성이 인간의 정열을 이길 수 있는지 보여주고 있다. 절정은 유대 율법을 범하라는 안티오쿠스의 명령에 죽음을 무릅쓰고 저항하는 일곱 아들들과 그들을 격려하는 유대인 어머니의 능력을 기술하고 있는 부분이다. 제3마카비서는 『프톨레마이카』(*Ptolemaica*)라는 제목으로도 알려져 있는데, 마카비 혁명기가 아니라 그보다 40년 전을 배경으로 하고 있다. 이 책은 팔레스타인과 알렉산드리아의 유대인들과 이집트 왕 프톨레마이오스 4세 사이의 싸움에 관한 것이다. 네 권의 마카비서들 가운데 제1마카비서만이 유일하게 히브리어로 작성되었다. 물론 이것도 그리스어 번역본만 남아 있지만 말이다. 다른 세 권은 처음부터 그리스어로 작성되었다.

제1마카비서와 제2마카비서만이 경전에 포함되었다. 이 두 권은 칠십인역에 포함되었기 때문에 정교회와 가톨릭교회의 정경이 될 수 있었다. 개신교 종교개혁가들은 히브리성서에 이 책들이 없기 때문에 그것들을 구약성서 정경에서 제외했다. 제3마카비서는 몇몇 칠십인역 필사본들에는 나오지만 중요한 필사본들에서는 모두 나오지 않는다. 제3마카비서는 정교회에서 제2정경으로 인정되었다. 그러나 제4마카비서는 몇몇 칠십인역 필사본들에서만 부록으로 나온다. 따라서 이것은 기독교교회 어디에서도 정경으로 간주되지 못했다.

제1마카비서

로빈 달링 영
Robin Darling Young

개관

교부이자 성서 번역가인 히에로니무스는 옛 라틴어 성서를 개정하고, 불가타에 히브리어 정경에 나오지 않는 책들에 대해 주의 깊게 주를 달아 놓았는데, 실제로 그는 제1마카비서의 히브리어 필사본을 보았을 것이다. 그러나 결국 이 필사본은 기독교인들 가운데서도, 유대교인들 가운데서도 보존되지 못했다. 1세기 유대교 역사가 요세푸스는 그의 저서 『아피온을 반박함』(*Contra Apionem*)에서 거룩한 책들의 목록을 기술하면서 마카비서들을 뺐다.

제1마카비서는 유다 마카비 가문인 하스몬가가 그리스의 셀레우코스 왕국과 벌였던 투쟁의 역사이다. 아마도 이것은 기원전 100년경 쓰여졌을 것이다. 그것은 저자가 기원전 104년에 죽은 요한 히르카누스를 포함하여 하스몬가의 무덤에 대해 쓰고 있기 때문이다. 로마인들에 대한 찬미(8장)는 기원전 63년에 있었던 폼페이우스의 침략 이후에 이 책이 쓰여졌을 가능성을 차단한다. 그리스인이 했던 정복자의 역할을 이때부터 로마인이 대체했고, 그래서 로마인들은 팔레스타인의 수많은 유대인에게 적대의 대상이 되었기 때문이다.

아마도 이 책의 저자는 사두개파 사람이었을 것이다. 왜냐하면 그는 자신의 역사기술을 위한 하나의 자료로 성전 문서고를 사용하고 있기 때문이다. 또한 그는 그리스인들에 대항했던 유대혁명을 직접 목격한 사람들의 보고를 수집했는데, 이것은 그가 예루살렘, 적어도 팔레스타인에 거주했음을 시사한다. 또 저자는 하스몬가의 지도자들인 유다와 요나단, 시몬에게 보낸 로마 원로원과 셀레우코스 왕가 왕들의 편지를 사용하고 있다. 그리고 그는 셀레우코스 왕조의 역사와 연대기를 기술하는 데 이방자료들을 사용했으며, 이것이 그의 책의 시간적인 틀을 형성하고 있다. 물론 제2마카비서와 비교해 보더라도 셀레우코스 왕조 시대에 대한 그의 연대 산정은 틀렸지만 말이다.

제1마카비서는 사사기와 사무엘, 열왕기, 즉 이스라엘 민족의 연대기를 모방해서 쓰여졌다. 이 책은 하나님이 이스라엘만을 유일하게 선택하셨다는 사실과 둘 사이에 맺어진 계약의 구속력을 강조하며, 계약을 성취하는 수단으로서 율법을 따르는 것의 중요성을 매우 강하게 강조하고 있다. 이스라엘 민족은 마카비가에 의해 회복되었는데, 그것은 그들이 다시 율법을 회복하고 그렇게 함으로써 백성을 구했기 때문이다.

내용

제1마카비서는 쉽게 다섯 부분으로 나뉘어질 수 있다. (1) 알렉산드로스와 그의 후계자들에 의한 헬레니즘의 확대(1:1–9), (2) 유대인들과 그리스 통치자 안티오쿠스 4세 에피파네스 사이의 불법적인 협력(1:10–2:70), (3) 유다 마카비의 전쟁(3:1–9:22), (4) 그의 형제 요나단의 전쟁(9:23–12:54), (5) 그의 형제 시몬의 통치(13:1–16:24)이다. 이 책은 크게 이와 같이 나뉘어지는데, 그 안에는 산문과 시, 즉 찬가와 애가, 송덕문, 마카비 지도자들의 연설이 포함되어 있다.

헬레니즘의 확대(1:1-9)

이 부분은 이 책의 서론을 이룬다. 여기서는 알렉산드로스가 임종 때에 "Diadochoi", 즉 후계자들에게 자신의 왕국을 나누어주었다는 전설을 이야기하고 있다. 알렉산드로스의 통치에 대한 묘사("그의 오만은 끝을 몰랐다", 1:3 REB)는 안티오쿠스의 오만한 통치를 극적으로 예시해준다. 그리고 후계자들의 자손들이 학정(1:9)을 하는 것은 나중에 하나님의 참된 아들들이 이스라엘의 신실한 순종을 이루어내는 것과 극적인 대조를 이룬다.

주석

유대인들과 그리스 통치자 안티오쿠스 4세 에피파네스 사이의 불법적인 협력(1:10-2:70)

유대혁명의 직접적인 원인은 그리스의 생활풍습을 따르기를 원했던 "몇몇 반역자들"(1:11) 탓으로 돌려진다. (알렉산드로스의 선례를 충실히 따라 그리스 문화를 확산시키고자 했던) 안티오쿠스는 이 "반역자" 유대인들이 예루살렘에 운동장을 세우는 것을 승인했다. 그들은 할례받은 흔적을 없애고 율법을 무시하며 "자기 자신을 악에 팔아넘겼다."(1:12)

다음에 안티오쿠스는 마찬가지로 그리스 통치자(프톨레마이오스 8세)의 지배를 받고 있던 이집트를 침략하고 정복했다. 그리고 돌아오는 길에 예루살렘 성전을 약탈하고(1:21-24), 나중에는 시온산 건너편에 성채를 세웠다. 이 사건들에는 각기 협력한 유대인들이 있었다고 저자는 언급하며, 애가(1:25-28, 36-40)를 싣고 있다. 나아가서 유대 관습을 제한하는 왕의 칙령이 내려졌다.(1:41-50) 일상적인 성전제사가 금지되었고, 안티오쿠스 영토 전반에 걸쳐 종교를 통일하려는 계획에 따라 이방종교 관습과 제사가 정해졌다. 이에 따르지 않을 경우 그 벌은 사형이었다. 이 무시무시한 박해의 결정적인 예로 본문에서는 어떻게 "자기 아이들에게 할례를 받게 한 여자들을 법령에 따라서 사형에 처했고, 그 젖먹이들도 목을 매달아 죽였는지, 그뿐 아니라 그들의 가족과 그 아이들에게 할례를 베푼 사람까지 다 죽였는지"(1:60-61) 기록하고 있다. 이 무시무시한 박해와 대조적으로 저자는 이스라엘 가운데 많은 사람이 계약을 어기느니 차라리 죽음을 택하기로 했다고(1:63) 함으로써 마카비가의 저항을 예기하고 있다.

2장에서는 다른 왕조에 대해 묘사함으로써 1장과 균형을 이룬다. 그것은 사제 마따디아의 가문으로서 그는 예루살렘에서 신성모독이 이루어지는 것을 피해(2:6) 모데인으로 이주했다. 그는 성전이 더럽혀지는 것을 탄식하며(2:7-13), 아들들과 함께 통곡한다. 그리스의 통치에 대한 군사적인 저항과 많은 유대인들의 배교에 대한 분노(2:16) 때문에 그는 제사를 드리라는 명령을 거부하게 된다. 마따디아는 그런 명령을 따르던 한 유대인을 죽이고 아들들과 함께 광야로 도망간다. 율법을 범하게 되는 것을 피해 광야로 갔다가 안식일에 공격을 받고 이에 방어를 하지 않아 유대인 가족들이 몰살당했다는 소식을 들은 마따디아와 그의 아들들과 동조자들은 이방 제단들을 파괴하기 시작한다.(2:42-48) 임종 때에 마따디아는 율법에 순종함으로 구원받은 경건한 율법의 수호자들을 예를 들어 가며 말한다. 그는 아들들에게 "너희는 열심히 율법을 지키고 우리 조상들이 맺은 계약을 위하여 헌신하여라"(2:50)라고 유언을 한다.

유다 마카비의 전쟁(3:1-9:22)

마따디아의 세 아들들이 그리스인들에 저항하는 유대혁명을 이끌었는데, 이중 첫째 아들이었던 유다는 아버지로부터 "여러 이교도들과 싸움”(2:66)을 지휘하라는 지명을 받는다. 그는 안티오쿠스의 장군을 공격하여 무찌르고 왕의 섭정에게 승리하여(4:35) 유대인들의 성전을 탈환한다. 성전을 정화하고 재봉헌하며 거기서 희생제사를 다시 시작하는 유다의 계획은 4:36-61에 상세하게 기술되었다. 여기서 유다에 대한 묘사는 성전 산을 확보하고 예루살렘 주변을 평정한 다윗과 비슷하다.(삼하 5장) 유다와 그의 형제들과 동료들의 군사작전은 페르시아에 있는 안티오쿠스를 매우 실망시켜서 그는 병에 걸려 후계자를 지명하고 죽는다. 계속해서 유다를 치려는 시도들이 있었으나 결국에는 얼마 지속되지 못했던 조약이 체결된다.(6:60) 어린 왕 안티오쿠스 5세의 보호자였던 리시아와 전투를 하는 중에 유다의 형제 엘르아잘 아와란이 적군의 코끼리를 죽이다 자기도 죽는다. 저자는 “그는 동포를 구하고 용명을 영원히 남기기 위해 자기 목숨을 내놓기로 했다”(6:44)고 쓰고 있다. 이처럼 다른 사람들을 구하기 위해 죽는다는 주제는 제1마카비서에서 매우 중요한 주제이다. 단 한 사람의 죽음이 민족 전체의 회복을 위해 커다란 도움을 줄 수 있다.

그리스인들과 전투를 하는 중에 유다는 로마에 사절을 보내고(8장), 상호 방위조약을 체결하게 된다. 그러나 계속되는 공격으로 그는 갈릴리 전투에서 전사한다.

요나단의 전쟁(9:23-12:54)

가나안 여인과 결혼하려는 한 유대인의 결혼식장을 피바다로 만들어 형 유다의 복수를 한 뒤(9:35-42) 요나단은 자기 형이 했던 대로 군사적이고 외교적인 침략을 계속한다. 그리스 군대를 무찌른 후 요나단은 조약을 체결하고 그 후 “유다 땅은 평온했다.”(9:57) 요나단은 반역자들의 심판자이자 파괴자로 묘사되었다.(9:73) 그러나 그의 통치는 형 유다와 달리 전쟁보다는 여러 그리스 통치자들과 조약을 맺는 것으로 특징지어졌다. 그는 알렉산드로스 에피파네스(10:15), 데메드리오(11:23-37)와 조약을 체결하며, 이 중 데메드리오와는 나중에 전쟁을 하게 된다. 또 찬탈자 트리폰과도 조약을 맺는데(11:54), 요나단은 그의 속임수에 넘어가 붙잡혀서 죽임을 당한다. 이 밖에도 요나단은 로마, 스파르타와도 동맹을 체결한다. (12장)

시몬의 통치(13:1-16:24)

요나단이 죽은 후 시몬은 예루살렘에 백성들을 모아놓고 민족을 위한 복수의 계획을 발표한다.(13:1-6) 저자는 시몬이 트리폰을 팔레스타인에서 물리칠 때까지 전투를 벌이는 데 예루살렘 사람들로부터 지원을 받은 것으로 묘사하고 있다. 시몬은 모데인에 자기 가족을 위한 거대한 묘지를 만들었고, 저자는 그 묘지가 "오늘날까지 남아 있다"(13:30)고 한다. 시몬은 셀레우코스 왕권을 물려받은 데메드리오와 화평조약을 맺고, 예루살렘의 그리스 요새 아크라를 점령하여 최종적으로 평정하고, 도시를 정화하고, 이전에 점령되었던 지역에 유대교 종교관습을 재확립한다. 저자는 평화를 다시 정착시킨 것에 대해 시몬의 영광을 찬미하는 찬가를 기술하고 (14:4-15), 시몬을 은근히 솔로몬 왕과 비교한다. "사람마다 자기의 포도나무와 무화과나무 아래 앉았으며 그들의 마음을 괴롭힐 자는 아무도 없었다 … 그는 성전을 아름답게 꾸미고 기물들을 많이 갖추어놓았다."(14:12, 15; cf. 왕상 4:25; 7:45-50)

이 책의 마지막 부분에서는 시몬이 로마, 스파르타와 동맹을 맺고, 이스라엘 백성이 시몬의 행적을 기리고 그를 "진정한 예언자가 나타날 때까지 영구적인 영도자, 대사제로 삼는다"(14:41)고 선언하는 것으로 결론을 맺는다. 그런데 처음에는 우호적인 관계였으나 나중에 적대하게 되는 셀레우코스 통치자 안티오쿠스 7세가 상황을 갈등으로 바꾼다.(15:25-26) 그러나 시몬은 배신행위로 인해 죽게 되는데, 그것도 사위였던 여리고의 사령관이 시몬과 그 아들들을 살해함으로써 그렇게 된다.(16:11-17) 시

몬의 자리는 아들 요한 히르카누스에게 계승된다.(16:18-24)

성찰

여성이 제1마카비서에 나타나지 않는다는 사실은 눈에 띈다. 제1마카비서의 모델이 된 사사기나 열왕기상하 같은 이전의 역사서들에서도 여성 인물이 두드러지게 나타나는 이야기들은 있었다. 그러나 여기서는 박해에 희생을 당한 여자들이나(1:60-61) 성전의 운명에 슬퍼하며 애곡하는 여자들(1:26-27) 말고는 여성이 두드러지는 역할을 하는 이야기가 없다. 이것은 군사 지도자와 뒤이은 민족 통치자의 관점에서 민족 해방투쟁에 대해 이야기한 것이다. 따라서 여성들의 활동과 경험은 대체로 저자의 관심 밖에 있다. 그러나 이러한 선택적인 인식에도 불구하고 사실상 여성들은 제1마카비서가 묘사하고 있는 갈등들 어디서나 종종 아주 복잡한 방식으로 깊이 연루되어 있다.

오늘날 여성해방적 윤리적 성찰은 폭력과 공동체, 차이의 존중 같은 주제들에 상당한 관심을 보이고 있다. 제1마카비서는 이러한 주제들과 관련해서 중요하고 복잡한 문제를 제기한다. 본문에 나타나는 폭력에 대한 서술, 특히 우리 자신과 동일시하도록 요구되는 사람들이 저지르는 폭력에 대해서는 간단히 너무 끔찍하다고 말하는 것이 쉬울 것이다. 가령 마카비가 사람들이 저지르는 학살(예. 5:28, 35, 51)이나 벌로 가하는 폭력(11:41-51)들이 그렇다. 이와 비슷하게 이 책에서 종교적·민족적 차이를 다루는 방식 역시 매우 혼란스럽다. 안티오쿠스는 "모든 사람[민족들]은 자기 관습을 버려야 한다"(1:41)고 요구하고, 그렇지 않으면 박해를 받아 죽음의 고통을 당하게 한 것으로 묘사되었다. 그러나 마카비가의 지도자 시몬 역시 가자라로부터 이방인들을 쫓아내면서 "인종청소"를 한다.(13:42-48; cf. 11:65-66; 14:36) 유대공동체 내의 갈등 역시 비타협적인 방식으로 서술되었다. 즉 마카비가에 반대하는 사람들은 간단히 "반역자들",

민족의 원수로 규정되고, 정당한 폭력의 대상으로 규정되었다.(2:43–44; 3:5–6)

끔찍하고 비위에 거슬린다고 이 책을 무시하거나 우리 자신의 도덕적 우월성을 확인하면서 이 책을 멀리하기보다는 오늘날 벌어지고 있는 수많은 종교적·인종적 갈등에 나타나는 비극적 갈등의 면모를 이 이야기 속에서도 인식할 필요가 있다. 가령 북아일랜드와 보스니아, 르완다, 알제리, 아프가니스탄, 그리고 그 외 지역에서도 계속해서 갈등이 일어나고 있다. 기원전 2세기 유대는 물론이고 이러한 수많은 갈등에는 공통적인 요소들이 있다. 외국세력에 의한 지배의 역사, 급격한 문화변동, 다인종 인구 구성 등이다. 마찬가지로 많은 경우 폭력이 발발하기 전에는 역사적으로 상당히 조화로운 관계가 이어지는 기간이 있다. 고대 헬레니즘 세계는 대개의 경우 상호 폭력에 의지하지 않고 종교적·문화적·인종적 차이를 조정할 수 있었던 다문화사회였다. 마찬가지로 헬레니즘 시대의 유대교 역시 매우 다양했으며, 그러한 다양성이 "참된 유대인"이라고 여겨지는 사람들에 대한 공격으로 이어지는 경우는 매우 드물었다. 이렇게 보면 제1마카비서에 묘사된 극단적이고 폭력적인 사건들은 예외적인 것으로 보인다. 역사가들은 폭력을 촉발시킨 구체적인 사건들이 실제로 무엇이었는지에 대해서 여전히 논란을 벌이고 있다. 그러나 그 근저에 깔린 긴장과 불안의 성격을 파악하는 것이 우리의 반성을 위해서 좀 더 유용할 것이다.

제1마카비서를 읽으면 군사력을 소유하고 또 그것을 사용할 수 있었던 강력한 셀레우코스 왕 앞에서 스스로 대단히 취약한 존재임을 절감했던 한 공동체에 대한 인상을 우선 받게 된다. 그러나 동시에 상이한 민족 공동체 사이에서 서로가 서로에 대해 취약성을 느끼고 있는 부분도 있다. 그리고 이것은 이 지역 전체에 대한 셀레우코스 왕의 통제력이 사라졌을 때 실제로 더 악화되었다. 중앙정부의 권력이 존속하는 동안 서로 다른 공동체들 사이의 긴장과 경쟁적인 주장들은 억눌려지거나 왕 앞에 가져가서 판결을 받게 된다. 그의 권력이 더는 효력을 발휘하지 못하게 되었을 때 그로 인한 실질적인 무정부상태로 인해 사람들이 안전에 대한 불안을 선제적인 폭력(5장)을 통해 표현하기에 완벽한 조건이 만들어지게 되었다. 또한 제1마카비서에 나타나는 종교적인 양극화는 문화적인 취약성의 징후이기도 하다. 기원전 2세기 팔레스타인 유대교 사회처럼 중요하고도 급격한 문화적 변동을 겪고 있는 사회는 어떠한 사회든 문화적 변동의 과정 속에서 자신의 정체성을 보존할 수 있을 것인지에 대해 어느 정도 불안을 겪게 된다. 그리고 종교는 잠정적으로 그러한 정체성을 전달하기 때문에 종종 그러한 불안의 초점이 된다. 그러나 결정적인 위기의 순간에 나타나는 극단적인 수사학적 발언이 반드시 최종적인 발언이라고 할 수는 없다. 제1마카비서에서는 유대교와 헬레니즘 사이에 외견상 과격한 대립이 있는 것처럼 보이지만, 일단 민족이 안정을 다시 확보하고 나자 헬레니즘 문화의 여러 측면들이 유대 정체성의 특징적인 측면들을 보존하는 방식으로 타협해서 유대 사회 속으로 통합되었다.

폭력과 공동체, 차이에 대한 존중이라는 문제와 관련해서 제1마카비서의 내용을 성찰해보면 폭력으로 폭발하기 전에 미리 밑바닥에 깔려 있는 긴장들을 호명하고 이야기하는 것이 중요하다는 사실을 알게 된다. 특히 공동체가 취약하다는 느낌을 받는 것을 줄일 수 있는 구조를 정착시킨다면, 상호적인 폭력의 가능성 역시 줄어들고, 불만은 좀 덜 파괴적인 방식으로 작용하게 될 것이다. 문화변동을 조절하는 것은 아마도 더 어려울 것이다. 왜냐하면 그것은 정치적인 관계들보다 더 무형의 현상이기 때문이다. 아마도 가장 유용한 반응은 간단히 그러한 변화는 어느 한 시대에만 특이하게 나타나는 것이 아니라는 사실을 인정하고, 종교적 전통과 그 정체성을 보존하면서도 개혁적인 방식으로 새로운 상황에 대응하도록 하는 것일 것이다. 즉 급격한 문화변동이 일어난 다른 시기에 타협했던 방식들과 익숙해지는 것이다.

참고문헌

Collins, John J. *Daniel, First Maccabees, Second Maccabees.* Old Testament Message 15. Wilmington, Del.: Michael Glazier, 1985.

Doran, Robert. "The First Book of Maccabees: Introduction, Commentary, and Reflections," *New Interpreter's Bible*, vol. 4, 1–78. Nashville: Abingdon Press, 1995.

Goldstein, J. A. *I Maccabees: A New Translation with Introduction and Commentary.* Anchor Bible 41. Garden City, N.Y.: Doubleday, 1976.

Harrington, Daniel J. *The Maccabean Revolt: Anatomy of a Biblical Revolution.* Old Testament Studies 1. Wilmington, Del.: Michael Glazier, 1988.

Schiffman, Lawrence H. "1 Maccabees," *Harper's Bible Commentary.* ed. by James H. Mays et al., 875–897. San Francisco: Harper & Row, 1985.

Sievers, Joseph. *The Hasmoneans and Their Supporters: From Mattathias to the Death of John Hyrcanus.* South Florida Studies in the History of Judaism 6. Atlanta: Scholars Press, 1990.

Spilly, Alphonse P. *First Maccabees, Second Maccabees.* Collegeville Bible Commentary, Old Testament 12. Collegeville, Minn.: Liturgical Press, 1985.

제2마카비서

로빈 달링 영
Robin Darling Young

개관

제1마카비서가 주로 의로운 마따디아 가문과 알렉산드로스의 불의한 후계자들, 특히 안티오쿠스 4세 에피파네스와 그 후계자들 사이의 전쟁에 대한 연대기라면, 제2마카비서는 그 사건들의 종교적 의미를 해석한 책이다. 이것은 또한 약간 다른 시대의 이야기이기도 하다. 즉 제1마카비서와 같이 안티오쿠스 4세로부터 요한 히르카누스 시대(B.C.E 175-134년)까지가 아니라, 대제사장 오니아스 3세와 셀레우코스 4세 때로부터 그리스 장군 니가노르의 군대가 패배할 때(B.C.E 180-161년)까지의 시대이다. 제2마카비서의 저자는 이 책을 자신이 직접 작성한 것이 아니라, 키레네의 유대공동체 일원인 키레네의 야손이 작성한 다섯 권의 이야기를 자신이 축약한 것이라고 말하고 있다.(2:23)

제2마카비서의 저자는 하나님의 백성 이스라엘이 더럽혀졌다가 다시 거룩하게 되는 과정에 대한 극적인 이야기 속에서 '마그놀리아 데이'(magnolia Dei, 하나님의 위대한 행동)를 전면에 내세우고 있다. 그는 하나님의 특징적인 성격을 열거하며, 성전을 찬미한다. 제1마카비서의 저자와 마찬가지로 그는 율법을 따르는 것, 특히 거룩한 안식일 법을 지키는 것은 하나님의 자비를 얻는 데 필수불가결한 조건이라고 단언하고 있다. 그러나 이스라엘은 율법으로부터 멀어짐으로써 스스로에게 파국을 가져왔다.

그러한 파국적인 시대에 이스라엘을 구원하는 사람은 불경을 행하기를 거부하고 적극적으로 박해를 받는 사람들이다. 제2마카비서는 순교의 신학을 담고 있다. 따라서 의인을 위해서는 부활을, 불의한 자들을 위해서는 심판을 가르칠 뿐만 아니라, 천사들과 거룩한 백성의 중보기도와 떠나간 자들을 위한 기도도 가르치고 있다. 이 순교의 신학 때문에 제2마카비서의 저자는 마카비가의 수훈만이 아니라 안티오쿠스 4세 때에 있었던 엘르아잘의 순교와 일곱 아들과 이름 없는 어머니의 순교에까지 관심을 갖게 된다.

제2마카비서는 기본적으로 일곱 개의 단락으로 이루어져 있다. (1) 예루살렘의 유대인들이 이집트에 있는 유대인들에게 보내는 축제 때의 두 편지, (2) 서문, (3) 성전을 더럽히려는 헬리오도로스의 시도, (4) 성전이 더럽혀지고 유대인들이 박해를 받음, (5) 유다의 승리와 성전회복, (6) 계속되는 전쟁들, (7) 에필로그이다.

주석

축제 때의 편지(1:1-2:18)

기원전 124년경 쓰여진 첫 번째 편지는 이집트의 유대인들에게 성전회복을 축하하고 격려하기 위해 보낸 것이다. 이 편지는 기원전 143년경 요나단이 죽은 후에 쓰여진 이전 편지로부터의 인용문을 포함하고 있다. 기원전 164년경 쓰여진 두 번째 편지는 일찍이 유다 마카비가 성전회복을 기념해서 초막절 축제와 똑같은 방식으로 '하누카'(성전재봉헌)를 지내라고 이집트 유대인들에게 부탁하는 편지였다. 이 부분에서는 모세로부터 당시까지의 성전 예배를 개관하고 있다.

서문(2:19-32)

제2마카비서의 저자는 여기서 자신의 주제(2:19-23)와 역사가로서 이전의 자료들을 축약하는 자신의 방법(2:24-43)에 대해 말한다. "유다 마카비와 그의 형제들의 이야기, 위대한 성전의 정결예식과 제단 봉헌에 관한 이야기, 그들이 안티오쿠스 에피파네스와 그의 아들 유파톨하고 싸운 이야기, 또 유대교를 위해서 용감하게 싸우는 영웅들에게 하늘로부터 천사들이 내려온 이야기"(2:19-21)이다.

헬리오도로스의 성전 공격(3:1-40)

안티오쿠스의 대신이었던 헬리오도로스는 성전 금고에 엄청난 재물이 있다는 유대인 배신자의 보고를 받고 팔레스타인을 침략하여 그 돈을 압수하려고 한다. 이 일화에서는 유대공동체가 "헬라주의자들"과 "신실한 자들"로 나뉘지 않는다. 모든 사람이 이들의 강도짓 때문에 깊은 슬픔에 빠져 있는 것으로 묘사된다. "사제들은 제복을 입고 제단 앞에 엎드려…백성들도 성소가 모독을 당하려 하고 있는 순간에 모두 집에서 떼지어 나와 함께 기도를 올렸다."(3:15, 18) 유대 여인들은 이렇게 애곡을 할 때 특별히 중요한 역할을 한다. "슬픔을 나타내기 위해 젖가슴 밑에 삼베를 두른 여자들이 길을 메웠다. 집 안에 갇혀 있던 처녀들은 혹은 문으로 혹은 담으로 뛰어갔고 더러는 창문으로 내다보며 모두 팔을 하늘로 쳐들고 탄원하였다."(3:19-20) 그러자 하나님이 기적적으로 개입하셔서 재앙을 피하게 되고, 헬리오도로스는 다치지 않은 채로 성전을 떠나게 된다.

성전이 더럽혀지고 유대인들이 박해를 받음(4:1-7:42)

대제사장 오니아스의 형제 야손은 대제사장직을 물려받자마자 "자기 동족들의 생활을 그리스식으로 바꾸어놓았다."(4:10) 이렇게 해서 성전제사는 소홀히 되고 예루살렘에 그리스식 관습이 세워졌다. 그러나 결국 야손의 운명은 역전되고, 안티오쿠스는 야손의 폭동으로 인해 예루살렘을 공격하고 성전을 약탈한다. 성전은 올림피아의 제우스신에게 봉헌되고(그리고 그리심 산 위의 사마리아 성전은 나그네의 수호신 제우스에게 봉헌된다. 6:1-3) 난 뒤 더 심하게 더럽혀진다. "이방인들은 이 성전 안에서 온갖 방종과 향락을 일삼았다. 그들은 거룩한 성전 경내에서 창녀들과 놀아나고 부녀자들을 농락하였다."(6:4a) 성적 범죄에 더해서 금지된 제물을 성전 안에서 바쳤고, 그리스의 축제 달력이 유대교 달력을 대신했다.

다음에 저자는 그리스식 풍습을 따르기를 거부했던 사람들이 받았던 박해(6:8-11)에 대해 기술하고, 그렇게 주님이 벌을 내리시는 목적이 무엇인지에 대해 성찰한다. 독자들은 이러한 고난 때문에 실망해서는 안 되며, "이 징벌은 우리 민족을 멸망시키려는 것이 아니라 오히려 채찍질하려는 것"(6:12)이라고 한다. 이 부분의 나머지 내용은 "뛰어난 율법학자들 중에 하나였던"(6:18) 엘르아잘의 순교와 이름이 알려지지 않은 한 어머니와 그녀의 일곱 아들이 자기 종교의 음식법을 어기지 않으려 했다는 이유로 안티오쿠스 앞에서 고문을 당하고 죽임을 당하게 된다는 긴 이야기이다. 이 부분은 제4마카비서 이야기 전체의 토대를 이룬다. 제4마카비서는 나중에 유대인들과 기독교인들 사이에서 널리 행해졌던 이 순교자들을 위한 예배의 헌장과도 같은 기능을 했다. 제1마카비서에서는 언급되지 않은 이 부분은 신실한 가족의 중요성을 계속해서 강조할 뿐만 아니라, 영웅적인 한 여성을 부각시키고 있다. "그 어머니의 행동은 놀라운 것이었고, 모든 사람이 길이 기억할 만한 훌륭한 것이었다. 어머니는 단 하루 동안에 일곱 아들이 모두 죽는 것을 지켜보고서도 주님께 희망을 걸고 있었기 때문에 그 아픔을 용감하게 견뎌냈다. 그 어머니는 거룩한 생각을 마음속에 가득 품고서 여성적인 마음을 남성적인 용기로 북돋우었다.…"(7:20-21) 헬레니즘 세계에서 용기는 전형적으로 남성의 덕목이었다.

유다의 계속된 승리와 성전정화(8:1-10:9)

이 장들에서는 유다의 용기와 하나님에 대한 그의 믿음이 나중에 그리스인들에 대한 승리로 보상을 받았다고 기술하고 있다. 유다는 공동체의 필요를 돌볼 줄 아는 사람으로 묘사된다. 왜냐하면 그는 전쟁에서 취한 전리품들을 "박해를 받은 희생자와 과부와 고아들에게"(8:28) 나누어주고 나머지를 자기 병사들과 그 가족들의 몫으로 할당했기 때문이다. 유다의 초기 승리는 안티오쿠스의 치욕과 죽음으로 이어진다. "이렇게 하여 살인과 신성모독을 일삼던 안티오쿠스는 전에 다른 사람들을 괴롭힌 대가로 극도의 고통을 당하면서 이국의 산골짜기에서 비참한 운명으로 그 생애의 막을 내렸다."(9:28) 이처럼 비참한 안티오쿠스의 죽음과 대조적으로 유다와 그의 추종자들은 성전을 회복하고 정화하며 기쁨에 차 있다. 성전정화는 3년 전 성전이 더럽혀졌던 바로 그 날짜에 이루어진 것으로 나온다. 초막절을 모델로 하고 있으며 현재 성전재봉헌절(하누카)로 알려져 있는 이 축제는 유대 달력에서 정식 축제의 하나로 선언된다.(10:8)

계속되는 전쟁들(10:10-15:35)

안티오쿠스 4세 에피파네스의 후계자였던 안티오쿠스 5세 유파톨도 마찬가지로 불경한 사람으로 묘사된 반면, 유대인들은 그들의 신앙심 때문에 하나님의 도움을 받는다.(10:29) 이 장의 나머지 부분은 아크라(예루살렘에 있던 그리스인들의 요새)에 맞선 유다의 전투, 리시아와 유다가 맺은 조약, 그리고 니가노르와의 전쟁에 대한 이야기이다. 유다의 성공은 니가노르의 머리를 잘라 예루살렘에 걸어두는 것으로 절정을 이루며, 이어서 유다에게 승리를 허락하신 주님의 능력에 감사를 드리는 이야기가 나온다.(15:35)

에필로그(15:37-39)

저자는 니가노르의 죽음으로 자신의 이야기를 끝낸다. 그리고 "그 후로 그 도시(즉 예루살렘)는 히브리인들이 장악하게 되었다"(15:37)고 기록하고 있다.

성찰

여성 독자들이 볼 때 제2마카비서에서 가장 강력한 인물은 일곱 아들과 함께 순교당한 이름 없는 한 어머니일 것이다. 순교가 일어난 장소가 어디인지 본문에서는 언급하고 있지 않지만, 이 사건들이 안디옥에서 일어났다는 전승이 발전되었고, 순교자들의 무덤이라고 추정되는 곳은 도시 외곽의 한 회당과 관련되었다. 유대인들과 기독교인들 모두 이 순교자들을 존경했으며, 기독교 전통에서 이 어머니는 이름을 얻었다. 그녀는 시리아 교회에서 "슈무니"(Shumuni)라고 불렸다. 6세기 로마의 한 교회에 그려진 그림에서는 그녀를 살로모네라고 했으며, 교회력에서는 8월 1일에 그녀가 아들들과 함께 죽은 것을 기념했다.

제2마카비서의 신학적 지평 안에서 이 여자와 그녀의 아들들의 죽음은 단순히 비통한 사건이거나 공동체와 연대하는 행동인 것만이 아니다. 그들의 죽음은 구속적인 죽음이며, 분노한 하나님의 마음을 고통당하는 전 민족을 향한 자비로 바꾸는 역할을 한다. 여기서 하나님이 몇 사람이 범한 죄로 인해 전 민족을 벌하고, 죄 없는 신실한 사람들의 죽음을 통해서 비로소 분노가 진정된다는 것은 분명히 현대의 많은 독자에게 심각한 의문을 제기할 것이다. 박해와 배교의 사건들과 고귀한 충성을 신학적으로 달리 해석할 수도 있을 것이다. 그럼에도 제2마카비서의 신학적 인식의 틀 안에서 이 어머니가 지니는 의미를 성찰해보는 것은 중요하다. 왜냐하면 그것은 유대교와 기독교 모두에서 광범위한 영향을 끼쳤기 때문이다. 이 어머니와 아들들이 의식적으로 순교를 추구한 것은 아니지만, 그들은 박해에 직면했을 때 자신들의 신앙을 저버리기보다는 기꺼이 죽기로 했고, 그것은 수동적인 고난을 넘어서 적극적인 행동으로 이해될 수 있다. 이것이 다른 사람들을 위해 구원의 행동을 하는 한 방식이 되었고, 지도자의 한 모범이 된 것이다. 그리고 이러한 형태의 종교적인 행동을 남자만이 아니라 여자도 했다는 사실이 유대교와 기독교 내의 여성들의 위치와 관련해서 중요한 의미를 지니게 된다.

여성해방적 비평에서는 여성과 순교의 연관에 대해 이중적인 태도를 보이고 있는데, 여기에는 타당한 이유가 있다. 왜냐하면 여러 문화권에서 일반적으로 자기희생을 남성이 아니라 여성을 위한 이상으로 내세우는 경향이 있기 때문이다. 그러나 제2마카비서에서는 그렇게 하고 있지 않다. 여기서는 뛰어난 율법학자 엘르아잘과 일곱 아들을 둔 어머니의 행동을 나란히 언급하고 있다. 나아가서 성서 전승 안에서 위기에 직면했을 때 여성 지도자들이 하는 행동은 구속적인 죽음만으로 한정되지 않는다. 유딧과 드보라("이스라엘의 어머니", 삿 5:7) 이야기가 말해주듯이, 여성들은 상담자, 군사지도자, 심지어는 게릴라 전사로서 자신들의 역할을 충실히 하고 존경을 받았다.

참고문헌

Collins, John J. *Daniel, First Maccabees, Second Maccabees.* Old Testament Message 15. Wilmington, Del.: Michael Glazier, 1985.

Doran, Robert. "The Second Book of Maccabees: Introduction, Commentary, and Reflections," *New Interpreter's Bible*, vol. 4, 179–299. Nashville: Abingdon Press, 1995.

Goldstein, J. A. *II Maccabees: A New Translation with Introduction and Commentary.* Anchor Bible 41A. Garden City, N.Y.: Doubleday & Co., 1983.

Harrington, Daniel J. *The Maccabean Revolt: Anatomy of a Biblical Revolution.* Old Testament Studies 1. Wilmington, Del.: Michael Glazier, 1988.

Schiffman, Lawrence H. "2 Maccabees," *Harper's Bible Commentary.* ed. by James H. Mays et al., 898–915. San Francisco: Harper & Row, 1985.

Spilly, Alphonse P. *First Maccabees, Second Maccabees.* Collegeville Bible Commentary, Old Testament 12. Collegeville, Minn.: Liturgical Press, 1985.

제3마카비서

로빈 달링 영
Robin Darling Young

개관

제3마카비서는 앞의 두 마카비서들과 여러 가지 점에서 다르다. 첫째로, 그것은 팔레스타인이 아니라 주로 이집트에 있던 유대인들의 투쟁과 관련된 이야기들이다. 둘째로, 제3마카비서는 좀 더 이른 시기, 즉 이집트의 헬레니즘적 왕이었던 프톨레마이오스 4세 필로파토르 통치 시기(B.C.E. 221–205년)에 벌어진 일들을 다루고 있다. 셋째로, 이것은 역사가 아니다. 이 책에서는 역사서술이라고 주장하고 있지만, 사실은 그리스의 로만틱 허구 장르의 특징들을 보이고 있다. 가령 이 책에서는 프톨레마이오스가 이집트의 유대인공동체를 파괴하려 했던 것과 하나님이 공동체를 구출해 준 것에 대해 대단히 극적인 산문 형태로 이야기하고 있다.

작성과 정경 여부

좀 더 늦은 시기에 작성되었을 가능성도 있기는 하지만, 대부분의 학자들은 제3마카비서가 기원전 1세기 무렵 이집트의 알렉산드리아에서 그리스어로 쓰여졌다고 본다. 로마 시대에(B.C.E. 30년 이후) 유대공동체는 그리스-이집트인 이웃들과 어느 정도 긴장 속에서 살았던 것으로 보인다. 이 책에서는 성전 파괴에 대해 모르고 있는 것으로 보아 분명히 70년 이전에 쓰여졌을 것이다. 여기서 기술된 사건들은 요세푸스의 『아피온을 반박함』(*Against Apion*)에도 이야기된 한 전설에서 유래했을 것이다. 즉 경쟁자였던 클레오파트라 2세를 지지했던 유대인들을 향해 프톨레마이오스 8세 피스콘(B.C.E. 144-117년)이 원한을 품었던 것에 관한 전설이다. 이 책 전체는 알렉산드리아의 유대인들이 위험으로부터 구출된 것을 기념하는 축제를 지내게 된 데 대한 원인론적 민담, 또는 이야기 형태의 설명으로 작성되었을 것이다. 제3마카비서는 라틴어 불가타에 포함되지 못했기 때문에 가톨릭과 개신교 정경의 일부가 되지 못했다. 다만 한 칠십인역 사본(Codex Alexandrianus)에 남아 있었기 때문에 정교회의 성서에 포함될 수 있었다. 또한 이 책은 시리아어 페시타의 일부분이며, 아르메니아어 번역본도 존재한다. 제3마카비서는 초대 기독교 저자들 사이에서 거의 인용되지 않았으며, 후대의 유대 전통에서도 보존되지 않았다.

내용

제3마카비서에는 여성과 관련해서 두 가지 재료가 들어 있다. 첫째는, 라피아 전투에서 자신과 오누이 사이인 남편의 군대를 다시 소집한 여왕 아르시노에에 관한 짧은 공상적인 이야기이다.(1:1, 4) 두 번째는, 박해받은 유대인 여성들에 관한 세 개의 짧은 언급들인데, 그 여자들은 프톨레마이오스의 분노가 극에 달했던 때에 자신들이 지켜오던 관습을 갑자기 금지당한다.(1:18-20; 3:49-51; 4:6-7) 이들이 겪는 괴로움은 저자가 전달하고자 했던 경고를 강력하게 부각시킨다. 이야기는 주로 전쟁의 영웅과 반(反)영웅, 성전이나 기도의 집, 왕궁에 집중되어 있으며, 갈등은 이야기를 결국 해피엔딩으로 끌고 간다.

제3마카비서는 열 개의 단락으로 나뉠 수 있다. (1) 프톨레마이오스 4세 필로파토르와 시리아 왕 안티오쿠스 사이에 있었던 라피아 전투 그리고 승리자 프톨레마이오스가 팔레스타인의 도시들과 그곳 신전들을 거쳐 승리의 행진을 벌임(1:1-7), (2) 프톨레마이오스가 예루살렘 성전을 방문해서 그곳 지성소로 들어가는 모독적인 행동을 하려 함(1:8-29), (3) 프톨레마이오스에게 저항하는 대제사장 시몬의 기도(2:1-20), (4) 왕이 혼수상태에 빠져 성전을 더럽히지 못하게 되자 이집트로 돌아가서 유대인들에 대한 복수를 계획하고 그들에게 시민권을 부여하기 전에 디오니소스의 상징인 아이비 잎 모양의 낙인을 찍으려 함(2:21-30), (5) 유대인들의 충성 그리고 모든 이집트 유대인들에 대한 사형포고령이 알렉산드리아에서 내려짐(2:31-3:30), (6) 유대인들의 집회, 그리고 유대인들을 등록하게 하는 일이 실패함(4장), (7) 중독된 코끼리 떼로 유대인들을 학살하라는 명령. 프톨레마이오스가 술에 취해 잠들어버려서 학살이 지연됨. 프톨레마이오스가 자신이 계획했던 일을 잊고 유대인들의 충성을 기억해냄. 학살의 날(5장), (8) 엘르아잘의 기도, 그리고 하늘로부터 영광스러운 천사들이 내려와서 유대인들을 제외한 모든 사람에게 보임. 코끼리들이 그리스인들을 향해 달려듬(6:1-21), (9) 왕이 유대인들에게 우호적으로 바뀌어 그들을 즐겁게 하고, 유대인들은 자신들이 구원받은 것을 기념하는 축제를 지냄(6:22-41), (10) 보호를 약속하는 편지. 이집트 전역에 걸쳐 유대인들이 집으로 돌아오고 유대인 반역자들을 학살함. 유대인들의 탈출을 기념해서 해마다 축제를 지내게 된다.(7장)

주석

라피아 전투(1:1-7)

가자 남서쪽에 위치한 라피아에서 셀레우코스가와 프톨레마이오스가의 지배자들이 전투를 벌인다. 프톨레마이오스 필로파토르의 누이 아르시노에는 여기서 그의 승리에 결정적인 공헌을 한 것으로 묘사된다. 그가 안티오쿠스에게 지고 있었을 때 "아르시노에는 그의 부대로 가서 머리를 흐트러뜨리고 울면서 그들 자신과 자식들, 아내들을 위해 용감하게 싸워달라고 눈물로 호소한다. 그리고 만일 그들이 싸움에서 이기면 각 사람에게금 두 미나씩을 주겠다고 약속했다."(1:4) 폴리비우스(*Histories* 5. 84. 1) 역시 아르시노에가 군대 앞에 나타났던 것을 확인해주지만, 제3마카비서의 저자는 전쟁터에 여성이 나타난 것이 지니는 효과를 감정적으로 극대화해서 묘사하고 있다.

성전방문(1:8-29)

프톨레마이오스는 여러 종교의 신전에 관심을 가졌던 것으로 알려져 있다. 그러나 여기 나오는 이야기는 사실은 기원전 63년에 로마 장군 폼페이우스가 성전에 들어갔던 일화에 근거했을 것이다. 사제들의 만류에도 불구하고 프톨레마이오스는 멈추지 않는다. "모든 의관을 정제한 사제들이" 프톨레마이오스를 제지해달라고 하나님께 간구하는데, 이 간구는 예루살렘에 있는 세 종류의 여성들에게서 호응을 얻는다. "자기 방에만 틀어박혀 있던 젊은 처녀들이 그들의 어머니들과 함께 달려나와서 머리에 먼지를 뒤집어쓰고 애통해하고 애가를 부르며 거리를 가득 메웠다. 방금 신부단장을 한 여자들은 혼인의 합방을 위해 준비된 신방을 버리고 정숙해야 한다는 것도 잊은 채 정신없이 달려나가서 도시의 무리와 함께 했다. 어머니들과 유모들은 심지어는 방금 낳은 아기까지 놓아두고 집안이나 거리나 여기저기서 뒤도 돌아보지 않은 채 고귀한 성전을 향해 무리를 지어 몰려들었다."(1:18-20) 여기서 여성들의 반응에 대한 서술은 실제 사건을 기록한다기보다는 프톨레마이오스의 행동이 도시에서 야기한 혼란을 강조하는 것이다.(이와 비슷한 장면이 제2마카비 3:19-21에서도 서술되었다. 거기서는 헬리오도로스가 성전을 약탈하려 하자 비슷한 장면이 벌어진다.)

대제사장 시몬의 기도(2:1-20)

프톨레마이오스의 비타협적인 태도 때문에 시몬은 "지성소를 향해 무릎을 꿇고 침착하고 위엄 있게 팔을 뻗어"(2:1) 긴 기도를 드린다. 그는 하나님의 능력과 주권을 강조하고 이전에 주께서 강한 능력으로 이스라엘을 위해 정의를 행하고 보호해 주었던 일들을 상기하면서 프톨레마이오스와 그의 군대가 성전을 더럽히는 것을 막아달라고 간청한다.

왕이 혼수상태에 빠졌다가 복수를 하다(2:21-30)

시몬의 기도를 들으신 하나님은 프톨레마이오스에게 혼수상태로 보이는 발작을 일으키게 한다.(2:22) 저자는 프톨레마이오스가 회복했지만 "결코 회개하지 않았고, 오히려 더 심한 위협을 가했다"(2:24b)고 덧붙인다. 이것은 불길한 징조이다. 그와 그의 동료들은 이제 이집트의 유대인들에게 앙갚음을 한다. 그는 자신의 궁전 기둥에 비문을 새겨서 특히 "희생제사를 드리지 않는 사람들은"(2:28; 추측컨대 이교 신전에서 행해졌던 희생제사만을 가리킬 것이다.) 그들 자신의 성전에 들어갈 수 없다고 명했다. 나아가서 희생제사를 거부하는 사람들은 노예가 되고, 소리를 내서 반대할 경우 사형에 처할 것이며, 디오니소스의 상징인 아이비 잎 모양의 낙인을 찍을 것이라고 했다.

유대인들의 충성과 모든 이집트 유대인들에 대한 사형선고(2:31-3:30)

몇몇 유대인들은 이 명령에 따랐다.(2:31) 이들은 나중에 배교자라고 언급된다.(7:14, "더럽혀진 사람들") 그러나 대부분의 유대인들은 명령을 거부했다. 대신 "돈으로 목숨을 사서 등록을 면하려는 대담한 시도를 했다."(2:32) 이러한 행동은 더욱 프톨레마이오스의 분노를 사고 유대인들에 대해 나쁜 소문이 퍼지게 했지만, 대부분의 유대인들은 율법과 음식물 관행을 계속해서 지켰다. 주민들 중 몇몇 사람은 여기에 분개했지만, "도시의 그리스인들은"(3:8) 유대인들을 위로하고 보호하려 했다고 저자는 강조하고 있다. 곧 이어서 왕은 자신이 어떻게 예루살렘 성전에 들어가는 것을 저지당했는지, 그리고 이집트의 유대인들이 어떻게 자신의 제안을 거부했는지 설명하는 편지를 쓰고, 유대인들—남자들과 여자들, 어린아이들—을 "쇠사슬로 단단하게 묶어서" 넘겨주어 "원수가 당해 마땅한 고통을 당하게 하고 수치스럽게 죽게 해야 한다"(3:25)고 명령했다. 그렇게 하면 국가가 더 안정될 것이라고 했다. 이 포고령에 반항하는 사람은 단연코 반역자로 취급될 것이다. 저항을 방지하기 위해서 그들은 처형될 것이다.

집회와 유대인들의 등록(4장)

이집트 전역에 걸쳐 한때 잠잠했던 유대인들에 대한 이방인들의 증오는 이제 다시 공공연하게 표면으로 떠올랐고, 유대공동체는 끔찍한 약탈을 당하게 되었다. 대표적인 예로 늙은 남자들과 젊은 부부들이 언급되었다. "방금 신방으로 들어가서 결혼생활의 기쁨을 누리려던 젊은 여인들은 슬피 울고 미르 향유를 바른 그들의 머리에는 재가 뿌려져서 베일을 벗긴 채 끌려갔다. 이교도들이 험하게 다루어서 그들이 찢겨졌을 때 모두 결혼축가 대신 애가를 불렀다. 그들은 묶여서 모두들 보는 앞에서 질질 끌려 가둬두는 곳까지 갔다."(4:6-7) 이집트의 모든 유대인이 알렉산드리아의 쉐디아로 끌려갔고, 같은 종교를 믿는 사람들이 당하는 곤경에 알렉산드리아의 유대인들이 괴로워하자 프톨레마이오스는 그들에게까지도 등록하라는 명령과 사형판결을 확대한다. 그러나 이 등록 명령은 실패하는데, 그것은 유대인들의 수가 너무 많아서 왕실 서기관이 일을 해낼 수 없었기 때문이다.

코끼리에 의한 사형집행 명령 : 왕이 두 번 좌절하다(5장)

프톨레마이오스는 술과 약에 취한 코끼리들이 붙잡힌 유대인들을 짓밟게 한다. 그러나 그들의 기도에 응답한 "주님의 역사하심에 의해 [왕은] 단잠에 빠져서 그가 하려고 했던 불법적인 목적을 달성하지 못하고 그의 완고한 계획은 완전히 좌절했다."(5:12) 깨어난 프톨레마이오스는 다시 명령을 내리고, 유대인들은 다시 기도를 올려 "하나님의 섭리로" 왕이 이전에 세운 자신의 계획을 잊어버리게 만든다.(5:30) 세 번이나 왕은 알렉산드리아의 경기장에 갇혀 있는 유대인들을 짓밟도록 코끼리들을 대기시키라고 명령한다.

엘르아잘의 기도, 천사들의 강림, 그리스인들을 향한 코끼리들의 돌진 (6:1-21)

유대인들의 곤경에 직면해서 "그 나라의 사제들 가운데 이름이 있고 … 여러 가지 덕을 갖춘 늙은 엘르아잘"(6:1)이 장로들의 기도를 멈추게 하고, 자기 혼자 기도를 드린다. 대제사장 시몬의 기도처럼(2:2-20) 엘르아잘의 기도도 하나님께서 이전에 위기에 처한 백성을 구해주셨던 일들을 떠올린다. 코끼리들이 경기장 안에 풀리고 비탄에 빠진 유대인들이 큰 소리로 외치고 있을 바로 그때 "참 하나님께서 그분의 거룩한 얼굴을 보이시고 하늘 문을 여셔서 거기로부터 영광스러운 두 천사들을 보내어 무시무시한 모습으로 내려오게 하셨다. 그 천사들은 유대인들만 빼고 모든 사람에게 보였다."(6:18)

프톨레마이오스의 "개심", 유대인들의 연회와 축제의 제정(6:22-41)

경기장 안에 있던 군중들이 겁에 질렸을 뿐 아니라 프톨레마이오스가 즉시 생각을 바꾼다. 이제 그는 자신의 명령을 뒤집고, 이전에 자기 친구였던 사람들에 반대하는 연설을 하며, 유대인들을 학대했다고 그들을 고발한다. 그들은 유대인들을 풀어주라는 명령을 받는다. 나아가서 왕은 이레 동안 축제를 벌일 수 있는 포도주와 음식과 물자들을 제공하여 춤을 추고 "기쁘게 감사를 드리며 노래를 부르게 했다."(6:35)

왕의 보호편지; 배교자들에 대한 처벌; 축제의 시작(7장)

제3마카비서의 마지막 장은 두 부분으로 나뉜다. 즉 프톨레마이오스 필로파토르가 자신의 이집트 장군들에게 편지를 보내 유대인들에게 악의를 가진 사람들을 비난하고, 하나님이 그들을 보호하신다는 사실을 인정하며, 그들이 고향으로 돌아갈 수 있도록 보장하게 한다. 이 편지 뒤에는 간단한 하나의 이야기가 덧붙여져서, 유대인들의 구출이라는 극적인 결말에 대한 짤막한 후기의 기능을 한다. 유대인들은 즉시 알렉산드리아를 떠나지 않고 유대인 배교자들을 처벌해달라고 왕에게 요청한다. 우상숭배를 했던 "삼백명 이상이" 처형당했다.(7:15) 프톨레마이스에서 고향으로 돌아가기를 기다리는 동안 유대인들은 자신들이 구출된 것을 기념하여 칠일 동안 축제를 지냈다. 그 모든 것을 기둥에 비문으로 새기고 잔치가 벌어졌던 자리에 "기도 장소"를 세웠다.(7:20) 이 책은 다음과 같은 간구로 끝난다. "이스라엘의 구원자께서는 세세토록 축복을 받으소서! 아멘."(7:23)

참고문헌

Anderson, H. "3 Maccabees," *The Old Testament Pseudepigrapha*. ed. by J. H. Charlesworth, vol. 2, 509–529. Garden City, N.Y.: Doubleday & Co., 1983, 1985.

Cohen, Shaye J. D. *From the Maccabees to Mishnah*. Library of Early Christianity 7. Philadelphia: Westminster Press, 1987.

Collins, John J. "3 Maccabees," *Harper's Bible Commentary*. ed. by J. L. Mays et al., 916–921. San Francisco: Harper & Row, 1985.

Emmett, C. W. "The Third Book of Maccabees," *The Apocrypha and Pseudepigrapha of the Old Testament*. ed. by R. H. Charles, vol. 1, 155–173. Oxford: Clarendon Press, 1913.

Hadas, Moses. *The Third and Fourth Books of Maccabees*. Jewish Apocryphal Literature Series. New York: Harper & Brothers, 1953.

______. "III Maccabees and Greek Romance," *Review of Religion* 13(1949), 155–162.

Kasher, Aryeh. *The Jews in Hellenistic and Roman Egypt: The Struggle for Equal Rights*. Texte und Studien zum antiken Judentum 7. Tübingen: J. C. B. Mohr(Paul Siebeck), 1985.

제4마카비서

로빈 달링 영
Robin Darling Young

개관

양식과 작문

앞의 세 권의 책들과 달리 제4마카비서는 연대기도 아니고 이야기도 아니다. 대신 저자는 그리스 문학양식인 디아트리베, 또는 담론(흔히 윤리적 주제를 다룬다.) 양식을 사용해서 제2마카비서에서 이야기하고 있는 "마카비 혁명 때의 순교자들"의 죽음에 모범적으로 나타난 덕을 기념하고 있다. 즉 엘르아잘의 죽음과 "폭군" 안티오쿠스 에피파네스의 명령에도 불구하고 율법을 범하기를 거부했던 일곱 아들과 어머니의 죽음에 모범적으로 나타난 덕을 칭송하고 있다.

저자는 "합리적인 판단", 또는 "종교적 이성", 즉 *eusebes logismos*가 인간의 감정을 지배한다는 것을 입증하고 싶어 한다. *eusebes logismos*는 "율법을 확고히 따르는 이성"(1:16–17)에 해당한다. 저자는 그리스 왕이 지닌 외관상의 이성과 "아브라함의 씨에서 나온 후손"(18:1)인 신실한 유대인들이 보여주는 이성을 대조한다. 성서에서 그러한 탁월한 예들을 제시하기도 하지만, 이 책에서는 당시의 통념상 약하다고 생각되는 사람들, 즉 한 명의 노인과 다양한 연령의 자녀들, 그리고 한 여성이 겪은 고난과 그들이 보여준 덕을 상당히 길게 서술하고 있다. 본성상 약하다고 생각되는 사람들이 보여준 *eusebes logismos*는 더욱 경탄할 만하며, 따라서 더욱 설득력이 있다.

제4마카비서는 정경으로 여겨지지는 않았지만, 몇몇 칠십인역 필사본들에서 부록으로 덧붙여졌고, 아마도 이른 시기에 기독교 문서로 편입되었을 것이다. 아마도 이것은 순교자들의 죽음을 기념하는 유대교의 연례행사를 위해 작성되었을 것이다. 나중에 기독교교회도 이 기념행사를 물려받았다. 아마도 이 책은 기원후 1세기 중반 안디옥에서 작성되었을 것이다. 이 도시로부터 마카비 순교자들에 대한 경배가 기독교 세계의 다른 곳으로 퍼져나갔다. 유세비우스와 히에로니무스는 유대교 역사가 요세푸스가 이 책을 썼다고 보았는데, 훗날 기독교 저자들은 이 견해를 따랐다. 그러나 이 입장은 일반적으로 받아들여지지 않고 있다.

네 권의 마카비서들 중에서 이 책은 종교에서 여성의 역할로 주제를 확장시키면서까지 구체적인 한 여성에 유난히 관심을 집중하고 있다. 이 책은 제2마카비서 7장에 나타나는 일곱 아들과 어머니 이야기를 꽤 길게 확대하고 있다. 그리고 이 어머니가 자기 아들 한 명 한 명이 분명히 끔찍하게 죽을 것임에도 불구하고 그들에게 율법을 충실히 지키라고 권할 때 어떻게 어머니로서의 감정을 극복했을지, 그 어려움에 대해서 상당히 길게 이야기하고 있다. 그녀는 이상적인 어머니로, 자기 아들을 기꺼이 희생제물로 바치려 했던(창 22장) 아브라함과 "한 영혼"인 것으로 묘사되었다. 또 그녀는 자기 아들들의 교사로, 그리고 악명 높은 폭군 안티오쿠스와 싸움(*agon*)을 벌일 때 그들의 코치로 묘사되었다.

내용과 구성

제4마카비서는 열네 개 부분으로 나뉘며, 처음의 두 마카비서들에 나오는 이야기, 즉 안티오쿠스 4세 에피파네스(B.C.E. 175–164년)의 통치하에서 유대인들이 당했던 시련에 대한 이야기의 흐름 속에 자기 이야기를 삽입하는 형태로 느슨하게 연결되어 있다. 저자는 직접적인 역사적 배경보다는 자신들의 신앙을 탄압하는 데 대한 전통적인 유대인들의 반응을 이 순교자들이 어떻게 모범적으로 잘 보여주는지에 더 많은 관심을 가지고 있다. 안티오쿠스는 순교자들을 돋보이게 해주는 배경인물일 뿐이며, 마카비 봉기라는 배경은 종교적 이성을 보여주기 위한 하나의 계기일 뿐이다. 이 책은 말로 전달하기 좋은 형태로, 또는 연설을 모방한 형태의 장르로 제2마카비서 3–7장을 완전히 새로 고쳐 쓴 것이다.

열네 개의 부분은 다음과 같다. (1) 서론: "종교적 이성", 그리고 그것이 감정을 이긴다는 데 대한 담론(1:19–3:18), (2) 전환: 셀레우코스 니가노르 치하에서 유대 백성이 누린 평화(3:19–21), (3) 안티오쿠스 4세 에피파네스의 박해를 촉발시킨 유대인들 사이의 반목(4장), (4) 안티오쿠스와 사제 엘르아잘 사이의 대화, 또는 논쟁(5장), (5) 고문, 담론, 엘르아잘의 죽음(6:1–30), (6) 엘르아잘이 모범적으로 보여준 이성에 대한 찬미(6:31–7:23), (7) 젊은이들과 왕 사이의 대화(8장), (8) 처음 여섯 아들들의 죽음(9–11장), (9) 일곱째 아들의 죽음과 어머니의 격려(12장), (10) 이성의 승리(13:1–14:10), (11) 어머니에 대한 찬미(14:11–16:25), (12) 어머니의 죽음, 그리고 왕과 그의 고문들이 놀람(17장), (13) 자식들을 향한 어머니의 이야기(18:1–19), (14) 결론: 폭군의 끔찍한 운명과 천상에서 순교자들이 누리는 몫이다.(18:20–24)

주석

서론(1:1-3:18)

이 부분은 철학적 가르침과 유대교의 종교사상을 교묘하게 절충하여 한데 엮은 것이다. 여기서는 이 책의 주제가 "대단히 철학적인" 것이라고, 다시 말해 감정에 대한 종교적 이성의 자기통제에 관한 것이라고 기술하고 있다. 저자는 이 명제를 입증할 수 있는 수많은 근거가 있지만, 가장 훌륭한 증거는 이 이야기에서 기리고 있는 영웅적인 인물들이라고 단언한다.(1:8) 그들은 자신들을 고문하는 사람들까지도 감탄하게 했고, "지배자를 물리치고 동포에 대한 지배를 물리친 원인이 되어" 그 결과 조국은 그들에 의해서 거룩하게 되었다.(1:11)

다음에 저자는 그리스 철학에서 흔히 덕이 논의되는 방식대로 구체적인 덕을 열거하고, 그것들 사이의 관련성에 대해 기술한다. 그러나 실제로 예를 들 때는 유대교의 예를 든다.(가령 이성은 금지된 음식을 갈망하는 영혼으로 하여금 율법을 지킬 수 있게 한다. 1:33-34) 성적 욕망을 극복한 가장 훌륭한 예로는 요셉을 언급하며(2:2; cf. 창 39장), 분노를 극복한 모범적인 예로는 모세가 다단과 아비람을 대했던 것을 언급하고(2:17; cf. 민 16장), 목마름을 스스로 잘 제어한 인물로 다윗을 들고 있다.(3:6-18; cf. 삼하 23:13-17)

전환(3:19-21)

저자는 이제부터 주제를 "잘 보여주는 이야기"를 할 때가 되었다고 하면서 "우리 조상들이 율법을 잘 준수하였기 때문에"(3:20) 평화를 누렸던 시기를 회상한다. 그때는 그리스의 왕이 성전 예배를 위해 기부를 하고 유대교의 번영을 인정했다고 한다. 그러나 재앙을 불러들이는 일이 시작된다.

반목과 박해(4장)

오니아스가 대제사장이었던 때에 시몬이라는 배신자가 조국을 배반할 계획을 세운다. 그는 셀레우코스가의 총독에게 찾아가서 예루살렘 성전 금고에는 비밀기금이 있는데 이것을 왕에게 주지 않고 있다고 한다. 그러자 총독은 예루살렘에 군대를 파견한다. 그런데 "제사장들이 여자와 어린아이들과 함께"(4:9) 성전을 지켜달라고 기도를 드리자 천사들이 나타나서 군대를 물리친다.(cf. 제2마카비 3장) 이 허구적인 사건은 셀레우코스의 후계자였던 안티오쿠스 치하에서 벌어졌던 더 끔찍한 위기를 예고한다. 안티오쿠스는 오니아스를 폐하고, 고분고분한 대제사장을 지명하고, 결국에는 율법준수를 금지시킨다.

안티오쿠스와 엘르아잘의 대화(5장)

자신의 정책을 강행하기 위해 안티오쿠스는 "군사로 하여금 히브리인을 끌고 오게 하여 돼지고기와 우상에게 바쳐졌던 음식을 강제로 먹이게" 하고, 아니면 죽이게 했다. 엘르아잘은 제일 먼저 안티오쿠스 앞에 끌려나왔다. 그는 "나이가 다른 사람보다 고령이고, 그의 철학 때문에 군주의 측근에 많이 알려져 있었다."(5:4) 먼저 안티오쿠스는 율법의 구속을 버리고 "유익한 진리"를 따르는 것이 합리적이라고 엘르아잘을 설득하려 한다.(5:11) 엘르아잘은 자신의 철학이 좀 더 높은 철학이라고 답하고, 율법은 절제와 용기와 정의와 신앙을 가르쳐주기 때문에 영혼에 유익한 것이라고 주장한다.(5:23-24) 모진 고문도 그를 제지하지 못한다. 엘르아잘은 내세에 대한 확실한 약속에 대해서도 언급한다. "조상들은 나를 더럽혀지지 않

은 사람으로 받아줄 것입니다."(5:37)

고문과 담화, 엘르아잘의 죽음(6:1-30)

엘르아잘의 고문과 죽음은 상세하게 기술되었다. 왕의 조신들 중 몇몇이 엘르아잘에게 돼지고기를 먹는 척 위장하라고 제안하면서 채찍질과 매질이 잠시 중단되지만, 엘르아잘은 속임수를 쓰는 것은 젊은이들에게 나쁜 본보기를 보이게 된다면서 거부한다. "그러므로 아브라함의 자손들이여, 여러분은 최후까지 훌륭하게 신앙의 생애를 마치도록 하시오!"(6:22) 그가 거부하자 곧 그를 불로 지지고 태운다. 그는 최후의 말을 한다. "나의 피를 그들을 위한 속죄의 제물로 하시고 나의 생명은 그들(즉 유대인들)을 위한 속전으로 받아주소서."(6:29 Hadas 역; cf. 제2마카비 6장, 제4마카비 1:11; 9:24; 12:18; 17:20-21; 18:4) 속죄와 속전은 제4마카비에서 정식으로 나타나는 주제이다.

엘르아잘이 모범적으로 보여준 이성에 대한 찬미(6:31-7:23)

저자는 그의 중심 주제로 돌아간다. 즉 "경건한[즉 종교적인] 이성이 감정을 지배한다"(6:31)는 것이다. 엘르아잘은 위험에 직면해서 흔들림이 없었던 아론, 이삭과 비교된다. 오직 진심으로 신앙에 마음을 쓰는 사람들만이 육체의 정욕을 지배할 수 있다.(7:18) 아브라함과 이삭, 야곱이 그런 사람들이다.

젊은이들과 왕 사이의 대화(8장)

잡혀온 사람들 가운데는 엘르아잘처럼 나이가 많은 사람만이 아니라 젊은 사람들도 있었는데, 일곱 형제와 그들의 어머니가 있었다. 안티오쿠스는 나이가 아주 많은 엘르아잘이 율법을 저버리게 할 수 없었던 것처럼 이번에는 젊고 아름다운 청년들도 그렇게 할 수 없었다. 아마도 본문에서는 안티오쿠스 편에서 젊은이들에게 성적으로 끌렸다는 인상을 주려고 하는 것 같다. "왕은 그들이 마치 합창대와도 같이 어머니를 중심으로 둘러싸고 있는 것을 보고 기뻐하며 그 아름다움과 우아한 행동에 마음을 빼앗겼다."(8:4; Hadas 역) 안티오쿠스는 "조상 대대로 내려온 생활규정을 버리고 … 그리스식 생활방식으로 바꾸라"(8:7–8)고 강권한다. 극적인 대조를 위해 저자는 만일 이 소년들이 나약해서 자신들의 감정을 조절하지 못했다면 어떻게 했을지를 기술하고 있다.

처음 여섯 아들들의 죽음(9–11장)

형제들은 하나같이 자신들은 "덕을 찬양하는 상"을 받고 하나님 곁으로 갈 것이지만, 왕은 하나님의 정의로 심판을 받게 될 것이라고 안티오쿠스에게 답한다.(9:8–9) 다음에 나이가 많은 순서대로 위의 여섯 아들들이 각기 고문을 당하는 이야기가 이어진다. 엘르아잘과 마찬가지로 첫째 아들에게도 돼지고기를 먹으라고 하지만 그는 긴 연설을 하면서 그것을 거부한다. 둘째, 셋째, 넷째, 다섯째, 여섯째도 마찬가지이고, 그들은 하나님의 율법과 이성 외에는 누구도 지배할 수 없다고 강조한다.

일곱째 아들의 죽음과 어머니의 격려(12장)

막내아들을 보고 안티오쿠스는 가엾게 여긴다. 왕은 만일 그가 왕명을 따르면 "왕의 친구", 즉 궁정의 일원이 되게 해주겠다고 약속한다. 이때 저자는 어머니를 끌어들인다.(12:6–7) 안티오쿠스는 그녀가 적어도 한 명의 자식만은 구하기를 원할 것이라고 생각한다. 제2마카비 7:27에서처럼 그녀는 "히브리말로"(12:7) 아들에게 권고한다. 저자는 그녀의 연설을 뒤의 본문으로(18:6-19) 남겨둔다. 막내아들은 왕을 꾸짖고, 붙잡히는 대신 "스스로 큰 화로에 몸을 던져 숨을 거두었다."(12:19)

이성의 승리(13:1-14:10)

일곱 형제의 순교에 대해 성찰하면서 저자는 그들의 이성을 일곱 개의 등대로 묘사하고 있다. "항구의 앞바다에 우뚝 솟아 있는 탑이 습격해 오는 큰 파도를 물리치고 사공에게 잔잔한 피난처를 제공하고 있는 것처럼 일곱 개의 탑을 가진 저 젊은이들의 올바른 이성은 경건이라는 항구를 견고하게 하여 정념의 방종을 물리쳐 이겼던 것이다."(13:6-7) 저자는 그들이 고문을 당하면서도 서로를 격려했다고 상상하며, 그들의 끈끈한 형제애에 대해 성찰하고, 서로에 대한 더욱 깊은 동정이 그들로 하여금 율법에 충실하게 하고, 각자 다른 형제의 죽음을 용감하게 지켜볼 수 있게 해주었다고 한다.(13:23)

어머니에 대한 찬미(14:11-16:25)

한 명의 노인과 일곱 명의 소년이 고문을 잘 견뎌 경건한 이성을 지켰다면, 이 어머니의 인내는 더욱 놀랍다. 비이성적인 동물들조차도 모성적인 동정심으로 그들의 어린 자식을 지킨다. 이와 대조적으로 "이 어머니는 아들들에 대한 동정심 때문에 마음이 변하지 않았다. 그녀는 아브라함과 같은 정신"(14:20), 즉 이삭을 제물로 바칠 때의 아브라함과 같은 정신을 가지고 있었다. 그녀는 그들의 신체적인 구출보다 "하나님의 약속에 의한 영원한 생명을"(15:3) 더 사랑하였다. 저자는 어머니로서 그녀의 자식사랑을 강조하기 위해서 그녀가 겪었던 산고를 언급하고, 아들들이 고문당하고 불에 타는 장면을 어머니가 보고 있는 것으로 다시 한 번 반복해서 기술하고 있다. 또한 여기서는 그녀의 마음을 "회의 장소"로, 즉 "어머니로서의 자연적인 감정과 가족, 부모로서의 애정, 자식들이 고문을 당하고 있다는 강력한" 사실들이 각기 제 주장을 하는 회의 장소로 묘사하고 있다.(15:25) 그러나 재판관으로서 그녀는 아브라함의 용기를 기억하며 올바른 투표를 한다. 다음에 저자는 "민족의 어머니, 율법의 옹호자, 신앙의 투사, 마음의 싸움에서 이긴 승리자"(15:29)라고 그녀를 직접적으로 찬미한다. 저자는 마음이 약한 여성이었다면 어떻게 생각했을까 말하고, 이 어머니는 결코 그렇게 하지 않았다고 하며, 그녀가 아들들에게 했던 격려의 말을 다시 한 번 상기시킨다.

어머니의 죽음(17장)

저자는 간접적으로 들은 이야기로("경비병들 중의 어떤 자들이 하는 말에 의하면", 17:1) 이 어머니가 자살을 해서 "다른 사람이 그녀의 몸에 손을 대지 못하도록"(17:2) 했다고 한다. 저자는 이 어머니와 그녀의 아들들, 엘르아잘을 운동경기에 참여한 선수들로 묘사하고, 이제 그들이 "하나님의 자리에 가까이 가서 영원히 축복받은 생활을 보내고 있다"(17:18)고 한다. 나아가서 이들의 죽음은 유대인들의 원수를 패배하게 하고, 민족의 죄를 속량했다고 한다.(17:20-22) 안티오쿠스조차도 이들의 죽음에 대해 고귀하고 용기 있는 모범적인 것이었다고 자신의 군대에게 말한다.(17:23-24)

자식들을 향한 어머니의 이야기(18:1-19)

안티오쿠스가 지상에서 하나님의 벌을 받았으며, "죽은 후에도 벌을 받았다"(18:5)고 말한 뒤, 저자는 아들들을 향한 어머니의 이야기로 관심을 돌린다. 여기서 그녀는 자신이 애써 정절을 지켰다고 말하며, 지금은 죽고 없는 남편이 자식들을 어떻게 가르쳤는지 이야기한다. 아버지는 자식들에게 순교를 가르친 것으로 묘사된다. 어머니는 아버지가 "율법과 예언자들을 너희에게 가르쳐주었다"고 말한다. 그녀에 따르면, 이것은 아벨과 이삭과 요셉과 비느하스와 세 젊은이와 다니엘의 희생적인 죽음(또는 거의 죽음과 같은 것)을 의미했다. 또한 그녀는 아버지가 하나님을 위해 고난을 받은 사람들은 하나님이 다시 살리신다고 가르쳤음을 암시한다. (18:14-19)

결론(18:20-24)

저자는 다시 한 번 순교자들에 대한 보상과 안티오쿠스에 합당한 보복에 대해 언급한다. 일곱 아들을 고문한 데 대해서 안티오쿠스는 계속해서 하나님의 정의의 추궁을 받을 것이다.(18:21) 반면, "아브라함의 자손들은 승리한 어머니와 함께 조상들의 합창에 끼어 하나님의 곁에 머무르면서 부정함이 없는 불멸의 영혼을 받아" 다시 살아난다.(18:23)

성찰

아마도 대부분의 현대 독자들, 특히 여성들이 제4마카비서에서 가장 받아들이기 어려운 두 가지는 이성과 감정 사이의 대립을 전제로 하고 있다는 점과 감정에 비해 이성의 우월성을 추호의 의심도 없이 전제한다는 점일 것이다. 서구 역사 전반에 걸쳐서 철학과 대중사상 양쪽에서 감정에 비해 이성을 우월시하고, 이성은 남성과, 감정은 여성과 관련시키는 경향이 있었다. 이러한 일반화는 물론 많은 예외가 있기도 하지만, 대체로 정확한 지적이라고 할 수 있다. 그러나 여성주의 비평가들은 이러한 평가에 대해 늘 도전해왔다. 여성주의 비평가들은 여성에게도 이성적 능력이 있다고 주장할 뿐 아니라, 감정이 인식과 도덕적 추론에서 없어서는 안 될 중요한 부분이며, 결코 극복되어야 할 것이 아니라고 주장한다. 여성주의 저자들 가운데는 심지어 남성적인 이성과 여성적인 감정이라는 분리를 받아들이면서 이 둘 사이의 위계를 뒤집어서 감정이 더 우월하다고 보는 사람들도 있다. 현재도 이 토론은 아직 활발하게 논의되고 있는 것이어서 제4마카비서는 여성 독자들 사이에서 매우 다양한 반응을 불러일으킬 것이다.

물론 지나치게 단순화해서는 안 될 것이다. '이성'이라는 말과 '감정'이라는 말은 다양한 맥락에서 다양한 것들을 의미한다. 이성과 감정의 관계에 대한 토론에서 제4마카비서의 저자는 스토아 철학 전통으로부터 끌어오고 있다.(Stowers, 924) 헬레니즘 시대의 다른 그리스 철학 전통들과 마찬가지로 스토아 철학은 인간 존재의 가장 어렵고 고통스러운 측면들을 다루려 했으며, 이때 종종 다양한 형태의 인간 고통을 치유하려고 노력하는 자비로운 의사라는 철학자의 이미지를 사용했다. 스토아 사상에 따르면 오직 이성을 양육하고 감정, 또는 흔히 말하는 정념을 정복해야만 덕과 영적인 평화를 얻을 수 있다. 그리스 철학 전통에서 감정, 또는 정념은 분노와 질투, 시샘, 비판, 공포, 애정과 같은 경험들이었다.(당시 다른 철학 전통들과 관련해서 스토아 사상을 설명한 것으로는 Nussbaum 참조)

이처럼 스토아 철학에서는 모든 사람 안에 있는 이성의 위엄을 높이 평가함으로써 중요한 결과를 가져왔는데, 그것은 남성만이 아니라 여성에게도 합리적인 본성이 있으며, 덕과 지혜를 위한 잠정적인 능력을 가지고 있다는 점에서는 남녀가 동등하다는 것이다. 이 확신은 당시의 그리스 관습과는 전혀 어울리지 않는 것이었는데, 스토아 철학자들은 여성에 대한 편견은 엄밀한 이성에 따르면 성립될 수 없다고 논증함으로써 그러한 확신에 도달했다. 정말로 편견은 자주 감정의 산물이고, 합리적 판단을 흐린다. 따라서 제4마카비서에서 그 어머니를 이성과 용기, 그 외 다른 덕의 모범으로 높인 것은 이러한 철학적 전통의 일부이다. 이것은 여성도 존엄한 존재임을 좀처럼 인정하지 않던 시대에 완전한 인간적 존엄성을 여성에게까지 확대한 것이라고 볼 수 있다.

지혜로운 사람에 대한 스토아 철학의 이상은 덕을 체현하고, 두려움이나 욕망 같은 감정을 정복함으로써 외적인 상황이 아무리 고통스럽다 하더라도 행복과 영적인 평화를 누리는 것이다. 이 이상이 제4마카비서에서는 엘르아잘과 어머니와 일곱 아들들에 의해 모범적으로 구현된 것이다. 그러나 스토아 철학에서는 그러한 덕이 단순히 개인을 위해서 중요할 뿐 아니라 정치적인 덕의 기초가 되었다. 제4마카비서에서 이러한 신념의 중요성은 최근 한 주석가의 관찰을 통해 알려졌다. "순교자의 인내라는 주제를 통해 이 책은 결코 굴하지 않는 신실한 현자의 내적 강인함에 의해 전 민족이 온전하게 될 수 있다는 것을 보여주고 있다.… 안티오쿠스 에피파네스는 민족의 신체적·상징적 경계를 무너뜨릴 수는 있었지만, 순교자의 도덕적·종교적 온전함을 파괴할 수는 없었다. 단지 그의 육체를 파괴할 수 있었을 뿐이다. 따라서 민족의 영혼은 파괴될 수 없다는 것이다. 제4마카비서는 '살아남기 위해서 우리는 어떠해야 하는가?'라는 질문에 답하고 있다."(Stowers, 924-925) 이러한 관점에서 스토아 철학에 근거한 윤리가 다양한 형태의 폭력에 노출되어 있던 사람들을 위해 지녔던 가치를 평가할 수 있을 것이다. 스토아 철학은 개인이나 공동체를 굴종시키고 파괴하려는 세력이 엄존하는 상황 속에서 개인이나 공동체가 자율성을 유지할 수 있는 길을 제시한다.

스토아 철학의 이상이 강력하기는 해도 우리는 그것이 "내적 평정"을 위해 지나치게 많은 대가를 지불하게 하는 것이 아닌지 의문을 제기할 수 있다. 제4마카비서의 저자는 어머니가 겪는 뼈아픈 실제 감정에 대해서 부인하지 않지만, 아들들이 죽을 때 그녀가 눈물을 보이지 않고 비탄에 빠지지 않은 것에 대해 칭찬한다. 그러나 다른 관점에서 보면, 그렇게 이성에 의해 감정을 정복함으로써 스토아 철학자들이 주장하듯이 인간 이상에 도달하는 것이 아니라, 좀 덜 인간적으로 되는 것이 아닌지 반론을 제기할 수 있을 것이다. 아마도 이렇게 결론을 내릴 수 있을 것이다. 즉 고통과 상실을 견뎌내는 것은 반드시 필요하겠지만, 감정에 그 정당성을 인정하지 않고 감정을 표현하지 못하게 한다면, 그것은 스토아 철학자들이 추구하는 영혼의 치유가 아니라, 결코 치유될 수 없는 영혼을 낳으리라는 것이다.

참고문헌

Anderson, H. "4 Maccabees," *The Old Testament Pseudepigrapha*. ed. by J. H. Charlesworth, vol. 1, 531–564. Garden City, N.Y.: Doubleday & Co., 1983, 1985.

Hadas, Moses. *The Third and Fourth Books of Maccabees*. Jewish Apocryphal Literature Series. New York: Harper & Brothers, 1953.

Moore, Stephen D., and Janice Capel Anderson, "Taking It Like a Man: Masculinity in 4 Maccabees," *Journal of Biblical Literature* 117(1998), 249–273.

Nussbaum, Martha C. *The Therapy of Desire: Theory and Practice in Hellenistic Ethics*. Martin Classical Lectures, new series, vol. 2. Princeton, N.J.: Princeton University Press, 1994.

Redditt, Paul L. "The Concept of *Nomos* in Fourth Maccabees," *Catholic Biblical Quarterly* 45(1983), 249–270.

Stowers, Stanley K. "4 Maccabees," *Harper's Bible Commentary*. ed. by J. L. Mays et al., 922–934. San Francisco: Harper & Row, 1985.

Young, Robin Darling. "The 'Woman with the Soul of Abraham': Traditions about the Mother of the Maccabean Martyrs," "*Women Like This": New Perspectives on Jewish Women in the Greco-Roman World*. ed. by A.-J. Levine, 67–81. Atlanta: Scholars Press, 1991.

시편 151편

캐롤 A. 뉴섬
Carol A. Newsom

시편 151편은 히브리어 성서의 일부가 아니며, 칠십인역 그리스어 필사본들과 그리스어 성서로부터 번역된(시리아어, 라틴어, 이디오피아어) 사본들에서 오랫동안 알려져 왔다. 정교회 전통에서는 정경으로 간주되었지만, 시편 151편은 로마가톨릭교회에서도, 개신교교회에서도 정경의 일부가 아니었다. 이것의 모호한 위치는 칠십인역 시편 서두에도 반영되어 있다. 거기서는 시편 151편의 저자가 다윗이라는 전통을 인정하면서도 그것을 시편 수집록에서는 제외하고 있다. "이 시는 다윗이 골리앗과 싸운 후 직접 쓴 것이다.(비록 [150편의 정경 시편에] 속하지는 않지만)" 1956년에 쿰란의 사해 두루마리(11QPsa) 가운데서 이 시의 히브리어본이 발견되었다. 이 히브리어 필사본은 칠십인역의 이 시가 실제로는 두 편의 히브리어 시 원본을 결합하고 축약해서 작성되었다는 사실을 보여주었다. 옥스퍼드 관주성서(NRSV)의 확대 외경에서는 그리스어본과 나란히 이 히브리어 시들이 번역되었다.

이 시와 관련해서 놀라운 점은 1인칭으로 서술되었다는 것이다. 이 시에서는 전체 이야기와 구체적인 문구를 만드는 데 사무엘상 16-17장을 끌어왔으며, 다윗이 자기 아버지의 양을 치는 목자이자 음악가로 자신의 젊은 시절을 회상하는 것으로 묘사하고 있다.(1-3절) 성서 이야기에서처럼 하나님은 그의 형제들이 그보다 "잘생기고 키가 컸는데도" 형들이 아니라 다윗을 택해서 기름 부은 지도자로 삼으셨다.(4-5절) 이 시의 히브리어본은 좀 더 정교하기는 하지만 그리스어본과 비슷하다.

그리스어로 된 이 시의 후반부(6-7절)는 갑자기 다윗과 골리앗의 싸움에 대한 이야기로 넘어간다. 쿰란의 히브리어 필사본에는 골리앗에 대한 재료가 원래 독립된 또 다른 시의 일부라는 사실이 분명하게 나타난다. 거기에는 "하나님의 예언자가 기름을 부어 다윗이 권좌에 오른 시초에"라고 별도의 서두가 붙여져 있다. 비록 이 히브리어 시가 심하게 훼손되어 부분적으로만 보존된 것은 사실이지만, 그것이 좀 더 긴 작문이고, 그리스어 시의 6-7절은 그것을 축약한 것임이 분명하다.

시편 151편의 전기적 성격에 비교할 만한 것은 아무것도 없지만, 제2성전 시대에는 다양한 성서 인물들의 삶에서 일어났던 일들을 소재로 시를 작성했던 전통이 있었다. 므낫세의 시편도 그러한 예라고 할 수 있을 것이다. 이전에 알려지지 않았던 여러 가지 다른 예들이 사해 두루마리에서 발견되었다.(Schuller; Talmon 참조) 비록 여성을 기리는 시는 발견되지 않았지만 말이다. 그러나 오경(창세기-신명기)의 확대본문을 포함하고 있는 한 필사본에 미리암을 찬양하는 것으로 보이는 시가 한 편 나온다.(4Q364-365) 유감스럽게도 이 본문은 매우 단편적이다. 그러나 이것은 비정경 시편수집록에 여성들을 기리는 시가 없는 것은 그러한 문헌이 처음부터 없었기 때문이 아니라, 보존상황이 좋지 않았기 때문임을 시사하는 것일 수 있다.

참고문헌

Charlesworth, J. H., and J. A. Sanders. "Psalm 151," *The Old Testament Pseudepigrapha*. ed. by J. H. Charlesworth, vol. 2, 612–615. Garden City, N.Y.: Doubleday, 1993, 1985.

Harrington, Daniel J. "Psalm 151," *Harper's Bible Commentary*. ed. by James L. Mays et al., 935–936. San Francisco: Harper & Row, 1985.

Sanders, James A. *The Dead Sea Psalms Scroll*. Ithaca, N.Y.: Cornell University Press, 1967.

Schuller, Eileen M. *Non-Canonical Psalms from Qumran: A Pseudepigraphic Collection*. Harvard Semitic Studies 28. Atlanta: Scholars Press, 1986.

Talmon, Shemaryahu. "Extra-Canonical Hebrew Psalms from Qumran–Psalm 151," *The World of Qumran from Within: Collected Studies*, 258–264. Jerusalem: Magnes Press; Leiden: E. J. Brill, 1989.

역자 후기

『여성들을 위한 성서주석』을 번역하는 작업은 우리에게 신학하는 이유, 기쁨 그런 것들을 조용히 새기는 시간을 만들어주었다. 성서를 공부한 지도 십수 년이 지났지만, 여성에게 부담을 안기는 성서 본문들을 대할 때마다 궁색한 변명에 스스로 안타까웠던 적이 많았다. 예수는 성차별을 하지 않았다거나, 모든 인간은 하나님 앞에 평등하다는 등의 테제들은 명백한 성차별적 성서 본문 앞에서는 힘을 잃기 일쑤였다. 여성주의와 성서는 역시 같은 길을 갈 수 없다는 논리 앞에 늘 유구무언이었던 성서 전공자들에게 이 번역작업은 신학을 공부하는 이유를 정립하는 데 큰 보탬이 되었다.

이 책의 저자들은 성서 속의 여성들을 기독교 신앙의 모범일 뿐만 아니라, 인류 보편사의 관점에서도 그 가치를 인정할 수 있는 삶을 살았음을 본문 속에서 밝혀주고 있다. 예를 들어, 예수의 족보에 들어온 네 명의 여인들을 부각시켰던 마태복음의 주석 작업은 이 여인들이 그들이 처한 삶의 위기 속에서 어떻게 그 위기를 뚫고 살아남아 종국에는 예수에게 생명을 부여하는 조상들의 명부에 올랐는지 차분히 설명한다. 저자들은 기본적으로 이러한 사실들을 성서 본문 내에서 찾아, 본문과 그 역사적 정황의 상관관계를 논리적으로 밝혀줌으로써 그 해석에 설득력을 더한다. 그러면서도 이들은 여성주의적 관점, 즉 여성의 온전한 인간성 회복이라는 아젠더를 고수하였기에, 그냥 지나쳐버릴 수 있었던 여성들의 이야기와 그들의 삶, 그리고 거기서 찾을 수 있었던 가치들을 발견해냈다. 그럼으로써 당시 사회에서 대표적 약자였던 여성들이 구현해낸 하나님의 뜻을 밝힘으로써 기독교적 가치의 지평을 넓혀주었다.

한편, 이 책은 학자들의 담론만을 위해 저술된 것은 아니라는 것이 번역작업에 참여한 우리의 결론이다. 이 책은 교회에서 마르다처럼 온갖 잡다한 일을 하면서도 그 일의 가치를 인정받지 못하고 지내온 우리의 어머니들, 자매들에게 사실은 성서 자체가 많은 여성이 예수사역의 동역자였고, 예수의 뜻을 진정으로 이해했던 뛰어난 사람들이었으며, 바울 선교를 도왔던 핵심인물들이었음을 증언한다고 설명한다. 베다니의 마리아가, 부활의 첫 증인이었던 여성들이, 그리고 아굴라보다 뛰어났던 브리스길라가 그들 중에 있다.

많은 여성이 이 책을 읽었으면 하는 바람이다. 그것은 여성이 남성보다 우위를 점해야 한다거나, 그간 빼앗긴 권리를 찾아야겠다는 의지 때문만은 아니다. 성서 속에 보존된 기독교 신앙 속의 여성들의 순수한 역동성이 지금 왜곡된 우리 신앙의 원모습을 회복시킬 가능성이라고 보기 때문이다. 그리하여 "유대인이나 헬라인이나 종이나 자유인이나 남자나 여자나 다 그리스도 예수 안에서 하나"(갈 3:28)라는 기독교 신앙의 모토로 돌아가 지금 파편화된 이 피조세계에 돌파구가 되기를 희망한다.

박인희

추가 참고문헌

성서 일반

Bach, Alice, ed. *The Pleasure of Her Text: Feminist Readings of Biblical and Historical Texts.* Philadelphia: Trinity Press International, 1990.

Brenner, Athalya, and Carole R. Fontaine, eds. *A Feminist Companion to Biblical Methodologies, Approaches, and Strategies.* Sheffield, England: Sheffield Academic Press, 1997.

Büchman, Christina, and Celina Spiegel, eds. *Out of the Garden: Women Writers on the Bible.* New York: Fawcett Columbine, 1994.

Carmody, Denise Lardner. *Biblical Women: Contemporary Reflections on Scriptural Texts.* New York: Crossroad, 1988.

Cheney, Emily. *She Can Read: Feminist Reading Strategies for Biblical Narrative.* Valley Forge, Pa.: Trinity Press International, 1996.

Collins, Adela Yarbro, ed. *Feminist Perspectives on Biblical Scholarship.* Society of Biblical Literature Centennial Publications. Atlanta: Scholars Press, 1985.

Demers, Patricia. *Women as Interpreters of the Bible.* New York: Paulist Press, 1992.

Kwok Pui Lan. "Discovering the Bible in the Non-Biblical World," *Voices from the Margin: Interpreting the Bible in the Third World*, rev. ed., ed. by R. S. Sugirtharajah, 289-305. Maryknoll, N.Y.: Orbis Books, 1995.

Levine, Amy-Jill, ed. *"Women Like This": New Perspectives on Jewish Women in the Greco-Roman World.* Atlanta: Scholars Press, 1991.

Pobee, John S., and Baerbel von Wartenberg-Potter, eds. *New Eyes for Reading: Biblical and Theological Reflections by Women from the Third World.* Oak Park, Ill: Meyer-stone Books, 1987.

Segovia, Fernando, and Mary Ann Tolbert, eds. *Reading From This Place.* Vol. 1, *Biblical Interpretation and Social Location in the United States.* Minneapolis: Fortress Press, 1995.

______. *Reading From This Place.* Vol. 2. *Biblical Interpretation and Social Location in Global Perspective.* Minneapolis: Fortress Press, 1995.

Selvidge, Marla J. *Notorious Voice: Feminist Biblical Interpretation, 1550-1920.* New York: Paragon House, 1995.

Tamez, Elsa. "Women's Rereading of the Bible," *Voices from the Margin.* rev. ed., ed. by R. S. Sugirtharajah, 48-57. Maryknoll, N.Y.: Orbis Books, 1995.

구약성서/히브리성서

구약성서/히브리성서 일반

Brenner, Athalya. *The Intercourse of Knowledge: On Gendering Desire and 'Sexuality' in the Hebrew Bible.* Biblical Interpretation Series 26. Leiden and New York: E. J. Brill, 1997.

Bronner, Leila Leah. *From Eve to Esther: Rabbinic Reconstructions of Biblical Women.* Gender and the Biblical Tradition Series. Louisville, Ky.: Westminster/John Knox Press, 1994.

Ostriker, Alicia. *Feminist Revision and the Bible.* Bucknell Lectures in Literary Theory. Cambridge, Mass.: Blackwell Publishers, 1993.

Pardes, Ilana. *Countertraditions in the Bible: A Feminist Approach.* Cambridge, Mass.: Harvard University Press, 1992.

Toorn, Karel van der. *From Her Cradle to Her Grave: the Role of Religion in the Life of the Israelite and the Babylonian Woman.* Trans. by Sara J. Denning-Bolle. Biblical Seminar 23. Sheffield: JSOT Press, 1994.

Trible, Phyllis. "If the Bible's So Patriarchal, How Come I Love It?," *Bible Review* 8(October 1992), 45-47, 55-56.

창세기

Bal, Mieke. "Sexuality, Sin, and Sorrow: The Emergence of the Female Character," *Lethal Love: Feminist Literary Readings of Biblical Love Stories*, 104-132. Indiana Studies in Biblical Literature. Bloomington, Ind.: Indiana University Press, 1987.

Bellis, Alice Ogden. "The Story of Eve" and "The Women of Genesis," *Helpmates, Harlots, and Heroes: Women's Stories in the Hebrew Bible*, 45-66, 67-98. Louisville, Ky.: Westminster/John Knox Press, 1994.

Brenner, Athalya, ed. *A Feminist Companion to Genesis.* Feminist Companion to the Bible 2. Sheffield: Sheffield Academic Press, 1993.

Exum, Cheryl. "Who's Afraid of 'The Endangered Ancestress'?," *Fragmented Women: Feminist (Sub)Versions of Biblical Narratives*, 148-169. Valley Forge, Pa.: Trinity Press International, 1993.

Fewell, Danna Nolan, and David Gunn. *Gender, Power, and Promise: The Subject of the Bible's First Story.* Nashville: Abingdon Press, 1993.

Morimura, Nobuko. "The Story of Tamar: A Feminist Interpretation of Genesis 38," *Japan Christian Review* 59(1993), 55-67.

Pardes, Ilana. *Countertraditions in the Bible: A Feminist Approach.* Cambridge, Mass.: Harvard University Press, 1992.

Rashkow, Ilona N. *The Phallacy of Genesis: A Feminist-Psychoanalytic Approach.* Literary Currents in Biblical Interpretation Series. Louisville, Ky.: Westminster/John Knox Press, 1993.

Steinberg, Naomi A. *Kinship and Marriage in Genesis: A Household Economics*

Perspective. Minneapolis: Fortress Press, 1993.

Williams, Dolores S. "Hagar's Story: A Route to Black Women's Issues," *Sisters in the Wilderness: The Challenge of Womanist God-Talk*, 15–33. Maryknoll, N.Y.: Orbis Books, 1993.

출애굽기

Anderson, Ana Flora, and Gilberto da Silva Sorgulho. "Miriam and Her Companions," *The Future of Liberation Theology: Essay in Honor of Gustavo Gutiérrez*. ed. by M. H. Ellis and O. Maduro, 205–219. Maryknoll, N.Y.: Orbis Books, 1989.

Brenner, Athalya, ed. *A Feminist Companion to Exodus and Deuteronomy*. Feminist Companion to the Bible 6. Sheffield: Sheffield Academic Press, 1994.

John, Cresy, Susan Joseph, Pearl Derego, et al. "An Asian Feminist Perspective: The Exodus Story (Exodus 1:8–22, 2:1–10)," *Voices from the Margin: Interpreting the Bible in the Third World*. New edition, ed. by R. S. Sugirtharajah, 255–266. Maryknoll, N.Y.: Orbis Books, 1995.

Pardes, Ilana. "Zipporah and the Struggle for Deliverance," *Countertraditions in the Bible: A Feminist Approach*, 79–97. Cambridge, Mass.: Harvard University Press, 1992.

Weems, Renita J. "The Hebrew Women Are Not like the Egyptian Women: the Ideology of Race, Gender, and Sexual Reproduction in Exodus 1," *Semeia* 59(1992), 25–34.

레위기

Be'er, Ilana. "Blood Discharge: On Female Im/purity in the Priestly Code and in Biblical Narrative," *A Feminist Companion to Exodus and Deuteronomy*. ed. by Athalya Brenner, 152–164. Feminist Companion to the Bible 6. Sheffield: Sheffield Academic Press, 1994.

Bird, Phyllis. "The Place of Women in the Israelite Cultus," *Ancient Israelite Religion: Essays in Honor of Frank Moore Cross*. ed. by P. D. Hanson,

P. D. Miller, and S. D. McBride, 397–419. Philadelphia: Fortress Press, 1987.

Dupont, Joanne. "Women and the Concept of Holiness in the 'Holiness Code' [Leviticus 17–26]: Literary, Theological, and Historical Context." Ph.D. diss., Marquette University, 1989. Ann Arbor, Mich.: U.M.I., 1990.

Jay, Nancy. *Throughout Your Generations Forever: Sacrifice, Religion, and Paternity.* Chicago: University of Chicago Press, 1992.

Melcher, Sarah J. "The Holiness Code and Human Sexuality," *Biblical Ethics and Homosexuality: Listening to Scripture.* ed. by Robert L. Brawley, 87–102. Louisville, Ky.: Westminster John Knox Press, 1996.

Meyers, Carol L. "Procreation, Production, and Protection: Male–Female Balance in Early Israel," *Journal of the American Academy of Religion* 51(1983), 569–593.

민수기

Adamo, David Tuesday. "The African Wife of Moses: An Examination of Numbers 12:1–9," *African Theological Journal* 18(1989), 230–237.

Bach, Alice. "Good to the Last Drop: Viewing the Sotah (Numbers 5:11–31) as the Glass Half Empty and Wondering How to View It Half Full," *The New Literary Criticism and the Hebrew Bible.* ed. by J. C. Exum and D. J. A Clines, 26–54. JSOT Sup. Series 143. Sheffield: JSOT Press, 1993.

Niditch, Susan. "War, Women, and Defilement in Numbers 31," *Semeia* 61 (1993), 39–57.

Sakenfield, Katharine Doob. "Zelophehad's Daughters," *Perspective in Religious Studies* 15(1989), 37–47.

Trible, Phyllis. "Subversive Justice: Tracing the Miriamic Traditions," *Justice and the Holy: Essays in Honor of Walter Harrelson.* ed. by D. Knight and P. Paris, 99–109. Homage Series. Atlanta: Scholars Press, 1989.

신명기

Brenner, Athalya. *A Feminist Companion to Exodus and Deuteronomy.* Feminist Companion to the Bible 6. Sheffield: Sheffield Academic Press, 1994.

Fewell, Danna N. and David M. Gunn. "The Subject of the Law (Exodus-Deuteronomy)," *Gender, Power, and Promise*, 94-116. Nashville: Abingdon Press.

Pressler, Carolyn. *The View of Women Found in the Deuteronomic Family Laws.* Beihefte Zur Zeitschrift für die alttestamentliche Wissenschaft 216. Berlin and New York: Walter de Gruyter, 1993.

Steinberg, Naomi. "The Deuteronomic Law Code and the Politics of State Centralization," *The Bible and the Politics of Exegesis: Essays in Honor of Norman K. Gottwald on His Sixth-fifth Birthday.* ed. by D. Jobling, P. Day, and G. Sheppard, 161-170. Cleveland: Pilgrim Press, 1991.

여호수아-사사기

Bal, Mieke, ed. *Anti-Covenant: Counter-Reading Women's Lives in the Hebrew Bible.* Bible and Literature Series 22; JSOT Sup. Series 81. Sheffield: Almond Press, 1989.

Bird, Phyllis A. "The Harlot as Heroine: Narrative Art and Social Presupposition in Three Old Testament Texts," *Semeia* 46(1989), 119-139.

Brenner, Athalya, ed. *A Feminist Companion to Judges.* The Feminist Companion to the Bible 4. Sheffield: Sheffield Academic Press, 1993.

Exum, J. Cheryl. "Samson's Women," *Fragmented Women: Feminist(Sub) Versions of Biblical Narratives*, 61-93. Valley Forge, Pa.: Trinity Press International, 1993.

Hawk, Dan L. "Strange Houseguests: Rahab, Lot, and the Dynamics of Deliverance," *Reading Between Texts: Intertextuality and the Hebrew Bible.* ed. by Danna N. Fewell, 89-97. Literary Currents in Biblical Interpretation Series. Louisville, Ky.: Westminster/John Knox Press, 1992.

Keefe, Alice A. "Rapes of Women/Wars of Men," *Semeia* 61(1993), 79-97.

Yee, Gale A., ed. *Judges and Method: New Approaches in Biblical Studies.*

Minneapolis: Fortress Press, 1995.

룻기

Brenner, Athalya, ed. *A Feminist Companion to Ruth.* The Feminist Companion to the Bible 3. Sheffield: Sheffield Academic Press, 1993.

Exum, J. Cheryl. "Is This Naomi?," *Plotted, Shot, and Painted: Cultural Representation of Biblical Women*, 129-174. JSOT Sup. Series 214; Gender, Culture, Theory Series 3. Sheffield: Sheffield Academic Press, 1996.

Feeley-Harnik, Gillian. "Naomi and Ruth: Building up the House of David," *Text and Tradition: The Hebrew Bible and Folklore*. ed. by Susan Niditch, 163-184. Semeia Studies Series. Atlanta: Scholars Press, 1990.

Kate, Judith A., and Gail T. Reimer, ed. *Reading Ruth: Contemporary Jewish Women Reclaim a Sacred Story.* New York: Ballantine Books, 1994.

Nielsen, Kirsten. *Ruth: A Commentary.* Trans. by E. Broadbridge. Old Testament Library. Louisville, Ky.: Westminster John Knox Press, 1997.

Sakenfeld, Katharine Doob. "'Feminist' Theology and Biblical Interpretation," *Biblical Theology: Problems and Perspectives*. ed. by S. Kraftchick, C. Myers, and B. Ollenberger, 247-259. Nashville: Abingdon Press, 1995.

Van Wijk-Bos, Johanna W. H. *Women in Alien Lands: Ruth and Esther.* New York: General Board of Global Ministries, United Methodist Church, 1988.

사무엘상하

Ackerman, Susan. "Child Sacrifice: Returning God's Gift," *Bible Review* 9 (June 1993), 20-29, 56.

Bach, Alice. "Signs of the Flesh: Observations on Characterization in the Bible," *Semeia* 63(1993), 61-79.

Brenner, Athalya, ed. *A Feminist Companion to Samuel and Kings.* The Feminist Companion to the Bible 5. Sheffield: Sheffield Academic Press, 1994.

Clines, David J. A., and Tamara C. Eskenazi, ed. *Telling Queen Michal's Story: An Experiment in Comparative Interpretation.* JSOT Sup. Series 119.

Sheffield: JSOT Press, 1991.

Exum, J. Cheryl. "Michal: The Whole Story," *Fragmented Women: Feminist (Sub)Versions of Biblical Narratives*, 42–60. Valley Forge, Pa.: Trinity Press International, 1993.

______. "Michal at the Window, Michal in the Movies," *Plotted, Shot, and Painted: Cultural Representations of Biblical Women*, 54–79. JSOT Sup. Series 214; Gender, Culture, Theory Series 3. Sheffield: Sheffield Academic Press, 1996.

Meyers, Carol L. "The Hannah Narrative in Feminist Perspective," "*Go to the Land I Will Show You": Studies in Honor of Dwight W. Young*. ed. by J. Coleson and V. Matthews, 117–126. Winona Lake, Ind,: Eisenbrauns, 1996.

Reinhartz, Adele. "Anonymity and Characters in the Books of Samuel," *Semeia* 63(1993), 117–141.

Willey, Patricia K. "The Importunate Woman of Tekoa and How She Got Her Way," *Reading Between Texts: Intertextuality and the Hebrew Bible*. ed. by D. N. Fewell, 115–131. Literary Currents in Biblical Interpretation Series. Louisville, Ky.: Westminster/John Knox Press, 1992.

열왕기상하

Ackerman, Susan. "The Queen Mother and the Cult in Ancient Israel," *Journal of Biblical Literature* 112(1993), 385–401.

Brenner, Athalya, ed. *A Feminist Companion to Samuel and Kings*. Feminist Companion to the Bible 5. Sheffield: Sheffield Academic Press, 1994.

Camp, Claudia. "Female Voice, Written Word: Women and Authority in Hebrew Scripture," *Embodied Love: Sensuality and Relationship as Feminist Values*. ed. by P. Cooey, S. Farmer, and M. Ross, 97–113. San Francisco: Harper & Row, 1987.

Dutcher–Walls, Patricia. *Narrative Art, Political Rhetoric: the Case of Athaliah and Joash*. JSOT Sup. Series 209. Sheffield: JSOT Press, 1996.

Shields, Mary. "Subverting a Man of God, Elevating a Woman: Role and

Power Reversals in 2 Kings 4," *Journal for the Study of the Old Testament* 58(1993), 59–69.

Siebert–Hommes, Jopie. "The Window of Zarephath and the Great Woman of Shunem: A Comparative Analysis of Two Stories," *On Reading Prophetic Texts: Gender–Specific and Related Studies in Memory of Fokkelien van Dijk–Hemmes.* ed. by B. Becking and M. Dijkstra, 231–250. Biblical Interpretation Series 18. Leiden and New York: E. J. Brill, 1996.

Trible, Phyllis. "Exegesis for Storytellers and Other Strangers," *Journal of Biblical Literature* 114(1995), 3–19.

역대기상하, 에스라, 느헤미야

Eskenazi, Tamara C. "Out from the Shadows: Biblical Women in the Postexilic Era," *Journal for the Study of the Old Testament* 54(1992), 25–43.

Eskenazi, Tamara C., and Eleanore P. Judd. "Marriage to a Stranger in Ezra 9–10," *Second Temple Studies*; vol. 2: *Temple and Community in the Persian Period.* ed. by T. Eskenazi and K. Pichards, 266–285. JSOT Sup. Series 175. Sheffield: JSOT Press, 1994.

에스더

Beal, Timothy. *The Book of Hiding: Gender, Ethnicity, Annihilation, and Esther.* Biblical Limits Series. New York and London: Routledge, 1997.

Brenner, Athalya, ed. *A Feminist Companion to Esther, Judith and Susanna.* The Feminist Companion to the Bible 7. Sheffield: Sheffield Academic Press, 1995.

Clines, David J. A. "Reading Esther from Left to Right: Contemporary Strategies for Reading a Biblical Text," *The Bible in Three Dimensions: Essay in Celebration of Forty Years of Biblical Studies in the University of Sheffield.* ed. by David J. A. Clines, S. E. Fowl, and S. E. Porter, 31–52. JSOT Sup. Series 87. Sheffield: JSOT Press, 1990.

Day, Linda. *Three Faces of a Queen: Characterization in the Books of Esther.*

JSOT Sup. Series 186. Sheffield: JSOT Press, 1995.

Mosala, Itumeleng J. "The Implications of the Text of Esther for African Women's Struggle for Liberation in South Africa," *Semeia* 59(1992), 129–137.

Niditch, Susan. "Short Stories: The Book of Esther and the Theme of Woman as a Civilizing Force," *Old Testament Interpretation: Past, Present, and Future: Essays in Honor of Gene M. Tucker*. ed. by J. Mays, D. Petersen, and K Richards, 195–209. Nashville: Abingdon Press, 1995.

van Wijk-Bos, Johanna W. H. *Women in Alien Lands: Ruth and Esther*. New York: General Board of Global Ministries, United Methodist Church, 1988.

욥기

Brenner, Athalya, ed. *A Feminist Companion to Wisdom Literature*. The Feminist Companion to the Bible 9. Sheffield: Sheffield Academic Press, 1995.

Gitay, Zefira. "The Portrayal of Job's Wife and Her Representation in the Visual Arts," *Fortunate the Eyes That See: Essays in Honor of David Noel Freedman in Celebration of His Seventieth Birthday*. ed. by A. Beck, A. Bartelt, P. Raabe, and C. Franke, 516–526. Grand Rapids: Wm. B. Eerdmans Publishing Co., 1995.

West, Gerald. "Hearing Job's Wife: Towards a Feminist Reading of Job," *Old Testament Essays* 4(1991), 107–131.

시편

Gilkes, Cheryl Townsend. "Mother to the Motherless, Father to the Fatherless: Power, Gender, and Community in an Afrocentric Biblical Tradition," *Semeia* 47(1989), 57–85.

Isasi-Díaz, Ada María. "'By the Rivers of Babylon': Exile as a Way of Life," *Reading from This Place*, vol. 1: *Social Location and Biblical Interpretation in the United States*. ed. by F. Segovia and M. Tolbert, 149–163.

Minneapolis: Fortress Press, 1995.

Miller, Patrick D., Jr. "Things Too Wonderful: Prayers of Women in the Old Testament," *Biblische Theologie und gesellschaftlicher Wandel: Für Norbert Lohfink S. J.* ed. by G. Braulik, W. Gross, and S. McEvenue, 237–251. Freiburg: Herder, 1993.

Schuller, Eileen. "Inclusive-Language Psalters," *The Bible Today* 26(1988), 173–179.

잠언 - 전도서

Brenner, Athalya, ed. *A Feminist Companion to Wisdom Literature.* Feminist Companion to the Bible 9. Sheffield: Sheffield Academic Press, 1995.

Brenner, Athalya, and Fokkelien van Dijk Hemmes. *On Gendering Texts: Female and Male Voices in the Hebrew Bible.* Biblical Interpretation Series 1. Leiden and New York: E. J. Brill, 1993.

Camp, Claudia. "What's So Strange about the Strange Woman?," *The Bible and the Politics of Exegesis: Essays in Honor of Norman K. Gottwald on His Sixth-Fifth Birthday.* ed. by D. Jobling, P. Day, and G. Sheppard, 17–31. Cleveland: Pilgrim Press, 1991.

______. "The Female Sage in Ancient Israel and in the Biblical Wisdom Literature," *The Sage in Israel and the Ancient Near East.* ed. by John Gammie and Leo Perdue, 185–203. Winona Lake, Ind.: Eisenbrauns, 1990.

Heijerman, Mieke. "Who Would Blame Her? The 'Strange' Woman of Proverbs 7," *Reflections on Theology and Gender.* ed. by Fokkelien Dijk-Hemmes and Athalya Brenner, 21–31. Kampen, the Netherlands: Kok Pharos Publishing House, 1994.

아가서

Brenner, Athalya, ed. *A Feminist Companion to the Song of Songs.* The Feminist Companion to the Bible 1. Sheffield: JSOT Press, 1993.

Charry, Ellen T. "Female Sexuality as an Image of Empowerment: Two Models," *Saint Luke's Journal of Theology* 30(1987), 201–218.

Markin, Daphne. "The Woman in the Balcony: On Reading the Song of Songs," *Tikkun* 9(May/June 1994), 59–64, 89.

Meyers, Carol L. "To Her Mother's House: Considering a Counterpart to the Israelite *Bet' Ab*," *The Bible and the Politics of Exegesis: Essay in Honor of Norman K. Gottwald on His Sixty-fifth Birthday*. ed. by D. Jobling, P. Day, and G. Sheppard, 39–51. Cleveland: Pilgrim Press, 1991.

이사야

Darr, Katheryn Pfisterer. "Two Unifying Female Images in the Book of Isaiah," *Uncovering Ancient Stones: Essays in Memory of H. Neil Richardson*. ed. by L. Hopfe, 17–30. Winona Lake, Ind.: Eisenbrauns, 1994.

Franzmann, Majella. "The City as Woman: The Case of Babylon in Isaiah 47," *Australian Biblical Review* 43(1995), 1–19.

Jeppesen, Knud. "Mother Zion, Father Servant: A Reading of Isaiah 49–55," *Of Prophets' Visions and the Wisdom of Sages: Essays in Honour of R. Norman Whybray on His Seventieth Birthday*. ed. by H. McKay and D. J. A. Clines, 109–125. JSOT Sup. Series 162. Sheffield: JSOT Press 1993.

Korpel, Marjo C. A. "The Female Servant of the Lord in Isaiah 54," *On Reading Prophetic Texts: Gender-specific and Related Studies in Memory of Fokkelien van Dijk-Hemmes*. ed. by B. Becking and M. Dijkstra, 153–167. Biblical Interpretation Series 18. Leiden and New York: E. J. Brill, 1996.

Stone, Bebb Wheeler. "Second Isaiah: Prophet to Patriarchy," *Journal for the Study of the Old Testament* 56(1992), 85–99.

예레미야

Brenner, Athalya. "Pornoprophetics Revisited: Some Additional Reflections," *Journal for the Study of the Old Testament* 70(1996), 63–86.

Brown Gutoff, Susan E. "The Voice of Rachel in Jeremiah 31: A Calling to 'Something New,'" *Union Seminary Quarterly Review* 45(1991), 177–190.

Shields, Mary. "Circumcision of the Prostitute: Gender, Sexuality, and the Call to Repentance in Jeremiah 3:1–4:4," *Biblical Interpretation* 3 (1995), 61–74.

Vriezen, Karel J. H. "Cakes and Figurines: Related Women's Cultic Offerings in Ancient Israel?," *On Reading Prophetic Texts: Gender-Specific and Related Studies in Memory of Fokkelien van Dijk-Hemmes*. ed. by B. Becking and M. Dijkstra, 251–263. Biblical Interpretation Series 18. Leiden and New York: E. J. Brill, 1996.

Weems, Renita J. *Battered Love: Marriage, Sex, and Violence in the Hebrew Prophets*. Minneapolis: Fortress Press, 1995.

예레미야 애가

Linafelt, Tod. "Surviving Lamentations: A Literary-theological Study of the Afterlife of a Biblical Text." Ph. D. diss., Emory University, 1996. Ann Arbor, Mich.: U.M.I., 1997.

Seidman, Naomi. "Burning the Book of Lamentations," *Out of the Garden: Women Writers on the Bible*. ed. by C. Büchmann, and C. Spiegel, 278–288. New York: Fawcett Columbine, 1994.

에스겔

Darr, Katheryn Pfisterer. "Ezekiel's Justifications of God: Teaching Troubling Texts," *Journal for the Study of the Old Testament* 55(1992), 97–117.

Dijk-Hemmes, Fokkelien van. "The Metaphorization of Woman in Prophetic Speech: an Analysis of Ezekiel xxiii," *Vetus Testamentum* 43(1993), 162–170.

Exum, Cheryl. "The Ethics of Biblical Violence against Women," *The Bible in Ethics: The Second Sheffield Colloquium*. ed. by J. Rogerson, M. Davies, and M. Daniel Carroll, 248–271. JSOT Sup. Series 107. Sheffield: Sheffield Academic Press, 1995.

Galambush, Julie. *Jerusalem in the Book of Ezekiel: The City as Yahweh's Wife*. Society of Biblical Literature Dissertation Series 130. Atlanta: Scholars

Press, 1992.
Weems, Renita J. *Battered Love: Marriage, Sex, and Violence in the Hebrew Prophets.* Minneapolis: Fortress Press.

다니엘

Brenner, Athalya. "Some Observations on the Figurations of Woman in Wisdom Literature," *Of Prophets' Visions and the Wisdom of Sages: Essays in Honour of R. Norman Whybray on His Seventieth Birthday.* ed. by H. McKay and D. J. A. Clines, 192–208. JSOT Sup. Series 162. Sheffield: JSOT Press, 1993.

12 소예언서

Bellis, Alice Ogden, ed. *Many Voices: Multicultural Responses to the Minor Prophets.* Lanham, Md.: University Press of America, 1995.
Bird, Phyills A. "Poor Man or Poor Woman: Gendering the Poor in Prophetic Texts," *On Reading Prophetic Texts: Gender-Specific and Related Studies in Memory of Fokkelien van Dijk-Hemmes.* ed. by B. Becking and M. Dijkstra, 37–51. Biblical Interpretation Series 18. Leiden and New York: E. J. Brill, 1996.
Brenner, Athalya, ed. *A Feminist Companion to the Latter Prophets.* The Feminist Companion to the Bible 8. Sheffield: Sheffield Academic Press, 1995.
Dijk-Hemmes, Fokkelien van. "The Imagination of Power and the Power of Imagination: An Intertextual Analysis of Two Biblical Love Songs: The Song of Songs and Hosea 2," *Journal for the Study of the Old Testament* 44(1989), 75–88.
Kraus, Deborah. "A Blessing Cursed: The Prophet's Prayer for Barren Womb and Dry Breast in Hosea," *Reading between Texts: Intertextuality and the Hebrew Bible.* ed. by Danna Fewell, 191–202. Literary Currents in Biblical Interpretation. Louisville, Ky.: Westminster/John Knox Press, 1992.
Leith, Mary Joan Winn. "Verse and Reverse: The Transformation of the

Woman, Israel, in Hosea 1–3," *Gender and Difference in Ancient Israel.* ed. by Peggy Day, 95–108. Minneapolis: Fortress Press, 1989.

O'Brien, Julia M. "Judah as Wife and Husband: Deconstructing Gender in Malachi," *Journal of Biblical Literature* 115(1996), 241–250.

Sherwood, Yvonne. *The Prostitute and the Prophet: Hosea's Marriage in Literary-theoretical Perspective.* JSOT Sup. Series 212. Gender, Culture, Theory 2. Sheffield: Sheffield Academic Press, 1996.

Weems, Renita J. *Battered Love: Marriage, Sex, and Violence in the Hebrew Prophets.* [See Jeremiah, above]

■ 엮은이

캐롤 A. 뉴섬(Carol A. Newsom)

에모리 대학 신학대학원(Candler School of Theology, Emory University)에서 구약학 교수로 재직 중이다. 저서로는 *Songs of the Sabbath Sacrifice: A Critical Edition* 등이 있다.

샤론 H. 린지(Sharon H. Ringe)

웨슬리 신학대학원(Wesley Theological Seminary) 신약학 교수로 재직 중이다. 저서로는 *Jesus, Liberation, and the Biblical Jubilee: Images for Ethics and Christology* 등이 있다.

■ 옮긴이

박경미

이화여자대학교 기독교학과를 졸업하고, 동 대학원 기독교학과에서 석사, 박사학위를 받았다. 현재 이화여자대학교 기독교학과 신약학 교수로 재직 중이며, 이화여성신학연구소 소장직을 맡고 있다.

박인희

이화여자대학교 영어영문학과를 졸업하고, 동 대학원 기독교학과에서 석사, 박사학위를 받았다. 이화여성신학연구소 연구원을 역임하고, 현재 이화여자대학교 강사이다.

이윤경

이화여자대학교 기독교학과에서 학사, 석사학위를 받고 미국 에모리 대학 신학대학원에서 석사학위를, 버클리 연합신학대학원에서 박사학위를 받았다. 현재 이화여자대학교 기독교학과 구약학 교수로 재직 중이다.

장양미

이화여자대학교 사회학과를 졸업하고, 동 대학원 기독교학과에서 석사학위를 받고 박사과정을 수료했다. 이화여성신학연구소 연구원을 역임했다.

정혜진

이화여자대학교 국어국문학과를 졸업하고, 동 대학원 기독교학과에서 석사학위를 받고 박사과정을 수료했다. 이화여성신학연구소 연구원을 역임했다.

■ 감수자

이경숙

이화여자대학교 영어영문학과를 졸업하고, 동 대학원 기독교학과에서 석사학위를, 독일 괴팅엔 대학에서 신학박사학위를 받았다. 이화여자대학교 기독교학과 구약학 교수, 이화여성신학연구소장, 인문대학장, 대학원장, 학사부총장을 역임했다. 저서로는 『여성이 읽는 성서 구약성서개론』, 『구약성서의 여성들』, 『구약성서의 하나님 · 역사 · 여성』, 역서로는 『구약성서 개론』 등이 있다.

박경미

이화여자대학교 기독교학과를 졸업하고, 동 대학원 기독교학과에서 석사, 박사학위를 받았다. 현재 이화여자대학교 기독교학과 신약학 교수로 재직 중이며, 이화여성신학연구소 소장직을 맡고 있다. 저서로는 『새 하늘, 새 땅, 새 여성』, 『마몬의 시대, 생명의 논리』, 『신약성서, 새로운 삶의 희망을 전하다』, 『행복하여라! 하느님나라의 사람들』, 역서로는 『생태학적 치유』, 『갈릴리: 예수와 랍비들의 사회적 맥락』 등이 있다.